LA MÉ

MONDE
À L'ÉPOQ

Dans Le Livre de Poche

LA MÉDITERRANÉE ET LE MONDE MÉDITERRANÉEN
À L'ÉPOQUE DE PHILIPPE II, 3 tomes.

Première édition : Paris, Armand Colin, 1949.
Deuxième édition revue et corrigée : 1966.
Troisième édition : 1976.
Quatrième édition revue et corrigée : 1979.
Cinquième édition : 1982.
Sixième édition : 1985.
Septième édition : 1986.
Huitième édition : 1987.
Neuvième édition : 1990.

FERNAND BRAUDEL

de l'Académie française

LA MÉDITERRANÉE

ET LE
MONDE MÉDITERRANÉEN
À L'ÉPOQUE DE PHILIPPE II

———

*Les événements, la politique
et les hommes*

ARMAND COLIN

LES ÉVÉNEMENTS
LA POLITIQUE
ET LES HOMMES

TROISIÈME PARTIE

LES ÉVÉNEMENTS
LA POLITIQUE
LES HOMMES

J'ai beaucoup hésité à publier cette troisième partie sous le signe des événements ; elle se rattache à une histoire franchement traditionnelle. Léopold von Ranke y reconnaîtrait ses conseils, sa façon d'écrire et de penser. Il est vrai, cependant, qu'une histoire globale ne peut se réduire à la seule étude des structures stables, ou des évolutions lentes. Ces cadres permanents, ces sociétés conservatrices, ces économies prisonnières d'impossibilités, ces civilisations à l'épreuve des siècles, toutes ces façons licites de cerner une histoire en profondeur donnent, à mon avis, l'essentiel du passé des hommes, du moins ce qu'il nous plaît, aujourd'hui, en 1966, de considérer comme l'essentiel. Mais cet essentiel n'est pas totalité.

Et cette façon de reconstruire aurait déçu les contemporains. Spectateurs et acteurs du XVIe siècle, en Méditerranée et ailleurs, ont eu le sentiment d'être pris dans un drame vif et qu'ils ont considéré au premier chef comme le leur. Que ce soit illusion, c'est possible et même probable. Mais cette illusion, cette attention à un spectacle d'ensemble achève de donner un sens à leur vie.

Les événements sont poussière : ils traversent l'histoire comme des lueurs brèves ; à peine naissent-ils qu'ils retournent déjà à la nuit et souvent à l'oubli. Chacun d'eux, il est vrai, si bref qu'il soit, porte témoignage, éclaire un coin du paysage, parfois des masses profondes d'histoire. Et pas seulement d'histoire politique, car tout secteur — politique, économique, social, culturel,

géographique même — est peuplé de ces signes événementiels, de ces lumières intermittentes. Nos chapitres
précédents ont utilisé à longueur de pages ces témoignages incisifs sans lesquels, souvent, il serait impossible
d'y voir clair. Je ne suis pas l'ennemi, sans plus, de
l'événement.

Mais le problème, au seuil de cette troisième partie,
est bien différent. Il s'agit non pas d'exploiter les
lumières de l'histoire événementielle pour des recherches
qui la déborderaient, mais de se demander, dans le sens
même de l'histoire traditionnelle la plus réfléchie, si ces
lumières jointes, si ces messages mis au bout les uns
des autres, dessinent ou non, une histoire valable —
une *certaine* histoire des hommes. Sans doute. Mais à
la condition d'être conscient que cette histoire-là est un
choix entre les événements eux-mêmes, et ceci à un
double titre au moins.

Tout d'abord, l'histoire ainsi conçue ne retient que
les événements « importants » et ne bâtit que sur ces
points solides, ou présentés comme tels. Cette importance est évidemment matière à discussion. Est important l'événement qui explique, le petit fait significatif à
la Taine, mais il nous conduira souvent hors de
notre propos, bien loin de l'événement lui-même. Est
important l'événement qui a des conséquences, qui
rebondit au loin, se répercute, Henri Pirenne aimait à
le dire. A ce compte-là, pour reprendre le mot d'un
historien allemand [1], la prise de Constantinople en 1453
n'est même pas un événement et Lépante (1571), la
grande victoire chrétienne, n'a eu aucune suite, Voltaire
s'en amusait. Ces deux opinions, l'une comme l'autre,
très discutables, je m'empresse de le dire... Est important
aussi tout événement que les contemporains jugent
comme tel, vers lequel ils se reportent comme à une
référence, à une coupure essentielle, même si le volume
exact en est gonflé. Pour les Français, la Saint-Barthélemy (24 août 1572) coupe en deux l'histoire de leur
pays et Michelet l'aura dit à leur suite de façon
passionnée. Or la coupure, si coupure il y a, se situerait
croyons-nous, quelques années plus tard, vers 1575 ou

mieux peut-être 1580. Enfin est important tout événement qui est lié à des antécédents et qui a des suites, tout événement qui est pris dans une chaîne. Mais cette histoire « sérielle » est le fruit elle-même d'un choix, fait par l'historien, ou pour lui par les sources documentaires essentielles.

En gros, s'offrent à nous deux chaînes assez serrées, l'une reconstituée par l'érudition des vingt ou trente dernières années — celle des événements économiques et de leurs conjonctures courtes —, l'autre inventoriée depuis longtemps, celle des événements politiques au sens large, guerres, actes diplomatiques, décisions et bouleversements intérieurs. C'est cette seconde chaîne que les contemporains ont vue de préférence à toutes les autres séries d'événements. En ce XVIᵉ siècle où les chroniqueurs abondent, où les « journalistes » font leur apparition (ainsi à Rome, ou à Venise, les *fogliottanti*, les rédacteurs d'*avvisi*), la politique mène le jeu, du point de vue de tous ces spectateurs qui s'associent passionnément à son déroulement.

Pour nous, deux chaînes et non pas une. De sorte que même en ces domaines traditionnels, il serait difficile aujourd'hui de suivre exactement Leopold von Ranke. Le danger, cependant, serait de croire ces deux chaînes exclusives de toute autre et de tomber dans ce piège puéril qui consisterait à expliquer une série par l'autre, alors que se devinent d'autres chaînes de faits : sociaux, culturels, ou même relevant de la psychologie collective.

Toutefois, que l'économique et le politique se classent mieux dans le temps court, ou très court, que les autres réalités sociales, c'est déjà une façon d'esquisser un ordre global qui les dépasse, de rechercher, au-delà de la part d'événement qu'ils contiennent, les structures, les catégories... André Piganiol m'écrivait, après la première édition de ce livre, que j'aurais pu renverser l'ordre choisi : commencer par l'événement, puis en dépasser les aspects brillants et souvent fallacieux, atteindre ensuite les structures, puis les permanences. Le sablier peut assurément se retourner. Et cette image nous dispensera d'un long discours.

I

1550-1559 : reprise et fin
d'une guerre mondiale

De 1550 à 1559 courent des années maussades. La guerre, suspendue depuis cinq ou six ans, fait à nouveau son apparition. Bien qu'elle occupe mal la Méditerranée, elle en traverse violemment l'espace à plusieurs reprises. Mais c'est une guerre poussée à contre-courant, à contrecœur. L'Allemagne, l'Italie, les Pays-Bas sont, pour l'Europe, des champs d'un attrait plus fort. Pour la Turquie, la Perse est alors la grande préoccupation. La mer Intérieure ne connaît donc pas, au fil de ces années-là, une histoire autonome. Son destin est lié à celui de régions voisines et lointaines. Ces liaisons sont l'essentiel, nous semble-t-il. Quand elles se rompent, en 1558-1559, avec la crise de ces années difficiles, la Méditerranée va se trouver seule à fabriquer ses guerres, elle y dépensera beaucoup d'ardeur.

1. Aux origines de la guerre

1545-1550 : la paix en Méditerranée

En 1550, la mer vivait, depuis plusieurs années, sous le signe de la paix. L'une après l'autre, les guerres s'étaient apaisées. Le 18 septembre 1544[1], le traité de Crespy-en-Laonnois avait été signé entre Charles Quint et François Iᵉʳ, accord bâclé, sans sincérité, et dont les combinaisons dynastiques devaient rapidement s'effondrer ; il allait cependant établir une paix durable. Un an plus tard, le 10 novembre 1545, après des négociations relativement aisées, Ferdinand concluait une trêve avec

le Turc[2]. Le Sultan la voulut humiliante : elle comporta
le paiement d'un tribut à la Porte. Mais plus qu'aucune
autre mesure, elle travailla à vider la Méditerranée de
ses guerres, à l'Est comme à l'Ouest. Dès 1545, la
France pouvait en retirer vingt-cinq galères qui, sous la
conduite de Paulin de la Garde, franchissaient le détroit
de Gibraltar pour participer, au Nord, à un essai de
débarquement contre l'île de Wight[3]. Ces velléités
belliqueuses s'apaisèrent à leur tour : en juin 1546, à
Ardres, France et Angleterre arrivaient à un accord[4].

Les nécessités financières avaient commandé ce retour
au calme. Et aussi quelques puissants hasards : les
grands lutteurs de la première moitié du siècle dispa-
raissaient, l'un après l'autre. Luther mourait le
18 février 1546 ; en juillet de la même année s'achevait
la vie romanesque de Barberousse, l'ancien « roi »
d'Alger devenu, à partir de 1533 et jusqu'à sa mort, le
Capitan Pacha du Sultan, maître de toutes ses flottes[5].
Dans la nuit du 27 au 28 février 1547[6], c'était le
tour de Henri VIII d'Angleterre, le 31 mars celui de
François Ier[7]. L'arrivée d'hommes et de personnels
nouveaux signifiait politique et idées nouvelles ; d'où
un temps d'arrêt dont la paix profita.

En Méditerranée, l'accalmie succédait à une série de
catastrophes, telles que la Méditerranée n'en avait plus
connues depuis des siècles. Il y avait longtemps, en
effet, qu'en dépit des habituelles pilleries des corsaires
et des guerres continentales, l'ordre, un certain ordre
du moins, s'était établi chez elle. Depuis le XIIe siècle
au moins, elle était un lac chrétien. En Afrique du
Nord, par ses marchands et ses soldats, dans le Levant
par ses points d'appui insulaires, en tous lieux par ses
flottes puissantes, la Chrétienté avait su, pour le plus
grand profit de ses trafics et de ses civilisations,
maintenir sa loi, face à un Islam contenu, rejeté vers
ses domaines continentaux. Or cet ordre venait de
s'écrouler. Après la rupture des barrages (dans le
Levant, la chute de Rhodes en 1522, en Afrique Mineure
le plein affranchissement d'Alger en 1529), les portes
de la mer s'étaient ouvertes à la flotte turque. Jusque-

là, elle ne s'y était guère risquée, sauf au cours d'aventures comme le sac d'Otrante, en 1480. Mais de 1534 à 1540 et à 1545, une lutte dramatique renversait la situation : les Turcs, alliés aux corsaires barbaresques, commandés par le plus illustre d'entre eux, Barberousse, réussissaient à se saisir de la suprématie dans presque toute la Méditerranée.

Ce fut un énorme événement. Le bruit des luttes impériales contre la France ou contre l'Allemagne l'ont rejeté à l'arrière-plan de l'histoire de Charles Quint. Bien à tort, car avec les débuts de cette grande poussée maritime, avec le rapprochement de François Ier et de Soliman (1535), puis avec l'alliance forcée de Venise et de Charles Quint durant les années de la première ligue (1538-1540), c'est le sort de la mer entière qui s'est joué. La partie fut quasiment perdue pour la Chrétienté. Par la faute de ses divisions ; par la faute du prince Doria ennemi né de la République de Saint-Marc, capable de toutes les rouries qu'on lui a prêtées ; par la faute de Charles Quint lui-même qui n'a pas pu, ni voulu pratiquer loyalement l'alliance avec Venise. La diplomatie des Habsbourgs, croyant une fois de plus à l'efficacité des petits moyens, a essayé de suborner Barberousse ; celui-ci s'est prêté à ces interminables marchandages. Trahirait-il, ou non, contre honnête récompense ? Et, s'il trahissait, quel serait le prix ? Toute la côte africaine qu'il réclamait, ou seulement Bougie, Tripoli et Bône, qu'on lui proposait [8] ? Finalement, ces jeux de coulisse n'empêchèrent rien : le 27 septembre 1538 [9], la flotte de Doria abandonnait sans combattre aux galères et aux fustes de Barberousse le champ de bataille de la Prevesa.

La défaite chrétienne de 1538 n'a rien de comparable au désastre turc de 1571, a-t-on dit ; elle fut une reculade, une perte de prestige. Voire. Ses conséquences ont duré plus d'un tiers de siècle. En 1540, Venise abandonnait la ligue et acceptait de payer cher la paix séparée que lui ménageait la diplomatie française. Or, sans la flotte de Venise, il était impossible à la coalition occidentale de faire face à l'armada turque, renforcée

bientôt par les galères françaises, promptes à piller au
long des côtes catalanes ou dans les eaux des Baléares.
La sauvegarde collective de la Chrétienté méditerranéenne était ainsi sérieusement compromise, la poussée
turque allait non plus battre, mais dépasser Malte et la
porte de Sicile. La Chrétienté était réduite sur mer à
une défensive peu efficace et néanmoins coûteuse. Elle
ne pourrait plus se permettre que des raids de corsaires
ou quelques opérations hâtives, à l'approche de la
mauvaise saison, sur les arrières de la flotte ennemie.
Le dernier gros effort dans ce sens, l'expédition de
Charles Quint contre Alger, échouait en 1541, devant
la ville et ses « saints » protecteurs. La situation apparut
sous son vrai jour quand la flotte turque, après la prise
de Nice, hiverna à Toulon, de 1543 à 1544 [10]. Occasion
de s'indigner contre le Très Chrétien. De se désespérer.

Le Musulman réoccupe ainsi, après plusieurs siècles,
tous les jardins de la mer. Jusqu'aux Colonnes d'Hercule
et même au-delà, jusqu'aux abords de Séville et des
riches cargaisons d'Amérique, on ne peut plus circuler
en Méditerranée qu'en se méfiant de lui ; ou si l'on
s'est acquis ses complaisances, comme les Marseillais,
ces alliés, les Ragusains, ces sujets, les Vénitiens, ces
hommes d'affaires résignés à la neutralité. Et c'est aux
Musulmans que vont les aventuriers de la mer, la foule
des renégats prêts à se louer au plus fort. Ils ont
les vaisseaux les plus rapides, les chiourmes les plus
nombreuses et les mieux exercées, la plus puissante
enfin des villes neuves de la Méditerranée : Alger, centre
de l'aventure barbaresque.

Est-ce à dire que cette victoire, à Constantinople, soit
voulue, consciente, pesée à son poids [11] ? La politique
turque en 1545 ferait plutôt penser le contraire. La
trêve avec l'Empereur s'explique à la rigueur par la
paix de Crespy : sans la diversion française, impossible
d'avoir raison des forces de l'Empereur. Il fallait donc,
provisoirement, renoncer à cette faible portion de la
Hongrie que Soliman n'avait pas encore conquise. Mais
sur mer aussi, et c'est plus étonnant, la Turquie
n'exploite pas ses avantages. Il n'y aura aucune grande

rencontre jusqu'en 1560. Est-ce parce que Barberousse vient de disparaître ? ou que la puissance turque est obligée de poursuivre, contre les Perses, une lutte difficile, à des milliers de lieues de Constantinople, à travers des pays montueux, vides, où la guerre se bloque chaque hiver, où l'armée exige d'énormes caravanes pour son ravitaillement ? La guerre de Perse de 1545, compliquée d'une lutte dynastique de Soliman contre son fils révolté, Mustapha [12], plus une vraie guerre dans la mer Rouge et l'océan Indien contre les Portugais (le second siège de Diu est de 1546 [13]), tout cela oblige la puissante machine turque à se détourner de la Méditerranée.

Malheur des uns, bonheur des autres : les villes méditerranéennes se reprennent à respirer. Quand elles sont prudentes, c'est le cas en Sicile [14], elles profitent du répit pour se fortifier. Leurs bateaux sillonnent la mer. Et même derechef tentent le voyage quelques-uns de ces bateaux nordiques qui avaient presque disparu de Méditerranée, aux environs de 1535 [15]. Ils se mêlent aux naves florentines ou vénitiennes revenant d'Angleterre, lesquelles, à l'occasion, n'hésitent pas à aller jusqu'aux ports de la côte marocaine. Est-ce la paix, le rétablissement de ces mille liens tendus d'une rive à l'autre, d'une religion à l'autre de la mer ?

L'affaire d'Africa

Oui, mais la paix, en Méditerranée, c'est immanquablement le renouveau de la course. Il ne peut être question, naturellement, de la mesurer, chiffres à l'appui. Mais, dans un fichier en ordre, le rapprochement des références montre nettement l'impunité avec laquelle la petite guerre peut multiplier ses allées et venues, dans les régions centrales de la Méditerranée. Dans le livre d'un contemporain, Pedro de Salazar, paru en 1570 [16], on peut suivre l'odyssée d'été de quelques-uns de ces pillards : deux fustes et un brigantin turcs, appartenant à la flotte groupée autour de Dragut, ayant donc leurs bases dans le Sahel tunisien et le Sud de Djerba. En juin 1550 — juin, c'est la bonne période pour les corsaires — ces trois navires sont postés près d'Ischia, à l'entrée du golfe de Naples, surveillant les arrières de la flotte espagnole de Don Garcia de Toledo qui vient de faire mouvement vers la Sicile. Et c'est d'abord la prise — sans péril — d'un ravitailleur (les galères ont toujours derrière elles leur service d'intendance sous forme de bateaux ronds, difficiles à défendre). Ensuite vient le tour d'une frégate chrétienne. Puis, toujours au large de Naples, entre les îles de Ventotene et de Ponza, celui d'une barque chargée de pèlerins pour Rome. Le brigantin, se séparant de ses compagnons de voyage, s'en retourne alors à Djerba. Les deux fustes, continuant vers le Nord, apparaissent à l'embouchure du Tibre, puis donnent sur l'île d'Elbe. Mais l'une d'elles, mal en point, retourne à Bône et de là à Alger, où elle vendra son butin. L'autre poursuit le voyage. Au large de Piombino, elle vogue un instant de conserve avec quatre galiotes de Dragut, mais elle les laisse bientôt partir vers l'Espagne et gagne les côtes de Corse où son butin est d'ailleurs maigre. Elle se décide alors au retour, gagne Bizerte en longeant les côtes de Sardaigne, puis Bône. Elle arrive à Alger au mois d'août... Multiplions par dix ou vingt ce récit de voyage, pensons aux corsaires chrétiens qui s'affairent de leur côté [17], et nous aurons une idée du poids dont peut peser la course dans la vie de la mer, en ces années 1550.

Rien d'analogue, certes, à la menace des grandes armadas. La course se contente de petits moyens, se tenant à distance respectueuse des villes, des fortifications, des flottes de guerre. Elle ne se hasarde pour ainsi dire jamais sur certaines côtes. Mais certaines autres, les rives de Sicile et de Naples par exemple, sont ses objectifs « privilégiés » ; une vraie chasse à l'homme s'y poursuit. C'est en même temps, non moins pressante pour les corsaires d'Afrique, une chasse au blé, aux navires des *caricatori* de la côte Sud de la Sicile quand ce ne sont pas les *caricatori* eux-mêmes qu'on attaque.

De ces corsaires mangeurs de blé sicilien, Dragut est le plus dangereux. Grec d'origine, il a une cinquantaine d'années et, derrière lui, une longue vie d'aventures, dont quatre ans de captivité sur les galères génoises où il ramait encore au début de 1544, quand Barberousse lui-même négocia son rachat [18]. En 1550, il est installé à Djerba [19]. C'est là qu'il revient entre ses voyages, qu'il hiverne entouré de ses reis, qu'il recrute ses équipages. Mais toléré seulement par les Djerbiens, il profite de querelles intestines pour s'emparer à point nommé, en 1550, de la petite ville d'Africa, dans le Sahel tunisien. Étroit promontoire nu, sans arbres ni vignes, au Nord de Sfax, approximativement à la hauteur de Kairouan, Africa eut jadis, au temps des Fatimides, son heure de splendeur. Très déchue, village plutôt que ville, elle représente pourtant pour Dragut, avec l'abri de ses eaux et de ses mauvaises murailles, une escale utile sur le chemin de la Sicile. Et une maison à lui, en attendant mieux.

Ce changement de propriétaire alarma aussitôt les autorités responsables, de l'autre côté de la porte de Sicile. Le vice-roi de Naples, informé par un exprès de Gênes, transmettait aussitôt l'avis de la prise du petit port, *luogo forse di maggior importanzia che Algieri* [20], disait-on. Ne crions pas trop vite à l'exagération. Ce que mettaient en question les progrès de Dragut, ce n'était pas seulement la sécurité des côtes de Sicile, indispensable au ravitaillement de la Méditerranée occidentale. C'était aussi la « Tunisie », ce royaume décadent des Hafsides, mal tenu par les maîtres de Tunis que l'Espagne tolérait parce qu'elle pouvait (grâce au préside de La Goulette) les protéger et, le cas échéant, les rappeler à l'ordre. Or cette Tunisie, cette Ifriqya, riche encore et convoitée par les Siciliens, voilà qu'elle allait peut-être s'organiser à la turque, avec plus de cohérence et de force. Charles Quint s'était déplacé lui-même, en 1535, pour arracher Tunis à Barberousse qui s'y était installé l'année précédente [21]. Allait-on laisser Dragut, qu'un jour la Turquie pouvait directement appuyer, se saisir de la maison voisine ? On se souvenait de la rapide croissance d'Alger. Africa pouvait n'être qu'un début.

Charles Quint, le 12 avril (il a donc été mis vite au courant), se plaignit, de Bruxelles, dans une lettre au Sultan, des agissements de Dragut. Le reis n'avait-il pas rompu la trêve ? L'ambassadeur Malvezzi, qui gagnait alors Constantinople pour le compte de Ferdinand, reçut aussi les instructions de l'Empereur [22].

Cependant, dès avril, Dragut s'apprêtait à commencer sa saison. Ayant laissé Africa avec une garnison de cinq cents Turcs, il était le 20, à Porto Farina. Un avis de Sicile y signalait la présence de ses trente-cinq voiles, ajoutant qu'il partirait en course dès qu'il aurait despalmé et que le temps lui serait favorable [23]. Aussitôt, grosse inquiétude à Naples où l'on attendait l'arrivée des galères du prince Doria. Elles n'y parviendront qu'avec un gros retard, le 7 mai [24]. Une dizaine de jours plus tôt, le 29 avril, un avis signalait Dragut près de Messine, à l'affût des bateaux de grains [25]. Après quoi ses navires, groupés ou dispersés, tels les trois dont nous suivions plus haut le voyage, poursuivirent leurs randonnées au large des côtes chrétiennes. Et les vigies ne réussirent plus à les signaler à temps. A Naples, le 7 mai [26], on ne savait plus rien du corsaire, sinon qu'il avait pris le chemin de l'Ouest, peut-être même celui de l'Espagne.

Une riposte était donc naturelle. Le « Capitan Pacha » de Charles-Quint, le vieux prince Doria, arrivait à Naples le 7 mai avec ses galères mal équipées (il leur manquait au bas mot mille rameurs), très capables, néanmoins, de mener à bien une opération de police. Deux mille fantassins se trouvaient à bord [27]. Quand Doria quitta Naples, le 11 [28], son intention était de s'emparer d'Africa, en profitant de l'absence de Dragut. Mais, commençant par s'attaquer au petit port de Monastir, au Nord d'Africa, il s'y heurta à tellement plus de difficultés qu'il ne l'avait supposé — si la défense avait été plus experte, toute l'infanterie espagnole périssait dans l'affaire [29] — qu'il tint compte de l'avertissement. Avant de poursuivre contre Africa, où il savait que l'attendaient du canon et des arquebuses, il expédia vingt-quatre galères à Naples avec mission

d'y embarquer mille soldats espagnols de renfort et
les grosses pièces d'artillerie nécessaires au siège. Il
réclamait, en outre, la nomination d'un général commandant le corps expéditionnaire : un soldat chevronné,
Juan de la Vega, vice-roi de Sicile, était nommé le
3 juillet[30].

Ces mesures suffirent pour faire vivre Naples, pendant
tout le mois de juin, dans une fièvre de préparatifs et
d'exaltation. Des moines franciscains se joignirent au
convoi *con grandi crucifissi e con grande animo di far
paura a quei cani.* Et chacun partait « avec la plus
extrême résolution de combattre ou de mourir »[31]. Bref,
moral excellent, comme nous dirions aujourd'hui.

Le 28 juin, le siège commençait[32]. Il dura presque
trois mois. C'est le 10 septembre seulement, sous l'œil
de Doria et des marins, simples spectateurs, que les
Espagnols, Italiens et chevaliers de Malte s'empareront
d'Africa[33]. La tâche n'avait pas été simple : il avait
fallu demander, dans l'intervalle, un nouveau renfort
de 500 chevaliers et la facture envoyée par le *proveditore*
du duc de Florence à Pise montre que le corps expéditionnaire n'avait économisé ni les boulets, ni la poudre[34].

Petit succès au demeurant. Dragut était écarté. Mais
les Siciliens ne garderont que quelques années ce poste
perdu, nouant quelques intrigues avec le pays nomade
du Sud, tâche aisée, mais assez vaine[35]. Les chevaliers
de Malte ne voulant pas se charger de sa garde, la
petite place fut démantelée, et ses remparts détruits à
la mine[36], après une assez étrange mutinerie de la
garnison. Le 4 juin 1554[37], les troupes qui l'occupaient
étaient repliées sur la Sicile et de là, car tout se tient,
engagées dans la guerre de Sienne[38].

C'est à cette petite échelle que l'affaire apparut à
l'Empereur qui, en 1550, à Augsbourg, avait bien
d'autres soucis en tête. Ne serait-ce que ceux que lui
valaient sa famille et la situation politique et religieuse
de l'Allemagne. Il écrivait cependant, le 31 octobre,
une longue lettre au Sultan[39], où il se plaignait à
nouveau des agissements de Dragut, en contradiction
formelle avec les termes de la trêve ; où il expliquait

pourquoi il avait dû intervenir. En somme presque une
lettre d'excuses. Car jamais plus qu'en 1550, l'Empereur
n'avait été attaché à une politique de paix à tout prix
avec les Turcs, sans quoi il lui était impossible de dicter
ses volontés à l'Europe et à l'Allemagne. Mettre au pas
un corsaire, un hors-la-loi, ce n'était pas forcément,
suivant les règles de l'époque, avoir affaire au Sultan.
Tous les jours, la trêve avait à s'en accommoder et
s'en accommodait. Charles Quint ne crut donc pas
à l'importance de l'affaire d'Africa. Mauvais calcul,
puisqu'il devait y avoir, l'année suivante, la puissante
riposte des Turcs... Mais d'autres raisons et bien plus
graves que l'épisode d'Africa, y avaient travaillé. Africa
fut un prétexte, rien d'autre.

Lendemains et surlendemains de Mühlberg

Pour y voir clair, il faut retourner en arrière, à ces
années de paix apparente, 1544, 1545, 1546, puis à la
grande bataille de Mühlberg du 20 avril 1547 qui, d'un
coup, fixa le destin de l'Allemagne et de l'Europe
(autant que peut se fixer un destin aussi mouvant) et,
par voie de conséquence, celui de la Méditerranée. Pour
l'Empereur, c'était le grand triomphe, plus grand même
que celui de Pavie. L'Allemagne devenait sa chose,
alors que dans le passé, ce qui avait manqué à Charles
Quint, c'était, presque toujours, l'appui régulier du
monde allemand. Triomphe, miracle aussi : toutes les
difficultés s'étaient aplanies autour de lui, comme pour
lui faciliter l'exécution du plan si longtemps rêvé. Le
18 septembre 1544, la guerre s'était achevée avec la
France. En décembre 1545 [40], le Concile s'était réuni à
nouveau à Trente et l'Église avait marqué un point
décisif. En novembre, survenait la trêve avec le Turc.
En juin 1545 [41], enfin, la Papauté concluait une alliance
avec l'Empereur, consécration précieuse d'une alliance
de fait qui existait depuis des années déjà contre les
Protestants d'Allemagne, mais qui n'empêchait pas
Rome de se méfier de la politique d'atermoiement
pratiquée par Charles Quint à l'égard de la puissante
ligue de Smalkade, ni l'Empereur d'être souvent con-

traint à la prudence, en face de cette singulière puissance de Rome qui lui montrait tour à tour hostilité et sympathie. Cette fois, tout s'était éclairci dès les négociations du cardinal Farnèse à la Diète de Worms, en mars 1545 [42]. Or, l'appui de Rome signifiait des troupes et de l'argent — plus de trois cent mille ducats — sans compter la moitié des revenus ecclésiastiques de l'Espagne, les *mezzi frutti*, comme on disait à Rome. Un triomphe financier [43]...

Pourtant, l'Empereur se décida tardivement à porter les premiers coups, sans doute à cause d'une chancellerie embarrassée dans ses papiers et par suite de l'habituelle lenteur des armements. A Rome, en septembre 1545 [44], voyant fuir la bonne saison, Juan de la Vega, alors ambassadeur impérial, s'impatientait. L'occasion était si belle d'intervenir, avec la neutralité, voire la demi-complicité de la France, avec ne disons pas la neutralité mais l'inaction du Turc. En septembre, Juan de la Vega confiait à son secrétaire, Pedro de Marquina, qu'il dépêchait vers l'Empereur un long discours destiné à être lu au souverain. Que de rêves et d'utopies dans ce discours ! En cas de victoire, il faudrait que Charles Quint transformât l'Empire en État héréditaire, *y quittar aquella cirimonia de election de manera que viniesse hereditario el imperio como los otros estados*. Puis le Pape, l'Empereur, le roi de France pourraient s'allier en vue de la conquête de l'Angleterre et de la reconquête de la Hongrie sur les Turcs. La France, en compensation de Milan, recouvrerait Boulogne. Au duc d'Orléans reviendrait, avec la main d'une fille de Ferdinand, la Hongrie reconquise. Projets, rêves, fumées, mais qui ouvrent de singulières perspectives sur les milieux impériaux et pontificaux d'alors. Dans le monde du XVI⁰ siècle, divisé contre lui-même, on ne saurait dire à quel point certains esprits ont été hantés par l'idée de retour à l'unité et par les vieux rêves de croisade. Charles Quint lui-même est incompréhensible en dehors de ce courant-là.

Mais il n'est pas dans notre intention, étudiant un monde, celui de la Méditerranée, de nous perdre dans un autre, celui de l'Allemagne, si décisif qu'il soit en ce milieu du siècle. Notre but, c'est de montrer comment, longuement préparée par les circonstances allemandes et extra-allemandes, et au premier chef, par la pacification même de la Méditerranée, la guerre explose en Allemagne. Comment elle assure le triomphe de l'Empereur, mais du même coup comment elle provoque le rapprochement de ses adversaires par ce triomphe même : leurs efforts conjugués vont renverser contre lui, une nouvelle fois, la bascule européenne. Ce qui nous intéresse, c'est que la guerre, circonscrite à l'Allemagne, s'étend peu à peu à l'Europe voisine et à la Méditerranée. C'est le lien jamais décelé, bien qu'il soit visible, entre les lointains événements de Mühlberg, en avril 1547, et, trois ans plus tard, le renouveau de la guerre méditerranéenne.

Cette victoire du 24 avril 1547, dans les brouillards de l'Elbe, qu'a-t-elle donné exactement à l'Empereur ? Tout d'abord un incontestable succès de prestige, tant elle était inattendue, rapide à surprendre le vainqueur lui-même. Non que la guerre ait été admirablement conduite : le secret n'en avait pas été bien gardé, les concentrations de troupes menées lentement, les transports de grosse artillerie, faits sans escortes, auraient pu être interceptés [45]. Mais les Protestants, divisés eux-mêmes, affolés au dernier instant par la traîtrise de Maurice de Saxe, laissèrent, entre les mains de l'ennemi, leurs chefs et des milliers d'hommes. Leur retraite tourna à la débâcle [46]. Du coup, Charles Quint était délivré de ce qui « était depuis quinze ans son pire tourment », la ligue de Smalkade, l'organisation princière de l'Allemagne protestante, rebelle à Rome et aux volontés de l'Empereur [47].

Cette Allemagne vaincue, Charles Quint entendit l'organiser sur le plan politique et religieux, et ce fut la grosse question de l'Intérim d'Augsbourg (1548) et celle, non moins grosse, de la succession à l'Empire. Celle-ci nous intéresse plus encore que celle-là. L'Empereur tenta, en effet, d'assurer à son fils, Philippe d'Espagne, la direction éventuelle de l'Allemagne, donc de lier l'héritage allemand à l'héritage bourguignon et espagnol. Ceci contre l'évidente volonté de l'opinion allemande. Dès 1546, la propagande protestante disait : *Kein Walsch soll uns regieren, dazu auch kein Spaniol*[48]. Les Allemands non protestants n'étaient pas d'un autre avis. En septembre 1550, l'électeur de Trèves disait ouvertement *che non vuol che Spagnuoli commandino alla Germania*[49]. En novembre de la même année, le cardinal d'Augsbourg exhalait sa mauvaise humeur contre les insolences espagnoles et affirmait que l'Allemagne ne tolérerait à sa tête qu'un prince allemand[50]. « Il y a beaucoup de princes qui, plutôt que d'élire Philippe, déclarent qu'ils aimeraient mieux s'accorder avec le Turc », disaient les Vénitiens, en février 1551[51].

C'était folie que de passer outre. Mais tout n'était-il pas permis au vainqueur, dans l'Allemagne des lendemains de Mühlberg ? Seules quelques villes libres résistaient encore, mais pour combien de temps ? Aucun appui n'était à attendre du dehors : le Turc lui-même avait renouvelé pour cinq ans la trêve avec les Impériaux (19 juin 1547[52]). La France avait bien montré quelques velléités d'agir, mais François Ier était mort avant Mühlberg et le nouveau Roi était déjà engagé au Nord, au moins en intention : la guerre franco-anglaise — la guerre pour Boulogne — recommençait avec l'année 1548[53]. A Rome, surgissaient pour l'Empereur de graves difficultés, singulièrement révélatrices de la position pontificale. Mais ces difficultés n'étaient pas insurmontables et d'ailleurs, Paul III mourait, le 10 novembre 1549[54]. Les Habsbourgs avaient donc les mains libres en Allemagne. Ce fut surtout pour s'y quereller...

Les Habsbourgs ont longtemps entouré l'Empereur d'un faisceau de dévouements sans lequel l'Empire de Charles Quint eût été presque impensable. Mais vienne l'héritage, et, comme dans la plus ordinaire des familles, le faisceau se délie. La succession de l'Empereur s'était déjà posée avant Mühlberg, en 1546 et plus tôt sans doute. On en reparle dès 1547, quand la Diète se réunit à Augsbourg, dans la ville encore remplie de soldats. L'Empereur la met lui-même en question à chaque instant, par ce besoin de méditer sur sa propre mort, cette *meditatio mortis* qui a inspiré ses nombreux testaments.

N'est-il pas un vieillard d'ailleurs, cet homme de 47 ans ? A cette époque, tout soldat, ayant vécu de la dure vie des camps, est usé à cinquante ans. La longévité d'un Anne de Montmorency étonnera ses contemporains. Henri VIII et François Iᵉʳ, ces frères en âge de Charles Quint, viennent de mourir, l'année même de Mühlberg ; le premier à 56 ans, le second à 53. L'Empereur est en outre affreusement travaillé par la goutte, mourant, affirment de temps à autre les ambassadeurs. Et chacun de tabler sur la disparition prochaine du vieil homme « qu'on voit, des jours entiers, d'humeur sombre, une main paralysée, une jambe repliée sous lui, refusant de donner audience à personne et occupant tout son temps à monter et démonter des horloges et des montres »[55].

Cet homme reste pourtant animé d'un désir passionné : transmettre à son fils Philippe la totalité de son héritage. Rêve politique et de tendresse, car il aime ce fils ordonné, réfléchi, respectueux, ce disciple qu'il s'est plu à former, de près et de loin. Maître de l'Allemagne et de l'Europe, il pense immédiatement à l'appeler auprès de lui. Philippe qui gouverne l'Espagne depuis 1542, part de Valladolid le 2 octobre 1548, laissant à sa place son cousin Maximilien, le fils de Ferdinand. C'était, à vingt et un ans, son premier tour d'Europe qu'un chroniqueur scrupuleux, sinon pittoresque[56], nous a conté dans tous ses fastes. Avec Philippe voyage la fleur de la noblesse d'Espagne, pères et fils[57]. Pour les transporter du petit port catalan de Rosas à Gênes, la flotte entière du vieux Doria est de service ; les musiques jouent sur les galères aux rames multicolores, aux proues éblouissantes de dorures. A terre se succèdent les arcs de triomphe, les fêtes, les discours, les festins, jusqu'à Bruxelles où l'héritier du monde rejoint son père, le 1ᵉʳ avril 1549. Charles le fait alors reconnaître comme héritier des Pays-Bas. Procédure inusitée, puisque ceux-ci sont encore sous

l'autorité nominale du Saint Empire. On « inaugure »
pourtant le jeune prince comme comte de Flandre,
comme duc de Brabant. On le montre aux villes du
Nord et du Sud qui, l'une après l'autre, du printemps
à l'automne 1549, subissent leur tour de réjouissance
officielle. Puis c'est le voyage d'Allemagne qui va
soulever, plus aiguës que jamais, les querelles d'héritage.

A Augsbourg où la Diète a été convoquée, les
Habsbourgs tiennent, à partir d'août 1550, un vrai
conseil de famille ; au milieu des sourires et des grâces
officielles, la discussion s'engage, à peine coupée de
pauses. Elle durera plus de six mois, Charles Quint se
heurtant aux ambitions de son frère, ou plutôt de la
famille de son frère, « les Ferdinandiens », dont le plus
acharné était le fils aîné, Maximilien, roi de Bohême à
l'époque, neveu et gendre de l'Empereur. Au vrai,
c'est Charles lui-même qui avait créé la puissance des
Ferdinandiens. En 1516, au moment de la succession
d'Espagne, Ferdinand s'était effacé devant son aîné,
malgré des chicanes possibles. La récompense n'avait
pas tardé : il avait reçu l'intégrité de l'*Erbland* autrichien
par le traité de 1522. Neuf ans plus tard, en janvier
1531, il avait été promu roi des Romains et à ce titre,
avait gouverné l'Allemagne pendant les longues absences
de son frère. La maison « apanagée » avait su grandir
par elle-même, s'annexant, en 1526, la Bohême, cette
forteresse de l'Europe moyenne et la Hongrie ou, du
moins, ce que l'Islam en avait laissé. Elle rencontrait
en 1550, des circonstances favorables. Dans la mesure
même où l'Allemagne ne voulait ni de la réduction à
l'obéissance, ni de la loi catholique, donc de l'ordre
espagnol qui personnifiait l'une et l'autre chose, elle se
tournait vers les princes de Vienne. C'est Maximilien
non Philippe, qu'elle voulait voir succéder à Ferdinand.

Charles avait une alliée : sa sœur, Marie de Hongrie,
passionnément dévouée à sa famille, qui gouvernait les
Pays-Bas depuis 1531. Peut-être le projet de succession
est-il son œuvre [58]. En tout cas, c'est elle qui entreprit
de convaincre Ferdinand. N'était-il pas son obligé autant
que l'obligé de Charles ? En 1526, après Mohacs où

son mari, Louis de Hongrie, avait été tué, elle avait aidé Ferdinand à se saisir de l'héritage du mort. Dès septembre, elle se rendit à Augsbourg, chapitra le récalcitrant, insista, recommença. Quand elle regagna les Pays-Bas, elle laissait derrière elle la détente et le calme. Il est vrai que si l'on se taisait, c'était dans l'attente de Maximilien. Dès son arrivée, la discussion se ranima, pour s'aggraver aussitôt. Étranges conciliabules, poursuivis en français en souvenir des aïeux bourguignons de la Chartreuse de Dijon et où, discutant d'eux-mêmes comme de simples héritiers un peu fébriles devant notaire, les Habsbourgs discutaient du même coup de l'Allemagne et de l'Europe.

Avec Maximilien, le ton de la réunion change, ses indiscrétions laissant passer sur la place publique les échos d'une discussion jusque-là calfeutrée. Les journaux des ambassadeurs se peuplent de détails sensationnels. Charles Quint s'indigne et se désespère : « Je vous puis certifier que je n'en puis plus, si je ne creive », écrit-il [59] à sa sœur, en décembre 1550. Rien ne l'a jamais autant affecté que l'attitude du roi son frère, pas même ce qu'a pu lui faire « le roy de France mort », ni les « braveries » dont le connétable de Montmorency use à présent. Sur ce, retour en janvier de Marie. Cette fois toutes les tentatives de conciliation sont vaines ; alors Charles Quint décide d'imposer sa volonté par le *Diktat* du 9 mars 1551 [60] dont le texte sera écrit, assez mystérieusement, dans la chambre même de l'Empereur, par l'évêque d'Arras. La dignité impériale était réservée à Philippe, dans l'avenir du moins, car son oncle hériterait d'abord de la couronne d'or et Philippe du titre de roi des Romains. A la mort de Ferdinand, Philippe deviendrait Empereur et Maximilien Roi des Romains. Philippe recevait en outre, peu après, la promesse d'être investi de l'autorité « féodale » dont l'Empereur disposait en Italie, avec le titre de vicaire impérial pour les terres italiennes [61].

Mais cet accord restera lettre morte [62]. Chapitrés, menacés, les Ferdinandiens savaient qu'ils pouvaient compter sur des jours meilleurs. Maximilien saura être l'ami des Luthériens, l'ami de Maurice de Saxe, quand il ne sera pas en coquetterie avec le roi de France. C'est même, dit Ludwig Pfandl [63] sans bien nous convaincre, la raison de l'obstination de Charles Quint : il n'aurait pas voulu livrer l'Empire à un homme aussi peu sûr, à un demi-hérétique. Pourtant la solution trouvée par l'Empereur n'était guère viable. Dès la fin des conversations d'Augsbourg, des libelles et des placards avertissaient l'Empereur. On a souvent accusé de l'échec le jeune Philippe, et sans doute cet enfant distant, appliqué, étranger à la langue et aux mœurs d'un pays qu'un contemporain disait plus adonné à la boisson qu'à la doctrine de Luther [64], a-t-il perdu la partie personnelle qu'il avait à jouer. Mais pouvait-il la gagner ? Le règlement d'Augsbourg n'était-il pas condamné d'avance par l'Allemagne, par l'Europe ?

Par l'Allemagne tout d'abord. Comment prétendre la tenir avec des régiments étrangers d'Italiens et d'Espagnols, méridionaux sans retenue contre qui la haine populaire, tout de suite violente, n'a cessé de croître ? Régiments d'ailleurs qu'on ne pouvait maintenir éternellement : une armée coûte cher. Leur départ d'Allemagne, en août 1551 [65], quel terrible amoindrissement déjà de la victoire de Mühlberg ! L'Empereur avait peu d'alliés dans la place. Même les cités catholiques du Sud ne se rangeaient pas sans réticence à ses côtés. Elles tenaient à leurs franchises, plus encore à la paix. Quant aux princes, il n'y fallait pas songer. D'autant que ce monde allemand disparate, si difficile à gouverner, était à chaque instant, pour l'Europe qui l'entoure, une occasion d'intervenir. Or, l'Europe, elle non plus, ne voulait pas de la victoire impériale.

Ainsi grossit lentement, en Allemagne et autour de l'Allemagne, la menace de guerre. Lentement, car il faut du temps pour conclure les accords, lever les troupes, constituer les approvisionnements nécessaires. Les diplomates ont tout loisir pour signaler longtemps à l'avance la marche pesante de ces préparatifs.

Cette fois, c'est Simon Renard, l'ambassadeur impérial à la cour du Très Chrétien, qui en est le plus

minutieux rapporteur, car la France joue le premier
rôle dans l'offensive en préparation. Elle a les mains
libres depuis qu'elle a su se dégager de la guerre anglaise
par le traité du 24 mars 1550 [66] et, dès avant cette date,
Simon Renard s'inquiétait, à bon droit, de ses menées
diplomatiques. Le roi de France n'a-t-il pas essayé de
convaincre le Turc de rompre les trêves avant l'expiration des délais ? (lettre du 17 janvier 1550 [67]). Il agissait
en même temps à Brême, entretenait à sa cour des exilés
espagnols ; l'on disait même qu'il avait l'intention
d'attaquer du côté de Fontarabie (lettre de Philippe à
Renard du 27 janvier [68]). *Mañas de Franceses*, écrit
Philippe [69]. Mais la correspondance diplomatique française confirme l'exactitude de ces bruits. Au centre de
ce va-et-vient de nouvelles, se retrouvent la politique et
la personne bougonnes du connétable de Montmorency,
ses prudences, mais aussi ses violences et sa rudesse de
langage. Ce n'est plus, certes, la « collaboration » de
1540 [70].

Du jour où l'hypothèque de la guerre anglaise est
levée, le contre-jeu français gagne en force et en
efficacité. Simon Renard en note les coups et les échos.
Le 2 avril, envoi d'agents français en Turquie et à Alger ;
déplacement vers le Piémont des troupes devenues
libres devant le fort de Boulogne [71] ; le 25 [72], joie non
dissimulée des Vénitiens à l'annonce de la paix franco-
anglaise : elle leur semble garantir que la France ne
restituera pas le Piémont et continuera à faire contrepoids dans le Nord, et dans toute l'Italie, à la domination
espagnole. Ce même 25 avril, un agent français est
envoyé au Chérif : or celui-ci inquiète l'Espagne par
ses incursions en Oranie et les projets qu'on lui prête
contre la Péninsule elle-même [73]. L'agent français, à ce
qu'on dit, doit lui offrir l'aide de la flotte française
devenue sans emploi contre l'Angleterre. Le point visé
serait le Royaume de Grenade.

Évidemment, on ne sait jamais avec la France. « Sire,
écrivait Simon Renard, ce même 25 avril, les affaires et
délibérations sont ici tellement sujettes à changements
et à variations que l'on peut difficilement découvrir et

signaler la vérité de leurs agissements. » Trop parler
après tout — c'est le défaut français — n'est-ce pas,
autant que le silence où s'enferment soigneusement les
Espagnols, cacher son jeu ? Pourtant, conclut Renard,
quelques mois plus tard : « Le Roi de France n'a pas
confiance dans l'Empereur et, pour briser ses desseins,
négocie avec les Allemands, les Suisses, les Mores, les
Infidèles »[74] et aussi, ajoute-t-il le 1er septembre, avec
les bannis de Naples, *los foraxidos*, avec le duc d'Albret,
avec le Chérif marocain[75]. Le 6 décembre, il est à
nouveau question de Fontarabie où le roi de France se
porterait, « sachant que Fontarabie est la clef de
l'Espagne »[76]. Les Vénitiens ne souhaitent rien tant que
de voir éclater cette guerre franco-espagnole et il semble
que les Français y soient décidés. « Ce qui les incite,
ce sont les intelligences et pratiques qu'ils ont en
Allemagne. » Au premier geste hostile, celle-ci se révol-
tera. Maurice de Saxe n'a-t-il pas donné le signal, à la
Diète ? Il y aussi les encouragements du Grand Turc
qui a promis d'accourir « avec une telle armada qu'il
chassera Votre Majesté de Berbérie, Sicile et Naples,
pour ensuite remettre aux Français ce qu'il aura
enlevé ». Projets dont Simon Renard a eu vent par
diverses sources et confirmation par un certain Deme-
tico, Grec qui sert d'interprète (ès langues arabe et sans
doute turquesque) et demeure à Paris. Un ambassadeur
du « Roi » d'Alger au roi de France serait arrivé le
jour même où Henri II a fait son entrée à Blois. Il a
été reçu par le Roi et le Connétable. On a parlé « de la
victoire que V. M. a remportée cette année à Africa ».
Aux dernières nouvelles, le Turc romprait la trêve sous
prétexte de fortifications en Hongrie, contraires aux
conventions passées.

L'année suivante, la correspondance de Simon
Renard[77] relate encore, minutieusement, des choses
toutes semblables à propos de Fontarabie, des villes
allemandes, de l'Italie, de la Berbérie où un chevalier
de Malte signale l'envoi de voiles et de rames marseillaises. Puis les signes se multiplient : c'est le retour de
l'ambassadeur français à Constantinople, le 12 avril,

annonce sûre de grands événements. C'est, le 27 mai, le voyage de Montluc en Italie et les 40 galères que le roi équipe à Marseille. La guerre s'engage en fait à propos de Parme où le Pape Jules III a attaqué les Farnèse : derrière les Farnèse, il y a le roi de France ; derrière le Pape, les Impériaux. Guerre indirecte, assourdie, mais premier signe des hostilités dont la rumeur grandit partout et qui finalement éclatent : le 15 juillet, à Augsbourg, on apprend que la flotte turque vient d'arriver, au large des côtes de Naples [78].

2. La guerre en Méditerranée et hors de Méditerranée

Le premier coup porté l'a été, en effet, par les Turcs. Pouvaient-ils laisser les Chrétiens s'établir fortement sur les côtes d'Afrique, depuis Tripoli que tiennent les chevaliers de Malte [79] jusqu'à Africa et La Goulette ? Sur cette ligne essentielle, qui peut leur interdire ou, pour le moins, leur rendre difficile le chemin de l'Ouest. Dragut n'est pas de taille à résister seul aux flottes d'André Doria. Il n'a pu leur échapper, à Djerba, en avril 1551, que par un stratagème désespéré, en creusant un canal à travers les sèches, au Sud de l'île [80]. Dragut risque d'être déraciné des côtes d'Afrique. D'autre part, les Chevaliers de Malte songeaient à abandonner leur île montueuse et stérile pour se transporter jusqu'à Africa et Tripoli et s'y installer au large. Va-t-on leur donner le temps de construire, à l'entrée même de la Berbérie, un nouveau château de Rhodes, inexpugnable [81] ?

La chute de Tripoli : 14 août 1551

Cependant tout va si lentement que les Turcs peuvent se donner le luxe d'une rupture selon les meilleures règles diplomatiques. L'Empereur a fortifié, contrairement aux stipulations de la trêve, sur la frontière de Hongrie. Il intrigue en Transylvanie [82]. Il a attaqué Dragut, allié du Sultan. En février 1551, un émissaire du Turc, un

Ragusain (il a pris la route de terre de Constantinople à Augsbourg) arrive auprès de l'Empereur. Que ce dernier démantèle Zœnok et restitue Africa, sinon c'est la guerre [83]. Petit détail curieux, Sinan Pacha, à son arrivée devant le phare de Messine, toute sa flotte rassemblée dans la Fossa di San Giovanni, renouvellera cette demande de restitution d'Africa, dans une lettre au vice-roi [84]. Bien entendu, la restitution fut refusée. Mais chacun se demandait avec anxiété ce qu'allait faire la flotte du Sultan. Irait-elle sur Malte, Africa, Tripoli ? Ou bien poursuivrait-elle en direction de l'Ouest pour rejoindre les galères françaises ? Et alors que feraient les Français, c'est ce dont s'inquiétait Charles Quint à Augsbourg [85].

La flotte après un simulacre d'attaque, gagna le port de Malte, le 18 juillet [86], essaya d'y débarquer, puis poussa jusqu'à l'île de Gozzo qui fut horriblement ravagée, les Turcs y enlevant 5 ou 6 000 captifs [87]. Le 30 juillet, elle mettait à la voile vers les rivages d'Afrique. A Malte comme à Tripoli, on eut, dans les premiers jours d'août, l'espérance que ce n'était qu'une feinte. L'ambassadeur de France en Turquie, d'Aramon, étant arrivé à Naples le 1er août, en route pour Constantinople, le bruit courut qu'il venait chercher l'armada pour l'accompagner en Occident, où elle hivernerait. Mais le corps expéditionnaire commença bientôt à débarquer, à Zuara à l'Ouest, et à Tadjoura à l'Est de Tripoli.

Tripoli, conquis en juillet 1510 par les Espagnols, avait été cédé par eux aux chevaliers de Malte, en 1530. La place est médiocre : une petite ville indigène, peuplée d'Arabes au service de la Religion, entourée d'une mauvaise muraille, renforcée de tours, mais construite essentiellement en terre. En face du port, un château fort de style ancien, avec quatre tours d'angle et des murs, de pierre en partie, de terre fort souvent. Enfin, commandant de ses canons les passes d'entrée du port (port vaste et profond dont le plan d'eau est suffisant pour des naves de 1 200 salmes) un petit château, construit sur une langue de terre, en direction des îles qui ferment le port à l'Ouest, le *castillegio*, le Bordj el Mandrik comme l'appellent les Arabes ; forteresse médiocre que les circonstances, dans ce pays de sables où il n'y a ni pierre ni bois, et, dit-on, l'avarice du Grand Maître, Jean d'Olmedes, ont empêché de mieux construire. A l'intérieur, sous le commandement de Fra Gaspar de Vallier, maréchal de la langue d'Auvergne qui, à l'épreuve, se révélera un assez piètre chef, il y a trente chevaliers et 630 mercenaires calabrais et siciliens, recrutés à la dernière heure et de médiocre qualité [88].

Aussi le siège fut-il sans histoire, malgré le temps limité dont disposaient les Turcs avant la mauvaise saison. Les assaillants purent débarquer et se ravitailler à leur aise, creuser leurs tranchées d'approche, mettre en place trois batteries de douze pièces contre le château fort ; les soldats assiégés se mutinèrent alors et imposèrent à leurs chefs la capitulation. Les pourparlers allèrent grand train. Les Turcs exigèrent qu'on leur rendît, intactes, les fortifications de la ville. En échange, sur l'intervention de l'ambassadeur français qui avait joint l'armada turque, les chevaliers eurent la vie sauve et la liberté. Ils firent, à bord des galères de l'ambassadeur, une assez piètre rentrée à Malte, cependant que les soldats étaient laissés aux mains de l'ennemi, en juste punition de leur indiscipline [89]...

Tel est du moins le récit de Bosio, ce « bourgeois » de Malte qui, en toute tranquillité d'âme, donne ses sources : les débats du procès fait par la suite à Malte aux chefs responsables. Il semble bien qu'on ait chargé de tous les péchés les soldats captifs qui n'étaient plus là pour se défendre. Mais l'affaire, à l'époque, donna lieu à des bruits multiples. Sans parler des ignominies dont on accusa l'ambassadeur d'Aramon, le chevalier français Gaspar de Vallier trahit-il, comme le soutient l'historien Salomone Marino ? Ou bien faut-il accuser du désastre le Grand Maître lui-même, l'Espagnol d'Olmedes, qui, pour le moins, s'était montré peu prévoyant ?

Peu importe ! Ce qui compte c'est qu'avec Tripoli était tombé aux mains du Turc un instrument appréciable de combat et de liaison avec la Berbérie. Traditionnel débouché de l'intérieur africain, la ville allait retrouver sa dignité. Tant que les Chrétiens l'avaient occupée, le trafic saharien s'était détourné vers Tadjoura, proche de Tripoli, fief d'un rude homme, Morat Aga, que la victoire de 1551 mit à la tête du Pachalik de Tripoli. Alors poudre d'or et esclaves reprirent le chemin de la ville « riche en or ».

Ce raid turc sonne aussi l'heure de la guerre générale que préparait l'Europe. La politique française multiplie ses braveries, cependant que les Impériaux, prenant leurs précautions, saisissent dès le mois d'août, les bateaux français aux Pays-Bas [90]. Le nonce, malmené par Henri II et le connétable, annonce, à qui veut l'entendre, que la guerre est toute proche [91]. On lève des troupes en Gascogne [92] et les 30 000 hommes et les 7 000 chevaux du duc de Guise quittent les frontières du Barrois et de la Bourgogne. Ils ne seront tout de même pas de sitôt en Italie où les affaires de Parme et de la Mirandole vont assez mal pour les Français, dit Renard [93]. Mais les galères de Marseille auraient reçu l'ordre de rejoindre l'armada turque [94].

Ces périls pèsent sur la politique de l'Empereur. Et non moins les embarras financiers, graves en cette heure difficile où il lui faut faire front partout. Craignant pour la Sicile, il donne l'ordre, en août, d'y faire passer les troupes espagnoles et italiennes du Wurtemberg... Peu d'actes ont été plus importants que cette simple mesure. Charles Quint, abandonnant l'Allemagne, laissait à son frère le soin d'occuper, mais à ses frais et s'il le jugeait bon, les places dont il retirait ses troupes. Or Ferdinand, à cette heure, a de gros soucis du côté de la frontière hongroise où la guerre s'est également étendue et où, bien qu'appuyé sur la Transylvanie un instant ralliée à la cause des Habsbourgs, il résiste avec peine aux raids profonds du Beylerbey de Roumélie, Mohamed Sokolly [95].

Par cette relève des troupes d'occupation, Charles Quint a directement préparé l'explosion allemande de 1552. A-t-il surestimé le danger turc ? Dans ce cas il n'était pas le seul. De Valence, le 15 août, le vice-roi

Tomas de Villanueva prévenait Philippe du danger d'un débarquement [96]. De Malte, le 24 août, Villegaignon suppliait Anne de Montmorency : « s'il ne plaist au Roy et à vous intercéder envers le Grand Seigneur de nous laisser en paix, nous sommes en danger d'être défaits [97]... ».

Sauver Malte ! le roi de France avait bien d'autres soucis. Commencées autour de Parme sans être déclarées, les hostilités s'étendaient peu à peu à l'Europe. Il ne leur manquait plus qu'une consécration officielle dont le roi de France prit l'initiative. En tant qu'allié du duc de Parme, il commença par rompre avec le pape, le 1er septembre, jour de la réouverture du Concile de Trente. Le 12, il donnait son congé à l'ambassadeur impérial Simon Renard [98] et rappelait ses propres ambassadeurs [99]. Déjà, commençant les hostilités directes, Brissac s'était emparé, sans difficulté, des petites places de Chieri et de Saint-Damian [100]. Plus tôt encore, en août, Paulin de la Garde, général des galères de France, avait saisi sur les côtes d'Italie quinze vaisseaux espagnols [101], et l'attentat s'était renouvelé, le même mois, dans le port de Barcelone d'où des marins français avaient emmené quatre gros navires, une galère qu'on venait de lancer et une frégate du prince Doria [102]. Ensuite les mesures de guerre n'avaient cessé de se succéder : mouvements de troupes vers l'Italie, armements de vaisseaux en Bretagne [103], saisie en France des navires des sujets de l'Empereur [104]. Enfin, en octobre, les bases étaient jetées de l'entente définitive du roi de France avec les princes protestants d'Allemagne [105].

Ce dénouement a-t-il surpris les Impériaux ? Il ne semble guère (quoi qu'en dise Fueter [106]) à lire les lettres de Marie de Hongrie qui, des Pays-Bas, s'inquiète avec lucidité et, comme toujours, songe aux grands moyens : briser l'hostilité de l'Angleterre, s'y assurer un port indispensable aux navires impériaux. « On dit même, suggère-t-elle [107], que le dit royaume est bien conquestable et mesme à ceste heure en leur division et extrème pauvreté. » En tout cas, il serait à propos de simuler confiance et affection vis-à-vis des fils de Ferdinand et de ne plus parler, pour un temps, de la question de l'Empire. Les Allemands pourraient en avoir quelques contentements et être incités à aider S. M. Si la guerre est gagnée, il sera facile d'assurer l'Empire à qui l'on voudra. Mais il faut la gagner. Marie de Hongrie semble tout prévoir, le jeu des Français appuyés sur l'Angleterre protestante et qui « brouillassent » l'Allemagne, aussi bien que l'entente des dits Français avec le duc « Mauris » de Saxe. Celui-là, suggère-t-elle, ne pourrait-on pas lui offrir une charge du côté des Turcs [108], puisque de nouveau il y a, en Hongrie, un côté des Turcs ? Ce serait une façon de l'éloigner ou, s'il refusait, de lui faire découvrir son jeu.

Ce jeu, Charles Quint s'obstine à ne pas le comprendre. C'est sa seule faute de tactique. Pour le reste, il n'a guère d'illusions et tout podagre qu'il soit, il s'installe à Innsbruck, pour être à même de surveiller l'Italie proche. Ainsi se prépare-t-il, une fois de plus, à la guerre contre le Très Chrétien [109].

Les incendies de l'année 1552

C'est l'année suivante, en 1552, que se résout en un vaste incendie cette lente accumulation d'explosifs ; un seul et même incendie, mais qui, du Nord au Sud, allume successivement ou simultanément, tant de foyers divers qu'on ne s'est pas toujours aperçu qu'il n'était qu'un. Partout ou presque partout en Europe, cette année 1552 déchaîne une série de guerres.

D'abord une guerre intérieure allemande, celle que les historiens d'outre-Rhin appellent la *Fürstenrevolution*, bien qu'elle ne soit pas seulement une « révolution de princes » : cette guerre est aussi religieuse [110], voire sociale. Elle se termine catastrophiquement pour Charles Quint. Délogé d'Innsbruck, il doit fuir, le 19 avril, devant les troupes de Maurice et perd l'Allemagne, aussi vite qu'il l'avait gagnée en 1547. Sa « tyrannie », pour parler comme Bucer, s'écroule en quelques mois, entre le début de février et le 1er août 1552 qui rétablit, avec le traité de Passau, les libertés allemandes et, provisoirement, un accord entre l'Empereur et l'Allemagne.

A l'Ouest, guerre extérieure allemande, à deux temps. Premier temps, le roi de France, en exécution de ses accords avec les protestants allemands, confirmés par le traité de Chambord du 15 janvier 1552, fait le « voyage du Rhin » : occupation de Toul et Metz le 10 avril [111], arrivée sur le Rhin en mai, suivie, quand les alliés d'Allemagne engagent les négociations avec l'Empereur, d'une retraite prudente vers l'Ouest. A cette occasion, Verdun est occupé, sur le chemin du retour, en juin [112]. Second temps, l'Empereur, ayant traité avec l'Allemagne, la traverse du Sud au Nord, ses forces rassemblées, pour ressaisir Metz dont le siège, commencé le 19 octobre, s'achève, le 1er janvier 1553, par la défaite et la retraite de l'Empereur [113]. Une troisième guerre allemande, à l'Est celle-là, se déroule sur la frontière hongroise, contre les Turcs. Particulièrement dure, elle tourne mal pour Ferdinand que les princes allemands, au premier rang desquels Maurice de Saxe, ne viendront secourir qu'à la fin de l'année. Le 30 juillet 1552, Temesvar était enlevé par les Turcs [114].

Sur les frontières du Luxembourg et des Pays-Bas, autre série d'hostilités, insignifiantes en comparaison des précédentes.

En Italie, la guerre est sporadique : coups de main, sièges, guerre de montagne au Piémont, avec, de temps en temps, des trêves. L'accord du 29 avril met fin ainsi à la guerre entre le roi de France et le pape Jules III [115], mais tout aussitôt, ceci compensant cela, Sienne se soulève, le 26 juillet, aux cris de *Francia, Francia* ; et, chassant les Impériaux, proclame son indépendance. Épisode assez grave parce qu'il rompt les grandes routes de liaisons espagnoles, il ne sera clos qu'après la chute de Sienne, prise en avril 1555 par les Impériaux et Cosme de Médicis [116].

A ces guerres continentales, ajoutons des opérations maritimes en Méditerranée. On les comprendrait mal si on ne les rattachait à cet ensemble de luttes dont elles ne sont qu'un détail, et sûrement pas le plus important du point de vue militaire. Elles se réduisent, en 1552, aux déplacements de l'armada turque qui, par le chemin habituel, arrive jusqu'à Messine et, le 5 août, défait la flotte d'André Doria entre l'île Ponza et Terracine [117] — et aux voyages des galères françaises qui, sous la conduite de Paulin de la Garde, ont reçu l'ordre de se joindre à l'armada turque.

Mais celle-ci, malgré toutes les demandes françaises, ne poursuivra pas sa route vers l'Ouest. Le vice-roi de Valence annonçait bien à Philippe d'Espagne que l'armada levantine, le 13 août 1552, était entrée dans Majorque, mais en fut quitte pour la peur, cette année-là comme la précédente [118]. Peut-être Sinan Pacha se sentait-il pressé de rejoindre l'Orient, pour ses affaires personnelles et à cause de la guerre contre la Perse. En tout cas, il n'attendit pas les galères françaises et celles-ci, à l'inverse de ce qui s'était passé en 1543 à Toulon, durent aller hiverner en Orient, dans l'île de Chio [119]. Un document les signale à leur passage sur la côte napolitaine, près de Reggio où elles mettent des gens à terre et se ravitaillent à bon compte, tuant vaches et porcs, coupant les arbres des jardins pour leur provision de bois. Deux mousses qui désertent alors, l'un italien, l'autre niçois, racontent que les galères sont en route pour faire retourner l'armada turque, afin de prendre Naples et Salerne... Faut-il mettre cet incident en relation avec la conjuration du prince de Salerne, D. Ferrante Sanseverino, qui est justement à bord de la flotte française, cette conjuration à laquelle Venise avait refusé de donner son aide et qui aurait échoué par suite de l'arrivée tardive de la flotte [120] ? Une fois de plus, on peut voir avec quelle insistance la politique française continue à rêver de Naples. Peut-être, sans la hâte à s'en retourner des galères turques, eût-elle obtenu des résultats substantiels ? Ni Gênes, ni Naples n'auraient pu résister aux efforts combinés des deux alliés et André Doria n'aurait pas eu tout loisir de reprendre ses voyages pour ravitailler et renforcer les points menacés.

Mais le Turc ne voit pas si loin. Pour son armada, il s'agit de simples opérations de pillage. On remplit ses coffres et dès qu'ils sont pleins, on reprend le chemin du Levant. Peut-être, comme le bruit s'en répand bientôt, obstiné mais incontrôlable, à la suite de gros pourboires espagnols ou génois ?

Aussi bien les grands problèmes politiques de cette dramatique année 1552 ne sont-ils pas là, en Méditerranée. Ils ne dépendent ni de Dragut, ni de Sinan Pacha, ni du très vieil André Doria. Ceux qu'on voudrait percer à jour, c'est encore l'Empereur, ou Henri II, ou l'énigmatique Maurice de Saxe. Indifférent en matière de religion, réaliste, d'aucuns disent amoral, il y a peu de personnages aussi troubles que ce Maurice de Saxe. C'est lui qui a mené le jeu contre Charles Quint et lui a fait payer la rançon de Mühlberg en l'obligeant à fuir par les Alpes jusqu'à Villach, au-delà du Brenner. Puis, il s'est arrêté en plein succès, alors qu'il avait, comme on le disait, des lettres de change sur l'Italie. Pourquoi ? Parce que les soldats ne l'auraient pas suivi ? ou parce qu'il ne veut pas être à la remorque des Français ? Serait-il, chose rare, un politique lucide et pondéré, désireux de mettre un terme à la guerre allemande ; ou bien, plus simplement, s'entend-il avec les Ferdinandiens, en cette année si ondoyante, et prend-il conscience des difficultés allemandes vers l'Est, face à l'Islam ? On s'est posé toutes ces questions et s'il est difficile de se prononcer, c'est, en dernière analyse, parce que l'étonnant personnage va brusquement disparaître du monde [121], emportant avec lui la meilleure des réponses : sa propre vie.

Quant au vieil Empereur, a-t-il vraiment, comme le dit Édouard Fueter, été victime des erreurs de ses services diplomatiques ; ou, comme nous le pensons, de son obstination ? Il a cru peut-être s'en tirer sans combattre, puisque huit années durant, il avait réussi ce tour de force du côté de la France. Sans combattre, c'est-à-dire sans bourse délier. Or, ses difficultés d'argent sont grandes ; ce n'est qu'après la fuite d'Innsbruck que l'Empire habsbourgeois s'est décidé à un immense effort. Peut-être, comme le risque Richard Ehrenberg, Charles Quint n'a-t-il été sauvé, en juin 1552, que par

les 400 000 ducats que lui a avancés Anton Fugger[122] ?
Ce crédit lui a permis, à Passau, de parler avec fermeté.
L'aide puissante venue de Florence (sous forme d'un
prêt de 200 000 ducats), de Naples (800 000 ducats) et
surtout d'Espagne, a envigoré le grand corps impérial[123].
Et c'est à partir de 1552 que les exportations espagnoles
d'argent hors de la Péninsule, en direction de Gênes et
surtout d'Anvers, sont, pour la première fois, devenues
considérables[124]. On accuse Charles Quint d'imprévoyance. Mais pouvait-il, devait-il compter sur la demi-
trahison des Ferdinandiens qui lui fut si préjudiciable ?
Son grand tort a été de s'obstiner à rester près d'Augsbourg, au lieu de se porter (ce qu'il essaiera de faire,
mais trop tard) vers les Pays-Bas, qui sont le réduit de
sa puissance, sa place forte et encore sa place d'argent[125].
C'est de là, il aurait dû le savoir depuis 1544, et de là
seulement, qu'on peut frapper la France

On a discuté tout aussi longuement à propos de la
politique de Henri II. Le voyage d'Allemagne, est-ce
un renversement de la politique des Valois, se demande
Henri Hauser, pour répondre aussitôt par la négative[126].
Henri II retourne presque aussitôt aux préoccupations
d'Italie, à ce mirage, à cette nécessité. Le nonce Santa
Croce écrira, au début de 1553 : « Le Roi Très Chrétien
est tourné complètement vers les choses d'Italie »[127].
Donc ce voyage d'Allemagne n'est qu'un accident. En
fait, le roi n'a guère eu à choisir. Le problème, pour
lui, est de résister à l'énorme masse habsbourgeoise,
par suite de frapper en même temps que les autres et le
plus fort possible, au point le plus sensible. Les
événements l'entraînent alors d'un côté ou de l'autre.
En cette année 1552, c'est un fait qu'ils l'ont entraîné
vers l'Est et y entraînent à sa suite l'historien de la
Méditerranée, dans la mesure même où la puissance
hispanique s'installe en Allemagne et puise aux Pays-
Bas ses moyens, y trouve parfois une de ses décisives
positions stratégiques.

La Corse aux Français, l'Angleterre aux Espagnols

L'année suivante, en 1553, la Méditerranée et ses dépendances terrestres continuent à ne pas être au centre de la politique internationale. Qu'y voit-on en effet ? Une sortie des corsaires algérois, poussée jusqu'à Gibraltar ; une campagne de l'armada turque, un peu tardive, menée jusqu'en Corse, en collaboration avec les galères françaises ; enfin, à la fin de la bonne saison, l'occupation de la Corse par les troupes françaises et les *fuorusciti* de l'île[128]. Trois opérations spectaculaires, moins importantes qu'il n'y paraît.

Salah Reis[129], un « more » né à Alexandrie d'Égypte, élevé à l'école de Barberousse, est, depuis 1552, « roi d'Alger », le septième roi d'Alger. Arrivé dans sa ville en avril, il remet d'abord à la raison des chefs de Touggourt et d'Ouargla qui refusaient de payer tribut : raids fructueux dont il revient chargé d'or et avec la promesse que le « tribut » c'est-à-dire quelques dizaines de femmes noires venues des profondeurs de l'Afrique, serait versé tous les ans. L'hiver de 1552-1553, à Alger, fut consacré à un équipement minutieux de la flotte et, dès le début de juin, Salah Reis sortit avec 40 vaisseaux, galères, galiotes et brigantins — tous bien armés. Cependant la première tentative de la saison, sur Majorque, se termina par un échec cuisant ; et ensuite, au long de la côte d'Espagne, les marines ayant été alertées en temps voulu, les corsaires firent buisson creux. C'est seulement dans le détroit que l'occasion leur fut donnée de saisir cinq caravelles portugaises qui, par hasard, transportaient un gouverneur de Velez, prétendant au trône du Chérif et revenant de la Péninsule où il avait, avec ses partisans, tenté d'avancer son affaire. Tout fut enlevé, caravelles, Portugais et Marocains, et transporté à Velez où Salah Reis, dit Haedo, fit cadeau du butin au Chérif, en gage d'amitié et de bon voisinage, et pour qu'il épargnât à l'Oranie voisine ses fréquentes incursions. N'empêche que trois mois plus tard, de nouveaux incidents de frontière surgissaient du côté de Tlemcen et le maître d'Alger devait passer son hiver à préparer une expédition, cette fois contre le

Maroc... Il est vrai qu'il avait eu la précaution de ramener à Alger le prétendant Ba Hassoun.

Salah Reis était probablement rentré à sa base quand la flotte turque, sous le commandement de Dragut (avec, à ses côtés, Paulin de la Garde et les galères de France) arriva devant les côtes italiennes. Des intrigues, peut-être la complicité du vizir Rustem Pacha, acheté par les Impériaux [130], avaient retardé le départ de l'armada, moins forte que celle de l'année précédente et qui avait changé de maître, Dragut remplaçant Sinan Pacha. De plus, au lieu de se porter tout de suite jusqu'aux côtes de la Maremme toscane, les vaisseaux turcs perdirent leur temps à des pillages : l'île de Pantellaria fut saccagée en août, puis le port à blé de La Licata, sur la côte sicilienne. Des pourparlers de Dragut avec les Tunisiens (le roi de Tunis venait de rompre avec les Espagnols de la Goulette) retinrent aussi la flotte entre Sicile et Afrique. Grâce à ces retards, André Doria eut le temps, tout en plaçant le gros de sa flotte à Gênes, de ravitailler les places et de disposer, au long des côtes italiennes, assez de navires rapides pour être prévenu à temps des mouvements de l'ennemi.

Celui-ci n'arriva dans la mer Tyrrhénienne que le 3 août [131]. Quelques jours plus tard, les navires attaquaient l'île d'Elbe, saccageaient Capoliveri, Rio Marina, Marciana, Porto Longone. Mais l'essentiel, Cosmopolis — autrement dit Porto Ferraio — résistait à leurs attaques. C'est alors seulement, après avoir songé à l'attaque de Piombino, que la flotte s'employa au transport en Corse des troupes françaises de la Maremme de Sienne.

Il y avait eu, en effet, conseil de guerre des chefs français, à Castiglione della Pescara [132], et c'est l'avis du Maréchal de Termes, commandant des forces françaises à Parme, qui avait prévalu. Avec l'appui de Paulin de la Garde et des exilés corses (au premier rang desquels Sampiero Corso), il avait décidé, sans ordre précis du Roi, l'invasion de la grande île. La chose se fit avec une extrême facilité. Bastia enlevé le 24 août, le baron de la Garde arrivait à Saint-Florent le 26. Puis c'était le tour de Corte où s'étaient réfugiés, au milieu des terres, les commissaires génois de Bastia. Enfin, au début de septembre, Bonifacio capitulait [133], après un essai de résistance : on sait qu'elle était dans l'île, avec Calvi, la ville des Génois. Riches de butin, et en plus d'une promesse d'argent extorquée à Paulin de la Garde par Dragut lui-même, les Turcs refusèrent de prolonger le blocus de Calvi, dernière place occupée par les Génois dans l'île, et s'en retournèrent. Le 1er octobre [134], leur flotte franchissait le détroit de Messine. Elle arrivait en décembre à Constantinople.

Dirons-nous qu'une grande occasion d'abattre la Maison d'Autriche venait d'être perdue ? C'est un fait que les Turcs n'ont pas alors frappé de toutes leurs forces [135]. Manœuvres de corruption, disent certains. Mais d'autres raisons peuvent expliquer cet effort mesuré, mesuré dès le départ, puisque, de Constantinople, soixante galères seulement sont parties cette année-là. C'est que vers l'Est, la guerre de Perse continue. En cette année 1553 [136], un marchand de Londres installé à Alep, Anthony Jenkinson, voit entrer dans la ville Soliman le Magnifique et son somptueux cortège en route pour la Perse : 6 000 chevau-légers, 16 000 janissaires, 1 000 pages d'honneur « tout habillés d'or » accompagnant le Sultan qui, monté sur un cheval blanc, porte une robe brodée d'or et un énorme turban de soie et de lin. L'armée compte plus de 300 000 hommes et 200 000 chameaux suivent pour les transports... N'est-ce pas ce tableau qui fait contrepoids à la guerre méditerranéenne, qui la limite et l'amenuise ?

Cependant, grâce aux Turcs, les Français ont pris pied en Corse. A la fin de la bonne saison, l'île est à eux. La nouvelle du débarquement a stupéfié le gouvernement de Gênes, affolé Cosme de Médicis et les Impériaux, déchaîné les blâmes de la Papauté. La conquête a été très rapide, Sampiero Corso et les exilés, aidés des insulaires, ayant fait à eux seuls presque toute la besogne. Qu'on le veuille ou non, à juste titre ou non, la Corse haïssait les Génois, elle haïssait en eux les maîtres, les marchands usuriers des villes, les immigrants désargentés qui venaient, comme en pays colonial, refaire fortune. « Elle », est-ce à dire toute la Corse ? Assurément toutes les grandes familles que l'ordre génois remet au pas, et le petit peuple aussi, ensauvagé par les mauvaises récoltes et la crise économique, dérangé dans ses habitudes de vie par les nouvelles méthodes agricoles des colonisateurs. Pour tous ces gens, la domination génoise est un « *assassinio perpetuo* » [137].

Ce qui n'empêche que, dans l'île trop peuplée pour ses ressources, la guerre n'aggrave les misères. Français, Génois, Turcs, Algérois, lourds soldats allemands, mercenaires italiens ou espagnols de la *Dominante* et, ajoutons-le, partisans de Sampiero, toute cette foule de soldats doit vivre. Elle pille, gâte les récoltes, brûle les villages. Le tort de la Corse est d'avoir une signification extérieure plus grande que la sienne propre et de compter, dans cette guerre des Valois contre les Habsbourgs, comme un nœud de communication. Plus qu'à Parme, plus même qu'à Sienne, l'occupation française en Corse gêne les communications internes des Impériaux et de leurs alliés. « Tout navire allant de Carthagène, Valence, Barcelone (ajoutons de Málaga et d'Alicante) à Gênes, Livourne ou Naples passe fatalement en vue des côtes de Corse ; et ceci vaut plus encore pour le XVIᵉ siècle, où les pirates barbaresques infestant la partie de la Méditerranée comprise entre la Sardaigne et les rivages de l'Afrique, la voie maritime normale contournait le cap Corse ou empruntait les bouches de Bonifacio. De plus, le tonnage réduit des bâtiments leur interdisait alors les grandes traversées sans escales et les navires allant d'Espagne en Italie relâchaient tout naturellement dans les ports des Corses. » [138] Les contemporains furent tout de suite conscients, les uns pour s'en réjouir, les autres pour s'en inquiéter, de l'importance de la conquête de ce « frein de l'Italie », comme disait Sampiero Corso [139].

La contre-attaque impériale ne tarda pas. Dès que le mauvais temps, rompant la coopération estivale des Français et des Turcs, rétablit l'ordinaire proportion entre les flottes occidentales, la situation se trouva renversée, Gênes et la Toscane ayant pour elles la proximité de leurs bases, tandis que l'île, loin des galères françaises retournées à Marseille [140] et de plus, directement menacée par les Génois toujours accrochés à Calvi, n'était que sous la garde des insurgés et de 5 000 vieux soldats. Henri II semble bien d'ailleurs avoir engagé, en novembre, des négociations indirectes avec Gênes [141]. Mais celle-ci, poussée dans cette voie par le duc de Florence, faisait déjà appel à l'Empereur [142], engageait 800 000 ducats, levait 15 000 hommes. Le corps expéditionnaire envoyé par Doria quitta la ville le 9, il s'attarda un peu sur la rivière génoise et atteignit le 15 le Cap Corse. Le 16, il entra dans le golfe de Saint-Florent dont la garnison capitula, le 17 février suivant [143]. Une guerre difficile s'engageait.

L'année 1553 a donc été une année mouvementée en Méditerranée. Mais au regard de la vaste guerre qui couvre l'Europe, ces événements méditerranéens comptent-ils autant que ceux du Nord ? Le grand épisode est la dramatique succession d'Angleterre. Le 3 juillet 1553 [144], Édouard VI était mort ; une Angleterre officiellement protestante disparaissait avec lui, presque amie de la France, hostile aux Habsbourgs, si bien qu'on put, aux Pays-Bas, rendre simultanément grâce à Dieu de la disparition de Maurice de Saxe (mort le 11 juillet) et de l'avènement de Marie Tudor [145]. Pourtant cet avènement, dans un pays convulsé, fut particulièrement difficile et posa aussitôt la question, peu simple également, du mariage de la reine. Après mille traverses, après avoir au dernier instant écarté la candidature d'un infant un peu mûr, Don Luis de Portugal, oncle de Marie [146], le jeune prince Philippe l'emporta. Ce succès, « qui portait avec soi grande jalousie » [147], était dû à l'Empereur, à Granvelle, à l'ambassadeur Simon Renard dont ce fut le chef-d'œuvre incontestable. Le 12 juillet, le traité de mariage était signé ; il fut publié dans le royaume deux jours plus tard [148].

Au moment où l'Empire habsbourgeois recevait de si grands coups, la fortune rétablissait sa cause par ce

succès inattendu. Des Pays-Bas, renonçant à s'appuyer
sur l'Allemagne divisée et qu'il laisse, comme à dessein,
se diviser davantage, l'Empereur s'accote maintenant à
l'Angleterre. Il concentre ses forces près de la mer
du Nord, cette Méditerranée septentrionale qui lui
appartient presque toute, ainsi que les grandes routes
qui y conduisent venant de l'Océan. Il fait des Pays-
Bas sa place inexpugnable [149]. Pour le Roi Très Chrétien,
les perspectives de cet hiver 1553-1554 sont donc assez
sombres. Aurait-il même, comme l'espère l'ambassadeur
vénitien, le pouvoir d'empêcher le prince d'Espagne
de gagner son nouveau royaume (et l'occasion s'en
présentera à Villegaignon sans qu'il s'en saisisse [150]), où
serait l'avantage ? En Allemagne, le coup n'est pas
moins fortement ressenti. « Les princes d'Allemagne,
écrit l'ambassadeur vénitien auprès de Charles Quint,
le 30 décembre 1553 [151], sont encore en doute que le
prince d'Espagne, s'approchant d'Allemagne comme il
le fera en gagnant l'Angleterre, ne puisse, avec l'aide
nouvelle de ce royaume et grâce aux divisions germaniques, tenter avec les armes de s'approprier la "coadjute-
rie" de l'Empire, qu'il avait autrefois essayé de gagner
en négociant. »

Avant même d'être conclu, le mariage anglais pèse
dans les balances de la diplomatie [152]. La seule consola-
tion, pour les ennemis de l'Empereur, c'est que le
mariage n'est pas encore consommé, que l'île anglaise
est secouée de troubles graves, que les Français, par
leurs appels au peuple de Londres, voudraient les rendre
plus graves encore [153]. On ira jusqu'à songer, en février
1554, à transporter la reine en lieu sûr, à Calais [154]. Ce
n'est donc pas l'appui de l'Angleterre que Charles Quint
s'est acquis, mais la bonne volonté d'une reine qui n'en
est que la maîtresse contestée, encore peu assurée de
ses moyens et pas même des secours espagnols dont les
Français peuvent arrêter [155] le passage vers l'Angleterre,
une reine enfin plus démunie d'argent que l'Empereur
lui-même ou son fils.

Les abdications de Charles Quint : 1554-1556

Or, le manque d'argent pèse lourdement sur cette phase de la guerre. Du côté de l'Empereur, des difficultés ne cessent de surgir avec les Fugger, les Schetz et autres prêteurs d'Augsbourg, d'Anvers ou de Gênes [156]. Du côté français, le Roi trouve bien à emprunter sur la place de Lyon : 1553 sera l'année du « grand party ». Mais cet argent qu'on emprunte, il faut le rembourser et, à cet effet, demander toujours davantage d'impôts. Il s'ensuit dans le pays un étrange malaise, et qui date d'assez loin.

Déjà, en 1547 [157], le connétable avait dû réprimer, en Guyenne, des troubles paysans à cause des tailles. En avril 1552 [158], des avis transmis en Espagne signalaient que la France ne manquait ni de blé, ni de pain, mais que le mécontentement y était très grand contre l'impôt qui n'épargnait ni les monastères, ni les hôpitaux de Saint-Antoine ou de Saint-Lazare. La guerre qui recommençait en cette année 1552, c'était la ruine des petites gens, des marchands, des paysans qui avaient tout à craindre des exactions des gentilshommes. « Chaque gentilhomme, poursuit le même avis, ne prend-il pas partout ce dont il a besoin ? Tous ces gens sont comme Maures sans maîtres. » Il s'agit, il est vrai, d'un avis espagnol, sujet à caution, mais en avril 1554, un avis de France destiné à la Toscane [159] signale lui aussi la lassitude des gens, le mauvais état des armées, l'impossibilité où se trouve le roi, faute d'argent, de lever des Suisses, la montée des impôts, une fois de plus, et la fonte de l'argenterie privée, la vente des lettres de noblesse, les contributions exigées du clergé... Dans tous les pays chrétiens, d'ailleurs, France, Espagne, Italie ou Allemagne, la lassitude est la même : le pape essaiera, en août, de s'en servir pour une tentative de paix [160].

L'empire turc lui-même, dont les forces sont engagées en Perse, n'est pas en meilleure posture. Il faut, en 1555, que l'ambassadeur du Très Chrétien, Codignac, aille jusqu'au milieu de l'armée qui opère contre le Sophi solliciter du Sultan lui-même l'envoi de l'armada [161].

Ainsi, là où les historiens imaginent intrigues et calculs, n'y-a-t-il pas eu, souvent, manque de moyens financiers ? Pendant ces deux années 1554-1555, la guerre est partout mollement menée : guerre de places sur la frontière des Pays-Bas et les lisières du Piémont où Brissac [162] prend par surprise la ville forte de Casal, en juin 1555 ; petite guerre maritime en Méditerranée où l'armada turque ne fait qu'apparaître : en 1554, sous la conduite de Dragut, elle s'attarde à Durazzo plus que de raison, c'est du moins l'avis des Français qui, de concert avec les galiotes d'Alger, ont essayé, pendant ce temps, d'intervenir en Corse et sur les côtes de la Maremme toscane [163]. En face d'eux, aucune réaction, d'autant qu'un certain nombre de galères espagnoles ont été envoyées dans l'Atlantique pour accompagner Philippe en Angleterre. Mais Dragut arrive tard et court à peine le long de la côte de Naples, pour regagner l'Orient presque aussitôt. Les agents français crient à la trahison [164] et, dès lors, s'emploieront à écarter le personnage du commandement de la flotte. Il est possible, après tout, que Dragut ait reçu de l'argent des Impériaux. Mais l'année suivante, il n'occupe dans la flotte qu'une place de second plan, sous les ordres du nouveau capitan pacha, Piali Pacha, homme jeune, inexpérimenté. Or, malgré le roi de France qui a demandé une guerre « forte et royde » [165], la flotte turque ne fait guère qu'assister, sans y prendre part, au siège de Calvi qui, bien ravitaillé par les Génois, fera échec aux Français. Elle assiste, avec autant de nonchalance, à la tentative d'août contre Bastia qui, depuis l'année précédente, était retombée aux mains de l'ennemi. Enfin, après quelques tentatives manquées sur les côtes et les îles toscanes, arguant du manque de vivres [166] et du mauvais temps, elle vire de bord et s'en retourne. N'a-t-on pas le droit de penser qu'elle avait reçu, comme celle de l'année précédente, des instructions de prudence ?

Cette carence des grands États permet aux petits de se montrer plus efficaces qu'à l'ordinaire. On a vu avec quelle énergie Gênes mène sa guerre en Corse ; en 1554-

1555, elle rejette les Français d'une grande partie de l'île[167]. L'effort de Cosme de Médicis n'est pas moins puissant : mal soutenu sur mer par André Doria qui d'une part est prudent et de l'autre, comme Génois, voit sans plaisir l'expansion toscane, Cosme a tout de même obligé les Français de Sienne à capituler, le 21 avril 1555 ; quelques mois plus tard, il reprend Orbitello sur la côte de la Maremme. Seule subsiste alors la « République » de Montalcino, dans les montagnes de l'Apennin, refuge des patriotes siennois et de quelques Français[168]. Mais dès la fin de 1555, Cosme s'y attaque en commençant par le nettoyage du Val di Chiana[169].

De son côté, l'État algérois mérite à lui seul, pour ces deux années, une mention plus large que la flotte ottomane. En 1554[170], Salah Reis, conduisant son armée par mer jusqu'au port « neuf » de Melilla, puis par terre jusqu'à Taza et à Fez où il est entré en vainqueur, a mené contre le Maroc un raid d'une étonnante rapidité. La cavalerie marocaine ne put résister aux arquebuses des Turcs. Mais le raid victorieux fut sans lendemain, car les vainqueurs, ayant installé à Fez leur protégé (leur esclave de la veille, ce Ba Hassoun fait prisonnier l'année précédente) celui-ci se faisait bientôt tuer par l'ancien Chérif, revenu dans la ville dès le départ des vainqueurs qui, chargés de butin, gratifiés de grosses sommes d'or par leur protégé reconnaissant, s'en étaient retournés sur les chevaux et les mulets des Marocains. Tout ce qui restera aux Algérois de cette expédition, c'est le petit rocher du Peñon de Velez, cet îlot dont nous aurons à reparler[171].

L'année suivante, en 1555, c'est vers l'Est qu'ils retournent leur activité, contre Bougie, ou plutôt contre le préside espagnol de Bougie, car il ne s'agit plus d'une vraie ville, mais, en deçà des anciennes limites de l'agglomération indigène, d'une petite zone fortifiée, en forme de triangle, avec à chaque angle un fort ; le château impérial, ouvrage rectangulaire analogue à la forteresse primitive de La Goulette ; le grand Château et le petit Château de la mer, anciennes constructions maures, face au rivage[172]. A l'intérieur de ces remparts, une centaine d'hommes et quelques dizaines de chevaux. Pour nourrir les uns et les autres, il fallait compter autant sur les sorties que sur l'arrivée des bateaux ravitailleurs. C'est en allant faire une corvée de fourrage que le vieux Luis Peralta, gouverneur de la place, avait trouvé la mort dans une embuscade, laissant à son fils Alonso la charge de lui succéder [173]. En juin 1555, Salah Reis quittait Alger avec quelques milliers de soldats, dont des renégats *excopeteros*, tandis qu'il dépêchait par mer, pour le transport des vivres et de l'artillerie, une petite flotte : deux galères, une barque, une « saète » française réquisitionnée à Alger, bien peu de chose on le voit, la plupart des vaisseaux corsaires étant partis se joindre à la flotte de Leone Strozzi. Mais ces moyens suffirent : le fort ne put résister à l'artillerie et ses défenseurs gagnèrent la ville proche où la défense n'était guère possible. Alonso de Peralta capitulait bientôt contre promesse, pour lui-même et quarante de ses compagnons, à son choix, de la vie sauve et du rapatriement en Espagne, à bord de la saète française. En Espagne, le retentissement fut énorme [174]. A Valence, en Catalogne, en Castille, on parla de monter une expédition de revanche et l'archevêque de Tolède, Siliceo [175], se mit à la tête du mouvement. Puis tout se calma, comme il arrive, note Luis Cabrera, en ces affaires d'honneur et de réputation lorsqu'elles demandent beaucoup d'argent. L'expédition fut ajournée sous le prétexte que l'Empereur n'était pas en ses royaumes ; mais le ressentiment resta si vif qu'Alonso de Peralta fut appréhendé à son retour, jugé et décapité à Valladolid, le 4 mai 1556 [176]. Était-il si coupable ? Bougie attaquée, il avait envoyé en temps voulu sa demande de secours en Espagne, d'où les ordres avaient été expédiés avec lenteur jusqu'au duc d'Albe, alors vice-roi de Naples. Quand le prince Doria, alerté par le duc, se trouva à Naples, en mars 1556, avec ses galères prêtes à mettre la voile, arriva la nouvelle de la capitulation [177]...

Tandis que les petits pays réglaient leurs affaires particulières, le jeu des grands États se poursuivait sur le plan diplomatique. La mort du pape Jules III, le

22 mars 1555[178], avait fait perdre à Charles Quint un appui indéniable. Le roi de France hérita de ce qu'il avait perdu quand, après le règne de Marcel II qui ne devait durer que quelques semaines[179], Paul IV fut élu, le 23 mai 1555[180], le jour même où s'engageaient, à la Marche, des négociations franco-impériales en vue de la paix[181]. Rien ne fit paraître, au début, les sentiments d'hostilité violente du Pape à l'égard de l'Empereur, mais à eux seuls, ils menaçaient la paix qui semblait vouloir s'établir dans le Nord. En effet, un traité secret (dont on a cependant connu l'existence alors à Venise et à Bruxelles), en date du 13 octobre 1555, assurait les Français de l'alliance formelle du Pape, au cas où les espoirs de paix s'évanouiraient[182].

A l'intérieur même de l'Empire, s'annonçaient de non moins importants changements. Philippe était arrivé en Angleterre sans encombre, en 1554[183], et ç'avait été la manchette de toutes les correspondances diplomatiques. Était-il, ou non, aimé de la Reine ? Aurait-il des enfants ? (on disait non, dès 1555). En même temps, on apprenait que Charles Quint cédait à son fils, roi d'Angleterre, les royaumes de Naples et de Sicile et le duché de Milan[184]. Sans doute le geste était-il surtout destiné à valoriser le nouveau marié, geste analogue à celui de Ferdinand faisant nommer son fils Maximilien roi de Bohême, en 1551 : questions de prestige et de protocole. Cependant, dans ces renonciations — nous avons pour nous en convaincre le testament que Charles Quint rédigeait en cette même année 1554 — il y a déjà, en puissance, l'abdication de l'Empereur. Ou plutôt les abdications, car on ne pense d'habitude qu'à la grande scène de Gand, mouillée de larmes, à l'abdication des Pays-Bas où, devant les États, le 25 octobre 1555, Charles annonça, pour la première fois, son intention de quitter le monde[185]. Or, à cette époque, il s'était déjà dépouillé de la Sicile, de Naples et du Milanais ; en janvier 1556, sans bruit et de loin, il se dépouillera de l'Espagne[186]. En 1558 seulement, peu avant sa mort, il abandonnera la couronne d'or impériale, ultime renoncement qu'avaient retardé les instances de Ferdinand lui-même [187], inquiet des aléas d'une élection impériale, peut-être aussi celles de Philippe qui, aux Pays-Bas et en Italie, sentait le besoin de cette ombre protectrice.

Ces abdications, on a peut-être tort, depuis Mignet et Gachard, de les réduire à un conflit intérieur, tout personnel. Il faut tenir compte aussi du climat de guerre de ces années 1554-1556. Charles Quint a peut-être voulu éviter à son fils les dangers d'une succession s'improvisant dans le désordre, au lendemain de sa mort. S'il renonce au plus cher de ses projets, s'il abandonne aux Ferdinandiens le gros vaisseau de l'Allemagne, c'est qu'il a mesuré, depuis 1552 et 1553, l'impossibilité de le conduire. Il en a lui-même lâché la barre quand il a laissé à Ferdinand, en 1555, le soin et la responsabilité de la paix d'Augsbourg, cette paix qui va donner à l'Allemagne une évidente tranquillité pour le restant du siècle, mais qu'il a détestée en son cœur. D'ailleurs, cette Allemagne si peu sûre, l'Angleterre, cadeau de noces de Philippe, peut la remplacer dans l'équilibre des forces. L'abandonner, c'est peut-être le seul moyen d'en finir avec la guerre et ses colossales dépenses.

Quoi qu'il en soit, et c'est une chose importante pour le monde méditerranéen, l'Empire de Philippe se détache de la masse allemande. Le dernier lien tombera, en juillet 1558, lorsque Philippe II réclamera ce vicariat de l'Empire en Italie que lui avait promis la convention de 1551 [188]. Son ambassadeur auprès de Ferdinand reçut de ce dernier, le 22 juillet 1558, une assez belle réponse : « ... ayant examiné ce que vous aviez à traiter avec moi... de la part du Sérénissime Roi d'Espagne et d'Angleterre, notre très cher et très aimé neveu, au sujet de la charge de lieutenant impérial en Italie..., vous pourrez dire de notre part à son Altesse que, de même que nous avons le souvenir de lui avoir fait cette promesse, nous avons le désir de la tenir ». Mais l'affaire est délicate. « ... Son Altesse doit bien se souvenir que lorsque, entre l'Empereur mon maître et moi et d'autres que sait son Altesse, il fut question de

le faire notre Coadjuteur à l'Empire, ainsi que mon
fils le Roi Maximilien, nous leur représentâmes les
inconvénients, altérations et tumultes qui pouvaient
s'ensuivre dans l'Empire ; et que l'on ne réussirait pas
dans cette voie. Avec tout cela, par respect pour
l'Empereur et pour obéir à sa volonté, nous dûmes
faire ce qui fut fait ; et peu après, on reconnut que
j'avais été meilleur prophète que nous ne l'aurions
voulu puisque, mis au courant de notre destin, le duc
Maurice et les princes prirent les armes... » [189]

Alors aujourd'hui va-t-on, à propos du vicariat,
courir les mêmes risques, renforcer l'accusation faite
aux Habsbourgs de vouloir rendre l'Empire *hereditario* ?
Lutter contre les grandes forces de l'Allemagne est hors
de saison, « étant donné les tâches et nécessités qui
nous accablent, Son Altesse du côté de la France et
aussi du Turc, moi du côté du Turc et des rebelles de
Hongrie, sans compter les questions religieuses et autres
embarras qui ne nous manquent pas », sans compter
les difficultés que fera le pape, ennemi de la Maison
d'Autriche. « A tout cela, continue Ferdinand, s'ajoute
un autre inconvénient : pour exercer sa charge, il faut
que Son Altesse réside forcément en Italie ; c'est à cette
condition implicite que nous l'avons promise et jamais
il n'a été dans notre intention, comme c'est trop évident,
que l'on puisse l'exercer des Flandres, d'Angleterre ou
d'Espagne... » Abrégeons cette prose plus ironique sans
doute à nos yeux qu'à ceux de Philippe, pour en arriver
à la conclusion : « dans ces conditions, nous promettons
dès maintenant qu'à quelque moment que son Altesse
ait à se rendre en Italie, nous lui enverrons nos patentes
en la forme qui convient... ». Promesse que devait
emporter le vent : Philippe II allait bientôt n'être plus
que roi d'Espagne.

C'est peut-être son renoncement à l'Allemagne, implicite dès les premières abdications de l'Empereur, qui a,
plus que tout, contribué à la paix européenne. Les
pourparlers engagés à la Marche et qui, contrairement
à l'opinion courante, n'avaient pas été interrompus [190],
ont fini par aboutir à la trêve de Vaucelles, bâclée le

5 juin 1556[191], grâce à l'entremise de la reine d'Angleterre et, comme de juste, à la veille de l'été.

Cette trêve ne résolvait rien sans doute, elle se
contentait de reconnaître le *statu quo*. Mais elle arrêtait
les hostilités, c'est-à-dire d'énormes dépenses ; et c'est
ce que chacun désirait : « Faulte d'argent en ceste saison
est par tout le monde », s'écriait Ferdinand qui, de son
côté, espérait obtenir, par l'entremise des Français, une
trêve avec le Turc[192], cependant que Charles Quint,
dans cette atmosphère apaisée, songeait à partir[193] pour
l'Espagne, abandonnant enfin le monde et le pouvoir
et laissant derrière lui Philippe aux Pays-Bas. Ainsi
l'Empire se continuerait à peu près sous la même forme,
avec Bruxelles comme capitale politique et militaire,
Anvers comme capitale de l'argent. Beaux projets : de
Bruxelles, on pouvait, en effet, voir et gouverner
l'Europe. Mais l'Europe était-elle disposée à se laisser
gouverner ?

3. Retour à la guerre. Les décisions viennent encore du Nord

La rupture de la trêve de Vaucelles

C'est un problème difficile à comprendre que la
rupture de la trêve de Vaucelles. Vu l'épuisement des
adversaires, elle pouvait assez bien contenter, pour un
temps, les uns et les autres : la France qui conservait
ses conquêtes, et notamment la Savoie et le Piémont ;
les Habsbourgs qui apparaissaient, une fois de plus,
comme les maîtres du monde. Ils tenaient la Sicile,
Naples, Sienne, Plaisance, Milan, autant dire que la
Péninsule était à eux. Car le Piémont, est-ce encore
l'Italie, au XVIᵉ siècle ? Enfin, il y avait pour la Papauté
une merveilleuse occasion de s'employer à transformer
cette trêve en paix générale. C'était son rôle traditionnel[194] et Paul IV se sentit obligé de s'en donner au
moins les apparences : il se réjouit officiellement[195],
députa auprès des signataires, alla jusqu'à s'attribuer le

mérite de l'accord auprès de l'ambassadeur vénitien
Navagero [196], mais ne trompa personne et surtout pas
les Vénitiens.

En fait, l'annonce de la trêve avait éclaté à Rome
comme un coup de foudre [197]. La nouvelle courut
aussitôt qu'elle avait été conclue malgré le pape, en
dépit de tous ses efforts [198]. C'est grâce à lui, en tout
cas, qu'elle devait se rompre. Qu'un homme ait pu, à
lui seul, et avec cette rapidité ranimer la guerre mal
éteinte, voilà qui rappelle à propos le rôle des individus
dans le jeu précipité de l'histoire. En ce très vieil homme
(né en 1477, il avait 79 ans quand il fut porté sur le
trône de Saint-Pierre), mais étonnant d'ardeur, d'une
vitalité débordante, d'une magnifique piété (il est le
fondateur des Théatins), l'Église a trouvé un défenseur
intransigeant et qui rouvre, contre Charles Quint, le
conflit que la mort de Paul III avait interrompu en
1549, l'éternel conflit de Rome contre César, contre
l'homme du sac de 1527, celui qui a laissé triompher
les Protestants en Allemagne et accepté la paix d'Augsbourg.

Ceci, c'est un des aspects de l'antipathie de Paul IV
pour Charles Quint, l'antipathie du Pontife qu'il ne
faut pas sous-estimer. Mais il y a l'autre, celle du
Napolitain, chef de la famille francophile des Caraffa,
qui hait en Charles Quint le maître de Naples et l'ennemi
de sa parenté, riche de rancunes et d'appétits. Assez
vieux pour avoir connu une Italie libre, il hait dans
l'Empereur, par surcroît, l'étranger, l'occupant, le représentant des Espagnols, « ces hérétiques, ces schismati-
ques, maudits de Dieu, semence de Juifs et de Maures,
la lie du monde » [199]. Que cette idée de liberté italienne
ait été puissante chez lui, ces paroles (adressées à
l'ambassadeur vénitien, après l'échec de la politique du
Souverain Pontife) en font foi : « Vous vous repentirez,
mes chers Seigneurs Vénitiens et vous autres qui, tous,
n'avez pas voulu reconnaître l'occasion de vous libérer
de cette peste... Français et Espagnols, tous deux sont
des barbares et il serait bon qu'ils restent chez eux. » [200]

Or Paul IV est homme à agir suivant les impulsions

de son esprit et de son cœur. Prédicateur et théologien, il vit dans ses idées et ses rêves plus que dans le monde qui l'entoure. « C'est un homme qui n'entend la conduite des affaires d'État qu'en gros, comme philosophe », note Marillac [201].

En rapprochant ces traits, on s'explique la politique du Souverain Pontife et sa force explosive pendant les années 1556, 1557. Partiellement, car le Pape n'est pas seul ; il n'a pas une, mais *des* politiques, et il n'est pas responsable de toutes. Près de lui se tiennent ses parents et ses conseillers, dont un homme redoutable, le cardinal Carlo Caraffa, personnage étrange, aussi passionné que le Souverain Pontife, mais sans ses magnifiques qualités. Avide, insatiable, coléreux, forçant les volontés, pas très scrupuleux : négociant avec les Impériaux comme avec les Français, et dans cette voie capable d'aller loin.

Venu à la cour de France, en juin 1556, comme légat *a latere*, il en était reparti avec des promesses formelles [202] d'intervention du « pacifique » Montmorency ; Coligny lui-même s'était laissé prendre à ses projets [203]. Quelques mois passent et, en octobre et novembre, au cours des pourparlers qui s'engagent entre le pape et le duc d'Albe et qui aboutiront, le 18 novembre, à une trêve de quarante jours [204], le cardinal Caraffa se trouve en contact direct avec le duc d'Albe qui a poussé jusqu'à Ostie. Les combinaisons qui en résultent sont assez inattendues : les Caraffa ne demandent-ils pas aux Espagnols les places que les Français possédaient encore en Toscane, et Sienne par surcroît ? Les papiers de Della Casa contiennent un curieux *Discorso al Card. Caraffa per impetrare dalla M. dell'Imperatore lo stato e dominio di Siena* [205], et les archives espagnoles un mémoire du 22 janvier 1557 qui détaille *las condiciones con que S. M. tendra por bien de dar al conde de Montorio* — c'est le frère du Cardinal — *el Estado de Sena para la efectuation del accordio que se trata con S. S.* [206] Et c'est ce même Caraffa qui traite à Venise pour entraîner la Seigneurie dans la lutte contre les Habsbourgs et dans l'éventuel partage de leurs possessions italiennes. Les Vénitiens refuseront, ne voulant

pas, disent-ils, « avoir les mains pleines de mouches »,
nous dirions pleines de vent...

Voilà le personnage qu'on a affirmé, qu'on a nié être
l'interprète fidèle de la politique et de la pensée de
Paul IV ; il n'est pas facile de départager les avis.

Ce qui est sûr, c'est que Paul IV donna très tôt des
signes non équivoques de sa mauvaise volonté à l'égard
des Habsbourgs [207]. On prétendit même qu'il allait
convoquer un concile pour priver l'empereur de sa
dignité. Aussi bien le gros problème pour les Habsbourgs
était-il de savoir ce que ferait le roi de France : ou bien
il restait neutre, et le pape pouvait fort bien être mis
au pas ; ou bien c'était la reprise de la guerre, même si
le Très Chrétien avait l'intention de rester en état de
guerre « couverte », comme on dira couramment au
XVIIe siècle. Dès juillet, on fut fixé, les négociations de
paix entre Ruy Gomez et le connétable avaient tourné
court, le connétable étant peu satisfait des pourparlers
au sujet des prisonniers et de la rançon accrue que l'on
demandait pour son fils. A Bruxelles, on n'avait pas
d'illusions : « Pour rompre avec l'ombre d'un prétexte,
ils attendent que le duc d'Albe fasse quelque chose
contre le pape. » [208]

Répétons-le : que la politique des Caraffa ait produit
aussi vite d'aussi grands résultats, c'est étonnant. Mais
les Français pouvaient craindre, en ne se rangeant pas
du côté de Rome, de grandir leur adversaire. Ils
cherchèrent d'ailleurs à biaiser, à soutenir le pape sans
rompre la trêve. En fait, c'est peut-être à cause de sa
rapidité que l'intervention pontificale s'est montrée
efficace. Les passions n'étaient pas éteintes ; les Français
pensaient encore à Naples et au Milanais et l'empereur
lui-même, qu'on veut déjà voir hors du monde —
s'enflamme contre Paul IV. Il se fait lire les dépêches,
décide au mois de juin de surseoir à son voyage en
Espagne et, le souvenir aidant, sans doute, de ses vieilles
luttes passionnées contre Rome, donne des instructions
au duc d'Albe pour riposter aux préparatifs du Souverain Pontife. Ceci, contre l'avis de Philippe qui, à tout
prix, voudrait éviter la rupture. Le conflit qui s'annonce

est bien un conflit de passions, voulu par de vieilles gens, entraînées par le trouble courant de vieilles idées et de vieilles querelles, qui ne demandent d'ailleurs qu'à se grossir de nouvelles rancunes.

Saint-Quentin

C'est si vrai que, contre toute logique apparente, la guerre, renaissant en Italie et à cause de l'Italie, ne trouvera pas, dans la Péninsule et son voisinage, donc en Méditerranée, son champ d'action. Peut-être, il est vrai, à cause de l'abstention des grandes armadas turques, la France ne pouvant, sans sa puissante alliée, rien tenter de décisif dans la mer méridionale. Or il n'y eut que quelques galères turques qui, en 1556, en compagnie de corsaires et d'Hassan Corso, allèrent un instant assiéger Oran [209]. Et, en 1557, année décisive de la guerre, les Turcs n'organisèrent même pas l'équivalent de cette médiocre diversion.

En décembre 1556, François de Guise avait traversé les Alpes avec une grosse armée : 12 000 piétons, 400 hommes d'armes, 800 chevau-légers [210]. Le bruit courut qu'il avait des forces plus nombreuses encore [211]. Que faire de cette armée et des Italiens que levait [212] son seul allié d'outre-monts, le duc de Ferrare, nommé au commandement — tout théorique d'ailleurs, puisqu'il le laissait en fait entre les mains de son gendre, François de Guise — des forces françaises d'Italie ? Attaquer le Milanais, ç'eût été peut-être la sagesse. Mais ambitieux, rêvant de conquêtes et de couronnes, peut-être celle de Naples pour lui-même, François de Guise pouvait difficilement rester sourd aux appels de Paul IV, lequel venait de dénoncer les trêves signées avec les Espagnols en novembre et reconduites en décembre 1556, lequel aussi ne ménageait pas les promesses. Simon Renard rapporte, le 12 janvier, que le pape était décidé à employer tout son « papage » et les rentes de l'Église pour poursuivre la guerre [213]. Il aurait le projet de remettre aux Français Bologne et Pérouse, d'où l'on pouvait mieux nuire au duc de Florence. On comprend que François de Guise ait poussé son armée jusqu'à

Rome. Mais là, un mois durant, il se perdit dans des intrigues et n'attaqua le Royaume de Naples que le 5 avril, sans grand succès. En mai, il était obligé de se maintenir sur la défensive. En août, il recevait l'ordre de rentrer en France.

Ainsi abandonné, le Pape dut traiter, et définitivement. La paix, conclue avec une grande modération par le duc d'Albe, fut publiée le 14 septembre [214]. La nouvelle donna lieu à de vastes réjouissances dont nous relevons deux manifestations, l'une à Palerme, en septembre, où « *si ficiro li luminarii per la pace fatta fra la Santità del Papa Paolo quarto con la Maestà del Re Filippo Secondo, nostro Re* » [215], l'autre, le 18 novembre [216], à Valladolid, avec sonneries de cloches, procession et Te Deum.

Inutile de dire l'importance de cette paix hispano-pontificale ; elle marque un tournant de l'histoire du monde occidental, la réduction de Rome à l'obéissance vis-à-vis des Habsbourgs ou, si l'on veut (car avec Paul IV, cette réduction ne fut jamais parfaite : que l'on songe aux difficultés qu'il fit, en 1558, à l'Empereur nouvellement élu pour le reconnaître dans sa dignité) l'union de Rome et de l'Espagne. Celle-ci durera jusqu'en 1580-1590, pour la sauvegarde du catholicisme et de l'Église [217], pour le triomphe de la Contre-Réforme qui n'a été assuré que par cette alliance du temporel et du spirituel.

François de Guise, déjà replié sur le Milanais [218], dut repasser les monts, à la nouvelle du désastre de Saint-Quentin (10 août 1557). Coligny, on le sait, s'était glissé dans la place, un jour après son investissement par les Espagnols. L'armée que le connétable conduisit pour débloquer la ville, fut surprise, dispersée au long de la Somme par le gros de l'ennemi, le 10 août. Il s'ensuivit un massacre et des prisonniers en masse, dont le connétable en personne. En arrière des troupes, Philippe recevait d'heure en heure les nouvelles de la victoire. « A onze heures du soir, écrit-il à son père, un courrier est arrivé du champ de bataille, nous disant la déroute de l'ennemi et la capture du Connétable ; à une heure, par un autre courrier, confirmation de la défaite, non de la capture du Connétable... Je suis venu ici ce matin (à Beaurevoir), pour être demain sur les lieux. Un familier de mon cousin (Emmanuel Philibert) affirme avoir aperçu le Connétable et les prisonniers dont V. M. verra la liste[219]. »

Saint-Quentin enlevé, le roi de France désarmé, que ne pouvait-on faire dans son royaume ? « A condition toutefois, remarque Philippe II, que l'argent ne manque pas », *si no falta el dinero*[220]. Le grand mot était prononcé. Or, la situation du trésor était désastreuse. Le décret du 1er janvier 1557 avait ouvert la banqueroute de l'État espagnol. Tout grand projet était difficilement réalisable, à moins de jouer le tout pour le tout, de fondre sur Paris contre toutes les règles, ainsi que le voulait Emmanuel Philibert, ainsi que, du fond de sa retraite, Charles Quint allait le souhaiter au reçu de la grande nouvelle. Quel eût été le résultat ? On ne sait. Mais, à perdre leur temps au siège de petites places comme Ham, Le Catelet, Saint-Quentin et Noyon (Saint-Quentin résista après la défaite de l'armée de secours), les Impériaux perdirent le bénéfice de leur victoire.

Le roi de France eut le temps de prendre des contre-mesures, de réunir des hommes, d'attendre le retour de Guise. Et, chose curieuse, sur les places de l'argent, le crédit du roi battu continuait à valoir mieux que celui de son vainqueur. Au cœur de l'hiver, le 31 décembre, Guise attaquait Calais et l'emportait, le 6 janvier. Les Anglais perdaient leur vieille position, par excès de confiance, peut-être aussi pour ne pas avoir accepté, en temps voulu, un renfort d'Espagnols. Quoi qu'il en soit, la situation était rétablie. Sans doute, le 13 juillet 1558, le maréchal de Termes se faisait-il battre à Gravelines et le désastre était assez grave en raison de l'intervention de la flotte anglaise ; mais le duc de Guise[221] avait enlevé, fin juin, Thionville qui pouvait menacer Metz, et ceci, une fois de plus, compensait cela.

Cette même année 1558, en Méditerranée, une grande

1. — Les emprunts de Charles Quint et de Philippe II sur la place d'Anvers, 1515-1556

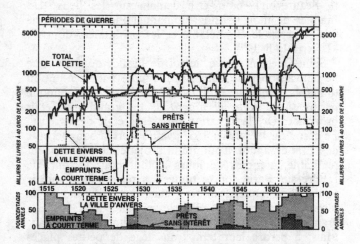

D'après Fernand BRAUDEL, « Les emprunts de Charles Quint sur la place d'Anvers » *in : Charles Quint et son temps* (C.N.R.S.), 1959.

Trois sortes de dettes : envers la ville d'Anvers ; envers les marchands de la place (emprunts à court terme), auprès des grands personnages (prêts sans intérêt). Le pourcentage est donné par le graphique inférieur : les emprunts à court terme finissent par l'emporter. Les oscillations de cette énorme dette flottante suivent les vicissitudes de la guerre. Les zones en grisé correspondent aux périodes de guerre. Chacune entraîne une montée immédiate de l'endettement. La guerre contre les Protestants d'Allemagne s'y inscrit avec ses deux temps successifs. L'échelle logarithmique tempère la montée finale de 500 000 livres en gros à 5 millions : le règne de Philippe II commence. Il faudrait, pour compléter ce tableau, avoir les mêmes enregistrements au moins pour Medina del Campo.

et puissante flotte arrivait d'Orient, à la sollicitation des Français [222]. Dans les premiers jours de juin, elle apparaissait sur les côtes napolitaines ; le 7, on l'apercevait à Esquilache [223], petit port de Calabre ; le 13, elle était *in le bocche di Napoli* [224] et continuait son voyage à rapide allure [225], renonçant à ses stations habituelles. Elle put surprendre Sorrente et Massa car les habitants, prévenus par courrier spécial, n'avaient pas cru à l'imminence du danger. Le 26 juin, pillant toujours, elle se trouvait à la hauteur de Procida d'où elle mit à la voile vers le Ponent [226]. Ne trouvant pas les galères françaises dans le golfe de Gênes, elle poussa sur les Baléares où Piali Pacha s'empara, à Minorque, de la petite ville de Ciudadella [227], jetant l'alarme à Valence où l'on craignit un soulèvement des Morisques [228]. Les Français obtinrent alors qu'elle revînt vers Toulon et Nice, mais une fois là, Piali Pacha refusa de faire quoi que ce fût contre Bastia. Ce refus avait des raisons diverses : la nouvelle de Gravelines, la maladie qui décimait les chiourmes et obligeait à remorquer des galères, mais surtout, ceci est sûr, le fait que Piali avait été acheté, à bon prix, par les Génois.

Il s'en retourna suivi à distance respectueuse par les galères au service de l'Espagne, malgré les vaines protestations des Français. Ce raid, coûteux pour la Chrétienté, n'avait pas été d'un grand poids dans les balances de la guerre.

Aussi bien, à un moment où la querelle romaine était liquidée depuis septembre 1557, les deux adversaires pouvaient-ils reprendre les pourparlers de paix. On revenait, en somme, à la situation de 1556, avec cependant deux nouveautés : le 21 septembre 1558, Charles Quint mourait à Yuste et la présence de Philippe II en Espagne devenait, de ce fait, plus nécessaire encore que par le passé (nous y reviendrons) ; puis, le 17 novembre [229], Marie Tudor mourait à son tour et, du coup, se trouvait dissoute cette union, dangereuse pour la France, de l'Angleterre et de l'Empire hispanique. Avec toutes ses menaces et ses complications la question de succession se posait en Angleterre. Le Nord, une fois de plus, réclamait l'attention entière des diplomates.

La paix du Cateau-Cambrésis

La question d'Angleterre a peut-être pesé, plus que ne le pensent les historiens, sur les négociations qui devaient aboutir à la paix du Cateau-Cambrésis des 2 et 3 avril 1559.

Nul doute que l'épuisement financier n'ait contraint les adversaires à la paix. De plus, la preuve était faite qu'ils ne pouvaient obtenir une décision par les armes. Du côté français, la situation intérieure pesait aussi d'un poids très lourd. Qui prendrait à la lettre les avis qui passaient les frontières du royaume, trouverait difficilement pays plus mécontent, noblesse plus pauvre, plus misérable, peuples plus gémissants qu'en France. Si la peinture est excessive, elle n'est point inexacte. Le pays est également travaillé dans toute sa masse par le protestantisme vis-à-vis duquel le gouvernement de Henri II est décidé à agir avec violence : c'est lui assurément le plus « catholique » des deux signataires, le plus décidé à frapper l'hérésie. Pour cela, la paix lui est nécessaire. Enfin, il faudrait tenir compte du jeu des clans, si puissant sous le règne du faible Henri II, des querelles politiques des Guise et des Montmorency qui demain alimenteront les guerres de religion, si souvent simples luttes pour le pouvoir. Les correspondances vénitiennes soulignent « qu'avec la paix, le Connétable est le premier homme de France et qu'avec la guerre, il est prisonnier, privé de toute grandeur »[230], ce qui est trop évident.

Ces faits, ces réalités ont été pesés dans l'ouvrage ancien d'Alphonse de Ruble[231] comme dans les brillants livres de Lucien Romier[232]. Mais plusieurs éclairages sont possibles. La paix du Cateau-Cambrésis a été considérée par les historiens français, et aussi par certains contemporains (je pense surtout à Brissac[233], l'organisateur du Piémont français), comme un désastre. Peut-être serait-il juste de plaider un peu en sens contraire. L'essentiel des avantages que la France retirait du traité, c'était deux mariages : celui d'Emmanuel Philibert avec Marguerite, celui de Philippe II avec Élisabeth de France, une enfant encore, qui devait être, en Espagne, la « reine de la paix ». Nous avons tendance, aujourd'hui, à sous-estimer de tels avantages. Or c'est un fait que toute politique, au XVIe siècle, reste, au premier chef, une politique de famille ; les mariages sont d'importantes affaires, l'occasion de longs calculs, de roueries sans nombre, d'attentes et d'embuscades. Le mariage espagnol est un éclatant succès français, ne serait-ce que parce qu'il écarte la possibilité d'un autre mariage. Il n'a tenu qu'à Élisabeth d'être la femme de Philippe II : la demande lui en a été faite, et le plus sincèrement du monde, en octobre 1558, mais Élisabeth déclina les avances [234]. Le mariage français, en dehors de ses avantages propres, est une garantie contre une nouvelle union de l'île et de l'Empire hispanique.

Le passif du traité, ce serait d'avoir consacré l'abandon de l'Italie par la France, d'avoir restitué Savoie et Piémont, ces terres soudées au royaume et facilement assimilables, créant ainsi une barrière contre toute intervention éventuelle de la France dans la Péninsule ; d'avoir enfin, en abandonnant la Corse malgré les promesses formelles, perdu une des grandes positions stratégiques de la Méditerranée. Mais la France n'a restitué qu'une partie de la Corse, non sa totalité qu'elle ne possédait pas. Puis le traité lui laissait, dans le Piémont, cinq places fortes, dont Turin. C'était sauvegarder l'avenir immédiat. Les places, il est vrai, seront restituées, le 2 novembre 1562 [235]. Mais même après cette date, il restera au-delà des monts une tête de pont française. D'où la colère du duc de Nevers [236], en septembre 1574, quand il apprit que Henri III, de passage à Turin, avait fait cadeau à « Monsieur de Savoie » des deux places de Pignerol et de Savillian, remises à la France, en 1562, à titre de dédommagement. Ne restait à Henri III dès lors au-delà des monts que les indéfendables villes et villages du marquisat de Saluces. « Et me seroit d'un grand crève-cœur, ajoutait le duc, cregnant que cela ne donnast beaucoup à dire à tout l'univers de veoir qu'à peine Votre Majesté soit entré en son royaulme, qu'elle le veut démembrer et davantage quasi fermer la porte de jamais plus (aller) en Italie après avoir veu à l'œil la beauté d'icelle. » Quant à la pauvre Italie « infortunée de se veoir perdre les moyens d'estre secourue,... [elle] haura juste occasion de grandement plorer sa misère, se voyant du tout avec le temps soubmize à la puissance espagnolle ». Si l'on pouvait encore « se fermer la porte » de l'Italie, en 1574, quinze années après le Cateau-Cambrésis, c'est

peut-être que le renoncement de 1559 n'était pas aussi
net qu'on veut bien le dire.

Malheureusement ce n'est pas à l'Italie, sans plus,
qu'on renonçait, mais à la Savoie et au Piémont, à cet
État à moitié engagé dans le monde français, lié aux
Cantons suisses, touchant à la mer par les étroites
fenêtres de Nice et de Villefranche et, au-delà de la
retombée des monts, soudé à la grande plaine de l'Italie
du Nord. Certes pas une partie indissoluble de l'Italie,
un pays à part, de par ses mœurs et ses usages, même
aux yeux d'un Italien comme Bandello [237], témoin peu
suspect en l'occurrence. La France de Henri II y renonce
assez gratuitement, semble-t-il, dans sa hâte d'atteindre
la paix, avec un manque évident du sens des possibilités,
avec une cruauté sans excuse aussi. Froidement, elle
abandonnait aussi les Siennois à Cosme de Médicis, les
Corses à Gênes. Les *fuorusciti* siennois essayèrent en
vain d'acheter leur liberté de Philippe II, à prix d'or.

Le traité de 1559 cependant cache un calcul français.
Le zèle même de Henri II contre l'hérésie, à l'intérieur
et à l'extérieur des frontières, ne fait-il pas partie d'une
manœuvre vis-à-vis de l'Angleterre ? Avec la mort de
Marie, en novembre, c'est une autre Marie, Marie
Stuart, mariée au dauphin de France le 24 avril 1558 [238],
qui a, du point de vue dynastique, des droits évidents à
la couronne anglaise, d'autant qu'au même moment,
Élisabeth glisse vers le protestantisme, avec prudence,
mais de façon visible. A Rome, on s'en inquiète.
Philippe II s'efforce, au contraire, d'écarter une excommunication possible de la jeune reine : elle risquerait
d'ouvrir les chemins à une invasion française dont
l'éventualité n'est pas un secret : les poètes en parlent,
Ronsard, en avril 1559, dans son chant de liesse au roi
Henri II, et, un peu plus tôt, au lendemain de la mort
de Marie Tudor, du Bellay dans un sonnet aussi explicite
que possible [239].

Rien de mieux, pour montrer l'importance du Nord
et de l'affaire anglaise, qu'un long mémoire remis à
Philippe II, en juin 1559 [240], et qui l'a troublé au point
de le faire renoncer à son voyage en Espagne. Ce papier

non signé, que Philippe II fit parvenir à sa sœur Jeanne, gouvernante en son absence des royaumes d'Espagne, a été sans doute l'œuvre des conseillers non espagnols du prince. C'est, en trente-quatre points, un plaidoyer pour que le souverain demeure en Flandres, au cœur des Pays du Nord. Les Français projettent une invasion de l'Angleterre. « Et si l'Angleterre se perdait, que la perte des Pays de Flandres soit imminente, on peut en discuter, mais non soutenir le contraire avec de bons arguments. Or la perte de l'Angleterre est tenue pour certaine et à brève échéance, pour toutes sortes de raisons. » Il y a les droits du dauphin de France, la faiblesse du royaume anglais, ses divisions, le mauvais état de ses défenses, la nécessité pour les Catholiques anglais d'avoir un protecteur, les facilités qu'ont les Français avec leurs marines et l'utilisation de l'Écosse, sans compter que le pape peut priver la reine actuelle de sa couronne... Le roi ne peut évidemment soutenir en Angleterre les ennemis de l'Église, pour des raisons morales ; et le ferait-il qu'il aurait contre lui « la majorité des gens de l'île » (ce qui nous indique qu'aux Pays-Bas on considère que l'Angleterre est en majorité catholique). Va-t-on laisser le Roi de France mener à bien cette grande entreprise ? Juridiquement, il va sûrement proclamer et maintenir la paix en son nom et confier l'expédition au dauphin, donc agir nonobstant la paix signée. Mais si Philippe II reste aux Pays-Bas, lui présent, le roi de France n'attaquera pas.

Les papiers d'état-major ne sont jamais à prendre à la lettre ; mais on a les preuves que ce projet était plus que de la fumée. Si Philippe II ne veut pas, pour regagner l'Espagne, passer par la France, s'il fuit les caresses qu'on lui préparait, c'est sans doute pour ne pas se laisser entraîner dans l'aventure. Le duc d'Albe représentait Philippe à la cérémonie de son mariage à Notre-Dame de Paris. « Les Français s'étudient, écrivait-il en chiffres au Roi, à montrer à V. M. une grande amitié dans toutes leurs conversations... Tous ceux qui approchent le roi ne disent pas trois mots sans que deux ne soient sur l'amour et l'amitié que professe le

Très Chrétien à l'endroit de V. M. et l'aide qu'il lui apportera dans toutes ses entreprises. C'est peut-être la vérité, ainsi que le voudrait la raison. Il se peut aussi qu'ils n'offrent de participer aux entreprises de V. M. que dans l'espoir de l'obliger à ne pas faire échouer les leurs [241]... » On voit le soupçon, au moment même où le Très Chrétien offrait, dans les premiers feux d'une entente cordiale, la collaboration de ses galères à une expédition que Philippe II, on le croyait du moins du côté français, préparait contre Alger. Soupçon que précise une autre lettre du duc [242] où il s'étonne, non sans quelque mépris, que chacun à la cour de France, jusqu'aux simples écuyers, soit au courant des délibérations secrètes du Conseil d'État, raconte à qui veut l'entendre que la France et l'Espagne pourraient, à elles deux, dicter leurs lois à la Chrétienté et que « si V. M. aidait le Très Chrétien dans l'entreprise d'Angleterre, il pourrait aider V. M. à être le maître de l'Italie » [243]. Or, il ne faut pas, dit-il en substance dans une lettre de juillet contresignée par Ruy Gomez, qu'on laisse les Français s'installer en Angleterre. S'associer à leur entreprise serait dangereux et aléatoire « étant donné ce qui s'est passé à Naples » autrefois. « Il nous paraîtrait bon que V. M. fît annoncer dès maintenant, avec insistance, même si l'on ne doit pas le faire..., que le prince Notre Seigneur [Don Carlos] viendra aux Pays-Bas dès que V. M. en sera partie, de façon que Français comme Anglais sachent que V. M. ne laisse pas cette position dégarnie [244]. »

De son côté, Élisabeth s'inquiétait des préparatifs français dans les ports de Normandie et s'employait à agir du côté de l'Écosse et du côté de la France. La conjuration d'Amboise, en 1560, autant qu'un drame social et religieux, sera un drame de l'étranger [245]. Il est vrai qu'à cette époque la France de Henri II avait cédé la place à un État beaucoup moins vigoureux. Le signataire de la paix du Cateau-Cambrésis avait disparu accidentellement, le 10 juillet 1559 [246], et sa mort, grosse de troubles, enlevait à la France, pour un temps au moins, la possiblité de jouer une grande partie.

Hasard malencontreux ! Mais si l'on veut dresser le bilan du traité de 1559, il convient de placer, en face des vieilles réalités si souvent mises en cause par les historiens, en face de la perte de l'Italie et de la perte de la Corse, l'espoir de l'Angleterre, cet espoir un instant si proche et que l'avenir a déçu.

Le retour de Philippe II en Espagne

Philippe II n'a jamais aimé les pays du Nord. Dès 1555, il avait songé à laisser son père dans les Flandres et à regagner l'Espagne [247]. Marie de Hongrie [248] avait bondi d'indignation : le « brouilly » du Nord était-il fait pour les vieux et le soleil du Midi pour les jeunes ? En 1558, Philippe n'a pas changé d'avis et pense se faire substituer dans les Pays-Bas par sa tante elle-même, laquelle avait accompagné l'Empereur en Espagne à l'automne 1556. Mais Marie de Hongrie, qui avait finalement accepté [249], mourait en 1558. Ce ne fut qu'en 1559, quatre mois après les signatures du Cateau-Cambrésis, un mois après la mort de son beau-père Henri II, que Philippe put faire le voyage.

Biographes et historiens ne s'y attardent guère [250]. Il arrive même au continuateur de Mariana [251] de n'en point parler et son texte saute sans explication de la scène des Pays-Bas à celle d'Espagne. Or, avec ce voyage, c'est l'Empire personnel de Philippe II, cette valeur stable pour des années, qui achève de se dégager de l'héritage de Charles Quint. En même temps, s'établissait un nouvel ordre européen. En 1558, sans guerre, deux positions essentielles ont été perdues par le nouveau souverain : la mort de Marie Tudor et l'abdication impériale de son père ont privé Philippe II de l'Angleterre et de l'Empire. De ces événements, l'un, on l'a montré, était dans la ligne des choses : contre l'hostilité réunie de l'Allemagne protestante, de Ferdinand et Maximilien, il était impossible de lutter. Mais, presque au moment où l'Allemagne se constituait définitivement, vis-à-vis de Philippe II, comme un monde fermé, étranger, un fait tout accidentel, la mort inopinée de Marie Tudor, en novembre, rompait l'alliance anglo-espagnole et mettait fin au rêve d'un état anglo-flamand dont la mer du Nord eût été le centre vivant.

Il suffit de songer à ce qu'aurait pu être Philippe II, maître du monde germanique et de l'Angleterre, pour calculer l'incidence de ces événements. Le titre impérial, même dépouillé de toute substance, eût évité les querelles irritantes de préséance ; il eût renforcé l'autorité espagnole sur l'Italie et donné à la guerre contre le Turc, tant dans les plaines de Hongrie qu'en Méditerranée, un seul et même rythme. D'autre part, avec l'appui ou la neutralité de l'Angleterre, la guerre des Pays-Bas n'aurait pas eu la même allure, la mêlée pour la domination de l'Atlantique, qui devrait être l'essentiel de la seconde moitié du siècle, ne se serait pas terminée en catastrophe. Mais surtout qui ne voit que, par la force de ces événements, l'Empire de Philippe II se trouvait rejeté du Nord vers le Sud ? La paix du Cateau-Cambrésis, en renforçant l'emprise espagnole sur l'Italie, contribuait encore à orienter la politique du Roi Catholique vers le Midi européen, aux dépens peut-être de tâches plus urgentes et plus fructueuses.

Le voyage de retour de Philippe II en Espagne, en août-septembre 1559, met le point final à cette évolution. Philippe demeurera désormais dans la Péninsule, il sera comme le prisonnier de l'Espagne. Sans doute, et contrairement à la légende qui le représente cloîtré à l'Escorial, a-t-il beaucoup voyagé encore[252], mais toujours à l'intérieur de la Péninsule.

Gounon Loubens[253], dans un vieil ouvrage toujours utile, reproche à Philippe II de ne pas avoir, après la conquête du Portugal, transporté sa capitale de Madrid à Lisbonne, de ne pas avoir senti l'importance de l'Atlantique. A première vue, il semble que l'abandon de Bruxelles au printemps 1559 soit une erreur du même genre. Philippe II s'est placé, de propos délibéré, pour toute la durée de son règne, en marge de l'Europe. Il a imposé à sa politique une arithmétique défavorable des distances : on peut, chiffres à l'appui, montrer que les nouvelles touchaient plus vite Bruxelles que Madrid, que leur point de départ fût Milan, Naples ou Venise, sans parler de l'Allemagne, de l'Angleterre ou de la France. L'Espagne est devenue le cœur des États de Philippe II, le cœur puissant, exclusif d'où viendra, plus ou moins lente et énergique, l'impulsion vitale de sa politique. C'est d'Espagne que le Roi va désormais voir et juger les événements ; dans un climat moral espagnol que sa politique s'élaborera ; ce sont les intérêts hispaniques que son entourage grossira toujours ; les hommes d'Espagne qui graviteront autour de lui.

Car le retour du Roi a eu une répercussion sur la composition de son entourage. Déjà du temps de Charles Quint, les déplacements de l'Empereur, malgré leur caractère provisoire, faisaient varier les faveurs et l'importance de tel ou tel de ses ministres. En 1546, parlant de Perrenot, l'ambassadeur vénitien, Bernardo Navagero, le notait incidemment [254] : « ... aussi long-temps que l'Empereur est sorti d'Espagne et est resté en Allemagne ou en Flandres, son crédit s'est accru notablement ». En quittant les Pays-Bas, Philippe II s'est séparé de ses conseillers flamands et comtois : la séparation a sa valeur, comme le montre l'exemple de Granvelle, le fils même de Perrenot. L'évêque d'Arras que sa vie vagabonde avait promené à travers tout l'Empire de Charles Quint, est demeuré aux Pays-Bas dans une situation enviable : il est auprès de Marguerite de Parme l'homme de confiance de Philippe II. Mais sa situation ne se compare pas à celle qu'il avait tenue dans les conseils, du temps de l'Empereur, et dans ceux de Philippe avant le départ de 1559. Vingt ans durant, il restera ainsi loin du souverain. On sait l'importance de la rencontre tardive des deux hommes, l'arrivée de Granvelle à Madrid en 1579 [255], la poussée d'impéria-lisme qu'elle inaugurera.

En revenant en Espagne, Philippe II s'est abandonné, pour de longues années, à ses conseillers espagnols. Il y a gagné l'inappréciable affection de ses royaumes péninsulaires. Sa présence continue, après les interminables voyages de l'empereur — l'Espagne l'aura appréciée comme un bienfait et ressentie « dans ses entrailles [256] ». « Je doute, écrivait en 1595 le duc de Feria, si nombreux et si vastes que soient les États du Roi, qu'il règne ailleurs aussi complètement que sur les cœurs d'Espagne. »[257]

Au vrai, rien ne ressemble moins à un acte improvisé que ce voyage, sans cesse projeté, sans cesse différé. On a cru trop belle la part des goûts de Philippe II : aimant les Pays-Bas aussi peu qu'il en était aimé, « dégoûté de ce séjour », il aurait eu hâte de le quitter pour n'y plus revenir[258]. Voilà qui est bien catégorique. Seule sa hâte est certaine. L'ambassadeur français Sébastien de l'Aubespine écrivait à son maître[259], de Gand, le 27 juillet : « il n'est pas croiable combien ce prince haste et presse toutes choses pour ne faillir et n'avoir aucun empeschement qui le retarde ». L'ambassadeur d'Élisabeth rapporte le bruit, répandu dans les milieux espagnols, que le roi ne reviendrait jamais aux Pays-Bas, et Marguerite de Parme parle du « désir de S. M. d'arriver en Espagne ». Mais ce désir est appuyé sur de sérieux motifs. Les conseillers espagnols de Philippe à Bruxelles l'appuient depuis 1555, contre le parti « bourguignon », celui de Granvelle, de Courteville, d'Egmont, du prince d'Orange. Ils ont leurs raisons personnelles : retrouver leurs maisons, leurs habitudes, leurs intérêts, certains peut-être profiter des ventes massives de biens domaniaux qui se poursuivent dans leur pays. Mais ils pensent aussi à l'Espagne.

L'absence prolongée du souverain y entraînait un relâchement de la machine gouvernementale. Les États espagnols avaient trois capitales et trois gouvernements : Bruxelles, d'où le Roi conduisait la guerre et tenait les fils essentiels de la diplomatie ; le monastère de Yuste, où Charles Quint, très tôt et malgré ses décisions premières, s'était remis à gouverner ; enfin Valladolid, où la princesse Jeanne écoutait l'avis des Conseils et assumait l'essentiel de l'administration. Entre ces trois capitales, le partage se faisait mal ; la liaison, malgré le nombre des courriers, était imparfaite. Toutes les lettres s'en plaignent et ce défaut de coordination a eu de rapides conséquences. Les affaires, après avoir été négociées à Valladolid, devaient passer sous les yeux du souverain : on calcule le retard qu'impliquait cet invraisemblable détour ! L'Espagne n'était quasi plus gouvernée. La mort de Charles Quint à Yuste, en septembre 1558, aggrava les difficultés, la princesse Jeanne n'étant certainement pas à la hauteur des circonstances.

C'est dans l'euphorie d'une atmosphère de victoire que Philippe II a quitté Bruxelles. Toute l'Italie s'y trouve alors représentée, bourdonnant autour du vainqueur, offrant de l'argent et présentant ses requêtes, Cosme de Médicis pour s'assurer de Sienne, le grand-maître de Malte pour obtenir les ordres nécessaires à l'expédition contre Tripoli, la République de Gênes pour régler le détail du recouvrement de la Corse, les Farnèse pour évincer la duchesse de Lorraine et réserver à Marguerite de Parme le gouvernement des Pays-Bas... C'est au milieu des réceptions, des *Te Deum*, que Philippe II distribue aux seigneurs flamands ses dernières faveurs, délimite les pouvoirs de la nouvelle gouvernante. Le 11 août, il est à Flessingue. Il y attend deux semaines le vent favorable, trompant son attente en courant d'île en île et de château en château. Le 25 enfin, la flotte royale met à la voile.

On a un récit très complet du retour[260] dans le *Journal* de Jean de Vandenesse que complètent quelques lettres adressées à Marguerite de Parme par Ardinghelli[261], le précepteur du jeune Alexandre Farnèse : otage de la politique espagnole, que sa mère a accepté de faire élever dans la Péninsule, il accompagne le Roi dans son voyage. Signalons au passage que le récit traditionnel — tel qu'on peut le lire dans Watson, Prescott ou Bratli — du débarquement romantique de Philippe II à Laredo est faux d'un bout à l'autre. Le souverain n'est pas arrivé seul, au péril de sa vie, sur une simple barque, tandis que s'abîmait derrière lui, dans l'Océan, toute sa flotte — ses trésors, mille seigneurs de sa suite et leurs précieux bagages. Il y a bien eu une tempête qui a durement secoué les hourques pesantes qui suivaient le convoi, mais une lettre de Philippe II lui-même, du 26 septembre 1559, déclare qu'un seul bâtiment manque à l'appel[262]. Quant au Roi, il était déjà à terre et, sans doute, depuis une journée déjà. Tout le scénario est une invention, peut-être du cru de Gregorio Leti qui a raconté bien au long ce désastre, « véritable prédiction de toutes les disgrâces et infélicités qui, par la suite, succédèrent au Roi »[263].

4. L'Espagne au milieu du siècle

Dans quelle Espagne le Roi abordait-il ? Assurément une Espagne anxieuse de le revoir.

Depuis des années, chacun y réclamait son retour : la régente et les Conseils, dès 1555[264] ; les Cortès de Castille, réunies en 1558[265] ; Charles Quint lui-même qui le jugeait indispensable, et tous les fonctionnaires de la Péninsule. Dans la correspondance de Francisco Osorio[266], presque chaque page fait allusion à ce retour qui arrangerait tout, dit-il, quand les nouvelles sont mauvaises, qui les améliorerait encore, affirme-t-il, quand elles sont bonnes. Lorsqu'enfin parvient la grande nouvelle : « la joie et le contentement à propos de la paix et de la bonne venue de V. M. à ces royaumes sont si grands, écrit-il le 17 mai 1559, que je ne saurais le dire ! »[267].

Certes les circonstances sont graves. L'Espagne a échappé aux atteintes directes de la guerre, mais elle a fourni sans arrêt des hommes, des vaisseaux, de l'argent, beaucoup d'argent. Socialement, économiquement, politiquement, elle en reste bouleversée, en proie à un malaise profond qu'accentue encore une crise religieuse, apparemment très inquiétante.

L'alerte protestante

En 1558[268], on avait découvert à Séville, à Valladolid et dans plusieurs petits centres, des communautés « protestantes » ; servons-nous de l'expression, bien qu'elle soit peu exacte : après tout, elles furent tenues pour telles. La nouvelle accabla Charles Quint, autant que son fils, au point qu'on a quelquefois établi un lien entre le voyage de 1559 et l'explosion protestante. Le second autodafé, sur la Plaza Mayor de Valladolid, fera suite au débarquement de Laredo[269]. Un mois sépare les deux événements. L'historien danois Bratli continue une tradition quand il écrit que Philippe II, après avoir reçu les mauvaises nouvelles de Séville et de Valladolid, « ne soupirait plus qu'après le moment où il pourrait retourner en Espagne »[270].

En fait, la répression à grand spectacle organisée par l'Inquisition signifiait-elle vraiment qu'un grand mouvement s'était étendu en Espagne et la menaçait ? A lire attentivement les pages de Marcel Bataillon, on n'a pas cette impression. L'auteur d'*Érasme et l'Espagne*[271] a montré que les soi-disant « protestants » de 1558 étaient, pour l'essentiel, les continuateurs d'un mouvement spirituel dont les origines, déjà anciennes en Espagne, ne sont pas liées au luthéranisme. Les flammes spirituelles de Valladolid et de Séville, vues de près, sont diversement colorées, telles ces flammes où brûlent à la fois les poussières de dix métaux différents ; certains précieux, très rares. Qui pourrait peser au juste ce que les *conversos* — un Augustin Cazalla, un Constantino — par leurs traditions mystiques juives, ont pu apporter à ce foyer ; ce qui y brûle d'illuminisme, cet étrange métal, pur produit d'Espagne, et qui, épuré, est sa très grande matière mystique ; qui dira ce qui revient aussi, dans cet alliage, aux idées érasmiennes d'une religion en esprit, tournée vers le dedans ? Les années 1520 à 1530 ont jeté dans la Péninsule, alors ouverte aux biens spirituels du vaste monde, les idées des Érasmiens, puis des Valdésiens... Vingt ans plus tard, ces idées vivent encore, transposées mais reconnaissables ; et s'il s'y est mêlé quelque chose de la pensée luthérienne, il n'y a pas eu, en Espagne, de culte protestant, organisé comme en France en confession dissidente. L'hérésie, si elle s'oppose à la tradition catholique, aurait plutôt tendance à essayer de sauver, en même temps que l'esprit, l'Église et ses institutions, bref l'orthodoxie. Elle a espéré le faire.

Alors pourquoi la répression de 1559, si rien, ou presque rien de nouveau ne semble être intervenu dans les foyers du nouvel esprit religieux ? Pour Marcel Bataillon[272], c'est la méthode répressive qui est nouvelle ; l'intransigeance catholique a pris conscience d'elle-même, elle désire frapper pour frapper, inspirer la terreur de l'exemple. Finies, la politique irénique de l'Empereur, les incertitudes d'une situation tendue qui mêlait les lignes et confondait les positions ! L'intransigeance protestante a éclairci les choses. Après 1555, après le succès des réformés en Allemagne et l'abdication de Charles Quint, les oppositions se dessinent avec dureté ; une répression intransigeante s'installe en Italie, puis en Espagne, les deux choses étant d'ailleurs indépendantes ; l'Inquisition espagnole est autonome et les relations de Philippe II et de Paul IV peu amicales, bien qu'ils soient entraînés l'un et l'autre dans un même mouvement. La situation a évolué avec rapidité. L'Espagne que Philippe II retrouve est déjà passée à la Contre-Réforme, à la répression, sans que ce soit pour autant l'œuvre du roi, mais bien celle de son temps, des événements d'un bout à l'autre de la Chrétienté, de la poussée de Genève et de celle de Rome, vastes flux spirituels qui entraînent Philippe II lui-même et qu'il n'a pas créés. Pourtant le roi ne s'est pas trouvé par hasard sur la *Plaza Mayor*, le 8 octobre, rehaussant de sa présence l'exemplaire punition des « luthériens ».

Ne sous-estimons pas l'inquiétude de Philippe II : instruit par les leçons de l'Allemagne, de la France, il pouvait tout craindre, en 1558. Mais en 1559, dès avant son retour, le péril était apparu dans sa minceur, la correspondance de Philippe II avec la princesse Jeanne le montre, dès lors, peu inquiet de cette question dont il parle rarement. Le 26 juin[273], accusant réception de la longue relation sur le premier autodafé de mai, il ajoute qu'il espère bien qu'ainsi « on remédiera au si grand mal qui avait été semé ». Le ton est calme. *Tan gran mal como estava sembrado* : mais la moisson n'avait pas eu le temps de mûrir.

La répression sonna les dernières heures de l'hérésie espagnole. Peut-être ce succès facile (il est d'autres élans que les méthodes de terreur n'ont jamais su réduire) tient-il au fait que l'érasmisme ou le protestantisme étaient en Espagne des greffes étrangères ; des greffes qui ont « pris », bourgeonné, fleuri, mais combien de temps ? Sur le plan de l'histoire des civilisations, qu'est-ce que cinquante ans ? Le terrain était peu favorable, l'arbre mal conformé pour la greffe. Il n'est resté finalement de ce « protestantisme » que ce qui a pu se continuer en direction du mysticisme espagnol, ce refuge de l'oraison individuelle, en direction de sainte Thérèse et de saint Jean de la Croix.

Le mouvement d'ailleurs n'avait jamais été populaire, au contraire. L'archevêque de Tolède précise, dès mai 1558, que le peuple ne paraît pas contaminé[274]. On a dû transférer les détenus de nuit à Valladolid, dans la crainte que le peuple et les enfants ne les lapident, si grande est contre eux l'indignation publique[275]. Seul un petit groupe d'hommes est en cause, une élite d'humanistes et de mystiques. Et aussi une élite sociale de seigneurs espagnols que le Grand Inquisiteur, en 1558, n'épargnera point comme ses prédécesseurs.

Sans doute est-ce l'explication du bruit répandu par les Vénitiens, et qui paraît parfaitement inexact, que, « sous couleur de religion, s'étaient organisées quelques séditions d'accord avec de grands seigneurs »[276]. Plus explicite, une lettre de l'évêque de Dax, écrite de Venise en mars 1559[277], rapporte que « depuis quelques jours s'est levé un bruict à Saint-Marc qui a depuis été confirmé comme très certain, qu'en Espagne se sont eslevez quatre des plus grands princes du royaume en faveur de l'hérésie luthérienne, en laquelle ils se montrent si obstinez... qu'ils vont contraignant par force tous leurs vassaux à être de leur party ; si le roi Philippe n'y remédie de bonne heure, il est en danger de s'y trouver le plus faible ». Mais Venise est par excellence, avec Rome, la ville des fausses nouvelles : le cardinal de Rambouillet écrivait un jour à Charles IX que « les nouvelles qui s'écrivent d'icy (Rome) à Venize et de Venize icy ont autant de crédit et de réputation, en Italie, que les nouvelles du Palais, en France ». Il ne semble pas que le « protestantisme » espagnol ait eu des aboutissements politiques. Mais la confusion était possible parce qu'à côté de la révolte religieuse, il y avait, en Espagne, un malaise politique, inquiétant lui aussi.

Le malaise politique

On parle couramment de l'Espagne unifiée de Philippe II. Il faut s'entendre. La centralisation s'est certainement accentuée au cours de ce long règne autoritaire, mais les franchises populaires, vers 1559, ne font encore que s'effacer, les lois n'ont pas changé et le souvenir demeure des révoltes passées. L'autorité royale n'est ni sans limite, ni sans contrepoids. Elle se heurte aux *fueros*, à la richesse fabuleuse du clergé, à l'indépendance d'une noblesse opulente, à l'indiscipline parfois ouverte du Morisque, à la désobéissance du « fonctionnaire ». On remarque même au cours des années 1556-1559, un amoindrissement sérieux du prestige de l'État, une sorte de crise d'insubordination.

Il ne s'agit pas de révolte ouverte, mais d'une vague de mécontentement et de désaffection, visible dans les petits faits du genre de ceux que l'historien Llorente [278] a collectionnés et qui ne prennent de sens que juxtaposés. Ainsi quand Charles Quint, « chargé d'années, de lauriers et d'infirmités », débarque à Laredo, en 1556, il n'y a que quelques gentilshommes à l'attendre et le vieil Empereur en est peiné et surpris [279]. Un peu plus tard, ce sont les sœurs de Charles Quint, Élisabeth et Marie, reines de France et de Hongrie, qui voyagent dans la Péninsule ; sur le trajet de Jarandilla à Badajoz, quelques seigneurs, requis de les accompagner, ne répondent pas à la convocation et jugent superflu de s'en excuser [280]. Quelque temps auparavant, les reines désireuses de s'installer à Guadalajara avaient demandé au duc de l'Infantado de leur céder ses maisons, les maisons mêmes où se célébrera le troisième mariage de Philippe II [281]. Le duc avait refusé, au grand scandale des deux femmes et de l'empereur qui, pourtant, ne voulut pas, quoi qu'on lui dît, forcer la main au duc, personnage important dont il avait reçu des services.

En janvier 1558, le *corregidor* de Plasencia ayant décidé
d'exécuter certains mandements à Cuacos, un village
proche de Yuste où l'empereur tient un alguazil, une
controverse s'engage entre les deux hommes. Le *corregidor* la termine en se saisissant de l'alguazil et en le
faisant emprisonner[282].

Profitant des déficiences gouvernementales, de l'insuf-
fisance des juristes et des ministres, chacun tente de
s'octroyer quelque privilège supplémentaire. En octobre
1559[283], Philippe II, préoccupé par le déficit de ses
finances, est à la recherche d'abus à supprimer, d'économies à faire. Un vieux conseiller, alcade de la Chancellerie de Valladolid, le *licenciado* Palomares, lui envoie
une curieuse lettre au sujet des prétentions excessives
des grands seigneurs en matière judiciaire. Il lui rappelle
que lors de son voyage en Allemagne, en 1548-1550,
sept ou huit grands d'Espagne, réunis au couvent de
San Pablo de Valladolid, avaient réclamé, pour tous
les cavaliers titrés, le privilège de n'être plus justiciables
que du souverain. Ils avaient demandé aussi que,
dans les causes criminelles des terres seigneuriales qui
arrivaient devant les tribunaux royaux, l'argent des
condamnations fût pour le seigneur. Ceci au nom d'une
prétendue loi de Guadalajara, datant de Jean Ier et qui,
au témoignage de Palomares, devait être apocryphe ou
avoir un double sens. En 1556 (détail symptomatique,
le Roi est encore absent, parti en Angleterre depuis
1554), même réunion, toujours au couvent de San
Pablo ; mêmes exigences que la princesse Jeanne a
rejetées. Les seigneurs se sont alors avisés d'un détour :
dans les actes de ventes domaniales, principalement
celles conclues en 1559, les rédacteurs ont introduit des
clauses dangereuses pour l'autorité de l'État, soi-disant
en vertu de la loi de Guadalajara. C'est un fonctionnaire
royal, le licencié Juan de Vargas, qui a le premier glissé
ces mots redoutables dans le texte d'une vente passée à
son profit, afin de se réserver les bénéfices de la justice
criminelle sur la terre qu'il achetait. Son exemple a été
naturellement suivi. « Certains de vos serviteurs et de
vos conseillers d'État ont passé de telles ventes, ajoute

Palomares, et V. M. devra s'en garder. » On le voit,
les plus hauts fonctionnaires se sont laissé tenter.

Le geste des seigneurs et des acheteurs de *lugares de
vasallos* signale la carence de l'État, ses besoins et
ses faiblesses qui encouragent les empiétements. On
comprend qu'au même moment, les obstacles rencontrés
habituellement par l'autorité royale aient pris un relief
nouveau. Les villes que l'on essaie de dépouiller de leurs
juridictions se défendent âprement, députent auprès du
roi en personne et souvent l'emportent. De même, ce
sont souvent les propres officiers de la *Contratación*
qui aident les marchands de Séville à échapper aux
mesures gouvernementales. Au printemps de 1557, le
gouvernement avait saisi l'argent que la flotte des Indes
apportait aux particuliers : « alors que sur sept ou huit
millions de ducats arrivés, on avait réussi à prendre
5 millions, les marchands se sont arrangés tant et si
bien qu'il n'en reste plus que 500 000 », s'indignait
Charles Quint [284] ! Il ne fallut pas moins que sa violente
colère pour mettre en marche la machine judiciaire
contre les délinquants. A l'automne de la même
année [285], on jugea plus prudent de dépêcher, au-devant
de la flotte des Indes, l'escadre d'Alvaro de Bazan qui,
arrivant à San Lucar le 7 septembre, se saisit du
numéraire et le transporta à Santander, d'où il fut
expédié aux Pays-Bas. L'autorité royale en était réduite
à des expédients.

Il lui arrivait aussi de ne point oser intervenir. Ainsi
quand le vice-roi d'Aragon, le duc de Francavila, fait
garrotter un « manifestant », contre les droits du *fuero* :
son acte déchaîne une émeute, les Cortès se réunissent
d'elles-mêmes sans convocation du souverain, le vice-
roi est contraint de se réfugier dans l'Aljaferia et
le gouvernement de Valladolid, mis au courant, le
désavoue [286]. Il ne s'agit pas de s'aliéner l'Aragon,
surtout en temps de guerre contre la France ! De même,
à Valence, les inquisiteurs qui instruisent — c'est leur
pain quotidien — les causes des *Tagarinos*, c'est-à-dire
des Morisques de la région, reçoivent des instructions
de prudence. Une lettre au Conseil de l'Inquisition, du

4 juin 1557 [287], s'exprime en ces termes : « Vous nous avez écrit..., le 4 septembre dernier... que, comme le temps était si dangereux, nous devrions suspendre pour le présent la poursuite des causes des Tagarins. »

On conçoit que nantis de ces conseils, les fonctionnaires soient timorés et hésitent à agir, même sur ordre. L'inquisiteur Arteaga, écrivant le 28 février 1559 [288] à la *Suprema*, raconte que l'alguazil du Saint-Office de Barcelone est venu lui demander l'exécution à Valence de jugements portés par ce tribunal. « Si je n'ai pas fait prendre les personnes indiquées dans la lettre de réquisition, ce fut pour éviter le scandale et le grand trouble qui pouvaient en résulter dans cette ville, étant donné ce que sont les temps présents et que les personnages incriminés sont, pour la plupart, officiers prééminents de cette cité... » *Étant donné ce que sont les temps présents*... Temps graves assurément et qui mettent l'œuvre monarchique à l'épreuve.

Les difficultés financières

Le souverain n'a pas les mains libres : tout ce qu'il fait est dominé par le plus gros des soucis qui ont imposé son retour en Espagne : un souci d'argent.

L'énorme passif des finances impériales dont il avait hérité était tel qu'aux premières dépenses rendues nécessaires par la reprise des hostilités, son crédit s'était effondré. Au 1er janvier 1557, la banqueroute était officielle [289]. Mais était-ce une vraie banqueroute ? Le premier des fameux décrets de Philippe II n'a été qu'une consolidation de la dette flottante. Le trésor royal vivait d'emprunts ou d'avances, consentis à des taux élevés et dans des conditions onéreuses, par les marchands qui, seuls (vu la dispersion de l'Empire espagnol et la présence du souverain aux Pays-Bas) pouvaient mobiliser, à son bénéfice, des revenus éloignés dans l'espace et dans le temps. Le trésor leur payait de gros intérêts et les remboursait aux échéances des foires. Les dettes de l'État étaient ainsi représentées par une masse de papiers les plus divers. Le décret n'a pas annulé les dettes, mais prévu leur remboursement en *juros*, rentes perpétuelles ou viagères, portant, en principe, intérêt à 5 pour 100. Le 1er janvier 1557 était fixé comme date initiale de ces règlements.

Les banquiers protestèrent, puis se soumirent, les Fugger après une résistance plus vive que les autres. Le décret, évidemment, portait un tort grave aux marchands. On réduisait l'intérêt de leurs créances ; on immobilisait leurs capitaux. Il leur restait la possibilité de vendre ces rentes perpétuelles — on ne se fit pas faute d'en user — mais il s'ensuivit une chute rapide des cours dont les vendeurs firent les frais. C'est ainsi que lorsque les Fugger capitulèrent[290], les « juros » étaient tombés à 50-40 pour 100 de leur valeur nominale. Cet échange forcé d'obligations à court terme, portant de gros intérêts (12 et 13 pour 100) contre des rentes perpétuelles à 5 pour 100, si grand que fût le préjudice causé, n'était cependant pas une banqueroute totale.

L'expédient permit à l'État de durer, tant bien que mal, jusqu'à la paix du Cateau-Cambrésis, mais il ne supprimait pas les difficultés. Les banquiers génois, les seuls à consentir encore des avances au Roi Catholique, se montrèrent plus exigeants que par le passé. Je n'en veux pour preuve que les deux « partis » conclus à Valladolid, en 1558. Par le premier, Niccolo Grimaldi, banquier génois[291], avance au roi un million d'or : « s'oblige le dit Niccolo Grimaldi à payer en Flandres 800 000 écus à raison de 72 gros par écu et de la façon suivante : 300 000 à la première arrivée des navires d'Espagne, 250 000 à la fin novembre et les 250 000 de surplus à la fin décembre de cette année 1558. Les autres 200 000 écus, il s'oblige à les payer à Milan, à raison de 11 réaux par écu, dans le courant de novembre et décembre de cette année, moitié dans l'autre mois ». En revanche, le Roi donne des sûretés : « S. M. lui paie le dit million d'or en Espagne, à raison de 400 maravedis par écu et de la façon suivante : 300 000 immédiatement de l'argent qui est à Laredo, 300 000 de l'or et de l'argent qui arriveront par les premiers navires provenant du Pérou et, au cas où on ne le paierait pas au courant d'octobre de cette année, le dit

Grimaldi ne sera pas obligé de faire les paiements à la fin de novembre et de décembre, ni en Flandre ni à Milan ; 300 000 écus sur le service de Castille de 1559 et des lettres de change, sans intérêt, lui seront délivrées ; 166 666 écus pour complément des 400 millions de maravédis payables en rentes 10 p. 100. On lui paiera 540 000 écus de dettes anciennes de la façon suivante : 110 000 en rentes à 10 p. 100, 135 000 à 12 p. 100, 170 000 à 14 p. 100 et 25 000 assignés sur les mines. Les intérêts de cette somme lui seront comptés jusqu'à la fin de l'année 1556 à 14 p. 100 et pour l'année 1557, à 8 p. 100. On lui donne en outre la permission d'exporter d'Espagne un million d'or ».

Ces chiffres indiquent une dureté exceptionnelle. Le commentaire français anonyme qui l'accompagne constate que « ce marchand genevoys ne preste rien du sien, comme pouvez veoir, et toutefois pour le plaisir qu'il fet au roy filippe de lui faire bailler l'argent sur le change d'Envers et de Milan a mesmes condittion qu'on lui baillera par deça : il gainge (*sic*) 50 mrs pour chacun escu, attendu que l'on luy baille par deça quatre ce(n)s et il n'en vault que 350, qui vient a raison de 15 p. 100, oultre qu'il en gaigne quasi autant en Flandres pour ce qu'il ne baille que 72 gros pour escu et il en vault 78 ». Et le commentateur de se demander pourquoi le roi d'Espagne a signé pareil accord. S'il disposait d'argent à Laredo, n'était-il pas plus simple de le faire directement venir ? Il n'y voit que deux avantages, la suppression du risque de mer et la réduction du taux des rentes représentant les dettes anciennes. Tout ce passif financier pèse sur la politique d'emprunt de Philippe II.

Mauvaise affaire également que le prêt de 600 000 écus consenti, cette même année 1558, par Constantino Gentile [292], lui aussi marchand génois. Le remboursement est prévu à raison de 125 000 écus immédiatement à Séville ; puis, toujours à Séville, en juillet 1558, une somme équivalente ; enfin, 350 000 écus assignés sur le service de Castille. Ajoutez les bénéfices extravagants du change et la consolidation de 1 400 000 écus de dettes anciennes : le même commentateur anonyme a beau jeu de montrer qui profite de l'opération.

Que, dans les deux exemples donnés ici, tout le poids en retombe sur la Castille (de même que dans le curieux *asiento* conclu avec les Fugger, le 1er janvier 1557, et dont les archives farnésiennes de Naples [293] possèdent une copie), il ne faut pas s'en étonner. C'est le cas de tous les partis conclus en ces années difficiles et qui sont gagés sur les services ordinaires et extraordinaires de Castille, sur les métaux précieux qu'apportent les flottes venues des Indes. Le crédit de Philippe II s'appuie, en dernière analyse, sur le crédit de l'Espagne. Or celui-ci est fortement endommagé.

On l'a, en effet, exploité sans modération. Au temps de la guerre contre Paul IV, il a fallu littéralement extorquer de l'argent aux prélats qui ne l'ont fourni que de guerre lasse. Puis, comme nécessité n'a pas de lois, on s'est saisi, dans la mesure du possible, de l'argent qu'apportaient les flottes des Indes. Il faut entendre, par là, l'argent destiné aux marchands de Séville ou trouvé sur les passagers retour des Indes. Ces saisies, répétées en 1556, 1557, 1558, ont laissé très mauvais souvenir. Ce n'est qu'en 1559 que Philippe II se décidera à rembourser les capitaux saisis, mais en offrant pour les deux tiers des *juros*. La joie qui s'ensuivit dans les milieux marchands dit assez combien la mesure, si injuste en soi, était, aux yeux de la plupart, inespérée [294]...

Au lendemain du Cateau-Cambrésis, Philippe II semble en éprouver un remords : « ... il nous paraît raisonnable, dit-il, de ne rien prendre ni aux marchands passagers (des flottes des Indes), ni aux particuliers, mais, au contraire, de leur remettre librement ce qui arrivera pour eux » [295]. Sagesse tardive ! Dix ans plus tard, le bruit se répandant que le gouvernement allait revenir à ses anciennes méthodes, bien des gens aimèrent mieux rester en Amérique que de risquer, en rejoignant l'Espagne, la saisie de leur argent [296].

Quant aux ressources normales, elles semblent, sauf les services de Castille, avoir été engagées par anticipation. Il en fallut trouver d'autres, d'où divers expédients financiers dont une lettre de la princesse Jeanne au roi, du 26 juillet 1557 [297], dresse la liste : ventes de titres d'hidalgos, légitimations de fils d'ecclésiastiques, création d'offices municipaux, ventes de terres et juridictions domaniales... Ces ventes ont, plus que tout le reste, troublé les royaumes espagnols. Elles ont profité, de toute évidence, aux grands seigneurs, mais on en sait peu de chose : elles mériteraient d'être étudiées avec soin, de même que les ventes des terres ecclésiastiques, au-delà de 1570. Les villes en furent les premières victimes, les biens domaniaux étant en réalité souvent des biens municipaux, qui passèrent ainsi des villes à la noblesse. Mais bien des villages profitèrent de l'occasion pour s'acheter eux-mêmes et s'affranchir des juridictions urbaines. Simancas se libéra ainsi du contrôle de Valladolid.

Les créations de nouveaux offices municipaux étaient une autre façon de mettre les villes à contribution, car l'État touchait le prix de la vente des offices, et la ville payait ensuite les traitements [298]. On comprend les plaintes de ces dernières [299]. Défendant leurs deniers, elles n'hésitèrent pas à envoyer des agents jusque dans les Flandres. Philippe II ne put rester sourd à toutes leurs requêtes. Il cassa des marchés presque conclus et interdit finalement les ventes insignifiantes. Mais là encore les mesures sages furent tardives. Bien des excès furent commis, comme le dit la lettre déjà citée du licencié Palomares et certains, comme les usurpations domaniales à Grenade, échappent à notre contrôle [300]. En 1559, la détresse du trésor est immense. Philippe II a conclu la paix avec la France, mais il a fallu jusqu'à sa conclusion maintenir une armée sur pied ; puis la démobiliser, ce que l'on ne peut faire qu'en payant les arriérés de solde. L'argent manquant, on ne démobilise pas, et la dette ne cesse de croître : cercle vicieux... Philippe II demande à l'Espagne dix-sept cent mille écus, en mars [301], mais la Régente ne réussit à conclure que deux partis l'un de 800, l'autre de 300 000, ce dernier effort mettant d'ailleurs en péril le crédit du

facteur Francisco López del Campo, chargé des paiements du trésor en Espagne. On a déjà, pour le sauver,
prorogé jusqu'en juin le terme de la foire de Villalón :
« Le facteur, écrit la princesse Jeanne à son frère, le
13 juillet 1559 [302], se préparait à y aller et à satisfaire
au mieux ses obligations qui portent sur les quantités
de maravédis que verra V. M. par le mémoire qu'on
lui envoie. Le principal fondement, à cet effet, était ce
que l'on attendait des Indes par la flotte qui vient
d'arriver et qui, on le sait aujourd'hui, n'a rien apporté
ni pour V. M. ni pour personne d'autre ». C'est le vice-
roi de la Nouvelle-Espagne qui, au dire des officiers
municipaux de Séville [303], a voulu que rien ne fût
embarqué sur la flotte, de crainte des corsaires.

Dans ces conditions, impossible de faire face aux
échéances de juin : « On prorogera la foire de Villalón [304]
jusqu'à la fête de Saint-Jacques, continue la princesse,
pour trouver entre temps un remède possible, car le
Conseil des Finances a décidé qu'il ne fallait absolument
pas manquer aux échéances de la foire, même s'il était
nécessaire d'emprunter sur le service (de la Castille)
pour l'année 1561, bien qu'il ne soit pas encore accordé,
ou sur tout autre chapitre. N'importe quel gros intérêt
ou autre dommage doit être préféré, et de beaucoup, à
la ruine du crédit du facteur. C'est, en effet, grâce à
lui que V. M. a été servie et pourvue jusqu'à présent et
qu'elle pourra l'être, si nous satisfaisons aux échéances
de la foire. Les ressources sur lesquelles on pourrait
tabler sont quelques ventes de vassaux, mais V. M. les
a restreintes et spécialement en ce qui concerne Séville,
alors que l'on concertait déjà une vente de 150 000
ducats, pour le compte du duc d'Alcala, désireux d'y
acquérir 1 500 vassaux... » En même temps, la Régente
envoie à Philippe des experts, comme le Dr Velasco,
pour lui peindre exactement la réalité [305]. Elle craint que
son frère ne garde des illusions.

Or, aux Pays-Bas, Philippe II ne trouve aucune
solution. « A rester ici, écrit-il le 24 juin [306], je ne
gagnerai rien que de me perdre moi et ces États (les
Pays-Bas)... Le mieux est que nous cherchions tous le

remède... et s'il n'est pas ici, j'irai le chercher en
Espagne. » Voilà qui est net. Philippe II croit peu à
l'efficacité de la princesse Jeanne, occupée de ses
libéralités, de ses dévotions, de ses rêves ambitieux,
libéralités que son frère rogne, rêves qui tournent autour
de l'Infant Don Carlos qu'elle voudrait épouser, dit-
on, pour se maintenir au premier rang. Peut-être le Roi
se rappelle-t-il le voyage de Ruy Gomez dans la Péninsule, en 1557 [307] ? Où le favori a réussi, le souverain ne
peut-il tenter sa chance ? Le salut doit être cherché en
Espagne, et par le souverain lui-même. Quand les vents
contraires lui imposent la longue attente dont nous
avons parlé dans les îles de Zélande, le roi s'afflige,
non certes pour ses commodités personnelles, « mais,
comme il l'écrit le 24 août à l'évêque d'Arras, pour
voir qu'avec mon arrivée en Espagne, se retarde le
moment où je pourrai chercher le remède nécessaire,
pour ici et pour là-bas » [308].

Ces précisions aident à comprendre la lettre dramatique de Philippe II à ce même Granvelle, le 27 décembre
1559 [309], à une date où la véritable situation de l'Espagne
n'avait plus de secret pour lui. « Croyez, écrivait le
souverain, que j'ai beaucoup désiré pourvoir ces Pays-
Bas de tout ce que je sais leur être nécessaire... Mais je
vous donne ma parole que j'ai trouvé ici une situation
pire que celle de là-bas, qu'il m'est impossible de vous
secourir et même de pourvoir, ici, à des besoins si
infimes que vous vous étonneriez s'il vous était donné
de les voir. Je vous confesse que jamais je n'ai pensé,
là-bas, qu'il pouvait en être ainsi et je n'ai pas trouvé
de remède en dehors de l'argent de la dot [310], comme
vous le verrez d'après la lettre que j'écris à ma sœur
[Marguerite de Parme]. » On ne se trompera pas sur la
sincérité de cette désillusion. Il n'y avait plus rien en
Espagne, parce qu'on en avait trop tiré, et peut-être
avait-on ainsi stupidement tari, pour un temps, les
sources de la richesse de l'Empire. D'où le retour de
Philippe II à la modération tardive dont nous parlions
plus haut. Est-ce parce qu'il a reconnu la nécessité de

maintenir ces sources à un débit normal qu'il s'est décidé à rester en Espagne, sa vie durant ?

En 1570, s'ouvrait à Cordoue la session des Cortès de Castille qui devait se clore, l'année suivante, à Madrid. A la séance d'ouverture, Eraso porta la parole au nom du roi et fit l'historique rapide des années écoulées depuis la précédente réunion, en 1566 : « Le roi a résidé au cours de ces années, comme vous le savez, en Espagne, bien qu'il ait eu d'urgentes et graves raisons de s'en absenter pour se rendre en personne vers certains de ses autres États, comme on le fit savoir au *Reino*, dans les précédentes Cortès. Mais S. M. sait combien son séjour en ces royaumes est nécessaire... non seulement pour leur bien et bénéfices particuliers, mais aussi pour pourvoir... aux nécessités des autres États, car ces royaumes sont, entre tous, le siège essentiel, la tête et principale partie. Et comme s'ajoute à tout cela le grand amour qu'elle vous porte, S. M. donna tel ordre que tout en donnant remède suffisant aux nécessités instantes, son absence fut évitée[311]. »

Traduisons ce discours officiel et disons que Philippe, sauf danger exceptionnel, ne pouvait s'éloigner de l'Espagne, cœur de ses États, et leur trésor. Bruxelles était une admirable capitale politique, d'accord, mais il n'y a pas que la politique. Valladolid était bien la capitale financière de l'Empire hispanique ; les « partis » s'y établissaient et le rythme des foires de Castille, à ses portes, en fixait les échéances. Il fallait qu'il en fût ainsi, que le maître de l'Empire, concentrant autour de lui l'essentiel des dépenses de l'État, se trouvât au pays même où arrivait l'argent d'Amérique. Tout cela néanmoins le roi ne l'a vraiment compris qu'après son retour en Espagne. Les ordres que jusque-là il envoyait de loin aux gouvernants d'Espagne manifestaient, sans doute, une telle ignorance — l'ignorance que Philippe II reconnaît lui-même dans sa lettre à Granvelle — que ses correspondants les trouvèrent plus d'une fois risibles. L'aveu est de Philippe II : annotant une lettre de la princesse Jeanne qui déclarait qu'après réunion des conseillers de Valladolid, elle devait lui apprendre que tout le monde était d'un avis contraire au sien et jugeait impossible de lui envoyer de l'argent, qu'il lui fallait venir, le Roi a écrit dans la marge (ce que sans doute quelque médisant lui avait rapporté) : *se han harto reydo de mi*[312], ils se sont rudement moqués de moi. Ils ? les conseillers, la princesse, tous au courant des réalités de la Péninsule et partisans de son retour.

Philippe II est donc rentré en Espagne pour y apprendre que la situation était plus grave encore qu'il ne l'imaginait. Reste à comprendre par quelle aberration ce pays épuisé allait s'acharner à ne pas mettre un terme à la guerre en Méditerranée, à laisser se développer une lutte qu'il eût été possible d'éteindre et que l'on va voir, au contraire, se développer de plus belle. Mais le Roi Prudent en est-il responsable ?

II

Les six dernières années
de la suprématie turque :
1559-1565

Du traité du Cateau-Cambrésis, avril 1559, au siège de Malte, mai-septembre 1565, l'histoire de la Méditerranée, à elle seule, forme un tout cohérent. Six années durant, elle n'est plus à la remorque des grands événements de l'Europe de l'Ouest et du Nord ; libérés de leurs autres tâches, les géants qui occupent les deux moitiés de la mer — le Turc et l'Espagnol — reviennent à leur duel. Sans trop d'acharnement encore. Veulent-ils, l'un et l'autre, une guerre sans merci ? Ne sont-ils pas victimes de projets précis, à courtes visées, qui les entraînent finalement plus loin qu'ils ne le voudraient ? C'est ce que l'on pense à suivre le jeu incertain de l'Espagne, plus à la remorque des événements que sous le signe de l'audace. Le jeu turc, en ces dernières années du grand règne de Soliman, est analogue. Le seul grand fait, à l'Ouest, est la création d'une puissante force navale au service de l'Espagne. Mais la question est de savoir si, de cette force, l'Espagne se servira et si elle est suffisante pour maîtriser la mer.

1. La guerre contre les Turcs, une folie espagnole ?

La guerre continue en Méditerranée, au moment où l'Occident s'en libère, les Allemagnes par la paix intérieure d'Augsbourg, l'Empire hispanique et la Papauté par l'accord de septembre 1557, la France et l'Espagne par la paix du Cateau-Cambrésis. Partout ainsi, s'opère un puissant retour à la paix : partout, sauf en Méditerranée. La guerre s'y maintient, coupée d'à-coups brutaux et de très longues pauses, difficile à saisir dans ses mobiles et dans ses actions. La régression économique de 1559 à 1575 ne peut en porter toute la responsabilité.

La rupture des pourparlers hispano-turcs

En ce qui concerne les grands États, l'Espagne et la Turquie, la guerre n'était pas inévitable. On le pensait, en 1558, dans l'entourage de Philippe II. Une trêve de quelques années en direction de la Turquie semblait la condition d'un effort plus libre vers l'Ouest. Le 21 mai 1558, Philippe envoyait l'évêque del Aguila à son oncle Ferdinand, avec des instructions très nettes [1]. Une lettre de l'empereur, en date du 2 janvier, lui ayant indiqué qu'à Vienne on avait engagé des pourparlers avec le Turc, qu'on y était décidé à s'acquitter de l'arriéré du tribut annuel (prévu par l'accord de 1547, et non payé depuis 1550) et même à consentir une augmentation, Philippe II donnait son approbation : « connaissant au jour d'aujourd'hui le peu de possibilité qu'il y a, en Chrétienté, de s'opposer, avec les forces qui seraient nécessaires, à une puissance aussi considérable que celle du Turc, je ne puis m'écarter de l'avis prudent que vous ont donné vos sujets eux-mêmes, Hongrois, Bohémiens, Autrichiens, et auquel se sont ralliés les Électeurs... ». Or, un intermédiaire, « qui a pratique et intelligence en la cour du Turc », s'est fait fort, il y a quelques jours à peine, d'obtenir du sultan, si le roi le désirait, une paix avec l'Espagne. « Pour quelques raisons particulières, continue le roi, je n'ai pas voulu qu'*on proposât de ma part* pareille négociation. Je n'ai pas voulu non plus rompre entièrement les ponts, retenant en considération que le Turc, redoutant mes forces en Méditerranée, pourrait, s'il savait que je puis être persuadé de me laisser comprendre dans la paix en préparation avec V. M., en adoucir et modérer peut-être les conditions. » Voilà bien de la diplomatie à l'espagnole, orgueilleuse et tenant à respecter le *puntonor*, mais ne refusant pas à biaiser, le cas échéant. Philippe II, qui ne veut point faire les premiers pas vers le Turc, laisse ses scrupules quand il croit pouvoir utiliser le relais et l'intermédiaire de Vienne [2].

Durant les premiers mois de 1559, le roi n'avait pas abandonné ces tractations. Nous avons trouvé, daté du 5 mars, un relevé des conditions éventuelles d'une trêve de dix ou douze ans avec le Grand Turc [3]. Dans une lettre du 6 au secrétaire de son ambassadeur à Venise, Garci Hernandez, le roi annonçait qu'il avait « fait élection de Nicolo Secco pour qu'il se rende auprès du Grand Turc, en compagnie de Francisco de Franchis, et y traite de la trêve que ce dernier a, comme vous le savez, mise en route » [4]. Le dit Nicolo Secco est allé à la Cour de l'empereur, il devra se rendre ensuite auprès du duc de Sessa pour y prendre ses instructions. Le 6 également, ordre est donné à Nicolas Cid, trésorier de l'armée de Lombardie, de payer 2 000 écus à Nicolo Secco, *para el gasto de cierto camino que ha de hazer a mi servicio*, et 5 000 à Garci Hernandez qui sait à qui il devra verser cette somme. Du même jour encore, l'instruction à Nicolo Secco [5] fournit des renseignements supplémentaires. L'instigateur de l'affaire semble bien être Francisco de Franchis Tortorino, alors de passage à Venise pour se rendre une seconde fois à Constantinople, et toujours pour le compte de la République de Gênes. Il a parlé longuement avec l'ambassadeur Vargas des possibilités qu'il a d'agir auprès de Roustem Pacha (lequel est alors grand vizir) et des cadeaux qu'il serait bon de lui faire.

Nicolo Secco, qui a déjà été ambassadeur en Turquie, devra rejoindre Franchis à Venise et, en sa compagnie, aller jusqu'à Raguse. De là, Franchis continuera seul sa route et n'appellera Secco qu'au cas d'une ratification à peu près certaine de la trêve. Ainsi, de même qu'en 1558, Philippe II tient à ne point aller trop de l'avant. Secco est autorisé à signer une trêve de dix, douze, voire quinze ans avec le Turc. Tant qu'elle durera, huit à dix mille écus seront versés, chaque année, à Roustem

Pacha. Et s'il est possible, ajoutait Philippe II, d'obtenir, de la complaisance de Roustem, que l'armada turque ne sorte pas l'été qui vient, « il sera à propos de lui offrir douze à quinze mille écus, payables sans faute aucune, en une fois, à Venise ou à Constantinople, à son choix ».

Nous ne sommes entrés dans ces détails que pour bien établir la réalité des pourparlers et des intentions de Philippe II, avant la paix du Cateau-Cambrésis. Car, la paix faite, tout change. Le 8 avril 1559 [6], Philippe II s'en explique dans une longue lettre au duc de Sessa : « Vous avez vu, écrit-il, ce que je vous ai dit à propos... de la trêve avec le Turc... et les dépêches que je vous ai envoyées afin que Nicolo Secco allât s'en occuper. Depuis lors, j'ai été avisé par l'empereur qu'une trêve avait été conclue par ses ambassadeurs, pour trois ans, entre sa personne et le Turc, lequel n'a accepté en aucune façon que je fusse compris dans la dite trêve. Le but principal que je poursuivais... était de voir si, de cette procédure, quelque bénéfice pouvait résulter pour l'empereur et ses affaires : ce but me semble atteint. D'autre part, la paix vient de se conclure avec le roi de France, d'où l'on peut penser que le Turc, privé d'aide, n'ayant aucun port (à l'Occident) qui puisse accueillir son armada, ne l'enverra pas contre la Chrétienté. D'autant qu'à tout cela, il convient d'ajouter son grand âge, son désir, à ce que l'on dit, de se reposer et le trouble où le mettent la discorde, la mauvaise volonté réciproque et les prétentions de ses fils » [7]. Conclusion : « suspendre le voyage de Francisco de Franchis et de Nicolo Secco, puisque l'on ne pourrait rien tenter ou faire, en cette conjoncture, sans grande perte d'autorité de notre part ». L'original dit, plus fortement : *sin gran desautoritad nuestra*. Et c'est le mot de la fin : pour ne pas perdre la face, Philippe II, libre du côté de l'Occident, ne poursuit pas ses tentatives de paix. Cette attitude ne va pas sans conséquences.

Dès le mois de juin, en effet, Philippe II donnait son acquiescement aux projets des chevaliers de Malte et du vice-roi de Sicile contre Tripoli. Écrivant au duc de

Florence pour lui demander ses galères, il lui disait :
« Puisqu'il a plu à Dieu, N. S., que se conclue enfin la
paix avec le Très Chrétien Roi de France, il m'a paru
qu'il serait du service de Dieu et profitable à toute la
Chrétienté, que les galères qui sont à ma solde en Italie
ne soient pas oisives durant le reste de cet été, mais
qu'elles s'emploient à détruire les corsaires et à assurer la
liberté de la navigation... J'ai donc autorisé l'expédition
contre Tripoli »[8]. Contre Tripoli, c'est-à-dire contre
Dragut, beglierbey de la ville depuis 1556. Mais ne sait-
on pas, depuis 1550, qu'agir contre Dragut, c'est
provoquer, à coup sûr, une riposte turque ?

C'est dire les responsabilités initiales de Philippe II
et de sa politique de prestige. Responsabilités d'autant
plus larges que la situation se prêtait à un accord :
« Les affaires du Turc vont mal, notait le duc de Sessa,
le 4 décembre 1559, par suite des dissensions de ses
fils »[9], et un homme aussi pondéré que le duc d'Alcala,
vice-roi de Naples, écrivait à Philippe, le 10 janvier
1560, au moment où l'expédition contre Tripoli venait
de vider son royaume d'une grosse partie de ses troupes :
« Je rappelle à V. M. que le moment serait bien choisi
de traiter quelque trêve avec le Turc, aussi bien à cause
des querelles de ses fils que pour le grand besoin qu'en
éprouvent les États de V. M. Ici, chacun pense que ce
serait bien nécessaire »[10].

Or, non seulement Philippe II s'est refusé à rechercher
cette trêve pour son compte, mais il est intervenu auprès
de l'Empereur pour le dissuader de conclure ce qui
l'était presque. Si l'on en croit l'ambassadeur de Venise,
Giacomo Soranzo[11], les articles de paix ne sont pas
encore de retour à Vienne à la fin d'octobre et
Philippe II, consulté pendant cet intervalle, déconseille
de les accepter ; il s'offre même à inquiéter le sultan en
Méditerranée, promet à l'empereur des hommes et de
l'argent, suggère qu'il pourrait, par l'intermédiaire du
roi de Portugal, solliciter Bajazet et le Sophi ; bref, ne
néglige aucun argument. Ne vaudrait-il pas mieux,
pour Ferdinand, s'emparer de la Transylvanie, que de

s'accorder avec le sultan ? Ce conseil semble ne pas
être tombé dans l'oreille d'un sourd [12].

La suprématie navale des Turcs

Pour agir ainsi, Philippe II a des raisons et des
excuses.

Des raisons, car dès la signature de la paix du Cateau,
Henri II a démobilisé sa flotte de Méditerranée. Il n'y
aura pratiquement plus de flotte dans les ports français
du Midi jusqu'à la fin du siècle et même au-delà, ce
qui ajoute à la paix, proclamée en Méditerranée comme
ailleurs [13], une garantie supplémentaire. Les Espagnols
y gagnent leur liberté de manœuvre.

Des excuses ? Philippe II a celle de n'avoir point pris
encore la mesure de la force turque. C'est à peine s'il
l'a jaugée sur mer, car la Prevesa n'a pas été une grande
rencontre, aux yeux des contemporains, et, pour lui,
c'est de l'histoire ancienne ; sur terre, les Espagnols ne
participent que de façon individuelle à la guerre des
frontières hongroises, quand ils y participent. Deux fois
seulement des Espagnols (que Charles Quint avait
installés, en 1534, à Coron, puis à Castelnuovo, en
1538, où ils menaient la vie ordinaire des présides, avec
ses alertes et ses sorties) avaient dû se battre contre
Barberousse et s'étaient fait déloger, en 1534 puis
en 1539. Mais quel enseignement tirer de rencontres
lointaines et inégales ? C'est en 1560 seulement, à
Djerba, et dans l'île de Malte, en 1565, que l'infanterie
espagnole pourra prendre la mesure de son ennemi.

Ajoutons qu'en Turquie, à la faveur de la querelle
des fils du Sultan, se déchaînent toutes les forces
indisciplinées, particularismes provinciaux, voire conflits
sociaux. L'ambassadeur français de La Vigne écrit à
l'évêque de Dax, en juillet 1559 [14], que les esclaves sont
tous en faveur du fils révolté de Soliman, Bajazet. Que
celui-ci ait été battu par le préféré, Sélim, ce n'est point
ce qui arrange les choses, puisque Bajazet gagne la
Perse et que la guerre intérieure, mal éteinte, se relie à
une éventuelle guerre extérieure. Les Turcs, comme
l'écrit de La Vigne en septembre [15], « se trouvent les

plus empeschés qu'ils ne furent jamais pour raison de leurs affaires domestiques ». Philippe II peut donc penser que ce n'est pas le moment de traiter avec eux, mais de les écraser [16].

L'été 1559 semble lui donner raison : la flotte turque ne dépasse pas, cette année-là, la côte d'Albanie et, mal en ordre, s'en retourne dès l'automne, sans avoir rien tenté contre la Chrétienté. Philippe II a sans doute trop compté sur le fait qu'elle ne pourrait menacer l'Occident qu'avec la complicité française. Cette complicité lui manquant, elle devrait se contenter de rapides incursions, à la belle saison. Malgré son infériorité numérique, la flotte hispanique pouvait donc se permettre une action, soit à la fin de la bonne saison, durant l'hiver, soit au début, avant d'être rejointe par son adversaire. Il s'agit de ne pas se laisser surprendre, surtout si l'on se propose d'agir au centre de la mer.

En fait, l'Espagne doit faire face à un double danger : les Barbaresques d'une part, de Tripoli jusqu'à Salé ; de l'autre, les Turcs. Chaque groupe a son autonomie et ils se séparent pendant l'hiver ; mais ils s'ajoutent l'un à l'autre et se renforcent pendant la bonne saison. Les Barbaresques ont boutique ouverte sur la Méditerranée de l'Ouest, et la boutique prospère ; au centre du Maghreb, Alger grandit, s'adjoint un Empire qui est une menace directe contre l'Espagne. Bien sûr, cet « Empire » n'est pas un modèle de discipline politique. Il est coupé de larges taches de dissidence, ainsi les montagnes de Kabylie ; mais les grandes routes sont tenues. Nous avons dit comment, en 1552, Salah Reis, septième roi d'Alger, avait poussé jusqu'à Ouargla ; en 1553 jusqu'à Fez. Fez avait été repris et le Chérif s'était même, un instant, emparé de Tlemcen, en 1557. Poursuivi par les Turcs, il avait battu en retraite sur sa capitale, mais à peu de distance de la ville, grâce à sa nombreuse cavalerie et aux « Elches », ces Morisques réfugiés au Maroc, habiles à manier l'arquebuse — il avait arrêté les troupes d'Hassan Pacha, le fils de Barberousse. Vers l'Ouest, la frontière algéro-marocaine se montrait finalement plus facile à franchir qu'à déplacer. Mais à l'Est, l'État algérois avait réussi à se débarrasser, sur son front de mer, du préside espagnol de Bougie, en 1555. Enfin, il lui avait été donné, en 1558, de remporter contre Oran un immense succès.

Depuis le début du siècle, depuis 1509, les Espagnols avaient joué un jeu serré autour d'Oran, réussissant à plusieurs reprises, à s'annexer Tlemcen. Cette politique de prestige pratiquée consciemment par le comte Martin de Alcaudete, avait pourtant trouvé son terme en 1551, du jour où une garnison turque put s'installer dans Tlemcen à demeure. Ce fut, dès lors, pour le préside une gêne constante et c'est pour l'atténuer et remonter le moral de la garnison qu'avec des troupes levées en partie sur ses terres d'Andalousie, le Vieux Don Martin, _El Viejo_, comme on l'appelait pour le distinguer de son fils, monta une expédition contre Mostaganem, à 12 lieues à l'Est d'Oran. Priver les Turcs de Mostaganem, c'était rompre leur liaison avec Tlemcen, les Turcs acheminant par ce port le ravitaillement et l'artillerie nécessaires à leurs opérations de l'Ouest. Bien menée, l'opération ne pouvait que réussir contre une place mal fortifiée. Mais on perdit du temps à exercer les nouvelles recrues dans des sorties autour d'Oran qui alertèrent l'Afrique du Nord entière. Puis le _Vieux_ conduisit avec lenteur et précaution son coup de main. Le 26 août, surpris par les Algérois et les indigènes, il succombait sous le nombre, et plus de 12 000 Espagnols tombaient aux mains du vainqueur. A Alger, toutes les maisons furent pleines de ces nouveaux captifs et l'année suivante, beaucoup renièrent pour aller combattre en Petite Kabylie, dans les troupes d'Hassan Pacha [17].

Ces détails montrent la puissance avec laquelle le nouvel État turc taillait sa place dans la terre maugrébine. On connaît mieux encore sa force grandissante sur mer, à l'Est jusqu'à la porte de Sicile, au Nord jusqu'en Sardaigne, à l'Ouest jusqu'au-delà de Gibraltar : « Les Turcs ont couru puis naguères avec quatorze ou quinze galères sur les Algarves, écrivait Nicot, ambassadeur du roi de France à Lisbonne, le 4 septembre 1559 [18], et faist quelque ravage de gens. A mon arrivée,

ils s'estoient retirez... » Ils ont fait plus de dommage
en Castille et ils ont élevé « en Caliz [19] ung drapeau
blanc, mectans à rançon toute leur proye et furent là
rachetez tous les captifs ». On voit de quels « Turcs »
il s'agit là...

Mais l'État algérois, le plus puissant des États barbaresques, n'était pas le seul. A l'Est du Moghreb, le
« royaume » de Tripoli se développait à l'image d'Alger,
surtout depuis que Dragut, en 1556, en avait pris la
direction. Avec cette différence toutefois que l'État
tripolitain ne pouvait guère se nourrir qu'aux dépens
d'un arrière-pays désespérément pauvre, difficile à soumettre, particulièrement dans la région du Darrien dont
les gens coupaient à volonté les routes qui apportaient
du Soudan l'or et les esclaves. Limitée du côté de la
terre, Tripoli se tournait d'autant plus vers la mer ;
toute sa richesse était de ce côté-là, du côté de la Sicile
si proche, à portée de main. Or, par-delà la Sicile, ce
que Dragut met en cause, c'est la vie matérielle de la
Méditerranée occidentale, *hasta Cataluña y Valencia que
morian de hambre*, jusques et y compris la Catalogne et
Valence qui mouraient de faim, écrivait en juin 1559,
le duc de Medina Celi [20], vice-roi de Sicile et grand
promoteur de l'expédition contre Tripoli.

L'expédition de Djerba [21]

Cette expédition allait prendre une autre direction
que celle qui avait été primitivement décidée et se
tourner contre Djerba ; après des vicissitudes que nous
rapporterons très brièvement.

Si la décision de l'expédition peut se dater du 15 juin
1559, comme en font foi les ordres et instructions
expédiés de Bruxelles [22], les projets en sont bien antérieurs et la responsabilité n'en revient pas à Philippe II
seul. Tous les témoins indiquent le rôle du duc de
Medina Celi, vice-roi de Sicile, et du grand maître de
Malte, Jean de La Valette. Liés d'une étroite amitié [23],
ils ont tous deux affaire au terrible corsaire de Tripoli
et chez Jean de La Valette qui avait été autrefois, pour
le compte des chevaliers, un remarquable gouverneur

de Tripoli [24], il faut faire la part des regrets d'un
« Africain » et de l'ambition d'un chef d'État. Tripoli
repris ne pouvait que revenir à son Ordre. Pour Juan
de la Cerda, duc de Medina Celi, il y a, outre les
nécessités siciliennes, le désir de renouveler, mais avec
plus d'éclat, ce que son prédécesseur, Juan de Vega,
avait réussi contre Africa, en 1550. Or les circonstances
paraissent favorables. Tripoli est mal fortifiée, avec une
garnison d'à peine 500 Turcs. Dragut, sans cesse obligé
d'intervenir dans l'arrière-pays, est en pleine hostilité
avec le « roi » de Kairouan, cet émir Chabbîa dont les
troupes, à ce que raconte un avis de La Goulette, ont
battu celles de Dragut, et dont l'autorité morale est
grande, *quasi come il Papa tra Christiani*, prétend
Campana [25], ce qui est beaucoup dire. Enfin on est
toujours sûr de trouver des aides parmi les « Mores »,
nomades un peu trop rossés par les Turcs pour les
aimer fort. Le duc de Medina Celi a des intelligences
avec eux (et même, par un certain Jafer Catania, des
complicités dans l'entourage de Dragut). Cependant, il
le reconnaît lui-même, malgré les lettres et les sentiments
de ces cheikhs, il serait peu prudent de tabler sur eux [26].

C'est un chevalier de Malte, le commandeur Guimeran
qui, à Bruxelles, alla présenter au roi le projet contre
Tripoli. L'affaire dépassa vite le stade des premiers
examens. Le 8 mai 1559, Philippe II demanda un
rapport au vice-roi. Mais ce rapport n'était pas encore
parti de Sicile que le roi prenait sa décision [27] et la
notifiait au duc de Medina Celi, en l'investissant du
commandement de l'expédition dans une lettre du
15 juin où il expose ses motifs : paix avec la France ;
intérêt qu'il y a à débarrasser l'Italie d'un si fâcheux
voisinage ; mauvais état des affaires de Dragut au retour
de son expédition dans les montagnes du Darien, au
milieu de Mores hostiles qui le tiennent dans un quasi-
blocus ; enfin facilité de l'expédition qui pourra se faire
dès l'été, avant que le corsaire ne se soit fortifié dans
son repaire. Le même jour, dans son instruction au
commandeur Guimeran, le souverain ajoute que cette
année, autre argument favorable, il n'y aura pas d'ar-

mada turque importante, on l'en informe de tous côtés. Le roi mettait à la disposition de Medina Celi les galères d'Italie, celles d'Espagne recevant au contraire l'ordre de retourner dans leur pays d'origine pour en protéger les côtes contre les corsaires. Quand Juan de Mendoza, leur chef, refusera plus tard de se joindre à l'expédition [28], il ne fera qu'obéir à ses ordres.

Donc, l'expédition sera conduite uniquement avec les éléments italiens de la flotte de Philippe II, galères de Sicile et de Naples, galères louées des Génois, des Toscans, des Siciliens, du duc de Monaco, et flottes alliées du pape et de la Religion. Il n'était pas difficile de grouper ces navires, libérés par la paix avec la France, dans l'habituel et commode port de Messine. Ce l'était davantage de réunir les approvisionnements et, plus encore, les hommes indispensables. Au départ, Philippe II avait prévu l'embarquement de 8 000 Espagnols, dont 5 000 à prélever sur les garnisons de Milan et de Naples et 2 000 à trouver dans le royaume de Sicile. Avec les mille hommes qu'offrait Guimeran, au nom de Malte, cela ne suffirait-il pas [29] ? Or, avant qu'il eût appris la décision du roi, dans son mémoire du 20 juin, Medina Celi réclamait une vingtaine de mille hommes, si deux batteries d'artillerie lui paraissaient suffisantes, vu la faiblesse de la place. Ces chiffres soulignent l'opposition, dès le départ, entre le projet royal, expédition rapide à exécuter sur le champ, pendant l'été, et l'opération plus lourde que le vice-roi rêve de mettre sur pied. Ainsi le roi, lorsqu'il s'avéra difficile de retirer des Espagnols de Lombardie (les places du Piémont n'étant pas encore restituées) donna aussitôt l'ordre, le 14 juillet [30], de les remplacer par les 2 000 Italiens que le duc d'Alcala venait d'envoyer de Naples à Messine, à bord des galères destinées à l'expédition. L'essentiel était que celles-ci ne perdent pas de temps à remonter jusqu'à Gênes y embarquer des troupes et, comme écrivait Philippe II [31], « qu'on exécutât l'entreprise dans ce qui restait à courir de la belle saison ». Faire vite, telles étaient les instructions du roi.

Mais Medina Celi demande une augmentation des effectifs qui oblige Philippe II, le 7 août [32], à réitérer l'ordre d'envoyer les Espagnols de Lombardie, *con la mayor brevedad*, en Sicile. Oui, mais le duc de Sessa, à point nommé, trouve, dans la mort de Henri II, un nouvel argument pour ne pas lâcher ses hommes [33]. On imagine, pour ces ordres successifs, les délais imposés, chaque fois, par la correspondance entre Gand, Naples, Milan et Messine... Le 10 août, Jean André Doria écrit au roi [34] qu'il confie une galère à Alvaro de Sande : celui-ci se rendra à Gênes, de là à Milan et plaidera auprès du duc de Sessa pour obtenir, outre ses Espagnols, deux mille Allemands et deux mille Italiens à lever en Lombardie. Voilà, pour les galères, de nouveaux problèmes de transport, sans compter le convoiement obligé des navires chargés du ravitaillement en biscuit. Le 11 août [35], à Milan, le duc de Sessa se décide enfin, vu que les restitutions aux ducs de Savoie et de Mantoue se sont accomplies comme convenu. Il faudra cependant plus d'un mois pour que les infanteries espagnole, allemande et italienne, promises l'une après l'autre, arrivent à Gênes [36]. Le 14 septembre, Figueroa, l'ambassadeur espagnol dans cette ville, annonce leur embarquement, à bord de quelques naves et de onze galères : « Ce sont toutes de splendides et bonnes troupes. Si le temps ne les empêche, elles partiront au complet, sans perdre un instant. » Mais on est déjà au 14 septembre !

A Naples, les retards et les difficultés sont les mêmes. Jean André Doria, le 14 septembre [37], annonce que les galères de la Religion sont parties à Naples pour en ramener l'infanterie italienne que l'Ordre des Chevaliers vient d'y lever. Quant à lui, il a envoyé des galères à Tarente pour y chercher cinq compagnies italiennes que le vice-roi de Naples a cédées au corps expéditionnaire et, poussant jusqu'à Otrante, y charger de la poudre et des boulets. Encore a-t-il reçu, la veille, des lettres du vice-roi qui déclare ne plus vouloir donner la dite infanterie parce qu'il a reçu « la nouvelle certaine de l'arrivée de la flotte turque, forte de 80 voiles, à Valona où elle a embarqué 1 500 spahis » [38]. Du coup, il s'inquiète pour ses galères : « plaise à Dieu de les reconduire saines et sauves... ». Cependant les délais courent et Philippe II s'en effraie : « Je suis en grand souci du succès de l'expédition, écrit-il le 8 octobre [39], la saison étant si tardive. » De Syracuse, où la flotte vient de se transporter, Don Sancho de Leyva, qui commande les galères de Sicile, écrit le 30 novembre : « Je n'ai pas manqué de dire au duc de Medina Celi, et à plusieurs reprises, que dans la rapidité résidait le premier élément du succès de cette expédition et que le retard en était le plus grand empêchement... Or, c'est dans toute l'Italie qu'on a été chercher soldats et ravitaillement. » [40]

Il importait de signaler cette lente mise en place [41]. Quand la flotte part enfin de Syracuse, le 1er décembre, par une éclaircie de beau temps [42], elle compte quarante-sept galères, quatre galiotes, trois galions (en tout, cinquante-quatre navires de guerre et trente-six nefs de charge [43]) ; à bord dix à douze mille hommes [44], une force plus importante que celle qui avait opéré contre Africa, en 1550, et qui ne le cédait qu'aux expéditions que Charles Quint avait menées en personne contre Tunis et Alger. Son volume même explique la lenteur de sa concentration, mais la flotte turque, arrivée en août à Valona, l'a retardée encore [45]. Herrera prétend que si cette armada d'une centaine de voiles n'a pas été plus loin vers l'Ouest, c'est qu'elle a été tenue en respect par les galères réunies à Messine [46]. Il faudrait dire, pour le moins, que les deux flottes se sont immobilisées à distance. C'est seulement lorsque les Turcs auront remis le cap sur l'Orient, en octobre, que le vice-roi de Naples acceptera de donner les derniers soldats nécessaires à l'expédition et qu'il gardait dans la région de Tarente [47]. La flotte chrétienne passe alors de Messine à Syracuse.

Mais désormais, il n'est plus question de surprise. Toute l'Europe est au courant ; également les Turcs et les corsaires. Dragut se fortifie. Une nave française partie de Marseille, le 25 novembre, porte, au moins jusqu'à Milo, des nouvelles de l'armada réunie à

Messine [48] et dont Dragut, à l'automne, a saisi un navire envoyé en éclaireur [49]. Mille bruits courent, plus ou moins exacts, dans les correspondances vénitiennes [50], si bien que le Turc se met à équiper en hâte, à Constantinople, une flotte qui sera, dit-on, de 250 voiles. L'avis de Maximilien, à Vienne, est « qu'on a publié l'expédition tellement à l'avance que l'on a donné au Turc un motif et du temps pour préparer une aussi grande armada » [51].

Est-ce pour mettre de son côté au moins un élément de surprise que la flotte entreprit son voyage au mois de décembre ? C'était folie, tous les marins le savaient, que de choisir pareille époque. Mais le duc est un soldat, non pas un marin ; il a tenu bon contre tous les avis et la flotte a quitté Messine. Presque aussitôt, la voilà prise par le gros temps. Seul recours : se rendre à Malte. Les marins durent alors triompher car le mauvais temps l'y retint dix semaines, jusqu'au 10 février 1560. Pendant cette longue attente, les épidémies décimèrent le corps expéditionnaire qui perdit, avant de combattre, deux milliers d'hommes.

Le rendez-vous des galères et des naves, qui repartirent séparément, fut fixé au voisinage de Zuara. Les naves y arrivèrent avec du retard ; les galères y étaient le 16 février, après un crochet par les Kerkenna et Djerba, occasion de prendre deux navires chargés d'huile, de baracans et d'épices [52] et de laisser échapper deux galiotes qui, avec Euldj Ali, filèrent jusqu'à Constantinople jeter l'alarme. Occasion surtout de laisser à Dragut, qui se trouvait à Djerba, le temps d'être averti et de rejoindre Tripoli. Chacun, on le devine sans peine, y était fort inquiet. Écoutons, à l'autre bout de la Méditerranée, le baile vénitien de Constantinople : quatre galères de Dragut sont arrivées. « On dit qu'elles ont apporté outre des esclaves, de grande richesses du dit Dragut, signe qu'il tient la partie pour désespérée. Il demande un secours rapide, disant qu'il ne dispose que de 1 500 Turcs : tous les corsaires qui avaient hiverné à Tripoli, avec environ 15 navires, à l'annonce de l'arrivée des

Espagnols, se sont enfuis sans attendre d'autorisation [53]... »

Si l'armada avait alors attaqué Tripoli, elle aurait eu quelque chance de l'emporter. C'était déjà une faute que d'avoir manqué Dragut à Djerba, car le corsaire bloqué dans l'île, les quatre cents Turcs qui se trouvaient en garnison à Tripoli n'auraient pu empêcher une victoire facile, le duc de Medina Celi le reconnaîtra plus tard [54]. Mais sur la sèche de Palo, près de Zuara, l'armada s'immobilisa encore, par suite du mauvais temps, durant la seconde moitié de février ; nouveau retard, nouvelles épidémies, nouvelles pertes d'hommes. Le 2 mars, elle mit à la voile, mais pour Djerba, sans doute parce qu'on savait Dragut rentré à Tripoli : à défaut de la ville, on prendrait l'île riche en palmiers, en oliviers, en troupeaux, l'île de la laine et de l'huile. Le débarquement se fit le 7 mars, sans incident. Au début d'avril, le consul génois Lomellino pouvait annoncer de Messine (où la nouvelle venait d'arriver) : *l'armada nostra* — l'expression a sa valeur — « a pris Djerba » [55]...

A cette date, en effet, le duc de Medina Celi a déjà établi, avec solennité et paternalisme, le gouvernement du roi d'Espagne sur sa nouvelle possession. Il a donné l'investiture à un cheikh de son choix ; il veille à ce que les Djerbis ne soient pas molestés, oblige les soldats à payer ce qu'ils prennent sur le pays. D'ailleurs, de Tunis le Hafside, de Kairouan le Chabbïa envoient du ravitaillement. Cependant, sur la face Nord de l'île, la construction d'un fort a commencé, travail extrêmement difficile, le bois, la pierre, la chaux faisant également défaut. Les indigènes n'apportent aucune aide effective en dehors des convois chameliers. C'est donc l'armée qui, bien que minée par les fièvres, continue à user ses effectifs dans ces durs travaux. Cependant, les plus habiles des patrons de bateaux achètent qui de l'huile, qui des chevaux, qui des chameaux, ou des cuirs, ou des laines, ou des barracans...

En même temps que de Berbérie, Naples et la Sicile reçoivent des nouvelles du Levant ; et ce sont de mauvaises nouvelles. Le vice-roi de Naples est avisé, au début d'avril, que l'armada turque va sortir beaucoup plus tôt que d'habitude. Il demande au roi que l'on rassemble des galères à Messine, notamment les galères d'Espagne. Elles ne suffiront pas à s'opposer au Turc, mais l'empêcheront de débarquer trop facilement des gens et de l'artillerie. Il écrit aussi à Medina Celi pour qu'il lui renvoie, par les galères, et dirige sur Tarente l'infanterie de Naples qu'il lui a prêtée [56]. Le 21, il confie au roi ses angoisses : si on ne lui rend pas cette infanterie, il va falloir lever des Italiens, à nouveaux frais. Il plaide donc pour le retour partiel ou total du corps expéditionnaire, ajoutant : « j'ai averti (le duc de Medina Celi) qu'à mon avis, il est mauvais d'attendre que l'armada du Turc vienne et que celle de V. M. se trouve embarrassée dans la construction du fort que l'on élève à Djerba ». Quelques jours plus tard, il apprend, par un voyageur retour de Constantinople, que l'armada turque est partie au secours de Tripoli [57]. Le 13 mai [58], on l'avise qu'elle a déjà quitté Modon. Aussitôt, il prévient la Sicile par terre et, par frégate, les occupants de Djerba. Au roi il annonce : « je juge que l'armada de V. M. n'est pas en médiocre péril... » L'avis qui arrive le 14 signale que l'armada a été vue au large de Zante, faisant voile vers la Berbérie [59]. Mais à cette date, tout était terminé à Djerba.

La flotte de Piali Pacha avait, en effet, marché aussi vite que les nouvelles. Le 8 mai, elle se trouvait entre Malte et le Gozzo. Elle avait navigué en droiture, avec une extrême rapidité. C'est un record qu'elle ait pu franchir en vingt jours la distance de Constantinople à Djerba. Le duc, qui l'attendait en juin, la vit arriver le 11 mai. La veille, une frégate de Malte était venue le prévenir. Personne à Djerba n'envisagea de combattre. Il parut à tous, comme le dira plus tard Cirini, « qu'une belle fuite valait mieux qu'un brave combat » [60]. Faut-il attribuer cette attitude à un « complexe d'infériorité », ou bien au manque de sang-froid des chefs, ou encore au désir de la plupart d'entre eux de mettre à l'abri les cargaisons entassées à bord, pendant le séjour sur les côtes de l'île ? Ces cargaisons que le *visitador* Quiroga accusera plus tard d'avoir été à l'origine du désastre : sans elles, dit-il, sans le souci de charger ces richesses avant le départ, on eût suivi les avis du vice-roi de Naples et la flotte turque, arrivant à Djerba, aurait trouvé les lieux vides depuis plusieurs jours [61].

Cependant, la fuite elle-même ne fut pas facile. En ne voulant pas abandonner l'infanterie italienne et allemande, encore à terre, le duc perdit un temps précieux dans la nuit du 10 au 11. Le lendemain quand la flotte turque attaqua, ce fut la panique immédiate et totale [62]. Tout fut sacrifié pour hâter la fuite, y compris les fameuses cargaisons, balles de laine, jarres d'huile, chevaux, chameaux qu'on jeta par-dessus bord avec ce qui pouvait alourdir les navires. Cigala, habitué à la vie des pirates dans le Levant, fut un des rares qui osèrent faire front. Il tint l'ennemi en respect et finalement lui échappa. Mais sur 48 galères ou galiotes que comptait l'armada chrétienne au moment de la rencontre, 28 furent perdues, sans compter les navires qui tombèrent aux mains de l'ennemi. Rarement on avait vu pareille débâcle.

En Sicile, à Naples, à Gênes, en Espagne, par toute l'Europe, la nouvelle se propagea avec rapidité. Le 18 mai, à deux heures du matin, arrivaient à Naples cinq galères échappées du désastre, trois d'Antonio Doria, une de Bendinelli Sauli, une de Stefano de' Mari. Elles apportaient la mauvaise nouvelle avec toutes sortes de détails. Remarquons que ces premières arrivées sont, non par hasard, des galères louées, ou comme l'on dit des galères d'*asentistas*, de particuliers ayant des contrats, des *asientos* avec le roi d'Espagne, donc préoccupés, en toute occasion, de sauver leur capital... Presque en même temps arrivèrent d'autres fugitifs, sur des frégates ou des embarcations plus modestes encore. Parmi ces heureux ayant trompé la vigilance des Turcs, se trouvaient Jean André Doria, commandant de la flotte, le vice-roi lui-même et quelques-uns de leurs familiers, « miraculeusement arrivés à Malte et de Malte à Messine » [63].

Cependant plusieurs milliers d'hommes étaient restés dans le fort avec des vivres abondants, pour une année disait-on. Qu'en ferait-on ? De La Goulette — où l'on n'a été mis au courant que fort tard, le 26 mai [64] et peut-être par la Sicile — Alonso de la Cueva écrit au roi, le 30 : malgré les demandes que lui adresse le vice-roi de Naples, il ne pense pas que l'on ait la possibilité (en cela il a raison, le personnage est à la botte des Turcs) d'utiliser le roi de Tunis, vassal de S. M., pour le secours du fort de Djerba. Si l'on avait construit le fort non pas sur l'emplacement du vieux Château, mais à Rochetta, où la flotte avait débarqué, les assiégés auraient disposé d'un port en eau profonde et d'eau potable ; on aurait pu se porter au-devant d'eux. Mais ainsi...

Pendant un certain temps, le duc d'Alcala continue à s'agiter, envisage mesures sur mesures. Puis, il se calme à l'annonce du salut de son collègue, le duc de Medina Celi [65]. Ce dernier lui apporte d'ailleurs, pour la garde de Naples, une partie de l'infanterie italienne échappée au désastre, en attendant que, en remplacement de l'infanterie espagnole perdue à Djerba, on ait fait de nouvelles levées en Espagne [66].

Quant à Philippe II, la nouvelle lui était arrivée aux environs du 2 juin, par la voie de Gênes [67]. On lui annonçait la perte de 30 galères et de 32 bateaux [68], l'arrivée à bon port de 17 galères seulement, chiffres à peu près exacts. Aussitôt le roi, après en avoir délibéré avec le duc d'Albe, Antonio de Toledo, Juan de Manrique, Gutierre Lopez de Padilla, décidait d'envoyer à Messine une personne d'autorité, pour remplacer le vice-roi qu'on ne savait pas encore sauf et de faire parvenir en Sicile 5 000 fantassins à lever en Calabre, plus l'artillerie et des munitions qu'on prélèverait sur les réserves de Naples [69]. Le bruit courait que Philippe II demanderait au roi de France l'appui de sa flotte [70]... Le 3 juin, il nommait, au gouvernement de Sicile, Don Garcia de Toledo, alors vice-roi de Catalogne.

Il organisait ainsi le secours du fort où l'on croyait toujours enfermé le duc de Medina Celi. Le 8 juin, recevant des nouvelles rassurantes au sujet de la Sicile : raison de plus, s'écriait-il avec exaltation[71], pour se préoccuper des gens du fort ; sauver ceux qui ont servi la Couronne est un devoir. Il pensait réunir jusqu'à soixante-quatre galères à Messine et avait ordonné l'embargo sur trente grosses naves, bien munies d'artillerie. Des Italiens levés dans la Péninsule, les Espagnols de Lombardie qu'on remplacerait par 3 000 *alemanes altos*, 3 000 hommes de Haute-Allemagne, soit en tout 14 000 fantassins, étaient prévus pour l'armada de secours, placée sous les ordres de Don Garcia de Toledo. Enfin, on acheminerait sur Gênes une bonne quantité de blé pour la fabrication du biscuit...

Tout était prêt. Mais le 13 juin[72], Philippe II recevait une lettre de Don Garcia de Toledo lui apprenant que le vice-roi de Sicile était sauf[73]. Le 15, brusquement, le roi suspendait ses ordres, alléguant que, selon tous les avis, les assiégés avaient pour huit mois de vivres, tandis que l'armada turque n'en avait que pour deux et ne pourrait donc prolonger le siège[74]. Tous les préparatifs furent décommandés. Du temps passa pourtant avant que les nouveaux ordres parvinssent à leurs destinataires, un temps pendant lequel se poursuit l'agitation provoquée par l'affaire de Djerba. Le vieux prince Doria envoie ses conseils ; il lui paraît imprudent d'attaquer directement, avec un nombre insuffisant de galères. Il vaudrait mieux tenter un raid de diversion vers le Levant. La Seigneurie de Gênes offre quatre galères pour le secours du fort. Le seigneur de Piombino en met une au service du roi d'Espagne ; si elle n'est pas acceptée, il l'enverra *buscar su ventura*[75]. Le duc de Savoie annonce qu'il en a trois, l'une est en ordre, la seconde n'a que sa chiourme, la troisième n'a rien du tout, mais il attend les quatre galères que doit lui donner le roi de France[76]. Estefano de Mari vient d'acheter deux galères au cardinal Vitelli, il est disposé à les louer au roi d'Espagne. Un Génois établi à Venise, jadis au service de l'Empereur, Domenico Cigala, s'offre pour aller en Turquie et en Perse[77]. En Sicile, le duc de Medina Celi fait passionnément son métier. En juillet, par ses soins, sept galères sont en chantier pour le compte de Palerme, de Messine et de la *Regia Corte*[78]. Dès avril, six avaient été mises à flot, remplaçant à l'avance celles qui s'étaient perdues à Djerba[79].

Enfin, l'incident donne, une fois de plus, le ton des relations franco-espagnoles : la demande des galères françaises n'a pas été nettement formulée au nom de Philippe II. Comme le disait Michiel au doge de Venise, le 22 juin 1560, le roi d'Espagne craint plus le refus qu'il ne désire l'acceptation[80]. Soupçons et griefs séparent les deux États. Philippe II vient de faire renvoyer les serviteurs français de la jeune Reine. Il n'a rien changé à son attitude dans les affaires d'Angleterre. Les hésitations de la France ne sont pas moins singulières, bien que les remuements qui s'amorcent dans le royaume et dont on s'exagère l'importance, poussent le gouvernement des Guises à la collaboration avec l'Espagne. L'ambassadeur français en Espagne déclare à Tiepolo et celui-ci répète au Doge, le 25 juin[81], qu'il a offert aux Espagnols les galères de Marseille et des troupes, mais c'est le 25 juin, dix jours après la décision négative de Philippe II. Le duc d'Albe ne manque pas de souligner, au mois de septembre : « ... dernièrement, au moment de la défaite de Djerba, jamais nous n'osâmes demander [aux Français] leurs galères pour le secours que V. M. prévoyait alors, car ayant fait à plusieurs reprises des appels du pied, je n'avais jamais trouvé de dispositions telles que je pusse oser conseiller à V. M. d'en faire la proposition. Le moment passé..., quand il leur apparut que leur aide était inutile, l'ambassadeur vint me dire que si les galères étaient nécessaires, elles seraient mises en ordre »[82]. Politique hésitante de la France, ou plutôt fidélité aux lignes politiques du passé, difficulté, pour les uns et pour les autres, de se dégager de trop anciennes attitudes. Le roi de France ne reste-t-il pas en relations avec le Sultan, dont il entend ne pas perdre l'amitié[83] et avec les Algérois qui députent vers lui et auxquels Marseille livre des armes[84] ? En même temps, bien qu'alors il ne soit pas au gouvernement de la France, et même en butte

aux persécutions des Guise, le roi de Navarre, Henri,
ou comme disent les Espagnols, Monsieur de Vendôme,
intrigue au Maroc auprès du Chérif[85].

Pour en revenir à Djerba, on voit jusqu'où se sont
étendus les remous qui entourent le petit événement ;
ses ondes ont recouvert en quelques jours toute l'Europe.
Même à Vienne où l'on était, peu de temps avant,
désireux d'en découdre avec le Turc, l'événement ne
laissait pas de faire réfléchir Ferdinand et les siens[86]. Que
le prestige de Philippe II ait souffert dans l'aventure, on
croirait difficilement le contraire, bien que les lettres de
l'ambassadeur du Catholique à Vienne prétendent que
les contre-mesures prises par son maître lui ont donné
plus de réputation que ne lui en aurait valu la victoire
même à Tripoli !

De ce point de vue, l'abandon brutal, décidé par le
roi d'Espagne, était-il une bonne solution ? A Djerba,
si les marins s'étaient conduits avec une lâcheté insigne,
les troupes à terre faisaient honorablement leur devoir,
sous le commandement d'Alvaro de Sande, soldat
chevronné. Encerclé, il n'avait pas perdu tout contact
avec le dehors ; il écrivait encore, le 11 juillet, au vice-
roi de Sicile[87]. Peut-être y avait-il quelques raisons de
croire que l'armada turque lâcherait prise, faute de
vivres, à l'approche du mauvais temps ? On avait fait
savoir au vice-roi de Naples qu'elle le ferait si aucune
expédition de secours n'était en préparation. Il en avisait
le gouverneur de La Goulette, le 26 juin (donc avant
de savoir que Philippe II avait renoncé à l'expédition),
imaginant qu'il serait bon de se livrer à quelques
indiscrétions savantes, propres à faire croire aux Turcs
que les préparatifs de secours traînaient en longueur[88].
C'est un fait que les chefs turcs, à l'époque, montraient
peu d'enthousiasme. Le temps passait ; leurs pertes
étaient lourdes. En juillet, le confident de Piali Pacha,
Nassuf Agha, arrivait à Constantinople et ne cachait
pas qu'il ne croyait guère à la prise du fort[89]. Or, en
même temps des nouvelles assez troublantes arrivaient de
Perse : le Sophy était mort, disait-on, et son successeur
aimait Bajazet comme un frère[90]. A Gênes, le 15 juillet,

arrivait même (Dieu seul sait d'où, quand, comme il était parti) un soi-disant ambassadeur de Bajazet, que Figueroa reçut chez lui, à Gênes, et cajola avant de lui laisser prendre le chemin de Nice, sur un brigantin[91]. En Espagne seulement on s'aperçut de l'imposture.

Tous ces espoirs allaient être frustrés. Les Turcs, s'ils n'ont pas attaqué le fort de vive force, se sont emparés des puits proches, réduisant les assiégés à l'eau des citernes, qui s'épuisa assez vite, avec les chaleurs de juillet. Alvaro de Sande tenta alors une sortie, au cours de laquelle il fut pris, le 29 juillet. Deux jours après, le fort capitulait. C'est au moins l'explication que donna le prisonnier, quand il écrivit, le 6 août, au duc de Medina Celi[92], en rejetant d'ailleurs la faute sur ses soldats : « si j'avais trouvé dans les hommes ce qu'autrefois j'ai rencontré dans d'autres troupes sous mes ordres, nous aurions remporté la plus grande victoire que quiconque ait remportée depuis de nombreuses années ». C'est beaucoup dire pour une sortie manquée et on serait tenté de croire au portrait que Busbec tracera de l'homme, quelque temps plus tard, en Turquie : lourd, essoufflé, plutôt peureux... D'autant qu'on pourrait, et ne serait-ce que dans Duro[93], trouver telle explication de ce second échec de Djerba qui accuse le commandement. Mais l'accusation la plus commode est assurément celle que Don Sancho de Leyva dresse contre les responsables de l'expédition, dans une lettre au roi, écrite du fond de sa prison, en 1561[94] : ce double désastre est un jugement de Dieu. Si l'on fait une nouvelle expédition, que l'on surveille de grâce les blasphémateurs, qu'on en confie la direction à un chef qui soit un vrai et bon catholique... *Prose de prisonnier qui rumine sur les causes de son emprisonnement ; mais aussi, car il s'agit d'un homme lucide et avisé, que nous retrouverons, libéré, sur les galères de Naples, prose d'un catholique du XVIe siècle...*

Après la reddition du fort, l'armada turque se trouvait libre. J. A. Doria qui croisait entre Malte et l'Afrique, avec un renfort pour La Goulette, s'en retourna dès qu'il l'apprit, abandonnant ses projets contre Tripoli[95].

C'est l'armada victorieuse qui fit escale dans la ville, avant de se diriger sur le Gozzo [96] où elle arriva, le 13 août [97] ; de là, elle partit pour un raid de pillage, côtoyant le rivage sicilien où elle prit Augusta [98], pillant et incendiant les villages et hameaux de la côte des Abruzzes [99]. Mais, dès le 4 septembre, un avis signale qu'elle a caréné à la Prevesa [100] où Piali Pacha, ayant reçu l'ordre de rentrer à Constantinople, a laissé les spahis (ils retourneront chez eux par voie de terre) et mis à la voile, le 1er septembre, vers Navarin. Une série d'avis confirment ces nouvelles, le vice-roi de Naples s'apprête à licencier les troupes encore en place à Cotron et Otrante [101]. Le 1er octobre, Piali Pacha fait, à Constantinople, une entrée triomphale sur la galère amirale peinte en vert, suivie de 15 galères d'un rouge rutilant et de tout le reste du cortège, au milieu des salves d'artillerie, des vivats de la foule, du bruit assourdissant des tambours et des trompettes. Busbec a donné une description de cette arrivée, du long défilé des vaincus [102], de la ville en fête, où les Chrétiens, un certain temps, seront assez mal traités...

L'événement justifiait cet enthousiasme : l'Islam achevait, à son profit, la partie engagée pour la domination de la Méditerranée centrale [103]. Tripoli, où la souveraineté turque avait été si menacée, se trouvait mieux tenue que jamais. La Chrétienté était dans l'angoisse : à peine l'armada turque avait-elle quitté les rivages d'Italie que déjà l'on songeait aux calamités qui accompagneraient son retour... dans un an. Le duc de Monteleone, le vice-roi de Naples parlent tous deux de l'expédition que le Grand Seigneur conduira, contre La Goulette, en 1561 [104]. Lorsqu'on apprend à Vienne, le 28 décembre [105], que le Turc est en train d'armer 120 galères, c'est encore à la Goulette qu'on les destine en imagination. Cette obsession est nourrie par les audaces que la victoire de l'Islam donne aux corsaires. En dépit de l'hiver, ils remontent jusqu'en Toscane [106]. Toutes les côtes italiennes et espagnoles sont en alerte [107]. On dit à Constantinople que les Espagnols sont si effrayés

par la leçon qu'ils ont reçue à Djerba qu'ils sont sur le
point d'abandonner Oran [108].

On n'en est pas encore là. Mais il est vrai que le
double désastre de Djerba a prêté à d'utiles réflexions.
Des gens en place aux plus modestes exécutants, chacun
envoie son avis à Madrid et cet avis, le plus souvent,
est que le roi ne peut tenir les rives de ses États
méditerranéens sans une puissante armée navale. Il
faudrait aussi, dit le duc d'Albe [109], renforcer les garnisons d'Italie (certainement faibles ; nous avons vu
combien il était difficile d'en distraire quelques hommes), leur petit nombre et leur diminution à l'occasion
de Djerba ont certainement contribué à faire « bullir »
les intrigues italiennes, très vives dès l'automne [110]. Mais
se faire fort et puissant sur mer, tel était l'essentiel.

Tous ne le voient pas ; il en est qui s'inquiètent
encore et seulement de mesures défensives et terrestres,
ainsi le duc d'Alcala, soucieux de fortifier les îles d'Ibiza
et de Minorque qu'il sait dépourvues [111]. D'autres sont
plus lucides. Dans sa lettre un peu exaltée du 9 juillet
1560, le duc de Medina Celi écrivait : « Il faut tirer des
forces de notre faiblesse et que V. M. nous vende tous,
et moi le premier, mais qu'il se fasse seigneur de la
mer. De cette manière elle aura quiétude et repos et ses
sujets seront défendus, sinon, tout ira à l'envers. » [112]
Señor del mar : la formule revient, à plusieurs reprises,
sous la plume du vice-roi de Sardaigne, Alvaro de
Madrigal, tantôt pour supplier le roi qu'il veuille bien
le devenir, tantôt pour se féliciter qu'il en ait l'intention,
« car c'est ce qui convient à la quiétude de la Chrétienté
et à la conservation de ses États » [113]. C'est encore dans
le même sens qu'interviennent auprès du roi, en cette
même année 1560, le docteur Juan de Sepulveda [114] et
l'extravagant docteur Buschia, agent mal connu de
l'Espagne à Raguse, un de ces informateurs qui, pour
gagner leur vie à tant la ligne, racontent souvent des
propos de tavernes [115]…

Les rêves des diplomates prennent des routes qui leur
sont plus naturelles, mais le but est le même. Tous se
tournent vers Venise : en cette misère de la Chrétienté,

seule Venise — on le verra bien, plus tard — pourrait
rendre à l'Occident la suprématie de la mer. Qui connaît
l'égoïste ville ne peut que sourire. Ce qu'on lui demande
reviendrait à fermer boutique. Mais les plumes que
n'embarrassent pas ces difficultés vont leur train. A
Vienne, le 8 octobre, le comte de Luna pense « qu'il
conviendrait beaucoup au service de V. M. de revenir à
la ligue que les Vénitiens eurent (jadis) avec l'Empereur,
mon seigneur, qu'il soit dans la gloire de Dieu... »[116].
A Rome, il semble effectivement que l'idée d'une ligue
contre les Turcs, comprenant Venise, ait été évoquée
dans des conversations entre le nouveau pape, Pie IV,
et don Juan de Zuñiga qui représente alors, à Rome,
en même temps que son frère, le commandeur de
Castille, les intérêts de Philippe II. « Je réponds dans
une autre lettre, écrit Philippe aux deux frères, à ce
que vous, Don Juan de Zuñiga, m'avez écrit et l'on
vous y dit notre opinion au sujet de votre conversation
avec S. S. sur la ligue avec les Vénitiens contre les
Turcs. Ici, à part, j'ai voulu vous aviser tous les deux
des propositions sur cette même matière (au nom du
duc d'Urbin et par le canal de Ruy Gomez) du comte
de Landriano, lequel se fait fort, si je veux, de faire
aboutir cette ligue. A quoi il a été répondu, vu que
c'est une affaire tellement en faveur du service de Dieu
et du bien de la Chrétienté, que je m'en réjouirais
beaucoup. Sur ce survint la mort du doge de cette
République, prédécesseur de l'actuel (donc cette affaire
a été engagée avant le 17 août 1559). J'ai alors suspendu
ces conversations pour quelques jours. Mais le comte de
Landriano m'a dit que le duc reprendrait l'affaire. »[117]

Le désastre de Djerba, d'une certaine façon, a été
salutaire. Il a mis l'Empire de Philippe II en face de
ses tâches méditerranéennes. Il l'a obligé à réagir.
Djerba et l'année 1560 ont marqué le moment culminant
de la puissance ottomane. C'est dire qu'au-delà de 1560,
celle-ci va décliner. Non par sa faute, mais par suite du
large travail d'équipement maritime qui commence cette
année-là et s'étend, depuis Palerme et Messine, sur

toutes les côtes de l'Italie occidentale, et sur toutes les côtes méditerranéennes de l'Espagne.

2. Le redressement hispanique

Un redressement n'eût guère été possible sans l'inexplicable répit que les Turcs allaient laisser à leur adversaire. Ni en 1561, ni en 1562, ni en 1563, ni en 1564, l'armada turque n'est sortie en force. Quatre années de suite, la Chrétienté occidentale en a été quitte pour la peur. Quatre années de suite, la même comédie s'est répétée : le Turc arme, il sortira très tôt, avec une puissante armée, il attaquera La Goulette et la Sardaigne ; ainsi parlent les avis d'hiver. Puis à la bonne saison, les plus folles inquiétudes se font jour et tout se dissipe. On peut alors se dispenser d'exécuter jusqu'au bout les programmes défensifs de l'hiver, reprendre les crédits, licencier les troupes, ne pas transporter celles-ci, ne pas lever celles-là. Il y a, en Méditerranée, comme une respiration à deux temps de la politique espagnole. Rien de plus aisé, étant donné les innombrables papiers qu'elle a laissés, que d'en suivre le rythme.

Les années 1561 à 1564

L'armada turque va-t-elle venir en 1561 ? Sous l'impression déprimante et vivace encore de Djerba, chacun en est persuadé, durant cet hiver maussade de 1560-1561, où le blé manque ici [118], où là sévit la peste [119]. Voici un Français qui s'en retourne de Constantinople, avec un soldat ragusain. Conversations en chemin, et le Ragusain d'affirmer, arrivé chez lui, au début de janvier 1561, que, d'après son compagnon, l'armée turque était de retour de Perse et que l'armada serait cette année *importantissima* [120]. Résumant les avis qui lui passent sous les yeux, le vice-roi de Naples, le 5 janvier, assure que l'armada va sortir tôt. Dans vingt ou trente jours, il prendra des mesures pour mettre les marines en alerte. Lui enverra-t-on les Espagnols promis ; s'occupera-t-on à temps de La Goulette [121] ? Un mois plus tard, pour le vice-roi de Sicile, Oran et La Goulette sont menacés par l'armada (11 février [122]). Sans compter les sorties des Algérois, fort réelles celles-là, et si menaçantes que Philippe II, le 28 février refuse au vice-roi de Majorque l'autorisation qu'il sollicitait de sortir de l'île [123]. Les avis de Corfou, en date du 30 mars (on les recevra, à Naples, le 2 mai), annoncent encore une armada turque de cent galères [124], et Antonio Doria, faisant en avril le voyage de La Goulette, craint de rencontrer en mer les corsaires qui auraient décidé de faire le blocus du préside, en attendant la flotte turque [125]. Le premier avis de Constantinople signalant qu'il n'y aura qu'une petite armada turque, destinée seulement à la défense des côtes du Levant, est daté du 9 avril 1561 [126]. Au mieux, la nouvelle, amplement confirmée par la suite [127], n'aura pas gagné Naples avant juin, et jusque-là, point de détente dans la défense chrétienne. Toute une série d'exigences de La Goulette, au sujet des citernes et de l'artillerie [128], ont été satisfaites d'avril à juin. Et en mai, le vice-roi de Naples réclamait encore au pape d'autoriser Marcantonio Colonna à participer à la défense éventuelle de Naples [129]. Mais faut-il entrer dans tous les détails d'une lourde machine politique et militaire, plus régulière d'ailleurs dans son fonctionnement que ne le disent les historiens ?

Si l'on suit les événements à partir de Naples, le début d'août seulement marque le retour au calme, avec la démobilisation des Italiens préposés à la garde des marines [130]. En Espagne, l'alerte est close au début de septembre : « maintenant que la saison et la crainte de l'armée turque est passée », écrit de Madrid l'évêque de Limoges, le 5 septembre [131]. Sortie de Constantinople en juin, la flotte turque, forte d'une cinquantaine de galères, s'est contentée d'un rapide aller et retour entre Constantinople et Modon. Elle avait quitté Modon au début de juillet et, le 19 août, laissait Zante pour rentrer à Constantinople [132]. Pourquoi cet effort limité ? Pourquoi cette faute ?

Les documents nous laissent le choix entre des impressions et des hypothèses. Est-ce à cause des affaires

de Perse, elles encore, comme l'indique une lettre de
Boistaillé, écrite de Venise, le 7 juin 1561, à Catherine
de Médicis [133] ? Sa lettre du 11 mai [134] le disait déjà :
« le roy Phelippes... n'a aultre ne plus seur moyen de
faire contenir le dict G. S. en ces pais que par cette
bride. Et se peult asseurer que le G. S. ne l'eust pas
laissé passer ceste année si doulcement comme il a fait
n'aïant présentement mis hors du port de Constantinople
que quarante gallaires ». Notez au passage qu'à Venise,
le 9 mai, on est en avance quant à l'information : le
8 juin, le vice-roi de Sicile ne sait pas encore s'il y aura,
ou non, danger turc [135]. Pourtant, Boistaillé ne croit pas
que les affaires de Perse suffisent à expliquer la hâte si
anormale de l'armada, retournant vers ses bases dès
juillet [136]. Piali Pacha serait-il vraiment mort, comme
on l'a annoncé, se demande-t-il le 11 juillet ? Piali
Pacha n'était pas mort, mais Roustem, et Ali Pacha
parvenait au poste de grand vizir [137] ; les rivalités entre
les ministres du Grand Seigneur ont peut-être joué un
rôle dans cette affaire [138]. Tous les bruits ont couru,
même celui que les galères avaient eu besoin d'intervenir
en mer Noire [139].

Le rapport de l'ambassadeur espagnol à Vienne, le
14 septembre [140], est plus circonstancié : le Turc n'a pas
réussi à s'accommoder avec le Sophi ; il en a conçu un
vif ressentiment et a ordonné de publier la guerre contre
les Perses. On dit qu'il irait hiverner à Alep pour y
préparer la campagne prochaine. Mais on dit aussi, et
c'est là que le témoignage du comte de Luna paraît
digne de remarque, on dit « qu'il n'osera pas quitter
Constantinople, aussi bien parce qu'il n'est pas sûr de
son fils Sélim que parce qu'il craint, étant donné la
popularité de Bajazet auprès de beaucoup de ses sujets,
qu'une rébellion quelconque n'éclate en ces régions-ci
et fasse si bien qu'il n'y puisse revenir ». On devine les
arrière-plans que signale ce document sur la guerre
contre Bajazet, dont on ne saurait négliger l'aspect
social. C'est jusque dans son centre que la Turquie est
gênée, voire paralysée par elle... Ajouterons-nous à ces
explications avancées par les observateurs de Chrétienté

une hypothèse ? L'année 1561 semble avoir été, dans l'Empire turc, une année de maigres récoltes, de querelles pour le blé avec les Vénitiens, de poussées épidémiques. Tout ceci a également compté.

En 1562, les nouvelles de Constantinople ont été moins inquiétantes. Seuls avis un peu sensationnels, celui qui représente un ambassadeur du Roi de Tunis déchirant ses vêtements devant le Grand Seigneur [141] ou ceux qui signalent (mais ils n'intéressent que Gênes) le voyage de Sampiero Corso à Constantinople par le détour d'Alger [142]. Les préparatifs de défense, commencés plus tard que l'année précédente, se sont interrompus plus tôt. La flotte turque n'a tenté aucun raid et, dès le mois de mai [143], la fin de l'alerte était sonnée à Naples, dès la première quinzaine de juin [144] à Madrid. Chose étrange et qui s'explique par l'excès même et l'inutilité des terreurs de l'année précédente, le fait a semblé presque naturel cette fois, et l'on ne s'est pas creusé la tête pour en chercher les raisons. Le vice-roi de Naples écrit simplement que le sultan n'enverra point sa flotte contre La Goulette, « soit à cause de la querelle de ses fils, soit pour ne pas la laisser s'écarter de ses rivages, soit parce qu'il sait que la dite place est bien pourvue » [145].

En tout cas, pour des raisons bonnes et impérieuses, puisque le Turc signe, cette même année, les trêves avec l'Empereur en suspens depuis 1558 [146]. A cette occasion étaient libérés contre rachat Alvaro de Sande, Don Sancho de Leyva et Don Berenguer de Requesens [147]. Sans doute le Sultan désirait-il se tourner délibérément vers l'Est puisque la paix *de facto* qu'il pouvait, à son gré, imposer sur mer à la Chrétienté, ne lui suffisait pas, puisqu'il a voulu également la liberté de ses armées de terre, sur les frontières occidentales.

Pendant l'hiver qui suit, la Chrétienté s'habitue à cette quiétude, tout en prenant officiellement ses précautions. On reparle bien sûr, de menaces sur La Goulette, sur la Sardaigne. Mais dès janvier 1563, des querelles au sujet du blé que Venise, comme à l'ordinaire, tente de prélever dans l'Archipel, indiquent que les greniers turcs ne sont pas bien remplis [148]. On apprend, tôt également, que le voyage de Sampiero Corso a tourné court. Chose significative, c'est Philippe II qui, de l'Escorial, sonne prudemment l'alarme [149] et fait ravitailler La Goulette, ce gouffre minuscule que l'on ne peut jamais combler. Dès le début de juin, à Naples, on est certain qu'il n'y aura pas d'armada. Un informateur, parti de Constantinople, le 29 avril, est arrivé, le 5 juin, porteur de bonnes nouvelles que personne ne met en doute [150]. Tous les avis postérieurs confirment que le Turc s'est contenté de mettre à l'eau un certain nombre de galères, sans les armer, et n'en a fait sortir que quelques-unes, indispensables à la garde de l'Archipel.

1564 : peu de changements encore. En janvier, on parle bien d'armements turcs dont les Vénitiens eux-mêmes s'inquiéteraient [151]. Mais dès le 12 février, on affirme de Constantinople qu'il n'y aura pas d'armada [152]. Vers cette même époque, le duc d'Alcala est en train de prendre ses dispositions pour envoyer 1 000 hommes à la Goulette, mais, dit-il, en dépit des informations qu'il a reçues, non à cause d'elles [153]. Tout est calme. Sampiero Corso en vient à converser, par personnes interposées, avec l'ambassadeur espagnol à Paris, Francés de Alava [154]. Il se plaint du gouvernement de Gênes, rappelle que la Corse relève de la Couronne d'Aragon, que les Corses sont sujets du Roi Catholique. Francés de Alava conclut qu'en tout cas, les deux capitaines corses, qui sont venus le trouver à cette occasion, connaissent bien les affaires du Levant et qu'ils pourraient être utilisés au service du roi...

Sans doute y aura-t-il encore une alerte, au début de mai, Ruy Gomez en parlera à l'ambassadeur de France [155]. Mais le mois ne s'est pas achevé que ces craintes sont dissipées [156]. Les 27 mai et 6 juin, des avis détaillés de Constantinople [157] expliquent pourquoi, malgré les protestations des reis qui, eux, désirent partir, l'armada se trouve dans l'impossibilité de prendre la mer : soixante galères, en cours de calfatage, vont être mises à l'eau, mais rien n'a été fait pour s'assurer les rameurs et les biscuits ; elles ne pourraient donc appareiller avant le 10 ou 15 juillet. Ensuite, despalmer, mettre à bord les spahis ordinaires des garnisons, conduirait jusqu'en août. Donc pas de sortie à envisager raisonnablement. Dès la mi-juin, Philippe II se décide alors, et non moins raisonnablement, à tourner sa flotte contre les Barbaresques [158]. De Naples, les mouvements de troupes se font non plus vers Messine et La Goulette, mais vers Gênes et l'Espagne, et plus précisément vers Málaga [159]. Il y a encore l'ombre d'une inquiétude, en août : le 2, Sauli rapporte à la Seigneurie de Gênes [160] qu'à Madrid, on a annoncé l'arrivée de l'armada turque, mais que le bruit est tenu *per vanità* et « qu'on en éprouve, de ce fait, une anxiété moindre au sujet du soulèvement de la Corse » (car la Corse vient de se soulever à la voix de Sampiero Corso). C'est la dernière mention au sujet de l'armada turque, en cette année 1564 où la Chrétienté méditerranéenne, peu inquiète de l'Orient, est surtout préoccupée des événements qui se déroulent à l'Occident de la mer, c'est-à-dire les affaires corses d'une part, et de l'autre, l'expédition que va conduire victorieusement Don Garcia de Toledo sur la côte marocaine, contre le minuscule Peñon de Velez.

Quelques semaines, quelques mois et, à nouveau, le jeu des hypothèses se ranime pendant l'hiver. A Vienne, le 29 décembre 1564, Maximilien bavarde avec l'ambassadeur vénitien, Leonardo Contarini [161]. Une grosse armada turque va, dit-on, sortir au prochain bon temps : « Vous autres, Vénitiens, que ferez-vous ? l'île de Chypre est bien proche et tape fortement dans l'œil des Turcs » — « Venise fortifiera », répond l'ambassadeur. Mais cette affaire de Corse qui donne tant de travail aux Génois ? Voilà qui s'aggravera avec la sortie de l'armada turque... « Sans doute, Sampiero Corso n'a-t-il pas d'aides ouvertes, mais il y a des intelligences secrètes avec un certain prince et si secrètes, ajoute le souverain, qu'il n'y a personne qui ne les connaisse. » Propos d'hiver, devant une carte de l'Europe ! Mais l'avenir va les confirmer, car l'année 1565, année de combat, ne ressemblera pas aux précédentes.

Contre les corsaires et contre l'hiver : 1561-1564

C'est donc quatre années de paix que le Turc a accordées à l'Empire espagnol. Mais ces années ont été mises à profit. Et d'abord contre les corsaires. Ceux-ci n'avaient pas disparu en même temps que l'armada turque et tout naturellement, chaque année, la marine hispanique a été entraînée à utiliser contre eux les forces que la menace du péril turc lui avait fait réunir, que sa disparition rendait disponibles.

La flotte nouvelle de Philippe II s'est forgée dans cette lutte pénible contre des ennemis experts, difficiles à saisir sur l'immensité de la mer, à inquiéter dans leurs repaires africains.

Des coups très durs ont, en effet, été portés aux Espagnols. Ainsi, en juillet 1561, l'escadre de Sicile, soit sept galères, tombait tout entière dans une embuscade dressée par Dragut, près des îles Lipari [162]. Elle était placée sous les ordres du commandeur Guimeran, catalan et chevalier de Malte, ce Guimeran, « qui fut fort estimé à Saint-Quentin, écrivait à son roi l'évêque de Limoges. Si est-ce qu'on le louait plus habile en terre que sur mer où Dragut a mal secondé son apprentissaige, s'estant perdus avec luy assez de gens de bien, comme ce ne fait difficulté que vous aurez, Sire, pieça sceu d'Italie » [163]. Parmi les pertes, ajoute-t-il, on nous « veult cacher un autre navire, lequel a esté perdu passant de Naples à Sicile où l'on asseure qu'y avoit trois des vieilles enseignes de Flandres nouvellement transportées en Italie ». Profitant de ce que les galères du roi ont été rappelées vers les côtes d'Espagne, Dragut « a tenu, avec trente et cinq vaisseaux, le royaume de Naples en telle situation que, depuis quinze jours, est arrivé courrier de pié du marquis de Tariffa, gouverneur au dict Naples », priant Philippe II « de renvoier les dictes galères, estans autrement iceulx de la Religion, de Sicile et autres ports circonvoisins tant troublés et serrez par le dict Dragut qu'un seul d'entre eux n'a commodité de passer d'un lieu à l'autre ». Heureusement, ajoute l'évêque, que l'armada turque n'est pas venue, « qui a esté, à la vérité, une grande grâce de Dieu, comme il se veoit à l'œil puisque si peu de pirates et larrons tiennent ce prince, depuis le destroit de Gibraltar jusques la Sicile, en telle servitude que les infidèles decendent où bon leur semble parmi ses terres, si ce n'est pas des fortz ».

Cette histoire éparpillée de Gibraltar à la Sicile demanderait une série d'enquêtes dans les petits dépôts d'archives, ceux d'Andalousie, des Baléares, de Valence où il semble qu'il y eut un lien entre les remuements des Morisques et les poussées de la course algéroise. Haedo le suggère à plusieurs reprises, quand il parle de l'activité du centre de course de Cherchell, presque entièrement habité par des fugitifs morisques, encore en relations avec leurs parents et amis de la côte espagnole [164].

Il est sûr que les corsaires font bien des prises pendant cet été 1561. Avec sa fin, arrive l'heure des revanches chrétiennes et les commentaires changent de sens : en septembre, on prête aux Espagnols le projet de prendre Monastir [165]. A cette époque, un à un, les corsaires rentrent chez eux, abandonnant la mer agitée. Le gouvernement espagnol n'a garde, quant à lui, de mettre ses navires à l'abri ; c'est qu'il est le plus faible. Le prince de Melfi, a qui l'on a confié le commandement des galères hispaniques à la mort d'André Doria, proteste contre ces ordres de terriens qui ne savent pas ce qu'est une galère, jetée, l'hiver, sur les chemins de la Méditerranée — qui ne comprennent point quelles avaries et quelle usure les tempêtes infligent aux étroits navires à rames [166].

Sans doute. Mais lorsqu'il veut agir et maintenir les indispensables liaisons, le plus faible est automatiquement rejeté vers les mauvais temps qui vident la mer et suppriment l'adversaire. Le vice-roi de Sicile — c'est toujours le duc de Medina Celi — rappelle sèchement au prince de Melfi que le Roi a ordonné le rassemblement des galères à Messine ; les ordres sont les ordres [167]. Les mouvements prévus s'accompliront donc. La Goulette est ravitaillée en munitions, dès octobre [168] et, au début de novembre, la flotte hispanique est encore à Trapani.

Qu'elle ne soit plus à Messine montre qu'elle s'est retournée vers ses lignes intérieures, si le prince de Melfi ne manifeste toutefois aucun désir d'en sortir. Le temps est affreux [169] d'ailleurs, et c'est sans doute à cette époque (le document ne porte pas de date précise) qu'un convoi de galères doit renoncer à atteindre La Goulette. Que peuvent les ordres contre une mer démontée ? Le vice-roi de Sicile se décide finalement à envoyer une grosse nave, avec deux mille salmes de blé, pour faire face aux besoins de la garnison anormalement gonflée [170]. On pense, en janvier, à rembarquer les Espagnols en surnombre qu'y commande Juan de Romero [171], mais leur rembarquement pose les mêmes problèmes que leur ravitaillement. Le prince de Melfi, s'il l'eût osé, aurait eu beau jeu de montrer que la politique de présence des galères espagnoles, si coûteuse, n'avait pas donné grands résultats, cet hiver-là.

Dès le printemps, la course barbaresque reprenait de plus belle. Le 1ᵉʳ mars 1562 [172], une lettre de la Goulette signalait que Dragut était parti se ravitailler en blé. Au mois d'avril, des voiles algéroises essayaient de surprendre Tabarca [173]. De son côté, Juan de Mendoza parvenait, de mai à juin, à conduire un gros convoi de navires ronds jusqu'à La Goulette, sous l'escorte d'une vingtaine de galères [174], sans rencontrer aucun bâtiment ennemi et presque sans incident de mer. En ce même mois de mai, des vaisseaux algérois étaient à Marseille [175]. Ils disaient avoir pris en route une nave ragusaine venant d'Alexandrie, chargée de marchandises appartenant à des Florentins, et une nave vénitienne celle-là, transportant des vins de Malvoisie. On parlait aussi d'une « ville » qu'ils auraient prise, près de Porto Maurizio, y capturant cinquante-six personnes. « Ils sont venus à Marseille pour renouveler leurs provisions de biscuits et autres vivres et reprendre leurs courses. De nuit, ils ont secrètement embarqué trente-six barils de poudre et de salpêtre ». Ensuite, nous perdons la trace des corsaires. Sans doute ont-ils été très insistants sur cette rive nord de la mer, puisque Juan de Mendoza, avec trente-deux galères, fait, en juin, la police de Naples jusqu'à l'embouchure du Tibre, sur la demande que lui en a faite le Saint-Père [176]. D'autre part, arrive à Alger, en juillet, avec Sampiero Corso, un ambassadeur de France chargé de réclamer des réparations pour les dommages causés par les corsaires algérois [177].

A partir de septembre, les Espagnols ripostent. On annonce, de Barcelone, que trois galiotes de corsaires auraient été prises à Ponza ; quelques fustes également, mais cela n'est pas confirmé, à Tortosa [178]. A l'actif des Espagnols, inscrivons un nouveau ravitaillement de l'insatiable La Goulette, mené en septembre par Jean André Doria [179]. Juan de Mendoza s'en était retourné vers les côtes hispaniques, avec les flottes de Sicile et d'Espagne augmentées de quelques galères de particuliers, pour faire la police de la côte et apporter du ravitaillement et des hommes à Oran [180]. Mais surprises par un fort vent d'Est dans le port de Málaga, les vingt-huit galères furent obligées d'aller chercher refuge dans le large abri de la baie de Herradura. Les *Instructions Nautiques* [181] signalent que ce mouillage envasé, sur fonds de vingt à trente mètres, est dangereux par vent du large. Or, à peine les galères y étaient-elles réfugiées qu'elles furent surprises par un violent vent du Sud [182]. Le désastre fut à peu près complet : vingt-cinq galères sur vingt-huit et 2 500 à 5 000 morts. On put seulement récupérer, sur les épaves, une partie de l'armement.

Le 8 novembre 1562, la nouvelle parvenait à Gaète [183], d'où elle était retransmise à Naples. La catastrophe, si peu de temps après celle de Djerba, déchaîna une émotion considérable [184]. Mais le gouvernement de Philippe II sut tirer force de sa faiblesse : le 12 décembre 1562 [185], aux Cortès spécialement convoquées, un subside extraordinaire était demandé pour la défense des frontières africaines et l'armement de nouvelles galères [186]. Le redressement maritime de l'Espagne, rendu plus difficile, n'en fut poursuivi qu'avec plus d'énergie. Ce qui venait de disparaître, en effet, c'était la protection navale des côtes de la Péninsule et de la place d'Oran, la seule place digne de ce nom, au dire de l'évêque de Limoges, que l'Espagne possédât en Afrique. La grande offensive algéroise, déclenchée l'année suivante contre Oran, est liée certainement au désastre de la Herradura.

Ce fut une attaque de grand style, sans commune mesure avec celle d'Hassan Corso, en 1556. Le siège dura deux mois, des premiers jours d'avril [187] au 8 juin 1563. La garnison espagnole avait été alertée à l'avance, le 20 mars, elle avait ainsi connu l'arrivée à Mazagran de 4 000 *tiradores que son los que van delante del campo del Rey de Argel*. Les espions ajoutaient que, sans les pluies, le roi d'Alger lui-même serait arrivé en même temps qu'eux. On comptait qu'il entrerait à Mostaganem le vendredi 26 mars, en même temps que quarante navires, dont deux caravelles et une *naveta* de marchands qui se trouvaient au môle d'Alger et qu'on avait chargées de poudre, de boulets de canon, de *bestiones de madera* ainsi que de biscuit. Sur quatre galères arrivait l'artillerie. Enfin dix grosses galères (sont-ce les dix prises à Djerba aux Chrétiens, et avec lesquelles Hassan Pacha était revenu de Constantinople à Alger ?) [188] étaient envoyées en deux escadres vers les côtes d'Espagne, pour s'informer de la possibilité d'un secours envoyé de la Péninsule [189].

Nantis de ces renseignements, les deux fils du comte d'Alcaudete qui commandaient les deux présides d'Oranie, Martín, l'aîné, et Alonso, purent tirer la sonnette d'alarme, avant que ne fût sur eux la double armée de mer et de terre des Algérois. Ils avaient à défendre Oran proprement dit, puis, au-delà de la rade de Mers-el-Kébir, sur une presqu'île, le petit ouvrage qui commandait le mouillage des navires. Les Algérois, après avoir hésité, portèrent leur effort sur Mers-el-Kébir, plus exactement contre le fortin de San-Salvador que l'on venait de construire sur les reliefs dominant Mers-el-Kébir, du côté de la terre, et ensuite, San-Salvador ayant été enlevé le 8 mai après 23 jours de siège, contre Mers-el-Kébir même et sa petite garnison de quelques centaines d'hommes qui arriva pourtant, malgré la préparation d'une longue batterie du 8 au 22 mai, à repousser le premier assaut, le 22, en infligeant de grosses pertes à l'assaillant. Les Algérois se décidèrent alors à battre le fort dans un autre secteur, du 22 mai au 2 juin, puis ils tentèrent l'assaut à la fois du côté de la vieille et du côté de la nouvelle batterie, en même temps que les pièces de proue tiraient sur le front de mer. Assaut inefficace et qui valut aux Turcs d'évacuer sur Alger huit galiotes, remplies de blessés [190].

Mers-el-Kébir avait donc tenu. Il est vrai que la proximité des côtes d'Espagne valait des secours substantiels aux deux places. A travers le blocus de l'armada algéroise, des galères renforcées se glissaient et surtout de petites barques dont les pilotes, un Gaspar Fernández, un Alonso Fernández, furent les vrais sauveurs des assiégés, leur apportant vivres, munitions, hommes de renfort. Du 1er mai au 4 juin, plus de deux cents gentilshommes passèrent ainsi d'Espagne à Oran. A Carthagène, le marquis de los Velez, dont le nom était redouté en pays musulman, les recevait à table ouverte, si libéralement que les habitants de Carthagène ne trouvaient plus au marché ni viande, ni poisson [191]. Cependant, la situation était mauvaise à Mers-el-Kébir ; la garnison exténuée ne mangeait quasi rien, *sino algunas çeçinas de jumentos y animales nunca usados*, sinon un peu de viande boucanée d'ânes et d'autres animaux dont on n'a pas l'habitude de se nourrir. C'est à point nommé que la flotte de secours apparut, le 8 juin, mettant en fuite ces « chiens » de Turcs.

Qu'elle soit là deux mois après le début du siège, c'est miraculeux quand on sait que les galères qui accomplissent cet exploit viennent presque toutes d'Italie. L'intéressant, pour l'histoire s'entend, de ce siège qui eut tant d'échos en Espagne (Cervantès et Lope de Vega lui consacrèrent, l'un et l'autre, une pièce de théâtre) n'est pas tant la conduite héroïque de Don Martín et des siens à Mers-el-Kébir que l'acheminement rapide de ce secours. Excellente occasion de voir à l'œuvre, pour une fois, la rapidité espagnole.

Dès le 3 avril, avant que le siège ne fût commencé, sur le reçu des rapports d'espions dont nous avons parlé, Philippe II avait expédié un courrier exprès à son ambassadeur à Gênes, Figueroa, lui enjoignant de faire partir les galères de Jean André Doria, de Marco Centurione, du cardinal Borromée, des ducs de Savoie et de Toscane, avec, comme premier point de ralliement, le port de Rosas. Qu'on s'emploie « à gagner des heures, recommande le roi, car jusqu'au moment où je les verrai ici, je ne pourrai manquer d'être dans un souci bien justifié » [192]. Ces ordres, enregistrés à Messine dès le 23 [193] avril, signifiaient le rappel en Espagne de toutes les flottes d'Italie, sauf les galères de Sicile et de la Religion. « *Lo que mas importa*, écrivait Philippe II à Don Garcia de Toledo le 25 avril, *es la venida de las galeras de Italia* » [194].

On est du même avis en Italie. Le vice-roi de Naples, dans une lettre à Figueroa, le 25 avril [195], lui dit avoir été au courant du siège d'Oran par des lettres expédiées dès le 28 mars (donc avant les ordres du roi du 3 avril) et aussitôt, sachant que l'armada turque ne sortirait pas cette année, il lui a semblé « qu'il convenait au service de S. M. que sur les vingt-deux galères que pouvait emmener Jean André Doria et quatre autres galères du royaume, soit vingt-six au total, il embarque deux mille soldats espagnols et voyage par la route de Sardaigne, Minorque, Iviza et Carthagène (donc en droiture, sans le détour par Rosas) et que là, à Carthagène, il attende les ordres de S. M. ». Le même jour [196], Doria annonçait au roi son arrivée prochaine à Carthagène. Philippe II, recevant sa lettre à Madrid, le 17 mai [197], répondait le jour même, l'avisant qu'on fabriquerait du biscuit à Carthagène, en prévision de l'arrivée des galères, et qu'on en ferait venir de Barcelone et de Málaga. Il ajoutait que pour toutes sortes de raisons — l'arrivée peut-être tardive de la flotte d'Italie, le fait qu'il s'agissait d'affaires espagnoles, le fait aussi qu'à son retour d'Oran, l'armada de secours devrait se diviser en deux escadres dont l'une, avec Doria, retournerait en Italie pour la chasse aux corsaires — pour toutes ces raisons donc, il avait choisi, comme chef de l'expédition, Don Francisco de Mendoza, capitaine général des galères d'Espagne.

Au début de juin, étaient ainsi réunies à Carthagène

quarante-deux galères, dont quatre d'Espagne. Huit restèrent au port (quatre du duc de Savoie, quatre de Gênes). Les trente-quatre autres arrivèrent le 8 à Oran, mais le coup d'épervier ne laissa d'autre butin que trois navires *redondos*, une douzaine de barques et une saète française (qu'on trouva chargée de plomb, de munitions et de cottes de maille). Tous les gros navires à rames avaient eu le temps de déguerpir [198]. Peut-être parce que, selon un avis de Bône du 3 juin retransmis par Marseille, la flotte algéroise s'apprêtait à quitter les lieux [199]. Le succès n'en était pas moins immense. Le roi l'annonçait, le 17 juin [200], au vice-roi de Naples dont Diego Suárez, dans ses précieuses chroniques d'Oran, a fait l'éloge comme d'un bon artisan de la victoire. Nul n'y contredira. Mais, au chapitre des éloges, ne conviendrait-il pas d'inscrire le nom de Philippe II et d'étendre les félicitations à l'ensemble du système hispanique, cette fois bien coordonné, peut-être parce que rodé par les expériences précédentes et parce qu'il s'agissait d'un petit secteur, proche de l'Espagne [201].

A Madrid, on eût désiré davantage. A peine rentrée à Carthagène, la flotte recevait du roi l'ordre de prendre par surprise le Peñon de Velez. Francisco de Mendoza, malade, abandonna à Sancho de Leyva le commandement de l'opération dont le plan avait été dressé par le gouverneur de Melilla. Mais la garnison turque de l'îlot fut alertée par le bruit des rames et les troupes débarquées devant Velez manquèrent de cran. Au lieu d'insister, de canonner, de pousser de l'avant, la majorité des chefs se décida pour un rembarquement et la remise de l'opération à une date ultérieure. La flotte était de retour à Málaga dans les premiers jours d'août [202]. Les corsaires, avertis de cet insuccès, redoublèrent leurs attaques sur les côtes d'Espagne. Ils allèrent même, ce qu'ils n'avaient point fait encore, jusqu'aux Canaries. Cependant, les galères espagnoles terminaient l'approvisionnement d'Oran, lui portaient, à la fin d'août, les 20 000 ducats nécessaires aux payes de la garnison. Quelques jours après, elles se trouvaient, ayant franchi le détroit, dans le Puerto de Santa Maria, l'avant-port de Séville [203].

Le bilan de l'année n'était, somme toute, pas trop mauvais. Mais l'année suivante, en 1564, l'Espagne fit davantage : elle crut pouvoir passer à l'offensive. Probablement à cause de la sécurité plus grande du côté de l'Orient et de la tranquillité politique générale. Peut-être aussi à cause de la nomination, le 10 février 1564, de Garcia de Toledo au poste de capitaine général de la Mer. Mais surtout, l'Espagne commençait à se sentir plus forte. Signe (dès avant la nomination de D. Garcia) d'un changement d'esprit, cette autorisation qu'en janvier, Sancho de Leyva, commandant les galères de Naples, sollicitait de Philippe II d'aller, avec cinq de ses galères, une de Stefano de Mari et les galères libres de Sicile, donner la chasse, sur les côtes de Barbarie, aux fustes et galiotes des corsaires et se procurer les captifs nécessaires pour les chiourmes des navires à armer [204]. Très tôt, ce printemps-là, à côté des tâches ordinaires et rituelles, le ravitaillement de La Goulette, le réapprovisionnement d'Oran, il fut question, en haut lieu, de reprendre l'opération manquée contre le Peñon de Velez. La décision officielle en était prise dès avril [205].

Ce fut un chef-d'œuvre d'organisation méthodique et sûre, qui a laissé, dans les archives, des masses de papiers inédits [206]. Tout était si bien en ordre que le 12 juin, Philippe II pouvait annoncer à l'ambassadeur de France [207] que l'armée de mer serait employée contre l'Afrique. La phase des préparatifs était close et Don Garcia occupé à rassembler les troupes et les galères d'Italie pour les faire passer en Espagne et en Afrique [208]. Le 14, il avait fait à Naples une entrée triomphale [209], avec trente-trois galères [210]. Cette fois encore, Philippe II s'intéressa avec minutie à tous les mouvements de la flotte ; il donnait l'ordre à ses services d'être attentifs à toutes les demandes de Don Garcia et de « hâter toute cette affaire, car, avec les vents qu'il fait présentement, je crois qu'il ne tardera pas à arriver. Qu'on examine si un plus grand nombre de soldats ne serait pas nécessaire : le duc d'Alcala écrit qu'il ne peut en donner que 1 200, qui viendront sous les ordres du capitaine Carillo de Quesada » [211].

C'est par Gênes que D. Garcia gagna l'Espagne, par le grand tour des côtes Nord et non par le raccourci des îles qu'avait pris J. A. Doria, l'année précédente. La première concentration de la flotte eut lieu à Palamos, sur les côtes de Catalogne, où, le 6 juin, elle était rejointe par les galères d'Espagne, sous Alvaro de Bazan dont commençait alors la prestigieuse carrière. J. A. Doria avec 22 galères prenait le même mouillage, le 26 [212]. Puis, ce furent les galères et les navires de Pagan Doria, restés à la Spezia pour y embarquer des soldats allemands. Le 15 août, la flotte était à Málaga [213]. Don Garcia s'en détacha, un instant, pour aller jusqu'à Cadix, au-devant des galères portugaises promises pour l'expédition. Son apparition jeta l'épouvante, d'Estepone et de Marbella jusqu'à Gibraltar, tout au long d'un rivage si habitué aux ravages des corsaires qu'il se crut en présence de voiles ennemies. Puis, avec une certaine lenteur, la concentration s'acheva dans les ports voisins de Marbella et Málaga. Fin août, la flotte comptait entre 90 et 100 galères [214], plus un certain nombre de caravelles, galions et brigantins, au total 150 voiles et 16 000 soldats. Déploiement de forces inutile et ostentatoire, dira-t-on à Venise, non sans malveillance [215]. Il avait au moins servi à éloigner les corsaires, d'un magnifique coup de balai : trois galères et un galion armé furent saisis, six ou huit autres pris en chasse ne s'échappèrent qu'à grand-peine.

Le 31 août, après un voyage de trois jours, la flotte arrivait devant le Peñon. Comme en 1563, la ville avait été abandonnée par ses habitants. Dans le port brûlaient trois navires catalans, pris par les très agissants corsaires de Velez, lesquels étaient d'ailleurs partis en course avec Kara Mustafa, tant ils croyaient peu à une attaque de l'armada chrétienne contre leur ville. Don Garcia n'en agit pas moins avec prudence et un grand luxe de moyens. Une large tête de pont, solidement organisée, protégea, du côté de la terre, les opérations contre le petit îlot fortifié. Contrairement à toute attente, la garnison, après quelques jours de canonnade, le 6 septembre, abandonnait le rocher. On le fortifia, on y laissa des canons, des vivres, des hommes, puis on évacua la tête de pont, après avoir rasé les murs de la ville de Velez. C'est à cette occasion qu'il y eut, le 11 septembre, quelques sérieux accrochages avec les indigènes [216].

Au total, on pouvait dire : beaucoup de bruit et de dépenses, pour pas grand-chose. Sans doute convenait-il de faire une démonstration éclatante pour prouver à la Papauté que les subsides consentis par l'Église pour la lutte contre les Maures, n'étaient pas accordés en vain. *El Papa esta a la mira*, comme disait Philippe II [217]. Tous les contemporains ont signalé ce côté spectaculaire de l'entreprise. Il y eut aussi des raisons stratégiques, celles d'une reprise en main, par un nouveau chef, de la flotte hispanique, et le souci d'aveugler ce petit centre de course agressif de Velez, trop proche des côtes d'Espagne et des liaisons de Séville pour ne pas être gênant à la longue. Dès lors, sur l'îlot (comme de 1508 à 1525) une garnison espagnole montera la garde. Garcia de Toledo ne s'éloigna qu'après y avoir tout organisé. Mais il s'éloigna vite car on avait déjà besoin de lui ailleurs : en Corse, la Seigneurie de Gênes, aux prises avec les débuts de la révolte de Sampiero Corso, demandait aide à cor et à cri.

Le soulèvement de la Corse

La révolte de Corse se préparait depuis longtemps. La paix du Cateau-Cambrésis avait désespéré les insulaires. Sampiero Corso, de 1559 à 1564, s'était dépensé partout en négociations passionnées, toutes inutiles au demeurant. Mais il lui suffit de débarquer le 12 juin 1564, dans le golfe de Valinco, avec une petite troupe, et l'île prit feu. C'est qu'elle était prête à brûler à la première étincelle. Sampiero se précipita immédiatement sur Corte et l'emporta. Une des guerres les plus désolantes qu'ait connues l'île commençait. Prisonniers massacrés, villages brûlés, récoltes dévastées : la Corse connaîtra tout.

Pour Gênes, ce n'était pas une vraie surprise. Quoi

qu'elle en dît, elle savait depuis longtemps combien l'île était inquiète, combien elle lui était hostile. Ses agents avaient suivi, de près et très exactement, les voyages de Sampiero et ses intrigues, en France comme à Alger, en Toscane comme en Turquie. Le service génois de renseignements avait su qu'il se trouvait à Marseille et comment il y avait disposé d'une galère armée. Son débarquement avait donc été prévu ; mais peut-être pas les rapides conséquences de ce coup de main, les effets presque immédiats de la propagande du chef de la révolte, le nombre des gens qui accourraient autour de lui.

Qui donc est derrière Sampiero, va-t-on se demander à l'occasion de ses succès ? le roi de France qui lui a prêté la galère du débarquement ? les corsaires turcs [218] ? le duc de Florence, murmurera-t-on bientôt [219]... Et sans doute Sampiero a-t-il derrière lui tous ces grands appuis à la fois : mais de façon indirecte et mesurée. Le meilleur appui du révolté, c'est la Corse misérable des zones montagneuses, la plèbe insulaire en proie aux usuriers et aux collecteurs d'impôts de la *Dominante*. Gênes ne le dit pas, bien sûr : elle a tout intérêt à souligner le jeu de ses grands voisins pour obtenir l'intervention de Philippe II. Elle ne s'en fait pas faute, surtout quand il s'agit du jeu français qui n'est que trop évident. « L'affaire de Corse, écrit Figueroa le 7 juillet, a plus de fondement que certains ne le pensaient au début. Sampiero soulève les populations et il a à sa dévotion une bonne partie de l'île. On a reçu l'avis que Monsieur de Carces levait, en Provence, sept bandes d'infanterie, pour les lui envoyer bien que les Français disent que c'est pour la garde de leurs marines. » Les marchands génois de Lyon [220] renseignent, de leur côté, la Seigneurie sur les agissements et réactions des Français.

Philippe II, mis au courant, approuve Don Garcia de Toledo qui est d'avis de pousser jusqu'en Corse avec trente galères, pendant que Jean André Doria et Ibarra continueraient à charger des vivres et des soldats allemands. Où qu'il se trouve, lorsqu'il recevra l'ordre du roi, Don Garcia est donc invité, par lettre du 18 juillet, à se diriger sur l'île. On ne peut pas, écrit le roi, laisser Sampiero, déjà maître d'Istria et qui menace Ajaccio, s'emparer de l'île entière, lui, un *aficionado* de la France qui ferait de la Corse une « *scala para los Turcos moros enemigos de nuestra santa fe catholica* »[221]. La France joue là un rôle inadmissible, écrit-il à son ambassadeur en France[222] : « Je ne peux pas croire que c'est avec la faveur du roi et de la reine que le dit Corso aurait entrepris ce qu'il a fait, ni même avec leur simple connaissance, puisqu'il s'agit d'une affaire si peu en accord avec notre amitié et fraternité, et si contraire à l'observation de la paix. Pourtant, il y a tant d'indices, et si grands et si manifestes, qu'ils ne peuvent se contenter d'affirmer que cela ne s'est pas fait avec leur intelligence. »

Le malheur, pour Philippe II et plus encore pour les Génois, c'est que l'ordre du 18 juillet ordonnant le détour des galères vers la Corse, est parvenu à Don Garcia quand celui-ci était déjà sur les côtes d'Espagne, prêt pour l'expédition de Velez. Fallait-il le renvoyer d'où il venait ? C'eût été perdre du temps, compromettre l'expédition contre le Peñon et, s'en expliquant auprès de Figueroa, le roi ajoutait qu'il avait été « averti que le Pape était aux aguets pour voir si l'argent qu'il avait accordé pour armer des galères servirait vraiment à des entreprises contre les Infidèles »[223]. Pour toutes ces raisons, Philippe II laissa se continuer le voyage vers Gibraltar et le Maroc. A la fin de l'automne, on songerait à la Corse, pas avant.

L'expédition du Peñon a ainsi ménagé un répit prolongé à Sampiero et à ses partisans. Les nouvelles répandues par Gênes furent dès lors de plus en plus alarmantes. Figueroa, dans une lettre du 5 août 1564[224], parlait d'interventions françaises grandissantes, de frégates qui vont et viennent entre l'île et la Provence, de conciliabules que les Fieschi, bannis génois, et des Corses tiennent dans la maison de Thomas Corso (entendez Thomas Lenche, le fondateur du Bastion de France), « lequel est l'ordinaire pourvoyeur des Algérois en rames, poudre, voiles et autres marchandises de contrebande ». Catherine de Médicis déclare pourtant n'avoir aucune responsabilité dans l'affaire et va jusqu'à proposer sa médiation. Si l'on met les galères en ordre à Marseille, dit-elle, c'est en prévision de la prochaine entrée du roi. Elle fait même confier à Francés de Alava, par le cardinal de Rambouillet, que le passage de la flotte de Don Garcia de Toledo, avec d'aussi nombreuses galères, au large des ports français, sans qu'il ait même demandé des « rafraîchissements » lui a donné des soupçons [225] ! Cela n'empêche point Gênes d'accuser la France [226] et de s'inquiéter à propos des dix galères que le marquis d'Elbeuf tient prêtes à Marseille...

Cependant la machine hispanique, nullement détério-rée au Peñon, peut reproduire vers la Corse le mouve-ment qu'elle vient de réussir en Afrique. Le 31 août 1564, le duc d'Albe a écrit à Figueroa que Don Garcia de Toledo, sa besogne finie à Velez, laisserait seulement en Espagne une vingtaine de galères et rejoindrait aussitôt la Corse. Philippe II assure Figueroa, au même moment, que rien ne viendrait de France s'opposer à l'expédition qui se prépare presque officiellement, au su de tous. L'ambassadeur du duc de Florence l'annonce à son maître, le 22 septembre 1564 [227], et Philippe II en fait autant, le lendemain [228].

Les Génois pourtant ne se tiennent pas pour satisfaits, les préparatifs leur semblent trop lents. Le 24, l'ambassa-deur Sauli prétend ne rien savoir de l'armada qui doit se trouver à Carthagène [229]. Le 9 octobre, sa mauvaise humeur se précise : « Si l'armada tarde à venir, que Vos Seigneuries Illustrissimes en accusent le grand flegme et la lente nature de ces seigneurs-ci, et non ma négligence, car, à vrai dire, je n'ai cessé d'insister auprès de S. M. et de ses ministres. » [230] Le reproche peut sembler injuste. Dès le mois d'août Lorenzo Suárez de Figueroa, le fils de l'ambassadeur espagnol à Gênes, a été envoyé à Milan pour y lever 1 500 Italiens, destinés aux opérations de Corse. Le 26, on les embarque dans trois bateaux ronds que seule l'attente du beau temps empêche de gagner l'île. Lorenzo est leur colonel.

Les Génois ont pourtant quelque excuse d'être impatients. Sampiero a mis en déroute les bandes d'Estefano Doria [231] et, le temps passant, ils craignent quelque arrangement d'automne qui se traiterait à leur désavantage. Philippe II dit lui-même qu'un accord est souhaitable avec Sampiero, pour éviter les frais d'une guerre qui peut se prolonger, par suite de l'âpreté de la terre corse [232]. Sondés à ce sujet, les Génois prennent fort mal la chose. Finalement, Garcia de Toledo arrive, le 25 octobre, à Savone [233]. Mais la belle saison est terminée et il n'est pas disposé à risquer sa flotte. Il propose vingt galères, ainsi que l'infanterie levée en Espagne et au Piémont, alors que les Génois voudraient une démonstration massive de toute l'armada sur Porto Vecchio [234]. Ils ne l'obtiendront pas. Francés de Alava écrit d'Arles, le 20 novembre, que si les Génois n'en ont pas terminé avant l'hiver, le mieux serait de s'accommoder avec les révoltés, comme la suggestion lui en a déjà été faite, du côté français [235]. Mais Gênes ne l'entend pas ainsi et Philippe se refuse, de son côté, à une médiation française [236].

Ainsi l'hiver est là, et la guerre continue. Les secours extérieurs ne cessent d'arriver dans l'île, de France toujours (pas forcément d'ailleurs avec l'aveu du roi et de la reine [237]), mais aussi de Livourne d'où partent des frégates chargées de munitions et aussi d'argent [238]. Sampiero a même des intelligences avec le Saint-Père [239]. Ainsi la guerre prend mauvaise tournure pour les Génois [240]. Les vingt galères et les Espagnols, que Jean André Doria a conduits jusqu'à Bastia [241], suffiront-ils à en changer le cours ? Le mauvais temps n'entrave pas seulement les opérations de mer (Don Garcia, le 14 décembre, ne peut s'éloigner de Gênes à plus de 25 milles [242]), il entrave aussi les opérations terrestres. On apprend, le 25 novembre, que le corps expéditionnaire, parti de Bastia pour secourir Corte assiégée, a dû rebrousser chemin à cause du mauvais temps et des épidémies qui déciment ses rangs... Cette reculade est mal compensée par la prise, vers la mi-décembre, de Porto Vecchio que Jean André Doria enlève sans coup férir, ou par celle de tel village de Balagne... Gênes en est réduite à tenir quelques points de la côte et de l'intérieur, tandis que le reste de l'île passe peu à peu à la dissidence. Entassés dans les présides, les soldats de la *Dominante* ont plus à souffrir des épidémies et du mauvais ravitaillement que de l'ennemi...

Le calme de l'Europe

La rebellion de Sampiero durera longtemps, mais, circonscrite, elle aura peu d'incidence sur la vie générale de l'Europe. Il faut le souligner car, si le monde hispanique a pu reprendre souffle, s'il a réussi à redresser une situation compromise, c'est qu'il a profité en même temps que de la paix turque, d'une trêve avec l'Europe, qui n'est peut-être, après tout, que la conséquence des guerres épuisantes de Charles Quint. De 1552 à 1559, ces guerres ont absorbé toutes les ressources des États, et davantage encore. Il s'en est suivi de grands effondrements financiers en Espagne, en France et par voie de répercussion, à travers toute l'Europe. D'où une paralysie de la grande guerre en ce monde qui, des années durant, avait été sa terre d'élection.

Puis la rupture de l'Empire de Charles Quint a apporté un calme relatif. L'Allemagne, avec les Ferdinandiens, a recouvré son autonomie, et l'Europe, du coup, oublié ses craintes d'une monarchie universelle des Habsbourg. Il n'y a pas encore d'impérialisme espagnol menaçant ; il n'y en aura point jusque vers 1580. Aux grandes guerres succèdent donc des querelles locales qui se nourrissent des énergies en chômage. En France, les conflits intérieurs qui travaillent le royaume sont en liaison étroite avec la démobilisation de l'armée, avec l'oisiveté d'une petite noblesse plus besogneuse encore qu'au début du siècle, et que la royauté n'emploie plus en Italie.

Un seul conflit d'importance a survécu à la paix du Cateau-Cambrésis : celui qui oppose la France des Valois à l'Angleterre. Vieux débat qui remonte au moins à 1558, au mariage du dauphin. L'attention extérieure du gouvernement français s'en trouve puissamment détournée vers le Nord, loin de la Méditerranée. Mais les deux adversaires, gênés l'un et l'autre par des troubles politiques et religieux, sont peu capables de se battre vraiment, d'autant plus portés à s'injurier et à plaider l'un contre l'autre, devant la Papauté, ou devant Philippe II. Ce dernier fait traîner les choses en longueur, ne prend pas parti, voyant dans cette querelle providentielle du Nord un instrument de sa tranquillité. Ce serait trop nous éloigner de notre sujet que de suivre cette politique de mauvaise foi [243] et de pure raison d'État ; bien que, finalement, de sens politique assez court. La France n'en a certes pas profité, mais l'Espagne a sauvé, ce faisant, ou contribué à sauver la très fragile Angleterre d'Élisabeth. Philippe II pouvait-il prévoir qu'elle grandirait si vite ?

Tenir la France lui paraissait la tâche essentielle pour la paix de l'Espagne. Tâche facile, alors : l'année 1560 avait inauguré le règne de Catherine de Médicis et les troubles étaient vite survenus. Ce fut l'occasion pour Philippe II qui tenait à sauvegarder ses États de la contagion protestante, d'offrir des troupes. Et l'offre lui donna longtemps prise sur le royaume voisin. Il jugea même utile d'acheter des concours en France, suivant la bonne tradition de la politique des Habsbourg et de toute la diplomatie du siècle. La politique espagnole fut ainsi amenée à entrer en longs pourparlers avec Antoine de Bourbon. Qui trompa l'autre ? On ne chercherait pas à rouvrir le dossier s'il ne nous ramenait en Méditerranée, en Sardaigne d'abord, puis à Tunis.

C'est en 1561 qu'ont commencé les pourparlers [244], dès qu'Antoine de Bourbon prit une place prépondérante, plus en apparence qu'en réalité peut-être, avec son titre de Lieutenant Général du Royaume. Celui que l'Espagne appelle « Monsieur de Vendôme » est en fait roi de cette Navarre dont Philippe II occupe, contre tout droit, la partie espagnole. Récupérer ce domaine d'Outre-Monts, pour le moins y intriguer [245], se mêler à la vie de l'Espagne par-delà le mur pyrénéen, aucun roi de Navarre depuis 1511 — depuis la conquête espagnole

— n'a résisté à cette tentation, pas même plus tard le futur Henri IV. Une autre politique pourtant était possible : à défaut de la Navarre espagnole, obtenir ailleurs une compensation. Monsieur de Vendôme s'y est hardiment engagé. Il a réclamé le royaume de Sardaigne et sans doute en a-t-il parlé jusqu'à Rome [246]. Un de ses agents, qui figure dans les documents espagnols sous le nom de Bermejo ou Vermejo (mais ce n'est là qu'un surnom pour le secret des correspondances) est reçu à Madrid en janvier 1562 [247], par Ruy Gomez et le duc d'Albe, ni l'un ni l'autre très satisfaits des services rendus par Antoine de Bourbon et de son penchant visible pour les hérétiques. Spéculant sur l'ambition du dit « Vendôme », les deux ministres proposent à Vermejo le royaume de Tunis pour son maître, avec la promesse qu'on l'aidera à le conquérir. Mais, dit l'agent, qu'est-ce au juste que ce royaume ? « Je lui dis, déclare le duc d'Albe, que personne ne pouvait mieux le renseigner que moi, car l'Empereur... avait eu des intentions sur ce royaume... et en avait parlé avec moi très particulièrement. » Suit une description idyllique du royaume de Tunis, d'une notoriété telle que « peu de gens l'ignorent », lieu de passage de « toutes marchandises qui viennent du Levant au Ponant et du Ponant au Levant », terres fertiles qui produisent en abondance blé, huile, laines, bétail, succession de ports admirables et faciles à défendre... Rien de comparable au pauvre royaume de Sardaigne, qui d'ailleurs a ses lois propres, et que le roi ne peut aliéner de sa seule autorité.

On ne sait l'accueil que le roi de Navarre réserva à cette alléchante proposition. On sait par contre que Catherine s'inquiéta des négociations du Bourbon avec l'Espagne et, aussi, que le bruit d'une cession du royaume de Sardaigne circula à Gênes, en septembre 1562 [248] : « Dans cette ville, écrivait Figueroa le 9, est arrivée la nouvelle que D. J. de Mendoza a pris possession du royaume de Sardaigne pour le remettre, sur votre ordre, à Monsieur de Vendôme, ce qui, ici, ne semble pas digne de créance. » Les pourparlers s'interrompirent brutalement : Monsieur de Vendôme, blessé sous les murs de Rouen, devait mourir des suites de sa blessure. Philippe II fut informé rapidement « que les médecins et cyrrurgiens estoyent hors de toute espérance de sa santé [249] » et fit écrire par avance, en laissant les dates en blanc, les lettres de condoléances.

Petite histoire, mais qui montre la France surveillée étroitement par une diplomatie vigilante, lénifiante, un peu lente, machiavélique à peu de frais, assurément orgueilleuse et protocolaire, toujours à l'œuvre, sinon toujours aussi efficace qu'elle le croit. Car si l'Europe ne pèse point sur l'Empire hispanique, le mérite en revient-il tout entier à Ruy Gomez ou à la subtilité du duc d'Albe ? Est-ce parce que, de temps à autre, on sait laisser le Français « le bec dans l'eau », comme écrivait l'évêque de Limoges ? Parce que Philippe est seul souverain d'âge (Limoges encore *dixit*) dans une Europe où les trônes appartiennent à des enfants, ou tombent en quenouille ? N'est-ce pas parce que cette Europe est recrue de fatigue ? Un fait reste certain : en face d'une Turquie coincée, fixée loin des rives de la Méditerranée, se trouve une Espagne libre de ses mouvements, que l'Europe ne gêne et n'inquiète pas, pour l'instant au moins. Cet instant, l'Espagne aura su le mettre à profit.

Quelques chiffres sur le relèvement maritime de l'Espagne

Il est difficile de préciser, chiffres en main, la réalité des armements navals du XVIe siècle. Tout d'abord, quels navires faire entrer en ligne de compte ? A côté des galères, des galiotes et des fustes, il faudrait tenir compte de toute une flotte auxiliaire de navires ronds, navires ravitailleurs, mais aussi de guerre à l'occasion, car ils sont munis d'artillerie. A la fin de l'année 1563, au début de 1564, le gouvernement espagnol met ainsi l'embargo sur une centaine de chaloupes et de zabres de pêcheurs des régions biscayenne et cantabrique, petits vaisseaux de soixante-dix tonnes, munis de rameurs volontaires et d'artillerie. Cette flotte auxiliaire a été organisée alors, en Catalogne, par Alvaro de Bazan. Resterait à savoir dans quelles conditions et pour quels buts. Il semble que ces navires spécifiquement océaniques et de petit tonnage aient été mêlés aux luttes méditerranéennes, seulement comme transporteurs. On n'a pas compris, dans les milieux espagnols, la valeur que pouvaient avoir, — et qu'auront plus tard — ces légers voiliers de l'Océan.

Si l'on s'en tient aux seuls navires de guerre, il faut tenir compte, à côté de ces puissants navires que sont les galères, de ces galères amoindries, les fustes et les galiotes. Il est vrai, ce sont surtout les corsaires barbaresques qui utilisent ces petites unités. La principale difficulté finalement découle du fait que la flotte de Philippe est en réalité une réunion de flottes diverses, la coalition de quatre escadres : celles d'Espagne, de Naples, de Sicile, et le groupe des galères génoises qui sont à la solde de l'Espagne (principalement les navires de J. A. Doria). S'y ajoutent à l'occasion, les galères de Monaco, de Savoie, de Toscane et de la Religion. Voilà qui ne simplifie pas les comptabilités.

Pour mesurer les armements hispaniques, nous avons essayé de compter, pour chacune des années 1560 à 1564, le nombre des galères réunies soit à Messine, soit ailleurs, mais de préférence à Messine, ce qui revient à dénombrer les flottes effectivement mobilisées.

En 1560, l'année de Djerba, l'armada chrétienne comporte 154 navires de guerre, dont 47 galères et quatre galiotes[250], ce qui donne, entre galères et autres navires de guerre, un rapport de un à trois. A ces 47 galères, il faut ajouter l'escadre d'Espagne qui, réclamée sur les côtes de la Péninsule, n'a pas participé à l'expédition, une dizaine de galères de la Religion, de Toscane, de Gênes et de Savoie. Les mesures prises au moment où il fut question de secourir le fort de Djerba, permettent de calculer ces forces de réserve. Le 8 juin 1560, Philippe II[251], faisant le compte des galères qu'il devait réunir, pensait qu'elles pourraient s'élever jusqu'au nombre de 64[252] ; chiffre que l'on peut accepter comme exact ; mais il comprend évidemment les vingt galères qui se sont échappées de Djerba. C'est donc 44 galères seulement qu'il faut ajouter aux 47 de l'expédition — soit 91 — pour avoir le total des forces navales dont, directement ou indirectement, l'Espagne pouvait disposer au lendemain du Cateau-Cambrésis. Chiffre considérable, mais le désastre de Djerba le fait tomber à 64. Cette importante diminution est d'autant plus grave que la plupart des navires perdus sont allés grossir les effectifs ennemis : en 1562, les dix grosses galères qui amènent Hassan Pacha d'Alger feraient partie du butin de Djerba.

La réaction des arsenaux d'Italie fut rapide. En Sicile, de nouveaux impôts furent décidés pour les constructions navales [253]. A Naples, dès le 9 octobre [254], les six galères perdues à Djerba étaient remplacées. Il n'y avait de difficultés, sérieuses celles-là, que pour la chiourme. Au même moment, Cosme de Médicis intensifiait son effort maritime, de même le duc de Savoie. Les lettres de Figueroa, en juillet 1560, indiquent que Philippe II pourrait trouver dans le port génois, des galères à louer [255]. De son côté, Jean André Doria reconstituait sa flotte et achetait, en janvier 1561, deux galères au cardinal de Santa Flor [256].

Armement veut dire, avant tout, argent. Occasion pour Philippe II de demander à Rome, outre la *cruzada* qui lui fut accordée [257], le « subside ». Il l'obtint en janvier 1561, pour cinq ans et pour un montant de 300 000 ducats d'or annuels [258]. Ce qu'il trouva insuffisant. En avril 1562, après bien des négociations, la complaisance de Pie IV aidant, le subside fut porté à 420 000 ducats, pour dix ans au lieu de cinq et (ce qui provoqua les protestations véhémentes du clergé espagnol) avec effet rétroactif depuis 1560 [259]. D'après une estimation de Paolo Tiepolo, *subsidio* et *cruzada* devaient rapporter à Philippe II, en 1563, 750 000 ducats, sans compter les autres revenus perçus en Espagne et hors d'Espagne, avec l'autorisation du Saint-Siège : 1 970 000 ducats annuels, d'après un mémoire romain de 1565 [260].

La question d'argent résolue, restait le problème

technique. Or Philippe II dispose — ceux de Provence mis à part — de tous les chantiers et de toute la main-d'œuvre de l'Occident. Mais, au moins pendant l'année 1561, il n'a pas apporté à cette tâche les soins désirables. L'argent de l'Église d'Espagne n'a pas été immédiatement disponible, ou il a servi à combler les énormes trous du budget espagnol ; surtout le roi et ses conseillers n'ont pas voulu prendre à leur charge les frais de réarmements entrepris par les « potentats » d'Italie. On armait, c'était, naturellement, pour le bien et la sauvegarde de la Chrétienté. Il était juste, dès lors, que les « potentats » fissent le même effort que l'Espagne et donnassent du leur. C'est ainsi qu'en mars 1561 [261], le gouvernement espagnol sollicitait, contre les Barbaresques, l'aide des galères du Portugal. Et quand, le 1er avril, il dépêchait en Italie le marquis de la Favara, avec mission de négocier en Italie la réunion de toutes les galères de ses confédérés, il avait soin de préciser qu'il ne voulait pas prendre de galères *a sueldo*. Au seigneur de Piombino, comme à la République de Gênes, comme au duc de Savoie, au duc et à la duchesse de Mantoue, au duc de Florence, il demandera des gracieusetés, vu qu'il lui restait fort peu de galères et que celles qui se font dans ses royaumes ne sont pas encore utilisables [262]. Une lettre de l'ambassadeur génois en Espagne indique que de tous ceux qui offraient des galères *a sueldo*, seul Marco Centurione avait été retenu, pour quatre ou cinq galères pendant l'année 1562 [263]. Pourtant, Jean André Doria, le plus gros loueur de galères, avait obtenu 100 000 couronnes payables à la foire d'octobre, sur les 130 000 qu'on lui devait pour le complément d'équipement de ses navires [264]. Si l'on tient compte de la lenteur des mises à flot et de l'équipement des galères neuves, puis de la perte en juin des sept galères de Sicile, enlevées par Dragut [265], on peut conclure que la flotte hispanique n'a pas, en 1561, comblé ses pertes de l'année précédente. Le prince de Melfi n'a réuni pour sa campagne d'automne que cinquante-cinq galères [266].

Ce n'est qu'à la fin de l'année 1561 qu'un gros effort

s'amorce en Espagne. Il ira jusqu'à la remise en activité
de l'arsenal de Barcelone. Les voisins se sont d'ailleurs
suffisamment inquiétés de ces activités pour que Catherine de Médicis ait envoyé Mr Dozances en mission
spéciale auprès de son gendre, à seule fin de dissiper
des malentendus possibles [267]. Ceci en décembre. En ce
même hiver, le duc de Joyeuse, sur commandement
exprès du roi, faisait avancer des compagnies vers la
frontière espagnole. Encore que, écrivait-il, je ne crois
point qu'il y ait danger sur ces frontières. Ce qui est
vrai, c'est que « depuis deux mois, le dit Sr Roy
d'Espaigne faict travailler en dilligence à Barcelone pour
parachever quelques gallères et aultres vaisseaux de mer
et a faict faire, comme faict encores, grande quantité
de biscuits. Le comun bruict est que est pour entreprendre cest été le voiage d'Arger et je scay, Sire, à la
vérité, que le Roy d'Espaigne est fort sollicité de tous
Espaignols de faire la guerre en Arger, pour la grande
subjection en quoy le roy dud. Argier tient pour ce
jourdhuy les Espaignols, ne pouvant négocier par mer
que avec grand danger » [268]. Un mois plus tard, le
17 janvier 1562, l'évêque de Limoges donnait des détails
analogues sur les galères « qui de toutes pars se font et
dressent en diligence et de nouveau a-t-on coupé vers
Catalongne et es royaumes voisins, plus de quattre mil
pieds de sappins pour y satisfaire, oultre celles qui se
fabriquent à Naples et Sicile, estans venus maistres et
ouvriers de Gennes et aucuns de nostre Prouvence » [269].

Mais les constructions sont lentes ; les bois que l'on
coupe ne peuvent être utilisés avant d'être secs. Les
résultats ne sauraient donc être immédiats. Et, cette
année-là encore, Philippe II n'a pas voulu mobiliser à
son profit tout l'armement disponible de la Méditerranée
occidentale. Un document officiel du 14 juin 1562 ne
prévoit pas plus de 56 galères à mettre à la disposition
du commandement, 32 devant opérer aux ordres de
D. Juan de Mendoza, et 24 aux ordres de Doria [270].
Toutefois le détail du relevé montre que ne font point
partie du convoi les galères de Sicile, ni celles du Pape,
de Toscane, de Gênes, ni celles enfin de particuliers

comme le duc de Monaco ou le sire de Piombino. Il serait difficile de dénombrer exactement ces galères inemployées ; compte tenu des relevés antérieurs, on peut penser à un chiffre compris entre vingt et trente. Donc pour l'armement général de la Méditerranée hispanique, de 80 à 90 galères ; le désastre de Djerba est à peine comblé, s'il l'est. Sur quoi survient celui de la Herradura : 25 galères perdues, l'armement hispanique est ramené brutalement à un niveau qu'il n'avait pas connu depuis longtemps, tous les efforts d'une année sont ruinés d'un coup.

Aux grands maux, les grands remèdes. Le 12 décembre 1562, Philippe II convoquait les Cortès de Castille à Madrid. La « proposicion » lue à l'ouverture des Cortès — on dirait aujourd'hui, note Cesáreo F. Duro, le discours du Trône — exposait les raisons, tant méditerranéennes qu'océanes, de constituer une grande flotte [271] ; la conclusion, on le devine, fut une demande d'impôts.

Ces mesures concernaient l'avenir. En 1563, les armements maritimes ne purent combler qu'en partie les vides de la flotte hispanique. Quand arriva la bonne saison, Philippe fit appel, une fois de plus, à ses alliés d'Italie, le duc de Savoie, la République de Gênes, le duc de Florence. Le 8 mars, il pensait pouvoir réunir 70 galères [272] qu'il destinait, comme en 1562, moitié à l'Espagne, moitié à l'Italie. Tous ses plans furent bouleversés par le siège d'Oran. Et ce n'est pas sans peine qu'il put envoyer les 34 galères qui sauvèrent les assiégés. Il y a toujours, en effet, une marge assez forte entre le nombre des galères mobilisables pour une expédition extérieure et l'effectif complet de la flotte, un certain nombre de navires restant à la garde des côtes.

La récompense de ses efforts, le roi ne l'obtint qu'en 1564. En septembre, entre les côtes d'Espagne et d'Afrique, Don Garcia de Toledo pouvait réunir de 90 à 102 galères (pour prendre les chiffres extrêmes offerts par les contemporains). S'en tiendrait-on au premier, le bond était considérable. Il est vrai que le nouveau chef de la flotte espagnole, se fiant aux informations reçues au sujet des Turcs, s'était hardiment décidé à réunir toutes les galères disponibles sur un seul point, à l'Occident de la mer, sans guère laisser derrière lui de réserves ou de garde-côtes. Le débarquement de Sampiero Corso, est-ce une coïncidence, s'est effectué sur les arrières vides de cette énorme armada lancée vers l'Ouest. Il est vrai, également, que le roi n'a pas hésité à faire appel à tous les concours, gratuits ou non : la flotte de Velez, ce n'est pas la flotte du roi d'Espagne, c'est celle de toute la Chrétienté occidentale, sauf la France. On y voit figurer entre autres, 10 galères du duc de Savoie, 7 du duc de Florence, 8 du roi du Portugal [273]. Qu'on y ajoute les navires mercenaires, c'est une trentaine de voiles « alliées » qui accompagnent celles de Philippe II.

Pourtant des navires neufs ont quitté leurs chantiers. L'escadre de Naples qui, en janvier, se composait de 4 galères en service, 2 à flot encore à équiper, 2 terminées dans l'arsenal et 4 en construction [274], comprenait en juin 11 navires en service [275], à un douzième ne manquait que la chiourme [276], 4 autres étaient à flot, et 4 en construction, au total 20, dont 11 en service. Après la lente mise en place, il semble que les progrès aient été rapides. A la fin de 1564, les arsenaux hispaniques étaient en plein travail. Celui de Barcelone bénéficiait des soins tout particuliers de D. Garcia, l'ancien vice-roi de Catalogne, et les premiers résultats étaient encourageants : malgré les pertes, les effectifs de 1559 étaient non seulement atteints, mais dépassés.

Don Garcia de Toledo

Cette réaction salutaire, est-elle le fait d'une politique consciente et suivie, supposant chez Philippe II une claire vision de ses intérêts et de ses tâches en Méditerranée ? Peut-être est-ce seulement le péril imminent, Djerba et une série de hasards malencontreux qui obligèrent Philippe II à un effort qu'il ne méditait pas. Il se serait, semble-t-il, volontiers accommodé, et pour longtemps, de la petite guerre des années 1561-1564, sans aller au-devant de dangers et de grosses dépenses. Il n'y a, chez lui, ni les idées, ni les passions capables de nourrir une vraie politique de croisade. Son horizon ne dépasse pas, vers l'Est, les rivages de la Sicile et de Naples. Il est même probable qu'en 1564, quand Maximilien, une fois élu Empereur, engagea à Constantinople des négociations pour la prolongation de la trêve de 1562, remise en question par la mort de Ferdinand — il est possible qu'alors, comme en 1558, Philippe II ait essayé de se glisser dans la négociation. Hammer signale à ce propos, parmi les papiers conservés à Vienne, un rapport de « l'internonce », de l'agent impérial à Constantinople, Albert Wyss, en date du 22 décembre 1564 [277].

Il n'y a donc pas, derrière D. Garcia de Toledo, une politique décidée, aucune des conditions qui, dans quelques années, allaient, sinon créer, du moins rendre possible la gloire de Don Juan d'Autriche. Peut-être aussi lui manque-t-il ce que sa jeunesse et son tempérament prodiguèrent à Don Juan : le goût du risque. En 1564, D. Garcia est un vieil homme, travaillé par la goutte et les rhumatismes. Pourtant c'est lui qui a su mettre au point la flotte hispanique, en faire un outil efficace et puissant.

Fils de D. Pedro de Toledo — ce magnifique vice-roi de Naples qui gouverna le royaume d'une main ferme et contribua largement à embellir sa capitale, Don Garcia semble avoir retenu de son père le sens de la grandeur, de l'ampleur des moyens à mettre en œuvre. Marquis de Villafranca à la mort de son frère aîné, il avait commencé à servir, en 1539, avec deux galères à lui, sous les ordres du prince Doria. A 21 ans, il avait été nommé au commandement de l'escadre de Naples, faveur qui s'adressait à son père, mais qui lui valut des charges précocement lourdes. On le vit s'employer contre Tunis, Alger, Sfax, Kelibia et Mehedia, en Grèce, à Nice, durant la guerre de Sienne, en Corse. Pour raisons de santé — du moins il les mit en avant — il avait renoncé à sa charge, le 25 avril 1558, avait été nommé vice-roi et capitaine général de Catalogne et

Roussillon. C'est là qu'après l'alerte de 1560, durant laquelle on songea un instant à lui confier la flotte et le royaume de Sicile, il fut joint par sa nomination de *Capitan General de la Mar*, en date du 10 février 1564[278]. Le 7 octobre de la même année[279], sur la demande qu'il en avait faite et en récompense de la victoire du Peñon, il était nommé vice-roi de Sicile. Il faisait ainsi rattacher à son commandement maritime l'île qu'il voulait transformer en arsenal et magasin.

On juge à ce trait qu'il s'agissait d'un homme capable de voir grand. Il connaissait le prix des services qu'il rendait (*peleo por su servicio*, je combats pour le service du roi, écrivait-il[280]) et ce sentiment de bien servir lui donnait le courage de préciser ses exigences et de parler haut. « On ne peut dire ni imaginer dans quel état j'ai trouvé la flotte », écrivait-il de Málaga à Eraso, le 17 août 1564, au début de son commandement actif. Au même moment, dans une lettre au roi : « il faut, écrivait-il, que S. M. sache qu'il est indispensable que je sois rigoureux à l'égard de sa flotte, étant donné son état actuel, si l'on veut que je m'acquitte bien de ma charge et que je défende ses finances. Je sais bien que je gagne peu à être mal aimé, mais je confesse que je ne peux fermer les yeux sur les roberies et la mauvaise administration, pour ce qui relève de mon autorité »[281].

Honnête et exigeant[282], prévoyant, ordonné, tel il apparaît dans sa correspondance. Mais aussi lucide, capable d'observer finement, de manœuvrer aussi. La lettre qu'il écrit à Philippe II, de Gaète, le 14 décembre 1564[283], pose avec intelligence le problème des relations de l'Espagne avec la Papauté. En face de lui, Pie IV, brouillant les questions, s'est plaint, une fois de plus, des Espagnols, des personnes que Philippe II a dépêchées vers lui, des termes que ces personnes ont pu employer à son endroit, du comte de Luna et de Vargas, de l'attitude du roi en ce qui touche le concile... Pendant quatre heures d'horloge, D. Garcia se contente d'écouter, sans répondre aux griefs et sans parler du but de sa mission. Deux jours plus tard, l'orage passé, il commence à exposer les résultats maritimes de l'année qui s'achève. Le pape répond, non sans intention, qu'il est heureux de voir enfin le résultat des subsides qu'il accorde depuis si longtemps. Son interlocuteur alors de se placer sur le plan technique : une flotte ne se fait pas en un jour ; le travail ininterrompu des années précédentes, seuls les grands rassemblements de cette année peuvent le faire éclater au grand jour. Mais le pape ne se laisse pas convaincre, il ne parle de rien de moins que d'une expédition contre Alger : qu'est-ce, en comparaison, que le Peñon de Velez ? Voilà qui donne son sens à la phrase que nous citions de Philippe II : *El Papa esta a la mira*, le pape nous a à l'œil, traduirions-nous volontiers. Le pape observe l'Espagne et son regard n'a rien de bienveillant...

3. Malte, épreuve de force (18 mai-8 septembre 1564)

Sans vouloir sacrifier à une littérature facile, Malte, nous voulons dire la brusque arrivée de l'armada turque sur Malte, en mai 1565, fit en Europe l'effet d'un ouragan. Mais cet ouragan — par ses conséquences, l'un des très grands événements du siècle — ne surprit qu'à moitié les gouvernements responsables. Comment le sultan eût-il armé, mis au point cette énorme machine de guerre, sans que le bruit n'en parvînt à l'Europe ? Dès la fin de 1564, à Vienne où l'on était toujours si bien informé des affaires turques, Maximilien disait à l'ambassadeur vénitien qu'une grosse flotte allait sortir de Constantinople *a tempo nuovo*. Philippe armait, mais n'y aurait-il pas danger aussi du côté de Chypre [284] ? Déjà commençait le jeu des pronostics...

Y a-t-il eu surprise ?

Au début de janvier, de Naples, D. Garcia écrivait au roi [285] qu'il serait essentiel de terminer l'affaire corse avant avril, c'est-à-dire avant l'arrivée des Turcs. Il fallait être libre à l'Ouest pour mieux résister, à l'Est, à une attaque dont, très vite, on sut qu'elle serait sérieuse. Le 20 janvier, Petremol écrivait à Catherine de Médicis, de Constantinople, que l'armada turque irait sans doute sur Malte, mais il répétait ce qui lui avait été dit, sans en savoir davantage[286]. Le nom de Malte venait naturellement à l'esprit, chaque fois qu'on envisageait un assaut turc. A la fin du mois de janvier, D. Garcia de Toledo méditait de s'y rendre ainsi qu'à La Goulette, les deux places étant avec la Sicile, trop vaste celle-ci pour être sérieusement menacée, les bastions de la Chrétienté face à l'Est, ceux que forcément le Turc devait viser.

Tout l'hiver, puis au printemps, les bruits alarmants se succédèrent. D'après des avis du 10 février[287], on travaillait *a furia* dans l'arsenal turc ; à la mi-avril, seraient sans doute sur pied de guerre 140 galères, 10 mahonnes (ou grosses galéasses), 20 navires ronds et 15 caramusalis... Au regard de ces alarmes, peu importait qu'Alvaro de Bazan, avec les galères d'Espagne, ait réussi à obstruer le Rio de Tétouan, coulant des navires à son embouchure[288] ; ou que les corsaires se soient emparés de trois navires partis de Málaga qu'ils proposaient à rachat au cap Falcon, suivant l'habitude[289]. Même la sensationnelle entrevue de Bayonne n'arrive pas à détourner l'attention[290] et les armements (huit corps de galères mis à flot à Barcelone et trois galiotes à Málaga[291]) ne suffisent pas à rassurer. Car l'actualité angoissante, c'est la certitude, chaque jour confirmée, de la puissance de l'armada qui va venir et que renforceront les bateaux des corsaires du Levant comme du Ponant. Il est possible qu'à Alger, comme le dit Haedo, Hassan Pacha ait été mis au courant de l'action contre Malte, dès l'hiver 1564. Tous les postes d'écoute, ceux de Constantinople comme ceux, plus rapprochés, de Corfou et de Raguse, concordent. De Raguse, un avis en date du 8 avril, annonçait que les vingt premières galères de Piali Pacha étaient sorties des détroits, le 20 mars[292], il ajoutait que la rumeur publique parlait de Malte comme but de l'expédition, sans qu'on pût rien affirmer de sûr[293].

Pour sa part, le gouvernement espagnol redoutait une

attaque sur La Goulette [294] et, le 22 mars, des mesures avaient été prises pour lever quatre mille fantassins en Espagne, destinés partie à la Corse, partie à l'infanterie des galères. Philippe II se répandait en avertissements : « La flotte turque viendra avec plus de galères que les années passées », écrivait-il le 7 avril aux Prieur et Consuls de Séville [295] qu'il mettait au courant des ordres donnés à Alvaro de Bazan : gagner Carthagène pour y embarquer des troupes espagnoles à destination de la Corse, puis s'en revenir à Majorque et y continuer sa garde contre les corsaires. A Naples, le vice-roi pense, le 8 avril, que devant la grandeur du danger qui menace, il lèvera 10 000 à 12 000 hommes et se transportera en personne dans les Pouilles [296]. Mais, quant à ce qui se raconte d'une entreprise turque contre Piombino, avec l'aide du duc de Florence, il n'y croit pas [297].

Avec le décalage habituel, on commence à apprendre, en Occident, les étapes du voyage turc. Le 17 avril, 40 galères sont dans le canal de Négrepont ; trente les y rejoignent le 19 ; le reste de la flotte, soit 150 voiles, se trouve à Chio [298]. Il a donc fallu aux navires deux semaines (et davantage à certains éléments) pour gagner l'Archipel. Chemin faisant, ils ont complété leurs approvisionnements (notamment en biscuits) et pris des troupes à bord. Dragut a insisté pour que l'armada prenne tôt la mer et aurait demandé cinquante galères pour empêcher la concentration de la flotte de Philippe II. A Corfou, le bruit court que l'armada va sur Malte, mais l'informateur prend ses précautions : « vu les préparatifs, écrit-il, on tient pour la chose la plus certaine qu'elle ira sur La Goulette » [299]. En mai, elle arrivait à Navarin [300] ; le 18, elle était sur Malte [301].

Une fois de plus, la flotte turque a voyagé à toute vitesse, mettant de son côté l'avantage de la surprise et de la rapidité. Le 17, de Syracuse, Carlos de Aragona envoyait à la hâte, par courrier spécial, une courte dépêche à Don Garcia de Toledo : « à une heure du matin, la garde de Casibile a fait trente feux. Pour qu'elle en ait fait autant, il faut bien, nous le craignons, que ce soit la flotte turque » [302]. La nouvelle se confir-

mait bientôt : le 17, la flotte turque avait été « découverte » au large du cap Passero et le vice-roi de Naples
informait le roi le 22, dans une lettre qui accompagnait
les nouvelles détaillées données par D. Garcia [303]. C'est
le 6 juin que le roi reçut ces premières informations
précises [304].

Bien qu'avertis du péril, les responsables de la défense,
les Espagnols et le grand-maître, furent surpris par la
rapidité de l'événement, le grand-maître surtout, qui
avait hésité à engager des dépenses et, dans l'île de
Malte, à procéder aux démolitions nécessaires. Il y eut
des retards dans l'acheminement des vivres et des
renforts et cinq galères de la Religion, en excellent état,
bloquées dans le port, demeurèrent incapables de rendre
à la flotte chrétienne le moindre service [305].

La résistance des chevaliers

Mais le grand-maître, Jean de La Valette Parisot, et
ses chevaliers se défendirent admirablement. Leur courage sauva tout.

Arrivée le 18 mai devant l'île, la flotte turque utilisait
aussitôt, sur le littoral Sud-Est, la large baie de Marsa
Sciraco, l'un des meilleurs mouillages de Malte après la
baie de Marsa Muset, qui servira de port à Lavalette.
Elle débarquait 3 000 hommes dans la nuit du 18 au 19
et, le lendemain, 20 000. Submergée, l'île fut occupée
sans grosse difficulté. Il ne restait aux chevaliers que le
petit fort Saint-Elme, commandant l'accès de Marsa
Muset et la Vieille-Ville — le Bourg (vaste camp
retranché), et les puissants forts de Saint-Michel et de
Saint-Ange. Des considérations maritimes firent que les
Turcs commencèrent le siège, le 24 mai, par le moins
puissant de ces forts, celui de Saint-Elme, dans l'espoir
de disposer ensuite du port dont il commandait l'entrée.
Le 31 mai, la batterie commençait. Or l'ouvrage ne fut
enlevé que le 23 juin, après un bombardement d'une
extrême violence. Pas un des défenseurs n'échappa.
Mais cette résistance opiniâtre avait sauvé Malte. Elle
lui avait donné le répit indispensable pour se préparer
à repousser l'assaut et achever les constructions prévues,

au Bourg et à Saint-Michel, par l'architecte des chevaliers Mᵉ Evangelista. Elle avait permis aussi aux Espagnols de combler leur retard. Seules des circonstances
fortuites empêchèrent Juan de Cardona, commandant
les galères de Sicile, de jeter un secours à Malte avant
la chute de Saint-Elme. Ce petit détachement de 600
hommes débarqua de façon encore opportune, le
30 juin, et put gagner la Vieille-Ville, preuve que ni la
terre, ni la mer n'étaient parfaitement gardées par les
assiégeants.

Saint-Elme pris, les Turcs portèrent leur effort, par
terre et par mer, sur l'ouvrage considérable, mais en
partie improvisé, de Saint-Michel. La batterie, les
assauts, les mines, les attaques par barques, rien ne fut
épargné, rien n'eut finalement raison de la défense. Le
salut, presque miraculeux, fut enfin assuré, le 7 août,
par l'intervention du grand-maître en personne et par
une sortie de cavalerie de la Vieille-Ville qui, se jetant
sur les arrières turcs, y déchaîna la panique. Un mois
plus tard, le 7 septembre, l'armée turque n'avait pas
fait le moindre progrès. Ses rangs s'étaient éclaircis à
ces assauts répétés, les épidémies s'en mêlaient et même
la disette. De Constantinople, les renforts en hommes
et en vivres n'arrivaient pas. Assiégés et assiégeants
étaient en réalité parvenus à l'épuisement de leurs forces.
Alors intervint Don Garcia de Toledo.

Le secours de Malte

Les historiens ont reproché à Don Garcia ses lenteurs.
Ont-ils raisonnablement pesé les conditions dans lesquelles il dut agir ? Perdre Malte eût été un désastre pour
la Chrétienté [306]. Mais perdre la flotte hispanique à peine
reconstituée, était s'exposer à un péril irrémédiable [307].
D'autre part, s'agissant de cette lutte de la Méditerranée
occidentale contre la Méditerranée orientale, n'oublions
pas que celle-ci est plus navigable que celle-là ; et que
dans la concentration des flottes hispaniques, le golfe
du Lion joue le rôle d'un obstacle autrement difficile
qu'une mer Égée semée d'îles. Contre la rapidité d'une
concentration, il n'y a pas seulement l'espace, il y a

les multiples tâches de police, de transport et de ravitaillement dans la Méditerranée occidentale dont tous les points sont menacés à la fois par les corsaires. Il faut à Gênes, à Livourne, à Civitavecchia, à Naples, embarquer des vivres, de l'argent, des troupes. Enfin, il y a la Corse où la révolte brûle toujours et gagne du terrain.

Qu'on juge de ces difficultés par les voyages de l'escadre d'Espagne[308], sous les ordres d'Alvaro de Bazan. Au début de mai, elle est à Málaga ; elle y embarque des canons et des munitions destinés à Oran. D'Oran, elle revient à Carthagène, y embarque avec ses dix-neuf galères et deux naves, 1 500 hommes qu'elle conduit à Mers-el-Kébir. Le 27 juin seulement, elle est à Barcelone[309] ; le 6 juillet à Gênes ; le 21 à Naples, et dans chacun de ces ports, de petites tâches la retiennent... Imaginons mille mouvements semblables, des levées de troupes, des convois de forçats, des nolis de naves pour les transports, des envois de fonds. Tout cela demande du temps. Il avait fallu attendre août-septembre 1564 pour réunir la flotte du Peñon. Cette fois encore, la concentration n'a pu se faire plus tôt. Le 25 juin, deux jours après la chute du fort Saint-Elme, Don Garcia ne disposait encore que de 25 galères. A la fin du mois d'août, il en avait une centaine, entre bonnes et mauvaises. Dans ces conditions, a-t-il bien fait, ou non d'attendre ? De ne pas risquer ses forces par petits paquets ?

Quand la presque totalité des navires fut là, un conseil de guerre se tint au début d'août, à Messine[310] sur la façon dont il fallait les employer. Les audacieux recommandaient d'envoyer un secours en hommes, avec soixante galères renforcées ; les prudents et les experts, comme l'on disait « les marins pratiques », conseillaient de se porter à Syracuse pour y attendre les événements... Dix jours plus tard, avec l'arrivée de J. A. Doria, D. Garcia disposa enfin de toutes ses galères. Alors brusquement, sans prendre l'avis de personne, il se décida à jeter un corps de débarquement dans l'île, avec ses galères renforcées. Le 26 août, la flotte de secours quittait la Sicile. Le mauvais temps la fit dériver à la pointe Ouest de l'île, jusqu'à la Favignana. De là, elle gagna Trapani où un millier de soldats profitèrent de l'étape pour déserter. Un bon vent l'amena ensuite à Lampédouse et enfin au Gozzo, au Nord de Malte. Le grain qui avait surpris la flotte à son départ avait, fort à propos, vidé le « canal » de Malte de ses navires, mais il fut impossible aux galères chrétiennes de se joindre en temps voulu autour du Gozzo. Si bien que, de guerre lasse, Don Garcia regagna la Sicile, le 5 septembre. Ce départ manqué lui valut blâmes, dédains et moqueries, en attendant les injustices des historiens. Mais dès le lendemain, sur l'intervention catégorique de Jean André Doria, la flotte reprenait la mer ; dans la nuit du 7, elle dépassait le canal qui sépare le Gozzo de Malte et se trouvait, par assez gros temps, à la hauteur de la baie du Frioul. Voulant éviter les dangers d'un débarquement de nuit, Don Garcia de Toledo donna l'ordre d'attendre le lever du jour ; sans confusion, ce débarquement put se faire en une heure et demie, sur la plage de Melicha. Après quoi, la flotte s'en retourna en Sicile.

Le corps débarqué, sous le commandement d'Alvaro de Sande et d'Ascanio de la Corna, progressa d'abord avec lenteur, alourdi par ses bagages qu'il fallait, faute de bêtes, transporter à dos d'hommes. Il parvint péniblement autour de la Vieille-Ville où on le logea dans de grands magasins, en dehors de l'enceinte. Fallait-il pousser plus avant ? Le grand-maître ne le pensait pas. Les Turcs avaient, en effet, abandonné leurs positions, évacué le fort Saint-Elme et se rembarquaient. Dans ces conditions, mieux valait ne pas faire avancer le corps expéditionnaire, déjà embarrassé de malades, jusqu'aux positions turques encombrées de détritus et de cadavres et ne pas courir le risque d'une épidémie de peste. Cependant, prévenus par un transfuge espagnol, un Morisque, du petit nombre des Chrétiens débarqués (5 000), les chefs turcs tentèrent un retour offensif. Jetant à terre quelques milliers d'hommes, ils les poussèrent à l'intérieur de l'île jusqu'à la Vieille Cité où ils se firent massacrer dans les ruelles tortueuses de la Ville ; les rescapés refluèrent vers les galères de Piali Pacha qui reprirent la route du Levant, le gros de la flotte se dirigeant vers Zante. Le 12 septembre, la dernière voile turque disparaissait de l'horizon de Malte. A cette nouvelle, Garcia de Toledo qui, avec ses soixante galères renforcées, avait, à Messine, embarqué un nouveau corps expéditionnaire, jugea bon de le débarquer à Syracuse. Qu'auraient fait ces hommes dans une île dévastée, sans vivres ? Le 14, il entrait avec sa flotte dans le port de Malte pour y rembarquer l'infanterie espagnole de Naples et de Sicile et prenait rapidement la direction du Levant, dans l'espoir de saisir au moins quelques naves sur les arrières de l'ennemi. Il atteignit ainsi Cérigo le 23 [311], y resta embusqué presque huit jours, mais manqua, à cause du gros temps, son objectif. Le 7 octobre, il était de retour à Messine [312].

La nouvelle de la victoire se répandit avec rapidité. Elle était connue à Naples le 12 [313], à Rome le 19 [314]. Le 6 octobre, plus tôt peut-être [315], elle jetait la consternation à Constantinople. Les Chrétiens « ne pouvaient aller par les rues de la ville à cause des pierres que leur lançaient les Turcs lesquels étaient tous à pleurer, qui la mort d'un frère, qui celle d'un fils, d'un mari, d'un ami » [316]. Cependant l'Occident se réjouissait d'autant mieux qu'il avait craint davantage. Le 22 septembre 1565, on était encore fort peu optimiste [317] à Madrid. Voyez l'enthousiasme du sieur de Bourdeilles, alias Brantôme, qui avec tant d'autres était arrivé trop tard à Messine pour s'embarquer à destination de Malte. « D'ici à cent mille ans, le grand roi d'Espagne Philippe sera digne de renommée et de louanges, digne aussi que toute la Chrétienté prie autant d'années pour le salut de son âme, si déjà Dieu ne lui a donné sa place en son Paradis pour avoir si parfaitement secouru tant de gens de bien, dans Malte qui prenait le chemin de Rhodes. » [318] A Rome où l'on avait eu de si grandes craintes en été, à l'annonce de galères turques, on célébra l'héroïsme des chevaliers, on remercia Dieu de son intervention, mais on ne paya aucun tribut de reconnaissance aux Espagnols, bien au contraire. Le pape donnait le ton qui ne leur pardonnait ni leurs lenteurs, ni les difficultés qu'ils lui avaient suscitées depuis son avènement. Le cardinal Pacheco, à la nouvelle de la victoire, avait demandé au pape une audience qui fut on ne peut plus désagréable. Le cardinal ayant suggéré que l'occasion était bonne pour accorder au roi le *quinquenio*, ce fut, écrit-il, « comme si je lui avais tiré un coup d'arquebuse ». Lui envoyer le *quinquenio* ? dit-il enfin, ce sera bien beau si je le lui accorde quand il me le demandera... En audience publique, un instant après, le pape réussissait à parler de la victoire sans nommer le roi d'Espagne, ni le capitaine général, ni ses troupes, attribuant tout à Dieu et aux chevaliers [319].

Le rôle de l'Espagne et de Philippe II

Et pourtant les mérites de Philippe II et de Don Garcia semblent hors de discussion. Jurien de La Gravière à qui Malte évoque constamment le souvenir de Sébastopol est plus juste dans ses appréciations que les autres historiens. Vertot, le bon abbé Vertot du « Mon siège est fait », reproche à Don Garcia sa prudence et ses lenteurs, sans poser le problème de cette lenteur en termes d'arithmétique. Manfroni, dans son *Histoire de la marine italienne*, attribue tout le mérite aux Italiens ; les Espagnols auraient été au-dessous de tout. Vaines querelles de nationalités, racontars de chroniqueurs que les historiens ressassent.

Il est certain, en tout cas, que la victoire de Malte a été une nouvelle étape du relèvement espagnol, relèvement qui n'a pas été l'œuvre du hasard et qui a été poursuivi activement en cette année 1565. Fourquevaux, arrivé à Madrid à la fin de l'année pour y représenter le roi de France, écrivait le 21 novembre [320] qu'on fabriquait quarante galères à Barcelone, vingt à Naples, douze en Sicile. Il est probable (ajoutait-il, et c'est ici le gouverneur de Narbonne qui parle) que l'on demandera au roi de France le droit d'enlever des forêts de Quillan, près de Carcassonne, un bon nombre de

« rames à galoche », pour équiper les galères de Barcelone. L'énorme effort que poursuivait Philippe II en entraînait d'autres : c'est ainsi que le duc de Florence poursuivait la construction d'une flotte nouvelle.

C'est qu'on n'avait pas le sentiment de la disparition du péril turc avec la retraite de Malte. Il apparaissait même plus menaçant que jamais en cette fin d'année. Le sultan activait ses constructions navales et, le 25 septembre, à Constantinople (où l'on ne connaissait pas encore, il est vrai, l'insuccès de l'armada), on parlait déjà de nouvelles grandes entreprises, notamment sur les Pouilles [321]. La nouvelle de la « rotte » de l'armée de mer, comme écrit l'ambassadeur français, ne fit que gonfler ces projets d'un désir de revanche. Malgré les difficultés d'approvisionnement en bois, il était question de construire cent bateaux à l'arsenal, et le sultan avait même parlé de cinq cents voiles. « Il a ordonné, dit un avis du 19 octobre, que l'on mette en ordre de route cinquante mille rameurs et cinquante mille *assupirs* pour le milieu du mois de mars prochain, en Natolie, Égypte et Grèce. » Malte, la Sicile, ou les Pouilles seraient le but de ces armements. Le 3 novembre, à Madrid, on craint d'après Fourquevaux que le Turc ne fasse « l'an prochain, un merveilleux effort par mer et par terre, s'il ne meurt de courroux que son armée soit esté repoulcée de Malte » [322]. Le 21 novembre [323], on y apprend, d'après des nouvelles reçues de Vienne, que l'année suivante, le sultan emploierait contre Philippe II toutes ses forces, y compris les janissaires et sa garde. Des avis du 12 décembre annonçaient aussi que Soliman avait fait publier la guerre contre l'empereur et qu'il marcherait contre lui, à la tête de deux cent mille hommes [324]. Mais on n'y voyait qu'un geste fait par Soliman contre l'avis de son entourage. On restait persuadé que la flotte turque serait envoyée contre Malte avec les mêmes chefs qu'en 1565, car si le sultan laissait l'île se fortifier, jamais plus il ne pourrait s'en emparer. On pensait en conséquence que les choses s'arrangeraient entre le sultan et l'empereur...

Ces bruits furent pris très au sérieux par le gouvernement espagnol. Le 5 novembre 1565, Philippe II donne l'ordre de fortifier La Goulette ; il a décidé, écrit-il à Figueroa, d'y consacrer les 56 000 ducats nécessaires [325]. Décision qui semble ferme puisqu'il a demandé à Adam Centurione de prendre cette somme à *cambio*. En exécution de ces ordres a commencé à s'élever, autour de la vieille forteresse, une nouvelle Goulette (*Goleta la Nueva*, en face de *Goleta la Vieja*). D'autre part, sauf les douze galères d'Alvaro de Bazan rappelées en Espagne, le roi maintient toute sa flotte en Sicile [326]. Le grand-maître n'a-t-il pas menacé d'abandonner l'île s'il n'était secouru ? Fin décembre, le roi d'Espagne l'aide de 50 000 ducats (30 000 au comptant, 20 000 en vivres et munitions), plus 6 000 fantassins, c'est au moins ce qu'affirme l'agent toscan [327]. Chacun pense que le Turc ne peut venir que sur Malte ou La Goulette, rapporte Fourquevaux, le 6 janvier 1566. S'il vient sur Malte, le roi catholique y expédiera 3 000 Allemands, 5 000 Espagnols et Italiens qui se fortifieront sur la montagne de Saint-Elme, car le Bourg ne peut se réparer. S'il vient sur La Goulette, le roi y enverra 12 000 hommes qui camperont autour de la forteresse.

Pourtant, toutes ces mesures, ces efforts, si méritoires soient-ils, ne forment pas une vraie politique qui ait la prétention de forcer le cours des événements. Il y a bien, à Madrid, le vague projet d'une ligue contre le Turc ; Philippe II cherche à s'allier avec Venise, dit-on, mais est-ce sérieux ? Les Vénitiens ne s'étaient-ils pas réjouis quand ils avaient appris la prise du fort de Saint-Elme [328] ? En bons et honnêtes commerçants, ils considéraient les chevaliers de Malte comme les trouble-fête du négoce oriental et ne manquaient jamais d'informer les Turcs de ce qui se passait en Occident. Aussi quand Fourquevaux s'en vint aux renseignements auprès de son collègue, l'ambassadeur vénitien, celui-ci le rassura-t-il tout de suite : la *Signoria* ne songeait nullement à une alliance avec le roi d'Espagne...

De même en ce qui concerne une politique commune de la France et de l'Espagne : paroles en l'air et rien de plus. La grande entrevue de Bayonne n'a pas marqué un tournant de l'histoire, comme l'auront cru les contemporains, puis les historiens. De ce côté des Pyrénées, il y avait un royaume troublé, travaillé en profondeur, avec déjà d'évidentes trahisons. A sa tête, une femme inquiète, un roi enfant. Catherine entreprit de montrer son fils au royaume, comme on entreprend une tournée de propagande — tournée fructueuse d'ailleurs, mais lente. Lorsque les voyageurs arrivèrent dans le Sud, l'occasion parut bonne de négocier une rencontre éventuelle avec les souverains espagnols. Peu importe qui y pensa le premier (peut-être Montluc, à demi agent de l'Espagne). Philippe II, en tout cas, se déroba à une visite personnelle et c'est sur les instances de sa femme qu'il consentit, en janvier 1565, à la laisser rejoindre, un instant, sa famille. Mais qu'il ait jugé bon et peut-être politique de se faire supplier, ne veut point dire que cet entretien l'ait laissé indifférent [329].

De l'autre côté des Pyrénées, en effet, le vaste monde hispanique était tranquille encore, mais sur lui pesaient, de plus en plus lourdement, des responsabilités impériales et des finances obérées. A lui seul, Philippe était la somme de cet Empire, de ses forces et de ses faiblesses. Près de lui, sa troisième femme, Élisabeth, pour les Espagnols Isabel, la *Reina de la Paz*, pouvait jouer un rôle. C'était une enfant encore, à peine une jeune femme ; non pas la malheureuse épouse qu'on s'est quelquefois plu à décrire. Elle s'était, semble-t-il, assez vite hispanisée, et à Bayonne en tout cas, elle a joué parfaitement le rôle qu'on lui avait appris. Francés de Alava, l'ambassadeur d'Espagne auprès du roi de France, écrivait le 1ᵉʳ juillet, parlant de la jeune reine à Philippe II : « J'assure à V. M. avec toute la franchise qui doit être mienne que S. M. s'est emparée de tous les cœurs bien placés, surtout lorsqu'on l'a entendu parler des choses de la religion et des sentiments de fraternité et de grande amitié que V. M. porte et portera au roi de France. » [330] Et ceci doit être vrai.

Partie le 8 avril [331], la jeune reine était arrivée, le 10 juin [332], à Saint-Jean-de-Luz où sa mère l'avait rejointe. Ensemble, elles entrèrent à Bayonne, le 14.

Élisabeth y séjourna presque deux mois, jusqu'au 2 juillet, un peu plus qu'il n'était prévu [333]. Cette réunion de famille fut l'occasion, pour les deux gouvernements, de prendre des garanties, de projeter des mariages (la grande affaire des réunions princières du siècle), puis de se séparer les mains vides, chacun doutant plus que jamais de la sincérité de l'autre. C'est de la fausse grande histoire. A nos yeux bien sûr, pas à ceux des acteurs et des contemporains.

Ni même à ceux de Philippe II qui a fait accompagner la reine par le duc d'Albe et D. Juan Manrique, à titre d'observateurs et de conseillers. La figure du premier domine l'entrevue telle que l'ont décrite contemporains et historiens. Ce que l'on veut du côté de l'Espagne, c'est immobiliser la France, l'enfoncer dans ses querelles intérieures et extérieures. Ce n'est point là jeu d'ami, ni jeu diabolique. C'est presque une nécessité pour l'Empire espagnol, disposé autour de la France, ressentant automatiquement les répercussions de tous les mouvements de celle-ci, surtout aux Pays-Bas, si évidemment en danger depuis les troubles de 1564. Mais c'est beaucoup demander à la France, au nom de la défense de la religion qui, une fois de plus, est un masque commode. Rien n'est offert en contrepartie. La reine mère peut-elle renoncer à sa politique de tolérance pour un jeu qui, trop apparemment celui de l'Espagne, ne peut que diviser et diminuer le royaume de France ?

Malgré les sourires et les fêtes, ces divergences profondes se firent jour. Il y eut même, avant et pendant l'entrevue, quelques alertes. Ainsi, le 7 février, de Toulouse, alors que déjà Catherine de Médicis avait envoyé à Bayonne l'ordre de faire de grandes provisions et de préparer des appartements *a la española* pour la reine d'Espagne et ses dames, Francés de Alava rapportait des bruits selon lesquels les souverains français amèneraient avec eux, ô scandale, l'hérétique « Madame de Vendôme », Jeanne d'Albret. Ces lignes du rapport ont été soulignées par Philippe II qui a ajouté en marge ; *si tal es, yo no dexare ir a la Reyna*, s'il en est ainsi, je ne laisserai pas la Reine y aller [334]. Et de

prévenir aussitôt [335] l'ambassadeur de France [336] qu'il ne
voulait, à l'entrevue, ni la reine de Navarre, ni le prince
de Condé. Autre incident, en juin, peu avant l'arrivée
de la reine d'Espagne, quand Francés de Alava apprend
qu'un ambassadeur turc a débarqué à Marseille, honte
entre toutes les hontes. Catherine de Médicis, tancée
par l'ambassadeur, se défend comme elle peut. Elle
dépêche en hâte, auprès de son gendre, M. de Lansac,
lequel arrivera à Aranjuez le jour même où la reine
d'Espagne rejoignait sa mère à Saint-Jean-de-Luz, le
10 juin 1565. L'excuse que porte Lansac est la suivante :
le roi et la reine de France ne savent à quelle fin est
venu cet ambassadeur et ils ont envoyé à sa rencontre,
pour s'en informer, le baron de La Garde. Si sa mission
comporte quoi que ce soit contre le roi d'Espagne il est
bien évident qu'on ne l'admettra pas à une audience...
« J'ai répondu, écrit Philippe II à Francés de Alava,
que j'en étais persuadé, mais que cependant bien des
gens ne pourraient manquer de s'étonner que cet envoyé
vienne au moment où le Turc a dépêché son armada
contre moi. Que néanmoins j'avais confiance qu'il
serait répondu à l'ambassadeur... de manière à faire
comprendre à tous l'amitié qu'il y avait entre ma
personne et celle du roi de France. » [337]

Petite affaire sans doute, mais qui n'était pas pour
dissiper les soupçons espagnols. L'ambassadeur turc
prit rapidement congé de la reine mère, dès le 27 juin.
On était alors en pleine conférence et la reine s'empressa
d'expliquer au duc d'Albe qu'elle avait parlé seulement
avec le Turc des déprédations faites en Provence [338],
lequel Turc avait promis que des restitutions seraient
faites, à condition toutefois qu'un envoyé français fût
dépêché auprès du sultan. Une ambassade en Turquie,
voilà donc l'intention des Français, pense le duc. Mais
puisque l'armada turque est ici, rétorque-t-il à la
reine, « il ne peut être question d'envoyer quelqu'un à
Constantinople. Et l'année prochaine, la flotte du roi
d'Espagne sera en tel état que celle du sultan ne pourra
plus faire que très peu de mal » [339].

Il semble donc qu'à Bayonne, les Espagnols considé-

raient comme évident l'abandon par la France de sa
traditionnelle amitié turque et qu'ils cherchaient à
l'entraîner dans une ligue contre les hérétiques, en même
temps que contre le sultan. L'ouverture en est faite avec
netteté quelques mois plus tard. Ces pourparlers, déclare
Fourquevaux à la reine, semblent « vous voulloir fourrer
en une ligue de très grande conséquence ». Les Espagnols utilisent les désirs que Catherine a exprimés
à Bayonne. La reine parle mariages, ces mariages
aboutiraient à une ligue. Les Espagnols parlent surtout
de la ligue, commençant ainsi « par la queue », comme
dit Fourquevaux [340]. Or, que de dangers à une telle
ligue, s'écrie l'ambassadeur, alors que le « Turc est en
bonne paix avec Sa Majesté et que les François sont
mieulx venuz en ses portz et pais qu'ils ne sont en telz
endroits des pais et royaumes de ced. Sr Roy, estant
d'ailleurs la France tournée tellement que les forces
turques n'y sont beaucoup à craindre. Pour rompre
doncq la paix contre led. Turc et perdre le commerce
des marchandizes et du trafficq de vos subjetcz, ceste
Majesté doibt accorder tout ce que Votre Majesté luy
scauroit demander ». Or, ce que demande Catherine,
ce sont des mariages avantageux pour ses enfants et il
semble à Fourquevaux peu probable qu'ils se réalisent,
notamment celui du duc d'Orléans avec la sœur de
Philippe II, la princesse Jeanne, qui ne semble pas y
consentir. De même le mariage de Marguerite avec Don
Carlos. La diplomatie espagnole ne fait que jouer ces
cartes ; c'est une façon sinon de tenir, du moins de
retenir le gouvernement français.

Petit jeu, au demeurant. Madrid se sert, comme
d'un paravent, de l'argument d'une grande politique
catholique. Mais il ne s'agit que d'une politique espagnole (une grande politique catholique ne peut d'ailleurs
venir que de Rome où Pie IV vient de mourir). Il n'y a
même pas encore, en Espagne, le désir d'une grande
politique méditerranéenne : elle supposerait un élan,
une passion, des intérêts, une puissance d'argent, une
liberté d'allures qui ne sont pas, ou pas encore, le
partage du Roi Prudent. Partout il se sent cerné de

dangers. Danger en Méditerranée, oui sans doute, mais aussi danger des pirates protestants sur l'Atlantique ; danger de la France sur les frontières des Pays-Bas ; danger des Pays-Bas eux-mêmes où des troubles s'annoncent, menaçant toutes les forces de l'Espagne qui aboutissent à la grande gare régulatrice d'Anvers. Déjà se répand, en décembre 1565, le bruit qui va courir encore, rebondir pendant des années, d'un voyage de Philippe II en Flandre [341].

En fait, tout interdit à Philippe II de poursuivre tel ou tel grand dessein politique, ou de le poursuivre plus d'un instant. Durant les dix premières années de son règne, il n'a pu qu'aller au plus pressé, au plus exigeant des dangers. Et y aller aux moindres frais, sans trop compromettre l'avenir. Nous sommes loin des débauches impérialistes de la fin du règne où Philippe II sera si peu le Roi Prudent.

III

Aux origines
de la Sainte-Ligue : 1566-1570

De 1566 à 1570, les événements se précipitent. Sans doute est-ce la suite logique de la période relativement calme que clôt brusquement et mal le coup de théâtre de Malte, à l'automne 1565.

Toutefois l'incertitude subsiste... La Méditerranée va-t-elle attirer, fixer chez elle, sous forme de projets et d'entreprises vigoureuses, les forces accrues de l'Empire hispanique, ou bien celles-ci se porteront-elles vers les Pays-Bas, autre pôle de la puissance de Philippe II ? Ces hésitations ont leur part de responsabilité dans une météorologie politique longtemps incertaine. Finalement, qui en décidera ? Les hommes ou les circonstances, celles-ci parfois absurdement ajoutées les unes aux autres ? L'Occident, ou l'Orient turc, toujours « pendu en l'air » et prêt à fondre sur la Chrétienté ?

1. Les Pays-Bas ou la Méditerranée ?

L'élection de Pie V

Le 7 janvier 1566, un vote inattendu portait sur le trône pontifical le cardinal Ghislieri, connu de ses contemporains sous le nom de cardinal d'Alexandrie. Par reconnaissance à l'égard de Charles Borromée et de son parti qui avaient assuré son élection, il prenait le nom de Pie V, honorant un prédécesseur qui, cependant, ne l'avait pas particulièrement aimé. Pie IV, Pie V : le contraste est vif entre les deux hommes. D'une riche et puissante famille milanaise, le premier

est un politique, un juriste, encore un homme de la
Renaissance, Pie V, enfant, a gardé les troupeaux. C'est
un de ces innombrables fils de pauvres en qui l'Église a
souvent trouvé, au siècle de la Contre-Réforme, ses
serviteurs les plus passionnés. D'ailleurs, à mesure que
le siècle passe, c'est eux — les pauvres — qui, de plus
en plus, donnent le ton à l'Église. Les pauvres, ou
(comme le disait sans sourire Alphonse de Ferrare, celui
qui essaiera vainement en 1566 de faire élire son oncle,
le cardinal Hippolyte d'Este) les parvenus. Pie V est
justement un de ces parvenus, non pas un « princier »,
non pas un ami et connaisseur du monde, prêt aux
compromis sans quoi « le monde » ne serait pas. Il a
la ferveur, l'âpreté, l'intransigeance du pauvre, à l'occasion son extrême dureté, son refus de pardonner. Certes
pas un pape de la Renaissance : l'époque en est révolue.
Là-dessus, un historien a jugé bon de lui trouver quelque
chose de médiéval ; disons plutôt, avec un autre, quelque
chose de biblique [1].

Né le 17 janvier 1504 [2] à Bosco, près d'Alexandrie, il
n'a dû qu'à un hasard de fréquenter l'école. A quatorze
ans, il entrait au couvent des Dominicains, à Voghera.
Il faisait profession, en 1521, au couvent de Vigevano,
était ordonné prêtre sept ans plus tard, après avoir
étudié à Bologne et à Gênes. Dès lors, rien de plus uni
que la vie de Fra Michele d'Alexandrie, le plus modeste
des Dominicains, obstinément pauvre, ne voyageant,
quand il voyage, qu'à pied, la besace au dos. Les
honneurs lui viennent, mais le contraignent toujours ;
et de dures tâches les accompagnent. Prieur, puis
provéditeur, le voilà, vers 1550, inquisiteur du diocèse
de Côme, à un point névralgique de la frontière et de
la défense catholiques. Il y lutte avec acharnement. Et
bien entendu, qu'il fasse saisir des ballots de livres
hérétiques, en cette année 1550, voilà qui lui vaut des
difficultés inouïes. Mais aussi un voyage à Rome et une
prise de contact avec les cardinaux de l'Inquisition,
notamment avec le cardinal Caraffa qui dès lors s'intéressera à lui. Cet appui lui vaut d'être nommé commissaire général de l'Inquisition de Jules III. Avec l'avène-

ment de Paul IV, le 4 septembre 1556, il était fait
évêque de Sutri et Nepi, mais pour le conserver près de
lui, le pape le nommait préfet du Palais de l'Inquisition.
Le 15 mars 1557, il l'élevait au cardinalat. Le futur
Pie V, en effet, est un homme selon le cœur de Paul IV ;
il en a l'intransigeance, la violence passionnée, la volonté
de fer... Naturellement il a vécu en assez mauvais termes
avec son successeur : Pie IV est trop « mondain »,
trop ami du compromis, trop désireux de plaire pour
s'entendre avec le « cardinal d'Alexandrie ». C'est le
nom de Paul V qu'aurait dû prendre le nouveau pape
de 1566.

A cette époque, ce vieil homme chauve, à longue
barbe blanche, cet ascète qui n'a plus que la peau et les
os [3], est cependant d'une vitalité exceptionnelle, d'une
activité sans bornes. Ne s'accordant aucun repos, même
par les terribles journées de sirocco à Rome. Vivant de
peu : « à midi, une soupe au pain avec deux œufs et
un demi-verre de vin ; le soir, une soupe de légumes,
une salade, quelques coquillages et un fruit cuit. La
viande ne paraissait sur sa table que deux fois par
semaine » [4]. En novembre 1566, allant visiter sur la côte
des travaux de défense, on le vit marcher à pied, comme
autrefois, à côté de sa litière [5]. Sa vertu l'avait désigné
aux suffrages du Sacré Collège, non ses intrigues ou
celles des princes qui, cette fois, restèrent étrangers à
l'élection [6]. En 1565, Requesens avait écrit à Philippe II :
« c'est un théologien et un homme de bien, d'une vie
exemplaire et d'un grand zèle religieux. A mon avis,
c'est le cardinal qu'il faudrait comme pape, dans les
temps actuels » [7].

Sur le trône de Saint-Pierre, Pie V ne démentit pas
son passé, et, vivant, entra dans la légende. Dès la
première année de son pontificat, Requesens répétait à
l'envi que depuis trois siècles, l'Église n'avait pas eu
meilleur chef et que c'était un saint. Ce même jugement
se retrouve sous la plume de Granvelle [8]. Impossible
d'aborder Pie V sans tenir compte de son caractère hors
série. Le moindre texte de lui donne d'ailleurs une
impression étrange de violence et de présence. Il vit

dans le surnaturel, abîmé dans ses ferveurs ; et qu'il ne soit pas dans ce bas monde, encastré dans les petits calculs raisonnables des politiques, c'est ce qui fait de Pie V une grande force d'histoire, imprévisible et dangereuse. Un conseiller impérial écrivait, dès 1567 : « Nous aimerions mieux encore que l'actuel Saint-Père fût mort, si grande, si inexprimable, si hors mesure, si inhabituelle que soit sa sainteté. »[9] Il faut croire que pour certains, cette sainteté était une gêne...

Intransigeant, visionnaire, Pie V a, mieux qu'un autre, le sens des conflits de la Chrétienté contre les Infidèles et les Hérétiques. Son rêve fut de livrer ces grands combats et d'apaiser, au plus vite, les conflits qui divisaient la Chrétienté contre elle-même. Très vite, il a repris le vieux projet de Pie II de liguer les Princes chrétiens contre le Turc. Un de ses premiers gestes est de demander à Philippe II de renoncer, à Rome, à la querelle de préséance avec la France qui, sous le pontificat de Pie IV, avait provoqué le retrait de Requesens[10]. Avec de telles querelles, on s'ingénie à rejeter le Très Chrétien vers l'alliance turque.

Un autre de ses premiers gestes est de contribuer à l'armement maritime de l'Espagne. On sait à quels marchandages donnaient lieu les concessions de grâces ecclésiastiques à l'Espagne, les gratifications qu'il fallait offrir aux parents et favoris du pape, les dépenses accessoires, le temps que cela demandait. Or, le subside des galères concédé par Pie IV pour cinq ans venant justement à expiration, au moment même de son élection, le nouveau pape le renouvela aussitôt, sans discussion. Le 11 janvier 1566, quatre jours après l'avènement pontifical, Requesens, écrivant à Gonzalo Pérez, se réjouissait sans réserves de ce *quinquenio* qui n'avait pas coûté un maravédis au Roi. « La fois précédente, il en avait coûté 15 000 ducats de rente sur les vassaux du royaume de Naples, et 12 000 ducats de pension, en Espagne, pour les neveux du pape, sans compter les grosses sommes dépensées à dépêcher les ministres chargés de la négociation. »[11] Autre pontificat, autres mœurs. L'Église a certainement, en Pie V, un maître énergique, décidé à une nouvelle croisade. Or, les événements de l'année 1566, ne pouvaient que créer un climat favorable à la croisade.

Les Turcs en Hongrie et en Adriatique

Les nouvelles du Levant étaient alarmantes en novembre et décembre 1565. Admis en audience publique, à la porte du conclave, le 30 décembre 1565, l'ambassadeur vénitien, en raison de ces mauvaises nouvelles, avait conjuré les cardinaux de choisir en hâte un souverain pontife [12]. La « voix commune » parlait d'une armada plus puissante que l'année de Malte.

Ces avis de novembre et décembre expliquent les grandioses dispositions des états-majors. Philippe II rappelle à Chantonnay, le 16 janvier, que, vu l'annonce d'une armada turque plus nombreuse et puissante que celle de 1565, il a décidé de pourvoir à la défense des deux places les plus menacées : à Malte, il enverra, pour s'ajouter aux effectifs propres des chevaliers, 1 000 Espagnols des vieilles bandes, 2 000 Allemands et 3 000 Italiens ; à La Goulette, où la forteresse nouvelle n'est pas achevée, 5 000 Espagnols entraînés, 4 000 Italiens et 3 000 Allemands, soit 12 000 hommes au total que l'on disposera, faute de place, dans des « montagnes » voisines de la forteresse, qui sont riches en eau [13]. Ces plans entraînent les multiples mesures où excelle la minutieuse machine bureaucratique de Philippe II. Son travail, nullement silencieux cette fois, volontiers publicitaire au contraire, est signalé par tous les ambassadeurs étrangers à Madrid [14]. Les ordres sont donnés à haute et intelligible voix ; les nominations se succèdent : celle d'Ascanio della Corna au commandement des Allemands à envoyer à Malte ; de Don Hernando de Tolède, le fils du duc d'Albe, à La Goulette ; et de D. Alvaro de Sande à Oran [15]. Le 26 janvier, Fourquevaux parle d'un convoi, à Oran, de 2 000 Espagnols prélevés sur les garnisons de Naples. Il va jusqu'à écrire que les Espagnols souhaiteraient une attaque turque contre les Pouilles et la Sicile, assurés en pareil cas « que toute la chrestienté courra subit au secours ». Un mois plus tard le même Fourquevaux rapporte que le roi d'Espagne offrirait quatre villes d'Italie aux Vénitiens pour les attirer dans une alliance contre le Turc [16].

La publicité faite autour des armements espagnols lui donne d'ailleurs des soupçons. Il se demande si les chiffres que le duc d'Albe lui a communiqués ne sont pas forcés. Soupçons injustifiés, on retrouve ces mêmes chiffres dans les ordres et communications du roi [17]. Resterait à expliquer pourquoi les Espagnols, contrairement à leurs habitudes, ont fait tant de bruit autour de ces préparatifs. Est-ce pour en dissimuler d'autres ? Ils sont autrement silencieux au sujet des armements maritimes, poursuivis à Barcelone comme à Naples, et qui, dans cette dernière ville au moins, sont gênés par le manque de forçats [18].

Cependant parvenaient de Constantinople des nouvelles qui, si elles étaient vraies, rendaient inutile une bonne part de ces précautions. Un rapport du 10 janvier déclarait, en effet, que l'armada sortirait, mais moins forte que celle qui avait été contre Malte, car rameurs et munitions lui faisaient défaut. On prévoyait une centaine de galères, avec Piali Pacha, sans aucune entreprise de grand style, mais peut-être, pour gêner les concentrations de la flotte hispanique, un raid jusqu'à la rivière de Gênes. D'autre part, et c'était la grande nouvelle : tout confirmait que le vieux Soliman s'apprêtait à aller en personne en Hongrie et, au-delà de la Hongrie, à pousser sur Vienne [19]. En fait, la guerre avait déjà recommencé sur la longue frontière balkanique, en 1565. En vain Maximilien avait-il dépêché agents et lettres pour y mettre fin et rentrer dans le cadre de la trêve de 1562 : le retour à la trêve était aussi éloigné que possible de l'esprit du sultan qui faisait de grands préparatifs militaires : on parlait de 200 000 Turcs et de 40 000 Tartares. Les chefs turcs se préparaient à la campagne, se ruinant en achats de chameaux et de chevaux, lesquels étaient déjà *carissimos*. Autre fait symptomatique, le vieux sandjac de Rhodes, Ali Portuc, gardien de l'archipel, était en partance, lui et ses galères, pour le Danube, avec mission d'y faire fabriquer des bateaux et des agrès pour le passage des fleuves[20].

Les projets maritimes contre l'Occident n'étaient pourtant pas abandonnés. Le 27 février, les rameurs étaient arrivés à Constantinople[21], signe que les galères étaient prêtes. On annonçait leur départ pour les environs du 1er avril. Mais tous les avis concordaient à dire que leur nombre n'atteignait pas la centaine[22]. Et, dès lors qu'il y aurait une guerre en Hongrie, on pouvait escompter un danger moindre en Méditerranée[23]. Gênes qui a toujours disposé au Levant, peut-être à cause du grand nombre des renégats génois, du meilleur service de renseignements — avait été prévenue, par lettre datée du 9 février 1566, que l'armada turque projetait d'entrer dans le golfe de Venise, contre Fiume, et, y ayant ramassé un butin qui ne pouvait qu'être considérable, de s'ouvrir un chemin pour aller secourir l'armée du Grand Seigneur en Hongrie[24]. Elle ne pousserait plus avant que si elle apprenait que la flotte espagnole n'était pas concentrée.

Chacun dès lors commence à se rassurer. Les Maltais, Requesens l'écrit au Roi le 18 avril, estiment que la lourde hypothèque qui pesait sur eux est désormais entièrement levée[25]. Philippe II semble sur le point, en mai, de décommander les grandes mesures de l'hiver[26] et le vice-roi de Naples, désireux d'économies, demande, le 20 avril, de licencier les Allemands dès qu'il aura récupéré 1 500 des Espagnols de Naples, prêtés à Don Garcia de Toledo, et qui doivent être en Sicile et à La Goulette[27].

Pourtant, la flotte turque a quitté Constantinople, le 30 mars, certains avis disent avec 106 galères, d'autres 90 seulement, y compris les 10 d'Alexandrie[28]. Mais elle ne se presse guère de traverser l'Archipel. Elle s'y occupe à liquider, sans combattre, d'ailleurs, la domination génoise dans l'île de Chio, se contentant, au début, d'exiler les *signori mahonesi*, avec femmes et enfants, à Caffa, dans la mer Noire[29]. A Corfou, le 10 mai, on pense toujours qu'elle entrera dans le Golfe[30], mais ce n'est que le 10 juillet qu'on l'aperçoit dans le canal de l'île [31]. Le 11, elle est à Valona [32], d'où elle passe bientôt à Durazzo, puis aux Bouches de Cattaro, et à Castelnuovo où elle arrive probablement le 23 [33].

A ces nouvelles, le grand-maître de Malte et Don Garcia de Toledo décident de relever leurs soldats inutiles, la saison étant trop avancée pour que l'armada turque puisse rien entreprendre contre l'île [34]. Dix-huit galères venaient donc en retirer les soldats allemands et le marquis de Pescaire, nommé quelques mois plus tôt au commandement général des troupes envoyées par Philippe dans l'île, abandonnait son poste, n'ayant plus rien à y faire. Loin de provoquer un sursaut, l'entrée de la flotte turque en Adriatique semble avoir trouvé les Espagnols heureux de l'occasion... Le Golfe, c'était l'affaire des Vénitiens. A eux d'armer, de négocier, de prendre leurs précautions. Que risquaient les Espagnols dans l'aventure ? La côte napolitaine était alertée, défendue, vidée de ses habitants sur des lieues de profondeur.

D'après les renseignements vénitiens, la flotte turque arrivée vers le 21 juillet à Cattaro, comptait 140 voiles, dont 120 galères, galiotes ou fustes. Le 22, Piali Pacha, avec trois galères, avait été jusqu'à Raguse et y avait reçu le tribut de la République de Saint-Blaise [35]. Quelques jours plus tard, l'armada commençait ses coups de main sur la côte peu fertile des Abruzzes [36]. Le 29 juillet, elle débarquait, au voisinage de Francavilla, 6 000 à 7 000 hommes, s'emparait de la ville abandonnée par ses habitants et y mettait le feu. De Francavilla, une galère partit reconnaître, avec deux esquifs, les eaux de Pescara, mais de la ville en état de défense, il suffit de tirer quelques coups de canons, et les vaisseaux éclaireurs virèrent de bord, l'armada se dirigeant sur Ortona a Mare. Là encore, elle trouva la ville évacuée et la brûla, ainsi que quelques villages de la côte. Le 5 août, les Turcs poussèrent une pointe à huit milles à l'intérieur, jusqu'au lieu-dit la Serra Capriola, dans la province de Capitanata. Mal leur en prit : ils tombèrent en fin de course sur une défense vigoureuse et inattendue qui les fit refluer en désordre. Le 6 au soir, la flotte apparaissait devant Vasto, avec 80 galères, mais s'évanouissait dans la nuit. Le 10, on apprenait à Naples, par des lettres du gouverneur de la Capitanata, que le mauvais temps avait jeté à terre quatre galères turques, à la hauteur de Fortor [37]. Les équipages s'étaient naturellement sauvés, mais ordre avait été donné de récupérer l'artillerie et les agrès, puis d'incendier les navires que les Turcs auraient peut-être réussi à remettre à flot. Tout était en ordre, ajoutait le rapport, au cas où la flotte ennemie viendrait à nouveau sur les côtes du royaume. En attendant, on se réjouissait du peu d'effet des précédentes attaques. Le vice-roi ayant ordonné, en apprenant le départ de l'armada de l'île de Chio, l'évacuation profonde de tous les points non défendus du littoral, le Turc était tombé partout dans le vide. Il avait fait, au total, trois captifs, une dérision... Chaque fois que l'armada turque était venue dans le royaume, elle avait pour le moins emporté de 5 à 6 000 âmes, même lorsqu'elle avait sur ses arrières une bonne quantité des galères de Sa Majesté Catholique. Quant aux dégâts matériels, ils étaient moindres qu'on n'avait pu d'abord le craindre [38].

Or déjà l'armada turque semblait sur le chemin du retour. Le 13 août, elle despalmait à Castelnuovo, puis gagnait Lépante, sa chiourme assez mal en point et décimée par la maladie. Peu après, elle ralliait la Prevesa d'où, disait-on, elle avait mis à la voile pour Constantinople [39]. On fut donc assez surpris, en septembre, de la voir revenir sur l'Albanie, la « Cimara », comme l'on disait [40]. Elle remonta jusqu'à Valona. Était-ce seulement pour punir des Albanais révoltés [41] ? Le vice-roi se posa la question sans s'inquiéter outre mesure, car les marines de Naples, où il y avait eu relève des Allemands par les Espagnols, avaient été maintenues en alerte. Le nouveau danger s'effaça de lui-même, sans bruit, avant le retour de l'hiver.

Telle fut la campagne maritime en 1566 : d'un côté comme de l'autre — du côté turc où l'on fit si peu dans la mer Adriatique, du côté espagnol où l'on se contenta d'attendre — une campagne sans ampleur. Les Espagnols se sont bien gardés de foncer sur Alger ou Tunis, comme un moment ils firent croire qu'ils en avaient l'intention [42]. Ils se sont laissés aller à la quiétude de cette année qui réservait à d'autres les coups et le péril. Venise avait trop peu l'habitude de s'inquiéter des autres pour inspirer la pitié, et elle paraissait seule visée. Le Turc venait chez elle, dans son Golfe, contrairement à toutes les conventions : elle en conçut des craintes vives et fit face rapidement. En juillet, elle mit à l'eau une centaine de galères [43], et c'est peut-être cette ferme attitude qui arrêta les Turcs dans leur marche vers le Nord. Quoi qu'il en soit, Venise fut très inquiète et ses inquiétudes partagées par l'Italie, par le pape qui accepta même de favoriser les demandes vénitiennes. Fin juillet, début août, il fit écrire par le cardinal Alessandrino et écrivit lui-même à Don Garcia de Toledo pour l'exhorter à se rendre à Brindisi, avec toute sa flotte, car les Vénitiens avaient dit qu'ils armaient cent galères et qu'en les ajoutant à celles de Don Garcia, ils pourraient foncer sur l'armada turque [44]. Don Garcia répondait, le 7 août [45], en jurant au pape de défendre les États de l'Église comme ceux du roi d'Espagne, mais sans accepter l'audacieux projet. Sans doute, prise entre les deux forces espagnole et vénitienne, la flotte turque n'aurait-elle pu s'échapper. Mais Venise n'a dû désirer se battre qu'un instant, quand elle s'est cru menacée ; et vers le Sud le sage, le prudent, l'égrotant Don Garcia de Toledo n'avait pas l'ordre d'être agressif. Le pape a sans doute été le seul à penser que l'occasion était magnifique de détruire la flotte de Soliman.

Cette guerre d'Adriatique, si limités qu'en aient été finalement les effets, a dû, sur l'heure, paraître dramatique, à cause du bouleversement général qui secouait l'Europe au même moment. En France, voyez Brantôme, c'est l'heure des remuements, des voyages, des inquiétudes de la jeunesse... Tel avec le jeune duc de Guise, va combattre en Hongrie ; tel autre va à Naples ; tel autre, comme le fils de Montluc, court les aventures en Atlantique et va mourir lors de la prise de Madère [46]. Personne ne tient plus en place. Philippe II lui-même parle de voyages. Partout la guerre montre son visage, à travers les Pays-Bas qui se soulèvent quasiment au mois d'août, et de l'Adriatique jusqu'à la mer Noire où elle étend l'épais trait rouge d'une lutte continentale furieuse, prolongeant sur des distances énormes la guerre des flottes de l'Adriatique.

La reprise de la guerre en Hongrie

La mort de l'empereur Ferdinand (25 juillet 1564) avait servi de prétexte aux Turcs pour exiger le paiement des arriérés du tribut et remettre en question la trêve de 1562. Le paiement fut effectué, le 4 février 1565 [47], et en retour la trêve confirmée pour huit années. Mais Maximilien, qui ne renonçait pas à ses projets contre le Transylvain, avait rassemblé des troupes importantes et pris Tokay et Serencs. Or, toucher à la Transylvanie ou contrarier, de ce côté, l'action des Turcs, c'était rallumer les discordes latentes, engager une guerre « couverte », qui, comme d'habitude, se résolut en une suite de coups de main et de sièges. La longue frontière de Hongrie fut, en 1565, plus inquiète que jamais. Maximilien, pris dans les contestations de Transylvanie comme dans un guêpier, fit de vains efforts pacifiques, plus ou moins sincères au demeurant, car il voulait la paix, mais n'entendait point céder. De plus, il trouvait en face de lui l'hostilité puissante du grand vizir Méhémet Sokolli, et le sultan lui-même était désireux d'effacer, par quelque éclatant succès, la honte de Malte. Or, de son poste d'avant-garde, le pacha de Bude, Arslan, ne cessait de pousser à la guerre en présentant à quel point la Hongrie chrétienne était dégarnie de troupes. Prêchant d'exemple, il se jeta lui-même, le 9 juin 1566, sur la petite place de Palota ; mais un peu vite, car les Impériaux la délivrèrent au moment où il allait l'emporter et, profitant de leur élan, prirent eux-mêmes Wessprim et Tata, massacrant dans la ville tout ce qu'ils trouvèrent, amis et ennemis, Turcs et Hongrois, sans discernement [48].

Ainsi recommençait la guerre de Hongrie. On ne saurait dire que c'était une surprise. A Vienne, nul n'ignorait qu'une réaction turque était à prévoir. La Diète germanique avait accordé, pour l'année, un secours exceptionnel de 24 *Römermonate*, plus huit pour chacune des trois années suivantes [49]. L'ambassadeur espagnol à Londres, le 29 avril 1566, parle, à propos de cette aide, de 20 000 fantassins et de 4 000 chevaux pour trois ans [50]. D'autre part, Maximilien obtenait de la papauté et de Philippe II, des secours en argent et en hommes, sur le montant desquels nos documents divergent un peu, mais qui furent considérables. L'agent toscan à Madrid, le 23 mars 1566, parle de 6 000 soldats espagnols et de 10 000 écus mensuels (lesquels avaient d'ailleurs été assurés par Philippe II, dès 1565 [51]). Ces sommes devaient être payées par l'entremise des Fugger et des banquiers génois [52]. Un mois plus tard (6 juin), il parlera de 12 000 écus mensuels, sans compter un versement de 300 000 écus [53].

L'empereur a donc eu le temps et les moyens de se préparer. En été, près de Vienne, il a réuni 40 000 hommes de troupes, assez bigarrées d'ailleurs [54], lesquelles ne lui permettaient guère que de se tenir sur la défensive : mais il n'avait pas d'autre intention. La distance étant longue entre Constantinople et Bude, il escomptait, en effet, que l'énorme armée turque ne se déplacerait pas très vite : on comptait 90 *giornate* pour le parcours... Il lui resterait donc peu de temps pour combattre, car, dès le mois d'octobre, elle serait arrêtée par le froid et les difficultés de son ravitaillement, considérables pour une armée nombreuse dans un pays presque vide. C'est du moins ce que l'empereur expliquait à Leonardo Contarini, l'ambassadeur vénitien [55], non sans une pointe de rodomontade. Le même ambassadeur ne se faisait-il pas l'écho, le 20 juin, de chiffres manifestement exagérés qui portent l'armée impériale à 50 000 fantassins, 20 000 cavaliers, plus une importante flotte danubienne [56] ?

En réalité, l'armée de Maximilien ne semble pas avoir été d'autre qualité que celle que Busbec avait connue et jugée si sévèrement, en 1562. Fourquevaux n'a pas tort de penser que cette guerre ne peut tourner à son avantage et de souhaiter « que le Grand Seigneur des Turcs s'obstine et persévère en son entreprise de Hongrie ; car autrement la vermine d'Allemaigne est trop à redoubter, si les affaires s'appaisent dudit cousté [57] ». Par malheur pour la France des guerres de religion, si souvent saccagée par les reîtres, la paix devait se rétablir en Hongrie en 1568 et durer jusqu'en 1593.

Contre les troupes de Maximilien, une énorme armée turque, divisée en différents corps, s'acheminait vers la Hongrie, 300 000 hommes, d'après les renseignements reçus par Charles IX, armés à leur mode « avec une si extrême quantité d'artillerie et toutes autres munitions que c'est une chose espouvantable » [58]. Le sultan avait quitté Constantinople, le 1er mai [59], avec un appareil plus imposant que dans aucune de ses douzes campagnes antérieures. Il se déplaçait en voiture, sa santé ne lui permettant plus de voyager à cheval, par la grande route militaire et marchande de Constantinople à Belgrade, via Andrinople, Sofia et Nich. On avait nivelé par avance, tant bien que mal, les chemins difficiles où s'engageait la voiture impériale, cependant qu'une chasse efficace était faite, le long de la route, aux innombrables bandits qui s'attaquaient à l'armée et plus encore à son ravitaillement. Pour eux, il fallait toujours dresser quelques gibets près des cantonnements. Au-delà de Belgrade, le gros problème fut, non pas de négocier avec le Transylvain, mais de franchir les fleuves, la Save à Chabatz [60], le Danube près de Vukovar [61], la Drave à Esseg, les 18 et 19 juillet [62]. Chaque fois, le pont dut être construit par l'armée sur des fleuves aux hautes eaux (le Danube spécialement), et non sans difficultés. Au-delà d'Essek, un incident, le raid heureux d'un capitaine impérial, dirigea la marche de l'armée turque sur la place de Szigeth (ou Szigethvar) où, à quelques lignes de Pecs, commandait justement ce capitaine, le comte Nicolas Zriny. Le sultan et ses troupes arrivèrent devant les marécages de la ville, le 5 août ; le 8 septembre, la place était emportée.

Mais les opérations turques, qui commençaient à peine, étaient déjà condamnées : trois jours avant cette victoire, dans la nuit du 5 au 6 septembre, Soliman le Magnifique était mort, « soit de décrépitude, soit des atteintes de la dysenterie, soit d'une attaque d'apoplexie », dit Hammer [63]. Peu importe ! Mais c'est de ce moment précis que maint historien fait dater la « décadence de l'Empire Ottoman » [64]. Précision qui, pour une fois, a un certain sens puisque cet Empire qui dépendait tellement de son chef, passait à cette heure-là des mains du Magnifique, du Législateur (ainsi l'appellent les Turcs) dans celles du faible Sélim II, le « fils de la Juive », amateur de vin de Chypre plus que de campagnes belliqueuses. Le grand vizir, Méhémet Sokolli, cacha la mort du souverain, donna le temps à Sélim d'accourir de Koutaya à Constantinople, de prendre possession sans à-coups du trône vacant. Et la guerre se poursuivit jusqu'à l'hiver, de façon décousue, avec des succès de part et d'autre. Ou plutôt, de part et d'autre, on annonça des succès. C'est ainsi que le 1er septembre 1566, de Gorizia, en marge du théâtre principal d'opérations [65], l'archiduc Charles annonçait un raid victorieux du capitaine de Croatie qui s'en revenait avec des prisonniers et du bétail enlevé en Bosnie... La nouvelle en était aussitôt transmise en Espagne, par la voie de Gênes. Est-ce la même affaire qui, à Paris, faisait parler d'une grande rencontre de l'archiduc Charles avec les Turcs, dans laquelle serait mort le duc de Ferrare [66] ?

En fait, la guerre était à peu près terminée. L'hiver venu, les Turcs se retirèrent, et l'armée impériale se défit d'elle-même, sans avoir besoin d'être « cassée ». A Paris, en décembre, le bruit courait que des trêves avec les Turcs seraient conclues, dès avant la fin de la Diète [67]. Quant à Philippe II, dans sa prudence, c'est dès le mois de septembre qu'il avait fait retenir, pour son service, « tout ce que l'Empereur desbendera si le Turc se retire » [68]. Précaution qui s'explique : Philippe

Il venait de voir s'ouvrir, en cette même année 1566, un nouveau gouffre : celui des Pays-Bas.

Les Pays-Bas en 1566 [69]

Il n'est pas dans notre sujet d'étudier les longues et complexes origines de la guerre des Pays-Bas — origines politiques, sociales, économiques (que l'on songe à la grande disette de l'année 1565 [70]), religieuses et culturelles — ni de dire, après quelques autres, que le conflit était inévitable. Seule nous intéresse son incidence sur la politique de Philippe qu'il rejette avec violence vers le Nord, qu'il extrait de Méditerranée, au lendemain du siège dramatique de Malte. Tant que les Pays-Bas n'ont été « espagnols » que de nom (mettons jusqu'en 1544, date à laquelle ils sont devenus, pour ne plus cesser de l'être pendant plus d'un siècle, une place forte contre la France ; ou mieux jusqu'en 1555, à l'abdication de Charles Quint), jusqu'à cette date de 1555, donc, les Pays-Bas ont été comme abandonnés à eux-mêmes, laissés à leur liberté, à leur rôle de carrefour, toutes portes ouvertes sur l'Allemagne, sur la France et vers l'Angleterre. Un pays libre, avec ses franchises, ses sécurités politiques et ses privilèges d'argent ; une seconde Italie, très urbanisée, « industrialisée », dépendante du dehors, difficile à gouverner pour cette raison et quelques autres. Restée terrienne d'ailleurs, plus qu'on ne le pense, et, de ce fait, dotée d'une puissante aristocratie, que ce soit la Maison d'Orange, celle des Montmorency (dont la branche française est la cadette) ou celle du comte d'Egmont. Cette aristocratie soucieuse de ses privilèges et de ses intérêts, désireuse de gouverner, est liée à distance, étroitement, avec les querelles des partis à la Cour d'Espagne, avec le parti de la paix, qui est celui de Ruy Gomez, dès 1559. Voilà qui ouvre des horizons dont il faudrait montrer l'importance, si l'on voulait écrire une histoire complète des troubles des Pays-Bas.

Forcément, et ne serait-ce qu'en raison de leur situation géographique au cœur des contrées du Nord, les pays de par-deçà n'auraient pu échapper aux mul-

tiples courants de la Réforme. Les idées s'en véhiculèrent
par les routes de terre et de mer. Sous sa forme
luthérienne, la Réforme atteignit vite les pays « flamin-
gants » ; vers le milieu du siècle, elle y proposait sa
solution de tolérance : une paix religieuse, édit de
Nantes avant la lettre [71]. Mais bientôt, ce fut par le
Sud, fournisseur de blé et de vins, par la France, que
la Réforme opéra ses conquêtes les plus larges, cette
fois au bénéfice du calvinisme — de cette Réforme
« romane », militante et agressive [72], planteuse de syno-
des, d'actives cellules que n'avait pas prévues et que
n'eût pas tolérées la paix d'Augsbourg. S'infiltrant
d'abord par les pays de langue française, elle avait
débordé largement cette zone et triomphait dans le
carrefour entier des Pays-Bas. Elle contribuait ainsi à
l'ouvrir davantage encore vers le Sud. Libérés de
l'Allemagne au point de vue politique, les Pays-Bas s'en
libèrent spirituellement, pour s'orienter vers la France
troublée. La chasse aux Luthériens y devient difficile,
avec la diminution du gibier. D'autre part, l'Angleterre
est trop proche pour que, malgré certaines rivalités, les
Pays-Bas puissent échapper à son influence et à sa
politique décidée. L'Angleterre offre d'ailleurs un refuge
aux persécutés flamands, même les plus modestes —
ainsi les ouvriers qui peuplèrent Norwich — et cette
assistance tisse des liens d'un bord à l'autre de la mer
du Nord.

Évidemment, il faudrait distinguer entre les courants
qui agitent les Pays-Bas. Ils ne sont pas tous de même
origine : il y a une agitation populaire, religieuse surtout,
souvent sociale, et une agitation aristocratique ; celle-
ci, essentiellement politique à l'origine, se manifesta par
le rappel de Granvelle, en 1564, et par la confédération
de l'Hôtel de Culembourg, en avril 1566 ; elle précéda
de quatre mois l'émeute de la seconde moitié d'août
qui, populaire et iconoclaste, aboutit au sac des églises
et au bris des images, propagée avec une rapidité
effrayante de Tournai jusqu'à Anvers, sur toute l'étendue des Pays-Bas. Deux mouvements différents en
somme. L'habileté de Marguerite de Parme consista à

les opposer. Elle tourna les nobles — sauf Guillaume
d'Orange et Brederode qui gagnèrent l'Allemagne —
contre le populaire et contre les villes. Et ainsi rétablit,
sinon son autorité, du moins l'ordre : sans dépenses,
sans déploiements de forces, avec une habileté certaine.

Mais cette politique avait ses limites et, en Espagne
et hors d'Espagne, ses adversaires : Granvelle à Rome,
qui ne reste pas inactif, le duc d'Albe en Espagne, et
derrière lui, tout son parti. Il est d'ailleurs vrai que le
succès de Marguerite d'Autriche compromettait le pouvoir même de Philippe II et la défense du Catholicisme :
n'avait-elle pas accepté, en fait, bien qu'à demi-mot,
que le culte réformé fût pratiqué là où il l'était déjà,
avant les troubles du mois d'août ? Grave concession.
Car, en Espagne, Philippe II — les célèbres lettres du
Bois de Ségovie, en 1565, le prouvent — est hostile à
toute concession réelle. Sans doute accepte-t-il, pour
gagner du temps, des clémences de détail, un « pardon
général » (pour les seuls motifs politiques, est-il spécifié,
non pour les délits religieux), menue monnaie, en
somme, dont le seul but est de ne pas ruiner le crédit
de la gouvernante. Mille preuves affirment par ailleurs
sa volonté de sévir, de tenir tête aux événements. La
force renaissante de l'Empire hispanique dans le champ
méditerranéen, l'afflux d'argent porté par les flottes
d'Amérique, Philippe II est bien décidé à en faire
usage dans le Nord. Intransigeance, incompréhension :
l'avenir le dira. Car c'est une politique contre nature
que de vouloir réglementer la circulation en ce carrefour
de l'Europe ; une sottise que d'enfermer en soi-même
le « pays d'en bas », alors qu'il vit sur le monde entier,
qu'il est indispensable à la vie de l'Europe qui en presse
les portes et, le cas échéant, les forcera. Le transformer
en camp retranché, comme de 1556 à 1561 ; en faire
une administration religieuse à part, autonome, comme
on le fit avec l'érection des nouveaux évêchés ; essayer
de s'opposer au voyage des étudiants vers Paris, pour
ne citer que quelques-unes des panacées auxquelles on
avait déjà recouru — autant de mesures vaines. Mais
en faire une Espagne, erreur plus grave encore. C'est

tout de même, en 1566, ce à quoi pense Philippe II, prisonnier de l'Espagne...

Avant de connaître les troubles populaires de la seconde quinzaine d'août, il écrivait à Requesens, son ambassadeur à Rome : « Vous pouvez assurer Sa Sainteté qu'avant de souffrir la moindre chose qui puisse porter préjudice à la religion et au service de Dieu, je perdrais tous mes États, je perdrais même cent vies si je les avais, car je ne pense, ni ne veux être seigneur d'hérétiques. »[73] A Rome également, on comprenait mal la situation. Pie V avait conseillé à Philippe d'intervenir énergiquement et en personne : « la peste hérétique, lui écrivait-il le 24 février 1566[74], croît tellement en France et en Bourgogne que je pense qu'il n'y a plus présentement de remède à cela que dans le voyage de V. M. Catholique ». Ce voyage, Fourquevaux en parlait dès le 9 avril[75], il y revient à tout propos, — qu'il s'agisse de la convocation, en Espagne, de Francisco de Ibarra, commissaire général des guerres, vivres et munitions, spécialiste des transports, convocation grosse de conséquences possibles « car il n'y a homme en Espagne que lui pour telles affaires »[76] ; ou bien de l'expédition qu'on préparerait soi-disant contre Alger et qui pourrait bien être destinée aux Pays-Bas. Effectivement, l'expédition contre Alger se dissipe bientôt en fumée et, au mois d'août, rebondit tout naturellement la rumeur, qui ne va pas cesser de se préciser, du voyage de Philippe II dans les Flandres[77].

Dès le 18 août, Fourquevaux savait qu'on s'apprêtait à déplacer vers le Nord la grande mobilisation des forces méditerranéennes de l'Espagne[78], soit cinq à six mille Espagnols à retirer de Naples et de Sicile et 7 000 à 8 000 Italiens, les meilleures forces des fronts et places de Méditerranée. La grande entreprise du duc d'Albe devait aboutir à faire cantonner le *tercio* de Naples à Gand, le *tercio* de Lombardie à Liège, le *tercio* de Sicile à Bruxelles[79]... C'était désarmer la Méditerranée directement et indirectement. Directement, par des prélèvements de vieilles et excellentes troupes ; indirectement, par les dépenses que ces mouvements exigeaient. N'avait-on pas parlé à Philippe II, au Conseil d'État, de trois millions d'or ?

Par surcroît, cette politique impliquait une série de prudences et de démarches du côté du Nord : du côté de la France où les Protestants [80] s'apprêtaient à soutenir leurs frères en religion ; du côté de l'Allemagne où le prince d'Orange et son frère, Louis de Nassau [81], réussissaient à lever des troupes, malgré un édit d'interdiction de l'empereur ; du côté de l'Angleterre enfin. Tous terrains dangereux, où l'Espagne se méfiait à la fois des individus, des partis et des souverains [82]. L'attention de Philippe II, de ses meilleurs conseillers et serviteurs, devait nécessairement se détourner du Sud vers le Nord.

Naturellement, ces mesures parurent plus indispensables encore après les troubles du mois d'août. Amis ou ennemis, et même le duc d'Albe (sur ce point, plus ou moins sincère) s'étonnaient de la lenteur des Espagnols à riposter [83]. Ce n'est que le 25 septembre, en effet, que Saint-Sulpice sut que le duc d'Albe allait partir vers les Flandres, y devançant son souverain [84]. Et au même moment que les plus compromis des fauteurs de troubles — ou du moins les plus désireux de se soustraire aux rigueurs espagnoles — jugèrent prudent de délaisser le dangereux pays d'en bas, certains pour se réfugier dans le non moins dangereux pays de France. C'est ainsi qu'un flot d'anabaptistes flamands, en provenance de Gand et d'Anvers, vint s'installer à Dieppe [85].

C'était l'époque d'ailleurs où (ne serait-ce qu'à cause de la politique de Marguerite) la situation se rétablissait dans les Pays-Bas en faveur du Roi Catholique. Ou paraissait se rétablir. Le roi constatait, le 30 novembre 1566 [86], « l'amélioration apparente des affaires de Flandres » ; cependant, ajoutait-il, elle n'était point telle que l'on pût relâcher d'un seul point les mesures en cours d'exécution.

C'était le 30 novembre, il est vrai, plusieurs mois après les émeutes. Mais le gouvernement espagnol qui lutte toujours avec l'espace et la multiplicité de ses tâches, pouvait-il agir plus vite ? Pouvait-il, surpris au

début du printemps par les agissements des « Gueux »
ou, comme l'on disait alors, des « remonstrants »,
surpris à nouveau, en août cette fois, par les troubles
populaires des iconoclastes, mettre aussitôt en place sa
riposte ? Le duc d'Albe aura dit sans doute le vrai mot
un jour qu'il s'entretenait avec Fourquevaux, au début
de décembre 1566 : ce sont, les « assaulx que les
Turcs avoient donné à la Chrestienté et autres certains
respects » qui ont empêché l'Espagne de « remédier aux
débordements d'aucuns de ses subjets des Pays-Bas »[87].
L'alerte turque en Méditerranée ne s'est, en effet,
terminée qu'à la fin d'août ; jusque-là, comment rendre
disponibles les vieilles bandes espagnoles à qui était
réservé le premier rôle dans l'expédition du duc d'Albe ?

A l'inverse, les événements des Pays-Bas ne permettent
plus à Philippe II d'agir sans précaution en Méditerranée. Cette double charge, ce double tableau de considérations expliquent la politique apparemment hésitante
du roi d'Espagne. Elle explique ses refus réitérés de
suivre les suggestions du pape qui lui conseille avec
insistance une politique affirmée, efficace, sur un
tableau et sur l'autre alternativement. Sans comprendre
que sur l'un ou sur l'autre, Philippe II ne peut s'offrir
le luxe de s'engager à fond.

Pie V a d'abord tenté d'entraîner Philippe II dans
une ligue contre le Turc, rêve ancien que la campagne
de Piali Pacha dans les eaux italiennes de l'Adriatique
avait affermi pendant l'été 1566. Le 23 décembre, le
nonce en Espagne rapportait au cardinal Alessandrino
certains propos du duc d'Albe : « S. M. louait fort le
saint zèle et l'excellent désir de S. S... ; il louait assez
l'idée d'une ligue et union », mais pour l'heure, celle-ci
serait « inutile parce que pareilles entreprises ne sont à
tenter que lorsque les princes ont des forces intactes,
sûres, et qu'ils sont en confiance les uns vis-à-vis des
autres ; or, présentement, ces forces étaient divisées,
diminuées, et contrariées par des soupçons réciproques ».
D'autre part, le roi d'Espagne devait, pour le
moment, « mener une entreprise urgente et nécessaire
contre ses propres sujets » des Flandres[88]. On reconnaî-

tra, à cette façon de dessiner l'horizon international pour en marquer les nuages et les menaces et refuser finalement ce qu'on lui demande, l'habituelle méthode du duc d'Albe... Mais ce point de vue semble bien avoir été celui de Philippe II qui est resté longtemps sans choisir entre les Pays-Bas et la Méditerranée [89].

Choix difficile, car lutter contre les Turcs, l'Espagne ne pouvait s'y refuser, il lui fallait se défendre contre eux. Mais de là à les attaquer, il y avait loin. En cette fin d'année 1566, le gouvernement espagnol est peu désireux de laisser s'aggraver ce qui, en Méditerranée, n'est certes pas la paix, mais une demi-guerre, aux éclipses fréquentes. Il ne tient pas davantage à troubler la pseudo-paix de l'Europe qui lui est indispensable, ou du moins propice.

Donc il craint de se lier à Rome par une alliance spectaculaire que le monde protestant n'accepterait peut-être pas sans riposter : l'occasion serait belle de créer des difficultés aux Pays-Bas, par toutes les frontières ouvertes du grand carrefour. En Allemagne, en Angleterre, en France (dans le groupe qui entoure l'amiral et Condé), on est tout prêt à l'attaque : il suffirait d'une provocation ou d'un prétexte. De là le souci de Philippe II de ne point se placer, aux Pays-Bas, sur le terrain religieux. En vain, Pie V lui conseille-t-il d'attaquer l'hérésie à visage découvert. Quoi qu'il en pense, Philippe II ne veut paraître, en la circonstance, que le souverain qui ramène ses sujets à l'obéissance qu'ils lui doivent et use contre eux de ses droits imprescriptibles de souverain. Comme le duc d'Albe l'explique à Fourquevaux, le 9 décembre [90], il ne s'agit que de « ramener de mauvais sujets à l'obéissance... N'estant plus question de religion en cela, sinon nuement du mespris en quoy ilz tiennent Sa Majesté, avec oultrageuz contemnement de son authorité et de ses ordonnances : choze qui n'est tollérable à nul prince qui veult régner et tenir ses estatz en repoz ».

Discours clair, mais peu convaincant. Les énormes préparatifs de l'Espagne, tout « raisonnables » que les qualifiât le duc d'Albe, répandaient une vive inquiétude dans toute l'Europe. N'était-ce pas, sous le couvert d'une expédition contre les Flandres, une opération qui visait la France ? Ainsi pensait Fourquevaux [91] — et l'on était tout prêt à le suivre en France où la passion était grande (exaltée d'ailleurs à dessein par les Protestants) contre l'Espagnol qui venait de massacrer en Floride des colons français. Non moins vive, l'inquiétude d'Élisabeth se dissimulait derrière une politesse excessive. En octobre, la reine s'était réjouie officiellement des succès impériaux annoncés contre les Turcs [92]. « Pourvu que ce soit de bon cœur ! » s'exclamait le sceptique G. de Silva, ambassadeur du Roi Catholique à Londres. Le 10 décembre, apprenant que Philippe II gagnerait les Flandres par l'Italie, elle se désolait non moins bruyamment : s'il eût suivi la route océane, quel plaisir de l'avoir pour hôte [93] ! Une puissance armée accompagnera le Roi ? elle la souhaiterait bien plus forte, et telle que la méritent d'aussi mauvais sujets [94]... Protestations qui ne trompent personne et n'empêcheront pas la reine d'exprimer par la suite ses craintes au sujet d'une alliance éventuelle de l'empereur, du pape et du Roi Catholique contre les Protestants. Même Venise trouve un sujet d'inquiétude dans le passage des troupes espagnoles et juge nécessaire de mettre Bergame en état de défense [95] ! Quant à l'Allemagne, elle a mille raisons, politiques et religieuses, d'être en souci. Et au mois de mai 1567, dès avant l'arrivée du duc d'Albe [96], elle prend ses précautions : des ambassadeurs de l'électeur de Saxe, du duc de Wurtemberg, du margrave de Brandebourg et du landgrave de Hesse arrivent aux Pays-Bas, avec mission de demander protection pour les Luthériens (*di lege Martinista*), lesquels n'ont pas participé à la rébellion calviniste.

Mais ce n'est point le lieu d'étudier la brusque extension de la politique espagnole, en cette année 1566, — de l'étudier comme il le faudrait, dans son encadrement européen, au milieu de la montée de fièvre et de passion religieuse qui aggrave les conflits confessionnels du siècle, montée qui a tout commandé et qui, plus que l'intransigeance ou la maladresse de

Philippe II, ses soi-disant imprudences et ses véritables incompréhensions, est à l'origine des troubles des Pays-Bas.

1567-1568 : sous le signe des Pays-Bas

En 1567, en 1568, la Méditerranée est devenue un théâtre secondaire de l'activité hispanique, parce que celle-ci est fixée ailleurs et aussi parce qu'elle rencontre, en Méditerranée, la complicité d'un désarmement à peu près général. En ce qui concerne l'Espagne, l'explication est facile : ses forces vives, son argent, ses préoccupations sont en dehors de la mer Intérieure. Pour l'Empire ottoman, l'explication certaine se dérobe. Sans doute l'Empire est-il sollicité par des difficultés du côté de la Perse[97], mais elles sont moindres que ne le disent les avis de Constantinople. Sans doute est-il gêné par la continuation de la guerre en Hongrie, mais celle-ci, poursuivie en 1567, pendant la bonne saison, et sans ardeur (le seul épisode mouvementé en est le raid que les Tartares, et non les Turcs, lancèrent contre la frontière autrichienne, faisant — mais est-ce sûr — 90 000 prisonniers chrétiens) se termine par une nouvelle trêve de huit ans, signée le 17 février 1568, négociée dès l'année précédente[98]. Sans doute les Turcs ont-ils quelques difficultés en Albanie[99], mais ce sont là difficultés permanentes et d'importance secondaire. Quant à celles qu'ils rencontrent en Égypte et dans la mer Rouge[100], elles ne touchent pas malgré tout, au moins jusqu'en 1569, à la vie essentielle de l'Empire. Alors faut-il expliquer l'inaction turque par les très grosses pertes de la campagne de 1566 en Hongrie, ou par l'avènement de Sélim II, peu féru d'expéditions guerrières ? C'est ce qu'ont dit les contemporains[101] et, à leur suite, les historiens. Et c'est peut-être vrai, bien qu'il ne faille pas oublier, derrière le « successeur indigne » de Soliman, comme dit G. Hartlaub[102], ou le premier des « sultans fainéants », comme dit L. Ranke[103] — un actif premier vizir, l'étonnant Méhémet Sokolli, digne de la grande époque de Soliman. Peut-être faut-il penser que ces deux années sans accent

— 1567, 1568 — cachent le désir secret de frapper Venise et de l'isoler à l'avance. A l'automne 1567, des avis annonçaient, en effet, la construction d'une place forte en Caramanie, face à Chypre, ainsi que l'établissement de routes dans l'intérieur du pays. On en concluait déjà à une prochaine attaque de l'île. Est-ce pour être libres d'agir contre Venise que Sélim et ses conseillers ont conclu la trêve de 1568 avec l'empereur ?

Sûrement aussi, de façon insidieuse et puissante, la Turquie a été frappée par de mauvaises récoltes successives. En février 1566, Venise s'adressait à Philippe II pour obtenir du blé : à lui seul, ce détail date les premières difficultés de l'Orient [104]. Un avis « digne de foi » indique qu'au mois d'avril, en Égypte et en Syrie, les gens meurent de faim [105]. N'est-ce pas cette situation économique qui explique les troubles concomitants du monde arabe ? Or, la récolte suivante de l'été 1566 a été particulièrement mauvaise dans le bassin oriental de la Méditerranée, dans toute la Grèce, de Constantinople jusqu'en Albanie [106]. On ne s'étonnera pas que 1567 ait encore été une année difficile. Haedo signale à Alger une grande disette qui s'est prolongée l'année suivante, en 1568 [107], car la récolte de 1567 ne semble pas avoir arrangé les choses. En novembre encore, un agent du vice-roi de Naples signalait, à Constantinople, une épouvantable cherté du pain [108]. Et la peste, cette compagne quasi obligée de la misère, y faisait en même temps son apparition [109]. Un avis de mars 1568, qui annonce la conclusion de la trêve avec l'empereur, dit nommément qu'elle a été signée « en raison des tumultes des Mores, de la cherté des vivres, principalement de l'orge [110]... ». On peut donc croire que la récolte de 1567 avait été pour le moins médiocre. Ce n'est qu'après celle de 1568 qu'une lettre apportera enfin ce communiqué optimiste : « A Constantinople, bon état sanitaire et abondance, malgré le manque d'orge. » [111] Pendant ces années 1567-1568, la situation alimentaire a été également peu brillante en Méditerranée occidentale [112].

Quoi qu'il en soit, le Turc et l'Espagnol ont vécu ces

années-là en s'épiant réciproquement, décidés à ne pas agir et donc colportant le plus possible de faux bruits, réussissant à se faire peur l'un à l'autre, l'un croyant que l'armada de son adversaire donnerait contre La Goulette, Malte, voire Raguse et les Pouilles, Chypre, Corfou [113] ; l'autre craignant un raid contre Tripoli [114], Tunis ou Alger [115]. Craintes fugitives au demeurant. Les services d'espionnage des belligérants sont assez bien faits pour que cette guerre des ombres — cette guerre des nerfs — ne puisse tromper longtemps les partenaires. Mais elle suffit à les obliger à des précautions qui pèsent sur la vie entière de la Méditerranée.

Ainsi, en 1567, se déroule l'habituel scénario. Le vice-roi de Naples fait alerter en mai toutes ses marines et occuper les points stratégiques [116], cependant que Messine et la Sicile sont soumises à l'ordinaire branle-bas de l'été [117]. Les Turcs de leur côté font sortir leur flotte, en 1568. Mesure purement défensive, puisque cette flotte fait demi-tour après avoir atteint Valona [118] ; mais l'approche de ces quelque cent galères suffit à déclencher les dispositifs de sécurité des côtes orientales d'Italie.

Philippe II a-t-il pensé qu'au moment où il avait besoin, ailleurs, d'être efficacement fort et armé, ces précautions coûteuses étaient un luxe inutile ? En tout cas, on voit alors en Espagne renaître les idées de trêve avec le Turc et, après la fièvre des armements et le règne des soldats, recommencent les jeux de la diplomatie. Il n'est pas mauvais de souligner l'opportunisme, le manque de préjugés de la politique espagnole, telle qu'elle s'est révélée à quatre reprises au moins (1558-1559 ; 1563-1564 ; 1567 ; 1575-1581), et sans doute dans d'autres circonstances qui ont échappé à notre enquête : une politique bien différente de celle que s'obstine à lui prêter l'histoire.

Une fois de plus, il ne s'agit point de tractations dangereusement officielles (Philippe II, au même moment, continue à recevoir les précieux subsides de Rome, pour alimenter sa guerre contre le Turc : l'essentiel, si l'on échoue, est donc de ne pas s'être compromis). En janvier 1567, le Titien mettait en rapport, à Venise,

l'agent espagnol Garci Hernández avec un ambassadeur
du Turc, de passage dans la ville [119]. Ce Turc prétendait
que l'empereur obtiendrait sans aucun doute la trêve
qu'il demandait au sultan et que le Roi Catholique
pourrait parfaitement s'y faire inclure. Il entrait dans
d'assez étranges détails au sujet de sommes non payées,
pour le rachat d'Alvaro de Sande, s'offrait à agir à
Constantinople, disait avoir écrit à l'empereur sur la
question, sans avoir reçu de réponse. Il affirmait même
qu'en 1566, sans les maladresses de Michel Cernovich,
il eût enlevé l'affaire et qu'à cette époque le roi
d'Espagne était compris dans le projet de trêve,
« comme V. M. doit en avoir connaissance », écrit
Garci Hernández. Enfin cet ambassadeur, un dénommé
Albain Bey, drogman du Grand Seigneur, s'offrait pour
des actions ultérieures et indiquait à cet effet, comme
relais postal, un marchand de Péra, Domenego de
Cayano... Petits détails, et petits acteurs, mais qui en
rejoignent d'autres. En mai 1567, à Paris cette fois [120],
Francés de Alava entre lui aussi en relations avec un
envoyé turc, lequel est venu en France discuter notamment des revendications du Juif Micas, le favori de
Selim II, fort grand personnage décoré du titre de duc
de Naxos, jouant à Constantinople le rôle d'un Fugger
au petit pied. Curieux homme dont nous avons déjà
parlé. C'est en son nom et tout en traitant de ses
intérêts, que l'agent turc fait des offres de service à
l'Espagne, proposant notamment d'employer son crédit
à ménager une trêve entre le Roi Catholique et le
sultan. Ruy Gomez, ajoutait l'envoyé, devait à ce sujet
connaître bien des secrets. Voilà qui n'est pas dépourvu
d'intérêt. Comme toute nouvelle finit par transpirer (en
subissant au passage maintes déformations), Fourquevaux enregistre à la même date, à Madrid, un bruit
singulier : le Turc aurait dépêché au roi de France son
grand drogman pour le prier de « moyenner une tresve
avec le roy catholique » [121].

Si plusieurs Turcs offrent ainsi leurs services — non
gratuits — au roi d'Espagne, c'est qu'ils connaissent,
mieux que Fourquevaux sans doute, ses intentions. Car

Philippe II a déjà engagé des négociations. Chantonnay, son ambassadeur, est parti à Vienne avec des instructions très précises : une fois de plus, demander la trêve sans la demander. Le 23 mai 1567, il écrit à son maître que l'empereur a envoyé à Constantinople l'évêque d'Agria, qui autrefois, au temps de Soliman, a servi d'ambassadeur à l'empereur Ferdinand — pour négocier en Turquie. Chantonnay lui a remis copie du papier à lui confié par Philippe II et contenant les conditions auxquelles son souverain « consentirait à négocier quelque entente avec le Turc » ; bien entendu l'affaire sera présentée comme un projet conçu par l'empereur et non par Philippe[122]. Un peu plus tard, Philippe II congratulait son ambassadeur pour s'être si bien acquitté de sa mission[123].

Le résultat fut qu'en décembre de cette même année, les ambassadeurs impériaux, en exécution de leurs instructions et pour avancer leurs propres affaires, c'est-à-dire la conclusion de la trêve, offrirent d'y faire comprendre le Roi Catholique, entamant le sujet avec Méhémet Sokolli en langue croate, pour plus de discrétion[124]. Mais le grand vizir resta impassible : si Philippe II voulait une trêve, que n'envoyait-il un ambassadeur ? La négociation ne s'arrêta pourtant point là et alla s'égarer entre les mains avides de Joseph Micas[125]. En juin 1568 encore, Chantonnay pouvait écrire à Philippe II qu'il avait refusé de recevoir un ambassadeur turc venu à Vienne au lendemain de la trêve et qui avait voulu lui rendre visite *a su posada*[126]. Philippe II répondait, le 18 juillet[127], approuvant son ambassadeur et le priant de maintenir la négociation dans la ligne fixée. La négociation continue donc, bien qu'il nous soit impossible d'en saisir tous les mouvements. Ni de savoir exactement comment elle finit par échouer.

Sans doute Philippe II n'y tenait-il pas assez fermement pour la payer au prix qu'il eût fallu. Une suspension totale des hostilités en Méditerranée aurait tari une source continuelle de dépenses et de tracas. Mais les « hostilités » étaient telles qu'elles ne semblaient rien mettre en danger réel. Et l'eussent-elles fait, la

marine hispanique était désormais en état de répondre
à toutes les surprises. Philippe II disposait en Espagne
de soixante-dix galères, sans compter celles que l'on
continuait à construire à Barcelone, cent au total, dit
Fourquevaux [128]. A cela s'ajoutaient les forces considérables des escadres d'Italie. Non pas de quoi aller livrer
bataille directement à une grande flotte turque, mais de
quoi l'empêcher d'agir à sa guise. De quoi aussi tenir
en échec les fustes et galiotes des corsaires : en toute
tranquillité, en 1567 et 1568, la flotte hispanique a pu
nettoyer le détroit de tous ses détrousseurs [129], les
Algérois surtout qui, en 1566, n'avaient pas craint
d'inquiéter les côtes d'Andalousie jusqu'à la hauteur de
Séville [130].

Propriétaires tranquilles de leurs mers, les Espagnols
ont pu utiliser les routes méditerranéennes pour la
concentration de leurs forces à destination des Flandres [131]. Ces mouvements commencés bien avant 1567,
ont donné lieu, dès le début de l'année, à une série de
voyages maritimes. L'infanterie de Naples s'embarque
en janvier [132]. Le rassemblement des vieilles bandes
espagnoles se fait à Milan peu après [133], non sans
molestations et gros ennuis pour les logeurs. Faire
circuler ces forces à travers l'Europe ne posera pas un
mince problème à la diplomatie espagnole, soucieuse de
ne point éveiller de craintes et d'obtenir, partout et à
l'avance, des sauf-conduits en bonne et due forme. Les
refus ne manquent point, naturellement — en premier
lieu celui du roi de France [134] — et la mauvaise volonté
est presque unanime [135].

Ajoutons les difficultés de ravitaillement [136] et celles
que posent les transports maritimes [137] : il faut trouver
des navires et les voyages, entrepris malgré la mauvaise
saison, ne vont pas sans incidents. Le 9 février, à
Málaga, vingt-neuf navires chargés de munitions, de
vivres et de pièces d'artillerie, donnent par le travers et
s'engloutissent [138]... Le duc d'Albe quant à lui, resté
longtemps à attendre — peut-être temporisant, comme
le suggère Fourquevaux [139], pour voir ce que ferait le
Turc — s'embarque à Carthagène, le 27 avril [140], avec

des compagnies de « bizognes »... A Gênes, où il se trouve au début d'août [141], il est reçu avec chaleur, accablé de prévenances, de doléances aussi, spécialement au sujet de la Corse où l'assassinat de Sampiero Corso, le 17 janvier 1567 [142], n'a pas ramené la paix [143] et où la France continue à intervenir [144].

Certains historiens ont trouvé fort lents ces préparatifs militaires. C'est mal mesurer l'importance du mouvement d'hommes (ajoutez aux troupes régulières les valets, les femmes des soldats, plus les filles de joie, organisées en véritables bataillons) et du transport de marchandises qui s'est alors accompli, mobilisant nombre de ces gros navires ronds, aptes à porter les recrues comme les sacs de fèves ou de riz et les indispensables biscuits. C'était la plus puissante opération de transports de troupes que le siècle eût vue jusque-là. A une extrémité de la chaîne, en Andalousie, le tambourin des recruteurs roulait encore, que les premières troupes espagnoles, après une longue navigation, continentale celle-là, foulaient le sol des Pays-Bas, à des lieues de voyage de la Péninsule. Mais justement, n'était-ce pas folie de placer si loin le centre des intérêts de la monarchie espagnole, de combattre si loin de ses bases ?

Peut-être y a-t-il eu un dernier moment d'hésitation en Espagne, au mois de mai 1567. Le duc d'Albe voguait alors vers les côtes italiennes. « Après son départ, écrit l'agent toscan Nobili, le 12 mai, ces Messieurs du Conseil, vu que les affaires de Flandres s'arrangeaient aussi heureusement pour Sa Majesté, tinrent de nombreuses conversations sur la question de savoir si le duc devait passer en Flandres ou s'il n'était pas plus à propos de faire l'entreprise d'Alger ou de Tripoli. » [145] Conclusion du débat : pour le rappel du duc d'Albe, quatre voix sur huit, les quatre autres estimant son voyage nécessaire. Nobili ajoute : « cette dernière opinion semble avoir prévalu ». Il ne pouvait guère en être autrement. Ruy Gomez et ses amis (qui d'ailleurs n'étaient peut-être pas fâchés de voir s'éloigner le duc d'Albe) pouvaient-ils arrêter, une fois lancée, la lourde machine militaire ? Mais l'occasion est bonne d'apercevoir, au centre du gouvernement espagnol, les remous que les événements purent provoquer.

Il semble bien que, dans la mesure où les Pays-Bas ont espéré une solution pacifique, voire une demi-liberté de conscience contre argent [146] — c'est sur Ruy Gomez qu'ils ont tablé. En janvier 1567, le bruit courait à Madrid d'un départ, non du duc d'Albe, mais de Ruy Gomez, qui irait tout apaiser sans armes, « car tous les estats du dit païs le demandent » [147]. Ce qui laisse à penser que la vieille liaison signalée en 1559, entre Ruy Gomez, son parti et les grands seigneurs des Pays-Bas, est encore en place, six ans plus tard. Le duc d'Albe est partisan de l'intervention. Ruy Gomez, si l'on en croit le nonce [148], favorable à la ligue contre le Turc. Les deux rivaux ont bien pu se réconcilier officiellement en mars, publiquement même. Ruy Gomez a bien pu refuser de se laisser manœuvrer par Fourquevaux qui, se plaignant du duc d'Albe, a trouvé devant lui un homme poli, à visage faussement marri [149]. La lutte ne reste pas moins vive entre les deux bandes — dans les grandes comme dans les petites affaires.

Toutefois, si le roi tolère leurs conflits, leurs oppositions, il les domine. En mars 1567, sans consulter qui que ce soit, il nomme lui-même aux commanderies et bénéfices vacants, « de quoy [les chefs de file des partis] demeurèrent fort honteux ». Dans ses décisions, la politique espagnole reste l'œuvre du Roi Prudent [150].

Quoi qu'il en soit, en cette année 1567, l'Empire espagnol s'engagea dans les Flandres, et avec des forces telles que ses voisins en restèrent tourmentés pendant des mois [151]. En France, après la surprise de Meaux, en septembre, la guerre civile recommençait. Elle culminait avec la bataille de Saint-Denis, le 10 novembre [152], s'apaisait peu après. A la paix de Longjumeau (23 mars 1568), le prince de Condé sacrifiait peut-être les intérêts de la masse de son parti aux avantages de la seule noblesse protestante [153] ; mais ainsi, comme le pensait Philippe II, il se rendait libre d'agir aux Pays-Bas [154]. Déjà les troubles français avaient considérablement gêné les communications des Espagnols, au point que les

courriers durent suivre les routes océane et méditerranéenne, l'une à partir de Saint-Sébastien, l'autre à partir
de Barcelone, toutes deux désespérément lentes [155]. En
Allemagne, le monde protestant s'inquiétait et s'agitait
aussi : on le vit à propos du soulèvement de Gronin-
gue [156]. En Angleterre, Élisabeth temporisait, continuait
ses grâces, mais savait aussi se plaindre. En juin 1567,
Cecil représentait ainsi à Guzmán de Silva que le bruit
courait d'une ligue contre les Protestants, ainsi que de
projets pour soutenir la reine d'Écosse. Et la meilleure
preuve de ces machinations était que l'empereur, pour
être libre d'y participer, venait de conclure avec les
Turcs une trêve fort désavantageuse pour lui et dont les
membres du *Privy Council* se déclaraient scandalisés [157].
Enfin, l'Angleterre se servait de l'arme qui, peu à peu,
s'affermissait dans ses mains : sur l'Atlantique, la guerre
commençait vraiment entre les corsaires de l'île et les
navires de l'Espagne.

De loin, à pas feutrés, la réaction anti-espagnole
s'organisait à travers l'Europe du Nord, tournant avec
prudence autour de la force que Philippe II y avait
placée et qui n'était peut-être pas un aussi magnifique
instrument que le croyait la diplomatie espagnole.
Amenée de loin, de fort loin, elle était très coûteuse.
Quand les désertions commencèrent à en creuser les
rangs, qu'il fallut, pour combler les vides, faire à
nouveau sonner le tambourin en Andalousie et ailleurs,
ce furent encore de lourdes dépenses, de déplorables
lenteurs. Puis, cette orgueilleuse et magnifique armée
des Flandres, étant sans couverture maritime, se trouvait
à la merci de toute attaque qui la priverait de la grande
route océane, celle des zabres biscayennes.

Un instant pourtant, on put croire qu'une flotte
importante allait être constituée. Philippe II, qui avait
publié la nouvelle de son départ et renoncé à prendre
la route de Gênes, fit des préparatifs sérieux, tangibles
au moins, sur la côte cantabre, à Santander. Menéndez
d'Avilés était revenu de Floride, à temps, semblait-il,
pour prendre le commandement de la flotte royale.
Puis, tout fut brusquement décommandé. Les historiens

se demanderont toujours s'il y eut là une finesse
« castillane », une longue feinte pour abuser l'Europe,
pour extorquer aussi de l'argent aux Cortès de Castille,
ou peut-être encore pour cacher le plus longtemps
possible les raisons de l'envoi du duc d'Albe [158]. Explication qui est de loin la plus séduisante. En tout cas, des
calculs du roi, une fois de plus, rien n'a transpiré,
absolument rien. Philippe II n'est certes pas l'homme
des confidences. A sa cour même, chacun fut perplexe
en cette année 1567. Et Fourquevaux, pour s'excuser
d'en savoir si peu, écrivait un jour : les membres du
Conseil le plus étroit ne « savent où ilz en sont, que
ceste Majesté ne déclare ses intentions que au plus
tard qu'il peut » [159]. Nous ne saurons donc jamais
probablement, si le voyage de Philippe II a été une
feinte. En tout cas, il fut un des grands sujets de la
spéculation politique en 1567 et 1568. On y crut si bien
en France, que Catherine songea à une entrevue devant
Boulogne [160]. Mais rien ne dit formellement que Philippe II n'ait pas été sincère. Il est évident que sa présence
dans le Nord — et celle d'une flotte l'accompagnant —
aurait pu être décisive sur le cours des événements.
Mais après l'arrivée d'Albe à Bruxelles, en août [161],
après le retour à l'ordre des Pays-Bas, était-il nécessaire,
si grande paraissait alors la victoire royale, que Philippe II s'embarquât pour le Nord, « à la bouche de
l'hiver » qui commençait ? On ne cesse pas de lui
répéter, en 1568 encore, au moins jusqu'au printemps,
que *lo de Flandes esta quietissimo* [162]. Raison supplémentaire, en 1568 se déroule la tragédie de Don Carlos,
plus émouvante et plus dure encore dans sa réalité que
dans ses légendes déformantes [163]. Son fils enfermé en
janvier (il mourra le 24 juillet suivant), le père pouvait-
il partir [164] ?

Peu importe d'ailleurs ; car le tragique de la politique
espagnole des Pays-Bas, ce n'est pas le voyage manqué,
ou les voyages manqués de Philippe II — cette mécon-
naissance, prétend L. Pfandl, du magnétisme royal [165]
— mais bien le voyage conçu, prémédité et réalisé celui-
là par le duc d'Albe.

2. Le tournant de la guerre de Grenade

Dès la fin de l'année 1568 — chose curieuse, au cœur même de l'hiver — et plus encore en 1569, des guerres s'allument, l'une après l'autre, autour de la Méditerranée, très loin, mais aussi très près de ses rivages, en feux vifs et plus ou moins durables, mais qui disent tous le tragique grandissant de l'heure.

La montée des guerres

Loin de la Méditerranée, la guerre des Pays-Bas a commencé, la guerre, non plus les troubles. L'Espagne s'y trouve intéressée, et par elle, le monde méditerranéen tout entier. L'arrivée du duc d'Albe a instauré, en août 1567, un régime de terreur qui, pour un temps, a tout réduit au silence. Mais en avril 1568, les luttes ont commencé : les premières et inutiles attaques de Villiers et de Louis de Nassau [166] ont été suivies, en juillet, du grand raid de Guillaume d'Orange, tout aussi vain, et qui s'est terminé en novembre presque dans le ridicule, sur les confins de Picardie [167].

Mais si la guerre terrestre a été gagnée par le duc d'Albe, et pour longtemps (au moins jusqu'en avril 1572, jusqu'au soulèvement de Brielle), il n'en va pas de même sur mer. Dès 1568, une guerre sur l'Atlantique s'engage, entre Espagnols et Protestants [168]. Elle dégénère en une guerre économique, couverte et sans franchise, entre l'île anglaise et les Espagnols. Les coups partent des deux côtés. L'île sera ainsi privée de son ravitaillement normal en huile espagnole, nécessaire au traitement de ses laines [169]. A l'inverse, avec toutes les conséquences que cela entraîne, la grande route impériale de l'argent espagnol est coupée, les zabres biscayennes saisies avec leurs charges de métal. Sur le coup, le duc d'Albe n'a pas senti les conséquences de cette bataille pour la Manche et l'Atlantique. A l'instar de plus d'un politique incapable de sentir les signes avant-coureurs de l'avenir, il n'a pas compris que le danger, pour les Pays-Bas espagnols, ne venait pas tant de l'Allemagne ou de la France que de l'Angleterre.

D'autres l'ont, mieux que lui, senti et dit. Pie V qui était prêt à frapper l'hérésie au premier signe (il excommunia Élisabeth, en février 1569), proclamait avec véhémence, dans sa lettre du 8 juillet 1568 [170], que c'était le moment ou jamais de faire l'entreprise d'Angleterre. L'ambassadeur Guerau de Spes, mêlé dans l'île aux intrigues de Marie Stuart et au complot des barons du Nord, les organisant de son mieux, risque de pêcher par optimisme et, pris dans un petit secteur du jeu espagnol, de ne pas s'élever à l'ensemble. Mais il n'avait peut-être pas tort de penser qu'en cette année 1569, une partie décisive et nouvelle permettait de jouer contre l'Angleterre de la carte écossaise, voire de la carte irlandaise [171], et de la révolte, prête à éclater, des grands seigneurs catholiques du Nord. Philippe II a été tenté par cette politique risquée, le duc d'Albe s'y est opposé et l'a emporté contre son souverain, en raison du manque de crédits et de la situation européenne. Esprit étroit, ce faux grand homme a mené une politique de myope, frappant à portée de main. Il a retardé outre mesure le pardon général ; laissé s'enfuir en Angleterre la reine d'Écosse et l'Écosse devenir protestante ; laissé se soulever en vain les barons du Nord [172] dont la révolte fut réprimée par Élisabeth rapidement et à peu de frais ; enfin, au lieu de frapper l'Angleterre inquiète, il a négocié, finassé, alors que le temps ne travaillait pas pour lui. Le Prudent, en 1569, ce n'est pas le roi, c'est lui, dont l'éloignement et la conjoncture font, plus que son souverain, le maître de l'heure. Lui qui n'a pas su voir que, loin de l'étroite zone terrorisée où il croyait régner, la guerre des années à venir se dessinait déjà avec son vrai visage.

En France où la paix de Longjumeau n'avait duré qu'un instant, la troisième guerre religieuse commençait en août 1568, avec la fuite de Coligny et du prince de Condé vers la Loire [173], en liaison indubitable avec l'action espagnole dans les Flandres. Mais la retraite des chefs huguenots vers le Sud rapprochait à peine la guerre de la Méditerranée — cette Méditerranée où l'on avait craint, durant le mois de juillet, une descente des

« reistres » allemands que la paix de Longjumeau avait laissés sans emploi et qui, aidés des Protestants, eussent pu, croyait-on, aller vers l'Italie[174]. Hypothèse accueillie en Espagne avec scepticisme, et que la reprise des hostilités en France rendit vite à son néant. La troisième guerre civile, si violente, si cruelle, n'intéressera le domaine méditerranéen qu'un instant, à partir du printemps 1570, quand dans sa « déroute en avant », après l'année de Jarnac et de Montcontour, l'amiral gagna, de la vallée de la Garonne, le midi méditerranéen, puis la vallée du Rhône[175]. Il y eut aussi alerte en Espagne, durant l'été 1569, quand l'amiral gagna la Guyenne[176], occasion pour les Catholiques de demander à être soutenus du côté des Pyrénées, comme ils l'avaient été du côté des Flandres[177]. Cette aide n'était pas nécessaire pour que la disproportion des forces fût flagrante en faveur des Catholiques. Mais faut-il penser, avec Francés de Alava, qu'il eût suffi que la cour le veuille pour qu'on en finisse, sans peine, avec les Protestants, et spécialement l'amiral ? L'ambassadeur espagnol rend responsables les conseillers du roi, Montmorency, Morvilliers, Limoges, Lansac, Vieilleville[178]. Comme si le courage ne comptait pas, comme si l'espace n'existait pas, comme si les traqués de France ne s'appuyaient pas sur l'aide puissante des Protestants étrangers !...

Guerres d'Europe. Mais en Orient aussi, et assez loin également des rivages de la Méditerranée, la guerre sévissait sur les vastes confins de la Turquie, depuis les approches de la mer Noire jusqu'aux rivages de la mer Rouge. Large guerre périphérique qui, en 1569, plus que tout autre motif, paralysera, en Méditerranée, l'action possible de Sélim et de ses flottes. Guerre étrange au demeurant, indirectement affrontée aux forces de la Perse hostile, devenue, entre l'Asie, spécialement l'Asie centrale, l'Inde et l'océan Indien — une grande plaque tournante.

Première zone d'hostilité, la région Sud de la Russie actuelle. Les Turcs, d'accord avec les Tartares de Crimée, appuyés sur eux et sur des levées massives de paysans roumains qu'ils destinent aux travaux de terrassement, s'efforcent de reprendre aux Russes Kazan et Astrakhan [179], où ceux-ci se sont établis en 1551 et 1556. Sans croire à la lettre les chiffres des informateurs européens, on peut admettre, vu l'immensité du terrain d'action, que cette guerre réclame de gros effectifs, de puissants transports, des accumulations de vivres et de munitions à Azof, base des opérations.

Le but de cette expédition est-il seulement de frapper le Moscovite, de le punir (comme l'explique la très formaliste diplomatie turque, soucieuse une fois de plus de se justifier) afin de soutenir un vassal, le Khan de Crimée, injustement frappé par les Russes ? En fait, Turcs et Russes, au XVIe siècle, ont pareillement à souffrir des pilleries de ces nomades et ne seraient pas trop éloignés de s'entendre contre cet État tampon [180]. D'autre part, on n'a guère l'impression d'un vaste dessein des Turcs pour s'ouvrir les chemins de l'Asie Centrale. Reste le motif, plus simple, d'une manœuvre militaire à grande distance contre les Perses. Les Turcs ont fait le projet de creuser un canal du Don à la Volga, joignant ainsi la Caspienne à la mer Noire, et d'ouvrir un chemin à leurs galères jusqu'aux rivages intérieurs de la Perse. Danger évident que le Sophi a senti [181] ; en conséquence, dans des conditions qui nous échappent, il a travaillé à soulever contre les Turcs les peuples et princes du Caucase. Que la vaste entreprise tourne court, en 1570, que les Russes s'emparent du matériel et de l'artillerie de l'agresseur, n'enlève rien au poids de l'entreprise [182].

En même temps s'affirme une autre guerre, commencée depuis deux années déjà, à travers les pays arabes, depuis l'Égypte jusqu'à la Syrie, trouvant son point névralgique au Sud, dans la révolte du Yémen [183]. « Les pays arabes », cela veut dire la grande zone de passage du commerce du Levant. Leur révolte coûte aux Turcs presque deux millions d'or par an, d'après les évaluations des contemporains [184], à quoi s'ajoutent les gros frais et les difficultés d'une guerre lointaine.

Ce qui laisse croire à l'intensité de ces deux guerres à

l'arrière du pays turc, c'est l'inaction du sultan sur la façade méditerranéenne, l'abandon quasi complet [185] de la mer où le Chrétien, au moins à l'Ouest et au Centre, fait ce qu'il veut. En août et en septembre, autour de la Sicile, les galères de Doria et de Juan de Cardona poursuivent, sans être inquiétées, une fructueuse chasse aux corsaires [186]. Mais il faudrait mieux connaître les dessous de l'histoire ottomane pour juger exactement de la politique du Grand Seigneur. Car brusquement, à la fin de l'année 1569, l'arsenal de Constantinople est réveillé de sa torpeur des quatre années précédentes par les grands préparatifs destinés à l'expédition de Chypre [187]. Or, le projet de cette expédition remonte probablement à des années en arrière, au moins à la fortification de la Caramanie, en 1567. Peut-être est-ce à cause d'elle, en partie au moins, que le sultan a facilement accepté une trêve avec l'empereur ? et à cause d'elle, aussi, qu'il a voulu régler, avant de s'engager dans cette importante entreprise, ses affaires intérieures ? D'où la vigueur de son action dans les guerres dont nous venons de parler, en 1569. On dit que cette année-là, Joseph Micas, à qui le sultan avait déjà promis Chypre, faisait figurer les armes du royaume dans ses armoiries. On dit aussi que l'incendie qui dévasta à point nommé, le 13 septembre 1569, l'arsenal de Venise, serait également l'œuvre de Micas, c'est-à-dire d'agents payés par lui [188].

Ce qui est sûr, c'est que l'attaque turque contre Venise était dans l'air, depuis longtemps. Et sans doute est-ce la raison des bruits d'une entente de l'Espagne avec la Seigneurie [189] que la prudente Venise faisait répandre et dont le centre de dispersion était Rome. Venise, c'est évidemment une flotte redoutable. Mais c'est aussi un corps fin et fragile, sans commune mesure avec la masse turque. Attaquée par ce monstre — Dieu sait qu'elle a fait, toujours, toutes les concessions pour éviter ce désastre — elle ne saurait résister qu'appuyée sur la Chrétienté, sur l'Italie et sur l'Espagne, c'est-à-dire sur Philippe II qui tient l'une et presque l'autre.

Les débuts de la guerre de Grenade

Dans ce monde de relations tendues, où le rythme des armements se précipite, la guerre de Grenade explose avec une violence qui n'a rien à voir avec l'importance réelle, à ses débuts, d'une opération militaire de second, voire de troisième ordre. Mais on ne saurait dire à quel point cette nouvelle « sonnante » a pu susciter au-dehors calculs et espoirs, combien elle a exalté les passions et transformé le climat de l'Espagne.

Les faits sont connus. A l'origine, un incident insignifiant : quelques Morisques, dans la nuit qui suit la Noël de 1568, gagnent Grenade, pénètrent dans la ville, demandant à grands cris que ceux qui veulent défendre la religion de Mahomet les suivent [190]. Entrés une soixantaine, ils ressortent un millier [191]. « Il se confirme, écrit le nonce à Madrid, que ce n'est pas un fait d'aussi grande importance qu'on le dira peut-être » [192]. Effectivement, l'Albaïcin, la grande ville indigène, n'a pas bougé. Rien ne dit pourtant que, sans la neige qui avait bloqué les passes de la montagne, Grenade n'eût pas été envahie par des forces considérables [193]. Le coup de main aurait pu avoir alors un tout autre effet et incendier la ville entière. Son échec obligea les révoltés à se réfugier dans la montagne ; d'autres Morisques les y rejoignirent bientôt, plus souvent originaires des autres localités du royaume que de sa capitale [194]. On les évaluait à 4 000 environ. « Les uns disent davantage, les autres moins, écrivait Sauli à la République de Gênes. Jusqu'à présent, je n'ai pu en savoir le vrai. On juge que ce sera un feu de paille, car le soulèvement a lieu hors de saison, et les préparatifs qui se font contre eux sont infinis. De Cordoue, d'Ubeda, de Baeza et autres lieux sont sortis un grand nombre de cavaliers et de fantassins. » [195] Selon certains bruits, les Morisques auraient fortifié Orgiba, une ville du duc de Sessa, mais sans artillerie, que faire ? « On a dit, continue Sauli, que parmi eux il y aurait 300 Turcs, mais par ailleurs, on apprend qu'il s'agit seulement de huit ou dix rescapés d'une galiote qui avait donné par le travers sur ces côtes. » Rapport plutôt optimiste ; on n'en est encore qu'aux premiers jours de l'affaire, et cette prose est malgré tout d'un partisan : Sauli, comme tous les agents génois (ou toscans d'ailleurs) dit en parlant des Espagnols : « les nôtres » ; Fourquevaux, comme bien on pense, est à la fois plus objectif et moins optimiste.

Car cette guerre de religion, cette guerre de civilisations ennemies, s'étend d'elle-même avec rapidité, dans un terrain préparé à l'avance par la haine et la misère [196]. Dès janvier, Almeria est bloquée par les révoltés [197]. En février, le duc de Sessa qui a ses domaines, villages, villes et vassaux à Grenade, estime à 150 000 le nombre des révoltés, dont 45 000 en état de porter les armes [198]. En mars, la révolte déborde de la montagne sur la plaine [199]. Et la liaison des révoltés avec Alger ne fait plus de doute pour personne [200].

Pour les responsables, d'ailleurs, le soulèvement avait tout de suite paru grave. Peut-être parce que le Midi de l'Espagne avait été inconsidérément dégarni d'hommes, afin d'alimenter l'expédition du duc d'Albe. Plus qu'ailleurs on y avait multiplié les recrutements. Et puis, l'Espagne était déshabituée de la guerre chez elle. Elle n'était pas en posture de combat. La première précaution fut d'envoyer de l'argent, pour des levées immédiates, à Mondéjar, capitaine général de Grenade, et au marquis de Los Velez, gouverneur de Murcie. En même temps, les galères espagnoles étaient alertées pour empêcher d'éventuels secours en provenance d'Afrique [201].

Le gouvernement espagnol s'efforça de tenir secrète la révolte : *sera bien de tener secreto lo de Granada*, écrivait Philippe II en marge d'une lettre destinée au vice-roi de Naples [202]. Mais comment faire, lui répondait-on de Naples, le 19 février [203], alors que la nouvelle circule déjà, transmise par Gênes et par Rome ? Et bien entendu, elle a pris rapidement le chemin de Constantinople, où les révoltés ont envoyé eux-mêmes une demande de secours [204]. Du cœur de l'Espagne à la Turquie fonctionne une chaîne ininterrompue de relais pour les nouvelles, sans compter ces Morisques itinérants et fugitifs, infatigables marcheurs, voyageurs et agents de liaison : ils ont leurs correspondants et leurs avocats en Afrique du Nord, comme à Constantinople. Aussi bien, à l'origine de l'affaire morisque, tout comme dans l'incendie de l'arsenal vénitien, il n'est pas sûr que le gouvernement turc ne se soit pas immiscé... En juin 1568, Don Juan est en grande conversation, à Barcelone, avec un capitaine grec qui lui offre de soulever la Morée. Pourquoi ne pas imaginer, en 1565, 1566, 1567 ou 1568, une rencontre analogue, celle d'un Tagarin ou d'un Mudejar avec un quelconque des maîtres de la flotte turque ?

En tout cas, dès que la nouvelle eut franchi les espaces de la mer Intérieure et les épaisseurs de l'Europe, il y eut pour le moins deux guerres morisques différentes : la réelle qui se déroulait dans les hauts pays de la Sierra Nevada, assez décousue et décevante, guerre de montagnes, pleine de surprises, de difficultés, d'affreuses cruautés aussi ; l'autre, cette « guerre de Grenade » telle qu'au loin la dessinent les avis les plus contradictoires, destinés à remuer toutes les passions. Passions d'Europe. Et passions d'Orient, qu'alimente un réseau serré de complicités et d'espionnage, en sens inverse de celui que nous suivons avec tant de facilité d'Est en Ouest, parce qu'il concerne l'Europe Occidentale et que l'Europe Occidentale a rangé ses papiers.

Quelles que soient les proportions de l'affaire, l'Espagne est secouée dans toute sa masse par cette guerre domestique. En janvier 1569, le soulèvement est le thème de toutes les conversations de la cour [205], la « plus sonnante nouvelle que l'on ait icy à présent », comme dit Fourquevaux [206]. « L'alarme est très chaude, en tout le royaume », continue l'ambassadeur [207] qui trouve l'occasion bonne de philosopher : c'est bien un signe des temps que les révoltes de sujets contre leurs princes légitimes, hier contre Charles IX en France, contre Marie Stuart en Écosse, contre le Roi Catholique dans les Flandres. « Le monde est aujourd'hui enclin à sédition et les subjects à rebellion en divers endroictz. » Charles IX répondra d'une plume plus ou moins sincère, qu'il espère bien que ces séditieux seront châtiés, et « tous ceulx qui comme eux ont pris les armes pour

troubler l'estat de leur Roy et souverain » [208]. Mais était-
il fâché de la situation qui, pour l'Espagne, devenait
préoccupante ?

Les mesures de riposte demandèrent, en effet, du
temps pour se mettre en place. Comment agir vite dans
ces montagnes difficiles, sauvages où les colonnes
risquaient de mourir de faim — et en mouraient, le cas
échéant ? Comment bloquer la longue côte des pays
insoumis, aux anses innombrables, accessibles aux navires d'Alger ou de Barbarie, porteurs d'hommes, de
munitions, d'armes (les captifs chrétiens servent de
paiement : un prisonnier pour une escopette [209]), d'artillerie [210] et de vivres, riz, blé ou farine ? Au long de ces
côtes où des seigneurs — non point le roi — sont les
maîtres ordinaires, où la contrebande et la course ont
leurs chemins et leurs habitudes [211]. Sur mer et sur terre,
rien ne va bien au début. Mondéjar est un admirable
chef, mais derrière lui, le futur cardinal Deza le dessert
et le paralyse. Il contribue à mettre en avant le
marquis de Los Velez, un incapable. L'inefficacité de la
répression étend l'affreuse guerre qui déjà progresse
d'elle-même.

Tout cela n'empêche point Philippe II de faire beau
visage : du tumulte de Grenade, il ne « faict point de
cas par semblant », note Fourquevaux [212]. Il prétend
que les Turcs ont bien d'autres soucis ; que le secours
algérois est impossible, avec la garde des galères ; il
suffira, pour tout faire rentrer dans l'ordre, des seules
« communautés chrétiennes », entendez les milices
d'Andalousie... Optimisme officiel qu'on ne partage
pas à l'étranger où les agents de l'Espagne se fatiguent
à lutter contre les exagérations malveillantes. A Londres,
Guerau de Spes se lamente particulièrement à ce sujet.
En mai, on a été jusqu'à publier « à bouche pleine »
que d'autres royaumes d'Espagne s'étaient soulevés
contre Sa Majesté. « Les gens d'ici ne connaissent pas
la fidélité des Espagnols [213]... »

Il est vrai qu'à toutes ces rumeurs grossissantes, les
Espagnols n'ont pas à opposer une de ces bonnes
victoires où l'on précise, avec le champ de bataille, le

nombre des morts et des prisonniers... Les opérations sont décousues, les effectifs minces dans cette petite guerre cruelle où, en dehors de tout contrôle, de vraies chasses à l'homme s'organisent, d'un côté comme de l'autre [214]. Guerre de patrouilles, mal faite pour les communiqués. La tempête qui disperse et malmène les galères du grand commandeur de Castille au large de Marseille, le 8 avril, alors qu'elles rejoignaient les côtes d'Espagne, y fait figure de grand événement, bien qu'elle n'ait point eu l'allure de catastrophe qu'on se plut alors à annoncer [215].

Mal engagée et mal conduite, avec des fautes à tous les échelons, la guerre de Grenade faisait long feu et coûtait cher. La nomination de Don Juan d'Autriche au commandement général, au mois d'avril ne changea rien, au début. L'expérience avait montré l'impossibilité de se servir des seules milices, la nécessité de faire venir des troupes d'Italie (prélevées sur les *tercios* de Naples [216] et de Lombardie [217]), de lever des troupes en Catalogne [218]. Il fallut donner à ces renforts le temps d'arriver et la situation ne se retourna avec netteté qu'à partir de janvier 1570, quand Don Juan, enfin libre d'agir, se décida à porter les premiers grands coups. Janvier 1570 c'est-à-dire un an après le début de l'insurrection.

Jusque-là, qu'avait-on fait ? Rien à peu près, sinon nourrir des espoirs — notamment que la famine, à elle seule, saurait réduire les insurgés [219]. Et conserver Grenade que, jusqu'à la fin de l'année, Don Juan d'Autriche aura l'ordre exprès de ne pas quitter [220]. On a voulu y voir une « brimade » de Philippe II à l'égard de Don Juan : c'est une fois de plus « personnaliser » une politique qui ne manque point de raisons d'être, en dehors des personnes. C'est aussi minimiser les craintes des responsables que résume l'exclamation de Francés de Alava : « Dieu veuille qu'avant que ce chien [le sultan dont on apprend les préparatifs maritimes] puisse armer, les révoltés de l'Alpujarra aient été châtiés ! » [221] On pouvait craindre aussi que la sédition s'étendît hors du royaume et que les Morisques d'Aragon « fissent les enragez comme les dits de Grenade font » [222]. Ce n'est plus à 30 000 hommes (nombre présumé des révoltés au début d'août), mais à 100 000 au bas mot qu'il faudrait faire face dans ce cas [223].

Non, il ne s'agissait point de « brimer » Don Juan. Mais de comprendre ce qu'il convenait de faire. Il avait fallu du temps, beaucoup de temps à Philippe II, pour s'apercevoir que le succès qu'annonçait un courrier [224] et qui paraissait décisif, n'était rien en réalité, les Morisques pouvant fuir « comme daims » devant les arquebuses espagnoles [225] et ne pas s'en porter plus mal. Pour comprendre que l'on devait prendre la chose au sérieux, que la situation, telle qu'elle était à l'automne : le bas pays et les villes aux Chrétiens, les montagnes aux rebelles [226], menaçait de s'éterniser, et dangereusement, étant donné l'étendue des préparatifs que le Turc faisait visiblement à Constantinople.

On jugera cette compréhension tardive. Mais, une fois de plus, les craintes même de Philippe II sont paralysantes. La menace de la flotte turque exigerait qu'on en finisse avec Grenade, soit. Mais cette menace expose l'Italie autant que l'Espagne et, en octobre, Juan de Zuñiga a demandé au roi de renforcer l'armée espagnole d'Italie [227], cette Italie que l'on a dégarnie pour les Flandres, qu'il importerait encore de dégarnir (c'est ce qu'on fera en décembre) pour Grenade. Il faudrait de l'argent aussi, encore de l'argent, et les immenses dépenses des Flandres en absorbent tellement déjà... Il a fallu d'une part que le péril d'une intervention extérieure se précisât d'une façon nette, d'autre part que la guerre prît vraiment mauvaise tournure pour que Philippe II se résignât au nécessaire.

Le 26 octobre, on dit officiellement au nonce que si la guerre se poursuivait pendant l'hiver, si elle gagnait les autres régions morisques, si, enfin, le Turc intervenait, c'était l'Espagne qui risquait de retomber aux mains des Musulmans. Le nonce pensa bien que cet aveu était destiné à arracher des concessions au Souverain Pontife, notamment celle de la *Cruzada*, mais il correspondait à une inquiétude réelle [228]. On connaissait parfaitement, à Madrid, les liens des Morisques avec le monde musulman. Durant l'automne, on apprit successivement que les ambassadeurs morisques, de retour de Constantinople, avaient été reçus à Alger où on leur avait promis des milliers d'arquebuses [229] ; puis que trois Juifs, riches marchands venus à la Cour de France à cause de leurs intérêts dans les créances de Joseph Micas, racontaient que l'armada viendrait en 1570, *a dar color y ayuda a los moros de Granada*. La demande en avait été faite aux Turcs par des envoyés morisques, et de la part des rois du Maroc, de Fez et de « trois ou quatre autres de Barbarie... [230] ». Ce qui concordait avec les renseignements, arrivés presque au même moment à Madrid, au sujet des préparatifs militaires du chérif contre les présides marocains ; ils faisaient craindre une invasion concertée de l'Espagne par les Musulmans [231].

Or, chacun reconnaissait maintenant que les choses allaient fort mal à Grenade, le nonce [232], l'agent toscan Nobili [233] et Philippe II lui-même, dans sa correspondance avec Don Juan [234]. Les signes en étaient d'ailleurs visibles. En décembre, on expulsait tous les Morisques de la ville de Grenade, mesure excessive, désespérée [235], qui fait penser que les renseignements reçus aux Pays-Bas dans les derniers jours de l'année étaient justes : à savoir que les Maures, parfois armés d'arquebuses, faisaient de très nombreuses incursions dans le royaume, si bien qu'à Grenade ou à Séville, les gens n'osaient plus « mettre le nez dehors » [236]. Il était temps d'agir. Le 26 décembre, Philippe décidait, pour se rapprocher du théâtre d'opérations, de tenir les Cortès de Castille à Cordoue [237].

Une conséquence de Grenade : la prise de Tunis par Euldj Ali

Les embarras de Philippe II à Grenade allaient coûter son trône à l'un des « rois » de Berbérie... A Tunis, le protégé de Charles Quint, Muley Hassan, remis sur le trône par l'empereur et contre les Turcs, en 1535, avait été évincé par son propre fils, Muley Hamida. Celui-ci, pris entre les Espagnols, les Turcs et ses « sujets », c'est-à-dire les gens de Tunis et les Arabes, nomades et sédentaires du Sud, avait gouverné comme il avait pu, plutôt mal que bien. Peut-être en s'appuyant, comme le suggère une remarque de Haedo [238], sur les petites gens contre les grands seigneurs, mais de toute façon, en trahissant et mécontentant tout le monde. Après vingt ans d'exercice de ses fonctions, il avait donc plus d'un ennemi domestique et son pouvoir était plus fragile que ne l'avait jamais été celui des souverains de Tunis. La proie était à prendre et la guerre de Grenade allait la faire choir entre les mains des Algérois.

Car si les Algérois, en 1569, ont aidé les Morisques dans leur révolte — par intérêt, par lucre et aussi par passion religieuse : c'est dans une mosquée d'Alger qu'on rassemble les nombreuses armes offertes pour les révoltés — il ne semble pas qu'Euldj Ali, roi d'Alger depuis mars 1568, ait voulu assumer pour eux de gros risques. Il s'est occupé, comme le remarque Haedo, de la défense de sa ville beaucoup plus que de Grenade. Peut-être sur un ordre de Constantinople, mais beaucoup plus probablement à cause des sollicitations d'agents espagnols : nous connaissons au moins les instructions données à un certain J. B. Gonguzza delle Castelle, qui fut dépêché à Alger, en 1569 [239]. D'ailleurs, aider largement les Morisques eût signifié forcer le barrage maritime de l'Espagne, opération qui pouvait être coûteuse. Et peut-être Euldj Ali ne tenait-il pas à voir se prolonger le blocus économique pratiqué par l'Espagne à son endroit [240].

Mais surtout, pourquoi se dépenser pour autrui, alors que la guerre de Grenade offrait une occasion particulièrement propice de mettre à exécution le projet, cher à tous les maîtres d'Alger : la conquête entière de la péninsule nord-africaine ? C'est la reprise du coup de main de Barberousse en 1534, et, si l'on veut, bien que dans une autre direction, celle de l'expédition de Salah Reis contre Fez, en 1554. Preuve de l'efficacité du service de renseignements espagnol et de ses liaisons avec Alger, on a connu à Madrid tous les projets d'Euldj Ali, le retour des ambassadeurs morisques venant de Constantinople [241], les difficultés du « roi » avec Dely Hassan, maître de Biskra[242], et enfin la conquête de Tunis. Le 8 octobre, en effet, un Espagnol prisonnier à Alger, le capitaine Hieronimo de Mendoza, disait avoir eu connaissance, de source très sûre, des préparatifs d'Euldj Ali contre Muley Hamida. Le 29 octobre, une nouvelle lettre confirmait la première et Philippe II donnait l'ordre d'avertir immédiatement D. Alonso Pimentel, le gouverneur de La Goulette[243].

Cependant, Euldj Ali avait déjà quitté Alger, au cours du mois d'octobre[244], sans se faire accompagner d'aucune flotte (la mer avait déjà cessé d'être praticable), avec 4 ou 5 000 janissaires qui prirent la route de terre, par Constantine et Bône[245]. A son passage, de Grande et de Petite Kabylie, de nombreux volontaires se joignirent à son armée, plusieurs milliers de cavaliers notamment avec lesquels il déboucha sur la plaine de Béjà, à deux petites journées seulement de Tunis. Les soldats de Muley Hamida s'étant débandés sans avoir combattu, le roi vaincu se réfugia dans sa ville, puis ne s'y sentant pas en sûreté, gagna la forteresse espagnole de La Goulette, avec quelques fidèles et ce qu'en route, on n'avait pu lui dérober de ses trésors. Fin décembre, dit Haedo (mais un avis d'Alger donne comme date le 19 janvier, ce qui semble plus exact[246]), Euldj Ali entrait à Tunis, sans combat. Le Calabrais, bien reçu par les Tunisois[247], occupa le palais et organisa sa conquête, parlant haut, menaçant, corrigeant ; en mars[248], il reprit le chemin d'Alger, laissant à Tunis une grosse garnison qui vécut aux dépens des Tunisiens, sous le gouvernement d'un de ses lieutenants, un renégat sarde, Cayto Ramadan[249].

Mais sans la grosse alerte de Grenade, avec une armada chrétienne concentrée à Messine, l'opération eût été très risquée. Et d'ailleurs l'Espagne allait-elle accepter l'événement[250] ?

Grenade et la guerre de Chypre

La prise de Tunis, en janvier 1570, a été la conséquence du déséquilibre créé par la guerre de Grenade. Ce déséquilibre intervient aussi dans la guerre de

Chypre, le grand événement de l'année 1570, et dans la conclusion de la Ligue entre Rome, Venise et l'Espagne, conséquence directe de l'attaque turque.

La guerre morisque, en effet, s'est prolongée durant toute l'année 1570, au moins jusqu'au 30 novembre, date à laquelle Don Juan a laissé Grenade sinon entièrement, du moins pratiquement pacifiée. Elle s'est prolongée sans cesser d'être une guerre difficile et coûteuse. Pourtant, avec la nouvelle année, elle avait pris un autre visage. Nul doute que le tout jeune Don Juan d'Autriche — il avait 23 ans — ne fût déjà un vrai chef, par son allant et son courage. Le roi avait mis de gros moyens à sa disposition et sa présence à Cordoue, à partir de janvier, en abrégeant les va-et-vient des ordres et des rapports, en obligeant les exécutants à plus de zèle, eut ses avantages, que n'apprécièrent peut-être ni les gens de la Cour, ni les agents diplomatiques qu'on obligeait à vivre sur les arrières de l'armée, aux prises avec de multiples petites difficultés de logement et de nourriture [251].

La situation ne se renversa pas d'un coup. Le premier gros engagement, à l'occasion du siège de la petite ville morisque de Galera, haut perchée et difficile d'accès, où l'artillerie ne pouvait facilement « nuyre » [252], ne fut pas un succès. La garnison lutta avec une énergie surhumaine et l'attaquant dut, lui-même, déployer des vertus peu communes pour emporter la place, après une affreuse tuerie. La ville tombée ouvrait le chemin de la montagne : les troupes victorieuses s'y engagèrent. Mais les Morisques fondirent alors sur elles des hauteurs de la Sierra de Seron et une panique incoercible fit refluer les vainqueurs de la veille [253]. C'est au cours de ce presque désastre que le précepteur de Don Juan, Luis Quijada, trouva la mort [254].

Cette guerre d'embuscades était faite pour démoraliser le soldat, le porter, au gré des événements, à la cruauté, à la lâcheté ou au désespoir. Don Juan, en mars, parle lui-même de la démoralisation de ses hommes [255], de leur indiscipline [256]. A peine réunies, les troupes se débandent... L'appel du pillage déclenche une guerre individuelle et spontanée qui gagne comme une lèpre, touche même les pays pacifiques. Toutes les villes d'Espagne sont encombrées d'esclaves morisques à vendre ; on en expédie par bateaux en direction de l'Italie. Dans la montagne cependant, les insurgés sont encore 25 000 environ, dont 4 000 Turcs ou Barbaresques. Il leur reste des vivres en abondance (chez eux les céréales ne valent que quatre réaux le *staro* et le blé 10 réaux, note un informateur [257]) ; ils ont des figues et des raisins secs et peuvent compter sur le ravitaillement des brigantins et des fustes d'Alger [258]. Surtout l'espoir de l'intervention turque les soutient [259]. Sans doute est-ce la montagne qui seule les garantit contre la supériorité de leur adversaire. Mais c'est un gros problème de réduire l'énorme massif. Les deux colonnes qui se partagent les forces espagnoles, l'une avec Don Juan lui-même, l'autre avec le duc de Sessa, progressent très lentement. Le 27 mars, Sauli, donnant quelques détails sur les dernières avances, conclut une lettre pleine de « très bonnes nouvelles », par ces mots : *e con questo, li Mori restano del tutto esclusi della pianura*, les Maures se trouvent entièrement rejetés de la plaine [260]...

Suivre le détail des opérations, comme les correspondants diplomatiques de Madrid, tâche décevante : bonnes et mauvaises nouvelles se succèdent avec une apparente incohérence qui finit par dérouter les meilleurs observateurs et fait dire à Nobili (nous traduisons largement, en langage moderne) que « la guerre des Maures est le régime de la douche alternée, chaude et froide... » [261]. Ainsi, en mai 1570, tout près de Séville, une dizaine de milliers de Morisques, vassaux du duc de Medina Sidonia et du duc d'Arcos, se soulèvent : voilà la mauvaise nouvelle. Mais on apprend bientôt, et c'est la bonne surprise, que les révoltés n'ont pas rejoint la montagne dissidente : le roi a eu l'excellente idée de leur dépêcher leurs seigneurs qui les ont calmés et ramenés pour la plupart à leurs demeures. Ils ne s'étaient soulevés que parce que les Espagnols, profitant de la proximité du théâtre de la guerre, les enlevaient pour les vendre comme soi-disant butin et volaient leurs biens et leurs femmes [262]. Même aventure en mars, dans un village valencien où la révolte s'était allumée, puis éteinte aussitôt. Ces deux exemples indiquent toutefois que la guerre était loin d'être sûrement circonscrite. Mais le gros danger restait l'Alpujarras, ce monde sauvage, quasiment indomptable, où se réfugiait la dissidence. Jamais, même au XXᵉ siècle, la guerre de montagne n'a été facile. Celle-ci, en 1570, « consume et brusle l'Espagne à petit feu » [263].

Ce que ne pouvaient les armes, la diplomatie — pourquoi ne pas dire le service des affaires indigènes ? — finit par l'obtenir. Le premier roi des révoltés avait été assassiné. Le second subit le même sort. Le capitaine général de la révolte, l'Albaqui, arrivait le 20 mai au camp de Don Juan, baisait les mains du prince et se soumettait. Une paix fut signée. Les Morisques obtenaient leur pardon, l'autorisation de porter leur costume national, mais devaient se soumettre dans les dix jours et déposer leurs armes en des points désignés à l'avance. Les Barbaresques pourraient gagner l'Afrique sans être inquiétés [264]. Conditions assez douces qui permirent de parler de la « naturelle clémence de Sa Majesté » [265], mais elles témoignent surtout de son désir de se dégager, à tout prix, d'une dangereuse aventure. Était-ce du moins la vraie paix ?

Au 15 juin, 30 000 Mores avaient déposé les armes : des navires ronds et à rames avaient été mis à la disposition des Turcs pour regagner l'Afrique [266] et le dernier délai pour la soumission fixé à la Saint Jean [267]. Or, dès le 17 juin, les Inquisiteurs commencent à se plaindre : dans Grenade les Morisques soi-disant repentis se promènent, avec leurs armes, et content en public avec beaucoup de liberté leurs exploits, s'enorgueillissant du nombre de Chrétiens qu'ils ont tués et de ce qu'ils ont fait pour « offenser notre sainte foi catholique » [268]. Ils sont nombreux à se rendre à merci, dit une autre lettre, mais nul d'entre eux n'est encore venu confesser ses fautes au Saint-Office [269]. La capitulation n'était-elle pas un simple stratagème ? De petites fustes de Larache continuaient à apporter des armes, à telle enseigne que les galères de Sancho de Leyva avaient saisi cinq ou six petits bâtiments [270]. Or tandis que l'embarquement des Africains tardait [271], les soldats chrétiens, faute d'être payés, se débandaient avec les habituelles conséquences [272]. Tout cela n'était point fait pour donner aux révoltés le respect, ou une crainte salutaire de la force espagnole.

En fait, une guerre sporadique subsistait dans les montagnes, avec de dangereux coups de main contre les Chrétiens isolés [273]. « On réduit peu à peu les Maures de Grenade, écrivait Sauli [274], bien qu'il n'en manque point qui persévèrent dans leur rébellion. 400 Turcs sont passés en Barbarie, mais les Maures barbaresques sont restés. » Deux à trois mille Morisques étaient encore dans la montagne, avec leur « roi », et déclaraient ne vouloir se soumettre qu'à la condition d'être autorisés à rester dans l'Alpujarras, concession à laquelle le gouvernement royal ne voulait consentir. « Pour les réduire, expliquait Sauli, je me suis laissé dire qu'il faudrait pour le moins une campagne d'une année, car ces dits Mores ont récolté beaucoup de grain et semé millet et céréales. Les nôtres ne peuvent les empêcher de moissonner, n'ayant pas d'armée suffisante pour une pareille faction. » [275]

Dans ces conditions, quelles illusions pouvait-on avoir au sujet de la « pacification » du royaume ? Don Juan le répétait dans sa lettre du 14 août : on n'aurait la paix qu'en expulsant les Morisques [276]. Oui, mais évacuer un royaume c'était bien autre chose qu'évacuer une ville, comme on l'avait fait l'année précédente, à Grenade. On prit donc à Madrid le parti de dire et répéter que tout était fini. Et chaque ambassadeur de l'écrire à son prince [277]. Au moment même, Don Juan d'Autriche, à pied d'œuvre, discourait sur la façon, ou les façons de réduire les Morisques de Ronda et d'entrer dans l'Alpujarras [278]. En septembre, il était encore question de gâter les vignes et les vergers des révoltés [279], de poursuivre les déserteurs — autre catégorie d'importuns — et en même temps de recruter de nouveaux soldats. Car la guerre continuait [280] comme un feu qui n'arrive pas à s'éteindre. Le petit roi des révoltés ne faisait plus face ; il se contentait de fuir de roche en roche. Et tous les forts que l'on construisait dans la montagne, toutes les garnisons dont on les emplissait, n'empêchaient pas les insurgés de glisser à travers les surveillances et d'aller, à bon escient, surprendre les Chrétiens [281].

C'est alors que le gouvernement espagnol se décida à des déportations massives. Nul doute que celles-ci n'aient été décisives. Çayas écrivait à F. de Alava, le 13 octobre : « l'affaire de Grenade est déjà en termes tels que V. S. peut la considérer comme achevée, ainsi qu'il convient au service et à la réputation de S. M. » [282]. Et cette fois, c'était vrai. Au début de novembre, Don Juan annonçait la pacification de la région de Málaga et des sierras de Bentomiz et de Ronda [283]. Les déportations s'étaient accomplies entre temps. Elles ont porté sur 50 000 individus, peut-être davantage, et ont surtout dépeuplé le bas pays. Que l'opération ait été pitoyable à voir, on a, à ce sujet, le témoignage souvent cité de Don Juan, cependant partisan de la déportation. « C'était la plus grande tristesse du monde, écrivait-il, le 5 novembre, à Ruy Gomez, car, au moment du départ, il y eut tant de pluie, de vent et de neige, que ces pauvres gens se suspendaient les uns aux autres en se lamentant. On ne saurait nier qu'assister au dépeuplement d'un royaume est la plus grande pitié qui se puisse imaginer. Enfin, c'est fait. » [284] L'agent des Médicis à Madrid, dont nous avons souvent cité la correspondance, le cavalier Nobili, dégageant assez bien la portée de cette mesure inhumaine, mais efficace, écrivait au grand duc : « Les affaires de Grenade sont maintenant terminées et je les résume d'un mot : les Mores soumis et ceux des basses terres maintenaient vivace la guerre, car secrètement ils fournissaient les révoltés de vivres. » [285] C'est eux qui furent expulsés.

Il ne restait plus désormais dans le royaume de Grenade d'autres insoumis que quelques milliers de Mores vivant comme des brigands [286] et, comme eux, divisés en bandes. Mais n'y en avait-il pas autant, si ce n'est davantage, dans les Pyrénées catalanes ? Sans qu'elle fût parfaite, avec sa marge normale d'insécurité policière, c'était la paix. Les Morisques avaient été réinstallés en Castille, tandis que, dans le royaume pacifié, les Vieux Chrétiens venaient coloniser les belles terres de Grenade : la Chrétienté, finalement, n'avait pas perdu à cette guerre [287].

Le 30 novembre, Don Juan quittait, pour ne plus la revoir, Grenade, théâtre de ses premiers apprentissages. Le 13 décembre, il était à Madrid [288]. Une autre tâche l'y attendait, qui était peut-être la suite même de la guerre qui venait de s'éteindre. Car si les Turcs, à cette heure, attaquaient Chypre (cher et déjà vieux projet de leurs états-majors), n'était-ce pas, entre autres raisons, parce qu'à l'autre extrémité de la mer, l'Espagne semblait entravée par sa guerre domestique ?

Les débuts de la guerre de Chypre [289]

On voit assez bien comment s'est organisée la politique turque, en cet hiver 1569-1570, avec une netteté sinon parfaite, du moins inhabituelle. Car la Turquie du XVIe siècle, historiquement parlant, est à peu près une inconnue. Historiens occidentaux, nous la saisissons du dehors, au travers des rapports d'agents officiels ou officieux de l'Occident. Mais en 1569-1570, le premier vizir, Méhémet Sokolli, est intimement lié au baile de Venise et sa politique n'est pas celle du gouvernement. L'écart de ces deux lignes permet, mieux que d'habitude, de pénétrer jusqu'au cœur de l'empire turc. C'est ce que disent les historiens. Est-ce vrai ?

Le nouvel empereur Sélim, chacun le sait dès son avènement, n'est pas belliqueux. Mais la tradition exige de lui qu'il marque le début de son règne par une conquête brillante, dont les profits permettent de construire et de doter les indispensables mosquées des nouveaux souverains. Nous avons constaté, sans l'expliquer à coup sûr, la semi-inaction des années 1567, 1568 et 1569. En 1569, au moment où éclate la révolte de Grenade, les soucis d'une entreprise en Russie et les vastes opérations de mer Rouge paralysent toute éventuelle action à l'Ouest. Mais les Morisques n'ayant pas encore mis bas les armes à l'automne, le problème de leur soutien se pose de façon aiguë. Le Turc pousserait-il son armada jusqu'aux côtes d'Espagne ? Dans la Péninsule, on a cru à cette possibilité. Mais il fallait à la flotte turque un appui sur la côte barbaresque ou française. La demande du port de Toulon comme abri fut faite ouvertement, si ouvertement même que l'on peut se demander si, plutôt que d'obtenir le port, le dessein n'était pas d'inquiéter l'Espagne, laquelle effectivement connut la chose et la commenta comme l'on pense. En fait les Turcs ont-ils jamais pensé à secourir les Morisques ?

Et d'abord, le secours direct des Grenadins par l'armada était-il techniquement possible, à pareille distance, avec l'évidente nécessité d'un hivernage des galères ? Paul Herre [290], dans son travail érudit sur la guerre de Chypre, estime que oui, mais dans la mesure même où il croit que ce fut réellement la politique désirée et soutenue énergiquement par Méhémet Sokolli, le premier vizir. Politique d'aigle, digne en tous points de Soliman le Magnifique, et dont témoignent mille documents. Mais quels documents ? Les lettres du baile, qui rapporte ses conversations avec le grand vizir. Or, il n'est pas exclu que le grand vizir ait pu jouer son interlocuteur. La confiance qu'il parut lui faire, ses confidences, ses faveurs, ses conversations que n'arrêta même pas la rupture consommée avec Venise, tout cela n'est-il pas très balkanique, très oriental ? et surtout, très conforme à l'intérêt de la politique générale du sultan ? Distraire Venise du péril qui se prépare, puis rester en relations avec elle (car la diplomatie n'est jamais inutile) : je ne dis pas que tel ait été forcément le sens de la comédie, si comédie il y a eu ; mais je ne crois pas le jeu aussi sincère que le présente Paul Herre, par trop préoccupé comme tant d'autres historiens, de montrer la décadence de la Turquie, de l'illustrer en mesurant la distance qui sépare la « politique d'aigle » de Sokolli : ne pas toucher Venise, mais secourir les

Morisques — de la politique médiocre et à courte vue de Sélim : frapper Venise et à l'extrémité de son empire, à Chypre, que l'on sait mal gardé.

C'est reconstruire de façon trop simple, avec le peu que nous savons, la politique turque, si diverse en son centre. Par exemple, dès 1563, la diplomatie ragusaine signalait les plans de... Soliman le Magnifique lui-même pour la prise de Chypre. Bosniaque de naissance, enlevé jeune encore à ses parents chrétiens, gravissant lentement les échelons de l'administration ottomane, en 1555 vizir du Divan, dix ans plus tard premier vizir, gendre de Sélim, Sokolli a grandi dans une cour difficile entre toutes, près d'un maître implacable et redouté. Quel apprentissage de maîtrise de soi, de dissimulation... On le dit ami de Venise ; il lui rendait des services contre très honnêtes récompenses. Ceci n'a jamais engagé un ministre à la cour du Grand Turc. On le prétend pacifique et pacifiste : c'est beaucoup dire, car ce qu'il veut, c'est une *pax turcica*, lourde aux faibles, glorieuse pour la Sublime Porte. Et puis, si la politique de Méhémet Sokolli avait été celle qu'on lui prête, aurait-il pu conserver la direction des affaires, continuer à tenir le gouvernail, alors que le bateau s'engage dans une autre direction ? On dit bien que sa politique fut mesurée, indiquée à demi-mots, adoucie quand il le fallait, laissée de côté au moment opportun. Mais les preuves de cette souplesse, où sont-elles ? Et que cette souplesse lui ait permis — tout en trahissant les desseins de son maître, en travaillant contre eux tout au moins — de résister à ses rivaux, au vizir Lala Mustapha, ancien précepteur du sultan, au général de la mer Piali Pacha, cet intrigant, enfin au grand Juif Micas, voilà qui paraît difficile, quand on connaît l'âpreté des querelles et des rivalités du Sérail. Par parenthèse, on se demandera ce qu'il faut penser du dernier de ces adversaires, personnage si douteux, créancier abusif (c'est certain au moins en ce qui concerne ses réclamations à l'égard de la France), type parfait de ce qu'on appellerait, avec nos idées d'aujourd'hui, l'espion né, sinon le traître de comédie. Sur lui aussi l'Occident —

l'Occident seul, hélas — fournit des lettres et des documents : Micas a des relations avec le grand-duc de Toscane, avec Gênes, avec l'Espagne, peut-être avec le Portugal... Trahit-il ? Ou bien, l'hypothèse restant permise, agit-il par ordre, lui aussi, jouant, sans oublier d'en tirer son profit personnel, un rôle calculé dans une politique plus concertée qu'on ne le croit ? Pour Paul Herre, c'est seulement un personnage « rien moins que propre »[291], qui agit par rancune ou par intérêt. Par rancune contre Venise qui a séquestré une partie des biens de sa femme ; par intérêt car dès 1569[292], on le dit désireux de devenir roi de Chypre, d'y installer une colonie de ses coreligionnaires. C'est vrai peut-être... Mais entre autres choses. Sans vouloir certes, comme le biographe et admirateur de cet inquiétant personnage[293], le faire blanc comme neige, reconnaissons qu'il nous échappe, que nous l'apercevons mal et, plus généralement, qu'il est dangereux d'aborder une grande page d'histoire turque par les mauvais chemins de la biographie et de l'anecdote.

Si l'on veut à tout prix bâtir des hypothèses, rien ne s'oppose à l'existence d'une politique turque fixée attentivement et précocement sur son objectif : Chypre ; agissant en conséquence et laissant à chacun jouer son rôle : à celui-ci la gentillesse à l'égard de Venise, à l'autre les tractations avec l'Espagne ou la France... La politique turque de-ci, de-là, tend ses écrans de fumée. Elle ne décourage pas les Morisques, mais ne pousse pas les Barbaresques à sortir de leur demi-soutien ; elle les blâme au besoin de courir l'aventure de Tunis[294], mais pratique, pour son compte, une politique toute semblable. Car, s'inquiétant peu d'aider, directement, ou par le moyen indirect d'une attaque contre la flotte espagnole, les Morisques dans l'attente, le Turc va essayer de profiter de l'aide qu'inconsciemment ils lui donnent pour régler, sans péril, ses propres affaires.

Décidé à ne rien négliger de ses chances, il cherche aussi, cette année-là, à ressaisir l'alliance française, qui s'était bien refroidie avec le rapprochement franco-espagnol de 1567-1568. Voilà qui donne son sens à la demande pour Toulon, en 1569, occasion de tâter le terrain, et à l'extravagant voyage à Constantinople du non moins extravagant Claude Du Bourg. Arrivant à une heure compliquée et anormale de la politique orientale et compliquant tout par ses « folles imaginations »[295], il se fâche rapidement avec l'ambassadeur en place, essaie d'abattre le banquier Micas et de s'attirer les faveurs du grand vizir Méhémet Sokolli ; au passage il travaille en faveur des Génois, et, quand il s'en revient par Venise, pendant l'hiver 1568-1569, en compagnie d'un ambassadeur turc extraordinaire, il porte cependant en poche le « renouvellement » des Capitulations. C'est que la Turquie est alors extrêmement préoccupée de recréer, à l'Occident, une France selon la tradition et selon ses intérêts. On voit d'habitude — orgueil occidental inconscient — la France tirant le Turc à elle, l'exploitant à ses fins. Mais il y eut aussi le Turc sollicitant, tirant la France à lui. Ainsi en 1569, en 1570, et il est alors question de la couronne de Pologne pour le duc d'Anjou et du prince de Transylvanie comme époux de Marguerite de Valois[296]...

Mais avec cette France déchirée de la troisième guerre civile, comment recréer l'entente franco-turque ? Le roi de France, engagé du côté des Catholiques, ne pourrait revenir de si loin. La meilleure preuve, c'est qu'il est d'accord pour qu'à Venise, on arrête Du Bourg et le Turc qui l'accompagne[297]. Du Bourg écrit lettres sur lettres, promet monts et merveilles. Il a tant de choses à dire ! On lui permet enfin de partir de Venise, mais c'est pour le faire arrêter à la Mirandole... Ce qui n'empêche d'ailleurs point le roi de France de se targuer de la médiation du pauvre Du Bourg entre la Seigneurie et le Turc[298] !

Pourtant, après la chute des Guises et du parti catholique intransigeant, la guerre civile allait faire halte un instant. L'armistice du 14 juillet était bientôt suivi par l'Édit de pacification de Saint-Germain, du 8 août[299]. Catherine alors de se tourner vers les Protestants, tant et si bien que l'on commence à parler des « mariages infernaux » (le qualificatif est de Francés de

Alava [300]), celui du duc d'Anjou et d'Élisabeth, d'Henri de Navarre et de Marguerite de Valois. Sur le plan diplomatique, la France accède alors à une grande politique anti-espagnole, l'Italienne ne se contentant plus de louvoyer entre les deux partis français, mais aussi entre les deux grandes puissances sur qui ceux-ci s'appuyaient si fort. Brusque éclaircissement de la situation française qu'on a le tort presque toujours d'expliquer uniquement par de petites raisons de personnes.

Que faisait le Turc cependant ?

Peut-être n'y a-t-il jamais eu d'hiver plus rude en mer, plus tempétueux, plus hostile à une circulation rapide des nouvelles que celui de 1569-1570 [301]. Ce mauvais temps, allongeant plus que de coutume les distances, renforçait les barrières de silence au-delà desquelles opérait le Turc. On savait cependant, et depuis des mois, qu'il armait à furie [302], de toute évidence pour frapper un grand coup. Sur Malte, sur La Goulette, sur Chypre ? Le jeu des pronostics continuait encore que le Turc avait déjà frappé Venise, partout où il avait pu l'atteindre. Toujours à cause de l'hiver, on mit un certain temps à l'apprendre à Venise même, où l'on était pourtant sur le qui-vive.

Jusqu'au bout, et contre l'évidence, Venise avait refusé de croire à son malheur. Un malheur : car Venise, dont on raille volontiers la prudence, Venise la courtisane, qui couche avec le Turc, pouvait-elle être autre chose que prudente ? Plus que de son esprit, elle était victime de son corps, de sa réalité terrestre, de son empire qui n'était qu'une longue chaîne de points d'appui maritimes, de son économie qui l'obligeait, comme l'Angleterre libre-échangiste du XIXᵉ siècle, à vivre de l'extérieur, de ce qu'elle y puisait et de ce qu'elle y écoulait. Sa politique ne pouvait, en aucune façon, être celle des vastes Empires espagnol ou turc (dont elle est à un certain point de vue la frontière), de ces Empires riches en hommes, en revenus et en espaces. C'est pourquoi la politique de Venise, calculée à chaque instant, ne s'éclaire qu'à la lumière de la raison d'État.

En cette seconde moitié du XVIᵉ siècle, cette sage prudence devenait cependant inutile, car le monde, dans son évolution, était contre Venise, contre sa formule politique ou, si l'on veut, sa formule de vie.

En 1570, elle vient de traverser une paix de trente ans, paix fructueuse qui a cependant, plus qu'on ne le pense et qu'elle ne le pense elle-même, affecté sa structure politique et affaibli ses défenses. Son système de fortifications, notamment, autrefois formidable, maintenant désuet, la désorganisation de son administration militaire, chaque jour signalée avec désespoir par les responsables de son armée, de sa flotte surtout, la mettent fortement au-dessous de ce qu'elle était quelques dizaines d'années auparavant [303]. Habituée à cette paix qui, toujours menacée depuis des années, a toujours été sauvée contre toute espérance, de plain-pied avec les mille intrigues du monde balkanique, elle s'est accoutumée à croire à l'efficacité des petits moyens. Elle n'arrive plus à prendre au tragique la politique ou la pantomime turque.

Or, au début, le Turc a cherché à l'intimider. Il a caressé l'espoir que Venise céderait sans combat, qu'il suffirait de frapper, puis tout de suite de négocier. Les marchands vénitiens sont donc arrêtés en janvier, leurs biens séquestrés [304]. En Morée, la mesure semble avoir été appliquée vers le milieu de février. Les navires subissent le même sort ; deux naves vénitiennes à Constantinople, déjà chargées, sont vidées de leurs marchandises et réquisitionnées pour le service de la flotte. Mais nous sommes loin de la « saisie des navires vénitiens », dont les historiens parlent comme d'un énorme coup de filet. En hiver, les bateaux susceptibles d'être pris avant de connaître la mesure ne pouvaient être nombreux. Puis la mesure, en soi, n'avait rien d'anormalement inquiétant. Les naves avaient reçu la promesse d'une indemnité et leur saisie n'était qu'un fait divers, assez banal au XVIᵉ siècle. Si Venise s'inquiète — et elle s'inquiète naturellement et arme en conséquence — c'est à l'annonce que le sultan va traverser, avec son armée, l'Anatolie et la Caramanie et qu'il a

placé sept cents janissaires nouveaux à Castelnuovo [305].
Ce qui n'empêchera pas, au contraire, le gouvernement
vénitien de Cattaro d'envoyer des présents au fils de
Mustapha Pacha, de passage à Castelnuovo [306]. Sans
doute est-il public à Constantinople, dès le 1er février,
que le Turc va réclamer la cession pure et simple de
Chypre, au nom (déjà !) des droits historiques de la
Turquie. Mais la nouvelle, notée dans la correspondance
de Grandchamp le 9 février [307], ne va parvenir à Venise
qu'en mars. Et déjà la guerre était là.

Voulant sans doute appuyer d'une menace précise sa
démarche diplomatique le Turc avait, en effet, attaqué
les possessions vénitiennes. Le lundi 27 février, le
mauvais temps jetait sur la côte adriatique, près de
Pescaire, la barque vénitienne d'un certain Bomino de
Chioggia, partie de Zara, le dimanche 26, et qu'un
terrible *temporal* avait déroutée au Sud du Mont
d'Ancône, à une vitesse inaccoutumée. Le patron,
honorablement connu d'un certain nombre de marchands, rapportait que 25 à 30 000 Turcs s'étaient jetés
à l'improviste sur Zara et qu'un hasard seul avait permis
à deux galères, grâce à leur artillerie, de repousser les
assaillants et de donner l'alarme [308]. On ne peut certifier
ces chiffres, mais le fait brutal, hors de doute, c'est
l'attaque de la longue et flexible ligne des postes
dalmates, au total 60 000 âmes (nous dit une relation
de 1576). Le Turc s'y acharne et fait de gros ravages [309].

Enfin, la nouvelle des exigences turques parvenait
officiellement à Venise [310]. Le chaouch Oubat, dépêché
de Constantinople le 1er février [311], passait à Raguse vers
la mi-mars [312] et se trouvait, le 27, devant le Sénat
vénitien admis en audience. Mais (la mise en scène avait
été préparée à l'avance) on ne le laissa pas développer
ses arguments et on lui adressa des paroles dures. Par
199 voix sur 220 [313], la requête turque fut rejetée. Venise
était, en effet, décidée à lutter. A la mi-mars, elle avait
dépêché un ambassadeur extraordinaire à Philippe II [314]
et, alerté par elle, Pie V avait envoyé, au souverain
espagnol, Luis de Torres, dont la mission allait être
décisive [315].

Venise affichait sa volonté de guerre. Elle armait, mettait à l'eau sa flotte de complément, équipait ses galéasses, munissait d'une magnifique artillerie le galion de Fausto, levait des soldats, acceptait ceux que lui offraient les villes de Terre Ferme, expédiait sur Chypre un corps expéditionnaire que les Turcs ne purent intercepter, jetait plusieurs milliers d'hommes vers la Dalmatie, expédiait un ingénieur à Zara [316]. Armements à grand bruit, et réalisés avant le printemps, mais pas forcément avec la ferme intention de s'en servir. Les Turcs ne feront qu'en juillet leurs premiers débarquements à la pointe Sud de l'île de Chypre. Jusque-là, Venise s'est contentée de jouer le jeu : avant tout, ne pas avoir l'air intimidé, riposter à la menace par la menace, à la violence par la violence. A l'annonce de la saisie des biens et des personnes de ses nationaux, elle a répondu par des mesures de rétorsion [317]. Mais dès que les Turcs ont cédé sur cette question, elle s'est empressée de les imiter [318]. Il est bien vrai que le doge nommé à Venise, le 5 mai, Pierre Loredano, représente le parti de la guerre [319]. Mais le parti pacifiste est loin d'être réduit à l'impuissance. Au-delà de l'unanimité du 27 mars, affaire de prestige qui parut sans doute habile aux pacifistes eux-mêmes — que de failles et de divisions, que de volte-face possibles ! Si la Turquie avait reculé, Venise aurait oublié sur-le-champ ses armements, les intérêts de la Chrétienté, et sa chère sœur, l'Espagne...

Celle-ci, au début de l'année 1570, est inquiète et gênée. Inquiète des armements massifs du Turc. Gênée par la guerre de Grenade qui retient une masse importante de ses forces maritimes et terrestres. Gênée aussi par les grands événements du Nord auxquels elle assiste impuissante, et neutre si l'on veut, puisque le duc d'Albe se refuse aux grandes interventions militaires : mais d'une neutralité effroyablement coûteuse.

N'ayant pas la libre disposition de toutes leurs galères à cause de la surveillance des côtes de Grenade et ayant dangereusement dégarni l'Italie, la réaction des Espagnols aux nouvelles du Levant est donc, avant

tout, sur le modèle des alertes d'avant Malte, une mise
en défense des places de Naples, de Sicile et de l'Afrique
du Nord. Mise en défense onéreuse elle aussi, mais à
laquelle il était impossible de se dérober : rien ne
certifiait que les Turcs épargneraient les possessions
espagnoles. Les avis le répétaient avec insistance, mais
les avis... Et tous d'ailleurs ne rendaient pas le même
son de cloche. Dans le fleuve des nouvelles, on pouvait
introduire à dessein bien des eaux douteuses. On prétend
que souvent Venise a usé de son fameux service
d'information comme d'une arme, susceptible d'alarmer
la Chrétienté, d'y entretenir la psychose du péril turc.
Il est certain, en tout cas, qu'au XVIe siècle, on n'avait
qu'une confiance très relative dans les nouvelles qu'elle
colportait. Or, il lui était aussi facile de manœuvrer au
départ, à Constantinople, qu'à Venise même et de
susciter au besoin certains avis destinés à Sa Majesté
Catholique. Quoi qu'il en soit, le 12 mars, le vice-roi
de Naples écrivait : « J'ai reçu une lettre de Constantinople, en date du 22 janvier, d'un de nos agents en qui
j'ai le plus confiance... Elle me confirme dans mon
opinion, à savoir que, malgré ce que l'on vient d'apprendre de l'ouverture des hostilités en Dalmatie, les préparatifs d'une importante armada ne sont pas pour porter
dommage aux Vénitiens. »[320]

Les Espagnols ont donc massé ce qu'ils ont pu de
galères dans le Sud de l'Italie et à défaut des habituels
Espagnols, levé des Allemands pour Milan et Naples,
des Italiens pour les galères et la Sicile. Ils ont approvisionné La Goulette en hommes, vivres et munitions.
« J'ai décidé, écrivait Philippe II à Chantonnay le
31 mars[321], de lever deux régiments d'Allemands, l'un
pour Milan, l'autre pour Naples », car « mes États
d'Italie se trouvent à l'heure présente si dépourvus de
soldats », que le Turc y venant pourrait faire de gros
dommages. Le régiment destiné à Naples, embarqué à
Gênes par les galères de Jean André Doria, arrivera le
3 mai[322] et sera immédiatement acheminé sur les côtes.
Dès la fin du mois de juin d'ailleurs, le danger turc

s'étant précisé et localisé, il sera licencié [323], après le refus de Venise de le prendre à sa solde [324].

Quand aux galères, après l'arrivée de Jean André Doria à Naples, en avril, il s'en trouvait une soixantaine dans le Sud de l'Italie. Soixante sur la centaine dont disposait alors l'Espagne, et qui représentaient le total des escadres de Gênes, de Sicile et de Naples, cette dernière commandée par le marquis de Santa Cruz. Si l'on en croit les plaintes des chefs, ces galères sont assez mal armées, avec un nombre insuffisant de forçats [325] et peu ou pas du tout de soldats. En juillet, Jean André Doria obtint l'autorisation de lever deux milliers d'Italiens à Naples, pour garnir ses navires. Entre temps la flotte avait dû faire deux voyages jusqu'à La Goulette [326].

Le second voyage avait été dirigé contre Euldj Ali qu'on savait avoir relâché à Bizerte, avec 24 ou 25 galères. Jean André Doria pensa les saisir avec 31 galères renforcées, mais la rivière de Bizerte ayant été dans l'intervalle fortifiée par le Calabrais, le gibier était à l'abri. Les galères chrétiennes virèrent de bord, touchèrent à La Goulette, puis gagnèrent la Sardaigne où elles devaient relever des troupes, avant de gagner Naples [327]. Bientôt l'ordre leur arrivait de passer en Sicile, puis de se diriger vers l'Orient. Philippe II, malgré les sollicitations de Pescaire, le nouveau vice-roi de Sicile qui eût désiré qu'on tentât l'attaque de Tunis [328], avait cédé aux sollicitations pontificales et vénitiennes. On essaierait de sauver Chypre.

Le secours de Chypre

C'est en juillet que les Turcs avaient débarqué dans l'île. Le 9 septembre, la capitale, Nicosie, tombait entre leurs mains. Seule Famagouste, mieux fortifiée, restait au pouvoir des Vénitiens, avec des forces considérables d'ailleurs capables de résister longtemps encore. Compte tenu du délai des nouvelles, c'est assez tard, vers le milieu de l'été, que se posa dans toute sa clarté le problème de Chypre : Venise irait-elle au secours de l'île ? Pouvait-elle affronter le Turc seule, sauver la précieuse île du sucre, du sel et du coton ? Son intérêt, de toute façon, était de dresser l'Occident contre le Turc et de faire dépendre cette guerre locale d'une guerre générale. Cette menace découragerait peut-être son adversaire, l'obligerait à lâcher prise, à accepter un compromis. Elle souhaitait aussi ne pas se lier à l'autre colosse de la Méditerranée ; ne pas signer une ligue analogue à celle de 1538 [329], qui lui avait laissé un mauvais souvenir, encore vivant. Venise avait eu alors le sentiment d'une entente entre Doria et Barberousse ; Paruta soutiendra, en 1590, qu'il y avait eu trahison. Mais comment rester libre entre les deux parties, maintenant qu'on s'attaquait directement à elle ?

Entraîner l'Espagne dans le jeu n'était pas une petite affaire. Granvelle, aux premières nouvelles, s'était déclaré contre tout secours à Venise. La négociation passant par Rome s'engagea comme une conversation à trois, mais il y avait l'étonnante, la prodigieuse personnalité de Pie V : il fut bientôt seul à agir, avec une violence d'autant plus grande que sa politique catholique avait toujours été une politique de combat. Déçu en 1566, comme nous l'avons dit, le zèle du Pape trouvait sa revanche dans les événements méditerranéens. Il explosa littéralement, et par sa rapidité à agir, à trancher les difficultés, il força la décision des deux parties dont il n'était, en principe, que l'intermédiaire.

Il se souciait peu, on s'en doute, des étroits calculs où s'emprisonnait Venise, uniquement préoccupée de sauver ses plantations et ses salines. Il avait déjà fait pression sur elle par son nonce, en mars 1570, lors de la séance du Sénat, et tout de suite lui avait concédé les décimes sur le clergé vénitien pour aider la République dans son effort d'armement. Tout de suite, il avait accepté de créer une flotte pontificale dont les galères de Toscane, en 1571, furent l'essentiel. Tout de suite, il avait accordé l'acheminement de bois sur Ancône pour la construction de galères [330]. Tout de suite, il avait dépêché vers Philippe II Luis de Torres, son confident et son intime, un des nombreux ecclésiastiques passionnés de l'entourage du Saint-Père [331]. Choisi à dessein, parce qu'Espagnol, disposant d'amitiés personnelles dans le Conseil même de Philippe II, il a été expédié à toute vitesse : ses instructions sont du 15 mars ; en avril, il était reçu à Cordoue par Philippe II. En avril, alors que la guerre de Grenade battait encore son plein [332]. A Cordoue — à quelques journées de voyage du théâtre de la guerre. Donc dans une atmosphère de passion religieuse, à une heure d'exaltation des destins de la Chrétienté [333], attaquée à la fois sur les bordures Nord (par la réforme) et sur les rives même de la mer méridionale, coincée dramatiquement entre ces deux guerres que l'Atlantique, avec ses larges hostilités, joindra bientôt l'une à l'autre. Cette exaltation de l'heure, elle éclate dans les lettres de Pie V — le contraire surprendrait — mais aussi dans celles de son envoyé. Il suffit de les parcourir pour retrouver ce qui a pu vivre de passion, d'esprit de croisade, à l'arrière-plan de la guerre de Grenade.

La négociation fut pourtant lente. Ce que Pie V demande, c'est une ligue. Pas du tout une aide transitoire : une ligue en bonne et due forme. « Il est clair, dit l'instruction de Torres, dans les termes qu'il a l'ordre de répéter au roi, il est clair que l'une des principales raisons qui a poussé le Turc à rompre avec les Vénitiens, c'est qu'il croyait les trouver seuls, sans espoir de s'unir avec Votre Majesté, occupée comme elle se trouve avec les Mores de Grenade... » Mais les meilleurs calculs sont parfois les plus faux. Si Philippe II accepte finalement la ligue contre l'Islam, c'est peut-être justement parce que 1570 — l'année de grenade — ramène l'Espagne à ses passions anciennes.

Évidemment, l'intérêt n'est pas oublié, ni l'intérêt politique ni l'intérêt financier. Venise, c'est la frontière de la Chrétienté. En sera-t-on plus fort quand elle aura succombé ? ou qu'elle aura conclu avec le Turc un de ces accommodements que le gouvernement français s'offre à négocier pour elle ? Le pape ne néglige aucun de ces arguments : « Les forteresses vénitiennes, écrit-il au roi, sont *l'antemural* des places fortes du Roi Catholique » ; conclure la ligue reviendrait pour Philippe II à « avoir à son service les États de Venise, ses hommes, ses armes, sa flotte ». Quant à l'intérêt financier, il est clair. Depuis 1566, le roi d'Espagne disposait des gros revenus du *subsidio* (soit 500 000 ducats annuels payés par le Clergé espagnol), mais la bulle de la *Cruzada* n'avait pas été renouvelée, ce qui représentait une perte de plus de 400 000 ducats tous les ans [334], et l'*excusado*, concédé en 1567, n'avait pas été levé, parce qu'on craignait des protestations trop vives. Luis de Torres apportait avec lui, au nom du Souverain Pontife, la concession de la *Cruzada*, retardée jusque-là par des scrupules de conscience. Cet appui substantiel au budget espagnol pesa sûrement dans la décision du souverain.

Philippe II, que l'on dit si lent, donna son accord de principe huit jours après la grande explication de Luis de Torres [335], ce qui était certes, pour l'Espagne comme pour Venise, pour la Turquie, pour toute la Méditerranée, la plus grande aventure courue depuis longtemps.

Le secours de Chypre [336] fut tenté avant même la conclusion de la ligue. Dans de mauvaises conditions, car tout fut improvisé. Improvisée, la flotte pontificale, équipée hâtivement, malgré les remontrances de Çuñiga, à Rome. Sans doute le pape voulait-il, par sa présence dans les escadres, empêcher les Espagnols de tout diriger à leur guise, comme en 1538-1540. Improvisée aussi, et c'est plus grave, la nomination du chef de la flotte alliée, Marcantonio Colonna [337], seigneur romain, grand connétable de Naples et, par là, vassal de Philippe II [338], attentif aux grâces à venir de l'Espagne (qu'il a déjà tenté d'obtenir en effectuant par deux fois, sans trop de succès, le voyage de Madrid). C'est un homme de guerre, pas un marin ; un instant seulement, pendant sa jeunesse, il s'est occupé de galères à lui. Mais Pie V, l'ayant choisi, s'obstine à le maintenir à la tête de la flotte chrétienne. Tout cela déjà grave, car on ne s'improvise pas chef d'escadre.

On n'improvise pas non plus une flotte de guerre, et c'est pourtant ce que Venise a dû faire. Elle a mobilisé rapidement une flotte importante, mais ce n'est pas du travail bien fait, l'appareil de guerre vénitien s'était détérioré avec la paix trop longue. Ses forces navales sont, en outre, dispersées entre des escadres particulières, et la flotte de réserve, au sec dans l'Arsenal, est à rééquiper. Si Venise est riche, trop riche même en matériel, en navires, galères et galéasses, en artillerie, elle est pauvre en matériel humain, démunie en provisions de bouche. Or une armée, ce sont aussi des rameurs, des équipages, des soldats à bord des galères, des tonneaux, des caisses de vivres. Les uns et les autres manquent et la Seigneurie ne sait ni agir vite, ni suppléer à son manque d'hommes par une tactique nouvelle. Elle ne fait qu'entrevoir la fortune du bateau rond, du galion ou de la super-galère, munis les uns ou les autres d'artillerie. Le secours d'urgence envoyé à Chypre par bateaux ronds, en février, est arrivé malgré l'hiver et, au passage, l'artillerie des naves a foudroyé les galères turques[339]. Mais la leçon n'est pas encore claire. Et il est trop tard, vu l'urgence du danger, pour se libérer de traditions centenaires, pour renoncer à l'homme moteur et machine de combat...

Les 60 galères placées sous le commandement de Hieronimo Zane et parties de Venise le 30 mars, n'arrivèrent qu'à grand'peine à Zara, le 13 avril[340]. Elles y demeurèrent pendant deux mois, jusqu'au 13 juin, à peu près inactives, si l'on excepte quelques patrouilles contre les Uscoques et des pirateries contre le territoire ragusain[341], consommant en pure perte leurs vivres qu'elles renouvelaient mal dans ce port sans arrière-pays qu'est Zara, n'arrivant même pas à empêcher les galères turques de razzier les côtes albanaises. Il y avait peut-être de bonnes raisons à cette inaction : le désir de protéger Venise ; la crainte des temps d'hiver en Adriatique qui permettent les coups de mains, les rapides va-et-vient, non le déplacement des grandes flottes ; la crainte, aussi, de se heurter à la flotte turque qui s'appuyait sur la Grèce, on le disait au moins, pour protéger son mouvement vers Chypre.

L'été venu, Zane reçut l'ordre de rejoindre Candie d'une traite pour y réunir toutes les galères vénitiennes qui, de leur côté, devaient rallier l'île. Interdiction était faite à l'amiral de s'arrêter en chemin, pour quelque entreprise que ce fût : c'eût été donner à la flotte turque l'idée et le temps de gagner l'Adriatique. En parvenant à Corfou, la flotte vénitienne eut vent de l'arrivée prochaine des Pontificaux et des Espagnols. Elle poursuivit vers Candie où, comme il avait été prescrit, elle espérait trouver hommes et vivres en abondance. Mais rien n'était fait quand elle arriva en août. Incurie, imprévoyance ? Ou bien difficultés réelles qu'expliquent abondamment un certain nombre de rapports vénitiens ? Le recrutement des équipages et des chiourmes de l'Archipel pour le compte de Venise se faisait de plus en plus difficile. Espagnols et Pontificaux entraient dans le port de Suda, le 31 août. Les Pontificaux n'étaient guère mieux équipés que les Vénitiens. Quant aux galères espagnoles, rassemblées à Messine, elles y avaient complété leur armement en rameurs et en soldats [342].

Qu'allait-on faire ? Dans ses conversations avec Luis de Torres, Philippe II n'avait, au début, promis que ce qu'on lui demandait : le maintien en Sicile de ses galères. Quand, après d'autres conversations, on passa de cette première promesse à celle du départ dans le Levant [343], de nouveaux ordres furent expédiés à Jean André Doria. Il les reçut le 9 août, avec l'avis de sa subordination à Marcantonio Colonna [344]. Or, servir en second lui souriait peu, surtout lorsqu'il s'agissait de hasarder dans les mers du Levant sa flotte et spécialement ses propres galères, lesquelles suivant les conditions de son *asiento* n'étaient pas remplacées en cas de perte. D'autant que partir en août, avec l'intention de pousser jusqu'à Chypre, c'était forcément s'exposer, lors du retour, aux rudes temps de l'hiver.

C'est donc d'assez mauvaise grâce que les ordres furent exécutés. Les 51 galères de Doria rejoignirent vers le 20 août, à Otrante [345], la petite escadre pontificale. Le rassemblement complet sur la côte Nord de la Crète, ne fut acquis que le 14 septembre [346].

Le port de Suda, choisi pour ce rassemblement, était commode, mais mal approvisionné. A la première revue

générale, la mauvaise préparation vénitienne fut patente.
Et les conflits surgirent. Les Vénitiens, au lieu de
présenter leur montre en pleine mer où les tricheries sur
les effectifs ne sont guère possibles, l'avaient présentée
dans le port même, les poupes tournées vers la terre,
laissant la possibilité aux équipages de passer, pendant
la montre, d'une galère dans l'autre [347]. En même temps,
s'affirmaient les mésententes entre les chefs. Mais
l'amiral vénitien ayant reçu l'ordre de tenter coûte que
coûte, seul s'il le fallait, le secours de Chypre, la flotte
alliée se décida à partir vers l'Est. Non pas directement
à Chypre toutefois, que l'on ne pouvait atteindre sans
se heurter aux Turcs. Les amiraux avaient pensé à une
action contre l'Asie Mineure ou contre les Dardanelles,
de façon à détourner la flotte ennemie de Chypre, puis
à lui interdire d'en prendre le chemin en se plaçant
rapidement entre elle et l'île.

La flotte mit donc à la voile vers Rhodes [348]. Elles
représentait une énorme force : 180 galères et 11 galéasses (sans compter les navires de moindre importance et
les naves de transport), 1 300 canons, 16 000 soldats.
Malgré les faiblesses des escadres pontificale et vénitienne, une action efficace eût été possible si les chefs
n'avaient été aussi divisés, si Marcantonio Colonna,
amiral improvisé, avait été un chef, si l'avance prudente
de la flotte n'avait été encore alourdie par Doria qui
redoublait sciemment les précautions tactiques.

Aussi bien, quand à la hauteur des côtes d'Asie
Mineure, la nouvelle leur arriva que Nicosie avait été
enlevée, le 9 septembre [349], que la presque totalité de
l'île était aux mains des Turcs, sauf Famagouste qui
résistait encore, les chefs décidèrent de s'en retourner.
Le mauvais temps de l'arrière-saison les gêna terriblement sur le chemin de Candie, comme il gênait, au
même moment, la flotte turque victorieuse qui rentrait
à Constantinople. Les alliés ne pouvaient songer à
hiverner dans l'île, trop mal pourvue de vivres ; force
leur fut de se rabattre vers l'Italie. Là encore, les
difficultés de navigation furent immenses. Doria réussit
l'exploit de ramener toutes ses galères à Messine [350],

mais les Vénitiens subirent d'énormes pertes (13 galères en retournant à Candie, peut-être même 27[351]), et Marcantonio ne ramena, en novembre, que trois des 12 galères qui lui avaient été confiées[352].

On devine quelle désagréable impression produisit ce voyage manqué, les suspicions, les discussions[353] qu'il inspira. A Rome, à Venise, toute la faute fut reportée sur Doria. L'occasion était bonne d'attaquer le roi au travers de son amiral. A Venise, le parti pacifique reprenait de l'importance. Les Espagnols, naturellement, ne manquaient pas de risposter. Et Granvelle d'écrire à son frère Chantonnay : « Colonna n'entend non plus que moi en mer... »[354]. La Seigneurie cependant, avec sa rigueur habituelle, punissait chez elle les mauvais exécutants, le commandant des troupes Pallavicino, le commandant de la flotte, Hieronimo Zane, qui mourut peu après son emprisonnement, et même les subalternes : punitions et disgrâces qui contribuèrent puissamment à la belle tenue de la flotte vénitienne, en 1571.

Pendant cet hiver 1570, l'avenir de la ligue semblait bien compromis. Conclue en principe sans que personne l'ait encore signée, elle semblait s'être brisée d'elle-même, avant d'avoir existé.

IV

Lépante

Lépante est le plus retentissant des événements militaires du XVIe siècle, en Méditerranée. Mais cette immense
victoire de la technique et du courage se met difficilement en place dans les perspectives ordinaires de
l'histoire.

On ne peut dire que la sensationnelle journée soit
dans la ligne des événements qui l'ont précédée. Faut-
il, alors, avec un de ses derniers historiens, F. Hartlaub,
grossir le rôle héroïque, shakespearien de Don Juan
d'Autriche ? A lui seul, il a forcé le destin. Mais tout
expliquer par là n'est pas raisonnable.

On a trouvé surprenant — et Voltaire s'en est amusé
— que cette victoire inattendue ait eu si peu de
conséquences. Lépante est du 7 octobre 1571 ; l'année
suivante, les alliés échouent devant Modon. En 1573,
Venise épuisée abandonne la lutte. En 1574, le Turc
triomphe à La Goulette et à Tunis. Et tous les rêves de
croisade sont dispersés par les vents contraires.

Cependant, si l'on ne s'attache pas aux seuls événements, à cette couche superficielle et brillante de l'histoire, mille réalités nouvelles surgissent, et sans bruit,
sans fanfare, cheminent au-delà de Lépante.

L'enchantement de la puissance turque est brisé.

Dans les galères chrétiennes, une immense relève de
forçats vient de s'accomplir. Les voilà, pour des années,
pourvues d'un moteur neuf.

Partout, une course chrétienne active réapparaît,
s'affirme.

Enfin, après sa victoire de 1574, et surtout après les

années 1580, l'énorme armada turque se disloque d'elle-même. La paix en mer, qui va durer jusqu'en 1591, a été pour elle, le pire des désastres. Elle l'aura fait pourrir dans les ports.

Dire que Lépante a entraîné, à elle seule, ces multiples conséquences, c'est trop dire encore. Mais elle y a contribué. Et son intérêt, en tant qu'expérience historique, est peut-être de marquer, sur un exemple éclatant, les limites même de l'histoire événementielle.

1. La bataille du 7 octobre 1571

La Ligue, c'est-à-dire l'alliance, la lutte en commun contre le Turc, devait être conclue le 20 mai 1571. Après les querelles de l'été, vu les méfiances réciproques des futurs alliés, leurs intérêts dissociés, leurs discordances, pour ne pas dire leur hostilité, l'extraordinaire est que l'union ait pu se faire.

Une conclusion tardive

Les Espagnols reprochaient à Venise son intention de s'accorder avec le Turc dès que son intérêt le lui commanderait ; et les Pontificaux, comme les Espagnols, se méfiaient de la souple Seigneurie. Les Vénitiens, de leur côté, aux prises avec des difficultés écrasantes, se souvenaient sans plaisir du précédent de 1538-1540. Tous les obstacles franchis, durant l'été de 1571, au milieu du tourbillon de nouvelles qui passaient par Venise, circuleront encore les bruits les plus invraisemblables : les Espagnols, disait-on, se préparaient à agir contre Gênes, puis contre la Toscane, contre Venise elle-même. Resterait à savoir, évidemment, d'où venaient ces bruits ; qui les fabriquait ; dans quels desseins on les propageait. Il est possible qu'ils se soient propagés d'eux-mêmes, nés simplement de la méfiance populaire.

La tâche était lourde pour les commissaires chargés de mener à bonne fin la conclusion de la Ligue. Représentaient l'Espagne les cardinaux Pacheco et Granvelle et Juan de Çuñiga, tous trois à Rome quand ils reçurent, le 7 juin [1], l'ordre du roi les investissant de leurs nouvelles fonctions (ordre daté du 16 mai). Venise, elle, s'en remit à son ambassadeur ordinaire à Rome, Michel Suriano, auquel, en octobre, fut substitué un nouvel ambassadeur, Giovanni Soranzo. Le pape désigna pour son compte les cardinaux Morone, Cesi, Grasis, Aldobrandino, Alessandrino et Rusticucci, ces deux derniers assistant aux réunions sans titre officiel. Les négociations furent difficiles. De la première séance, le 2 juillet 1570, à la dernière, elles furent trois fois interrompues : d'août à octobre 1570 ; en janvier et février 1571 ; enfin, alors que tout semblait réglé, de mars à mai 1571. Pendant ces deux dernières suspensions, Venise, en dépit de ses dénégations, essaya de s'accorder avec le Turc. En janvier, au lendemain des déceptions de la campagne d'automne, elle avait dépêché le secrétaire du Sénat, Jacopo Ragazzoni [2], à Constantinople, où d'ailleurs les conversations n'avaient jamais cessé entre Méhémet Sokolli et le baile vénitien. Cette tentative retarda la signature de la Ligue : Venise ne se détermina à donner son accord que lorsqu'elle fut absolument sûre de son échec à Constantinople.

Aussi bien les diplomates, qui se rassemblaient à jours plus ou moins fixes dans les salons du cardinal Alessandrino, n'étaient-ils pas les maîtres du jeu, si fins et habiles qu'ils fussent. Leur rôle consistait à surveiller leurs voisins, à faire de longs rapports, puis, suivant les ordres reçus, à aplanir ou à susciter les difficultés. Liés par leurs instructions, ils l'étaient plus encore par la nécessité d'en référer à leurs gouvernements respectifs, pour toutes les grandes décisions. Ceci incorporait à leurs négociations la lenteur inhérente aux distances.

Seuls maîtres de décider, ils auraient assez vite abouti à un accord, surtout en présence du pape, quant à lui acharné à conclure. On le vit durant la première phase des négociations : d'entrée de jeu, les Pontificaux avaient déblayé le terrain en proposant, comme texte de discussion, l'accord de 1537, remanié selon les exigences du jour. Au début de septembre, le bruit courut que la Ligue était faite[3]. Toutes les grandes questions avaient été abordées effectivement. On était d'accord pour que la Ligue fût conclue pour douze ans au moins. Elle serait offensive et défensive ; conclue contre le Turc, elle serait également dirigée contre les États vassaux d'Afrique du Nord, Tripoli, Tunis, Alger. Ceci à la demande expresse des Espagnols qui voulaient ainsi sauvegarder, dans ce qui était leur sphère d'action, leur liberté future[4]. Autres points acceptés : le commandement en chef de la flotte alliée serait dévolu à Don Juan d'Autriche ; les frais communs divisés en six parts (comme en 1537), trois à la charge du roi d'Espagne, deux à la charge de Venise, la dernière revenant au Saint-Père. En ce qui concernait les vivres, l'Espagne ouvrirait ses marchés d'Italie aux Vénitiens ; elle promettait des prix de vente raisonnables et s'engageait à ne pas hausser les taxes et autres droits à l'exportation. Venise, qui ne pouvait se passer du blé turc sans recourir au blé des Pouilles ou de Sicile, avait beaucoup insisté sur ce point[5]. Enfin, il serait interdit aux confédérés de traiter séparément avec le Turc sans l'assentiment préalable des autres signataires.

Le projet fut expédié aux gouvernements pour examen et correctifs, ce qui explique la première suspension de la négociation, d'août à octobre.

Le 21 octobre, les conversations reprirent. Mais, entre temps, s'était déroulée l'inutile campagne du Levant. Après de longs examens, Philippe II s'était décidé pourtant à envoyer les pouvoirs nécessaires à la conclusion définitive de l'accord, toutefois avec quelques amendements. Venise, au contraire, était brutalement revenue sur ce qui avait été quasiment conclu. Elle avait changé de commissaire et remettait tout en discussion, plus aigrement que jamais, dans une confusion voulue de combats oratoires et de digressions inutiles. Elle revenait sur chaque détail qui pouvait lui éviter de conclure : sur le prix des vivres, les limites des pouvoirs du général en chef, le libellé des opérations, la quote-part financière des alliés... Les Espagnols, et Granvelle plus qu'un autre, s'abandonnèrent alors à une mauvaise humeur chaque jour plus cassante. Rien de plus naturel, au demeurant : on avait tout l'hiver devant soi. Finalement, en décembre, sur la petite question du lieutenant de Don Juan (serait-ce le commandant des galères du pape ou le grand commandeur de Castille ?) la conférence s'interrompit, pour le plus vif mécontentement du pape.

Cette seconde interruption dura plusieurs semaines : le Roi Catholique ayant finalement accordé que le pape choisirait le lieutenant de Don Juan entre trois noms que l'Espagne lui proposerait, les commissaires reprirent leurs travaux, en février. Un nouveau texte était établi au début de mars. Mais Venise qui attendait les résultats de la mission de Ragazzoni en Turquie, retarda son acquiescement, sous divers prétextes, jusqu'en mai. Le 20, les signatures étaient échangées et cinq jours plus tard, le 25 mai 1571, la Ligue officiellement proclamée à la Basilique de Saint-Pierre [6].

En principe, il s'agissait d'un *fœdus perpetuum*, d'une *confederación perpetua*. Cette déclaration faite, on se contentait de prévoir un accord militaire de trois ans (1571-1573), les alliés s'engageant, chaque année, à envoyer une flotte de 200 galères et de 100 navires ronds, montée par 50 000 soldats et 4 500 chevau-légers. Dirigée contre le Levant, la Ligue n'excluait pas, elle prévoyait, au contraire, d'éventuelles expéditions contre Alger, Tunis ou Tripoli. Pour le règlement des dépenses, on stipulait qu'en cas de non paiement de la quote-part du Saint-Siège, Venise et l'Espagne paieraient respectivement, celle-ci les 3/5, celle-là les 2/5 de la dépense totale [7]. Pour les vivres, il était question, sans plus, de prix raisonnables et de non-augmentation des taxes et autres droits à la sortie. Les alliés ne devaient conclure aucune paix séparée.

Telle est, très en bref, la longue et difficile histoire de la conclusion de la Ligue de 1571, suivie de loin avec l'attention et la passion que l'on devine. Que les Français l'aient observée avec plus d'aigreur que les autres, cela prouve, à soi seul, qu'une politique française se dessinait à nouveau contre la grandeur de la Maison d'Autriche. En date du 5 août 1570 (donc entre l'armistice du 14 juillet et la paix du 8 août), Francés de Alava écrivait : « Les Français espèrent qu'on n'aboutira pas. Les Vénitiens, disent-ils, sont de grands nigauds s'ils signent cet accord, s'ils ne sauvegardent pas leur liberté pour s'entendre avec leur grand ennemi : le Turc. Chacun, en France, s'emploie autant qu'il le peut à empêcher la ligue et à amener l'entente de Venise et du sultan. S'ils continuent du même pas, je ne m'étonnerais pas que l'année prochaine, ils offrent de donner Toulon au Turc. »[8] Le 28 août, à Rome, au moment où couraient les bruits les plus optimistes sur la conclusion prochaine de l'alliance chrétienne, le cardinal de Rambouillet prétendait être toujours du même avis, c'est-à-dire, écrivait-il, que « ce sera une belle chose à voir par escrit et qui... pourra être establie en papier, mais... nous n'en verrons jamais les effetz »[9]. Il est vrai qu'on en pensait autant à Venise à la même date[10], que l'empereur se montrait lui aussi très sceptique sur les suites que la Seigneurie donnerait à sa signature, si elle signait[11].

Ensuite, après le retour de la flotte du Levant, quand des difficultés sérieuses commencèrent à surgir, tout le monde, ou à peu près, pensa que rien ne sortirait des interminables palabres de Rome. Fin décembre, le pape lui-même, d'ordinaire si optimiste, ne cachait pas au cardinal de Rambouillet, l'ambassadeur français, son découragement[12]. Le nonce à Madrid n'était pas moins las. L'agent toscan, dans la même ville, déclarait « franchement » avoir fort peu d'espoir dans la conclusion de la Ligue. Les Espagnols lui semblaient ne se prêter au jeu que dans le but de se faire octroyer la *cruzada* et *l'escusado* : dès que la négociation devenait précise, ils l'abandonnaient ; ils la reprenaient dès que le nonce paraissait par trop « refroidi », mais en termes si généraux que celui-ci n'y pouvait « rien comprendre »[13]. On était alors fin janvier ; le mois de mars apporta de meilleures nouvelles. Mais on sait les délais que les Vénitiens crurent bon d'ajouter. En avril, en mai, l'impatience était grande à Madrid où l'on se demandait ce que pouvait signifier pareil retard. C'est le 6 juin seulement, qu'un courrier apporta la grande nouvelle [14].

Le facteur diplomatique France

La longue gestation de l'alliance laissa le temps à la nouvelle politique française de se préciser. Politique nouvelle, car depuis 1559 au moins, pendant dix années d'éclipse et de discrédit, la France avait été militairement et politiquement absente de Méditerranée. On l'avait vu à mille détails, à l'attitude des Vénitiens dès 1560 ; à celle de Joseph Micas parvenant à obtenir du sultan la saisie des navires français à Alexandrie, en 1568 ; à celle de la France elle-même qui avait paru se désintéresser du jeu. Pourtant, si elle était ravagée par la guerre civile, la France était encore loin de ce marasme où elle parut sombrer à la fin du règne de Henri III. Des éléments vivaient toujours d'une politique royale agissante et prête à renaître.

Dès avril 1570, la France, malgré sa prudence dans l'affaire Claude Du Bourg, avait offert sa médiation à Venise. Surprenante rapidité : ce sont à peine les débuts de la guerre de Chypre et la guerre civile française n'est même pas terminée. Il est vrai que, déjà, une politique de réconciliation nationale se dessine. Les Protestants et les « Politiques » en sont partisans sans exception, ainsi que tous les hommes qui représentent le roi à l'étranger. En 1570 et même au début de 1571, sans doute les nouvelles tendances se dégagent-elles mal encore et se dissimulent-elles derrière des considérations générales relatives à la paix, à l'intérêt supérieur de la Chrétienté. Mais le changement est décelable très tôt dans la correspondance royale d'une fermeté de ton oubliée depuis des années [15]. Charles IX a été gagné aux idées de Téligny et de l'amiral. Il songe passionnément à rompre avec l'Espagne et à agir dans les Pays-Bas. Sans doute tient-il encore secrètes ses intentions ; pas assez pourtant, puisque les Toscans notent le changement. Changement qui affecte tout le pays où, comme le commandeur Petrucci l'écrit le 19 mai à François de Médicis, « *l'umore è contro al re di Spagna* » [16].

Il est vrai que dans cette affaire, les Toscans ne sont pas, simplement, des observateurs ou des confidents, mais des complices et des instigateurs. Le grand-duc de Toscane, avec le titre grand-ducal tout neuf que lui a concédé Pie V, en 1569, se sent isolé, tenu à l'écart par l'empereur et le Roi Catholique. Particulièrement inquiet des intentions de ce dernier, il a pris de longue date des assurances dans toute l'Europe, y compris les pays protestants [17]. On saisit le premier fil de ses négociations à La Rochelle, auprès de l'amiral et de Téligny. Peut-être a-t-il même cherché à agir auprès du Turc : de très méchantes gens iront jusqu'à prétendre qu'il fut derrière le juif Micas, et donc à l'origine de la guerre de Chypre. Les Espagnols d'ailleurs le surveillent de près, assez peu rassurés au sujet de leurs présides de Toscane [18].

Cependant, en ce début de l'année 1571, chacun continue à jouer le jeu de la paix. Philippe II et Charles IX échangent des ambassades. Fin janvier, Enrique de Guzmán, comte d'Olivares, est dépêché de Madrid [19]. Cinq mois plus tard, en juin, Gondi vient, auprès de Philippe II, s'assurer qu'il ne veut pas rompre avec la France [20]. Le duc d'Albe lui-même, en paroles au moins, est conciliant [21]. Trop bonnes paroles, peut-être, destinées à démentir le langage des faits, comme ces discours qu'à Rome le cardinal de Lorraine se croit constamment obligé de répéter aux Vénitiens pour démentir les bruits d'une guerre proche entre la France et l'Espagne [22] ; bruits qui se répandent tellement en Italie que le roi de France éprouve, à son tour, le besoin de les déclarer faux. Seulement, est-ce coïncidence, en mars 1571, la frontière de Navarre était inspectée par Vespasiano Gonzaga et Il Fratino, l'ingénieur de La Goulette et de Melilla [23], tandis qu'en riposte aux criailleries des Birague à Saluces et au renforcement des garnisons françaises du dit Saluces et du Piémont [24], le gouverneur de Milan, le duc d'Albuquerque, occupait, le 11 avril, le marquisat de Final. La nouvelle en arrivait à Paris vers le 9 mai. Ici, « catholiques et non catholiques l'ont terriblement ressentie, écrivait Francés de Alava au gouverneur de Milan [25]. Mais à ce que j'entends, ils ont l'intention de se plaindre non auprès de S. M., mais du duc de Savoie et de Votre Excellence » [26]. Il serait excessif de prétendre que les Espagnols avaient, par ce geste, poussé un verrou très solide contre une descente éventuelle des Français. Mais c'était un avertissement. Il indigna en France l'opinion publique.

On commençait à vraiment parler de guerre. Le duc de Savoie se plaignait à Philippe II de ce qu'on machinât, au-delà des Alpes, quelque entreprise contre le Piémont [27]. On apprenait en Espagne, que les galères de France avaient reçu l'ordre de revenir de Bordeaux à Marseille [28], qu'il y avait des mouvements de troupes sur les Alpes [29] et enfin quelques-uns des « protestants les plus éminents s'employaient à persuader le roi de tenter quelque entreprise dans les Pays-Bas » [30], où, par surcroît, les passages de Huguenots français prenaient une importance alarmante.

Était-ce la guerre ? Non, car il eût fallu pour cela une ligue protestante, de gros appuis en Europe. Les bruits, qui font rire l'Europe, du mariage de la reine d'Angleterre et du duc d'Anjou ne pouvaient y suppléer [31]. Il eût fallu une Allemagne en mouvement [32], une Toscane décidée à la lutte, et ce n'était point le cas. Les agents toscans, tout en sourires, négociaient à Madrid comme ailleurs, creusant leurs galeries jusqu'au cœur du gouvernement espagnol par l'entremise de leurs « confidents » [33]. Mais si ce n'était pas la guerre, c'en était déjà toutes les alarmes. Chiapin Vitelli qui, regagnant les Flandres, traversa la France en mai 1571, fut mal impressionné par ce qu'il y vit et, dès son arrivée à Paris, jugea nécessaire d'en avertir Francés de Alava [34]. Or celui-ci apprenait, de son côté, que le roi de France envoyait en Turquie un ambassadeur de l'envergure et de la qualité de l'évêque de Dax. Qu'allait faire là-bas ce demi-hérétique, ami des Protestants, sinon travailler contre l'Espagne et contre la Chrétienté, apaiser les querelles transylvaines (occasions de toutes les interventions impériales), régler les conflits entre l'empereur et le Turc, entre les Vénitiens et le Grand Seigneur ? A nouveau la diplomatie française utilisait le lointain chemin de Turquie.

Le nouvel ambassadeur ne se pressait cependant pas d'arriver. Le 26 juillet, il était à Lyon [35] ; le 9 septembre [36], il présentait au doge de Venise la lettre dont Charles IX l'avait chargé. Le roi y offrait de « moienner », par l'intermédiaire de celui que les documents s'obstinent à appeler l'évêque d'Acqs, « une bonne paix, ou bien une sy longue tresve que par après, la dicte paix s'en puisse ensuivre ». Cela ne vaudrait-il pas mieux « que d'avoir affaire à ung si puissant ennemy, si prosche voisin des pais de vostre obéissance », poursuivait le roi, et la Seigneurie, si peu de temps après l'officielle conclusion de la ligue et trente jours environ avant Lépante, ne refusait point d'écouter [37]... Ainsi, deux années à l'avance, commençait à se tramer la défection, d'autres diront : la trahison de Venise.

Pourtant la Ligue avait été conclue. On en mesure l'importance à l'exaltation de l'animosité française. Quel mal ne dit-on pas alors, en France, du pape, qui en fut l'artisan ! Quelle envie y répandent les concessions faites à l'Espagne par le Saint-Siège [38] ! Les bruits de guerre sont si insistants que les marchands espagnols de Nantes et de Rouen ont prié l'ambassadeur de Philippe II de les avertir à temps, pour qu'ils mettent à l'abri leurs marchandises et leurs personnes. « Ils reviennent à la charge et m'assassinent toujours à ce propos », écrit Francés de Alava [39]. Les marchands français de Séville sont dans les mêmes transes [40]. Et, sur la frontière des Flandres, il y a une telle agitation « que les gens du plat pays, tant du costé de France que du nostre, écrit le duc d'Albe [41], se retirent avec [leurs biens] aux bonnes villes ».

Quelle patience ne faut-il pas pour supporter ces Français : « ils seraient heureux de perdre un œil pour nous en faire perdre deux », s'écrie le même duc d'Albe [42], exaspéré par leur entente avec Ludovic de Nassau et le prince d'Orange, cependant que Granvelle conseille au roi de laisser Don Juan, au passage, frapper quelque bon coup en Provence. Il semble que les vieux temps de Charles Quint soient revenus, tant renaissent avec naturel, dans la bouche des anciens serviteurs de l'Empereur, les imprécations d'autrefois. La guerre, d'ailleurs, existe déjà sur l'Atlantique où manœuvrent de connivence les corsaires de La Rochelle et les Gueux de la mer. En août 1571, les Espagnols ont mille sujets de craindre pour la sécurité de la flotte des Indes [43].

Don Juan et sa flotte arriveront-ils à temps ?

Cependant la signature de la Ligue donnait ses fruits en Méditerranée.

Espagnols et Pontificaux avaient promis aux Vénitiens, dans un accord à part, de joindre toutes leurs forces à Otrante, avant la fin de mai [44]. Simple marque de bonne volonté car, en dix jours (la Ligue est du 20 mai), comment transmettre les ordres nécessaires ? La nouvelle de la signature n'est arrivée en Espagne que le 6 juin ! Or les inexplicables délais qui l'avaient précédée avaient ralenti plus encore qu'à l'ordinaire les préparatifs maritimes au long des côtes d'Espagne. Et la mauvaise récolte de 1570 gênait les approvisionnements à Barcelone et dans les ports d'Andalousie [45].

Cette mauvaise récolte n'eut qu'une conséquence heureuse, celle d'éteindre la guerre de partisans à Grenade. « La faim est si grande parmi eulx, écrivait Fourquevaux le 18 février, qu'ilz abandonnent la montaigne et descendent se rendre esclaves des Chrétiens pour du pain. » En mars, on annonçait la mort du petit roi et des redditions nombreuses de Morisques, de leur nouveau métier coureurs de montagnes et voleurs de bestiaux. Signe des temps, à Carthagène, apprenant qu'on les embarquait pour Oran, des troupes espagnoles se débandaient aussitôt. On savait ce qu'était la vie des présides par temps de famine ! Heureusement, la situation était meilleure en Italie : à Naples, où les Vénitiens arrivaient à se ravitailler ; en Sicile, où Pescaire, toujours partisan d'une action contre Tunis et Bizerte, assurait, en mai, qu'on pourrait disposer de

20 000 quintaux de biscuit, fabriqué à la cadence de 7 000 quintaux par mois [46]. Sans ce blé, sans l'orge et les fromages italiens, sans le vin de Naples, qui sait si Lépante eût été seulement pensable ? Car il fallut rassembler et nourrir, à la pointe Sud de l'Italie, une ville entière de soldats et de marins, dents et estomacs de premier ordre.

Si Don Juan d'Autriche avait été le maître, les galères eussent très vite quitté les côtes d'Espagne. Il avait hâte de tenir son rôle. Dès avril, le bruit courut qu'après avoir rendu visite à Valladolid à sa mère adoptive, la femme de Don Luis Quixada, il allait passer en Italie [47]. Le marquis de Santa Cruz, arrivant à Barcelone, le 30 avril, avec des galères de Naples, y recueillit la nouvelle que Don Juan était sur le point de s'embarquer à Carthagène et décida aussitôt de le rejoindre, avec l'espoir de se saisir en chemin de quelques vaisseaux corsaires [48]. Mais à Carthagène, nulle trace de Don Juan [49]. C'est qu'on attendait des précisions au sujet de la Ligue : le 17 mai encore, Don Juan d'Autriche se demandait à Aranjuez quand il partirait [50]. Et plusieurs autres difficultés retardaient le départ de la flotte. D'abord, la nécessité de renforcer le nombre des soldats à embarquer sur les galères. Puis, la décision de faire voyager, avec Don Juan, jusqu'à Gênes, les archiducs autrichiens qui séjournaient en Espagne depuis 1564 [51] et allaient rejoindre Vienne : Philippe II s'en expliquait, le 7 mai, dans une lettre à Granvelle que la mort du duc d'Alcala avait fait, à titre provisoire, vice-roi de Naples [52]. Bref, les retards prévus étaient tels qu'on jugea préférable de ne pas attendre les galères d'Espagne et celles de Santa Cruz pour embarquer, sur la rivière de Gênes, les mille Italiens et huit mille Allemands qui attendaient leur transport vers le Sud et ordre fut donné aux galères de Sicile de remonter jusqu'à Gênes pour s'occuper d'eux.

Cependant, la nouvelle si attendue de la conclusion de la Ligue précipita les derniers préparatifs. Le jour même, Don Juan d'Autriche quittait Madrid pour aller prendre le commandement de la flotte. J. A. Doria, avec une seule galère, de Barcelone gagnait Gênes pour préparer sa ville à recevoir Don Juan [53], lequel se trouvait le 16 à Barcelone où le rejoignirent, les unes après les autres, les galères du marquis de Santa Cruz, Alvaro de Bazan, et celles que commandait Gil de Andrade, plus un bon nombre d'autres navires et, à bord de cette flotte, les deux *tercios* espagnols de Miguel Moncada et de López de Figueroa [54], retirés d'Andalousie.

Le 26 juin, enfin, étaient expédiées de Madrid les instructions à Don Juan qui, par les restrictions qu'elles apportaient à son autorité, le mirent dans une colère voisine du désespoir. Dans une lettre écrite de sa propre main, sous le coup de la première émotion, le 8 juillet [55], il demandait à Ruy Gomez, « comme à un père », les motifs de sa disgrâce apparente. Le style en est passionné, émouvant et inquiétant à la fois. G. Hartlaub [56] a raison de penser que ces journées ont dû marquer une grande cassure dans la vie de Don Juan. Elles lui signifiaient que sa situation amoindrie de fils naturel était irrémédiable, que le roi avait peu confiance en lui. Sinon, au moment où il gagnait l'Italie cérémonieuse, lui aurait-on refusé le titre d'Altesse pour ne lui concéder que celui d'Excellence ? Aurait-on entouré son commandement royal de tant de prudentes restrictions qu'il devenait un titre vain ? Le 12 juillet [57], il écrivit directement au roi pour lui exposer ses griefs...

Autre souci, le retard de la flotte [58]. Il avait fallu attendre les galères qui, à Málaga et à Majorque, chargeaient soldats, vivres et biscuits. Et les archiducs Rodolphe et Ernest n'arrivèrent que le 29 juin [59]. Le gros de la flotte mit pourtant à la voile dès le 18 [60] et le 26, malgré le mauvais temps, elle atteignit Gênes. Don Juan n'y séjournera que jusqu'au 5 août [61], juste le temps d'embarquer les hommes, les vivres et le matériel prévus et d'assister aux fêtes magnifiques données en son honneur. Le 9, il arrivait à Naples [62]. Les réceptions, les préparatifs de départ l'y retinrent jusqu'au 20 [63]. Le 24, il était enfin à Messine [64].

Beaucoup trop tard, pensaient Requesens et J. A.

Doria qui conseillaient de se limiter à une attitude strictement défensive. Le vieux Don Garcia de Toledo, lui aussi, envoyait de Pise des avis pessimistes sur les avantages que l'armada turque lui paraissait avoir [65]. Mais Don Juan ne prêta attention qu'aux chefs vénitiens et à ceux des capitaines espagnols de son entourage qui prêchaient pour l'action et, sa décision prise, il se donna à sa tâche avec la passion exclusive de son tempérament.

Les Turcs avant Lépante

Les galères turques, plus rapides à se mettre en place, étaient à l'œuvre depuis le début de la bonne saison.

Elles avaient été signalées de loin, comme d'habitude. On avait appris en Italie, dès février, que 250 galères et 100 bateaux s'équipaient à Constantinople [66] ; en mars, que Famagouste, toujours assiégée, avait reçu un secours vénitien [67] ; en avril, que la ville résistait encore ; que le Turc faisait des préparatifs sur terre en direction de l'Albanie ou de la Dalmatie et que le gros de l'armada était sorti sous le commandement du capitaine de la mer [68]. On disait cependant que 50 galères seulement s'étaient dirigées sur Chypre, la flotte n'ayant pu dépasser, faute d'équipages, un total de 100 galères [69]. Mais des esclaves fugitifs de Constantinople parlaient de 200 galères qui pousseraient jusqu'à Corfou, si la Ligue n'était pas conclue. Dans le cas contraire, le Turc se contenterait de garder ses mers, tout en achevant la conquête de Chypre [70]. Il était toujours question d'une entreprise terrestre sur l'Albanie ou la Dalmatie, avec un rassemblement des forces à Sofia, au départ [71]...

En fait, 196 galères turques avaient pris la mer et s'étaient partagées entre Négrepont, grande base de ravitaillement, et l'île de Chypre. Signe certain d'opérations à l'Ouest, on fabriquait du biscuit jusqu'à Modon et à la Prevesa [72]. Dès juin, en effet, laissant Chypre où il n'y avait plus grand-chose à faire [73], le gros de la flotte turque renforcé des navires d'Euldj Ali (300 voiles au total : 200 galères et 100 fustes) donnait sur l'île de Candie. Le 15, elle atteignait la baie de la Suda, ravageait villages et petites villes du littoral. Mais en vain, par deux fois, elle attaquait La Canée [74] où, à l'abri de l'artillerie des châteaux, se trouvaient les 68 galères vénitiennes destinées à escorter un secours en direction de Famagouste. Le bruit courut de leur perte [75], mais Euldj Ali n'avait réussi à s'emparer que du petit port de Rethymo. Après des pillages et des escarmouches répétées, l'armada turque poursuivit vers l'Ouest.

A son approche, Veniero, ne voulant pas se laisser enfermer dans le Golfe avec le reste des forces navales de Venise, abandonna les côtes de Morée et d'Albanie où il avait réussi quelques coups de main, sur Durazzo et Valona. Avec 6 galéasses, 3 navires et 50 galères subtiles, il alla se baser à Messine, le 23 juillet. Cette retraite sauvegardait sa liberté de manœuvre, mais elle laissait le champ libre aux Turcs en Adriatique [76]. Ils en prirent à leur aise, saccagèrent la côte et les îles dalmates, s'emparèrent de Sopoto, Dulcigno, Antivari, Lesina, attaquèrent Curzola que ses habitants défendirent énergiquement. Cependant, venus par terre, les soldats d'Achmat Pacha se saisirent de tout ce qui était à prendre. Euldj Ali, de son côté, poussa un raid sur Zara ; un autre corsaire, Kara Hodja, ravagea le golfe même de Venise [77]...

La Seigneurie se mit à recruter en hâte, avec l'autorisation de Granvelle, dans les Pouilles et en Calabre [78]. Mais la flotte turque, pensant sans doute, comme Veniero, que l'Adriatique pouvait être un piège, ne s'y engagea pas complètement et fit porter l'essentiel de son effort sur Corfou. Évacuée par ses habitants, l'île fut dévastée ; seul l'énorme château de la forteresse, île à l'intérieur de l'île, resta à l'abri des assaillants. La flotte turque s'étira alors, depuis Corfou jusqu'à Modon, dans l'attente de ce qu'allaient faire les alliés. Dès le mois de juin, par Raguse, la nouvelle de la Ligue avait en effet gagné les pays turcs...

Pour une fois, la précoce mise en œuvre de leur flotte n'était point pour les Turcs un avantage. Ils avaient fatigué leurs forces, épuisé leur ravitaillement pendant ces mois de petite guerre. Et, tandis qu'ils allaient au plus facile, brûlant et pillant les villages de l'Adriatique,

ils avaient négligé l'essentiel, la flotte vénitienne de
Candie : à la fin du mois d'août, avec les deux
provéditeurs Agostino Barbarigo et Marco Quirini, ses
60 galères ralliaient sans encombre la grande flotte
alliée [79].

La bataille du 7 octobre [80]

A l'arrivée de Don Juan à Messine, le moral des
alliés était assez bas, les galères rassemblées n'étaient
pas en parfait état de marche. Mais l'arrivée des
navires de Don Juan, d'une tenue admirable, fit grande
impression. Plus encore, le contact du prince et de
ses subordonnés immédiats, Veniero et Colonna, fut
excellent. Don Juan savait être d'un abord charmant.
L'ensorceleur déploya ses grâces : de ce premier contact
dépendrait peut-être le sort de l'expédition qui lui tenait
passionnément à cœur. Il sut agir et faire d'une armée
navale disparate un tout homogène. Voyant les galères
de Venise démunies de soldats, il y fit monter quatre
mille soldats, tant espagnols qu'italiens, tous au service
du Roi Catholique. C'était là, en soi, un gros succès.
On devine les appréhensions qu'il fallut vaincre pour
que la mesure fût acceptée par les Vénitiens, si défiants.
Du coup, les galères de la flotte devenaient identiques,
interchangeables ; sans être vraiment mêlées, les escadres
pouvaient échanger des navires et elles le firent, comme
le prouve l'ordre de marche de la flotte.

L'armada s'aperçut aussi qu'elle avait un chef quand
le Conseil de la Ligue se réunit. Tous les nuages ne se
dissipèrent pas d'un coup, mais les discordes s'estompè-
rent. Don Juan ne voulait pas frustrer les Vénitiens,
ceux-ci le comprirent, d'une campagne directe contre le
Turc, ni leur imposer, à la place de cette offensive, une
expédition contre Tunis, ainsi que le désiraient Philippe
II, tant d'Espagnols et toute la Sicile. En son for
intérieur, Don Juan eut même été désireux de pousser
jusqu'à Chypre et, à travers l'Archipel, jusqu'aux
Dardanelles. La décision finale, plus sage, fut qu'on
irait à la recherche de l'armada ennemie et qu'on lui
livrerait bataille.

L'armada quitta Messine, le 16 septembre, avec, pour premier objectif, Corfou où l'on espérait avoir des nouvelles précises sur la position de la flotte ennemie. On y apprit en effet — et des navires éclaireurs confirmèrent — qu'elle se trouvait dans le long golfe de Lépante. Les informations sous-estimaient d'ailleurs les forces ottomanes. Mais du côté turc, la même erreur fut commise. Si bien que l'amiral turc et son conseil décidèrent de fondre sur les navires chrétiens, au long des côtes de Corfou ; tandis que le conseil de guerre allié, dans une séance assez dramatique, se décidait pour le combat, malgré les avis des pusillanimes et des prudents. La ténacité des Vénitiens qui menacèrent de se battre seuls, la volonté des Pontificaux, l'élan de Don Juan qui n'hésita pas à s'évader des instructions étroites que lui avait données Philippe II, décidèrent de la rencontre.

Nul doute qu'en l'occurrence, Don Juan n'ait été l'ouvrier du destin. Il jugeait, en toute honnêteté, ne pouvoir décevoir Venise et le Saint-Siège sans perdre la face et l'honneur. Se dérober, c'était livrer la Chrétienté ; combattre et périr, ce n'était point, si l'on conservait l'amitié de Venise, compromettre entièrement l'avenir, car, avec cette aide, une flotte chrétienne pouvait être reconstruite. Ainsi Don Juan fera-t-il plaider plus tard [81], pour expliquer son initiative ; ainsi a-t-il, sans doute, pensé sur le moment. Don Garcia de Toledo, l'année suivante, tremblait encore à la pensée que Don Juan avait risqué d'un coup l'unique défense de l'Italie et de la Chrétienté. Folie et témérité, pensèrent les sages dès le lendemain de la victoire, imaginant la défaite et les navires turcs poursuivant les alliés jusqu'à Naples ou Civitavecchia...

Les deux flottes, qui se cherchaient l'une l'autre, se rencontrèrent à l'improviste, le 7 octobre, au soleil levant, à l'entrée du golfe de Lépante où la flotte chrétienne réussit aussitôt (ce fut un grand succès tactique) à enfermer son adversaire. Face à face, Chrétiens et Musulmans purent alors, à leur surprise réciproque, dénombrer leurs forces : 230 bateaux de guerre du côté turc, 208 du côté chrétien. 6 galéasses bien munies d'artillerie renforçaient les galères de Don Juan, lesquelles dans l'ensemble, étaient mieux pourvues de canons et d'arquebuses que les galères turques, où les soldats combattaient souvent encore avec des arcs.

Les nombreux récits de la rencontre — y compris l'étude du vice-amiral Jurien de la Gravière — ne sont pas d'une objectivité historique parfaite. Il est difficile d'y démêler à qui revient le mérite de l'éclatante victoire : au chef, à Don Juan ? Sans aucun doute. A Jean André Doria qui, à la veille de la rencontre, eut l'idée de faire abattre les éperons des galères, si bien que leur avant s'enfonçant davantage sous l'eau, le tir moins courbe des pièces de coursive vint frapper en plein bois les flancs des navires turcs ? Aux puissantes galéasses vénitiennes qui, placées en avant des lignes chrétiennes, divisèrent le flot de l'armada ennemie, en disloquèrent les rangs par l'étonnante puissance de leurs feux ? Bien qu'immobiles ou pour le moins peu manœuvrières, elles ont été des sortes de vaisseaux de ligne, des forteresses flottantes. Ne sous-estimons pas non plus l'excellente infanterie espagnole qui joua un grand rôle dans ce combat quasi terrestre ; ni l'admirable ordonnance des galères espagnoles, les plus redoutées par les Turcs de toutes les *ponentinas* [82], ni le feu particulièrement nourri des galères vénitiennes. Tenons compte aussi, comme les Turcs le souligneront plus tard, comme les vainqueurs le reconnaîtront eux-mêmes, de la fatigue de l'armée navale turque : elle ne s'est pas présentée au mieux de sa forme [83].

Quoi qu'il en soit, le triomphe chrétien fut immense. Seules 30 galères turques s'échappèrent : sous la conduite d'Euldj Ali, elles surent évoluer, avec une légèreté et une science manœuvrière hors de pair, autour des redoutables galères de Jean André Doria. Peut-être (faisons place un instant aux médisances [84]), parce que le Génois, une fois de plus, refusa de s'engager à fond, trop ménager de « son capital ». Toutes les autres galères turques furent prises et partagées entre les vainqueurs, ou coulées. Dans la rencontre, les Turcs avaient perdu plus de 30 000 tués et blessés, 3 000 prisonniers ; 15 000 forçats furent libérés. Les Chrétiens, de leur côté, avaient perdu 10 galères, 8 000 morts, 21 000 blessés. Ils payèrent cher, humainement, leur succès, plus de la moitié de leurs effectifs étant hors de combat. La mer du champ de bataille parut soudain, aux combattants, rouge de sang humain.

Une victoire sans conséquences ?

Cette victoire ouvrait la porte aux plus grandes espérances. Mais sur le moment, elle n'eut pas de conséquences stratégiques. La flotte alliée ne poursuivit pas l'ennemi en déroute, à cause de ses pertes, à cause du mauvais temps qui fut peut-être le sauveur de l'Empire turc désemparé. Au mois de septembre, les Vénitiens avaient jugé qu'il était trop tard pour s'enfoncer vers le Levant et tenter de ressaisir Chypre. Comment y penser à l'automne, alors que la nouvelle de la chute de Famagouste était arrivée aux chefs de la flotte à la veille de Lépante ? Venise ne l'apprit que le 19 du mois [85], au lendemain du jour où la nouvelle de sa victoire lui avait été apportée par la galère, *L'Angelo Gabrielle*, détachée à cet effet par Veniero [86].

Don Juan, pour sa part, était tenté par une expédition immédiate sur les Dardanelles, qui aurait permis de verrouiller le détroit. Mais les vivres et les hommes lui manquaient et Philippe II avait donné l'ordre — sauf si l'on pouvait s'octroyer un grand port en Morée — de faire hiverner les galères en Italie. Il était impossible de s'aventurer ainsi quand manquait le matériel nécessaire pour des opérations de siège. Les Pontificaux et les Vénitiens qui voulurent s'attarder sous les murs de quelques villes secondaires, dans l'Adriatique, n'en retirèrent ni gloire, ni profit. Don Juan rentra à Messine dès le 1er novembre. Quelques semaines plus tard, Marcantonio Colonna était à Ancône, Veniero à Venise...

Là-dessus, avec un ensemble impressionnant, les historiens concluent : beaucoup de bruit, de gloire si l'on veut, mais pour rien [87]. Que l'évêque de Dax ait développé ce thème à l'usage de son maître et, non sans habileté, auprès des Vénitiens, abondamment plaints pour leurs pertes que ne compensait pas le gain « d'un seul pouce de terre », soit [88], l'évêque de Dax avait ses raisons d'être aveugle, ou de vouloir l'être.

Mais si, au lieu d'être attentif seulement à ce qui a suivi Lépante, on l'est à ce qui l'a précédé, cette victoire apparaît comme la fin d'une misère, la fin d'un réel complexe d'infériorité de la Chrétienté et d'une non moins réelle primauté turque. La victoire chrétienne a barré la route à un avenir qui s'annonçait très sombre. La flotte de Don Juan détruite, qui sait ? Naples, la Sicile étaient peut-être attaquées, les Algérois essayaient de rallumer l'incendie de Grenade ou le portaient à Valence [89]. Avant d'ironiser sur Lépante, à la suite de Voltaire, peut-être est-il raisonnable de peser le poids immédiat de la journée. Il fut énorme.

Une étonnante série de fêtes suivit — la Chrétienté ne pouvait croire à son bonheur — et une non moins étonnante débauche de projets. Ils barrent la mer entière de leurs grandioses perspectives, ces projets qui en veulent à l'Afrique du Nord, sphère habituelle d'influence espagnole ; à l'Égypte et à la Syrie, ces possessions éloignées d'où le Turc tire tant d'argent (et c'est Granvelle tête froide s'il en fût, qui propose l'entreprise) ; à l'île de Rhodes, à Chypre, à la Morée enfin dont les émigrants, un peu partout, promettent de faire merveilles pour peu qu'on les écoute et qu'on les arme. Ils font facilement illusion en Italie et en Espagne où l'on pense que les Chrétiens des Balkans, alertés par une descente chrétienne, ne tarderaient pas à se soulever. Les plus romanesques, le pape, Don Juan d'Autriche, rêvent de la délivrance de la Terre Sainte et de la prise de Constantinople. Ne va-t-on pas jusqu'à proposer l'entreprise de Tunis pour le printemps 1572, celle du Levant pour l'été, celle d'Alger pour l'hiver suivant ?

Philippe II, c'est une justice à lui rendre, ne participe pas à ces frénésies. A la différence de son père, de son frère ou de son neveu, Dom Sébastien de Portugal, il n'est pas travaillé par des rêves de croisade [90]. Comme toujours, il calcule, pèse, demande aux gens en place leurs avis, les fait discuter, remet ainsi les projets de Granvelle et de Requesens à Don Juan, avec charge de répondre point par point, en face de chaque proposition. Les conversations reprenaient, en effet, à Rome pour arrêter les opérations de la prochaine campagne. La victoire ne les avait rendues ni moins serrées, ni plus confiantes.

On a tendance à sourire de ces graves conversations autant que des projets tumultueux. Quand on connaît le dénouement, il est trop facile d'expliquer, comme le P. Serrano, le dernier et le meilleur historien de Lépante, que cette victoire ne pouvait porter aucun fruit, ni servir à quoi que ce soit. La seule chose à dire, c'est que Lépante n'était qu'une victoire maritime et que, dans ce monde liquide enveloppé et barré de terres, elle ne pouvait suffire à détruire les racines turques qui sont de longues racines continentales. Le sort de la Ligue, autant qu'à Rome, s'est joué à Vienne, à Varsovie, la nouvelle capitale polonaise, et à Moscou. Si l'empire turc avait été attaqué sur cette frontière terrestre... Mais pouvait-il l'être [91] ?

Enfin, l'Espagne ne pouvait s'engager en Méditerranée aussi longtemps et complètement qu'il l'eût fallu. Là est l'essentiel, comme toujours. Lépante aurait probablement eu des conséquences si l'Espagne s'était acharnée à les poursuivre.

On ne se rend pas toujours compte que la victoire de Lépante elle-même n'a été possible que parce que l'Espagne, pour une fois, s'était engagée à fond. Par un heureux concours de circonstances, toutes ses difficultés s'étaient allégées, provisoirement mais toutes en même temps, en ces années 1570-1571. Les Pays-Bas semblaient fermement tenus par le duc d'Albe ; l'Angleterre avait des difficultés intérieures : tout d'abord le soulèvement des barons du Nord, en 1569 ; puis la conspiration de Ridolfi, dont bien des fils, sinon tous, ont été tirés d'Espagne. Philippe II a même envisagé alors d'agir contre Élisabeth, tant celle-ci

paraissait hors d'état de résister[92]. La politique française
était plus inquiétante, mais elle n'était pas au point.
L'évêque de Dax n'avait pas encore dépassé Venise, en
octobre 1571. Et la Toscane était hésitante. La politique
anti-espagnole que Cosme avait savamment orchestrée
subissait un temps d'arrêt : le grand-duc avait même
avancé au duc d'Albe l'argent indispensable à son action
aux Pays-Bas[93]. Revirement politique ? Double jeu ?
Quoi qu'il en soit, l'Espagne se trouvait brusquement
délestée de ses charges extérieures.

Elle en profita pour agir en Méditerranée. On vit
alors, dans tout le secteur européen, par troupes entières,
les soldats et aventuriers de toutes nations refluer vers
le Sud où les embauches se multipliaient. Ce sont des
soldats français à la solde des Vénitiens, des Huguenots
sans doute, dit un rapport, qui défendirent Dulcigno,
en juillet 1571, sans beaucoup d'ardeur d'ailleurs[94]. Des
Français aussi, mêlés aux Espagnols, s'embarquèrent
sur les galères de Philippe II, à Alicante[95]. Et, au
printemps 1572, ils étaient deux mille à Venise, mercenaires à la solde de la Seigneurie. Signes évidents de
l'importance brusque du champ de bataille méditerranéen.

Donc l'Espagne a profité de la trêve que lui laissaient
ses adversaires d'Occident pour frapper en Orient. Mais
ce n'est que le temps d'une halte. Jamais elle n'a pu
faire mieux que frapper un coup à gauche, un coup à
droite, au gré des circonstances plus que de ses désirs.
Jamais elle n'a pu engager toutes ses forces sur un
seul point. C'est l'explication de ses « victoires sans
conséquences ».

2. 1572, année dramatique

La crise française jusqu'à la Saint-Barthélemy, 24 août 1572

L'animosité française n'avait cessé de grandir contre
l'Espagne depuis les débuts de la guerre de Chypre.
Elle s'accentuait en 1571, s'affirmait après la conclusion

de la Ligue, éclatait avec une agressivité sans voile, après Lépante.

L'année 1572 débuta, pour les deux pays, sous le signe de la guerre. Par avance, elle projetait ses ombres dans une Méditerranée en armes, dans une Europe du Nord troublée. La mission de l'évêque de Dax qui avait enfin quitté Venise (il atteignait Raguse en janvier[96]) était peu de chose à côté des menaces que les Espagnols sentaient grandir au Nord. Ils avaient su de quelle façon Ludovic de Nassau avait été reçu à la cour de France, au printemps 1571. Ils n'ignoraient pas que le roi avait lié partie avec les rebelles. Tout un réseau espagnol de renseignements et d'espionnage entoure et pénètre la France[97]. Il contribue assez peu à l'entente des deux couronnes dont les conversations diplomatiques ne sont qu'un long mensonge où l'historien s'embourbe. Tout ramener, comme le fait L. Serrano[98] — d'une façon inconsciemment nationaliste — à la prestigieuse duplicité florentine de Catherine de Médicis, habile à multiplier les attitudes, à démentir ses armements, puis à les attribuer à des sujets désobéissants, à les présenter enfin comme des ripostes justifiées, ce n'est que présenter un mince fil de l'écheveau.

D'autre part, le danger anglais renaissait. Au duc de Medina Celi, qui s'apprêtait à gagner les Pays-Bas par la route océane, le duc d'Albe recommandait, au début de 1571, de préférer encore, pour y relâcher, les ports français aux ports anglais[99] ! Mais au début de 1572, les deux adversaires de l'Espagne se rapprochaient, oubliant le long différend que l'Espagne avait toujours eu soin d'entretenir. Une alliance était en vue — on le savait dès janvier[100] — et toutes les explications apaisantes du roi de France[101] ne trompaient personne.

Les articles de la « ligue » franco-anglaise furent signés à Blois, le 19 avril[102]. Dès le mois de mars, on en connaissait les stipulations, en particulier que les Anglais s'obligeaient à transférer l'étape de leurs marchandises sur le continent, des Pays-Bas à Rouen et à Dieppe, les Français s'engageant, de leur côté, à approvisionner l'île en sel, épiceries et soie[103]. Ce qui, évidemment, ne pouvait que profiter à l'isthme français et travailler à la ruine d'Anvers [104]. On disait même, à Venise, que les Français n'avaient conclu l'accord que pour ranimer le trafic déclinant de Rouen [105]. Le secrétaire Aguilón qui, en attendant l'arrivée du successeur de Don Francés de Alava, Diego de Çuñiga [106], expédiait en France les affaires courantes d'Espagne, ne cachait pas son amertume et, dans une lettre au secrétaire Çayas où il s'exprimait librement, regrettait ouvertement que Philippe II ne se soit pas, pour des questions de *reputación*, accordé avec l'Angleterre. Il faudrait reprendre les négociations (l'accord avec la France n'était pas encore signé à cette date), ou tenir les Pays-Bas pour perdus [107].

L'ambassadeur anglais voyait les choses avec plus de nuances. Il écrivait à Lord Burghley, au lendemain de la signature : « Les gens de robe longue craignent qu'elle ne produise de la brouille entre cette couronne et l'Espagne et seroient bien faschés que le roi s'engageast à l'heure qu'il est dans une guerre, parce qu'ils appréhendent que l'administration des affaires ne tombast alors en d'autres mains. » [108] C'était juger sainement des incertitudes de la politique française, objectivement, sans passion. Très informée, trop informée, la cour de Madrid avait tendance à voir tout en noir.

Il est vrai que les grands préparatifs de la France sur l'Atlantique étaient intentionnellement faits avec beaucoup de tapage [109]. Fourquevaux en entendait parler à Madrid, en février [110]. A Paris, Aguilón s'en entretenait avec l'ambassadeur du Portugal aussi inquiet que lui-même. Le duc d'Albe s'en préoccupait à Bruxelles [111]. Et partout, les commentaires allaient leur train [112]. Les galères ponentines du baron de La Garde allaient-elles être ramenées en Méditerranée ? Et ces navires marchands de haut bord que l'on équipait en vaisseaux de guerre et qu'on savait devoir être mis sous le commandement de Philippe Strozzi, où iraient-ils [113] ? Saint-Gouard disait : contre les pirates de l'Océan. Mais les gendarmes pourraient bien se changer en voleurs, pensait Philippe II [114]. Il était difficile de se fier à

l'officielle promesse française que cette flotte respecte-
rait les territoires espagnols [115], quand Diego de Çuñiga
rapportait qu'en éclatant de rire, Catherine de Médicis
s'était écriée : « la flotte de Bordeaux, elle ne touchera
pas à vos affaires ! Vous pouvez être aussi tranquilles
que si votre roi était à son bord ! » [116].

Et il n'y avait pas que la flotte de Bordeaux. Les
incidents de la frontière Sud des Pays-Bas étaient
l'occasion de soupçons et de plaintes réciproques,
aggravées par l'affolement des populations de ces
régions tourmentées [117]. Le duc d'Albe avait-il, oui ou
non, renforcé les forteresses le long de la frontière ?
Avait-il, oui ou non, monté des pièces d'artillerie sur
les remparts ? Oui ou non, avait-il barré les routes [118] ?
Avait-il astreint au service de garde les gens du plat
pays, comme si l'on était en temps de guerre ? Les
Français des Pays-Bas qui, d'après les traités, devaient
jouir librement de leurs biens, étaient constamment sur
le qui-vive ; d'autant que les questions de religion
n'étaient nullement prévues par les traités [119]. Cependant,
il était impossible aux Espagnols de ne pas croire
que les Français encourageaient, chaque fois qu'ils le
pouvaient, la rébellion des provinces espagnoles.

Or, le 1er avril, les Gueux de la mer, sous la direction
de Guillaume de La Marche, avaient pris Brielle,
dans l'île de Voorn, à l'embouchure de la Meuse [120].
L'insurrection avait gagné Flessingue, s'était étalée au
Nord et à l'Est, à travers tout le Waterland, le district
des eaux. La vraie révolution des Pays-Bas commençait,
dans un pays fanatisé, où abondaient les misérables.
Les Français étaient forcément de connivence et les
Anglais bien entendu [121]. Le duc d'Albe se plaignit au
représentant du roi de France à Bruxelles de ce que les
bateaux des révoltés marchaient de compagnie avec les
bateaux français nouvellement armés et qu'ils trouvaient, en France, artillerie, vivres et munitions [122]. La
flotte de Strozzi était quasi une flotte huguenote, dit
Aguilón, et des navires anglais et écossais se trouvaient
à ses côtés. Elle était capable de piller au passage le
littoral espagnol [123].

Il y avait d'autant plus lieu de s'inquiéter que l'attaque de Brielle, au Nord, se doublait bientôt d'une attaque au Sud. Les Huguenots entraient avec La Noue à Valenciennes, le 23 mai, et le 24, Ludovic de Nassau surprenait Mons, au petit matin [124]. C'était l'exécution du plan concerté entre Orange et ses alliés de France [125]. Elle ne surprit point le duc d'Albe qui n'eut toujours que trop tendance à sous-estimer le front de mer et le péril des Gueux, pour s'hypnotiser sur le danger français et la frontière continentale du Sud-Ouest [126].

En fait, une guerre franco-espagnole semblait imminente. En mai, Vespasiano Gonzaga, vice-roi de Navarre, faisait d'inquiétants rapports sur les menées françaises dans la région [127]. Toute la frontière pyrénéenne, de l'Atlantique à la Méditerranée, était en alerte. Les rapports de Saint-Gouard étaient aussi soupçonneux que ceux des ambassadeurs espagnols. « Je les vois faire toutes sortes de provisions », écrivait-il le 21 mai 1572 [128]. « Ils ont levé à la foire dernière de Medina del Campo plus de cinq millions » et fait venir d'Italie de nombreuses armes qui ont été distribuées sur les frontières. Enfin, on entretient « une infinité de capitaines », qu'on a empêché de partir dans le Levant. Rien ne dit, conclut-il, que les préparatifs, soi-disant faits pour la Ligue, ne soient pas destinés au Languedoc ou à la Provence... Mais le roi de France, de son côté, a réuni plus de 80 vaisseaux et « bon nombre d'infanterie gasconne » [129]. Ce qu'attend cette flotte ? de savoir où se produira le premier craquement espagnol, explique Don Diego de Çuñiga. Et si les affaires s'arrangent aux Pays-Bas, elle ne s'y rendra pas [130].

Les Portugais s'inquiètent, eux aussi, des entreprises que pourrait tenter une flotte française disponible. Ils avaient armé une grosse flotte, avec plus de 20 000 hommes de troupes. C'est qu'ils craignent, dit Sauli qui transmet cette nouvelle, que les Français ne veuillent s'emparer, au Maroc, du Cap de Gué, ce qui gênerait considérablement les navigations portugaises, tant vers les Indes Orientales que vers les « Indes de Ponent ».

A moins qu'ils ne veuillent faire, pour leur compte, une autre entreprise marocaine [131].

Les Espagnols ne sont pas en reste et ont pris les mesures maritimes qui s'imposent contre ces fameux navires français de Bretagne, de La Rochelle et de Bordeaux. En mai, le duc de Medina Celi a quitté Laredo avec 50 navires [132] ; ordre a été donné d'en armer 30 dans les Flandres. Et en « Biscaye et Galisie », on a donné, à quiconque le voudrait, le droit d'armer, ce qui ne s'était jamais fait encore, et de se joindre à la flotte de Medina « pour veoir les mouvemens » des Français [133].

Quant à l'Italie, la zone névralgique y est, naturellement, le Piémont et, autour du Piémont, les États du Savoyard et la grande place d'armes de Milan où le grand commandeur de Castille vient d'être nommé gouverneur. Dans cette dernière ville, les soldats venus d'Allemagne ne cessent de s'accumuler. Si Saint-Gouard ose s'en inquiéter, on lui répond bien entendu « qu'ils sont pour aller trouver Don Juan d'Austria »... [134] Mais au même moment [135], Diego de Çuñiga écrit à son maître, sur un ton non moins alarmé, que les Français auraient trouvé le moyen de se faire remettre quelques-unes des places que les Espagnols occupent en Piémont. Inquiétudes communicatives : elles gagnent les Génois. La Seigneurie de Gênes écrit que les quatre galères qui, à Marseille, sont armées et prêtes à partir avec huit compagnies d'infanterie, sont, d'après la rumeur publique, destinées à la Corse [136].

Personne ne joue franc jeu. Chacun, inquiet et menaçant à la fois, cherche à faire flèche de tout bois. Quand le 11 mai, les Algérois demandent — requête étrange — la protection du roi de France, Charles IX s'empresse d'accepter [137]. Il pense que le duc d'Anjou, payant tribut au Turc, ferait un excellent roi d'Alger : combien de couronnes ce pauvre duc n'aura-t-il pas portées en espérance ! C'était peut-être agir à la légère, risquer de compromettre l'alliance avec le sultan, prendre, comme dira l'évêque de Dax répondant à ces étranges propositions, « la paille pour du grain » [138].

Mais si le roi est si facilement attiré par les promesses
sans franchise d'Euldj Ali (lequel au même instant
offrait sa ville à Philippe II [139] !), c'est qu'il croit ainsi
pousser avec adresse un des pions du jeu qui l'oppose
au roi d'Espagne. Ne grossissons pas l'incident comme
L. Serrano et après lui F. Hartlaub, qui pensent que le
secret de la flotte de Strozzi est à trouver du côté
d'Alger [140], et qu'en inquiétant les côtes cantabriques,
Charles IX avait voulu détourner d'Alger la flotte de
Philippe II et se réserver l'éventuelle possession de la
ville.

La politique française était loin d'être aussi claire.
Elle n'était pas sûre de ses appuis extérieurs. En août,
l'Allemagne protestante n'était pas décidée à bouger.
L'Angleterre ne voyait pas avec faveur la France
s'installer dans les Pays-Bas et l'occasion était bonne,
pour elle, d'entrer en conversation avec les Espagnols.
Le Turc, enfin, avait bien assez de ses propres affaires.
Et la France n'était même pas sûre d'elle-même. Sa
politique anti-espagnole était celle de Charles IX, un
impulsif, celle de Coligny, en plein rêve. Elle avait contre
elle les « robes longues » dont parlait Walsingham, les
conseillers d'épée et, en bloc, tout le clergé. Pour bien
des raisons, notamment parce que la guerre signifiant
des dépenses, on songeait naturellement à se saisir des
biens de l'Église. Un projet de sécularisation fut même
établi : autant que les attitudes « cocardières » de
l'amiral à propos de la croix de Gastines, ce projet
allait soulever Paris et le clergé [141]. D'autre part, attaquer
Philippe II n'était pas une mince affaire et Catherine
de Médicis commençait à s'affoler à l'idée d'une guerre
qui pouvait provoquer des revirements inattendus. Au
conseil, le 26 juin, Tavannes disait clairement que la
puissance des Protestants risquait de devenir si grande,
en cas de conflit, que « venant à mourir ou changer
ceux qui les conduisent avec bonne intention... le roy
et son royaume seront toujours menez en laisse, et
vauldroit bien mieux n'avoir point de Flandres et autres
conquestes que d'estre incessamment à maistre » [142].

La politique française est ainsi velléitaire, prête à des

reculades, en tout cas pas encore disposée à rompre. Quand, dans la première moitié de juin, arrive à Madrid la nouvelle de la prise de Valenciennes et de Mons, l'ambassadeur français présente à Philippe II les regrets et quasiment les excuses de son roi. Tout s'est passé sans qu'il en ait été informé. Il déplore sincèrement les actes inamicaux du duc d'Albe et désire que Philippe II soit à nouveau assuré de son désir de paix. A quoi Philippe II répond qu'il y a, parmi les révoltés de Flandre, beaucoup de sujets du roi de France et de gens ayant séjourné en France. A l'amitié franco-espagnole, il ne voit qu'une condition : que les œuvres répondent aux discours. En tout cas, le duc d'Albe, selon les ordres qu'il a reçus, ne rompra que si les Français rompent les premiers [143]... Jusqu'à l'annonce de la Saint-Barthélémy, Saint-Gouard ne cessera de multiplier, de la part de son gouvernement, les protestations pacifiques. Peut-être en ajoute-t-il du sien. Le 28 juin, tandis qu'il s'entretient avec Philippe II de la satisfaction de son maître pour le châtiment infligé dans les Flandres à ses propres vassaux, le nom de Coligny survient dans la conversation. L'ambassadeur n'hésite pas à déclarer que c'est un mauvais homme, que le roi n'a pas confiance en lui bien qu'il fasse d'ailleurs moins de mal à la cour qu'hors de celle-ci. Il conclut, avec optimisme, que les officiers du roi, sur la frontière de Picardie, étant catholiques, s'emploieront à éviter tout conflit. Ainsi fera le duc d'Albe, affirme de son côté Philippe II. Et Saint-Gouard le quitte fort content à ce que déclare le rapport de la chancellerie espagnole [144]. Seulement, si on le presse un peu trop sur la question de la flotte française, Saint-Gouard finit par répondre que « la mer est comme une immense forêt, commune à tout le monde, où les Français iraient chercher fortune » [145].

Il n'en est pas moins vrai que la diplomatie française s'applique à parler de paix. Et pas seulement à Madrid. Mais à Vienne, à Rome. Après l'échec de la tentative sur Valenciennes et la déroute de Genlis, tout se passe comme si la politique française faisait machine arrière. Le 16 juin, Charles IX, annonçant à son ambassadeur à Vienne la défaite des révoltés de Mons, « juste jugement de Dieu envers ceux qui s'eslèvent contre l'autorité de leur prynce », prétend tout faire pour qu'aucun secours ne soit apporté aux Gueux, « tant je blasme leurs malheureux desceings... »[146]. En juillet, il envoie à Rome, à de Ferrals, une longue lettre où il explique comment le duc de Nassau l'a trompé et témoigne, une fois de plus, de sa volonté pacifique[147].

Singulière et fluctuante politique ! Ne disons pas : immorale, comme tant d'historiens, car chacun, au XVIe siècle, joue le même jeu et le juge de bonne guerre. Mais que d'hésitations elle traduit ! Elle ne se décide ni à la rupture, ni à la cessation des actes d'hostilité au long des frontières qui regardent l'Espagne. De Paris, le 27 juin, on prévient le duc d'Albe que les Français lèvent trois compagnies de chevau-légers en Provence, qu'ils fortifient Marseille *a gran furia*, que des troupes s'acheminent vers les garnisons du Piémont. Le 26 juin, il y a eu grand conseil pour savoir si l'on romprait avec l'Espagne. Aucune décision n'a été prise, « mais n'y a-t-il pas là un signe manifeste que s'ils apercevaient une bonne occasion, ils la saisiraient ? Donc impossible d'avoir confiance, sinon l'épée au poing »[148]. Le jeu paraît si grossièrement double, pour qui le voit du dehors et donc pour l'Espagnol, que tout devient croyable. C'est ainsi que, fin juin, un courrier savoyard apporte à Madrid une nouvelle matière à faux bruits : le nonce a prétendu que le roi de France avait demandé le libre passage à travers les terres du duc de Savoie[149]. Si bien que les courriers espagnols, d'Italie en Espagne, renoncent presque tous à la voie de terre et empruntent la route de mer[150].

Au vrai, que pourrait croire Philippe II des simagrées françaises, quand il a en mains les rapports sur le raid de Genlis, parti le 12 juin au secours de Mons et mis en déroute le 17, de Genlis tombé entre les mains du duc d'Albe, avec des papiers signés du roi de France lui-même[151] ? Ou quand on lui signale, à la même date, les mouvements supposés de la flotte, et les mouvements réels des troupes en Picardie ? L'amiral, lui dit-on, est à Metz, à la recherche de 800 000 livres pour faire Dieu sait quoi en Allemagne. Montmorency et lui sont d'accord pour secourir Mons. « Ici est venu Altucaria, agent de ce roi à Constantinople, écrit encore Çuñiga [152] ; on raconte dans les rues qu'il apporte avec lui deux millions d'or. Mais ceci n'est pas sûr et l'on n'en voit pas le motif. J'apprends qu'il est question de le renvoyer [en Turquie] et ils publient que les Vénitiens ont déjà signé une trêve avec le Turc. » Ce que l'ambassadeur de Venise dément avec énergie. Ainsi circulent les nouvelles pas toujours criblées avec soin, fausses, vraies, parfois d'une précision qui prouve la trahison. Don Diego de Çuñiga est ainsi mis au courant par Hieronimo Gondi de ce qui s'est débattu au Conseil du Roi : conseillers de robe courte et longue n'ont pas voulu de la guerre. La politique pacifique de Catherine de Médicis semble l'emporter [153]. L'amiral, rejeté des conseils, nous est donné, le 13, en train de conspirer avec la reine d'Angleterre [154].

La Saint-Barthélemy n'a donc pas mis fin à une politique d'intervention ardente, vigoureuse et unanime. Ni Rome, ni Madrid, qui s'en réjouiront, n'ont préparé les massacres de Paris [155]. D'ailleurs si ceux-ci, si la *novedad* de Paris, ont eu un effet immédiat sur la politique française et internationale, s'ils ont contribué à répandre en Europe la terreur du nom espagnol, s'ils ont laissé le champ libre, une fois de plus, à la politique plus prudente que puissante de l'Espagne, je ne crois pas qu'ils aient marqué, pour autant, un détournement *durable* de la politique française. Contre Michelet et quelques autres, je ne crois pas que le 24 août 1572 soit le grand tournant du siècle. La *novedad* n'a eu que des conséquences limitées dans le temps. Au-delà du 24 août, la politique française, un instant détachée de ses revendications, désemparée, restera assez fidèle à elle-même, comme on le verra.

Ordre et contre-ordre à Don Juan d'Autriche, juin-juillet 1572

Au mois d'août 1572, la Saint-Barthélemy n'en a pas moins constitué un abandon. Tout s'est passé comme si l'un des joueurs, le roi de France, avait brusquement jeté ses cartes. Nous sommes tenté de dire que, de toute façon, il devait perdre. Mais son adversaire était-il persuadé de sa faiblesse et comptait-il sur cet abandon ? La singulière politique méditerranéenne de Philippe II, en juin et juillet 1572, ferait penser, au contraire, qu'il surestimait la force française.

Rien de plus simple jusqu'en juin 1572, que la politique de Philippe II en Méditerranée, à l'égard de la Ligue. Pour mettre de l'ordre dans les multiples projets nés de la victoire de 1571, le Souverain Pontife avait convoqué une nouvelle conférence à Rome. La première réunion eut lieu le 11 décembre [156]. Deux mois suffirent, cette fois, pour aboutir à un accord, signé le 10 février 1572 par les commissaires espagnols, le grand commandeur de Castille et son frère Don Juan de Çuñiga, auxquels se joignit, pour l'occasion, le cardinal Pacheco, et par les commissaires vénitiens, Paolo Tiepolo et Giovanni Soranzo [157]. La discussion, cette fois, se terminait à l'avantage de la Seigneurie. L'accord stipulait, en effet, que les alliés agiraient dans le Levant [158], ce qui, d'emblée, écartait les projets contre l'Afrique du Nord, chers à l'Espagne. Les vivres étaient prévus pour sept mois et un gros matériel devait être embarqué pour aider les Grecs qu'on croyait sur le point de se révolter, en Morée. A Otrante, serait constitué un camp de 11 000 hommes, sorte d'armée de réserve où l'on puiserait selon les circonstances. La force numérique de la flotte était plutôt supérieure à celle de 1571 : 200 galères, 9 galéasses, 40 navires, 40 000 hommes. Le calendrier, toujours optimiste, prévoyait la réunion de la flotte pontificale et de la flotte espagnole à Messine, fin mars, d'où, sans perdre de temps, elles iraient à Corfou se joindre à la flotte vénitienne.

Ainsi l'Espagne allait défendre dans le Levant les intérêts vitaux de Venise, se sacrifier pour elle, comme en 1570 et 1571. En apparence, au moins. Granvelle écrivait à Philippe II qu'il ne trouvait pas, quant à lui, la chose si désavantageuse. Étant donné que la Ligue ne durerait certainement pas (à cause des Français et de l'impatience des Vénitiens, fort peu satisfaits d'être privés du commerce du Levant) autant valait en profiter, rapidement, pour briser la puissance turque. Seule, une expédition dans le Levant permettrait une collaboration efficace de Venise. Et puis, c'était satisfaire grandement le pape, et vis-à-vis de lui comme de l'Italie et de la Chrétienté, assumer une attitude désintéressée qui avait ses avantages [159]. Oui, sans doute. Mais le ton de Granvelle est un peu celui qu'on prend pour consoler ou se consoler.

Philippe II n'avait pas dû se résigner volontiers à cette « avantageuse » décision puisqu'il avait donné l'ordre à Don Juan de tenter une expédition contre Bizerte, voire contre Tunis, au début du printemps, sous la forme d'un voyage ultra-rapide qui précéderait celui du Levant. Pour la préparer, Don Juan quitta Messine pour Palerme où il arrivait le 8 février [160]. Il s'agissait d'obtenir de l'argent du duc de Terranova, ce qui, dès le début, s'annonça difficile [161] et de se rapprocher de la côte Sud, la côte des vivres et des départs vers l'Afrique. Comment faire une expédition sans argent et sans vivres ? Quant aux galères et aux soldats, il écrivit à Naples pour les demander à Granvelle [162]. Mais celui-ci ne partageait point les désirs de Philippe II et, le 21 février, déclarait nettement à Don Juan : « je ne sais comment peut se faire une expédition aussi importante sans argent et sans soldats en nombre suffisant. Je ne voudrais pas, comme il me souvient de l'avoir écrit à Votre Excellence, qu'elle mette le pied en Afrique, sinon avec une armée qui convienne » [163]. Don Juan ne se rendit pas à ces raisons. Le 2 mars, il avait encore l'espoir de voir arriver les galères de Naples et de gagner Corfou par le long détour des côtes de Berbérie [164]. Mais à la mi-mars, sa décision fut prise. Après consultation de son état-major, du vice-roi Terranova, de Don Juan de Cardona, de Gabrio Serbelloni, du *veedor* général Pedro Velásquez[165], il écrivait à Philippe II : « Je ne m'étendrai pas longuement... sur les raisons qui m'obligent à retourner à Messine, puisque vous les verrez très en détail dans les lettres qui accompagnent celle-ci et qu'ont écrites d'autres mains que la mienne. Ces raisons ont paru ici si suffisantes que je n'ai absolument pas pu agir autrement, bien que je ne désire rien davantage que de faire cette entreprise de Tunis pour le plaisir qu'éprouverait V. M. si l'on en délogeait l'ennemi... »[166]

Mais le 1er mai, le saint pape Pie V mourait[167]. Cette mort, à elle seule, reposait tout le problème de la Ligue. Survenant au milieu d'une forte tension politique, elle a été à l'origine d'une volte-face radicale de la politique espagnole, volte-face que les événements allaient bientôt annuler, mais qui n'en avait pas moins été complète. Le 20 mai, Philippe II envoyait, en effet, à son frère l'ordre péremptoire (rédigé le 17) de surseoir au départ de ses galères dans le Levant. Au cas où il aurait déjà quitté Messine au reçu de cet ordre, il devrait y revenir au plus vite. Les courriers suivants du 2, puis du 24 juin renouvelèrent l'ordre qui ne fut rapporté que le 4 juillet. D'où une crise de six semaines qui passa sur l'Italie avec les allures d'un cyclone. L'effet n'en était pas encore calmé que Don Juan avait rejoint les alliés à Corfou.

20 mai-4 juillet : ces dates posent le problème dans le temps avec une précision à laquelle le P. Serrano n'a pas été assez attentif. Ayant été le premier à lire tous les documents du dossier espagnol, il a naturellement repris la plaidoirie qu'ils dessinaient. Car Philippe II a dû plaider auprès du Saint-Siège et des Vénitiens, auprès des cours européennes surprises par son geste, auprès de ses propres représentants en Italie. Mais on peut d'autant moins prendre à la lettre cette prose de combat, qu'il arrive à Philippe II de distinguer sans détours entre ses vrais motifs et ses raisons officielles.

Raisons officielles : Philippe II a prétendu qu'il retenait Don Juan à Messine dans la crainte d'une rupture avec les Français[168]. On ne peut nier que

Philippe II ait cru à ce péril. Mais pas particulièrement au mois de mai 1572.

L'explication ne concorde pas avec les dates. Dans l'histoire de la tension hispano-française, vue de Madrid, ni les 17-20 mai, ni le 4 juillet ne sont des dates culminantes. Rien de décisif, durant ce court épisode, en ce qui concerne la flotte de Strozzi ou les théâtres secondaires d'opération. Les grandes nouvelles ne peuvent alors parvenir que des Pays-Bas. Or, vers le 20 mai, on ne connaissait encore à Madrid que les événements du débarquement à Brielle. L'attaque sur Valenciennes et sur Mons n'est que du 23-24 mai [169]. En sens inverse, pourquoi, le 4 juillet, le péril français aurait-il paru plus léger à Philippe II ? Il s'est au contraire aggravé. Et Philippe II le reconnaît dans les considérants qui accompagnent le contre-ordre qu'il expédie, à cette date, à Don Juan. La Saint-Barthélemy est encore loin, et nul ne la prévoit [170].

L'explication est ailleurs, et plus claire si, au lieu d'étudier la correspondance de Philippe II avec Don Juan, on examine les lettres qu'il expédiait à Rome, particulièrement celles des 2 et 24 juin, à Don Juan de Çuñiga.

Philippe II s'était servi d'une autre raison pour expliquer son attitude : la mort du pape. Excellent prétexte, car chacun savait qu'une nouvelle élection pontificale remettait toujours en question la politique européenne, à plus forte raison celle de l'État pontifical lui-même. D'autant plus, en cette occasion, que de Rome dépendait le budget de guerre de l'Espagne, et donc sa flotte. Le nouveau pape pouvait être un homme plus soucieux « de remédier ses affaires et celles de sa maison que non pas celles de la Ligue », comme disait Saint-Gouard [171]. Sans doute. Mais ce n'était là encore qu'un prétexte, Philippe II l'avouera lui-même. La mort du pape a bien été la raison occasionnelle de la décision du roi en ce sens qu'elle l'a libéré, ou lui a permis de faire comme s'il était libéré de ses engagements. Mais la raison déterminante est que l'entreprise du Levant souriait peu à Philippe II. Et qu'il tenait par contre, à en faire une autre : celle d'Alger.

Dès sa première lettre à Don Juan, il était question d'Alger. Et dans sa lettre du 2 juin à Juan de Çuñiga, il écrivait : « vous savez l'ordre que j'ai donné à mon frère et les couleurs sous lesquelles j'ai recommandé de présenter le maintien de la flotte à Messine, en prenant prétexte de la mort du Saint-Père, sans parler des ordres que j'avais envoyés ». Mais, « la nouvelle élection s'étant faite si rapidement, nous ne pouvons plus nous prévaloir de ces raisons », d'autant que le choix qui a été fait est « saint et bon ». Pourtant je suis décidé à ne pas changer d'avis et, en ce qui concerne Alger, je crois toujours que « faire cette expédition est ce qui convient à toute la Chrétienté en général et au bien de mes... États en particulier, si je veux qu'ils retirent quelque fruit de cette ligue et de toutes ces dépenses, au lieu de les employer à une chose aussi incertaine que l'expédition du Levant ». Au pape, il faudra donner comme raisons la révolte des Flandres, les soupçons qu'on a de l'intervention de la France et de l'Angleterre et les nouvelles qu'on reçoit des armements français. Et surtout, ne point parler d'Alger [172] !...

L'explication est limpide. Philippe II veut profiter de ce qu'il a massé de forces pour frapper le Turc, mais au point où le coup peut être utile à l'Espagne. Dans cette Afrique du Nord qui a toujours fait partie du cercle des convoitises espagnoles ; à Alger qui est un poste essentiel de l'Islam, son relais occidental, son centre de ravitaillement en hommes, en navires et en matériel de course, le point de départ de corsaires redoutables pour les États espagnols. C'est cette politique traditionnelle qui a orienté la décision de Philippe II [173].

Reste à expliquer, alors, le contre-ordre du 4 juillet, le retour aux positions initiales des partenaires de la Ligue. Il semble que Philippe II ait cédé devant les violentes et unanimes réactions de l'Italie, des Vénitiens, du nouveau pape, Grégoire XIII, et des « ministres » espagnols eux-mêmes : Don Louis de Requesens à

Milan, son frère à Rome, Granvelle à Naples, pour ne pas parler de Don Juan qui protestait avec passion, ayant pris à cœur le succès de la Ligue. Cette offensive générale a eu raison du Roi Prudent. On lui a représenté qu'à ce jeu il se déconsidérait, qu'il poussait Venise à traiter tout de suite avec le Turc, qu'il s'ensuivrait, pour lui, une perte de prestige et de force. Le projet d'une expédition contre Alger courait sur toutes les bouches que les représentants espagnols n'avaient pas osé encore en parler en Italie. Et puis le nouveau pape détenait dans sa main les grâces de l'*escusado* et du *subsidio*. Il écrivait, en faveur de la Ligue, des brefs de feu. Si souple, si accommodant qu'il fût, toutes les excuses du monde ne le convaincraient pas. Le péril français, à Rome et ailleurs, n'était pas pris au tragique. Granvelle lui-même pensait qu'il suffirait de parler haut et ferme au Très Chrétien pour le ramener à la juste mesure. Et Don Juan que le meilleur procédé, à son endroit, était encore de faire l'expédition du Levant. Lui répondre par un nouveau Lépante.

Le 12 juin, Don Juan qui se déplaçait de Messine vers Palerme envoyait, par les îles, une galère qui ne mit que six jours à atteindre Barcelone [174]. On crut, à la nouvelle de cette arrivée et de l'insolite rapidité du voyage, qu'une catastrophe était survenue à Messine. Quelques jours plus tard, la galère repartait ; le 12 juillet, elle remettait à Don Juan le précieux contre-ordre du 4 [175]. Il n'allait pas d'ailleurs sans réticences puisque le roi demandait de distraire, des galères espagnoles, l'escadre de Jean André Doria, qui aurait la tâche de pousser jusqu'à Bizerte ou jusqu'à Toulon, si le roi de France se conduisait mal [176].

Les expéditions de Morée

La grande guerre occupa en Méditerranée la fin de l'été et le début de l'automne, sur le long parcours qui va du golfe de Corinthe au cap Matapan, par la côte occidentale de la Morée, cette côte inhospitalière, montueuse, semée d'écueils, avec de rares aiguades, devant laquelle, par surcroît, s'étend le grand vide de la mer Ionienne. Dès la fin de l'été, dans ces régions, de grands coups de vent, accompagnés de tornades, inondent les plaines riveraines et rendent la mer peu praticable aux fines et basses galères. Il n'y a d'abris que vers le Nord, à Corfou, ou mieux encore le long de la côte dalmate, ou de l'autre côté du cap Matapan, sur la rive qui fait face à la mer Égée. C'est un privilège des mers étroites, l'Égée ou l'Adriatique : les mauvais temps d'automne ne les envahissent qu'avec un certain retard, par rapport aux grands espaces de la Méditerranée qu'ils tourmentent d'abord.

En vérité, un étrange théâtre de guerre, avec, pour les alliés, peu de bases commodes. Aucune des îles vénitiennes qui avoisinent ce littoral ingrat, ni Cérigo, trop étroite, à peine abordable, trop pauvre, sans autre ressource que ses vignobles, ni Céphalonie, montueuse et vide, aucune de ces îles n'offre un abri sûr et le ravitaillement en vivres, non moins nécessaire. Et toutes sont trop éloignées du littoral pour qu'une flotte puisse s'y tenir, ayant à agir contre la côte d'en face. Les seuls points d'appui et refuges commodes sont aux mains des Turcs : Sainte-Maure au Nord du golfe de Corinthe ; Lépante sur le golfe lui-même et au Sud, Navarin et Modon.

Les alliés, il est vrai, comptaient sur le soulèvement des populations de Morée, selon l'affirmation et les promesses de quelques proscrits. Mais, à ce sujet, rien n'avait été organisé. On avait seulement prévu, dans les délibérations de la ligue, l'embarquement d'armes pour les révoltés. Et Don Juan n'avait écrit spécialement qu'aux Grecs de l'île de Rhodes. Or, les alliés arrivés sur place, il n'y eut pas de révolte, pas même un simulacre de soulèvement. A la fin du XVIIe siècle, quand Venise réussira à s'emparer de la Morée, elle le devra en partie à la collaboration du pays grec [177]. Au XVIe, celui-ci ne bougea pas. Rien ne dit si ce fut à cause des Turcs et de leur vigilance, ou parce que les Grecs connaissaient trop bien les Latins (spécialement les Vénitiens, ces anciens maîtres) pour se faire tuer à leur service. D'ailleurs, dans l'hypothèse d'un soulèvement grec, la Morée eût été à bon droit choisie pour théâtre d'une guerre terrestre. Montueuse à souhait, elle excluait l'évolution massive des cavaliers turcs si redoutés ; elle se trouvait hors de l'atteinte des routes où dominait le Turc, prête en somme à l'indépendance. Mais il semble que les alliés, en l'occurrence, aient à peine choisi et que le hasard, autant que les calculs au sujet d'une révolte indigène, les ait menés vers le littoral de Morée.

Don Juan avait reçu, le 12 juillet, l'ordre de se joindre aux alliés à Corfou. Il l'écrivit aussitôt à Marcantonio Colonna qui venait d'y arriver lui-même, avec la flotte du pape et les galères espagnoles que Don Juan lui avait confiées, sous le commandement de Gil de Andrade. Les Vénitiens s'y trouvaient déjà. Après réception de la lettre de Don Juan, les alliés auraient dû attendre l'arrivée du chef de la Ligue. Mais, craignant de nouveaux retards, espérant vaincre seuls et disposant d'un bon prétexte pour se justifier ensuite, s'il le fallait, Colonna et Foscarini mirent à la voile, le 29 juillet, vers le Sud d'où venaient d'inquiétantes nouvelles. La flotte turque, sortie une fois de plus en avance, ravageait disait-on, les côtes de Candie, de Zante et de Céphalonie. Laisser les Turcs saccager les îles, et gâter leurs précieuses récoltes, était-ce une attitude digne des vainqueurs de Lépante ? La flotte avait quitté Corfou en ordre de bataille : elle fut renforcée en route par les galères de Candie, sous le commandement du *provveditore* Quirino. Elle était le 31 au soir à Zante [178] et y resta trois jours. Elle apprit alors que la flotte turque était à Malvoisie et partit à sa rencontre. C'est ainsi qu'elle fut conduite à l'extrême Sud de la Grèce où les deux flottes se rencontrèrent, le 7 août, au large de Cérigo.

Ce n'était pas une flotte négligeable que celle d'Euldj Ali. L'Empire turc l'avait recréée, non dans la facilité inépuisable qu'on lui prête d'ordinaire, mais dans la douleur et la fatigue, toutes ses forces bandées par le danger. L'aboutissement de ce monstrueux effort, dont la Chrétienté avait eu d'ailleurs, durant tout l'hiver, des échos précis, c'était au moins 220 unités, entre galères, galiotes et fustes. Sans doute étaient-elles, pour une bonne moitié, de très récente construction : on les avait mises à l'eau durant l'hiver 1571-1572. Elles avaient peu d'infanterie. Mais Euldj Ali avait modernisé leur armement : fournies d'artillerie et d'arquebuses, leur puissance de feu était supérieure à celle de la flotte d'Ali Pacha que montaient encore tant d'archers et de frondeurs. Puis, Euldj Ali avait réussi à construire, sur le modèle de la marine algéroise, une flotte extrêmement mobile. Les galères plus légères, mais solidement charpentées, moins chargées d'artillerie et de bagages que celles des Chrétiens, les gagnaient à la course avec une déconcertante régularité.

Enfin, la flotte turque possédait deux ou trois gros avantages. Elle avait appris à ses dépens la redoutable importance des galéasses et ne l'oubliait plus. Elle possédait, dans Euldj Ali, un chef remarquable que ne tracassaient pas, un seul instant, les rivalités de ses adjoints, un chef plus maître de son outil que, du leur, Marcantonio Colonna au début de la campagne, ou Don Juan à la fin. En outre, cette flotte était adossée à un pays ami, à proximité de ses magasins de vivres, de ses réserves de troupes et de ses batteries à terre, alors que les Chrétiens dépendaient de ce qui avait été embarqué à Messine, en Pouilles ou à Corfou, du biscuit plus ou moins bien conservé qui se trouvait à bord des vaisseaux ronds, ces lourds et vastes magasins flottants que les galères devaient remorquer en même temps que les galéasses. Les minces navires s'épuisaient à ce travail surhumain. Puis, Euldj Ali, et c'est encore l'un de ses mérites, n'avait en vue qu'une politique d'efficacité : empêcher la flotte chrétienne de gagner l'Archipel, carrefour de la puissance turque ; sauvegarder en même temps la flotte miraculeusement reconstituée pendant l'hiver. Si le 7 août, il accepte la bataille que lui offre Marcantonio Colonna, ce n'est pas sans arrière-pensée. Il sait pertinemment que les alliés ne sont pas au complet, qu'il n'aura pas à combattre spécialement contre les coriaces galères d'Espagne, ni contre l'infanterie des *tercios*. En face de lui, seuls ou quasiment seuls, les Vénitiens, aussi mal que lui pourvus d'infanterie et handicapés par leurs lourdes carènes. Il a même sur eux la supériorité du nombre.

C'est dans la journée du 7, assez tard, au voisinage des îles des Cerfs et des Dragoneras, à peu de distance de Cérigo, que le combat s'engage. La flotte alliée s'est déployée avec une lenteur de mauvais augure. Il est quatre heures du soir quand elle aborde les galères turques. Le vent la favorisant peu, elle bouge à peine. Toutes les attaques, ou plutôt toutes les feintes, sont à l'actif des légères galères turques. Avec beaucoup de prudence, les alliés ont mis en avant de leur ligne, comme à Lépante, les galéasses et les navires ronds, tous munis d'une puissante artillerie et surchargés de troupes. Ils se tiennent derrière cette puissante protection. Euldj Ali aurait voulu, contournant les gros forts flottants, se battre galère contre galère. N'y réussissant pas, il rompt le combat. Une partie de sa flotte retourne à Malvoisie, cependant qu'il reste en ligne avec ses 90 meilleures galères. Pour mieux se dérober, il fait tirer à blanc son artillerie et disparaît derrière un énorme rideau de fumée. Il rejoint le reste de sa flotte sans difficultés, cependant que quelques-unes de ses galères, fanal allumé, se dirigent vers Cérigo pour faire soupçonner aux Chrétiens qu'il a pris le chemin de l'Occident et qu'il essaie de les isoler des galères que Don Juan conduit vers eux. Un second combat, le 10, répète le premier : les Chrétiens se mettent à l'abri de leurs « vaisseaux de ligne » et les Turcs, ne pouvant rompre le dispositif, s'échappent du champ de bataille, comme figurants de ballet...

Le drame technique de cette première partie de la campagne, c'est donc la lourdeur, l'inertie de la flotte alliée. Les gros vaisseaux de ligne sont liés aux galères-remorqueurs et ils les associent à leur lenteur. Les alliés sont ici victimes des routines de la guerre en Méditerranée. L'acte révolutionnaire, novateur, eût été d'abandonner aux vents les gros et puissants navires...

La conclusion du second combat avait été la retraite d'Euldj Ali à l'abri du cap Matapan. De leur côté, les alliés se dirigeaient vers Zante, à la rencontre de la flotte de Don Juan. Celui-ci, arrivé à Corfou le 10 août, trouvait tout son monde parti, sans qu'on lui ait laissé la moindre indication sur la flotte et l'endroit où elle se trouvait. Il s'empourpra de colère, parla de retour en Sicile. Mais inquiet des mauvaises nouvelles qui couraient, lançant ordres et contre-ordres, il finit par obtenir le rassemblement de la flotte à Corfou, le 1er septembre. Beaucoup de temps avait été perdu. Faut-il dire cependant, avec le P. Serrano, que l'expédition de Marcantonio Colonna n'avait servi à rien ? Il semble presque hors de discussion que les alliés ont ainsi sauvé Candie ou Zante des pilleries de la flotte, si ce n'est davantage...

A la revue générale qui suivit le rassemblement, on compta 211 galères, 4 galiotes, 6 galéasses, 60 navires de transport, entre 35 et 40 000 hommes de troupe. Chiffres qui d'ailleurs comportent des erreurs certaines : comment tenir un registre exact des fustes, voire des galères *aventureras* ou des volontaires aventuriers, la meilleure noblesse d'Italie ?... Par contre, sur cette flotte considérable, il n'y avait pas deux cents chevaux, les vivres y étaient rares et l'argent presque autant. Il est vrai que ses besoins étaient énormes : pour les greniers d'Italie, pour les finances de Philippe II, cette flotte était un gouffre.

Don Juan ne repartit pas tout de suite de Corfou. Il y eut des discussions. Les galères vénitiennes ayant besoin d'un supplément de troupes, et Foscarini se refusant à ce que ce fussent des Espagnols, il fallut lui fournir des troupes pontificales qui furent elles-mêmes remplacées par des hommes à la solde de Philippe II. Enfin, la flotte mit à la voile, avec le même propos qu'en juillet : rencontrer l'armada turque. Don Juan se trouva ainsi amené, le 12 septembre, à Céphalonie, puis à Zante, enfin sur le littoral de la Morée. Les nouvelles situaient alors Euldj Ali à Navarin. Don Juan tenta de pousser ses navires au Sud du port, de façon à couper l'ennemi de Modon et à l'enfermer dans le port insuffisamment fortifié de Navarin. Des erreurs de manœuvre firent échouer la tentative, bien que la flotte chrétienne eût voyagé de nuit, pour surprendre l'adversaire. Découverte à temps par les vigies, elle ne put empêcher Euldj Ali de quitter Navarin, où il se trouvait avec 70 galères, et de faire retraite sur Modon. Les Chrétiens le suivirent : une nouvelle guerre de Morée commençait, plus dramatique, non moins décevante que la précédente.

Dans la journée du 15 septembre, Don Juan n'avait pas laissé sa flotte s'engager contre l'ennemi en retraite. Le 16, Euldj Ali lui offrit la bataille, puis, à la tombée de la nuit, se réfugia à l'abri des canons de Modon. Si, ce soir-là, au lieu de reculer vers le mouillage de Puertolongo, laissant son adversaire attaquer son arrière-garde, sans succès d'ailleurs, Don Juan se fût retourné vers lui, il aurait eu bien des chances de forcer Modon et d'y détruire la flotte turque. Car le désordre, dans le port bloqué, était extrême. Cervantès dira plus tard que les Turcs étaient tous prêts à quitter leurs galères : *tenian à punto su ropa y passamaques, que son sus zapatos, para huirse luego sin esperar ser combatidos* ; « ils avaient préparé leurs affaires et des passamaques — c'est le nom de leurs chaussures — pour fuir à terre immédiatement, sans attendre qu'on vînt les prendre à parti »[179].

L'occasion perdue ne se retrouva pas. Euldj Ali avait agi avec rapidité. Les Chrétiens le croyaient inactif, alors que, tout de suite, il avait désarmé une partie de sa flotte pour disposer sur les montagnes, autour de la ville, l'artillerie ainsi récupérée. Fortifiée déjà, la place devenait inexpugnable, toute petite place, au demeurant, d'après la description de Philippe de Canaye qui y passera peu après, et dont le môle ne pouvait guère abriter que 20 galères[180]. Mais les navires s'y trouvaient en sécurité, même en dehors du port. Au contraire, les Chrétiens ne pouvaient indéfiniment se maintenir en haute mer. Il leur fallait se replier jusqu'aux mouillages voisins. Le véritable assiégé, était-ce bien Euldj Ali ? Il y eut cent projets pour forcer la ville : plus aventureux les uns que les autres, ils eurent contre eux les prudents et, souvent, l'évidence rebelle des faits. Cependant,

Euldj Ali pouvait compter, à brève échéance, sur l'aide des mauvais temps d'automne. Et cet allié éventuel donne son sens à la guerre qu'il avait improvisée et qu'avec une chance inégalée il allait conduire à bonne fin. C'est peu à peu, et finalement trop tard, que cette politique de temporisation à tout prix devint évidente à ses adversaires. Ils pensèrent pouvoir obliger le Turc à sortir de son repaire en enlevant Navarin par où passait, venant du Nord, le ravitaillement de Modon. La place était mal fortifiée, difficile à secourir. Mais la malchance s'acharna sur l'entreprise. Une connaissance insuffisante du terrain, un débarquement difficile sous le commandement du jeune Alexandre Farnèse, de grandes pluies qui inondèrent la plaine où s'était engagée l'infanterie espagnole, l'alerte donnée à la ville et le tir efficace de son artillerie, l'arrivée de cavaliers, cependant qu'on voyait au loin de longs convois de chameaux et de mulets se dirigeant vers la ville, enfin un mauvais ravitaillement en vivres et en munitions, le manque d'abris dans une plaine sans arbres, balayée par la tornade, tout rendit difficile la progression de la troupe, — 8 000 hommes dont le rembarquement s'avéra urgent.

La petite armée reprit la mer dans la nuit du 5 au 6. Pendant les deux journées qui suivirent, devant Modon, la flotte alliée offrit à nouveau le combat, mais en vain, en cet anniversaire de Lépante. Elle ne fut même pas capable de profiter de la sortie d'une vingtaine de galères parties à la poursuite d'un voilier de charge chrétien, les galères de Don Juan, trop lourdes, ne parvenant pas à interdire le retour précipité dans leur abri de ces navires qu'Euldj Ali avait aussitôt rappelés. Fallait-il lever le siège ? Ou essayer une dernière fois de forcer le port ? Comme signe de sa bonne volonté, Don Juan avait donné l'ordre aux galères demeurées en arrière avec Doria et le duc de Sessa de le rejoindre (elles n'arrivèrent à Corfou que le 16 octobre alors qu'il était lui-même sur le chemin du retour). En effet, les Vénitiens désiraient continuer le blocus quelques semaines encore, pensant qu'on aboutirait à l'effondrement de la défense turque, et qu'en tout cas la flotte d'Euldj Ali serait, à son retour vers Constantinople, soumise à la très rude épreuve du mauvais temps. Peut-être n'avaient-ils pas tort ? On a soutenu que la garnison turque, à bout de forces, aurait peut-être cédé [181]. Mais d'autre part, Foscarini confessera qu'il craignait surtout pour lui-même, à son retour, la terrible justice de Venise qui, en 1570, n'avait pas épargné Zane, après l'expédition manquée en direction de Chypre.

Quoi qu'il en soit, le 8 octobre, la flotte alliée abandonnait l'entreprise de Modon et se repliait sur Zante, où elle arrivait le 9. Le 13, elle était à Céphalonie. Le 18, en face de Corfou. Deux jours après, les flottes se séparaient. On avait renoncé, tout à la fois, à hiverner dans le Levant, à Corfou, ou Cattaro, et à faire une expédition quelconque, dans le Golfe, contre les points d'appui turcs. Marcantonio Colonna, en se ralliant à l'avis de Don Juan, avait contribué à trancher le débat contre les Vénitiens. « Ils restèrent satisfaits à ce qu'ils montrèrent », écrit le duc de Sessa [182]. Mais, le 24 octobre, Foscarini écrivait à la République : « L'unique cause du peu que l'on a fait dans cette expédition, ce sont les Espagnols qui, au lieu d'aider la Ligue, n'ont cherché qu'à ruiner et à affaiblir Venise. Les retards de Don Juan, ses irrésolutions au cours de la campagne n'ont répondu qu'à ce plan d'exterminer peu à peu les forces de la République, d'assurer le profit du roi en Flandres, en négligeant les intérêts de la Ligue et en leur portant même préjudice : la mauvaise volonté des Espagnols a été patente en tout ce qui touchait au bénéfice des États vénitiens. » [183] Pouvait-on être plus injuste ? Mais, en fait, chacun avait le sentiment, dès la fin de cet automne-là, que la Ligue n'existait plus. La flotte espagnole revenait rapidement sur Messine, divisée en trois escadres. Don Juan arrivait, le 24, avec la première ; le 26, il faisait son entrée solennelle dans la ville [184].

Un contemporain, consulté sur les « grands » événements de l'année 1572 n'aurait probablement pas présenté le récit qui précède. L'année 1572 a vu disparaître quelques grands de ce monde et c'est à eux qu'il eût songé. Nous avons signalé la mort de Pie V, le 1er mai. En juin, mourait la reine de Navarre et, avec elle, le parti protestant perdait son âme. Le 24 août, parmi les morts du massacre, se trouvait l'amiral ; et Granvelle, à Naples, de penser que l'évêque de Dax, « ce huguenot » qui dépendait de Coligny, ne jouerait plus le même rôle que du temps de son protecteur[185]. Autre puissant de ce monde, le cardinal Espinosa, président du Conseil d'État, grand inquisiteur, gonflé de vanité, accablé de dignités et de besogne, sa table encore couverte de lettres d'État non ouvertes, mourait d'apoplexie, le 16 septembre[186]. D'ailleurs en demi-disgrâce et comme foudroyé par elle. A l'autre bout de l'Europe, le Transylvain était mort au début de l'année ; et, le 7 juillet, s'éteignait le roi de Pologne[187]. Ainsi s'ouvrait la curieuse crise qui devait, l'année suivante, se terminer par l'élection du duc d'Anjou[188].

Cependant, un certain Miguel de Cervantès, blessé à Lépante, l'impéritie des chirurgiens aidant, perdait l'usage de sa main gauche... Et à Lisbonne, « *em casa de Antonio Goça Luez* »[189], un inconnu, Camoëns, faisait paraître les *Lusiades*, un livre d'aventures maritimes qui ramenait dans ses filets cette énorme et lointaine Méditerranée : l'océan Indien des gestes portugaises.

3. La « trahison » de Venise et les deux prises de Tunis : 1573-1574

Ce que l'automne ne faisait que trop prévoir : la « trahison » de Venise, se produisit le 7 mars 1573. Elle fut connue en Italie au mois d'avril, en Espagne, le mois suivant. Plutôt que « trahison », c'est abandon qu'il faut dire. Qu'on imagine la situation de la République, désorganisée dans son commerce, ses industries, ses finances, épuisée par la guerre maritime coûteuse entre toutes, torturée dans sa vie quotidienne par la rareté et la cherté des vivres. Sans doute ceux qui souffrent le plus — les pauvres — ne sont-ils pas les moins courageux. Ce n'est pas sans raison que Don Juan est devenu le héros presque légendaire des chansons des gondoliers. Mais les pauvres ne dirigent pas les affaires de la République et les firmes des riches Vénitiens ne peuvent se contenter d'un commerce indirect avec la Turquie.

Plaidoyer pour Venise

D'autre part, Venise voit la guerre à ses portes, sur les frontières d'Istrie et de Dalmatie. A continuer la lutte, ne deviendrait-elle pas incapable de conserver cette flexible frontière de Dalmatie ? Sebenico, pour ne prendre qu'un exemple, est condamnée, aux dires des experts. Or, cette guerre qui dure depuis trois ans déjà, ne lui a apporté aucun gain substantiel. Elle a perdu Chypre, en 1571, plus toute une série de points d'appui dans ses territoires de l'Adriatique. Des expéditions de 1571 à 1572, elle n'a rien retiré, que d'énormes factures à payer et les rancœurs que l'on sait. Et rien n'est venu contredire sa quasi-certitude que l'Espagne travaillait à l'affaiblir et à l'user, certitude de toujours, car Venise, bien plus que la Toscane enclavée et surveillée, ou que la Savoie à moitié occupée, est le rempart d'une Italie indépendante, échappant au joug et à l'influence hispaniques. Toujours, Venise a eu des craintes du côté du Milanais. Et son premier geste, au printemps 1573, quand elle aura « trahi », sera de fortifier ses places de Terre Ferme à l'Ouest : comme on connaît ses voisins, on se conduit à leur endroit.

Telles sont les raisons de Venise. Que, contrairement à ce qui avait été signé, la Seigneurie n'ait pas prévenu ses alliés, la question est accessoire. Et le reproche anodin, étant donné les habitudes de l'époque. Philippe II, en mai 1572, avait-il hésité à reprendre sa parole ?

C'est par l'intermédiaire de l'évêque de Dax, ouvrier de la première heure et ouvrier patient, que l'accord avec la Turquie fut ménagé. Nous avons signalé son départ pour l'Orient, en mai 1571, son arrivée tardive à Venise, en septembre et son long séjour dans la ville des lagunes. Arrivé à un moment inopportun, au moment de Lépante, des illusions et des rêves que

suscita la grande victoire, il n'avait pas renoncé à
exposer et à réexposer l'objet de sa mission avant
de gagner Raguse, en janvier 1572. L'attrait de la
négociation, pour les Vénitiens pondérés, c'était la
possibilité, à la faveur même de la victoire, d'obtenir
de bonnes conditions de paix, voire de récupérer Chypre.
Cet espoir est à l'arrière-plan de toutes les négociations
directes de Venise et de celles qu'elle autorise en son
nom. Récupérer Chypre, entendons-nous : non plus
comme propriétaire, mais en y détruisant les fortifications [190] et en devenant, pour l'île, vassale du Turc. En
réalité, récupérer non pas Chypre, mais le commerce
de Chypre... Et pour le reste accepter, sur une pente
dangereuse, une solution que l'on peut qualifier de
ragusaine...

Ces espoirs avaient été vite déçus par les énormes
exigences turques [191]. Les négociations furent traînées en
longueur sous le prétexte, vrai ou faux, que le sultan
était opposé à la paix avec Venise. Dans ces conditions,
l'intervention de l'évêque de Dax fut décisive : il obtint
une modération des conditions turques et, le 7 mars,
l'acquiescement du sultan à un accord pacifique. Le
13 mars, les conditions turques étaient envoyées à Venise
où elles arrivèrent le 2 avril [192] : conditions lourdes,
sinon déshonorantes comme on allait le dire un peu
partout. Venise cédait Chypre, renonçait aux postes que
lui avait enlevés le Turc en Dalmatie ; elle restituait ses
propres conquêtes en Albanie, libérait les prisonniers
turcs sans rançon et payait 300 000 sequins d'indemnité
de guerre, cela avant 1576, faute de quoi le traité serait
considéré comme nul et non avenu. Elle limiterait sa
flotte à 60 galères, porterait à 2 500 sequins le tribut
annuel payé pour Céphalonie et Zante. Le conseil de
Pregadi, convoqué par le doge Mocenigo, fut mis devant
le fait accompli. En échange, il est vrai, la paix, une
paix longtemps encore incertaine, précaire [193], mais avec
ses immenses bienfaits, ses profits, ses possibilités de
vie...

En tout cas, les négociations de 1573 prouvent que la
Saint-Barthélemy, si violente qu'elle ait été, avec ses

suites brutales, n'a pas déplacé la ligne nécessaire de la politique de Charles IX. Le gouvernement français n'accepte pas de se lier à l'Espagne, de se perdre sous son contrôle dans une coalition soi-disant catholique. Pour Catherine de Médicis et ses fils, la lutte continue contre le trop puissant voisin, on le verra bientôt lors de l'élection du duc d'Anjou au trône de Pologne ; ou à propos des agissements français auprès des Électeurs allemands et notamment du Palatin, ce premier calviniste de la *Pfaffenstrasse*. On le verra du côté de l'Angleterre, des Pays-Bas. Du côté de Gênes, à partir de 1573. On ne le verra que trop, parfois en imagination, dans les rapports de l'espionnage espagnol. Les informateurs du Roi Catholique et de ses ministres, non contents de ce qui est, pronostiquent — et c'est leur rôle. Lorsque la paix de La Rochelle, le 1ᵉʳ juillet 1573, met fin aux troubles issus de la Saint-Barthélemy [194], les voilà préoccupés. Puisse le roi de France interdire à ses Huguenots de se porter au secours des rebelles des Pays-Bas ! Collectés par la puissante, mais aveugle machine de l'Empire hispanique, ces bruits, vrais ou faux, s'amplifient, se répandent par mille voies latérales et, pendant ces cheminements, prennent souvent forme et vie... La guerre des ombres recommence.

La prise de Tunis par Don Juan d'Autriche, autre victoire sans conséquence

Sans vouloir ouvrir le dossier des justes plaintes de l'Espagne à l'égard de Venise, dossier bourré sans mesure par les contemporains et les historiens, reconnaissons que jamais l'Espagne n'avait fait d'aussi loyaux et puissants efforts pour la Ligue que durant l'hiver 1571-1572. Elle a alors augmenté le nombre de ses galères par des constructions neuves, à Naples et Messine [195], à Gênes et Barcelone. Un rapport de Juan de Soto, le secrétaire de Don Juan, propose même de gigantesques effectifs : 300, 350 galères [196]... Folie pure ? Oui et non. Car Juan de Soto parle en même temps d'une solution assez raisonnable : armer ces galères avec des miliciens et surtout construire à Messine un arsenal, ou plus exactement agrandir celui qui était en construction, et le couvrir pour, l'hiver venu, y mettre les galères à l'abri. En somme, imiter Venise...

Donc, jamais plus gros efforts n'ont été faits par l'Espagne. Ormaneto, l'évêque de Padoue, que Grégoire XIII a envoyé à Madrid comme nonce, trouve le meilleur et le plus compréhensif des accueils, bien que l'on résiste à son vœu relatif à l'envoi, dès le mois de mars, d'une centaine de galères dans l'Archipel, avec mission d'y razzier les côtes des îles. Cette fois, serait-ce l'exemple turc qui tourmenterait les imaginations [197] ? Philippe II et ses conseillers, plus avertis de l'importance des choses de la mer, n'ont pas voulu retenir les idées qu'on leur suggérait. Une fois de plus, le roi a opté pour le possible, non pour le grandiose.

C'est également avec fermeté et mesure que tous les ministres du roi ont accueilli la défection vénitienne. A son annonce, le pape si doux, si aimable de caractère, s'abandonna à une crise furieuse contre la République parjure. Il traita abominablement l'ambassadeur de la République, et tout aussitôt, sans désemparer, révoqua toutes les grâces, grandes et petites, qu'il avait accordées à Venise. Puis il se calma et oublia... Au contraire, Don Juan, Granvelle, Don Juan de Çuñiga conservèrent leur sang-froid. Sans doute avaient-ils, cent fois pour une, prévu l'événement. Le plus vif, Don Juan, fut en l'occurrence admirablement maître de lui.

Cependant, l'armada turque sortait, ainsi qu'il avait été prévu. Tardivement d'ailleurs. Un témoin oculaire la voit partir de Constantinople, le 1er juin [198]. Mais Philippe de Canaye prétend qu'elle n'a dépassé les châteaux que le 15 [199] et les Dardanelles, le 5 juillet seulement [200]. Sans doute la vérité est-elle donnée par cet avis de Corfou, du 15 juin, qui prétend que la sortie de la flotte s'est faite en deux fois, si bien que, dès le 3, Caragali était arrivé à Négrepont avec un premier convoi : 200 galères disait-on, que Piali Pacha devait rejoindre plus tard, avec 100 autres galères. Ce retard explique un certain optimisme en Italie : « Le Turc ne tentera aucune entreprise cette année, écrivait Don Juan de Çuñiga le 31 juillet[201], il est seulement sorti pour empêcher que Don Juan n'en fasse autant de son côté. » D'ailleurs, ajoutait-il, « sa flotte est mal en ordre », détail que reproduiront tous les avis qui suivront. Elle n'en continuait pas moins sa route et, le 28 juillet, jetait l'ancre près de la Prevesa. De Corfou, le 3 août, on signalait qu'elle ferait sans doute quelque incursion sur la côte des Pouilles avant d'aller à La Goulette, son double but étant d'empêcher les Espagnols de faire une expédition contre la Berbérie et de ramener à l'ordre les Albanais à nouveau révoltés[202]. Le 4 août, selon P. de Canaye, elle mettait le cap sur les Abruzzes, dans l'intention plus ou moins sincère de rencontrer les navires de Don Juan ou d'aller sur Palerme[203]. En fait, elle paraît hésitante. Elle met un instant le cap sur Messine et passe ainsi sur les rives napolitaines, au cap des Colonnes, le 8 août[204]. Mais le 14 août, elle semble bien être de retour à la Prevesa, espalmant sur les rives de l'île de la Sapienza. Il est vrai qu'elle en repartait le 19[205].

C'est même à la suite de ce départ en formation massive, que l'on commença à s'inquiéter du côté espagnol. Le bruit se répandait que la flotte turque, poursuivant sa route vers l'Occident, hivernerait dans un port français. Don Juan donnait l'ordre de ne pas relever l'infanterie qui, durant l'été, avait été de garde en Sardaigne[206]. Le même bruit d'un hivernage de la flotte en France courait à Rome, vers le 25 août[207], mais Çuñiga refusait de lui donner créance. L'histoire ne saurait dire s'il avait tort ou raison, car la flotte turque avait rencontré sur sa route une grosse tempête. Des galères avaient été perdues, d'autres très endommagées[208], si bien qu'il avait fallu envoyer chercher des rames et des mâts à la Prevesa[209]. Est-ce ce qui l'obligea à rétrograder ? Un avis du 29 août, de Corfou, la signale aux « Gumenizos »[210]. Au début de septembre, très malmenée, peu en ordre, elle est non pas sur les rivages chrétiens, mais à Valona[211]. Le 5 septembre, elle se rend cependant sur les terres du cap d'Otrante où elle prend la petite forteresse de Castro[212]. Puis le

22, elle fait mouvement vers Constantinople[213], avec ses 230 voiles, sans avoir rien réussi, ou à peu près. A la fin du mois, elle était à Lépante, renouvelant ses vivres[214].

Toutefois ce voyage zigzagant de la flotte turque n'en a pas moins commandé à distance les mouvements de Don Juan d'Autriche. Depuis longtemps, en effet, il était question, dans les milieux espagnols, d'agir contre l'Afrique du Nord. Les forces réunies durant l'hiver, incapables de s'opposer à l'ensemble de la flotte turque, n'en constituaient pas moins une masse importante. « On estime ici, écrivait de Madrid l'agent florentin del Caccia[215], qu'il y aura quelque expédition contre le Turc, ou contre Alger ou ailleurs, étant donné les grands préparatifs que l'on voit faire, l'argent[216] que l'on rassemble, les levées nouvelles en Espagne et le lancement des galères achevées à Barcelone. On ne peut pas penser, en effet, qu'un tel effort ait à servir pour la seule défense contre l'armada turque. »[217]

Mais tant que la flotte turque était à portée des rivages napolitains, il n'y fallait pas songer. On ne pouvait courir le risque d'un nouveau Djerba. Quant au but de l'expédition, il semble qu'on ait hésité entre Alger, qui avait les préférences de Don Juan, voire de Philippe II[218] et de l'opinion publique espagnole, et Bizerte et Tunis, comme le demandait la Sicile, comme le conseillait la proximité des bases et comme semble l'avoir voulu le Conseil à Madrid. En tout cas, le choix était fait. L'expédition d'Alger était reportée à un avenir plus ou moins lointain[219]. On s'attaquerait à Tunis.

Mais, avant d'avoir touché les rivages d'Afrique, le problème se posait déjà. Prendre Tunis, c'était bien. Ensuite qu'en faire ? Y rétablir un prince indigne comme le fit, sans illusions d'ailleurs, Charles Quint, en 1535 ? Don Juan écrivait à Philippe II, le 26 juin : « Ici, on a été d'avis que l'on devait entreprendre la conquête de Tunis, mais sans donner la ville au Roi Muley Hamida. »[220] D'après une lettre de Jean André Doria, Philippe II avait laissé à Don Juan le soin de décider en dernier ressort[221]. La même lettre indique que le projet d'Alger a été abandonné, à cause de la saison trop avancée. Et si l'on ne se presse pas, ajoute-t-elle, le même danger va surgir pour Tunis, « car, bien que la navigation soit brève, elle est, comme on le sait, si difficile de Trapani à La Goulette, que lorsque, par hasard, il a plu en Berbérie, les galères doivent demeurer à Trapani plus de deux mois sans pouvoir faire la traversée ». Don Juan a parlé de faire venir de la cavalerie des États de l'archiduc Ferdinand : voilà une bien longue affaire ! Que l'on se serve de ce que l'on a sous la main et que l'on fasse venir les Allemands qui sont en Lombardie. Cela suffira bien...

Se presser, le conseil était bon, le 2 juillet, avant l'arrivée de l'armada turque. Mais bientôt il fallut compter avec les alarmes qui accompagnaient ses mouvements. Nouvelle cause de retards, qui n'écartait pas les autres difficultés : ravitaillement en grain, mise en ordre des galères, acheminement des troupes ou de l'argent — cette dernière question se posant, une fois de plus, avec acuité [222]. C'est pour cette raison que Don Juan s'était transporté à Naples qui, plus que Messine, était la grosse gare régulatrice. Malade, « accablé de trois ou quatre indispositions », il ne s'en hâtait pas moins, pressé de gagner la Sicile au plus vite, non point Messine où il ne devait que passer [223], mais Palerme et Trapani qui sont aux portes de l'Afrique. Tandis qu'il s'affairait dans ses préparatifs, le duc de Sessa, second de Don Juan, s'inquiétait non sans raison des bruits selon lesquels l'armada turque allait hiverner à la Valona. Il demandait à Philippe II s'il ne conviendrait pas, ainsi qu'il l'avait proposé à Don Juan, « d'envoyer 12 000 fantassins, entre Espagnols et Allemands, à La Goulette, dans de très bonnes naves » [224]. Philippe II, de son côté, estimait le danger turc assez grave puisqu'il écrivait à Terranova, le 12 août, que l'expédition de Tunis ne se ferait que si la flotte turque en laissait l'occasion [225].

Don Juan avait besoin de ces avis prudents, car au même moment, le 15 août, il déclarait au roi être décidé à faire l'expédition, même si l'armada turque ne se retirait pas [226]. Cédait-il ainsi à sa propre fougue ou aux injonctions de la papauté qui ne ménageait pas les promesses ? Elle offrait ses galères d'abord [227]. Et le Saint-Père parlait même d'une couronne de Tunis à poser sur la tête de Don Juan. Sur cette petite question merveilleusement embrouillée par les contemporains et les historiens, je ne crois pas, malgré l'avis autorisé d'O. de Törne [228], que tout soit à rejeter des médisances d'Antonio Pérez. Don Juan était certainement travaillé par le désir d'un établissement princier, par une inquiétude qui ne le laissait pas en repos. Törne veut que la papauté ait attendu la prise de Tunis pour parler de couronne. C'est possible. Cependant, par la lettre de juin, citée plus haut, Don Juan écartait l'idée d'un rétablissement éventuel de Muley Hamida. A Tunis, c'est un gouverneur indigène qu'il nommera, non pas un roi. Est-ce sans arrière-pensée ? De son côté, le pape déclarait à Rome, vers le 20 octobre (on ignorait encore la victoire de Don Juan), que « si Tunis était gagnée, le mieux serait de conserver ce royaume sans le donner à quelque roi maure » [229]. Or, Pie V déjà avait promis à Don Juan le premier État conquis sur les Infidèles. Un État, n'importe lequel. Ce qui tentait Don Juan, en effet, plus qu'un pouvoir réel, c'était le titre. Dans une Europe folle de préséances et de hiérarchies, les jeunes princes rêvent de couronnes. Le duc d'Anjou vient d'obtenir la sienne, en Pologne, après avoir pensé à celle d'Alger. Don Juan, ulcéré par sa condition de bâtard, maintenu au rang inférieur d'Excellence, rêvera, en 1574, de la couronne de France, laissée vacante par la mort de Charles IX ; et ses dernières années, aux Pays-Bas, seront hantées par le songe d'une royauté anglaise...

Il est donc possible que Grégoire XIII, désireux de lutter contre les Infidèles, ait essayé d'assurer le succès de l'entreprise par une promesse de cette sorte. Elle se conçoit même beaucoup mieux avant, plutôt qu'après la victoire de Tunis. Car Don Juan dut faire presque des miracles pour réunir ce qui était nécessaire à l'expédition et l'obtenir presque sans argent [230]. C'est bouchée à bouchée que les crédits nourriciers lui furent envoyés [231]. Et encore ! Ne reçoit-il pas deux lettres de change, l'une de 100 000 écus, l'autre de 80 000, dont la première est payable fin décembre et la seconde dans les quarante jours qui suivront le 1er janvier ! Qu'il s'en serve pour se faire faire des avances, lui écrit Escovedo… Mauvaise volonté ? Non, mais la situation générale du trésor espagnol est catastrophique. Le chiffre des emprunts à Medina del Campo fait peur, lui écrit encore Escovedo. « Les Flandres nous détruisent… »

Au début de septembre, Don Juan quittait Messine pour Palerme où il arriva le 7 [232]. Il avait laissé derrière lui le duc de Sessa et le marquis de Santa Cruz, tandis qu'à Trapani il dépêchait J. de Cardona. La nouvelle que, le 2 septembre, la flotte turque avait été vue au large du cap de Sainte-Maure, retraitant vers le Levant, le décida [233]. Mais la flotte espagnole n'était pas prête à partir aussitôt. Le président de Sicile (l'île n'avait plus eu de vice-roi depuis Pescaire) utilisa le délai pour rédiger un long mémoire sur les entreprises projetées en Berbérie [234]. Le 27, Don Juan arrivait de Palerme à Trapani [235]. A ce moment, l'armada turque se rapprochant, sembla redevenir menaçante au point que Granvelle prit les mesures habituelles pour la défense du royaume de Naples [236]. L'entreprise africaine était donc à nouveau risquée.

Don Juan, que les vents par ailleurs contrariaient, n'en fonça pas moins sur l'Afrique, le 7 octobre, jour anniversaire de Lépante [237]. Parti de Marsala, il avait gagné la Favignana dont il quittait l'abri à quatre heures du soir. Le 8, au coucher du soleil, il était devant La Goulette. Il débarqua le 9 jusqu'à la nuit venue, mettant à terre 13 000 Italiens, 9 000 Espagnols, 5 000 Allemands. Sa flotte comptait 107 galères, 31 navires, plus le galion du grand-duc de Toscane et de nombreuses barques chargées de vivres, des frégates et autres petits bâtiments de particuliers [238]. Le 10, il s'approchait de la ville dont les habitants avaient fui sans combattre et l'occupa le lendemain, sans difficulté [239] : on ne trouva dans la casbah que de vieilles gens.

Qu'allait faire Don Juan de sa conquête ? De Madrid

avait été envoyé l'ordre de démanteler la ville, cet ordre n'atteignit Don Juan qu'à son retour. Sur place, sans instructions, il avait réuni (peut-être le 11, peut-être le 12) un conseil de guerre dans la casbah de Tunis. Outre ses habituels conseillers, il avait convoqué les colonels de l'infanterie espagnole, de l'infanterie italienne et de l'infanterie allemande, ainsi que quelques capitaines et autres personnes dont on savait qu'elles pouvaient donner un avis autorisé. Est-ce un hasard ? Ou Don Juan a-t-il voulu noyer dans une masse ses conseillers officiels ? En tout cas, le conseil improvisé décida, à la majorité des voix, de conserver la ville au Roi d'Espagne [240]. Et Don Juan rédigea ses ordres en conséquence. Mesure essentielle, il laissa dans Tunis conquise une garnison de 8 000 hommes, 4 000 Italiens et 4 000 Espagnols, sous les ordres d'un « artilleur », Gabrio Serbelloni [241]. Cette mesure entraîna les autres, notamment la nomination d'un gouverneur indigène, l'infant hafside Muley Mahamet, frère de l'ancien roi, Muley Hamida (c'était, si l'on veut, l'établissement d'un protectorat) et la construction d'un énorme fort, dominant la ville [242].

Restait à savoir — et Granvelle s'en inquiétait, voyant déferler sans arrêt la mer tempétueuse — si Don Juan réussirait, avec le même bonheur, à enlever Bizerte où des Turcs, disait-on, s'étaient réfugiés, dans un port qu'on savait apte à la course et à moitié fortifié [243]. Mais Bizerte, elle aussi, se rendit sans se défendre [244]. Dans Tunis mise à sac, Don Juan ne s'était attardé qu'une huitaine. Après quatre jours de préparatifs à La Goulette, il s'était rembarqué le 24, avait pris Porto Farina le même jour. Le 25, il était à Bizerte. Il en repartait cinq jours après, gagnait avec beau temps l'île de la Favignana et, le 2 novembre, il entrait à Palerme où, treize jours plus tôt, la ville s'était illuminée en l'honneur de la prise de Tunis [245]. Le 12, il était déjà à Naples, où Granvelle pouvait paraphraser à son intention le « veni, vidi, vici » de César [246]...

Sans doute, militairement, l'expédition de Tunis avait été une promenade facile. Une éclaircie de quelques jours, à la fin de la bonne saison, alors que dans les vergers « les figues étaient mûres », avait facilité les choses. Était-ce une victoire ?

La perte de Tunis : 13 septembre 1574

Vaincre, ce n'était pas seulement prendre, c'était tenir Tunis. Or l'armée victorieuse n'avait occupé qu'une faible partie du royaume des Hafsides. Pas un instant, il ne fut question de pousser à l'intérieur des terres, de chercher à soumettre le vaste pays.

Dans ces conditions, conserver l'énorme ville posait des problèmes difficiles. Le plus gros était l'entretien des 8 000 soldats préposés à sa garde qui s'ajoutaient au millier d'hommes du préside de La Goulette. La charge était lourde pour l'intendance de Sicile et de Naples ; ni le vin, ni les viandes salées, ni le blé ne se trouvaient sans argent ; pas davantage les navires frétés, sur lesquels de plus en plus, on se déchargeait du transport des vivres et munitions. L'épuisement financier de la Sicile et de Naples faisait de ces simples opérations des problèmes quasiment insolubles. Les plaintes de Granvelle ne sont pas des jérémiades, mais de justes observations. C'est là que résidait le vrai problème du royaume de Tunisie, bien plus que dans les efforts du nonce Ormanetto pour obtenir de Philippe II le titre de roi de Tunis en faveur de Don Juan, négociation qui tourna vite court et qui n'est que de la petite histoire.

Sans doute pourrait-on expliquer, de diverses manières, l'échec de Don Juan. Le fossé se creuse entre Philippe et son demi-frère : les racontars, l'espionnage des gens qui le renseignent, la probable malveillance d'Antonio Pérez (encore faut-il ne pas l'accepter sans enquête préalable durant ces années-là), enfin la naturelle méfiance du roi font leur œuvre. Mais aussi Don Juan, dans son secteur d'action, ne voit pas l'ensemble de la situation hispanique. Bien plus qu'il ne le suppose, du jour où Venise s'est retirée de la Ligue, Philippe II, malgré ce qu'il a pu écrire ou faire paraître, a renoncé à toute grande politique en Méditerranée. Il est aux prises avec la formidable crise financière qui va aboutir

à la seconde banqueroute de 1575. Sans les ressources
et les commodités du crédit anversois, il dépend de plus
en plus des Génois et de la place de Gênes. Or, des
troubles y éclatent dès 1573, entre les *anciens* et les
nouveaux nobles, entre ceux qui s'occupent de banque
et ceux qui s'emploient dans le commerce et l'industrie.
Crise sociale. Mais aussi crise politique. Derrière les
nouveaux nobles, n'y a-t-il pas le roi de France ? Et
aussi crise impériale, car Gênes, c'est la plaque tournante
aussi bien pour les envois de troupes que pour les
remises d'argent...

Au moment où se pose avec acuité le problème nord-
africain, c'est ainsi vers le Nord, vers Gênes et au-delà
vers les Pays-Bas, que se reportent les calculs de
Philippe II. Vers la France aussi qui se remet à intriguer.
Dans ces conditions, rester à Tunis n'est pas sage. C'est
ouvrir un nouveau chapitre de dépenses, affaiblir La
Goulette puisqu'il faudra diviser dorénavant les efforts
entre Tunis et le nouveau préside. C'est hasarder ce
que l'on a pour d'hypothétiques avantages. Le roi le
répète au nonce Ormanetto, celui-ci ne veut point
comprendre qu'à Madrid la disette d'argent a obligé à
changer de ton et de projets. Sauf le roi qui déclare
« plutôt me veoir mort que consentir... chose qui soit
contre mon honneur et réputation », tout le monde
souhaite qu'on compose même dans le Nord [247]. C'est
dire qu'en Espagne le vent n'est pas aux aventures.
Cependant, comme Don Juan, en conservant Tunis, a
mis son frère devant le fait accompli, celui-ci juge
préférable d'envoyer son accord, mais un accord provisoire : il vaudra pour l'année en cours.

Ce que vient de créer Don Juan, c'est une lourde
machine. Si encore elle pouvait fonctionner seule, si la
conquête nourrissait l'armée d'occupation... C'est ce
que prétendent ses partisans ; ce que Soto ira dire à
Madrid, en mai 1574, au nom de son jeune maître ; ce
qu'expose le cardinal Granvelle, dès le mois de janvier
de la même année. Il pense que si l'on fortifiait
Bizerte et Porto Farina, comme le demande Don Juan,
Philippe II s'assurerait la possession de l'Est africain,

ce qui par mer, gênerait les Turcs dans leurs communications avec Alger, et, par terre, couperait complètement ces communications. Or, le fort achevé, on pourra s'emparer, au profit du roi, des revenus dont jouissaient les souverains de Tunis ; ils suffiront à entretenir, non seulement ledit fort de Tunis, mais ceux qu'on pourrait construire. D'autant qu'on pourrait augmenter ces revenus en encourageant le commerce chrétien dans ces régions. Il faudrait pour cela s'assurer de la bienveillance des indigènes et choisir soigneusement la forme de leur gouvernement, de façon à leur faire apprécier la domination du roi d'Espagne [248].

Mais là était justement la difficulté. Les habitants de Tunis étaient revenus dans leur ville, dès la fin d'octobre (pas les principaux d'ailleurs dont les maisons étaient toujours occupées par les soldats), mais rien ne permet de dire que la vie économique y était redevenue normale. Elle avait repris en partie puisque bientôt les autorités d'occupation et le gouverneur indigène étaient en discussion à propos de la douane de La Goulette, ledit gouverneur demandant à rétablir son droit de 13 p. 100, principalement sur les cuirs [249]. Occasion pour les Espagnols, qui informent Don Juan, de dire leur déception au sujet de leur protégé. D'autre part, rien ne permet d'affirmer que l'ensemble du pays, dans ses masses mouvantes ou sédentaires, accepte la conquête des Chrétiens. A Constantinople, les Turcs feignent de sous-estimer la victoire de Tunis et prétendent que les « Arabes », entendez les nomades, suffiront à réduire la conquête à de justes limites, ces nomades que le froid hivernal pousse très loin vers le Sud, mais que l'été ramènera vers les marines, au moment même où l'armada turque reprendra la mer.

A Madrid, on n'était pas disposé à prendre en charge de telles complications. Il y en avait tant d'autres ! Alors que Don Juan pensait, les comptes de la flotte à peu près mis au clair, faire le voyage d'Espagne, il recevait l'ordre, le 16 avril, de se rendre à Gênes et à Milan ; le roi, en même temps, le nommait son lieutenant en Italie, avec autorité sur ses ministres [250]. A Gênes, on escomptait que sa présence contribuerait à régler les différends politiques et il resta dans la ville, du 29 avril au 6 mai. Mais l'essentiel de sa mission visait la Lombardie où, pensait-on à Madrid, son arrivée inquiéterait suffisamment la France pour l'empêcher de chercher querelle à l'Espagne. A Milan, la présence du frère du roi activerait le passage des renforts à destination des Flandres car les Flandres, *lo de Flandes*, restaient le souci majeur.

A Don Juan, les ordres de Philippe II firent l'effet d'une disgrâce. La situation lamentable de la flotte qui, faute d'argent, se défaisait avec une rapidité alarmante, ajoutait à ses tristesses. A Vigevano, dans un fort beau château, il se morfondit à attendre le retour de son secrétaire, Juan de Soto, qu'il avait chargé de présenter au roi de copieux rapports. Fatigué, boudeur, inquiet sur sa santé, il refusait de s'occuper de quoi que ce fût, même au sujet de la Tunisie, de la flotte, des ravitaillements, se remettant du tout sur les ministres du roi. Non sans que ceux-ci protestassent contre cette façon de repasser la balle, comme disait Granvelle. Cependant, Soto était arrivé, en mai, à Madrid. Ses mémoires s'examinaient lentement au Conseil de Guerre ou au Conseil d'État. Ce qu'avait rêvé Don Juan s'enterrait sous les papiers calligraphiés de la Chancellerie, se résolvait en questionnaires qu'on soumettait à l'avis des conseillers. « En ce qui concerne *lo de Tunez*, disait la *Consulta* du Conseil de Guerre, il paraît à tous que la saison est si avancée qu'il n'y a pas lieu de délibérer pour savoir s'il faut ou non s'y maintenir. Car, pour cet été, le maintien de cette occupation va de soi. Il convient seulement de charger le Seigneur Don Juan et tous les ministres d'achever de pourvoir la place du nécessaire. » « Avis conforme, note Philippe II en marge, mais que l'on recommande particulièrement à mon frère tout ce qui touche à La Goulette, pour qu'il y soit pourvu de la même manière que s'il n'y avait pas de fort à Tunis. »

Si tout le monde est d'accord pour que l'on maintienne à Tunis les soldats espagnols, sans quoi on perdrait

tout [251], les avis diffèrent quant au rôle de Don Juan.
Le duc de Medina Celi estime que le prince ayant été
envoyé en Lombardie à cause des Flandres et de la
France, sa présence n'y est plus nécessaire puisque le
grand commandeur est arrivé aux Pays-Bas et qu'en
France, les difficultés intérieures ne cessent de grandir...
Que Don Juan s'occupe donc à nouveau des problèmes
maritimes, de la défense de Naples, de la Sicile et des
places de Berbérie, tout en reprenant la direction de la
flotte. Le duc de Francavilla est du même avis. Le
marquis d'Aguila pense, au contraire, qu'« il faut
considérer beaucoup de choses d'un côté et de l'autre ».
Si l'on ne peut lui donner l'argent et les forces
indispensables, à quoi bon replacer Don Juan à la tête
de l'armada ? L'évêque de Cuenca parle dans le même
sens, s'étendant sur le mauvais état de la flotte : il y a
bien, à ce qu'on dit, 120 galères, mais est-ce suffisant
en face du Turc ? Faut-il que dans une rencontre
inégale, le vainqueur de Lépante en soit réduit à attaquer
l'arrière-garde de l'ennemi, à fuir peut-être ou, ce qui
serait plus grave, à risquer un coup de tête par excès de
jeunesse et d'ardeur ? Le président opine un peu dans
tous les sens ; et Philippe II conclut par cette note
prudente : « qu'on avertisse mon frère que les affaires
de Tripoli et de Bougie ne paraissent pas d'une telle
importance qu'on doive, pour elles, mettre à l'aventure
l'armada pendant l'hiver ». On voit par ces quelques
lignes, qui résument un prolixe document, sur quel luxe
d'informations et de conseils, sur quel minutieux travail
bureaucratique Philippe II appuie sa politique [252]. Il est
utile de tout peser et prévoir à l'avance plutôt que
d'improviser dans le vif des événements, quand il faut
plus d'un mois pour qu'un ordre atteigne ses exécutants.

Mais en ce qui concernait Tunis, rien finalement ne
se passa comme prévu, Don Juan fut forcé d'agir de
lui-même. La flotte turque dont les avis avaient signalé
la puissance, puis le départ et le lent voyage retardé
par les galères trop neuves, arrivait dans le golfe de
Tunis, le 11 juillet 1574. Elle comptait 230 galères,
quelques dizaines de petits navires [253] et portait

40 000 hommes. Euldj Ali commandait la flotte et
l'armée était sous les ordres de ce Sinan Pacha (à ne
pas confondre avec le vainqueur de Djerba) qui avait,
en 1573, réduit à l'obéissance le Yémen révolté depuis
des années... A la surprise générale, La Goulette était
emportée le 25 août, après un mois à peine de siège[254] :
Puerto Carrero ne l'avait pas défendue, mais livrée. Le
fort de Tunis se défendit à peine plus longtemps :
Serbelloni y capitulait, le 13 septembre.

Quelle explication fournir de ce double désastre ? La
fortification de Tunis n'était pas achevée, et ce fut un
gros handicap pour les défenseurs. Les deux places
séparées ne purent s'épauler. Puis les Turcs furent aidés
par des auxiliaires indigènes : les nomades participant
aux transports, au creusement des tranchées, fournirent
à Sinan Pacha une armée de pionniers. Peut-être les
garnisons chrétiennes étaient-elles, par contre, de qualité
inférieure. Granvelle suggère que les troupes, trop
fréquemment levées et renouvelées par l'Espagne, n'ont
plus la qualité des vieilles bandes. Mais Granvelle a
besoin de trouver des arguments et de se défendre. Il
est l'un des responsables du désastre.

La rapidité de la reddition n'avait pas facilité la tâche
de Don Juan. Il avait fait ce qu'il avait pu. Il était
sorti de son inactivité le 20 juillet, avant les nouvelles
précises du débarquement turc dans le golfe de Tunis.
Mais il était loin de l'Afrique. Et comment mobiliser
une flotte démunie d'argent et de ce fait terriblement à
l'abandon ? Le 3 août, lui parvenaient à Gênes une
série d'ordres du roi. Ainsi lui fut-il possible de faire,
parmi eux, un choix utile à ses desseins. Le 17 août, il
arrivait à Naples, avec 27 galères[255]. Le 31 il était à
Palerme, mais trop tard déjà[256]. On n'avait rien fait
encore pour répondre aux demandes de secours de
Puerto Carrero, qu'envoyer deux galères dont les forçats
avaient reçu la promesse d'être libérés, en cas de
réussite. « Je doute fort qu'ils arrivent, étant donné
l'entrée difficile du golfe de Tunis », écrivait Don Juan
de Cardona, le 14 août[257]. Don Garcia, le conseiller de
Don Juan, lui écrivait le 27, que la solution serait de

faire passer par petits paquets des soldats de Tunis à La Goulette : mais, à cette date, il y avait deux jours déjà que cette dernière s'était rendue[258] ! Par une sorte d'ironie, c'est le moment que Madrid choisit pour réexpédier à son maître ce Juan de Soto qu'il avait tant attendu. Il arriva à Naples le 23 septembre avec, autre ironie, l'autorisation pour Don Juan d'aller retrouver sa flotte... « Ils ont fait, ajoutait Giulio del Caccia à qui nous empruntons ces détails (ils, ce sont les Espagnols), ils ont fait une provision de sept cent mille écus et donné d'autres ordres, découvrant maintenant la grandeur du péril. Plaise à Dieu de nous en délivrer ! »[259].

Don Juan, pour comble de malheur, fut gêné en septembre par le mauvais temps. Il lutta cependant, tant qu'il put. Le 20 septembre, il envoya J. André Doria avec 40 galères renforcées[260] jusqu'en Berbérie, tandis qu'il dépêchait Santa Cruz vers Naples pour y embarquer des troupes allemandes[261]. Le 3 octobre il avait réussi à réunir à Trapani, outre les galères du pape, la moitié de sa flotte, soit une soixantaine de galères. Il était sur le point de pousser jusqu'à La Goulette, malgré les avis de Don Garcia, quand lui arrivèrent à la fois les nouvelles des désastres d'Afrique et celle de l'arrivée de Juan de Soto à Naples. « Quelles dépêches merveilleuses ne va-t-il pas m'apporter, après cette absence de cinq mois, s'écriait Don Juan avec amertume, il va m'avertir de ce qui s'est passé et me prescrire des remèdes pour prévenir le malheur qui est déjà arrivé. »[262] Don Juan était d'autant plus amer qu'il savait sa responsabilité engagée. Il ne s'y trompait pas plus que Granvelle. On le sent à lire sa lettre, véhémente et passionnée, reconnaissant ses torts et plus volontiers encore ceux des autres, y compris ceux du roi[263]. Le 4 octobre, il écrivait à nouveau à son frère, pour lui dire cette fois moins ses regrets que ses hésitations, les projets qu'il avait ébauchés, puis sa décision de ne rien faire[264]. En effet, au seuil de l'hiver, il n'était pas prudent de tenter, comme il y avait pensé, un raid sur Djerba. A une énorme victoire turque, ce

serait répondre par un petit succès local, à supposer
que tout allât bien sur ce trajet de 300 milles, dont 200
à accomplir sans mouillage, avec les vents défavorables
qu'amène le changement de saison. Serait-il raisonnable
de retourner à Tunis, pour en déloger les 4 ou 5 000
Turcs qui s'y trouvent ? Et (s'il ne le dit pas, il le
pense sans doute) pourquoi ? pour refaire, au mieux,
l'expédition de 1573 et s'exposer à des suites toutes
pareilles ? Il n'agira qu'avec les ordres du roi, conclut-
il... Comme Don Juan est devenu prudent !

Il regagne Palerme, le 16 octobre seulement, à cause
du mauvais temps. Dans la capitale sicilienne, il retrouve
Juan de Soto, assemble son conseil, demande les avis
des uns et des autres sur une action possible ; puis,
étant donné l'approche de l'hiver et l'épuisement de la
Sicile, juge inutile d'y attendre la réponse du roi. En
vérité, il n'a qu'un désir : regagner l'Espagne, revoir
son frère, s'expliquer avec lui. Continuant sa marche
par le plus long chemin, celui des côtes [265], il est à
Naples le 29 octobre. Le 21 novembre, il part pour
l'Espagne [266].

En Méditerranée, enfin la paix

Cependant, sans qu'on l'inquiétât, l'armada turque
avait repris le chemin de Constantinople où elle parvenait, le 15 novembre, forte de 247 galères, sans compter
les autres vaisseaux, dit un agent génois. L'expédition,
si heureuse en apparence, avait coûté d'énormes pertes.
« 15 000 rameurs et soldats sont morts de maladie, en
plus des 50 000 qui ont été perdus à La Goulette et à
Tunis », écrit le même agent rapportant des bruits
sûrement excessifs, sinon dénués de toute vérité [267]. Mais
qu'importait de toute façon à l'énorme Empire turc des
milliers de pertes humaines ? L'orgueil lui était revenu,
avec cette victoire. « Ils n'ont plus la moindre estime
pour n'importe quelle forteresse chrétienne », dit un
avis de Constantinople [268]. Quel observateur aurait pu
prédire alors que c'était la dernière rentrée triomphale
d'une flotte turque, dans le port de Constantinople ?

A ce moment précis, à Madrid, en Italie, les Espagnols

se désespèrent devant l'immensité du péril turc, aussi bien ceux qui sont aux postes de combat, Don Juan, le duc de Terranova, Granvelle, que les conseillers par qui passent les innombrables papiers gouvernementaux. Que ne va pas faire le Turc, enorgueilli par sa victoire ? « Par la grâce de Dieu, par le sang de notre Seigneur Jésus, puissent les Turcs ne pas s'installer et se fortifier à Carthage », écrit de Milan « l'intendant militaire » Pedro de Ibarra [269]. Qu'on ne se fonde pas, de grâce, écrivait Granvelle de sa propre main, « sur l'avis de ceux qui prétendent toujours possibles des choses qui ne le sont pas ; qu'on n'accable pas les sujets de l'Empire jusqu'à les mettre dans un désespoir extrême. Je jure à Votre Majesté que lorsque je vois l'état dans lequel nous nous trouvons partout, je voudrais ne pas me voir vivant, si je ne devais employer ma vie à trouver le remède ». Mais que faire sans argent ? La course aux armements maritimes a été sans doute simple folie : « Pour se faire supérieur, le Turc a grossi d'autant ses forces : alors que jadis sa plus grande flotte était de 150 galères avec lesquelles il ne pouvait transporter un nombre d'hommes suffisant (car là est toute sa force, le nombre) pour de grands effets, aujourd'hui, avec 300 galères, il a une telle masse d'hommes à bord qu'il n'y a pas de forteresse capable de lui résister [270]... »

A Rome, sous le coup de l'émotion, Grégoire XIII essaie de ramener Venise à la Ligue. En vain bien entendu [271]. A Madrid, le bruit court que le roi, pour mieux faire face aux Turcs, irait à Barcelone et, de là, en Italie [272]. Ce qui, en effet, aura été souvent proposé par Rome... Le Conseil d'État, le 16 septembre 1574 [273], discute si l'on abandonnera ou non Oran, et le roi renvoie la question au *Consejo de Guerra* pour premier examen, réservant au Conseil d'État la seconde lecture. Le 23 décembre 1574, Vespasiano Gonzaga, en mission à Oran, écrit un magnifique rapport concluant à l'évacuation de la place et au repli des Espagnols sur le seul point de Mers-el-Kébir [274]. Pareil examen semble avoir été fait au sujet de Melilla et l'ambassadeur génois parle d'une mission à l'ingénieur Il Fratino à Majorque[275]. Toutes les forteresses face à l'Islam sont soigneusement revues : la peur rend attentif. Elle rend aussi prudent. L'empereur signe, en décembre, une nouvelle paix pour huit ans. Tandis qu'à l'Extrême Occident, après un voyage d'inspection aux présides du détroit, le jeune D. Sébastien de Portugal renonce à attaquer le chérif[276]. L'Espagne est plus seule que jamais, devant son adversaire de l'Est, et continue à parler projets, contre Bizerte, Porto Farina, Alger. Mais Saint-Gouard, relatant un de ces bruits, le 26 novembre 1574, déclare : « je le croiray quand je le verray »[277]...

C'est là qu'en est l'Espagne, trois ans après Lépante ! Si la victoire est « inutile », la faute en revient, plus qu'aux hommes, à l'équilibre hispanique, à ce système de forces qui se centre mal sur la mer Intérieure. En cette fin d'année 1574, les hommes d'État espagnols n'ont pas le loisir de s'occuper de la Méditerranée. Même pour réparer le désastre de Tunis. Après le voyage en Lombardie, on songe à proposer à Don Juan celui des Pays-Bas. Saint-Gouard, toujours à l'écoute des potins de Madrid, note le 23 octobre[278] : « J'ay entendu qu'ilz se proposent, si la Goulette se sauve et le Turcq n'entreprenne chose de plus grande importance, que Don Jehan passera aveqz dix huit mille Italiens en Flandres. Mais si le Turq prend la Goulette, il renverse bien leurs desseins. » La Goulette était déjà prise. Mais Don Juan n'en ira pas moins aux Pays-Bas.

Chose curieuse : si Lépante n'a servi à rien, la victoire turque de Tunis n'a pas été plus décisive. O. de Törne, dans son livre très documenté sur Don Juan d'Autriche, raconte avec sa précision habituelle les désastres de 1574, puis essaie, un court instant, de se dégager de l'histoire événementielle. « La victoire de 1574, remportée par les Turcs en Tunisie, observe-t-il, fut le dernier succès remarquable qu'obtint le pouvoir ottoman, avant de tomber dans une décadence rapide. Si Don Juan avait entrepris son expédition en Afrique quelques années plus tard, Tunis serait peut-être restée aux Espagnols et il aurait obtenu raison contre ceux qui avaient déconseillé au roi la conservation de cette conquête. » Voire...

C'est un fait que la décadence *maritime* (je dis bien maritime) de la Turquie va se précipiter, sinon après 1574, au moins après 1580. Et qu'elle sera brutale. Lépante n'en est sûrement pas directement la cause, bien que le coup ait été terrible pour un Empire dont les ressources ne sont inépuisables que dans l'imagination des historiens, les craintes de l'Europe ou les jactances turques. Ce qui a tué la marine ottomane, c'est l'inaction, la paix méditerranéenne au seuil de laquelle, sans l'avoir guère prévue en suivant, au jour le jour, le fil des événements, nous voilà arrivés. Brusquement, les deux monstres politiques de Méditerranée, l'Empire des Habsbourgs et celui des Osmanlis (pour parler un instant comme Ranke), renoncent à la lutte. Serait-ce que la Méditerranée n'est déjà plus un enjeu suffisant ? qu'elle est trop endurcie contre la guerre pour que celle-ci y soit profitable comme au temps de Barberousse, cet âge d'or des armadas turques qu'alourdissait leur butin ? C'est un fait, en tout cas, que, restés seul à seul dans le champ clos de Méditerranée, les deux Empires ne vont plus s'y heurter de toute leur violence aveugle. Ce que Lépante n'a pas complètement réussi, la paix en quelques années l'achèvera. Elle tuera la flotte turque. Le fragile instrument, à ne plus travailler, à ne pas être renouvelé et entretenu, disparaîtra de lui-même. Plus de marins à l'embauche ; plus de bons rameurs sur les bancs. Les corps des galères pourrissent sous les *volte* des arsenaux...

Mais que Don Juan ait raté le coup de fortune de sa vie, comme le pense O. de Törne, non, certes. Si l'Espagne n'avait pas délaissé la Méditerranée, le Turc y aurait maintenu son effort. C'est l'abandon mutuel des adversaires qui a fait la paix, la pseudo-paix de la fin du siècle. Si l'Espagne a perdu une occasion en Afrique du Nord, c'est plutôt, à mon avis, et autant qu'on peut avoir un avis quand il s'agit de refaire l'histoire, c'est plutôt au début du siècle que dans les années qui suivirent Lépante. C'est peut-être parce que, alors, elle a gagné l'Amérique qu'elle n'a pas poursuivi, sur le sol africain, une nouvelle guerre de Grenade, trahissant ce qu'on appelait hier sa mission « historique » et qu'on nomme aujourd'hui, d'une formule plus neuve, sa mission « géographique ». Le coupable, si coupable il y a, c'est Ferdinand le Catholique, non pas Philippe II, encore moins Don Juan d'Autriche. Mais tous ces procès assez vains restent à plaider. Demain, les historiens de la conjoncture auront à les reprendre et peut-être à leur donner un sens.

V

Les trêves
hispano-turques : 1577-1584

La littérature nous a toujours présenté une Espagne irréductiblement catholique. Ainsi pensait déjà un contemporain, Saint-Gouard [1], en l'année 1574, au moment même où l'Espagne était accusée par le roi de France d'intriguer auprès des Protestants français, et s'apprêtait peut-être à le faire. Ce « religion d'abord » risque de ne pas être toujours exact. Les droits de la raison d'État, où donc ont-ils plus compté que dans les conseils du Roi Prudent ? Tout en témoigne : les démêlés et les guerres avec Rome ; ou l'attitude d'un duc d'Albe aux Pays-Bas, par certains côtés si nettement anticléricale ; ou encore la politique qu'au moins jusqu'en 1572, Philippe II a adoptée vis-à-vis de l'Angleterre d'Élisabeth. « Si paradoxale qu'en sonne l'affirmation, ne l'a-t-on pas appelé l'involontaire allié de la réforme anglaise ? » [2]. Et sa politique religieuse dans l'océan Indien, à travers les domaines portugais dont il s'est saisi au-delà de 1580, a été la tolérance.

Mais rien ne précise mieux l'attitude du gouvernement espagnol que ses conversations, ses compromissions avec les États et puissances de l'Islam. Rechercher l'aide du Sophi (comme s'y prêta Pie V lui-même), s'allier avec le Chérif comme allait le faire Philippe II, quelques années seulement après le désastre portugais d'Alcazar Kébir, c'est tout de même autre chose qu'un esprit de croisade. L'empereur, de son côté, est en conversation constante avec le Turc. La diplomatie de Philippe II a hérité, du côté de Constantinople, des méthodes et même des dossiers de la diplomatie impériale, laquelle est demeurée à son service pour des raisons de famille et aussi d'argent : la guerre en Hongrie, quand guerre il y a, se fait en partie avec les contributions volontaires de l'Espagne. L'Espagne profite donc des tractations de l'empereur pour jeter, derrière ses ambassadeurs, sur les routes qui mènent à Constantinople, toute une théorie d'agents espagnols. Et pour un que nous connaissons, que signale le vieil ouvrage de Hammer d'après les Archives de Vienne, dix ont œuvré, tendant mille fils qui se perdent dans la grosse trame des événements et sont quasiment introuvables après coup...

Pourtant, c'est eux que nous aimerions retrouver tout d'abord pour saisir, par les plus obscurs de ses chemins, le grand renversement de la politique méditerranéenne, pendant les années 1577-1581.

Ensuite, mais ensuite seulement, nous examinerons, dans leur masse, les problèmes de ces années tournantes. Si la Turquie n'avait pas été rejetée vers l'Est, contre la Perse, par ses passions conquérantes à partir de 1579, et l'Espagne de Philippe II, en 1580, lancée vers l'Ouest, à la conquête du Portugal et du monde, qu'eût signifié pour l'histoire (qui d'ailleurs l'ignore à peu près) la longue et romanesque négociation de Margliani que nous allons essayer d'éclairer, d'aussi près que possible ?

1. La mission de Margliani, 1578-1581

Nous avons déjà signalé, en 1558-1559, la tentative de Nicolo Secco et de Franchis, en liaison avec Vienne et avec Gênes. Puis la tentative de 1564 et celle de 1567, toutes deux également dirigées de Vienne. Mais nous n'avons pas cru devoir citer, dans le récit des événements, la mission qui fut dévolue, en 1569-1570, à un certain chevalier de Malte, Juan Bareli.

Retour en arrière :
les premières tentatives de paix de Philippe II

Ce Juan ou Giovanni Bareli était arrivé à Catane, en décembre 1569, avec des instructions de Philippe II, en date du 27 octobre. Ses services auprès du grand-maître l'avaient mis en tiers dans une affaire compliquée, celle du pope grec de Rhodes, Joan Acida (je respecte l'orthographe des textes espagnols) qui, en liaison avec un certain Carnota bey, installé en Morée, se faisait fort de soulever le pays contre les Turcs. Il promettait aussi l'incendie de l'arsenal de Constantinople. Les dates (l'arsenal de Venise explosait le 13 septembre 1569) sont trop rapprochées, si l'on songe aux délais de transmission, pour qu'on puisse penser que l'idée fut provoquée par l'accident vénitien. D'ailleurs, des offres de ce genre ont été faites fréquemment au « deuxième bureau » espagnol, tant pour Alger que pour Constantinople. Pescaire, chargé d'examiner les propositions de Juan Bareli, reconnaissait que le chevalier avait joui de la confiance du grand maître défunt, qu'il était au courant de l'affaire de Morée, mais non pas de ses tenants et aboutissants, ni des moyens envisagés pour l'incendie de la flotte turque. Il en avait parlé au roi de seconde main, mais sans plus, et s'était un peu avancé, pour ne pas dire davantage, comptant sans doute s'en sortir finalement par l'entremise du Grec.

Or, Pescaire avait lui-même pris langue avec le Rhodiote et l'avait expédié dans le Levant où il attendait seulement, pour agir selon ce qu'ils avaient ensemble accordé, qu'on lui envoyât un de ses frères. Mais le frère, sujet de Venise, qui devait venir chercher la nave *El Cuñado*, avec à son bord les artifices nécessaires pour incendier la flotte turque, hésitait à faire le voyage. Ayant eu maille à partir avec Venise, il voulait un sauf-conduit. Le demander à la Seigneurie, si soupçonneuse en ces affaires, il n'y fallait pas songer. On finit donc, après l'avoir camouflé en honnête marchand, par confier à Juan Bareli une cargaison et *El Cuñado*, plus des instructions pour le patriarche et pour Joseph Micas, lui encore... Précaution supplémentaire, le vice-roi avait fait mettre le bateau à son nom, comme s'il allait racheter des captifs.

Avec ses explosifs et 50 000 écus de marchandises, le navire quitta Messine le 24 janvier. Mais tout s'en alla échouer dans le Levant. Au tomber du rideau, le pope accusait le chevalier d'avoir tout compromis. En fait, l'affaire de l'arsenal avait raté ; en Morée, Carnota bey sur lequel on comptait, était mort ; le patriarche, qui devait envoyer chercher à Zante les présents qu'on lui destinait, n'en avait rien fait... En tout cas, le marquis de Pescaire, dans le rapport peu clair qu'il envoyait, en juin 1570, refusait de se prononcer sur les responsables de cette « grave » affaire[3].

Dans tout cela, dira-t-on, rien d'une conversation à l'amiable, au contraire. Mais voici un autre texte. Neuf ans plus tard ; nous sommes, cette fois, à Constantinople auprès du vieux Méhémet Sokolli, agacé, ou feignant de l'être, par les subtilités et subterfuges de la diplomatie espagnole. En face de lui, Giovanni Margliani, l'agent espagnol dont nous aurons à parler longuement. « Le pacha me dit : mais expliquez-moi donc avec quelle arrière-pensée [les Espagnols] ont envoyé ici[4]... Losata, avec quelle arrière-pensée ils ont envoyé un chevalier de Malte, lequel, je l'ai appris depuis, était le chevalier Bareli, avec quelle arrière-pensée [est venu] Don Martin [d'Acuña] ».[5]

Il y a donc eu une mission Bareli au sujet de la trêve. Non pas, évidemment, en juin 1570. Il faut supposer que, venu une fois pour faire sauter l'Arsenal et soulever la Morée, Bareli aurait refait une seconde fois le voyage, avec un rameau d'olivier ; ou alors il aurait mené à bien (ou plutôt à mal) les deux tâches, simultanément. Qu'est-ce à dire, sinon que l'Espagne se sert, en Orient pour ses besognes diplomatiques, de ses espions et de ses hommes de main, tous en relation avec le monde interlope des reniés ? De ce point de vue, l'affaire Bareli, que nous posons comme un jalon pour des recherches plus heureuses que les nôtres, est significative.

Le suivant sur la liste de Méhémet Sokolli, Martin d'Acuña, que nous connaissons mieux, est à Constantinople, en 1576. C'est un homme de peu, fraternellement mêlé aux reniés de la ville. Or, quand il s'en revient en Italie, lui l'initiateur des conversations décisives de 1576, ne se fait-il pas gloire d'avoir incendié la flotte turque ?

Méhémet Sokolli, qui ne tarde pas à être mis au courant, se plaint des curieux propos de cet ambassadeur. Les bureaux espagnols, qui connaissent bien Don Martin, admettent tout de même qu'il a pu effectivement incendier un galion. Cette histoire rejoint étrangement certains détails de la mission Bareli de 1569-1570. Elle autorise à penser que nous ne saisissons qu'une tentative sur dix. Renégats qui veulent rentrer en grâce, anciens captifs qui se posent en spécialistes du Levant, Grecs qu'il faut toujours surveiller aux mains (comme dit un rapport espagnol[6]), chevaliers de Malte, Albanais, envoyés impériaux ; ajoutez leurs interlocuteurs : juifs, allemands comme le Docteur Salomon, drogmans comme Horembey, c'est cette foule interlope, et pas toujours soutenue officiellement par ses employeurs, qui traite des affaires diplomatiques. Plus tard, au XVIIᵉ siècle, viendra l'heure des intermédiaires jésuites[7].

Après 1573, ces gens s'affairent comme jamais. Il y a une demande espagnole qui pèse alors sur le marché de l'aventure ; une prime offerte en permanence à qui sait, à qui peut quelque chose en Orient. Est-ce pour cette raison qu'en 1576, le fol Claude Du Bourg offrait ses services au Roi Prudent pour tout arranger à Constantinople où chacun savait comme il avait magnifiquement travaillé, en 1569 ! Il ne demandait que 100 000 ducats : bien plus que ne devait coûter, au vrai, l'achat du grand vizir lui-même ![8]

Au temps de Don Juan

En 1571, Don Juan lui-même correspondait avec les Turcs. Ainsi le voulait la guerre au XVIᵉ siècle. Sélim lui envoyant une lettre avec des présents, sans doute après Lépante[9], Don Juan répondait qu'il avait reçu le tout par l'intermédiaire de l'eunuque Acomato de Natolie, qu'il lui renvoyait un espion grec « venu par deçà par ton commandement pour recognoistre les appareils des chrestiens, lequel ayant peu faire mourir, non seulement je luy ai donné la vie mais je luy ai fait veoir à son aise toutes mes provisions et desseins qui sont de te faire continuelle guerre ». Nous ne sommes

sûrs ni de la date, ni de l'authenticité rigoureuse de ces
documents, d'origine incertaine. Mais la correspondance
elle-même, affirmée par les contemporains, a existé ;
ces papiers en sont une preuve. Courtoisie, romantiques
défis : ce ne sont point là d'ailleurs des négociations,
en cette année 1571. Mais deux ans après, de véritables
conversations sont certainement en cours.

Le 30 juin 1573, un agent de Granvelle, Juan Curenzi,
revenait de Constantinople, informateur à coup sûr,
négociateur ? pas forcément [10]. Mais en juin, juillet, des
agents espagnols étaient à leur tour en route vers la
Turquie. S'ils étaient les premiers à faire le voyage,
nous pourrions penser que c'est à la suite de l'abandon
vénitien que leur envoi a été décidé. Philippe II a connu
la paix vénitienne, le 23 avril 1573 ; Don Juan, le
7 avril. En réalité, cette mission ne fait, sans doute,
que prendre place dans une série. Mais elle est fort
singulière. Car au fond les Espagnols, en ce mois de
juin, s'apprêtent à faire, ni plus ni moins, ce qu'ont
fait les Vénitiens.

Le 16 juillet, l'évêque de Dax était déjà avisé de ce
voyage par son agent de Raguse [11]. Dix jours plus tard [12],
il savait avec précision de quoi il retournait. Don Juan,
ayant fait prisonnier le fils d'Ali Pacha, petit-fils par
une « sultane » de Sélim lui-même, l'avait traité avec
la plus grande courtoisie. Il avait refusé les présents
que lui envoyait la sultane et lui en avait fait transmettre
lui-même de magnifiques que celle-ci avait tenu à
remettre à Sélim. C'est Du Ferrier, l'ambassadeur
français à Venise, qui l'indique [13]. Politesses et courtoi-
sies couvrent de réalistes pourparlers. En effet, quand
le fils d'Ali Pacha, libéré sans rançon, arrive à Constantinople, le 18 juillet, il est accompagné de quatre
Espagnols, dont un secrétaire de Don Juan, Antonio
de Villau (Vegliano) et un Florentin, Vergilio Pulidori,
cortegiano del duca di Sessa. Méhémet Sokolli indique
à l'évêque qui s'informe, que ce sont là des machinations
de ses ennemis, en particulier de Joseph Micas. Mais si
le roi d'Espagne veut la paix, ajoute-t-il, il faudra qu'il
paie tribut et livre quelques « forts » en Sicile. Et

l'évêque de s'étonner que le roi d'Espagne ait fait cette démarche sans promesses préalables : « qui me faict penser qu'outre le grand désir et nécessité que le roi d'Espagne a de se veoir en repos du costé de deça, pour mettre fin aux affaires de Flandres, il prévoit quelqu'autre encloueure de plus mauvaise nature que ceste là ; ou il y a quelqu'autre dessein en main plus grand que tout cela » [14].

Informations prises, les Espagnols ne semblent pas rejeter l'idée du tribut : l'ambassadeur impérial le paierait, en même temps que celui de l'empereur. Ils attendent Piali Pacha et Euldj Ali et comptent sur leur puissante influence pour aboutir. Le premier pacha, Méhémet Ali, a la négociation en horreur, il le dit du moins. Mais il ne faudrait jurer de rien. Le sultan, on le sait, est fort avare. Il a le désir de mettre un terme aux dépenses de la guerre maritime, d'autant que, depuis Lépante, il considère cette guerre avec terreur. Enfin, il attend, à l'Est, la mort du vieux Sophi. L'intrigue espagnole n'est donc pas condamnée *a priori*. Les ambassadeurs de France ont, dans le passé, bloqué mainte tentative de ce genre, au temps de Charles Quint et de Philippe II lui-même. Mais, cette fois, les Espagnols mettent en avant de grands projets commerciaux, notamment l'ouverture du commerce du Levant à toute l'Italie, tandis que les Vénitiens et les Français en seraient exclus. L'augmentation du trafic qui en découlerait ne gonflerait-elle pas les taxes prélevées par le Grand Seigneur ? C'est du moins ce qu'on fait miroiter à ses yeux [15].

Dans cette tentative où nous retrouvons, une fois de plus, Joseph Micas, sont également engagés les Toscans (négociation dont nous avons tous les éléments), les Juifs de Turin qui poussent en avant le Savoyard, désireux de refaire à Nice, avec l'appui des Juifs, ce que Cosme de Médicis avait fait à Livourne [16] ; et plus tard, les Lucquois. Ce désir universel de commerce, est-ce un signe des temps ? L'exclusion de Venise (quelle magnifique place à prendre !) excite bien des convoitises, qui ont eu le temps de se préciser et même de prendre un début de réalité quand, de 1570 à 1573, Venise a été écartée des compétitions commerciales. Tous ces appétits accompagnent et renforcent la politique espagnole. Une nuée d'ambassadeurs, d'agents, de cadeaux, de promesses tombe sur Constantinople. Cette attaque en masse, notera plus tard l'évêque, se fait finalement au bénéfice de « l'introduction de l'Espagnol » [17], et quand on est le représentant de la France, mais un représentant désargenté, on ne peut qu'en être désagréablement impressionné. « Le Pacha se rit de ce que nous voulons luy lier les mains et ne mettre rien dedans. » [18]

Mais pour y voir clair, il faut être attentif aux différences des deux années, 1573 et 1574, que parcourt la négociation. Encore en septembre 1573 [19], l'évêque de Dax pouvait croire au succès possible de l'Espagne. Les forces de celle-ci sont considérables ; le Turc a des difficultés dans le Yémen, difficultés dont le détail se présente à nous comme un insoluble rébus et que Sinan Pacha tranchera d'ailleurs cette même année [20]. Mais la prise de Tunis par Don Juan, à l'extrême fin de la bonne saison, semble avoir compromis la conversation dont l'évêque de Dax suivait le développement avec inquiétude. Si elle aboutissait, comme va aboutir la négociation parallèle de l'empereur, elle surprendrait les Vénitiens avant la ratification de leur propre paix qui, décidée le 7 mars 1573, n'a été signée qu'en février 1574, quand le Turc eut renoncé à d'éventuels cadeaux, notamment Cattaro et Zara [21]. Tout cela nous explique les angoisses et les armements précautionneux de Venise, la façon dont sa diplomatie vogue au plus près derrière l'évêque de Dax. C'est sa vie qu'elle joue et que ses voisins mettraient volontiers en péril. Candie est une proie de choix, dépourvue d'armements suffisants et « les habitants d'icelle mal satisfaits…, cherchent, longtemps y a, se tirer de leur obéissance » [22].

La signature d'un traité hispano-turc serait un singulier choc pour la France. Aussi bien, l'évêque est-il très content, en février 1574, d'avoir évité une rupture entre Venise et les Turcs au sujet des confins de Zara et du fort de Sebenico. En cette occasion, la France a, pour la seconde fois, sauvé Venise, contre qui chacun jouait. Espagnols et Impériaux sont finalement les perdants de cette course serrée. Depuis la conclusion de la paix vénitienne, écrit l'ambassadeur français « je commence à ne plus craindre tant les Espagnols » [23]. Sa sauvegarde, il le sait bien, a été l'occupation de Tunis, par quoi les Espagnols ont barré aux Turcs l'accès de leurs possessions de Barbarie, lesquelles « leur seroient mal assurées si les choses demeuroient aux termes qu'elles sont » [24], écrivait-il en février 1574.

Tels sont les quelques faits que nous connaissons. Dans une liasse de Simancas, tout le dossier de cette négociation doit sans doute se trouver. Le problème qui se pose, d'après la correspondance française, c'est de savoir si l'Espagne a voulu la trêve, ou seulement tenté de jouer contre Venise (au moment même d'ailleurs où elle lui prodiguait les assurances de secours en cas d'attaque des Turcs). Ni l'un ni l'autre de ces buts ne fut atteint.

Mais que les tractations continuent, il n'y a pas là-dessus le moindre doute. Et avec le même personnel, un peu gêné par le manque d'instructions précises et par le déroulement des événements qui aboutirent à la reprise de Tunis par les Turcs, en septembre 1574. Le 18 de ce mois, l'évêque de Dax écrivait à Catherine de Médicis : « l'Espagnol et le Florentin qui sont icy depuis quinze mois » sont sur le point de partir ; leurs passeports sont en règle, mais toujours, au dernier moment, ils sont retenus, otages autant qu'ambassadeurs. « Les négociations [dans ce pays] sont toujours périlleuses », écrira plus tard Margliani. Elles sont surtout d'une extrême complication. Un rapport de l'ambassade espagnole à Venise signale, en 1574, donc en même temps que les pourparlers de Constantinople, un colloque, à Venise, entre un chaouch *secretario del Turco* et un certain Livio Celino, au sujet de la paix hispano-turque. Malheureusement, nous ne pouvons en fixer la date, sans doute postérieure à la signature de la paix vénitienne, sans quoi Venise n'eût peut-être point laissé la négociation se tenir sur son territoire [25]. En

février 1575 encore[26], Granvelle parlait de paix avec les
Turcs, à propos de l'avènement d'Amurat III. Mais la
mort de Sélim ne changera pas grand'chose puisque,
sous le nouveau sultan, continua le règne de Méhémet
Sokolli, jusqu'au jour de son assassinat par un fanati-
que, en 1579. Il est vrai qu'Amurat, prince fastueux et
puéril, ouvrira plus que son prédécesseur son État aux
étrangers. Et surtout, plus encore que les hommes, les
temps changeaient, imposant à la Turquie de nouvelles
conditions de vie.

Un étrange triomphateur : Martín de Acuña

Après le grand assaut de la diplomatie espagnole à
Constantinople, en 1573, y a-t-il eu suspension des
pourparlers ? Peut-être. En tout cas, un demi-arrêt,
jusqu'à l'arrivée dans le capitale turque d'un nouvel
ambassadeur, Martín de Acuña.

Je n'ai pas retrouvé, au sujet de Don Martín, de
documents qui permettent de faire revivre avec précision
son étrange figure. Ils disent tout de même beaucoup
plus que ce qu'en a rapporté Charrière et ceux qui l'ont
suivi (Zinkeisen ou Iorga), c'est-à-dire un simple nom
et le sobriquet qu'on lui prête de Cugnaletta. C'est en
1577 que Don Martín apparaît dans l'histoire. Parti de
Naples où le vice-roi lui fournissait 3 000 ducats, il
arrivait à Constantinople le 6 mars, si l'on se reporte à
un avis vénitien[27]. Son séjour fut exceptionnellement
bref puisque, le 23 avril, il était de retour à Venise.
Guzmán de Silva explique dans une lettre que Don
« Garcia » de Acuña était parti avec un sauf-conduit
pour rachat de captifs à Constantinople, mais « n'avait
été là-bas que pour traiter de la trêve avec le Turc,
d'ailleurs obtenue par lui pour cinq ans ». On trouve,
en effet, à Simancas une copie du projet d'accord que
Don Martín avait réussi à mettre au point avec les
ministres turcs, projet qui porte la date du 18 mars[28] et
dont les premières lignes : « Le Dieu suprême et qui ne
peut se comprendre ayant inspiré et illuminé les cœurs
des deux Empereurs... », évoque évidemment un original turc. Il rapportait en plus une lettre du pacha à

Philippe II, avec la promesse que l'armada turque ne sortirait pas en 1577.

Travail rapide. Bien fait ? Tous les Espagnols n'ont pas été d'accord sur ce point. Quand, en avril, Don Martín en route pour l'Espagne s'arrête à Naples, le marquis de Mondejar, successeur de Granvelle comme vice-roi, reçoit le personnage. Avec tant de mauvaise grâce qu'il s'en excuse lui-même au passage. Mais, explique-t-il, c'est « un des Espagnols les plus perdus de réputation qui soient venus en Italie »[29]. Indiscret en diable : après avoir fait jurer à Mondejar de ne rien révéler de ce qu'il lui a confié de sa mission, il fait si bien qu'un jour plus tard, tout est public à Naples. C'est sa faute ou celle de ses compagnons, ajoute Mondejar, dont on imagine la fureur. Il paraît évident qu'il ne faut accuser ni les compagnons, ni la partialité du vice-roi puisqu'à Constantinople, Don Martín avait joué exactement le même jeu. Il s'est caché des bonnes gens, s'étonnait l'ambassadeur impérial, pour se confier aux pires renégats de la place. « Les gamins des rues le connaissaient tous, lui et son secret. »[30] Avec cela, gaspilleur, joueur, ivrogne. Des 3 000 écus que Mondejar lui avait confiés à son départ pour Constantinople, il a bien envoyé la moitié en Espagne sous forme de soie et de pièces d'argent. Puis il a joué le reste en chemin, à Lecce. A son retour, Mondejar est obligé de lui faire une nouvelle avance afin qu'il puisse poursuivre sa route vers l'Espagne. Mais il exige des comptes, pour le passé et pour l'avenir[31].

En juin, Don Martín est en Espagne et rapporte oralement, à Antonio Pérez, tout ce qu'il a mené à bien à Constantinople[32]. Car il a fait, semble-t-il, du bon travail. Peut-être est-il arrivé au moment opportun ? Quoi qu'il en soit, il a obtenu du Pacha que l'armada turque ne sortirait pas, malgré les instances d'Euldj Ali[33]. Il a surtout réussi à acheminer grand train la négociation de la trêve. Après tout, il se peut qu'il ait été servi par son indiscrétion même, ses mauvaises relations, son manque de scrupules. Certes, il n'est pas « de la carrière » ! Et il n'a pas eu le souci de ménager les suceptibilités espagnoles. En sut-on trop à ce sujet à Madrid ? Quoi qu'il en soit, Don Martín ne retourna pas en Orient, « pour des raisons de santé » disent les papiers officiels. Et c'est toute une histoire en une phrase. Une lettre qu'il écrivait au roi, en 1578, où il expliquait d'une part que son successeur ne pourrait remettre ses promesses en mémoire au Pacha, et, d'autre part, n'hésiterait pas à s'attribuer le mérite de tout ce qu'il avait lui-même fait, montre la rancœur de Don Martín et... l'excellence de sa santé [34]. Il exagérait sans doute la valeur de ses services, car au moins d'août, un autre personnage était arrivé de Constantinople à Otrante, puis à Naples, et cet Aurelio de Santa Cruz portait, lui aussi, des propositions accommodantes du Grand Turc. Il expliquait que ce dernier « désirait beaucoup la trêve, car c'était un homme paisible et ami de la paix, adonné aux lettres et ennemi de la guerre... et de tout ce qui pouvait troubler sa quiétude ». Quant à Méhémet Pacha, la plus haute autorité après le sultan, il a plus de soixante-quinze ans et abomine la guerre. Parmi les autres ministres, seul Sinan Pacha montre de l'agressivité, mais il est un des moins influents [35].

Un dernier mot, assez lugubre, au sujet de Martín de Acuña. Selon un document du British Museum, il fut exécuté sur l'ordre du roi, le 6 novembre 1586, donc longtemps après les détails que nous avons relatés, dans une salle du Château de Pinto, près de Madrid. A ce propos nous sommes vaguement renseignés sur un de ses méfaits en Turquie (la dénonciation d'un agent de l'Espagne) et longuement sur les circonstances, chrétiennement émouvantes, de sa mort [36].

Giovanni Margliani

A la fin de l'année 1577, sur la recommandation du duc d'Albe, le roi envoyait à Constantinople un cavalier milanais, parent de Gabrio Serbelloni, Giovanni Margliani. Il avait combattu en Tunisie en 1574 ; blessé — il y avait perdu un œil — il avait été fait prisonnier, puis racheté aux Turcs, en 1576, par l'entremise d'un marchand ragusain, Nicolò Prodanelli [37]. Les instructions qui lui furent données par le roi, et dont nous avons retrouvé des fragments, non datés avec précision, sont de l'année 1577. Elles sont rédigées en termes très généraux. Il devra passer par Naples, où il s'abstiendra de mettre au courant le marquis de Mondejar. Il sera accompagné par un certain Bruti dont nos renseignements font, soit un Albanais, soit un « dignitaire » de la cour impériale, soit même un pensionné de la Seigneurie de Venise[38]. Peut-être était-il tout cela à la fois ? Margliani est informé qu'il devra prendre la suite de Martín de Acuña, retenu par sa santé, et négocier la trêve. Il veillera à y faire comprendre Malte et les princes d'Italie... C'est tout et c'est bien peu pour éclairer les origines de cette importante négociation.

A-t-on choisi Margliani à cause de ses mérites qui sont réels (l'homme est habile, honnête, souple, accrocheur ; il écrit d'une plume inlassable) ; ou bien a-t-on voulu simplement enlever la négociation à des hommes du genre de Don Martín, la hausser jusqu'au sérieux et à la dignité ? Il est difficile de le dire sans avoir l'instruction officielle, ni l'instruction secrète (dont Margliani parle dans ses lettres) du nouvel envoyé de l'Espagne à Constantinople.

Partis de la côte de Naples, Margliani et ses compagnons arrivaient le 8 novembre à Valona[39]. Ils en repartaient le 13. Le 25, ils étaient à Monastir ; le 12 décembre à Rodochio, d'où Margliani annonçait sa venue au drogman Horembey, déjà mêlé à la négociation du temps de Don Martín. Le 14, la réponse de l'interprète lui arrivait à Porto Piccolo, par un courrier spécial, à quelque distance de Constantinople où la petite troupe entrait le même soir. Hébergé dans sa propre maison par le chaouch qui l'avait conduit, le chef de la mission s'y rencontrait aussitôt avec Horembey. Mais on se contenta d'échanger quelques politesses, remettant au lendemain les choses sérieuses. Or, dès le lendemain, tout alla mal. Dès que Margliani exposa sa commission, Horembey l'interrompit par ces mots : « Si j'étais Chrétien, je ferais le signe de la croix devant ces menteries qu'a imaginées Don Martín. Le pacha attend

un ambassadeur : c'est ce qu'on a écrit à S. M., c'est
ce qu'a promis Don Martín ici même, c'est ce que Don
Martín a fait enfin annoncer par un homme venu
jusqu'ici. Le pacha ressentira grandement qu'on ait
ainsi changé d'avis. Dieu veuille qu'il ne s'ensuive pas
quelque dommage irrémédiable pour vos personnes. »

Le reproche fut, en effet, repris avec véhémence par
le pacha, comme par le drogman, comme par le docteur
Salomon, juif allemand à ce que l'on prétend, en tout
cas puissant personnage dans les milieux gouvernementaux et qu'il fallait à l'occasion somptueusement payer
(ce qui ne veut pas dire qu'il fût acheté, au sens vulgaire
du mot). Cette véhémence était-elle sincère ? Don Martín
avait-il menti ? Les dires de Margliani et ce que nous
savons du personnage feraient penser que oui, mais ce
monde de Constantinople, avec ses jeux compliqués,
recommande la prudence aux historiens autant qu'aux
ambassadeurs ou aux agents diplomatiques de moindre
grade. La comédie y a aussi ses droits. Ce qui est
évident, c'est que les Espagnols voulaient, une fois de
plus, procéder à la dérobée. Si Don Martín s'était
vraiment trop engagé en 1577, son maintien en Espagne
était peut-être venu de là. Au contraire, le Turc
souhaitait une ambassade spectaculaire. On lui envoyait
un personnage obscur, captif de la veille, borgne, ce
qui prêtait aux quolibets faciles, à ceux d'Euldj Ali
(opposé à la trêve) comme à ceux des Français... Ses
compagnons, de petites gens, l'un Aurelio Bruti à l'état
civil incertain, l'autre Aurelio de Santa Cruz connu
comme simple marchand, spécialiste de rachats, informateur des Espagnols, demi-espion...

Par surcroît, la petite troupe faisait aussi peu de bruit
que possible. « Ils ne veulent estre veuz ny cognuz »,
dit une correspondance français [40]. L'abbé de Lisle note,
le 22 janvier : « ... le dit Marrian, au lieu de ces
ambassadeurs qu'on avoit attenduz tous reluysans et
chargez de présens, est comparu comme à cachette,
avec pouvoir de traiter de la dite trefve » [41]. Un an
durant, Margliani fit même aller ses gens « vestuz
d'habits d'esclaves ». Souvent, il dissimulait son visage.

Un jour, attendant l'audience du pacha, il aperçut de loin le baile des Vénitiens. Aussitôt il se déroba, entra dans la pièce où, jusque-là, le pacha l'avait reçu, s'attirant une violente colère des Turcs qui se trouvaient là. C'est lui-même qui raconte l'incident et, s'il s'en vante, c'est que sa discrétion n'est point amour du secret maladif, mais discrétion de commande, n'en doutons pas. Gerlach, dont le *Tagebuch* est une excellente source pour toute la négociation de Margliani, le note au début de son récit : les Espagnols veulent bien la paix, mais ils veulent en même temps que « la chose conserve son secret et ne pas être ceux qui se sont humiliés devant le Turc » [42]. On s'explique l'irritation du pacha, que trahissent ses rodomontades, ses plaisanteries à l'égard du pape, ses allusions aux difficultés des Flandres, sa demande de cession d'Oran.

Mais la paix était une nécessité, aussi vivement ressentie du côté turc que du côté espagnol. Faute d'ambassadeur, on palabra avec Margliani. Et comme il fallait aboutir avant le printemps, les audiences succédèrent aux audiences. Au-delà du 1er février, Margliani enregistrait une détente nette. Le 7, une trêve était signée pour un an [43], une sorte de suspension d'armes, de *gentlemen's agreement*. Le texte porte en titre une attestation de traduction conforme, de l'interprète Horembey et du docteur Salomon Ascanasi qui, tous deux, jouèrent un rôle décisif dans ces négociations. Le pacha promettait que pour cette année 1578, et à charge de réciprocité, l'armada turque ne sortirait pas. La trêve s'étendait à toute une série d'États, les uns nommés par le roi d'Espagne, les autres par le Grand Seigneur. A savoir, du côté turc, le roi de France, l'empereur, Venise et le roi de Pologne, plus le « prince » de Fez, « bien que ce ne soit pas nécessaire, ajoute le texte [qui ici embarque au passage une grosse prétention turque], bien que ce ne soit pas nécessaire puisqu'il porte la bannière du Sérénissime Grand Seigneur et lui rend obéissance ». Du côté de Philippe II, le pape, « l'île de Malte et religion de Saint-Jean résidant dans cette île », les Républiques de Gênes et Lucques, les ducs de Savoie, Florence, Ferrare, Mantoue, Parme et Urbino, et, pour finir, le seigneur de Piombino. Pour le roi du Portugal, il est entendu que l'armada turque n'ira pas contre ses États, au-delà de Gibraltar, « par la mer Blanche ». Les promesses ne sont pas aussi nettes en ce qui concerne la mer Rouge et l'océan Indien : de ce côté-là, Dieu seul sait ce qui se passera.

Au total, un magnifique succès. Obtenu d'entrée en jeu, sans bourse déliée, et sans bruit, comme le souhaitait la diplomatie espagnole. Rapide : les négociations ont duré du 12 janvier au 7 février et ont été aussi vivement expédiées que celles de Martín de Acuña. Peut-être que l'essentiel, pour les Turcs, était d'éviter, *en temps utile*, la mobilisation de la flotte et les gros frais qu'elle eût entraînés. L'opération n'était donc payante que si elle se concluait avant la fin de l'hiver. D'où les dates des deux trêves : 18 mars 1577 ; 7 février 1578 [44]...

Mais les Turcs continuent à réclamer une ambassade espagnole en bonne et due forme ; il veulent un succès diplomatique éclatant, avec, à travers l'Europe, des retentissements. Ils le demandent avec insistance. Et l'accord du 7 février porte, en conclusion, la promesse formelle d'un échange d'ambassadeurs. Les circonstances aidant, voilà qui va prolonger pendant trois ans encore le séjour de Margliani aux Vignes de Péra et être la cause de ses malheurs.

N'aurait-il pas dû rentrer en Europe dès le printemps 1578, sa mission accomplie ? Sans doute n'y a-t-il pas trop pensé, espérant, ainsi que le montre sa dépêche du 30 avril à Antonio Pérez [45], obtenir seul le résultat escompté, c'est-à-dire une suspension d'armes de deux ou trois ans. Dans la fièvre et les illusions d'une négociation aussi facile, il a pu avoir quelques espoirs. Ayant appris par son ami ragusain, Prodanelli, la victoire de Don Juan à Gembloux, confirmée par d'autres voies, il a tout aussitôt tenté d'en profiter, à la fin d'avril, pour relancer le « Dottore ». « J'ai toujours dit à Horembey et à Votre Seigneurie, lui déclarait-il, que je n'inclinais pas à croire que la Majesté du Roi mon Maître fût en faveur de l'envoi d'un ambassadeur. Il a plu à Horembey de croire en ceci Aurelio (de Santa Croce) plutôt que moi-même. Dieu sait ce qu'il en adviendra. Quant à moi, je reste du même avis, d'autant que le Seigneur Don Juan court à la victoire et que le Grand Seigneur se trouve engagé dans une guerre de Perse, laquelle est connue comme pleine de périls et de travaux ; elle contrebalance et gaillardement la guerre des Flandres. Indiquez donc à Méhémet Pacha qu'il serait de son avantage de s'assurer des forces du roi d'Espagne, mon maître, pour deux ou trois années et de se rallier à la formule d'une suspension d'armes qui se conclurait par mon intermédiaire. »

Voilà qui était osé et prématuré. La réponse du pacha revint vite, aimable, au moins sous la forme que lui donnait le docteur. Il disait ne point contredire aux raisons qu'on lui avait fait valoir. Mais le Grand Seigneur était jeune, désireux de gloire. Margliani le dépeignait, en février, accessible aux suggestions, plus accueillant que Sélim, s'abandonnant à ses premières impressions. Mais justement, lui dit-on, les instances quotidiennes d'Euldj Ali ne sont pas sans poids auprès du souverain. Le « Capitaine de la Mer » se fait fort, même avec une flotte médiocre, d'avoir raison de l'Espagne, alors tellement embarrassée. Or, « je me trouve, confie le pacha au docteur, avoir parlé si ouvertement en faveur de Don Martín, par qui j'ai été trompé, que je ne peux plus recommencer ». Là-dessus, il pousse un grand soupir, et gémit : « Cet Empire, à présent, n'a plus ni pieds ni tête. » Belles et bonnes paroles, et qu'on répète à point à Margliani, sans oublier le « Tu as raison, docteur », dont le pacha a salué l'exposé des thèses espagnoles.

Mais, en conclusion, le pacha est revenu à la question de l'ambassadeur. Que Philippe II en envoie un, et il sera alors tout disposé à faire aboutir ses demandes. Mais si on ne l'envoie pas, ajoute Méhémet, « je suivrai, moi aussi, l'avis du Capitaine de la Mer ». Après quoi, il jure, sur la tête du Grand Seigneur, qu'il a eu toutes les peines du monde à faire observer les termes de la

trêve, à savoir d'empêcher l'armada de sortir. Ainsi
gentillesses et menaces se mêlent dans la bouche du
pacha. Chrétiens et Turcs jouent au plus fin. Leurs
entretiens, rapportés fidèlement par les innombrables
lettres de Margliani, ne laissent pas de dégager une
certaine impression de malaise, ils révèlent une diplomatie compliquée, adroite, sinon très scrupuleuse, ne
répugnant, ni d'un côté ni de l'autre, aux plus subtiles
roueries.

« L'homme de Margliani », chargé de porter en
Espagne le texte de la trêve provisoire, était parti le
12 février 1578 de Constantinople. Sur les nouvelles
qu'il apportait, le Conseil d'État, à Madrid, délibéra à
plusieurs reprises [46]. L'unanimité se fit sans peine sur la
nécessité de conclure, « vu l'état des affaires de Sa
Majesté et de ses finances et la nécessité qu'il y a
d'arranger les choses et de s'employer à fortifier ses
royaumes... » Il faut s'entendre avec le Turc, tout le
monde est d'accord là-dessus, si personne ne désire
aborder le fond du débat. Par contre, les conseillers
hésitent sur les « questions de protocole et de prestige » :
enverrait-on, ou non, un ambassadeur ? Et dans l'affir-
mative, se contenterait-on d'envoyer des lettres de
créance à Margliani ? C'est à quoi se réduisit le débat.
En septembre, l'envoi d'un ambassadeur était décidé,
en principe, et un certain Don Juan de Rocafull [47],
personnage assez effacé qu'une lettre nous signale, en
1576, commandant quelques galères de l'escadre de
Naples [48], recevait des instructions à cet effet. Son
instruction générale, sans date précise, détaillait les
antécédents de la négociation. Elle était doublée d'une
« instruction seconde » en date du 12 septembre 1578 [49],
qui prévoyait le cas où Rocafull ne « pourrait » se
rendre à Constantinople. Il dépêchait alors le capitaine
Echevarri qui l'accompagnait, avec charge de demander
que la trêve fût conclue par l'intermédiaire de Margliani.
La décision d'envoyer un ambassadeur au sultan n'était
donc pas très ferme : on se réservait la possibilité, au
dernier moment, de le retenir.

Pour que Margliani fût mis au courant, en sa lointaine

résidence, il fallut trois à quatre mois encore. D'après le *Tagebuch* de Gerlach, « l'homme » de Margliani était de retour, à Constantinople, le 13 janvier 1579 seulement [50]. La longueur du voyage avait tenu peut-être à l'hiver ; peut-être à un calcul de l'Espagne, désireuse de renouveler, en 1579, la manœuvre qui lui avait permis les deux années précédentes d'obtenir la non-sortie de la flotte turque. Les Français le pensèrent aussitôt et, de fait, l'arrivée de ces bonnes nouvelles, l'annonce de l'ambassadeur facilitèrent la tâche de Margliani. En outre, les Turcs, de plus en plus engagés en Perse, devenaient à mesure plus accommodants. Juyé écrivait à Henri III, le 16 janvier 1579 : les Turcs « ont autant de besoin que scauroit avoir le dit roy catholique pour l'occasion de la guerre de Perse, où ils trouveront plus d'affaires qu'il ne se dit » [51]. Juan de Idiáquez, alors représentant de Philippe II à Venise, apprenait de l'ambassadeur français, le 5 février 1579, qu'à Constantinople Margliani n'était plus séquestré, qu'il s'habillait de neuf, lui et ses gens, et parlait de louer une maison à Péra. « On en conclut ici que l'envoyé de V. M., qu'ils attendaient pour la conclusion de la trêve, n'est pas loin. » [52]

Toutefois, Don Juan de Rocafull ne se pressait pas. Le 9 février, il était encore à Naples. Le 4 mars, à Venise, on prétendait qu'il s'approchait de Constantinople d'où Margliani avait dépêché deux hommes à sa rencontre [53]. Mais la nouvelle était prématurée. Rocafull était « malade ». Connaissant son instruction seconde et les réticences espagnoles, on peut bien, avec les Turcs, avoir des doutes sur cette maladie-là, et même sur la « rechute » dont fut accablé le pauvre homme. Margliani signa-t-il tout de même une trêve analogue à celle des années précédentes ? Les documents que nous avons lus ne le mentionnent pas. Une correspondance française le laisse supposer, mais avec une précision insuffisante [54]. En tout cas, dès avril, la flotte turque, ou du moins ce qui en était facilement mobilisable, était acheminée vers la mer Noire, sous le commandement d'Euldj Ali. On a donc eu assez tôt, à Naples, la certitude que la flotte turque ne « sortirait » pas. Cela n'a-t-il pas — simple hypothèse — contribué à l'arrêt du voyage de Juan de Rocafull ?

Malade ou non, Rocafull ne traversa pas l'Adriatique. Le 25 août débarquait à Raguse le capitaine Echevarri. Accompagné d'un certain Juan Estevan, il apportait les présents destinés au Grand Turc et à ses ministres et, pour Margliani, *todos los poderes et recaudos necessarios* pour la conclusion de la trêve [55], ce qui faisait passer Margliani, du rôle de simple agent, à celui de véritable ambassadeur. Au même moment, arrivait à Constantinople un nouvel ambassadeur français [56]. Le 16 septembre, il apprenait du vieux Méhémet que la trêve avec l'Espagne était en bonne voie [57] et aussitôt, naturellement, s'employait à se mettre en travers. Par une guerre de nouvelles tout d'abord. Alors que Margliani expliquait que les armements du roi d'Espagne, connus à Constantinople, étaient destinés au Portugal, dont la succession s'était ouverte avant même la mort du Roi Cardinal [58], le Français, utilisant un bruit qui courait à Constantinople [59], les prétendait dirigés contre Alger. Il parlait, en outre, d'une guerre en Italie, inévitable à la suite des incidents du marquisat de Saluces. Peine perdue ! On reprochera plus tard à Germigny de n'avoir su barrer la route à la politique espagnole. Mais il ne pouvait mener d'autre combat que cette petite guerre des mots. Il y avait eu une chute réelle du prestige de la France dans le Levant, au-delà de la Saint-Barthélemy : l'évidence de son impuissance, de son usure en Occident, amenuisait ses moyens à Constantinople. On ne négocie pas les mains vides. Et la politique française venait d'arrêter le seul homme capable peut-être de rejeter la Turquie vers l'Europe, Claude Du Bourg, l'homme du duc d'Anjou, pris à Venise, en février 1579, et transféré à la Mirandole [60]. Son projet était d'intéresser la Turquie à la conquête des Pays-Bas par le duc d'Anjou, en liaison avec le Taciturne, les Protestants de toute l'Europe et les Anglais dont Margliani signale la présence à Constantinople. Il y avait là de quoi tenter la politique turque.

Mais engagée profondément dans l'épuisante lutte contre
la Perse, elle ne pouvait guère, en même temps, se
retourner vers l'Ouest.

L'année 1580 a été finalement, pour Margliani, une
année de travail et de succès. Rattachée à Naples, sous
la direction autorisée de Don Juan de Çuñiga (devenu
commandeur de Castille, depuis la mort de son neveu,
et vice-roi de Naples depuis la mort de Mondéjar), la
mission du Milanais s'en trouva plus efficace que par
le passé, délivrée des lents va-et-vient avec l'Espagne.
On sait que du temps de Mondéjar, il lui avait au
contraire été interdit de tenir Naples au courant. Ce
qui ne veut pas dire que la tâche parût facile sur le
moment à Margliani. Il traversa des périodes critiques,
si le reste du temps se passa en parlotes, en longs
bavardages, suivis de non moins longs rapports d'information, et même, un instant, en querelles de préséance
avec Germigny, pour le choix de leur fauteuil dans
l'église principale de Péra [61]... Futilité, ou désir de
prouver aux Turcs l'impossibilité de maintenir à Constantinople un représentant à demeure de l'Espagne,
concession à laquelle Philippe II ne voulait pas consentir.

Autre difficulté pour Margliani : les grands personnages changent sur la scène politique turque. Méhémet
Pacha a été assassiné, en octobre 1579, et remplacé par
Achmet Pacha, assez pauvre tête, peut-être favorable à
l'Espagne [62]. Mais il meurt à son tour, le 27 avril 1580,
et Mustapha Pacha lui succède. A ces changements
correspondent de multiples transformations dans le petit
personnel : si le docteur Salomon se maintient, le
drogman Horembey disparaît ; on retrouve par contre
l'étrange Bruti, espion double, si ce n'est triple, que
Margliani dénonce sans pouvoir le débusquer, alors que
ses bavardages et trahisons risquent de compromettre,
outre Margliani, toute une série d'agents à son service,
Sinan, Aydar, Inglès, Juan de Briones [63]... Deux nouveaux venus surgissent : Benavides et Pedro Brea,
employés de la chancellerie turque, le premier très au
courant des papiers qui s'y rédigent, Juif (sa religion
lui interdit d'aller en barque le samedi) ; le second plus

difficile à situer ; mais tous deux assurément agents doubles. Incidemment nous apercevons les bailes, le marchand ragusain, Nicolò Prodanelli et son frère Marino dont le navire doit, en octobre 1580, se trouver à Naples [64].

En fait, Margliani était maître de la situation, mais ne le savait pas. D'où ses difficultés à maintenir ses avantages, à ne pas se laisser affoler par les rodomontades et les menaces d'Euldj Ali qui, devant le grand vizir en personne, lui fit une scène affreuse. Peut-être simple mise en scène, concertée entre les ministres. Mais inquiétante, parce qu'elle s'ajoutait à d'autres intimidations. A l'Arsenal, Euldj Ali proclamait que « les pourparlers de paix étaient rompus, qu'il avait l'ordre d'armer 200 galères et 100 mahonnes ». Mais Margliani était homme à tenir. Il parlait avec autorité, ne fuyait pas les risques, « bien décidé, affirmait-il, à ne rien traiter au nom de S. M. ni à donner lettres ou présents avant que la capitulation ne fût conclue » [65]. Et il se faisait fort d'obtenir que l'armada ne sortît pas au printemps. Les violences et la démesure d'Euldj Ali à son endroit [66] ne prouvent que l'irritation et la colère du Capitan Pacha : ce n'était pas là jeu de gagnant. Un avis de Constantinople, en date du 26 février 1580, prétend qu'il est impossible à Margliani, pour son honneur et le service du roi, de s'accorder avec « ces chiens de Turcs » [67], alors que, dès avant cette date, tout est en voie de règlement. Le 18 au matin, le docteur Salomon est venu le voir avec un texte transactionnel. Comme il ne s'agit pas d'une capitulation entre souverains, mais d'un arrangement « entre le pacha et Margliani », les difficultés du protocole sont résolues en un tourne-main [68]. Non sans qu'au passage Margliani ait été durement secoué et ait senti planer, une fois de plus, « le péril dans lequel, écrit-il le 7 mars, je me trouve depuis déjà 50 jours » [69]. Il n'est d'ailleurs pas encore complètement rassuré à cette date. « Je crains vivement que toute cette pratique ne se rompe avec un tel éclat que nous ayons à souhaiter ne jamais avoir traité de cette trêve », s'écrie-t-il le même jour.

Pourtant, l'accord est proche, imposé par les circonstances, par les nécessités des guerres de Perse et de Portugal, par la terrible disette qui, par surcroît, ravage l'Orient [70]. Si bien que chaque fois que le pauvre Margliani croit tout perdu, la conversation reprend. C'est le docteur, ou tel autre intermédiaire qui revient. C'est le pacha qui consent à rediscuter. C'est Margliani qui reprend son souffle [71]. Et puis c'est un nouveau conflit à propos du royaume de Fez que Margliani ne veut pas reconnaître comme appartenant au Grand Seigneur [72] ; une nouvelle querelle à propos du Portugal [73]. A Venise, en mars, circule le bruit que Margliani est en péril d'être empalé et qu'Euldj Ali a menacé de lui arracher l'œil qui lui reste [74]... Mais le 21 du même mois, il signe avec le pacha une nouvelle trêve, sous la forme habituelle, valable pour 10 mois, jusqu'en janvier 1581. Pour éviter les contestations, le texte italien reste entre les mains du pacha, tandis que le texte turc, en lettres d'or, est remis à Margliani, lequel l'envoie à Çuñiga [75].

Après quoi, le proche avenir étant assuré, les conversations s'endorment pour un temps et les deux parties se donnent quelque loisir. Juan Stefano gagne l'Espagne pour y porter la nouvelle et ramener des ordres. Cette fois, la Chrétienté est au courant. Au début de mai, on est informé à Rome, où l'on remarque que la chose ne cadre guère avec les déclarations antérieures de l'Espagne, à savoir que l'ambassadeur était envoyé, en réalité, pour rompre les négociations [76]. Mais Rome ne tient point à protester : en cette année 1580, elle aussi abandonne la Méditerranée et la guerre contre l'Islam, pour se préoccuper de l'Irlande et de la guerre contre les Protestants.

Germigny, qui avait bien suivi la pratique du Milanais, prétendait que son succès avait été acheté à prix d'or. Au vrai, c'est plutôt à coup de promesses qu'avait agi Margliani [77]. Et surtout, il devait sa réussite aux circonstances. La dernière qui ait agi sur les Turcs, au moment de la signature, avait été la nouvelle alarmante d'un soulèvement d'Alger. Il y avait tout à perdre si

Philippe II (dont l'armada se trouvait remise en état pour les affaires portugaises) avait les mains libres en Méditerranée[78]. Venise s'en rendit compte : jusque-là réticente et hostile, elle changea d'attitude et s'efforça d'être comprise dans la paix qui se préparait.

Notons que la trêve de 1580, sans doute parce qu'elle a été nettement mise en lumière par le vieux recueil de Charrière et par le livre toujours si utile de Zinkeisen paru à Gotha en 1855, a droit de cité dans la plupart des livres d'histoire consciencieux[79]. Mais, chose étrange, elle est présentée comme un fait isolé et exceptionnel, alors qu'elle n'est qu'un des anneaux d'une longue chaîne. Et sans cette chaîne, assez peu compréhensible.

L'accord de 1581

Personne ne doutait plus à Constantinople que la paix ne dût se conclure sous peu. Il fallut pourtant presque une année entière pour y parvenir. L'été se passa en conversations intermittentes. Les querelles ne portaient plus sur les inépuisables controverses de titulature ou de préséance, mais sur les événements qu'apportaient les courriers. Le 5 avril, par la voie de Raguse, on apprenait la mort du cardinal Henri. « Cette nouvelle, écrivait Margliani[80], a jeté quelque altération dans les esprits des gens d'ici. Il leur paraît qu'avec l'annexion de ces royaumes, accomplie sans grande effusion de sang ni longue guerre, les forces de S. M. deviennent si grandes qu'on doit raisonnablement les redouter. D'autant qu'ils sont persuadés que... [dorénavant] S. M. consentira plus difficilement à la trêve ou suspension d'armes, selon le mode qu'ils désireraient. » Dans l'autre sens, Margliani redoute les agissements d'Euldj Ali. On dit qu'il irait à Alger avec 60 galères, pour y apaiser les troubles. « Mais d'autres prétendent qu'il y va bien pour cela, mais aussi pour porter dommage au roi de Fez. Je suis prêt à y faire obstacle... quand son voyage sera certain. »[81] Sinon, toutes les dispositions de la trêve seraient menacées[82]. C'est ce que pense de son côté et ce que lui écrit le grand commandeur de Castille, averti sans doute par d'autres voies[83]. L'expédition d'Alger n'aura finalement pas lieu, mais elle aura fait l'objet de mainte discussion. Comme la nouvelle, qui arrive en octobre, de la victoire du duc d'Albe sur Don Antonio. Le pacha ayant appris qu'à cette occasion, le duc avait distribué 200 000 doublons à ses soldats, envoie aussitôt chez Margliani demander pourquoi cette distribution et combien vaut un doublon. Un doublon vaut deux écus, s'empresse d'expliquer Margliani, et, pour que nul n'en ignore, il en confie une dizaine à son interlocuteur... Et que fait Juan de Estefano, interroge ce dernier ? Pourquoi tant de retard[84] ? On voit le genre de conversation, à la fois soupçonneuse et futile qu'échangent les deux partenaires. On est en été, ce n'est qu'en hiver que l'on parlera sérieusement.

En décembre, la situation se retend brusquement[85] : Don Juan de Estefano n'est pas arrivé, et Margliani est fort embarrassé, le pacha le pressant de dire si, oui ou non, le roi d'Espagne a envoyé l'ordre de faire la paix. Malheureusement il manque certaines lettres de Margliani pour suivre les derniers mois de son ambassade. Il semble qu'entre le 10 et le 20 décembre, les exigences des Turcs se soient faites plus précises. Et fort embarrassantes, car c'est également le moment où Margliani a reçu les ordres attendus (avec ou sans Juan de Estefano, il ne le précise pas), des ordres dont il a pris connaissance avec une certaine perplexité. Le roi lui faisait dire qu'il renonçait à une trêve en bonne et due forme, vu la difficulté de pouvoir procéder avec « l'égalité désirable ». En réalité, il se refusait à un accord du genre de ceux que négociaient les Impériaux avec une représentation diplomatique à demeure[86].

Margliani, enfin fixé sur ce qu'il devait faire, procéda aussi vite que possible. Une lettre de lui, en date du 28 décembre, le montre parlant trois grandes heures avec l'Aga des Janissaires. Avant le lever du jour, le 27 décembre, celui-ci lui a envoyé son caïque pour le conduire de Péra à Istanbul. Nicolò Prodanelli fait l'interprète au cours de l'entrevue. Margliani s'en félicite : « Il est plus intelligent et plus capable qu'aucun autre », écrit-il. Et sans doute l'a-t-il choisi parce que justement, il est assez embarrassé de sa mission et de ce qu'il doit faire entendre à l'Aga. Ce dernier n'y comprend rien. Quand il demande si Margliani ira ou non baiser les mains du sultan : j'irai s'il y a capitulation, lui est-il répondu, mais pas s'il y a suspension... C'est pour nous l'occasion de comprendre au passage, la hiérarchie des deux mots, suspension et capitulation : c'est de la dernière que Philippe II ne veut pas. Le sultan concède les capitulations, dit l'Aga, mais dans ce cas que deviendra « l'égalité » ? demande Margliani. Et son interlocuteur de ne pas comprendre à nouveau. Puis de poser, à son tour, des questions plus simples et plus précises. Margliani restera-t-il ? « Je lui dis non. Il me demanda pourquoi. Je lui dis que puisqu'il n'y aurait pas de commerce, suivant les décisions prises, cela n'était pas nécessaire. Je prononçai ces mots avec un léger sourire et j'ajoutai que je voulais lui dire la vérité : que deux raisons m'avaient fait prendre cette résolution, l'une le procédé peu courtois que je trouvais ici, l'autre ce bruit qu'avait répandu le secrétaire de l'ambassade de France, par toutes les parties de la Chrétienté où il était passé (à son retour), au sujet de la déclaration de préséance qu'il rapportait » en France...

Et comme il n'est pas très sûr de ses arguments, l'ambassadeur espagnol fait payer 5 000 écus à la sultane mère, qui d'ailleurs en profite pour demander davantage. En même temps, il s'arrange pour ne pas montrer le pouvoir que le roi lui a conféré, sous le prétexte qu'il l'a renvoyé à Naples [87]. Il louvoie avec assez d'habileté, puisque, alerté le 10 décembre, il a à peu près convaincu ses adversaires avant la fin de l'année. Le 4 février, plusieurs lettres et avis, partant de Constantinople, annoncent dans diverses directions que la trêve a été conclue pour trois ans [88]. Le même jour, Margliani écrit à Don Juan de Çuñiga [89] : « Le jour de la Saint-Jean, 27 décembre, je me suis rendu auprès de Chaouch Pacha, à qui j'ai exposé ma commission avec les mots qui me parurent à propos, ayant devant les yeux la dignité de S. M. Je me suis trouvé par la suite quelques autres fois avec ledit pacha et dernièrement, le 25 janvier, il me fit demander pour me communiquer la résolution de son souverain de me donner licence de partir et d'aller informer S. M. Il espérait que je ferais mon office pour que s'établisse une bonne intelligence et, en attendant, il serait fait une suspension pour trois ans. » A ce que nous en dit Germigny, l'accord était à peu près la reproduction des trêves précédentes, avec cette différence qu'il était prévu pour trois ans cette fois[90]. Le vice-roi de Naples, recevant la nouvelle le 3 mars, s'empressait de la transmettre à Philippe II, ajoutant que Margliani avait fort bien négocié à son avis, mais qu'il se demandait si le pape n'allait pas profiter de cette affaire pour resserrer un peu les cordons de sa bourse[91].

Oui, qu'allait dire la papauté ? Don Juan de Çuñiga y pensait plus qu'un autre, ayant été ambassadeur à Rome. Il jugea prudent de prendre les devants et, le 4 mars[92], il écrivait à l'usage de Rome la singulière version suivante. Il avait en son temps annoncé à Margliani que Philippe II ne voulait pas de la trêve, en invoquant les meilleures raisons possibles pour excuser le roi. Mais aussitôt on parla à Constantinople d'empaler Margliani, accusé d'avoir entretenu le sultan par des discours mensongers, jusqu'à ce que fût terminée la conquête du Portugal. On sait que les Turcs sont fort capables de semblables cruautés. Si bien que le pauvre chevalier, pour sauver sa vie, promit une trêve d'un an. Les Turcs l'exigèrent pour trois, grâce à quoi ils lui permirent de rentrer en Chrétienté. Mais naturellement, si l'on voulait faire quelque entreprise contre le Turc, il serait simple de rompre cet engagement, d'une part parce qu'il a été imposé « par la force », d'autre part, parce que les corsaires fourniraient mille occasions pour une de rupture. Le malheur, est-il dit au passage, c'est que nous n'avons guère la possibilité de faire une entreprise contre le Turc, avec toutes les affaires que nous avons sur les bras. Mais la trêve, quant à elle, ne signifie rien...

Un ambassadeur vénitien répétait, cette même année 1581, les discours du vice-roi[93]. Y croyait-il ? Y crut-on à Rome ? Sans doute ne chercha-t-on pas à éclaircir trop les choses. Il s'agissait, avant tout, d'agir en Irlande, contre l'Angleterre. Et qui pouvait agir contre l'île, selon les vues du pape, qui sinon l'Espagne[94] ?

Personne, donc, parmi les contemporains ne parla de la « trahison » de l'Espagne, comme on avait parlé de la trahison de Venise. Seule exception confirmant la règle, le clergé d'Espagne a protesté avec violence et énergie, et à voix très haute. Non qu'il fût, plus que d'autres, attaché à la croisade contre l'Infidèle, mais, puisque la guerre était morte, il demandait en conséquence à ne plus payer les impôts créés ou maintenus à cette occasion. Il le demandera en vain d'ailleurs.

Ce sont les historiens qui ont introduit le procès en trahison de l'Espagne. Procès, le mot est un peu fort pour qualifier quelques lignes de Wätjen et de R. Konetzke. « La guerre contre les Turcs, écrit ce dernier[95], se trouvait ainsi définitivement abandonnée. Avec elle s'interrompit une tradition séculaire de l'Espagne. La guerre religieuse contre l'Islam, qui avait éperonné et rassemblé les forces spirituelles de la Péninsule, cessait d'exister. Sans doute, la *Reconquista* et les raids de conquête qui l'avaient continuée vers l'Afrique du Nord n'avaient pas été de pures guerres religieuses. Cependant c'est l'esprit religieux qui avait constamment animé et propulsé ces entreprises et les avait fait ressentir à l'Espagne comme une commune et grande œuvre. Le moteur le plus puissant de la progression espagnole était paralysé. »

Jugement exact si l'on considère l'évolution d'ensemble, injuste cependant sur bien des points. La force religieuse jaillissante de l'Espagne, après les années 1580, est infléchie dans une autre direction. La guerre contre l'hérésie, c'est aussi une guerre religieuse, avec les habituels alliages que comporte la guerre. D'ailleurs, il y aura encore quelques tentatives en direction de l'Afrique du Nord et contre la Turquie — la pseudo-guerre de 1593, insignifiante il est vrai.

C'est un fait, malgré tout, que les années 1580 font coupure dans l'histoire extérieure de l'Espagne en face de l'Islam, même si cette histoire, dans le passé, a été beaucoup plus hachée, interrompue et velléitaire qu'on ne le dit. Après l'ambassade de Margliani, une paix de fait s'installe. La trêve de 1581 semble avoir été reconduite en 1584, même en 1587[96]. Et les hostilités, quand il y a à nouveau hostilités, n'ont aucune commune mesure avec les très grandes guerres du passé. La trêve a été bien autre chose qu'un habile expédient de la politique espagnole[97].

Pour autant, dirons-nous que l'Espagne a trahi, en 1581 ? Au pire, elle n'aurait trahi qu'elle-même, sa tradition, son être. Mais ces trahisons-là, quand il s'agit d'un pays, ne sont souvent que des vues de l'esprit. En tout cas, elle n'a ni trahi la Chrétienté méditerranéenne, ni livré Venise à une vengeance éventuelle, ni abandonné l'Italie dont elle avait la garde onéreuse. D'avoir traité avec la Porte, qui pourrait la blâmer ? Ce n'est pas l'Espagne qui a introduit la Turquie dans le concert européen. La grande guerre en Méditerranée excède les moyens des gros États eux-mêmes, des monstres politiques qui ont tant de peine à tenir chacun leur moitié respective. Il y a une différence entre une trahison et un lâcher de prise. Le mouvement de bascule qui, en ces années de discussions difficiles et obscures, reporte brutalement les guerres hors de l'aire méditerranéenne est double : il pousse d'une part l'Espagne vers le Portugal et l'Atlantique, dans une aventure maritime plus gigantesque encore que celle du champ clos méditerranéen ; il jette d'autre part la Turquie vers la Perse, les profondeurs de l'Asie, le Caucase, la Caspienne, l'Arménie et, plus tard, vers l'océan Indien lui-même.

2. La guerre déserte le centre de la Méditerranée

Sans que nous puissions les expliquer toujours, nous connaissons les larges oscillations de la guerre turque. Le plus bref résumé du règne de Soliman le Magnifique les signale de façon éclatante[98]. Plus que la volonté du souverain, ces oscillations ont rythmé son long règne glorieux. Au fil des années, la puissance turque successivement bascule vers l'Asie, vers l'Afrique, vers la Méditerranée, vers l'Europe nord-balkanique. A chacun de ces mouvements correspondent d'irrésistibles poussées. S'il y a une histoire rythmée, c'est bien celle-là. Mais c'est une histoire obscure, dans la mesure où les historiens s'en tiennent aux individus. Ils s'intéressent peu aux mouvements profonds (ceux par exemple dont l'Empire turc a hérités de l'Empire byzantin qu'il a détruit tout en le prolongeant), à cette physique politique qui établit des compensations nécessaires entre les grands fronts d'attaque par quoi la puissance turque pèse sur le monde extérieur.

La Turquie face à la Perse

De 1578 à 1590, l'histoire turque ne nous est pas accessible du dedans et les chroniques sur lesquelles s'appuie, par exemple, le récit de Hammer, ne posent les grands problèmes qu'en termes événementiels.

Puis, ce qui nous échappe, historiens, ce n'est pas seulement la Turquie, à la rigueur presque cohérente et compréhensible ; mais, au-delà, l'espace perse, cette autre forme de l'Islam, cette autre civilisation que nous ignorons. Nous ignorons aussi les espaces intercalaires, entre Perse, Turquie et Russie orthodoxe... Enfin quel est le rôle du Turkestan, cette autre plaque tournante ? Au-delà de ces terres, vers le Sud, il y a encore l'énorme océan Indien, avec ses trafics mal tenus en main par le Portugal et que l'Espagne va épauler à partir de 1580, en théorie d'ailleurs plus qu'en réalité.

Or, c'est tout cet espace que met en cause l'énorme retournement de la Turquie, au-delà des années 1577-

1580, retournement aussi puissant que celui qui rejeta alors l'Espagne vers l'Atlantique. L'Océan, c'était la nouvelle richesse de l'Europe. Est-ce également vers la richesse que la Turquie s'est tournée, en basculant vers l'Asie ? Aucun texte ne nous le dit et notre information est si discontinue que nous ne pouvons avancer ici que des impressions.

Ce qu'exprime à coup sûr le langage des chroniques, c'est que la Perse est aux prises avec de terribles difficultés politiques. Que le Shah Talmasq qui règne en Perse depuis 1522 soit assassiné, en mai 1576 [99] ; que cet assassinat soit suivi du meurtre immédiat du nouveau souverain, Haïder ; puis de l'avènement d'un prince Ismaïl, tiré à cet effet d'une prison épouvantable, et qui régnera seize mois seulement, jusqu'au 24 septembre 1577 ; enfin de l'arrivée au pouvoir d'un prince quasi aveugle, Mohammed Khobabendé, le père du futur Abbas le Grand ; ces événements et quelques autres (en particulier le rôle, difficile à démêler, des tribus géorgiennes, tcherkesses, turcomanes et kurdes) font comprendre la faiblesse de la Perse ; ils expliquent la tentation des chefs de la frontière turque, notamment un Khosrew Pacha, et la politique de tous les « militaires » turcs, terriens, sacrifiés des années durant à la marine : un Sinan Pacha, un Mustapha Pacha... La Perse se décompose en son centre : il s'agit d'en profiter.

En 1578, des lettres partent de Constantinople, adressées aux princes de la zone nord-persane, princes en place ou non, obéis ou non, puissants ou non, du Chirvan, du Daghestan, de la Géorgie, de la Tcherkassie. Une douzaine de ces épîtres ont été conservées par l'historien Ali, dans son *Livre de la Victoire*, récit de la première campagne de cette nouvelle guerre de Perse [100]. Elles s'adressent à « Schabrokh Mirza, fils de l'ancien souverain du Chirvan ; à Schemkhal, prince des Koumouks et des Kaïtaks ; au gouverneur de Tabazeran, dans le Daghestan, sur les bords de la mer Caspienne ; à Alexandre, fils de Lewend, souverain des pays entre Erivan et Chirvan ; à George, fils de Lonarssab, seigneur du district de Bacsh Atschouk (Imcrette) ; au souverain

de Guriel et au Dadian, prince de Mingrélie (Colchis) ».
Cette cascade de noms met en cause un espace discernable, entre mer Noire et Caspienne, ce même espace qui, en 1533-1536 et en 1548-1552, se dessinait déjà à l'arrière-plan des guerres de Soliman contre la Perse.

Aussi peu que nous sachions de ces pays intermédiaires, aussi mal que nous connaissions la frontière turque de la région de Van, ou cette Perse rouge de sang princier des années 1576-1578, il semble probable que l'impérialisme des Turcs s'est alors dirigé vers la Caspienne. Il ne s'agit point de tenir la mer, mais y avoir accès suffirait à menacer, de façon directe, les côtes perses du Mazanderan — les galères, sur cette mer où elles sont peu connues, étant d'autant plus efficaces. Ce but stratégique, les correspondances occidentales le signalaient déjà à l'occasion de la guerre de 1568 et du projet du canal Don-Volga. Mais n'y a-t-il pas encore, chez les Turcs, le désir d'avoir accès au Turkestan, aux routes intérieures de l'Asie que les Russes ont interrompues en occupant Astrakan, en 1556 ? Le Turkestan, c'est tout de même la route de la soie. La Perse devra une partie du renouveau économique que lui apportèrent la fin du siècle et le grand règne de Shah Abbas, à ces routes de l'intérieur asiatique. Elles ont été aussi à l'origine de cette première expansion perse, visible dans la poussée de ses villes, capable d'attirer de très loin le commerce anglais et qui s'exprime par l'étonnante dispersion des marchands arméniens à travers tous les pays de l'océan Indien, à travers les États turcs d'Asie et d'Europe, certains vers 1572 aboutissant jusqu'à Dantzig [101]. Tabriz, relais important de ce commerce à travers le monde, est une proie tentante.

L'occasion, la faiblesse accrue de la Perse attirent d'autant plus les Turcs qu'ils disposent, sur leur adversaire, d'une supériorité technique évidente. Pas d'artillerie du côté des Perses et très peu d'arquebuses ; les Turcs n'en sont pas très riches, mais ils en ont, cela suffit. Et il n'y a, devant eux, aucune place forte digne de ce nom. Les seules protections, sur les larges confins turco-persans, sont les déserts, certains naturels, d'autres stratégiques, aménagés par la prudence des souverains iraniens [102].

Certes, la religion joue un rôle dans toute guerre entre Turcs et Perses : les fetwas ont consacré le caractère pieux et quasi saint de la lutte contre les chiens de Chiites [103], ces rénégats et ces hérétiques de « bonnets rouges » [104]. D'autant que les Chiites, adeptes de la « religion persienne », sont présents dans tout l'Empire turc asiatique, jusqu'au cœur de l'Anatolie. Ils s'étaient soulevés en 1569 [105]. Mais, en Orient comme en Occident, il n'y a pas de guerres purement religieuses. Les Turcs, en s'engageant sur les chemins de la Perse, cèdent à toutes sortes de passions à la fois ; et à celles que nous avons énumérées, il conviendrait d'ajouter l'attrait des pays géorgiens, riches en hommes, en femmes, en routes, en revenus fiscaux...

Cela suppose une grande, une puissante politique turque ? Mais celle-ci existe. La soi-disant décadence dont on veut signaler les débuts avec la mort de Soliman le Magnifique, est une fausse mesure. La Turquie reste une immense force, non pas sauvage, mais organisée, disciplinée, réfléchie. Si, brusquement, elle abandonne les terres connues de Méditerranée pour se tourner vers l'Est, ce n'est pas une raison pour annoncer qu'elle est « en décadence ». Elle suit son destin.

La guerre contre la Perse

La guerre n'en sera pas moins, pour les Turcs, une épreuve épuisante.

En 1578, la première campagne avec le *sérasker* Mustapha, le vainqueur de Chypre, annonçait, d'entrée de jeu, toutes les grosses difficultés à venir. Les Turcs y remportèrent de grandes victoires, toutes chèrement acquises (ainsi, sur les frontières de la Géorgie, la victoire du Château du Diable, le 9 août 1578 [106]). Si l'entrée à Tiflis se fit avec aisance, il n'en fut pas de même de la longue marche de l'armée de Tiflis jusqu'au Kanak et, au-delà de ce fleuve, à travers les forêts et les marécages. La disette s'ajoutant à la fatigue décima

l'armée, que ne cessaient de harceler les Khans persans.
Pourtant, en septembre, sur les bords du Kanak, les
Turcs furent, une fois de plus, victorieux. La majeure
partie de la Géorgie resta entre leurs mains. En septembre, le *sérasker* la partagea en quatre provinces, y
laissant des beglierbeys, avec des troupes et de l'artillerie,
et mission de percevoir les droits qu'en ces riches
provinces, notamment dans le Chirvan, les Persans
levaient sur les soies. En même temps, le *sérasker* sut
se concilier les princes indigènes qui avaient accepté, de
plus ou moins bonne grâce, au début, la conquête
turque. L'automne venu, il se replia, avec ses troupes
décimées « par cinq batailles et les maladies » [107], sur
Erzeroum où elles hivernèrent.

Quelles difficultés avait révélées cette première campagne ? la ténacité de l'adversaire, elle tout d'abord ;
l'inconstance des indigènes, capables, dans les passes
montagnardes, de créer de cruelles et brusques surprises ; surtout les distances, le nombre des étapes, leur
dureté, la quasi-impossibilité de vivre dans des pays
inégalement fertiles, coupés de montagnes, de forêts,
de marécages, soumis chaque hiver à un climat inhu-
main. C'est l'espace, comme dans la campagne de
« Russie » de 1569, qui joue contre le Turc. De
Constantinople, car l'armée est partie de Constantinople, il y a soixante-cinq étapes pour aller jusqu'à
Erzeroum ; d'Erzeroum à Aresch (que l'expédition ne
dépassa pas), soixante-neuf, et autant pour revenir.
Pour ces guerres à longues distances, la cavalerie, et
sans trop de bagages, est l'arme convenable. Non pas
une armée équipée à l'occidentale, avec ses lourds
services d'intendance, son infanterie, son artillerie [108].
L'outil idéal, c'est la cavalerie tartare, qui a servi dans
la campagne de 1568. Encore faut-il s'en assurer l'appui
et l'utiliser non pas à travers les zones montagneuses
où elle est impuissante, mais dans les grandes plaines,
au Nord et au Sud du Caucase, surtout au Nord (on le
vérifiera à l'occasion du raid d'Osman Pacha, en 1580).
Mais comment vivre ensuite, dans des pays détruits, et
réussir leur occupation ?

Les Perses, en tout cas, surent profiter de l'hiver et, pendant celui de 1578-1579, passèrent à l'offensive. Plus que leurs adversaires qui, éloignés de leurs bases, campés dans des logis de fortune, étaient par surcroît habitués au climat méditerranéen, ils étaient capables de supporter les terribles froids asiatiques. Les points d'appui turcs résistèrent à la première tourmente. A la seconde, certains cédèrent : le Chirvan fut ainsi évacué et sa garnison repliée sur le Derbent. Terrible hiver. Rien d'étonnant si les avis de Syrie sont alarmants [109]. Les agents qui informent les Espagnols à Constantinople s'en réjouissent. « On a appris..., note l'un d'eux [110], qu'allait venir un ambassadeur de S. M. [le Roi Catholique]. Cela me peine beaucoup, car ne c'est pas le moment. S'il avait à venir, il faudrait que ce fût avec une grosse armada. » La guerre va durer, concluent les observateurs [111]. La Perse a de grosses exigences [112]. Le 8 juillet 1579, l'ambassadeur espagnol à Venise écrivait que « non content de demander la Mésopotamie, le Persien veut que les Turcs abandonnent les rites de leur secte » [113].

C'est que les revers turcs avaient pris l'aspect d'une déroute. Les combattants que les hasards de cette terrible guerre d'hiver ramenèrent à Constantinople, bouleversèrent tous ceux qui les virent [114], tant ils étaient l'image de la misère humaine. Le sultan n'entendait pas, pour autant, renoncer à ses projets. Toute l'année 1579 — du moins sa saison utile — fut utilisée par le *serasker* à la construction de la puissante forteresse de Kars. Il fallut donc, à nouveau, concentrer des troupes, accumuler des vivres à Erzeroum [115], acheminer sur Trébizonde 40 galères, des munitions, de l'artillerie et du bois [116], en même temps négocier au loin avec le Tartare et quelques princes de l'Inde. Le danger des cavaliers perses demeurait, en effet, énorme près de Kasbin et du Chirvan, d'autant que les Géorgiens, à ce que l'on disait, étaient d'accord avec eux et leur avaient donné des otages [117].

Cependant, vers le Sud, la forteresse de Kars s'élevait au prix d'un labeur multiplié [118]. Des témoins rapportaient à Constantinople qu'elle était d'ores et déjà à l'abri d'une attaque ennemie, « laquelle nouvelle, écrit Margliani, est de grande considération et sera prisée du Grand Seigneur et avec beaucoup de raison. Car il aura fait ce que ne put faire son grand-père le sultan Soliman, lequel, on ne peut le nier, fut un grand capitaine. Ces deux nuits dernières, on a fait des feux d'artifices et des réjouissances au Sérail du Grand Seigneur. Je crains grandement que cette nouvelle ne l'enorgueillisse encore plus que de raison ». Mais, écrivait-il quelques jours plus tard : « Je vais me consolant, avec l'espérance qu'il pourra arriver à Kars ce qui est advenu à Servan (Chirvan ?), lequel fut pris, fortifié par les Turcs avec le même bonheur et récupéré par les Perses au grand dam des dits Turcs. »[119] A Venise — on connaît la valeur des nouvelles de Venise — on racontera que la forteresse était grande comme la moitié d'Alep et mesurait trois milles de circuit[120] !

D'ailleurs, il semble que les Perses, en cet été 1579, soient restés à dessein sur la défensive. A cause de la peste, disait-on à Venise, qui sévissait dans les rangs turcs[121]. A cause de l'artillerie et des forces turques, penserons-nous, et dans l'attente de l'hiver, leur allié. Toutefois leur menace était toujours là. On parlait, à Venise, de 250 000 Perses sur la frontière[122]. A Venise, il est vrai. Mais à Constantinople même, on apprenait que si, à Kars, les Turcs avaient établi un barrage solide, Tiflis, au cœur de la conquête de 1578, se trouvait assiégé par l'ennemi[123]. A Venise, en septembre — tenir compte des délais de route — on parlait des difficultés qu'avait éprouvées le *sérasker* à pousser ses troupes d'Erzeroum à Kars, et même de mutineries parmi les janissaires et les spahis. On se demandait si le *sérasker* ne les aurait pas provoquées lui-même, désireux d'un prétexte pour ne pas pousser plus avant[124]. A Constantinople, en octobre, régnait un optimisme officiel : on aurait la paix avec le Persien quand on la voudrait. N'empêche que Mustapha recevait l'ordre d'hiverner et, disait-on, de replier ses troupes non pas sur Erzeroum, mais beaucoup plus à l'Ouest, jusqu'à

Amasie [125]. Tiflis, serré de près, fut pourtant débloqué par Hassan Pacha, fils de Méhémet Sokolli et largement ravitaillé par ses soins [126]. Mais l'hiver venait. Et bientôt le gros des contingents tartares abandonnerait le Daghestan qu'ils avaient ravagé à la bonne saison [127]. Notons, au passage, qu'il s'agissait là d'une petite troupe (2 000 cavaliers d'après Hammer) et qu'en un mois, elle avait réussi à couvrir l'énorme distance qui, par les quasi-déserts du Nord caucasien, sépare la Crimée de Derbent, sur la Caspienne. Il y avait là l'indication d'une voie d'invasion plus facile que celle qui traversait les inhumaines montagnes d'Arménie.

La mort de Méhémet Sokolli, le court vizirat d'Achmet [128], la nomination de Sinan Pacha au commandement de l'armée d'Erzeroum [129], puis son élévation, alors qu'il marchait vers la Géorgie, à la dignité de vizir, ne changèrent pas sensiblement les conditions de la guerre. Pendant l'été, Sinan poussa son armée en longues colonnes, d'Erzeroum jusqu'à Tiflis. Il réorganisa l'occupation ottomane en Géorgie. Puis, pour venger un échec de ses soldats partis en fourrageurs, il se décida à frapper un grand coup contre la puissante ville de Tabriz. Il dut se résigner rapidement à ne pas y donner suite et, à la veille de l'hiver, à se replier sur Erzeroum. Des négociations de paix s'engageaient d'ailleurs. Sinan obtint l'autorisation de venir en débattre à Constantinople. Bientôt, elles aboutirent à une sorte d'armistice, valable pour l'année 1582. Ibrahim, l'ambassadeur persan, entrait à Constantinople le 29 mars 1582, « avec une suite composée d'autant de personnes qu'il y a de jours dans l'année » [130].

Les difficultés géorgiennes obligèrent pourtant l'armée turque à une certaine activité. Il fallait ravitailler Tiflis à partir d'Erzeroum pendant l'été 1582 [131], en prévision de l'hiver qui allait suivre. Or, le convoi fut surpris par les Géorgiens et des partisans persans. La situation de Tiflis devenait dramatique. En même temps, l'ambassade perse tournait court. Cette série d'échecs entraîna le renvoi et l'exil de Sinan Pacha qu'on disait hostile à la guerre de Perse, et la nomination, le 5 décembre

1582, d'un nouveau vizir, ce Chaouch Pacha que nous avons vu aux prises avec Margliani, lors de l'épilogue de sa négociation, en janvier 1581.

Cette crise intérieure comportait la continuation de la guerre. La conduite en fut réservée au berglebey de Roumélie, Ferhad, élevé à cette occasion à la dignité de vizir. Il en eut la responsabilité en 1583 et 1584. Sa préoccupation fut, sur les ordres mêmes du sultan, de fortifier les confins contestés. D'où l'érection d'une grande place comme Erivan, en 1583 ; d'où, en 1584, la construction ou la mise en état d'un certain nombre de châteaux et la fortification de Lori et Tomanis. Ainsi, chose curieuse, se constituait à l'Est de l'Empire ottoman une frontière à l'occidentale, avec ses places, ses garnisons, ses convois de ravitaillement. Politique de prudence, mais de patience aussi, sans éclat, et dure au soldat.

Cependant, au Nord du Caucase, dès 1582 (la trêve ici n'avait pas été très franche) et en 1583-1584, une autre guerre, bien plus vive, avait commencé par les grandes routes des steppes tartares, à la sollicitation d'Osman Pacha, gouverneur du Daghestan. Une guerre qui s'avança, sans trop d'effort, de la mer Noire jusqu'à la Caspienne. Sur l'ordre du sultan[132], des forces considérables furent réunies à Caffa ; on y achemina, outre des hommes, du matériel et des vivres, quatre-vingt-six charges d'or : les guerres de Perse, difficiles, onéreuses au point de vue humain, dévorent bien entendu de très grosses sommes. On parlera bientôt d'emprunts aux biens des mosquées. Cependant qu'un rapport anglais décrivait, en 1583, les Persans chargeant lingots et pièces d'argent destinées à la solde[133]. Or turc, argent perse, nous retrouvons la divergence.

Le corps expéditionnaire constitué à Caffa, sous le commandement de Djafer Pacha, mit deux semaines à traverser le Don. Il lui fallut, pour frayer sa route, payer des indemnités aux tribus qu'il côtoya au Nord du Caucase et cheminer longuement, à travers les déserts où pullulaient les cerfs sauvages[134]. Après quatre-vingts jours de marche, il arriva à Derbent, le 14 novembre

1582, et, épuisé, s'apprêta à y hiverner. Au printemps, la petite troupe repartait sous les ordres d'Osman Pacha, écrasait les Persans et poussait jusqu'à Bakou. Puis Osman, ayant installé Djafer Pacha dans le Daghestan, replia le reste de ses soldats sur la mer Noire. Il rencontra dans sa retraite les pires difficultés ; après des combats répétés contre les Russes, près du Terek et du Kouban, il fut bloqué par les Tartares quand il eut atteint Caffa, ceux-ci, alliés peu fidèles, pour le moins réticents, se refusant à déposer leur Khan, comme Osman l'exigeait. Pour les ramener à l'ordre, il ne fallut pas moins que l'intervention d'une escadre de galères turques, sous les ordres d'Euldj Ali. Notons que si les chiffres que fournissent nos sources sont exacts, Osman n'a que quatre mille hommes avec lui : ceci donne la mesure de cette extraordinaire campagne. Son arrivée à Constantinople lui valut un accueil inhabituellement chaleureux de la part du sultan qui, quatre heures durant, écouta ses longs récits. Trois semaines après cette audience, il était nommé grand vizir. Et le sultan lui confiait le commandement de l'armée d'Erzeroum, avec mission de prendre Tabriz.

Préoccupé, durant l'hiver, par une nouvelle pacification de la Crimée qui finalement se fit d'elle-même, le nouveau chef de l'armée turque quitta Erzeroum dès la bonne saison, avec une armée à dessein réduite en nombre ; à la fin de l'été (septembre 1585), il se rabattait sur Tabriz et l'emportait. Ville de trafic et d'artisanat, au centre d'une plaine riche en cultures et en arbres fruitiers, Tabriz fut une aubaine pour l'armée turque affamée et fatiguée. Mais, après un effroyable pillage, il fallut en hâte la fortifier, les Persans restés autour de la place continuant la lutte. Après son éclatante victoire, Osman Pacha mourut, au soir d'une de ces rencontres (29 octobre 1585). Ce fut Cigala qui ramena l'armée dans ses quartiers d'hiver. Mais les Persans n'abandonnaient pas la partie. Durant l'hiver 1585-1586, de Tiflis à Tabriz, on peut dire que toutes les places du *limes* turc se trouvèrent assiégées par les sujets du Sophi et leurs complices indigènes. Une fois de plus, le *limes* tint, et Tabriz fut débloquée à temps par le *sérasker* Ferhad Pacha, lequel, pour la seconde fois, revenait exercer le commandement en Asie. Lentement, mais avec une certaine puissance, les Turcs avaient repris l'avantage. Or, pendant les deux années suivantes la guerre allait changer de caractère. Les Perses, en effet, durent brusquement faire face à un nouvel adversaire, les Ouzbegs du Khorassan. Leur défense fut ainsi prise à revers, en même temps que leur recrutement en cavaliers devenait difficile. Les Turcs dépassèrent alors Tabriz et progressèrent vers le Sud. La guerre basée sur Erzeroum allait devenir, un instant, une guerre basée sur Bagdad. C'est près de cette ville qu'en 1587, l'armée de Ferhad Pacha, grossie par des soldats kurdes recrutés en hâte, écrase les Perses dans la plaine des Grues. L'année suivante, ils porteront leur effort à nouveau vers le Nord, autour de Tabriz, dans le Karabagh. Ils s'y empareront de Ghendjé qu'aussitôt ils s'emploieront à fortifier, en prévision de prochaines campagnes.

Mais entre temps, le jeune Abbas s'était associé, de gré et de force, au gouvernement de son père, du vivant même de celui-ci (juin 1587). Il eut la sagesse de comprendre qu'entre les deux dangers qui pressaient son royaume, les Ouzbegs d'un côté et les Ottomans de l'autre, il valait mieux faire, à l'Ouest, des concessions. A nouveau, une magnifique ambassade persane gagna Constantinople, en 1598, sous la conduite du prince Haïder Mirza. Dans la capitale turque où Mourad avait instauré le règne de la somptuosité, les réceptions furent magnifiques. Les négociations furent longues, mais elles aboutirent enfin. La paix était signée, le 21 mars 1590, mettant fin à une guerre de douze ans. L'obstination turque y trouvait sa récompense : toutes les conquêtes restaient aux mains du sultan, c'est-à-dire la Géorgie, le Chirvan, le Lauristan, le Scherzol, Tabriz et « la portion d'Azerbeidjan » qui en dépend [135]. En somme toute la Transcaucasie, tout le côté humain du Caucase, avec une fenêtre largement ouverte sur la Caspienne.

Ce n'était pas une petite victoire. Au contraire, un signe singulier de vitalité, au vrai point seul de son espèce. Mais pour l'historien de la Méditerranée, l'important, c'est la fixation de la force turque en direction de la Caspienne, loin de la mer Intérieure. Cette poussée centrifuge explique, au moins jusqu'en 1590, l'absence de la Turquie dans le champ méditerranéen.

Les Turcs dans l'océan Indien

D'autant qu'à côté et au-delà de la guerre perse, les Turcs ont dû soutenir une guerre pour l'océan Indien que nous connaissons, elle aussi, fort mal.

L'océan Indien, au moins dans sa partie occidentale, avait été, des siècles durant, un lac islamique. Les Portugais n'ont pas réussi à en débusquer l'Islam. Ils ont même eu à subir ses assauts répétés, dès 1538, au moins, et dans ces assauts, les Turcs ont eu leur grande part. Mais c'est peut-être, en dernière analyse, parce qu'il n'a pas réussi dans cette descente vers le Sud que l'Empire des Osmanlis n'a pu contrebalancer l'Europe. Il s'en est fallu d'une bonne flotte. La Turquie en avait une, certes, et redoutable. Mais elle prenait contact avec l'océan Indien par l'étroite mer Rouge et sa technique navale était une technique méditerranéenne. C'est donc avec un matériel méditerranéen, des galères démontées, puis transportées par caravanes jusqu'à Suez où elles étaient remontées et mises à l'eau — que la Turquie aborda ses compétiteurs de l'océan Indien. C'est avec des galères que le vieux Soliman Pacha, gouverneur de l'Égypte, prit Aden, en 1538, et s'avança, en septembre de la même année, jusqu'à Diu, qu'il ne put enlever. Avec des galères que Piri Reis [136], en 1554, courut tenter fortune contre les voiliers portugais, navires faits pour l'Océan et qui eurent raison de ses navires à rames. Basée à Bassora, aux portes d'une autre mer étroite, le golfe Persique, la flotte de galères, commandée par l'amiral poète Ali, fut, en 1556, jetée sur les côtes de la presqu'île du Goudjérat et abandonnée là par son chef et ses équipages. C'est ainsi que l'océan Indien assista à une lutte assez curieuse de la galère et du voilier [137].

Les poussées turques dans cette direction ont été, en règle générale, liées aux complications turco-persanes.

Assez régulièrement comme des suites de ces guerres. Guerre contre la Perse, de 1533 à 1536, puis expédition de Soliman Pacha : la prise d'Aden et le premier siège de Diu sont de 1538. Guerre contre la Perse, de 1548 à 1552, (mais qui n'est importante que pendant la première année) et en 1549, le second siège de Diu ; en 1554, les expéditions de Piri Reis et en 1556, d'Ali. De même, vers 1585, la guerre de Perse se ralentissant, la guerre pour l'Océan reprend, au long de la côte orientale de l'Afrique, de ce littoral que les Portugais nomment la Contra Costa [138].

La trêve turco-espagnole n'aura joué, en somme, que pour la Méditerranée. En vain Philippe II a-t-il recommandé aux fonctionnaires portugais — tardivement d'ailleurs — d'être libéraux et tolérants pour éviter que les princes indigènes mécontents ne fissent appel aux Turcs [139]. Ceux-ci n'ont même pas attendu qu'on les appelât. Au-delà de 1580, ils continuèrent leurs fructueuses pirateries contre le négoce portugais. En 1585, une flotte, sous le commandement de Mirali Beg [140], gagnait même les rivages africains de l'or. Elle enlevait sans peine Mogadiscio, Barawa, Djumbo, Ampaza. Le prince de Mombassa se déclarait vassal de la Porte. L'année suivante, Mirali Beg enlevait tous les points de la côte, sauf Mélinde, Patta et Kélife, demeurés fidèles au Portugal. Était-ce le résultat des mauvais traitements infligés par les Portugais aux indigènes, comme le pensait Philippe II [141] ?

La riposte portugaise fut lente. Une flotte alla se perdre sur les rivages de l'Arabie méridionale, en 1588 [142]. En cette année de l'Invincible Armada, la machinerie ibérique avait d'autres soucis que ces luttes très lointaines. Mais l'enjeu était énorme : derrière Mombassa que le Turc veut fortifier, il s'agit des mines d'or de Sofala ; et plus largement encore, de la Perse et de l'Inde que la flotte portugaise, en direction de Bab-el-Mandeb, a essayé en vain de couvrir, en 1588. Heureusement pour les Portugais, le Turc, lui aussi, agit à l'extrême limite de ses forces, épuisé par la distance. En 1589, Mirali Beg attaque avec cinq navires seulement. La flotte portugaise de Thomé de Souza réussit à le bloquer dans la rivière de Mombassa, cependant qu'une frénétique révolte des Noirs déferlait au long de la côte et finalement emportait tout, maîtres indigènes et envahisseurs turcs. Seuls les Turcs qui se réfugièrent à bord des navires portugais, dont Mirali Beg lui-même, échappèrent au massacre. Ainsi s'écroula, en 1589, l'une des plus curieuses et des moins connues des tentatives ottomanes.

La guerre du Portugal, tournant du siècle

Michelet voyait dans l'année de la Saint-Barthélemy le tournant du siècle. Si tournant il y a eu, il coïncide plutôt avec les années 1578-1583, quand s'engagent, avec la guerre du Portugal, les grandes luttes pour l'Atlantique et la domination du monde. La politique espagnole bascule vers l'Océan et l'Europe occidentale. En même temps qu'au lendemain de la banqueroute de 1575, liquidation de la première partie du règne de Philippe II, l'afflux des métaux précieux gonfle brusquement les possibilités du trésor de guerre espagnol. Alors commence, au-delà de ces « années-charnières », ce que l'on a appelé « le cycle royal de l'argent », de 1579 à 1592 [143]. Il y a gonflement, surpuissance, aux Pays-Bas comme ailleurs, de la politique de Philippe II, dès lors vive et imprudente.

Ce changement dramatique n'a pas échappé aux historiens, particulièrement les portugais qui le connaissent mieux que les autres mais l'ont vu trop par le petit bout de la lunette : leur destin national, certes, se trouve au centre de l'histoire océane, mais ne la constitue pas en entier. Raccrochés les uns aux autres, les événements de cette vie océane montrent aussitôt l'ampleur des luttes engagées. Nous ne dirons pas, après quelques autres, qu'elles ouvrent la porte aux « temps modernes ». C'est anticiper, et pour d'assez longues années encore ; elles ont, en fait, freiné l'essor de l'Océan.

En ce qui concerne l'Espagne, le changement de direction fut net. En 1579, le cardinal Granvelle arrivait à Madrid. Il y resta jusqu'à sa mort (1586), sept années pendant lesquelles il tint, en fait d'abord, puis en titre, les fonctions de premier ministre. La tentation était grande (Martin Philippson n'y a pas échappé) de ramener à ces changements gouvernementaux le passage d'une phase défensive et prudente du règne de Philippe II, à une phase agressive et impérialiste. Jusqu'en 1580, la politique espagnole avait été celle du « parti de la paix » — celui de Ruy Gomez et de ses amis — plus que celle du duc d'Albe et de ses partisans, « le parti de la guerre ». Non sans quelques exceptions : songeons au voyage du duc d'Albe de 1567, ou à Lépante. Les deux partis d'ailleurs n'étaient pas organisés. On dirait mieux deux coteries, en dehors desquelles le roi s'est toujours maintenu, tout en s'en servant, satisfait plutôt de ces querelles subalternes qui lui garantissaient une meilleure information, une surveillance plus aisée, finalement l'intégrité de son autorité. En les opposant les uns aux autres, en ne leur ménageant pas les soupçons, Philippe II a ainsi usé beaucoup d'hommes à son service. Les dures tâches de son règne l'y ont d'ailleurs aidé. En 1579, il n'y a plus que des survivants des partis de la première phase du règne. Ruy Gomez est mort en 1573 et sa coterie, autour d'Antonio Pérez, n'a plus la cohérence d'autrefois. Le duc d'Albe, qui a quitté les Pays-Bas en décembre 1573, n'a pas retrouvé, en Espagne, sa situation éminente de jadis. En 1575, une disgrâce brusque l'a relégué hors de la vie politique.

C'est en mars 1579 que Philippe II appela Granvelle auprès de lui. « J'ai surtout besoin de votre personne, lui écrivait-il, et de votre aide dans les travaux et les soucis du gouvernement... Plus tôt vous arriverez, plus j'en serai satisfait. » [144] Le cardinal vivait alors à Rome. Malgré son âge — 62 ans — il accepta l'aventure, mais ne put se mettre en route qu'après de nombreux délais : il lui fallut attendre à Rome, attendre à Gênes. Le 2 juillet seulement, avec Don Juan de Idiáquez qui l'accompagnait, il aperçut les côtes d'Espagne. Le 8, ils débarquèrent à Barcelone. Aussitôt, le cardinal se mit en route avec ses voitures et ses bêtes de somme, voyageant de nuit pour éviter la chaleur. Sur l'ordre exprès du roi qui se trouvait déjà à l'Escorial, il évita Madrid et arriva à San Lorenzo dans les premiers jours d'août, accueilli par le roi comme un sauveur [145].

C'est le mot qui convenait. Philippe II avait attendu que le cardinal fût en route vers l'Escorial pour jeter le masque et brutalement frapper Antonio Pérez et sa complice, la princesse d'Eboli. Dans la nuit du 28 au 29 juillet, ils avaient été tous deux arrêtés. Ces dates ont leur importance. Car Antonio Pérez était depuis longtemps suspect à son maître, mais ce n'est que lorsque sa nouvelle équipe gouvernementale fut quasiment en place que le roi se décida à affronter une coterie encore puissante. Avec l'arrivée de Granvelle se consommait la ruine du parti de la paix. Pour des raisons de personnes, multiples et dramatiques, et terriblement obscures [146]. Mais aussi sous la poussée des circonstances. Aux Pays-Bas, l'essai de conciliation de Requesens s'était terminé par un échec, plus retentissant que celui du duc d'Albe. Dans l'affaire de Portugal, ouverte dès l'été 1578, la méthode pacifique semblait aléatoire. On a pu soutenir que dans cette dernière affaire, Antonio Pérez avait trahi. Le mot est gros de confusions possibles et les preuves alléguées peu convaincantes. Reste l'hypothèse d'une politique jugée inquiétante par le souverain.

Donc un gros changement. Avec Granvelle s'installe, au cœur même de l'Empire de Philippe II, un homme énergique, intelligent, aux très larges vues ; volontaire, honnête, dévoué au roi et à la grandeur de l'Espagne. Un vieil homme aussi, d'une autre génération, habitué à se reporter en pensée à la grande époque de Charles Quint, à y chercher exemples et points de comparaison, enclin à mal juger les tristes temps qu'il vit. C'est un homme à décisions et à idées ; au début, son influence a été grande : il est l'artisan des victoires de 1580. Mais au-delà de ces succès, quand Philippe II est revenu de Lisbonne, son influence a été plus apparente que réelle. Lui aussi s'est usé au service du roi.

Aussi bien, entre la grandeur des événements, je veux dire ce large mouvement de bascule qui reporte la force hispanique de la Méditerranée à l'Océan, et l'arrivée de

Granvelle aux affaires, il y a disproportion. Le chemin
biographique risque de nous égarer, comme il a égaré
le scrupuleux chercheur qu'était Martin Philippson. Il
n'a point vu cette translation de forces. Pour rester
inattentif au lâchage de la guerre méditerranéenne par
l'Espagne, il lui a suffi de rencontrer une déclaration
du cardinal, disant son hostilité à l'égard de la trêve
turco-espagnole. Or rien ne nous assure, en l'occurrence,
de la franchise du cardinal [147]. C'est un fait qu'il y a eu
trêve et renouvellements successifs de cette trêve, pendant de nombreuses années, durant le « ministère »
même de Granvelle et si la Méditerranée a été abandonnée, ce n'est ni à cause, ni en dépit du cardinal.

Alcazar Québir

La dernière croisade de la Chrétienté méditerranéenne,
ce n'est pas Lépante, mais, sept ans plus tard, l'expédition portugaise qui devait se terminer par le désastre
d'Alcazar Québir (4 août 1578), non loin de Tanger, en
bordure du Rio Luco qui va finir à Larache [148]. Le roi
Sébastien, un enfant encore bien qu'il ait vingt-cinq
ans, un enfant exalté et à moitié irresponsable, était
violemment hanté par l'idée de la croisade. Philippe II,
qu'il avait rencontré avant la *Jornada de Africa*,
l'avait en vain dissuadé de porter la guerre au Maroc.
L'expédition, montée avec lenteur, n'eut même pas pour
elle le bénéfice de la surprise. Le chérif Abd el Malek,
mis au courant des armements et du départ de la flotte,
puis de son séjour à Cadix, eut le temps de prendre des
contremesures et de proclamer la guerre sainte. La petite
armée portugaise, débarquée à Tanger, avait ensuite été
transportée à Arzila (12 juillet), elle envahit donc un
pays décidé à se défendre, qui disposait, par surcroît,
d'une excellente cavalerie, de pièces d'artillerie et d'arquebusiers (ceux-ci souvent des Andalous). La longue
colonne des chariots portugais s'étant avancée dans
l'intérieur des terres, la rencontre eut lieu à Alcazar
Québir, le 4 août 1578. Le roi, incapable de commander,
ajoutait encore à la faiblesse de l'armée chrétienne, mal
nourrie, épuisée par les marches et la chaleur. En

face d'elle, le Maroc avait procédé à « une levée en masse » [149]. Les Chrétiens furent écrasés sous le nombre. Les montagnards des régions voisines achevèrent le pillage des bagages. Le roi figurait au nombre des morts, le chérif détrôné qui avait accompagné les Chrétiens s'était noyé, cependant que le chérif en place succombait à la maladie au soir de cette bataille des Trois Rois, comme on l'appelle parfois. Dix à vingt mille Portugais restaient aux mains des Infidèles.

Sans aller jusqu'à dire que ce fut le désastre le plus complet de l'histoire portugaise, on ne peut sous-estimer l'importance de la bataille d'Alcazar Québir, grosse de conséquences. Elle affirmait la puissance du Maroc que les rançons chrétiennes enrichirent si bien que son nouveau souverain, El Mansour — le frère d'Abd el Malek — se vit appeler à la fois le Victorieux (El Mansour) et le Doré (El Dahabi). Plus encore, la journée d'Alcazar Québir ouvrait la succession de Portugal. Sébastien ne laissait pas d'héritier direct. Son oncle, le cardinal Henri, lui succédait, mais le règne de ce vieillard, infirme et phtisique, ne pouvait être et ne fut qu'un épisode.

Or, le Portugal n'était pas à la hauteur d'une épreuve aussi brutale. Son empire était essentiellement appuyé sur une série de relais, d'échanges de marchandises, d'envois d'or et d'argent qui, partis de l'Atlantique, lui revenaient sous forme d'épices et de poivre. Mais les échanges africains y jouaient un rôle. Avec Alcazar Québir, la machinerie se trouve faussée. De plus, une grosse partie de la noblesse du pays est restée entre les mains des Infidèles. Pour payer les rançons, si énormes qu'elles n'ont pu être payées comptant, le pays va se vider de son numéraire, expédier bijoux et pierres précieuses vers le Maroc et Alger. Pour comble, les nombreux prisonniers privaient l'étroit royaume de ses cadres, de son armature militaire. Ainsi, les raisons s'ajoutaient pour qu'il fût, plus qu'à tout autre moment, incapable de dominer sa faiblesse. Pour l'historien, il n'est pas facile au milieu de l'abondance des discours qui développent le thème de la décadence lusitanienne, de mesurer la détresse réelle du petit royaume. Mais, s'il était déjà touché par une décadence, par une lente et souterraine maladie, c'est d'une syncope brusque qu'il a été frappé, en cet été 1578. Les circonstances vont singulièrement aggraver son mal.

Pour son malheur, le malade tombe dans les mains d'un médecin incapable. Le vieux cardinal — il a 63 ans — dernier survivant des fils d'Emmanuel le Fortuné, podagre, miné par la tuberculose, ajoutera, par ses hésitations, au trouble croissant du royaume. Par ses rancunes aussi. Il a eu trop à souffrir, sous le gouvernement velléitaire et capricieux de Dom Sébastien : arrivé au trône, il s'en souvient et se venge. Une de ses premières victimes est le secrétaire tout puissant de la Fazenda, Pedro de Alcoçaba, qu'il dépouille de ses charges et exile, sans avoir la force de le mettre hors du jeu politique, lui et sa nombreuse clientèle.

Cette conduite maladroite facilite le chemin à l'intrigue espagnole. De par sa mère, Philippe II a des droits incontestables à la couronne de Portugal ; entre lui et cet objet de sa convoitise, il y a bien les droits rivaux — et non moins incontestables, de la duchesse de Bragance. Mais cette maison « féodale » n'est pas de taille à lutter contre le Roi Catholique. Il y a aussi le bâtard de Dom Luis, fils lui aussi d'Emmanuel le Fortuné. Mais le prieur de Crato a contre lui son origine. En fait, entre Philippe II et la couronne portugaise, il n'y a que la personne du vieux souverain de Lisbonne. Son âge, sa santé précaire posent, dès l'automne 1578, le problème de sa succession. Tout de suite, Philippe a dépêché au Portugal un souple diplomate, Christoval de Moura. Autant que l'or qu'il distribue et promet, ce sont les fautes du cardinal qui donnent au parti espagnol ses premières recrues. Christoval de Moura, en effet, est entré en rapports avec Pedro de Alcoçaba.

D'autre part, la dévotion sincère du cardinal le livre, comme tout le Portugal, à la domination spirituelle de la Compagnie de Jésus. Dirons-nous à une puissance étrangère ? On oublie, à ce sujet, les documents qu'a publiés Martin Philippson. C'est un fait que les Jésuites, tenus à l'écart jusque-là par Philippe II, acceptent de collaborer avec lui au Portugal. Le cardinal Henri qui était, au début, hostile à son neveu d'Espagne, favorable par contre à sa nièce, Catherine de Bragance, se laisse aller peu à peu à des déclarations semi-officielles en faveur de Philippe. Il y a bien des explications à ce revirement ; mais elles n'excluent pas une action éventuelle des Jésuites. L'acquiescement aux demandes de Philippe II du Général de l'Ordre, E. Mercuriano, est de janvier 1579 [150]. Il a fallu à ses hommes (tout d'abord favorables à la duchesse de Bragance, disent les rapports espagnols) un certain délai pour modifier leur position et travailler en faveur de Philippe dont ils espéraient sans doute des faveurs que, plus qu'un autre, en Europe et hors d'Europe, il pouvait leur prodiguer.

Dans ces conditions, l'indépendance nationale portugaise ne pouvait guère être sauvegardée. Pour la conserver, il eût fallu armer, se décider en faveur d'une solution nationale : en somme, reconnaître la maison de Bragance, à la rigueur le prieur de Crato. Or, le cardinal laisse de côté toute défense. Elle signifierait de grosses dépenses. Et les seules qu'accepte le vieux roi sont celles qu'exige le rachat des *fidalgos*, prisonniers des Marocains. S'il n'a jamais compté pour les captifs d'Alcazar Québir, il n'a pas consacré le moindre argent à la défense du pays. Ses sujets — du moins les riches et spécialement les marchands — n'étaient peut-être pas décidés non plus aux sacrifices nécessaires pour s'engager dans une pareille voie.

Il eût fallu aussi que le cardinal prît une décision rapide au sujet de sa succession. Or il perdit un temps précieux à négocier avec l'ex-reine de France, veuve de Charles IX, son propre mariage qui n'était possible qu'avec une dispense pontificale. Et Grégoire XIII hésitait à la lui accorder. L'ambassadeur espagnol à Rome eut peu de chose à faire pour contrecarrer la négociation. A contrecœur, le vieux souverain se résigna. Ne l'imaginons pas d'ailleurs comme un abbé du XVIIIe siècle : l'idée de ce mariage lui était dictée par la raison d'État. Elle prouve, comme il arrive fréquemment en pareil cas, que le cardinal était le seul à ne pas croire à sa mort prochaine...

Après cet échec, il ne se préoccupa pas davantage de sa succession. Sans doute convoqua-t-il les Cortès, essaya-t-il d'organiser une commission d'arbitrage à qui tous les prétendants soumettraient leurs titres. Mais le peu de volonté qui lui restait se dépensa surtout contre le prieur de Crato qu'il poursuivit d'une haine acharnée, essayant de le marquer de la macule de son illégitimité, le chassant même hors du royaume, ce qui obligea Dom Antonio à passer un instant en Espagne, puis à se cacher, quand il y revint, dans son propre pays.

De toute façon, Philippe II était décidé à défendre ses droits. Dès 1579, il avait armé, avec un peu trop de bruit au demeurant : il tenait à en informer l'Europe et, plus spécialement, le Portugal. Non qu'il eût rassemblé de grandes forces, mais elles suffisaient à l'entreprise. Il y avait fallu cependant une bonne quantité d'argent, notamment un emprunt de 400 000 écus [151] au grand-duc de Toscane, plus des prélèvements de troupes sur les garnisons d'Italie. Ces concentrations d'hommes, de vivres et de matériel qui devaient aboutir à la réunion d'une vingtaine de mille hommes, jetèrent partout l'alarme. A Constantinople, on croyait l'effort destiné à Alger ; la reine Élisabeth et l'Angleterre prêtaient à Philippe des projets d'invasion de leur île. Nulle part, cette guerre des nerfs ne fut aussi vivement ressentie qu'au Portugal.

Dans sa masse, le pays se refusait à la domination du voisin abhorré. Les petites gens des villes, le bas clergé étaient contre l'Espagnol, avec une véhémence qui faisait trembler riches et puissants. La hargne populaire les empêchait de trahir à visage découvert. De là l'allure de la « trahison », ses mines hypocrites, ses discours fallacieux, sa rhétorique patriotique, ses démarches prudentes. Le peuple fut livré ainsi par ses nantis, ses riches et ses intellectuels. Les riches, comment ne seraient-ils pas contre la résistance, alors qu'ils sont souvent étrangers, flamands, allemands, italiens ; par surcroît, peu désireux de supporter les exactions fiscales qu'entraînerait la guerre et dont ils seraient les victimes ? Le haut clergé est dans un état d'esprit très voisin, de même la noblesse, c'est-à-dire bien souvent l'armée. Le Portugal, face à l'Est, est sans doute défendu par la nature. Du plateau castillan au bas pays portugais, les routes sont difficiles, barrées par de solides forteresses. Mais cette frontière ne vaut que soutenue par un pays décidé à se défendre. L'argent distribué par Christoval de Moura n'a pas suffi à écarter toute velléité de combat, pas plus que les négociations des « féodaux » espagnols de la frontière à désarmer leurs voisins portugais, maîtres des châteaux, villages et places fortes qui sont la sécurité du royaume. Mais, au-delà des hommes — d'un Christoval de Moura, ce Portugais, ou d'un duc d'Osuna, un temps ambassadeur du Roi Catholique à Lisbonne, au-delà de la trahison, ce moyen si cher à la politique des Habsbourgs — il y a eu toute la lourdeur des circonstances. Le Portugal a besoin de l'argent d'Amérique et une grosse partie de sa marine est déjà, sur l'Océan, au service de l'Espagne [152]. Le ralliement des riches et puissants de Lisbonne est lié à la nécessité qu'éprouve l'Empire portugais, gêné sur ses océans immenses par la course des Protestants et le manque de numéraire, non point de lutter contre le voisin trop puissant, mais de s'appuyer sur lui. La preuve en est peut-être, plus que les événements de 1578-1580, la suite de ces événements, la longue sujétion du Portugal, sa symbiose avec l'Espagne que seuls les désastres des années 1640 viendront rompre, ou mieux permettront de rompre. N'oublions pas aussi que l'Espagne étant désormais unie et non plus disloquée en pays hostiles (nous ne sommes plus à l'époque d'Aljubarrota dont on évoque si souvent l'image à ce propos), le Portugal n'aurait pu maintenir contre elle son indépendance que par une alliance avec les puissances protestantes, La Rochelle, les Hollandais, les Anglais. Réalité que les Espagnols ont adroitement soulignée, mais que les Portugais ont sentie pour leur part. Si le prieur de Crato échoue dans ses essais pour rentrer plus tard dans son royaume, c'est qu'il y vient à bord de navires anglais, qu'il s'est lié avec les ennemis de Rome, qu'il négocie même vers 1590 avec les Turcs...

Le coup de force de 1580

Le cardinal Henri mourut en février 1580. Des régents qu'instituait son testament, deux ou trois étaient gagnés à Philippe II [153]. Ce dernier allait-il les laisser régler la succession ? Ou bien s'en remettre au jugement du pape qui souhaitait imposer son arbitrage ? En fait, Philippe II se considérait comme ayant des droits imprescriptibles, des droits divins qu'il n'était nullement question de soumettre aux Régents ou aux Cortès. Il ne voulait pas davantage d'un arbitrage pontifical, n'ayant cure de reconnaître la suprématie temporelle du Souverain Pontife. D'ailleurs, assuré de la paix en Méditerranée, sûr de lui aux Pays-Bas, en France, en Angleterre, il pouvait compter sur un moment de répit, au milieu des menaces mouvantes de l'Europe. Le Portugal était à sa portée, à une condition : agir vite, ce à quoi poussa le cardinal Granvelle, dès son arrivée à l'Escorial. C'est lui, autant et plus que le souverain, qui a précipité les événements, lui également qui a assuré la nomination, au commandement de l'armée, du vieux duc d'Albe, tombé en disgrâce, mais dont la réputation semblait un gage de succès. C'était une des vertus de Granvelle de savoir laisser de côté, à l'occasion, ses antipathies. Et peut-être était-ce une nécessité pour lui, étranger, de ménager les Espagnols, leurs coteries redoutables, leurs susceptibilités. N'a-t-il pas été l'inspirateur des mesures de demi-clémence à l'égard d'Antonio Pérez et de la princesse d'Eboli ?

Simple promenade militaire, la guerre de Portugal se déroula selon les plans prévus. Les barrières de la frontière tombèrent d'elles-mêmes et, le 12 juin, l'armée espagnole pénétra en territoire portugais, à la hauteur de Badajoz. La puissante forteresse d'Elvas, puis celle d'Olivenza se rendirent sans combattre : le chemin de Lisbonne était ouvert par la vallée du Zatas. Cependant, le 8 juillet, la flotte espagnole, navires et galères, quittait le Puerto de Santa Maria, s'emparait de Lagos sur la côte de l'Algarve portugaise, apparaissait bientôt à l'embouchure du Tage. A Lisbonne, Dom Antonio, prieur de Crato, proclamé roi à Santarem le 19 juin, était entré en maître, grâce à l'appui du menu peuple. Mais pour tenir dans l'énorme ville, mal ravitaillée, décimée par la peste depuis plusieurs mois et que l'arrivée de la flotte espagnole coupait du monde extérieur, il eût fallu des mesures de salut public, plus encore du temps. Les mesures de salut public, surtout d'ordre fiscal, ne manquèrent pas : saisie de l'argent des églises et des couvents, dévaluation de la monnaie, emprunts forcés sur les marchands... Mais le temps fit cruellement défaut. C'est la rapidité espagnole, et non telle défaillance prétendue du prieur (notamment dans ses négociations indirectes avec le duc d'Albe, justement destinées à gagner un peu de temps) qui ont amené l'échec du prétendant. Autour de lui, le mouvement de trahison et d'abandon se poursuivait. Sétubal, attaqué par mer et par terre, se rendait sans combattre, le 18 juillet, ce qui d'ailleurs ne la sauva pas du sac. L'armée d'invasion était ainsi parvenue au Sud de l'estuaire du Tage, large ici comme une mer en miniature ; gros obstacle sans doute, mais pas avec la flotte qui transporta sans encombre, jusqu'à Cascais, sur la rive Nord du fleuve, une série d'unités espagnoles. L'opération aboutissait à une attaque de la capitale par l'Ouest et la rive droite du Tage. Dom Antonio, avec quelques soldats essaya de défendre l'accès de Lisbonne sur le pont d'Alcantara. Mais le soir même, la capitale se rendait à merci. Le vainqueur lui épargna le sac, ou du moins seuls les faubourgs de la ville furent pillés.

Blessé, le prieur s'échappa à travers la ville, s'arrêtant pour s'y faire soigner dans le petit village voisin de Sacavem. Il réunit de nouveaux partisans et passa à Coimbra, puis entra de vive force à Porto où il fit halte pendant plus d'un mois. Là encore, il essaya d'organiser la lutte et se heurta aux mêmes petites et multiples trahisons qu'à Lisbonne. Un raid de cavalerie de Sancho Davila l'obligea à quitter ce dernier abri, le 23 octobre, et à trouver refuge dans le Portugal du Nord, jusqu'au jour où un navire anglais vint l'y chercher.

Il avait donc fallu quatre mois seulement pour que le Portugal fût occupé. Dans ses conseils à Philippe II, Granvelle lui rappelait que César, pour ne pas ralentir ses mouvements, n'occupait pas les villes conquises, mais se contentait de prendre des otages. Il semble que l'envahisseur, en 1580, se soit contenté d'aller de l'avant, partout où la trahison lui ouvrait les portes : il avait, parmi les Portugais eux-mêmes, des gardiens efficaces. Il ne fut pas nécessaire d'envoyer des renforts massifs, d'utiliser l'arrière-ban des seigneurs frontaliers à qui l'on avait fait appel. Répétons-le : le Portugal s'est abandonné, il a été livré.

Habilement, Philippe II, dès avant 1580, avait confirmé aux Portugais leurs anciens privilèges ; il leur en avait reconnu de nouveaux, politiques et économiques. Le Portugal n'a pas été incorporé à la Couronne de Castille. Il a gardé son administration, ses rouages, ses conseils. En somme, autant que l'Aragon, plus même que l'Aragon, il est demeuré lui-même, malgré l'union personnelle réalisée par Philippe II. Il n'a été « qu'un dominion espagnol » [154]. Ce qui ne justifie point la conquête de 1580, — là n'est pas le problème — mais explique qu'elle se soit maintenue, qu'elle ait représenté une solution durable.

Au reçu de la nouvelle, les Indes se rallièrent à leur tour, sans combat. De même le Brésil, pour qui, étant donné ses limites vers l'Ouest, l'union des deux Couronnes fut plutôt une chance. Il n'y eut de difficultés sérieuses qu'à propos des Açores. Car le brusque agrandissement de Philippe II (l'*Ultramar* lusitanien, s'ajoutant à l'espagnol, lui donnait les deux plus grands empires coloniaux du siècle), ce brusque agrandissement posait la question de l'Atlantique. Consciemment ou non, par la force des choses, l'empire composite de Philippe II allait s'appuyer sur l'Océan, lien indispensable à son existence, base des prétentions à ce que l'on appellera, du vivant même de Philippe II, sa Monarchie Universelle [155].

L'Espagne quitte la Méditerranée

Voilà qui nous éloigne de la Méditerranée.

Du jour ou Philippe II s'est installé à Lisbonne, il a vraiment mis le centre de son Empire composite au bord du vaste Océan. Lisbonne, où il séjourna de 1580 à 1583, est d'ailleurs une admirable ville d'où gouverner le monde hispanique, sûrement mieux placée et mieux outillée que Madrid encerclée par les terres de Castille, surtout lorsqu'il s'agit d'engager la lutte nouvelle, sur les eaux océaniques. Le mouvement incessant des bateaux, spectacle que le souverain pouvait contempler de son palais même et qu'il a décrit dans ses charmantes lettres aux infantes ses filles, n'était-ce pas une leçon de choses, quotidiennement renouvelée, sur les réalités économiques qui soutenaient l'Empire ? Si Madrid est mieux située comme centre d'écoute, pour savoir ce qui s'agite en Méditerranée, en Italie, ou dans l'épaisseur de l'Europe, Lisbonne est un magnifique observatoire sur l'Océan. Que de lenteurs, de désastres peut-être, auraient été évités si Philippe II l'avait entièrement compris, lors de la préparation de l'Invincible Armada, si alors il n'était pas resté lié à Madrid, loin des réalités de la guerre !

La façon dont bascule la politique espagnole vers l'Ouest, dont elle est prise dans les courants puissants de l'Atlantique ; l'affaire des Açores en 1582-1583, où se trouve sauvé l'Archipel et, en même temps, avec le désastre de Strozzi, anéanti le rêve d'un Brésil français ; la guerre d'Irlande, ranimée avec patience de 1579 à la fin du siècle ; la préparation de la guerre avec l'Angleterre, puis le voyage de l'Invincible Armada, en 1588 ; les expéditions de Philippe II contre l'Anglais, en 1591-1597 ; l'immixtion espagnole dans les affaires françaises, avec le gros chapitre de l'occupation partielle de la Bretagne ; les contre-mesures anglaises et hollandaises ; la course protestante déchaînée dans tout l'espace océanique, tous ces faits, extérieurs à la Méditerranée, ne lui sont qu'à demi étrangers. Si la paix se rétablit chez elle, c'est que la guerre se loge dans les grands espaces voisins : Atlantique à l'Ouest, confins perses et océan Indien à l'Est. Au mouvement de bascule de la Turquie vers l'Est, répond le mouvement de l'Espagne vers l'Ouest. Grandes oscillations que l'histoire événementielle, par sa nature même, ne peut expliquer. Sans doute d'autres explications que celles que propose ce livre sont-elles possibles. Mais le problème, indiscutable, se précise dans toute sa netteté : le bloc des forces hispaniques et le bloc des forces turques, longuement opposés en Méditerranée, se déprennent l'un de l'autre, et du coup, la mer Intérieure se vide de la guerre des grands États qui, de 1550 à 1580, en avait été le trait majeur.

VI

La Méditerranée
hors de la grande histoire

On peut feuilleter le livre, excellent selon les formules traditionnelles, de Roger B. Merriman sur *L'Essor de l'Empire espagnol*[1] qu'il arrête à la fin du règne de Philippe II, en 1598. Pour les années qui dépassent 1580, on n'y trouvera plus mention de l'histoire méditerranéenne. Ce silence, celui de presque toutes les histoires d'Espagne, est significatif. Pour Roger B. Merriman, et pour qui s'en tient à l'histoire-récit, la Méditerranée, abandonnée par la grande guerre et par les diplomates après la mission de Margliani, est tout d'un coup plongée dans la nuit. Tous les projecteurs sont éteints. Ou, plutôt, c'est d'autres scènes qu'ils éclairent de leurs feux croisés.

La Méditerranée n'a pourtant point cessé de vivre. Comment ? C'est ce qu'il ne faut point trop demander aux sources habituelles des archives espagnoles et même italiennes. Comme ce qu'on appelle aujourd'hui la presse, les informations réunies par les diverses chancelleries — y compris les Italiennes — ne s'occupent que des événements qui mènent grand bruit. A travers elles, l'histoire méditerranéenne n'est presque plus perceptible. A Venise, à Florence, à Rome ou à Barcelone, ce qui se dit, ce qui s'écrit concerne des drames extra-méditerranéens. On se demande si la paix turco-persane sera conclue ou non, si le roi de France s'accordera avec ses sujets, si le Portugal est soumis, si les armements de Philippe II, dans les années qui précèdent le départ de l'Invincible Armada, sont destinés à l'Atlantique ou à l'Afrique. Il y a bien, de temps en temps, des nouvelles et des conciliabules au sujet de la Méditerranée, qu'enregistrent les correspondances. Mais, comme par hasard, il ne s'agit jamais que de rêves qui se perdent en route : tels ces projets, cent fois répétés, d'une ligue contre les Turcs, entre Venise, Rome, la Toscane et l'Espagne. L'aune n'en vaut guère mieux que le projet anti-turc de La Noue, en 1587. On s'étonne que le grand Paruta leur ait attribué, en 1592, tant d'importance [2].

De même à Rome, les pensées et les actes restent, et resteront longtemps dirigés vers l'Océan. La Papauté fait bloc avec l'Espagne dans sa lutte contre l'hérésie nordique. Grégoire XIII, puis Sixte Quint ont concédé à Philippe II des « grâces » considérables pour lutter contre Élisabeth et ses alliés, tout comme à la veille de Lépante l'avait fait Pie V, pour lutter contre l'Islam. L'Italie entière s'associe à ce combat de la Catholicité. Bref, toute l'attention et la meilleure partie des efforts politiques de la Méditerranée se dépensent en marge du monde méditerranéen, comme si chacun s'en détournait à la manière des Turcs partis vers la Caspienne, des mercenaires marocains s'emparant de Tombouctou en 1591 [3], ou de Philippe II lui-même qui s'essaie à devenir ou mieux à rester le maître de l'Atlantique.

Ceci jusqu'aux environs de 1590. Mais la mort de Henri III (1er août 1589 [4]) déchaîne une rude crise dont les effets se font sentir en Méditerranée. Spécialement à Venise qui s'inquiète de l'effacement possible de la France, pièce indispensable de l'équilibre européen, et, par suite, garante de la liberté même de la République, cernée par tant d'ennemis. « On ne sait plus que croire, écrit un marchand de Venise [5], ni que faire. Ces rumeurs de France portent un dommage immense au commerce. » La Seigneurie se sent tellement menacée qu'elle n'hésite pas à s'allier aux Grisons protestants, à accepter, en août, de recevoir en janvier 1590 l'ambassadeur que lui envoie Henri IV, M. de Maisse [6]. Pourquoi cette hâte, se demande Sixte Quint ? « La République craint-elle quelque chose de Navarre ? Elle aurait tort. Le cas échéant, nous sommes prêts à la défendre avec toutes nos forces. » [7] Non. La République prend parti à l'avance contre le bloc catholique qui ne pourrait que garantir l'insupportable primauté espagnole...

La crise déchaînée par la succession de Henri III va prendre son plein effet peu à peu, au-delà de l'année 1590. Cette même année, le sultan est délivré de sa guerre lointaine contre la Perse. Va-t-il revenir à une politique méditerranéenne, ou à une politique balkanique, entendez hongroise ? Ou bien (c'est ce qu'il fera à partir de 1593) s'essaiera-t-il à les conduire toutes les deux à la fois, dans les deux directions où il peut frapper la Chrétienté ? C'est l'enjeu de cette politique qui, peu à peu, redonne du relief aux événements méditerranéens, sans qu'ils reprennent, pour autant, l'allure dramatique des années 1550 à 1580. Ce sont les simulacres des grandes guerres et des grandes politiques qui revivent à partir de 1593. Avec beaucoup de rodomontades : mais entre les paroles et les actes, l'écart est immense. La guerre a perdu de sa gravité. Elle est coupée d'incessantes tractations. Capitaine de la mer, Cigala rend visite [8], en 1598, au général vénitien du Golfe, suggère, entre autres choses, qu'on pourrait peut-être rendre Chypre à Venise... Une autre année [9], avec l'accord du vice-roi de Sicile (Cigala est un renié sicilien qui avait été pris enfant sur le navire de son père, corsaire chrétien bien connu), il fait monter à son bord sa mère et le cortège de ses parents. Ces mansuétudes officielles n'auraient pas eu cours quelque vingt ans plus tôt.

1. Difficultés et troubles turcs

De 1580 à 1589, tandis qu'une guerre sauvage ravage l'Océan, les chroniqueurs de la mer Intérieure ont peu à dire. Les expéditions punitives des Turcs en direction du Caire, de Tripoli ou d'Alger ne sont guère plus que des opérations de police, difficiles même à contrôler avec exactitude. Du côté de la Méditerranée chrétienne, ne sont à signaler que les incessants voyages des galères espagnoles (ou au service de l'Espagne). D'Italie en Espagne, elles transportent sans arrêt des soldats :

Italiens recrutés sur place, lansquenets levés au-delà des Alpes et qui descendent vers Milan et Gênes [10], vieux soldats espagnols que l'on retire, de Sicile ou de Naples, pour les remplacer par des jeunes recrues d'Espagne, qu'on changera à nouveau quelques années plus tard, quand leur « instruction » sera faite... En ces années, Milan est la centrale militaire espagnole par excellence ; elle redistribue en tous sens les soldats de Philippe II, jusque dans les Flandres par les interminables routes de terre. Le seul mouvement des troupes à travers la grande ville lombarde suffirait presque, pour chaque moment du règne de Philippe II, à indiquer le sens des préoccupations de l'Espagne et le rythme de sa vie impériale.

Au retour d'Espagne, les galères portent à Gênes, avec les « bisognes », un flot d'argent. Toute l'Italie se trouve enrichie par le métal blanc. Et au-delà de l'Italie, nous l'avons dit, toute la Méditerranée. C'est une des grandes réalités de cette période de la vie méditerranéenne, qu'on pourrait dire heureuse s'il n'y avait la course, cette guerre seconde, mal enregistrée par la « grande » histoire, mais qui n'en est pas moins cruelle. Cette course, d'ailleurs, subit elle aussi des transformations et deux petits faits sont à retenir à ce sujet. L'un symbolique : Euldj Ali meurt en juillet 1587, à 67 ans [11]. Nul ne recommencera une carrière analogue à la sienne. Dernier héritier de Barberousse et de Dragut, avec lui, un âge disparaît. L'autre petit fait annonce l'avenir : cinq navires marchands anglais, en 1586, mettent à mal l'escadre de galères de la Sicile [12] ! Prélude inaperçu de la grande carrière du vaisseau de ligne [13].

Après 1589 : les révoltes en Afrique du Nord et dans l'Islam

L'année 1589 rompt la quiétude de la Méditerranée ; elle renouvelle des alarmes : en Europe, avec la crise française ; en Islam aussi.

Derrière les menus événements d'Afrique du Nord, se devine, si imparfaits que soient les renseignements, une crise étalée à l'Est et au centre de l'Afrique du Nord, dans l'espace que les Turcs y contrôlent depuis la reprise de Tunis, en 1574 ; et beaucoup plus loin encore, peut-être dans tout l'Islam méditerranéen. Ces révoltes et ces troubles n'étaient pas tout à fait nouveaux. A plusieurs reprises, pendant les années précédentes, des difficultés avaient surgi avec les lieutenants qu'Euldj Ali, cumulant les fonctions de capitaine pacha et de beglerbey, avait mis à Alger pour le remplacer. Peut-être la mort d'Euldj Ali, en 1587, aggrava-t-elle les choses ? En tout cas, le gouvernement turc jugea bon de substituer alors, au régime des beglerbeys, véritables « rois » locaux, celui des pachas triennaux [14].

C'est qu'il s'agissait essentiellement d'une crise de l'autorité turque. En face d'elle, les corsaires prenaient, ou cherchaient à prendre leur liberté. D'autre part, le Turc et le « More », comme dit Haedo, étaient restés quasi étrangers l'un à l'autre, même à l'intérieur de la ville d'Alger, le More étant maintenu dans une position inférieure par son vainqueur. Certains textes suggèrent des mouvements maraboutiques et indigènes, une réaction religieuse prenant, selon les lieux, des caractères occasionnels, mais toujours exercée contre le Turc envahisseur. « Partout où le Turc pose le pied, disait un révolté tripolitain, l'herbe cesse de croître et c'est la ruine. » [15] Ces mouvements indécis et pour nous peu clairs sont, en tout cas, liés aux débuts du relâchement des liens entre le Moghreb et la Turquie, dans la mesure où cette dernière ne possède plus la maîtrise de la mer. Ce n'est pas la mort d'Euldj Ali, en 1587, qui a été décisive, mais son échec, en 1582, dans sa tentative sur Alger [16] et, au-delà d'Alger, vers Fez. Décadence ottomane, concluent les historiens. Plus précisément, ne s'agit-il pas, dans tous les pays d'Islam liés au système turc, à sa monnaie, à ses finances, à son autorité, d'une gêne et de troubles généralisés, bien que provisoires encore ?

Si ce n'est déjà la fin de la puissance turque, c'est au moins la mise en chômage de la grande et coûteuse politique méditerranéenne. Au début de 1589, les informateurs de Venise prêtent encore de grands projets à Hassan Veneziano, ex-beglerbey d'Alger qui, durant l'hiver, avait réussi, avec cinq galiotes, à aller d'Alger à Constantinople, « pour la honte des vaisseaux chrétiens » incapables de le saisir au passage [17]. Hassan était arrivé dans la capitale turque, le 10 janvier. Bientôt, le bruit courait que le nouveau « Kapudan Pacha » avait l'intention d'armer 50 à 60 galères et de pousser jusqu'à Fez, reprenant la tentative d'Euldj Ali. Les avis arrivant à Naples, parlaient de provisions de blé et de biscuits en Morée et de 100 galères destinées à Tripoli [18], chiffre considérable dont on s'était déshabitué depuis des années et que reproduisait, au même moment, l'information vénitienne [19]. La nouvelle préoccupa assez les Espagnols pour qu'ils aient envisagé d'envoyer, au printemps, des galères renforcées reconnaître, dans le Levant, les mouvements de l'ennemi [20]. Mais, en avril, on sut qu'on travaillait sans ardeur à l'arsenal de Constantinople et qu'il y aurait, au plus, cinquante galères pour le voyage de Berbérie, si voyage il y avait [21]. Un mois plus tard, on affirmait à Venise qu'il n'y aurait pas d'armada turque de conséquence [22]. Mais à la fin de mai et de juin, on annonçait à nouveau la venue de 30 à 60 galères turques, si bien qu'on décida de réunir, comme au temps jadis, les galères royales à Messine [23].

En fait, Hassan était parti le 18 juin ; le 22, il était à Négrepont où, le lendemain, il était rejoint par les « gardes » de Rhodes, d'Alexandrie et de Chypre. Ses navires avaient des chiourmes insuffisantes, disait un avis qui annonçait 80 voiles, entre galères et galiotes [24] (le chiffre semble exagéré d'après les avis postérieurs). Le 28 juillet, à Modon, il attendait encore 10 galères de Coron, pour poursuivre sa route [25]. Le départ se fit sans doute le 1er août, avec de 30 à 44 galères, d'après les chiffres fournis par Venise [26], 46 galères et 4 galiotes, disait-on à Palerme [27], assez « mal en ordre si l'on excepte la capitane » [28]. La flotte mit le cap en droiture sur Tripoli, transportant avec elle 8 000 hommes. Elle fut reconnue le long des côtes siciliennes, mais n'entreprit rien contre elles [29].

On mesurerait mal cet effort turc si l'on ne savait pas que le départ avait eu lieu malgré d'innombrables obstacles et, en première ligne, les troubles qui désolaient Constantinople depuis la fin du printemps[30]. Ces troubles, nés de la misère et de l'indiscipline militaire, avaient été en mai si inquiétants que les pachas ne s'étaient plus sentis en sécurité dans leurs maisons. « Des gardes se faisaient autour d'eux comme s'ils étaient dans un camp ennemi »[31]. Cette crise, au centre même de la puissance turque, n'est pas sans suggérer que les troubles qui traversent alors tout l'Islam sont moins indépendants les uns des autres qu'il n'y paraît. « Sur l'armada du Turc qui est allée à Tripoli, écrivait le comte de Miranda, le 8 septembre, on n'a rien appris jusqu'à présent, sinon qu'elle est arrivée dans cette ville, le 12 du mois dernier, et qu'Hassan Aga faisait diligence pour essayer de réduire les Maures qui s'y sont soulevés. Cependant que le Marabout, chef des révoltés, fait ce qu'il peut en sens contraire. Ayant avec lui de nombreux soldats, il désirerait qu'une armada chrétienne lui vînt en aide. C'est ce qu'on a appris "d'une galère de la Religion qui est allée donner quelque secours à ces Maures". »[32] Ce fait est confirmé par un rapport des Chevaliers de Malte[33].

Ainsi, malgré les craintes qu'elle avait pu répandre, ce n'est pas à la Chrétienté qu'était destinée l'expédition d'Hassan. Les Turcs n'avaient nullement l'intention d'aller au-devant d'une guerre avec l'Espagne. Ni à l'aller, ni au retour, ils n'ont touché les rivages de Naples ou de Sicile. A cette époque, d'ailleurs, se trouvait encore à Constantinople un agent semi-officiel de Philippe II et le régime des trêves successives n'était pas interrompu. En août-septembre, Philippe II donnait l'ordre à Jean André Doria de diriger une quarantaine de galères sur l'Espagne, pour y venir chercher des troupes. Preuve que si l'on jugeait nécessaire de garnir à nouveau les *tercios* de Naples et de Sicile, en prévision de difficultés à venir, on n'avait pas de grandes appréhensions pour le présent[34]...

Quelques mois plus tard, un avis de Constantinople annonçait le retour des 35 galères d'Hassan Pacha « dans un tel désordre que tous les Chrétiens qui résident ici se désolent qu'on les ait laissé revenir, perdant une si belle occasion. En vérité, on avait tenu ici cette flotte pour perdue, après la mort de la plus grande partie de ses rameurs et d'un bon nombre de ses soldats » [35]. Le ton de cet avis belliqueux est assez significatif. Si l'on travaille à l'Arsenal, c'est pour *espantar el mundo*.

L'auteur de cette lettre refuse pour sa part de s'y laisser prendre ; n'est-ce pas qu'il connaît et voit autour de lui les difficultés qui assaillent l'Empire turc ? Et l'on n'aurait sans doute pas fait un sort, ici, à l'expédition d'Hassan Veneziano si (outre que, par comparaison avec les temps jadis, elle mesure l'immense changement intervenu en Méditerranée) elle n'était pas un des éléments du paysage turc de ces années de crise, tel qu'on le devine sans le connaître avec exactitude.

Révolte à Constantinople, révolte à Tripoli. La distance est grande entre les deux villes. Mais la révolte se loge aussi en Tunisie où la relation d'un certain Mahamet Capsi [36] signalait, dès novembre 1589, l'irritation grandissante des indigènes contre les Turcs. Appel d'un isolé, aventurier ou rêveur, engagé dans des querelles personnelles et quêtant quelques barils de poudre, ou, plus simplement quelques ducats ? Non, car l'irritation du pays tunisien éclate, en 1590, avec une violence révélatrice. Toutes les *Annales* signalent, au mois de Hadja de l'année 999 de l'hégire, c'est-à-dire en 1590, le soulèvement de Tunis et l'assassinat de presque tous les Boulouk Bachis, officiers odieux à l'armée et au peuple et à qui toute l'administration était confiée [37]. Cependant, à Tripoli, la révolte recommençait avec la nouvelle année. Un avis de Constantinople annonçait, en mars, la mort du pacha de Tripoli et la situation désespérée des Turcs réfugiés dans le port. Il ne faudrait pas moins que la cavalerie du Caire pour les libérer, ou l'envoi, comme l'année précédente, de 50 à 60 galères [38]. Mais le temps n'est plus où armer 50 galères était un jeu pour le sultan. Selon un avis de Constantinople, du 16 mars 1590, le Grand Turc, pour limiter les frais, a offert le poste de gouverneur de Tripoli à quiconque accepterait d'armer, à ses frais, 5 galères et de servir avec elles dans l'entreprise. Or personne ne s'est offert... On parle alors d'armer 30 galères et d'y ajouter celles de la garde de l'Archipel, plus quelques fustes qu'on réquisitionnerait en Grèce [39]...

De toute évidence, à Constantinople, on s'inquiète fort des troubles persistants d'Afrique. Mais il n'est pas facile d'agir. L'arsenal ne peut recréer une flotte du jour au lendemain. Les soldats mal payés sont mécontents. Ce qui n'empêche point les Turcs, au contraire, de parler de 300 galères et le premier pacha de multiplier les arrogances, menaçant l'Espagne, l'empereur, la Pologne, Venise, Malte... Et comme la paix avec la Perse semble prochaine, ces menaces arrivent à provoquer quelque alarme : Venise met Candie en état de défense et pousse les travaux de son arsenal [40].

Cependant, la crise nord-africaine se poursuivait bon train. Deux captifs chrétiens, qui avaient réussi à quitter Tripoli, informaient le comte d'Albe, au début d'avril : « le Marabout continue son entreprise, affirmaient-ils. Et bien que l'Italie juge qu'il n'y aura pas d'armada turque cette année, on pense le contraire, vu que c'est pour eux une opération nécessaire. L'ennemi, leur retirant Tripoli, les met en aventure de perdre ce qu'ils tiennent en Berbérie, jusqu'à Alger. Tout s'effondrerait, c'est certain, si cette place de Tripoli se perdait » [41]. A Venise, on suit avec intérêt le développement de la révolte au moment où le Turc s'engage dans des négociations orageuses avec les Polonais. La nouvelle vient d'arriver, écrit l'ambassadeur espagnol à Venise, « que les Maures rebelles de Berbérie ont pris Tripoli et décapité les soldats de Tunis et la garnison de la ville, y compris le pacha. La forteresse est restée aux Turcs qui y sont assiégés ». On pense qu'ils seront secourus du Caire par terre [42]. Mais, remarque le comte de Miranda vers la même époque, tout cela pourrait bien finir par l'envoi d'une autre armada turque en ces parages [43].

En tout cas, il n'y avait pas eu lieu pour l'Espagne de s'en inquiéter. D'autant moins que la nouvelle arrivait alors à Madrid que la trêve hispano-turque avait été prolongée pour trois ans[44], « ce qui estoit fort désiré » à Madrid, note l'agent français. Le comte d'Albe s'obstinait à alerter les marines siciliennes, mais l'affaire nord-africaine suffisait, à elle seule, pour occuper toutes les forces à peine convalescentes de la flotte turque, voire de la cavalerie d'Égypte qu'on pourrait éventuellement envoyer[45]. La révolte tendait, en effet, à se généraliser. A Tabarca, l'île des corailleurs génois, qui est un excellent poste d'écoute, le comte d'Albe avait envoyé un agent, Juan Sarmiento. « Toute la Berbérie », lui confient Spirolo, le gouverneur, et son facteur, de Magis (à mots couverts car si le Turc savait que les honnêtes Génois informent les Chrétiens, que n'auraient-ils pas à craindre !), « toute la Berbérie est soulevée contre le Turc et de méchante manière, spécialement à Tunis où le pacha se trouve en grande nécessité avec ses soldats auxquels il doit six mois de solde et qu'il n'a aucun moyen de payer. Aussi bien son lieutenant et son conseil sont-ils prisonniers. Dans toute la Berbérie, les Turcs s'enfuient et s'embarquent pour Alger... ». « Ils me dirent également, ajoute Sarmiento, de suggérer à Votre Excellence et à l'infant (l'infant hafside que les Espagnols ont en réserve) d'envoyer 70 galères : à leur seule apparition dans le golfe de La Goulette, les Maures tailleront en pièces les Turcs, à condition que l'infant soit d'accord avec Sa Majesté pour que les biens des Maures ne soient pas saccagés. »[46] Ils se sont d'ailleurs étonnés de ce que, « au moment où Hassan Aga était venu à Tripoli et avait fait campagne à terre avec 3 000 Turcs, laissant ses galères désarmées », on n'ait pas envoyé de Sicile « 20 galères qui les auraient prises toutes et brûlées »[47].

Mais n'est-ce pas en connaissance de cause que les Espagnols alors se sont abstenus d'agir ? Il n'est pas dans leur intention, à propos de Tripoli ou de telle autre partie de la Berbérie, de faire reprendre feu et flammes à la guerre turco-espagnole. Une lettre du comte d'Albe, d'avril 1590, le dit sans fard[48]. Des galères de Florence venaient d'arriver à Palerme, « bien

renforcées de chiourme et d'infanterie... On disait
qu'elles allaient se joindre à Malte avec celles du grand
maître pour aller à l'entreprise de Tripoli et donner
occasion au Turc d'envoyer son armada en Ponent,
pour embarrasser Sa Majesté ». Pour embarrasser Sa
Majesté : on ne peut être plus clair. Albe apprendra
plus tard avec satisfaction que les galères florentines
n'avaient d'autre intention que d'aller en course avec
les chevaliers, une fois de plus pour surprendre la
« caravane » des galions, entre Rhodes et Alexandrie [49].
S'il est possible, les Espagnols ont encore moins d'empressement que les Turcs à reprendre les luttes anciennes.

Cette attitude a contribué à limiter les révoltes
d'Afrique du Nord. Elles n'opposent trop souvent que
des indigènes mal armés, pourvus au mieux de quelques
arquebuses, à des villes fortes, à des troupes entières
d'arquebusiers, munies d'artillerie par surcroît. Si la
tâche des présides turcs n'est pas facile, elle n'est pas
désespérément au-dessus de leurs forces, tant que les
rebelles n'ont à compter que sur eux-mêmes. C'est ainsi
que, durant l'été 1590, la trahison livrait aux Turcs le
marabout tripolitain qui leur faisait échec. Au début de
mai, on avait signalé qu'il s'était retiré à Cahours,
laissant toute la marine aux Turcs, précaution normale
au moment où l'arrivée d'une nouvelle flotte turque
devenait possible [50]. Peu après, un avis du 21 mai
annonçait à Naples son assassinat [51]. De Constantinople,
le 8 juin, il est précisé « que la peau du Marabout qui
souleva Tripoli et d'autres lieux de Berbérie avait été
exposée, mise en croix, sur l'une des places les plus
fréquentées, en signe de triomphe et pour la honte
des Chrétiens. Ensuite, on l'avait accrochée au gibet
ordinaire » [52]. Le 2 juin, on annonçait, il est vrai, que
le Marabout avait déjà un remplaçant, et plus agressif [53].
Mais il semble que le Turc ait désormais été moins
inquiété à Tripoli. En dehors des petites escadres de
galères qui firent le va-et-vient entre Constantinople et
l'Afrique du Nord — les 10 galères qui accompagnèrent,
par exemple, Jaffer Pacha, nommé au gouvernement
de Tunis [54] — aucun vaste effort maritime ne fut tenté

cette année-là par les Turcs. Et pas davantage en 1591, ni en 1592, si le contrôle de nos sources est exact. Parce que cet effort n'était pas absolument nécessaire ou parce qu'il était au-delà des forces réelles de la Turquie ? C'est un fait cependant que la crise nord-africaine a, finalement, moins profité aux indigènes qu'aux Turcs d'Afrique, aux garnisons et aux petites colonies ottomanes dont elle a consacré la quasi-autonomie. Ne sont-elles pas, de plus en plus, obligées de vivre par elles-mêmes et d'elles-mêmes ? A Alger, où l'on devine cette évolution, c'est la république des reïs, la *taïfa* qui l'emporte, et il en résulte une expansion de la course. De même à Tunis, où la piraterie prend son essor avant la fin du siècle. Déjà se dégagent les physionomies des Régences barbaresques, plus qu'à demi maîtresses de leurs destins [55]... D'autre part, les rapports avec Constantinople se raréfiant, nul doute que l'Afrique du Nord ne devienne, avec le siècle finissant, un monde plus ouvert que par le passé au commerce et aux intrigues de la Chrétienté, un monde qui s'offre aux convoitises et aux entreprises des voisins d'en face. C'est une ville, Bougie, que propose de livrer un marchand français [56] ; des ports que céderait le roi de Kouko, si l'on voulait bien l'aider contre Alger [57]. C'est Bône qu'en 1607 pilleront sans difficultés les galères de Toscane... Un âge est révolu pour l'Afrique du Nord. Elle a cessé de vivre au rythme de l'Orient.

La crise financière turque

Resterait à comprendre comment la crise des années 1590-1593 se lie à l'ensemble de l'histoire turque. A côté de causes locales (ainsi en ce qui concerne l'Afrique du Nord), elle doit en avoir de générales, puisque, réprimée ici ou là, on la voit paraître, disparaître, reparaître dans presque toutes les provinces du monde turc. Et par exemple en Asie Mineure, terre par excellence de soulèvements et de troubles, et aussi à Constantinople où, après les incidents de 1589, les spahis se rebellent une nouvelle fois, en janvier 1593 [58].
Tout cela est peut-être à mettre en rapport avec la

crise financière turque qui suit l'année 1584. Cette année-là [59], le gouvernement turc commence, en grand, ses manipulations monétaires. Il suit en cela l'exemple de la Perse qui, d'un seul coup, avait dévalué sa monnaie de 50 p. 100. En tout cas, les pièces d'or (encore l'or africain) que les Turcs se faisaient livrer au Caire sur la base d'un *sultanin* = 43 *maidin* étaient comptées aux soldats, pour leurs payes, sur la base de 85 *maidin*, ce qui indique une dévaluation équivalente à la dévaluation perse de 50 p. 100. D'ailleurs le sequin vénitien, qui avait la même valeur que le sultanin, passait en même temps de 60 aspres à 120. Il y avait eu aussi refonte des aspres, ces petites pièces d'argent, monnaie standard des pays turcs et, par excellence, des paiements aux soldats. On y mêlait de plus en plus de cuivre, tout en les amincissant : elles étaient « légères comme feuilles d'amandiers et aussi dépourvues de valeurs que gouttes de rosée », déclarait un historien turc de ce temps-là [60]. Les troubles des spahis, en 1590, ne répondaient-ils pas à ces émissions de fausse monnaie ? Une information vénitienne de cette même année [61] montre que la manipulation des monnaies se poursuivit en ce qui concernait le thaler turc (entendez la piastre, ou encore le *grush*) qui, au début du siècle, valait 40 aspres. Sous le règne de Mohammed III (1595-1603), l'effondrement de la monnaie devait continuer, le sequin passant de 120 à 130, puis 220, cependant que le fisc continuait, imperturbablement, à le prendre au cours ancien de 110. « L'empire est si pauvre, si épuisé, écrivait l'ambassadeur espagnol à Venise [62], qu'il n'y court plus comme seule monnaie que des aspres de fer pur. » Exagération évidente mais révélatrice à sa manière de cette débâcle intérieure dont la grande histoire tient peu compte.

De 1584 à 1603 se sont succédé au moins deux crises monétaires et, au-delà des variations de la monnaie, des crises financières graves. Avec un décalage dans le temps, l'extrémité Est de la Méditerranée se heurtait aux mêmes difficultés que l'Ouest avait déjà rencontrées. Mais elle n'avait point, pour les pallier, les ressources nouvelles de la péninsule Ibérique, ouverte sur l'Océan, face à l'argent d'Amérique. On peut donc penser en gros que la banqueroute et la faiblesse turques ont engendré, aux environs de 1590, une crise rapidement généralisée, du fait du non-paiement des troupes et de l'action diminuée du pouvoir central. La barrière rompue, ou sur le point de se rompre, laisse apparaître, ici ou là, les manifestations les plus diverses : politiques, religieuses, ethniques, voire sociales. Une série d'émeutes et de troubles ont suivi, dans le vaste Empire, la dégringolade de la monnaie [63].

Mais il ne s'agit là que d'une explication provisoire. Elle aurait besoin d'être complétée, nuancée et certainement corrigée. Toutes choses que pourra seule obtenir une enquête approfondie dans les archives turques.

1593-1606 : reprise des grandes opérations sur les fronts de Hongrie

La guerre n'avait jamais cessé, depuis la trêve de 1568, sur les larges frontières continentales de la Turquie, depuis l'Adriatique jusqu'à la mer Noire. La guerre, plutôt une espèce de piraterie terrestre. Elle avait ses spécialistes, qui en vivaient, par populations entières : Uscoques et Martoloses sur les frontières dalmates et vénitiennes ; Akindjis (Bachi Bouzouks avant la lettre) et Haïdouks sur les vastes confins de la Hongrie ; Tartares et Cosaques à travers les larges zones indécises entre Pologne et Moscovie d'une part, Danube et mer Noire de l'autre. Cette guérilla incessante avait prospéré pendant le long entracte inauguré par la trêve de 1568, conclue pour huit ans, renouvelée en 1579 et en 1583.

D'autant qu'à partir de 1578, les forces turques avaient été détournées vers l'Asie : du coup, la frontière, du côté turc, avait été abandonnée à elle-même, et des désordres avaient commencé, qui ne sont pas à rapprocher, sans plus, quant à leur nature, de ceux d'Afrique du Nord, mais qui s'autorisent des mêmes déficiences. Sinan Pacha, en juin 1590, l'expliquait à la reine d'Angleterre, à propos des confins de Pologne :

« Profitant de la guerre de Perse, écrivait-il, pendant laquelle le Grand Seigneur ne voulait pas aller batailler sur d'autres fronts, des voleurs, Cosaques de Pologne et autres gens, n'ont cessé de molester les sujets du Turc. » La guerre de Perse achevée, le sultan entendit punir ces raids. Dans le cas polonais, il accepta pourtant de régler le conflit à l'amiable (un accord sera en effet signé en 1591[64]), mais uniquement à cause de l'intervention de la reine, qui avait déclaré s'intéresser à la Pologne parce que ses sujets s'y fournissaient de blé et de poudre à canon. Sinan ne parle pas des présents qu'avaient apportés les ambassadeurs polonais, en même temps que la promesse de leur roi de punir lui-même les Cosaques.

Ce qui vaut pour les confins turco-polonais, dévastés par les incessants pillages de troupeaux et de villages, vaut pour l'ensemble de la longue frontière. Et plus encore pour celle de l'Empire habsbourgeois qui, au centre et à l'Ouest, est un voisin plus dangereux que Polonais et Russes, lesquels, dans le Sud, débouchent souvent sur le vide, ou sur les pays roumains que le Turc ne tient pas directement sous sa coupe. Bien entendu, n'imaginons pas les Turcs comme les éternelles victimes ; la guérilla ne se fait pas à sens unique. Et si l'on voulait en croire les Impériaux, les Turcs sont les seuls coupables. Il n'y a pas un *beg* de la frontière turque, maître du moindre château, qui ne participe à cette guerre endémique, dans un domaine où il est son propre maître, avec son armée, ses combinaisons, ses points d'appui personnels. Les Chrétiens, châtelains de la frontière, « bans » de Slavonie et de Croatie, ne se contentent pas, quoi qu'on ait dit, d'écarter les raids ennemis, de les contenir ou de les « prévenir », comme firent le comte Joseph de Thurn et le ban Thomas Eröddy lorsqu'en octobre 1584, et deux ans plus tard, en décembre 1586, ils écrasèrent des bandes turques en Carinthie[65]. En fait, chacun faisait de son mieux, et les combats locaux conduisaient souvent à de véritables batailles rangées, avec des centaines, voire des milliers de prisonniers. Sous le poids de ces épreuves, la Hongrie entière, chrétienne et musulmane, a été affreusement ravagée, de même que la Carinthie, les confins de Styrie, les marches de Slavonie, de Croatie et la Carniole, où la ligne des châteaux et des villes fortes, les reliefs ou les marécages des fleuves ne constituaient pas une barrière infranchissable [66]. Le feu n'était jamais éteint tant que durait la saison favorable aux coups de main. Encore la trêve d'hiver n'était-elle pas infrangible. Le résultat, on le devine : la création d'affreux déserts en ces pays de marche. Y combattre avec de grosses armées posait un impossible problème. De Bude, par exemple, de grandes caravanes de bœufs étaient organisées pour ravitailler la forteresse avancée de Gran. Mais si, d'aventure, les Chrétiens les interceptaient, les paysans de la plaine hongroise à qui on avait emprunté les bêtes n'avaient plus d'animaux pour leurs charrues et y attelaient leurs femmes. Une guerre inexpiable, inhumaine. Quand elle reprend, dans la dernière décennie du XVIe siècle, elle est pour les Turcs une seconde guerre de Perse, aussi dure, aussi coûteuse et, pour finir, aussi longue (1593-1606).

Jusqu'à cette date, bien que dans les combats de la guérilla le dernier mot fût souvent resté aux Chrétiens, la politique impériale s'en était tenue aux clauses de la trêve de 1568. Dès 1590, elle en avait négocié le renouvellement pour huit ans, contre paiement de l'habituel tribut de 30 000 ducats, augmenté d'un présent extraordinaire en pièces d'argenterie. Cette politique d'apparente faiblesse est un héritage, un complexe d'infériorité et n'appelle pas d'explications particulières.

Ce que l'on comprend plus difficilement, c'est l'attitude des Turcs. On savait qu'après la paix avec les Perses, ils allaient faire leur rentrée en scène vers l'Occident. Rodomontades et grands mots l'annonçaient. Mais tout le danger ne pouvait-il pas fondre sur Venise, par exemple ? La Seigneurie mettait sa flotte en alerte ; elle se hâtait de fortifier Candie, dès le printemps 1590 et en 1591, y expédiait, d'un seul coup, deux mille fantassins [67]. Les ambassadeurs de France et d'Angleterre sollicitaient le Grand Seigneur d'envoyer sa flotte en Méditerranée. Dès 1589 [68], puis au début de 1591, on parla à Constantinople de 300 galères en préparation et qui se porteraient au secours des Morisques d'Espagne, qu'on disait révoltés [69]. Or, c'est vers le Nord que l'orage se détourna.

Peut-être à cause de la défaite, en 1593, du gouverneur de Bosnie, Hassan, sous les murs de Sissek, en Croatie. Les années précédentes, cet Hassan avait déjà procédé à de larges opérations contre les Uscoques [70] ; en 1591, il avait dévasté le pays entre Kreuz et Suanich et avait récidivé au printemps 1592 [71]. Provocations peut-être méditées. Or, en juin 1593, on apprit à Constantinople que les habituelles opérations de nettoyage, dans ces mêmes régions, s'étaient terminées par une défaite complète sur les bords de la Kulpa. Hassan y avait lui-même trouvé la mort, ainsi que des milliers de Turcs ; un énorme butin était tombé aux mains des vainqueurs.

Cette nouvelle fit pencher la balance jusque-là indécise entre les partisans de la paix et les bellicistes, au premier rang desquels se trouvait Sinan Pacha, l'adversaire déterminé des Chrétiens et des Impériaux, l'homme de la guerre de Hongrie, l'homme de l'armée, imposé par elle comme grand vizir. On ne peut sous-estimer le rôle de l'implacable Albanais, vieillard têtu, rusé, infatigable amasseur de trésors. Peut-être les Impériaux avaient-ils eu le tort de ne pas l'estimer à sa valeur, dans les négociations commencées en 1591. Cependant, la rentrée au pouvoir de Sinan n'avait pas amené de rupture immédiate. Les pourparlers avaient continué avec l'ambassadeur impérial, von Kreckwitz. Et même, le fils de Sinan Pacha, beglerbey de Roumélie, avait servi d'intermédiaire.

La nouvelle de Sissek a-t-elle fait autre chose que provoquer l'éclatement d'un orage longtemps préparé à l'avance et qu'il était peut-être nécessaire de faire éclater à Constantinople ? La fin de la guerre de Perse a mis le gouvernement du sultan devant l'habituel problème des démobilisations et du remploi des troupes. Il doit faire face à l'émeute des soldats non payés. En 1590, elle prend des allures de révolution. Autant que les

humeurs changeantes d'Amurat III, cette situation pèse
sur les destinées de l'Empire et entraîne une cascade de
grands vizirs, nous dirions de ministres. La nécessité
de débarrasser la capitale de son peuple de soldats
pousse vers cette nouvelle guerre continentale. Dans le
vieux livre de Hammer, si près des sources, plein
d'anecdotes, on nous présente le grand vizir Fehrat
(vizir un instant, en 1594) assailli dans les rues de la
capitale par des spahis mécontents à qui l'on avait
refusé le paiement de leur solde. Et le grand vizir de
leur répondre : « Allez aux frontières, c'est là que vous
serez payés. »[72] En 1598, les janissaires se soulevèrent
encore à cause de la mauvaise monnaie qu'on leur
donnait, et un avis du 18 avril déclare qu'il était
impossible de vivre dans cette ville, en telle compagnie[73].
Trois ans plus tard, ce fut le tour des spahis. Mêmes
incidents, entre le 20 et 25 mars[74], et plus d'un mois
après cette émeute des lettres de Constantinople déclaraient que « les libertés et les insolences des gens de
guerre » avaient obligé la plupart des marchands à
fermer boutique[75].

En 1593, la guerre de Hongrie eut au moins ce
résultat de donner de l'embauche aux troupes oisives
de Constantinople.

Cette guerre de quatorze années (1593-1606) nous est
connue dans ses faits divers, militaires et diplomatiques[76]. Le récit en est informe dans Hammer, qui l'a
calqué sur les sources. Repris par Zinkeisen et par
Iorga, il ne laisse pas d'être décevant. Il ne s'agit pas
de le reprendre dans ce livre que seules les grandes
lignes peuvent intéresser.

Grandes lignes peu faciles à dégager car cette guerre
est monotone, commandée par la nature du théâtre des
opérations, de part et d'autre de la vaste zone, semée
de châteaux et de places fortes, qui va de l'Adriatique
aux Carpates. Les adversaires préparent chaque année
une armée plus ou moins nombreuse. Celle des deux
armées qui s'ébranle la première enlève sans mal une
série de châteaux et de villes fortes : les troupes de
position faisant plus ou moins bien leur devoir, il est

fréquent qu'elles évacuent, dès qu'elles se sentent en difficultés, ou qu'elles livrent sans combat toute une série de points fortifiés. Ces points occupés, le vainqueur les gardera ou non : c'est une question d'effectifs et de crédits. Mais jamais — le fait est d'importance — jamais la brèche ouverte dans la zone des forteresses ne sera l'occasion d'une entrée profonde chez l'ennemi. A cela, bien des raisons. La première : on risque de mourir de faim dans ces zones dévastées, hostiles à l'homme. Y transporter son ravitaillement, il n'y faut guère songer. On risque aussi de voir les forteresses laissées intactes, de part et d'autre de la pénétration, joindre leurs garnisons et isoler le vainqueur. Surtout, bien que les Impériaux aient fait, de ce point de vue, des progrès considérables, aidés par les cavaliers hongrois, ils ne sont pas assez pourvus d'une cavalerie conçue comme une arme à elle seule. Les Turcs en ont, de leur côté, moins qu'on ne le supposerait. Ils doivent en demander à leurs alliés : en 1601 [77], les galères turques vont chercher des cavaliers tartares pour les conduire vers la Hongrie. Or, c'est par de puissants raids de cavalerie que les Turcs avaient, jadis, conquis les Balkans ; par des raids de cavalerie que, plus tard, Charles de Lorraine, puis le prince Eugène repousseront la frontière chrétienne loin vers le Sud. Les armées de 1593 manquent de ce qui serait essentiel pour de grandes opérations.

De 1593 à 1606, le récit se perd dans des détails microscopiques : une série de sièges, des villes surprises, rendues, sauvées, bloquées ou débloquées. Sans qu'il en sorte jamais grand-chose. Deux ou trois grands événements seulement : les prises de Gran et de Pesth par les Chrétiens, la prise d'Erlau, et la reprise de Gran (1605) par les Turcs... Rarement les armées se rencontrent. Il n'y aura ainsi qu'une grande bataille de trois jours, confuse d'abord, achevée par la victoire du sultan, lequel avait accompagné ses troupes, du 23 au 26 octobre 1595, dans la plaine de Keresztes. Mais cette bataille ne fut pas décisive : la trêve obligatoire de l'hiver obligea le sultan à retirer ses troupes jusqu'à Bude et à Belgrade.

Cependant, au milieu de ces opérations monotones, une zone de guerre se dessine, assez nette. La frontière impériale, appuyée à l'Ouest sur les Alpes, à l'Est sur les Carpates, s'étend d'une masse montagneuse et forestière à une autre masse boisée et également accidentée. C'est dans l'entre-deux que la guerre s'établit, en Hongrie, dans cette large plaine découverte où les grands chemins sont le Danube et la Tisza que la batellerie utilise pour les transports de troupes et le ravitaillement. De temps à autre, la guerre les enjambe, grâce à de fréquentes constructions de ponts. Des deux routes qui montent vers le Nord, celle du Danube est peut-être la plus déserte, la plus exposée. La vallée de la Tisza n'offre pas un meilleur chemin, sans doute, mais des gîtes plus confortables et un ravitaillement plus commode. Elle a l'avantage de se trouver au milieu d'un pays pacifié.

La leçon de la guerre, en bloc, c'est l'indéniable montée des Impériaux dont les premiers succès firent beaucoup, peut-être beaucoup trop de bruit en Europe[78] et que l'on fêta largement, en 1595. Il est vrai que la guerre n'avait pas surpris les Impériaux. Ils ont vu venir le danger et sollicité à temps les concours du Reich et de l'Erbland. Ils ont reçu en temps voulu des aides d'Italie, de la Papauté, de la Toscane. Aide substantielle, car l'Italie est riche en cette fin de siècle et se sait l'objet des convoitises turques. Le pape a accordé à l'empereur des secours en argent et la levée de décimes. Le grand-duc de Toscane a offert une armée[79]. Et une grosse pression a été exercée sur Venise pour qu'elle se rangeât aux côtés de l'empereur. En vain d'ailleurs. La Seigneurie s'est refusée à abandonner sa politique de neutralité armée, continuant à ravitailler les Turcs, à ses portes mêmes, pour la plus grande irritation de l'Espagne[80]. Des tentatives aussi infructueuses seront faites pour que la Pologne et la Moscovie viennent au secours des Impériaux. Ce qu'il faut souligner davantage, c'est que l'Allemagne, à peu près en paix avec elle-même depuis 1555, depuis 1568 officiellement en paix avec la Turquie, depuis 1558 à l'abri de tourmentes éventuelles du Nord, vient de traverser une longue période de tranquillité et de croissance. Sa force se fait sentir sur sa frontière où la présence d'Italiens et de Français dessine une frontière commune à la Chrétienté.

Mais d'autres frontières s'animent. A côté de la bataille principale surgissent des théâtres secondaires d'opérations : ceux de Croatie et de Slavonie d'une part ; de l'autre, pesant d'un tout autre poids sur le destin de la guerre, ceux des pays de l'Est, Valachie et Moldavie, riches greniers à blé et réserves de bétail que Constantinople draine à son profit ; Transylvanie, monde complexe, hongrois, roumain et allemand à la fois, allemand dans une série de villes fortes et industrieuses, curieuses greffes germaniques dont le rôle historique a été immense. Or justement, ce sont ces tiers — en gros les pays que couvre l'actuelle Roumanie — qui semblent avoir décidé du sort de la guerre hongroise. Au début, leur intervention brutale en faveur des Impériaux a entraîné la très grave crise de 1594-1596, dont l'Empire turc ne s'est sauvé de justesse que par la providentielle victoire de Keresztes. Par contre, la seule intervention de la Transylvanie, en 1605, cette fois contre les Impériaux, a permis aux Turcs de regagner, d'un seul coup, le terrain perdu et d'obtenir facilement la paix blanche de Sitvatorok (11 novembre 1606).

C'est en 1594, alors qu'en Hongrie la situation restait indécise, que les trois pays tributaires, Transylvanie, Valachie et Moldavie, se révoltèrent contre le sultan, pour s'accorder avec l'Empereur Rodolphe[81]. Michel le Brave, en Valachie, fit un massacre des anciens maîtres du pays. Cette triple révolte faisait une diversion puissante à la guerre turco-impériale. Mais sur le rôle de ce bloc balkanique entre Pologne, Russie et Danube, l'histoire traditionnelle ne nous offre, une fois de plus, que des commentaires sur les grands acteurs du jeu, plutôt que sur le jeu lui-même. Les grands acteurs, à savoir Sigismond Bathory, maître et dur maître des pays transylvains, que le pape aida d'argent et qui rêva de conduire la croisade qui s'esquissait sur les bords du Danube [82] ; Aaron, voïvode de Moldavie ; et enfin, grande figure difficile à saisir, plus encore à juger, Michel le Brave, maître de la Valachie et des vastes régions voisines.

La coïncidence de ce soulèvement et de l'avènement de Mahomet III en aggrave encore la portée. Aussi bien, durant l'été 1595, ce fut contre Michel le Brave que Sinan Pacha poussa rudement ses troupes. Il franchit le Danube en août, prit Bucarest, puis Tergowist, l'ancienne capitale de la Valachie. Mais, en butte à l'agressivité des boïards et de leur cavalerie, il ne put se maintenir dans ses conquêtes. Il dut brûler les remparts de bois hâtivement construits, à l'approche de l'hiver, et sa retraite tourna au désastre : seuls les débris de l'armée repassèrent le Danube avec lui. Les vainqueurs cependant poussaient vers le Sud, par les routes couvertes de neige, prenaient Braïla et Ismaïla, cette dernière ville, création récente des Turcs, étant la plus forte place du Danube inférieur [83]. En Transylvanie, les Turcs n'étaient guère plus heureux : un de leurs corps expéditionnaires se perdait, hommes et biens, y compris l'artillerie [84]. De leur côté, les Impériaux écrasaient la petite armée qui essayait de débloquer Gran (4 août). La ville se rendait, le 2 septembre 1595.

Cette situation compromise fut prise en main par le sultan en personne et rétablie, les 23-26 octobre 1596, par sa victoire de la plaine de Keresztes. Gardons-nous donc de trop grossir, pour les débuts de la campagne, un relèvement « allemand », indéniable par ailleurs. Gardons-nous surtout de parler, une fois de plus, d'irrémédiable décadence des Osmanlis, bien que le thème apparaisse déjà chez les contemporains d'Occident. L'Empire commence à « se défaire maillon par maillon », notait un ambassadeur espagnol [85], mais le témoignage n'a pas tout à fait le sens qu'on pourrait lui prêter. D'ailleurs, le Turc fut prudent. Face à la Transylvanie et aux « provinces danubiennes », il sut temporiser, négocier aussi. Instruit par l'expérience, il ne toucha plus de sitôt au nid de guêpes valaque. Il poussa les Polonais vers ces riches plaines qui lui échappaient provisoirement[86], de façon à les neutraliser autant que possible. Il ne put tout à fait éviter de recevoir, de temps à autre, quelques coups de boutoir des troupes de Michel le Brave[87], mais il fut libre de se tourner vers l'empereur dans de bien meilleures conditions.

Les dernières années de la guerre opposent d'ailleurs des forces beaucoup plus équilibrées et qui s'épuisent dans cette lutte monotone et coûteuse. Épuisement financier[88], militaire aussi. Du côté turc, les troupes se dérobent à leur tâche[89], mais les soldats impériaux en font autant[90]. De part et d'autre, les forces sont insuffisantes au dire des experts[91]. Et, de part et d'autre, l'exaltation des débuts de la guerre est tombée[92]. En 1593, sur ordre de l'empereur, tous les jours, à midi, avait sonné la *Türkenglocke*, la cloche des Turcs, destinée à rappeler, quotidiennement, que la guerre était engagée contre le grand ennemi. En 1595, le Sultan Amurat avait fait transporter en grand apparat, de Damas où il était conservé, jusqu'en Hongrie, le drapeau vert du Prophète. Mais, en 1599, personne n'avait plus de goût pour de tels gestes et le grand vizir Ibrahim engageait de sérieuses négociations de paix[93]. Elles se continuèrent en même temps que la guerre monotone. Des deux côtés, « l'arrière » tenait moins bien que le « front ». Ainsi, autour des années 1600, une obscure révolte, menée par un certain Yasigi[94] (celui que les avis occidentaux nomment « l'Écrivain »), secouait l'Asie Mineure, aboutissant à la cessation des trafics, à un véritable blocus d'Ankara[95]. Ses succès furent tels que Brousse elle-même fut menacée[96]. La défaite de « l'Écrivain » par Hassan Pacha, en 1601, fut célébrée à Constantinople par de grandes fêtes[97]. Plus encore, en 1603, la guerre recommençait en Asie contre la Perse. Elle entraînait d'invraisemblables dépenses, rendait dramatique la menace que faisaient peser sur l'Empire les révoltes endémiques d'Asie Mineure.

C'est pourtant à ce moment de faiblesse générale que

les Turcs réussirent, vers le Nord, à redresser la situation. Il leur suffit d'obtenir le revirement décisif de la Transylvanie[98], en promettant, en 1605, à son maître du moment, Bocskai, la couronne de Hongrie. C'est-à-dire toute la Hongrie turque, sauf les places frontières face à l'empereur. Le pauvre prince des montagnes fut trop tenté par le présent des riches terres de la plaine. Ce n'était qu'une duperie, mais elle suffit à provoquer la diversion dont les Turcs avaient besoin. S'aidant d'autre part des Tartares qu'ils lancèrent à l'Ouest sur les confins de Croatie et de Styrie, ils purent progresser victorieusement dans le sillon danubien. Gran était reprise le 29 septembre 1605, peu après Wissegrad. Ensuite succombaient Vesprim et Palotta, pour ne citer que les plus importants succès du grand vizir Lala Mustapha.

Du coup, les pourparlers purent se développer avec plus d'aisance, les Turcs se hâtant, à cause de l'impérieuse guerre de Perse, de monnayer leurs succès de 1605. La paix était finalement signée, le 11 novembre 1606. Le *statu quo* était rétabli, places et prisonniers restitués. Le Transylvain qui s'était rapproché de l'empereur par un accord particulier, renonçait à la couronne de Hongrie, le sultan recevait de l'empereur un présent de 200 000 ducats, mais renonçait en échange au paiement d'un tribut. La paix de 1606 était bien la première paix turco-impériale conclue à égalité par les parties en présence.

2. Des guerres civiles françaises à la guerre ouverte contre l'Espagne : 1589-1598

À l'Ouest, en marge également de la Méditerranée, mais la touchant de temps à autre, une autre guerre se développait : la guerre française, liée à toute la crise du monde occidental et atlantique. Là encore, le problème pour nous n'est pas de tout dire, mais seulement de marquer les liens entre ces événements et l'histoire, alors calmée, de la Méditerranée. Cette tâche restreinte demeure encore lourde. Les Guerres de Religion, en

France, font partie du drame européen, religieux, politique, pour ne point parler des arrière-plans sociaux et économiques. Dans ce complexe de problèmes, comment découper impunément des zones restreintes et précises de curiosité ?

De 1589 à 1598, la France a connu deux crises : de 1589 à 1595, une crise surtout intérieure, la plus rude que le pays ait vécue depuis le début des troubles ; ensuite, de 1595 à 1598, avec la guerre ouverte contre l'Espagne, une crise extérieure. Elles ont l'une et l'autre fortement remué le pays, mais n'intéressent notre sujet que comme des événements marginaux.

Guerres de religion dans la France méditerranéenne

Le Midi méditerranéen, malgré tout, n'a joué qu'un rôle secondaire dans nos Guerres de Religion. L'hérésie, cause et prétexte des troubles, a été plus préoccupée de gagner le Dauphiné et au-delà l'Italie, le Languedoc et au-delà l'Espagne, que d'atteindre, par la Provence, le vide de la mer. Entre Languedoc et Dauphiné, l'espace provençal aura été relativement calme. Cela n'a pas empêché des remous multiples de l'atteindre, et de grosses alertes de s'y produire en 1562, 1568, 1579... Pendant cette dernière année notamment, de véritables jacqueries désolèrent le pays [99]. La guerre s'établissait alors à l'état endémique, avec ses tueries et ses pillages. Comme dans le reste de la France, au-delà des années 1580, tout fermente et se décompose en Provence, en un pays mal joint encore au royaume [100], pauvre, épris de liberté, avec ses dures rivalités locales, ses villes jalouses de leurs privilèges et sa noblesse turbulente... Mais est-il possible d'ordonner cette poussière d'histoire, de marquer au juste les responsabilités des guerres locales sordides entre *carcistes* et *razas*, plus tard entre *ligueurs* et *bigarrats* ; de ces drames multiples qui se précipitent avec les dernières années du règne de Henri III, puis son assassinat, le 1er août 1589 [101] ?

Sans doute, après 1589 et au moins jusqu'en 1593, l'essentiel du drame français est-il toujours situé au Nord, des Pays-Bas à Paris et de Paris à la Normandie

et à la Bretagne. Mais, dans le Midi, les choses
s'aggravent. Là comme ailleurs, les débuts du règne de
Henri IV voient l'émiettement du royaume en villes,
en seigneuries, en bandes autonomes. Puis, c'est la
reconstruction, assez rapide : tous les grains de sable
s'agglomèrent à nouveau et reconstituent les pierres
solides de l'édifice ancien. Cette histoire, simple dans
son rythme, est compliquée jusqu'à l'absurde dans ses
détails. Chaque grain de sable a son chroniqueur ;
chaque personnage important, son biographe.

Dans le Midi méditerranéen, *lato sensu*, six ou
sept aventures s'entrecroisent : celles, opposées, de
Montmorency et du duc de Joyeuse en Languedoc ;
celle du duc d'Epernon en Provence ; celle du connétable
de Lesdiguières [102] en Dauphiné et autour du Dauphiné ;
celle du duc de Nemours dans le Lyonnais [103] ; celle du
Savoyard, depuis la Provence jusqu'aux abords du lac
de Genève ; enfin, brochant sur le tout, le jeu compliqué
de Philippe II. De tous ces personnages, trois seulement
travaillèrent pour Henri IV : Montmorency, Lesdiguières et d'Épernon. Travaillèrent... et encore ; le mot est
un peu simple et, pour l'un au moins, d'Épernon,
franchement inexact. Ce dernier, comme tant d'autres
alors, a surtout travaillé pour lui et en novembre 1594
il ralliera la cause de l'étranger [104].

Suivre chacune de ces aventures, tâche difficile car
elles se heurtent et se chevauchent. Mais, en gros,
géographiquement, elles s'organisent assez clairement
en deux guerres à peu près distinctes, aux destins
dissemblables : l'une en Languedoc qui s'achèvera pratiquement dès la fin de 1592 ; l'autre en Provence, qui
se terminera en 1596 seulement. Et ceci, semble-t-il,
déjoue les calculs qu'on pouvait avancer *a priori* : dans
le Languedoc proche, l'Espagne n'a pu entretenir, au-
delà de 1592, une guerre cependant à ses portes, alors
qu'elle l'entretiendra dans l'assez lointaine Provence
jusqu'en 1596. Les circonstances expliquent cet apparent
paradoxe...

En Languedoc, les adversaires de Henri IV avaient
beau jeu. Ils étaient épaulés par une Espagne installée

en Cerdagne et en Roussillon, largement avancée au Nord des Pyrénées, disposant de ce que l'on peut appeler la suprématie maritime en Méditerranée. Plus ces autres atouts : à l'Ouest, la Guyenne où les Ligueurs avaient des forces importantes ; à l'Est, la Provence qui s'était massivement déclarée contre le roi hérétique.

Cependant, le duc de Montmorency, dévoué au nouveau roi, disposait à Montpellier de forces sérieuses ; de plus, il avait la facilité, par Pont-Saint-Esprit, de se joindre aux forces, toujours prêtes à intervenir, de Lesdiguières en Dauphiné. Maîtres de la route du Rhône, ou pour le moins en mesure de l'interrompre à leur gré, les « royalistes » avaient donc un moyen de pression sur l'ensemble des pays méditerranéens. D'autre part, le Languedoc touchait à une Méditerranée singulière : le Golfe du Lion, hostile aux galères, longuement troublé par les mauvais temps, chaque hiver... Les marins le disaient à Philippe II qui leur confiait des missions difficiles [105], souvent inexécutables : transports de troupes ou de ravitaillements, chasse aux corsaires français, ou cette impossible destruction du fort de Briscon, si souvent demandée. Ajoutons que, depuis 1588 [106], Montmorency avait une flotte de brigantins et de frégates, petits vaisseaux rapides, pilleurs de navires catalans, utilement employés, au-delà de 1589, au blocus du port de Narbonne. Contre ces esquifs, les lourdes galères espagnoles n'étaient pas plus efficaces que celles de Venise contre les navires des Uscoques. Il fut ainsi loisible à Montmorency qui ne disposait pas de la suprématie maritime, de recevoir, par mer, des renforts de Corse [107] et des rames de Livourne [108].

En fait, les Ligueurs ont eu une partie plus difficile à jouer qu'il n'y paraissait, et malheureusement pour eux, elle avait été confiée à des mains peu habiles, celles du duc de Joyeuse, le fils du maréchal. Au début, tout alla bien. Il s'était tourné tout de suite vers l'Espagne proche. D'entrée de jeu, il s'était saisi de l'importance place de Carcassonne dont les « royalistes » avaient pourtant conservé le « burgo », nous dit un avis espagnol du 8 mai 1590 [109]. Au même moment, Montmorency massait ses troupes à Pont-Saint-Esprit, en vue d'attaquer le Narbonnais. Inquiet, le duc de Joyeuse écrivait à Philippe II : « Les afféres des catolicques du Languedoc sont en tel estat que s'il n'y est proveu bientôst et ce dans la my-juin, il est à craindre que le roy héréticque n'en demeure le mestre du tout ; de tant que Monsieur de Mommoransi, qui est son principal directeur et qui commande pour luy au dict pays, dresse une grande armée... » [110]

Tableau peut-être noirci, car le but est d'obtenir ces subsides et secours toujours si lents à venir de la richissime Espagne. N'empêche que la situation est sérieuse. Le 12 juin, Joyeuse n'a rien reçu et s'inquiète à la pensée que ses adversaires s'apprêtent à « ... travailler les dicts cathollicques en ceste récolte et leur oster tout moyen de se maintenir en leur saincte résolution [111]... ». Nouvelles plaintes et nouvel appel, le 22 juin, et envoi d'un agent, l'archidiacre Villemartin, auprès du Roi Catholique [112] ; plaintes encore le 10 juillet, au sujet des aides promises et qui n'arrivent pas [113]. Le duc écrivait ce jour-là à Philippe II : « Je supplie très humblement Votre Majesté me pardonner si j'ause si souvent l'importuner de la représentation que je luy fais de nos nécessités, ce que je n'entreprendrois pas si je ne sçavais le zèle qu'elle a de la conservation de la religion catholique et l'honneur qu'il lui a plu me fère de m'asseurer qu'elle en voloit avoir soin en ceste province. » [114] En août, les secours de Philippe II sont-ils enfin arrivés ? Non, ou du moins pas tous... Une lettre indique bien le prochain ravitaillement par les galères espagnoles de soldats allemands près de Narbonne [115], une autre lettre prouve aussi qu'une partie de la poudre promise a été livrée [116]. Mais, à la même époque, nous savons que les lansquenets allemands, non payés, se refusent à entrer en « territoire ennemi », en d'autres termes à combattre [117]... Le petit jeu continua, avec demandes répétées et réponses lentes, promesses magnifiques suivies des ratés habituels et, de temps à autre, quelques rares réussites.

Il continua deux années, tant bien que mal. Mais, en

1592, se produisait, au Sud des Pyrénées, la grosse affaire d'Aragon. Le pays se soulevait en partie pour la défense d'Antonio Pérez. Le fugitif et ses amis avaient trouvé abri en Béarn où la sœur d'Henri IV, Catherine, sut mettre à profit l'occasion en envoyant, de l'autre côté des Pyrénées, des bandes qui accomplirent des raids à travers le pays aragonais [118]. Philippe II, du coup, garda ses troupes au Sud des montagnes et abandonna Joyeuse et les Catholiques du Languedoc. Ceux-ci, désespérés, tentant le tout pour le tout, essayèrent, en septembre, de s'emparer de Villemur, sur le Tarn, dans l'espoir de pouvoir gagner ensuite le Quercy et la Guyenne, donc d'abandonner la place [119] et de continuer la lutte ailleurs. L'entreprise se termina par un désastre où les Catholiques perdirent, au témoignage d'un rapport du 4 novembre 1592, toute leur infanterie et leur artillerie [120]. Il ne restait aux vaincus d'autre recours que la Majesté du Roi Catholique, « la Chrestienne entre les Chrestiennes et la plus catholique des catholiques sur laquelle après Dieu est fondée toute espérance » [121]. Mais le recours fut sans effet.

Au début de l'année suivante, une trêve était conclue dont la nouvelle courut à Paris vers la mi-février 1593 [122]. La guerre civile dans le Languedoc méditerranéen se terminait avec une rapidité et un succès que les royalistes n'avaient point espérés [123]. Dans le Languedoc continental, autour de Toulouse, la lutte allait durer encore jusqu'en 1596. Mais la victoire de 1593, à l'Est, avait son importance ; elle coupait en deux cette zone de la révolte qui, au début du règne de Henri IV, s'était étalée des abords de l'Italie à l'océan Atlantique. Et à l'endroit de la coupure, les « royalistes » se trouvaient, comme dans le Béarn, au contact même des frontières de l'Espagne.

En Provence, la lutte, commencée dès avant la mort de Henri III, allait durer plus longtemps que dans le Languedoc voisin, et par ses dernières complications se prolonger jusqu'à la fin de la guerre hispano-française, jusqu'en 1598 (date de l'évacuation de Berre par sa petite garnison savoyarde).

Dès avril 1589, donc avant la mort de Henri III, la Provence avait fait sécession ; plus exactement, le Parlement d'Aix avait adhéré à l'Union catholique et reconnu le duc de Mayenne comme « Lieutenant-général du Royaume »[124]. Une faible minorité « royaliste » du Parlement s'était retirée à Pertuis, en juillet de cette même année[125]. Quant aux grandes villes, Aix, Arles et (en dehors de la Provence, mais dans l'espace provençal) Marseille, elles étaient toutes en faveur de la Ligue. Autant dire que la région provençale, dominée par ses villes bien abritées derrière leurs privilèges, avait pris parti dès avant l'avènement du nouveau roi de France. Quant au gouverneur, le duc d'Epernon, nommé en 1587, il avait abandonné son poste à son frère, Bernard de Nogaret de Lavalette. Ce dernier, énergique, actif, ne s'abandonna pas devant le danger nouveau. Fidèle au gouvernement royal, appuyé sur les forces de Lesdiguières et sur l'élément populaire et paysan, il fit face et réussit même à réoccuper la Provence centrale et méridionale. Un avis espagnol de 1590 le montre fortifiant Toulon[126], autant d'ailleurs contre le Savoyard que contre tous les dangers qui pouvaient surgir du côté de la mer. Mais Lavalette, pas plus que tous ceux qui l'essayèrent dans un sens ou dans l'autre durant les dix dernières et terribles années de la lutte, ne put s'imposer complètement à la Provence. Il y eut constamment, jusqu'en 1596 pour le moins, deux Provences, hostiles l'une à l'autre, avec, entre elles, des frontières fluctuantes, souvent indécises : l'une attachée à Aix, l'autre à la capitale royaliste provisoire de Pertuis.

Marseille, le plus gros personnage du pays, avait rallié la cause de la Ligue depuis l'assassinat du second consul royaliste, Lenche (avril 1588)[127] et l'avait ralliée avec une passion qui ne devait plus se démentir. Or, s'entendre avec la Ligue, c'était s'engager un jour ou l'autre avec l'Espagne.

Mais l'été 1590, en Provence, ne vit se développer qu'une intrigue étrangère, celle du Savoyard, petit partenaire, quoique bien placé pour agir, plus capable de troubler la Provence que le puissant et lointain Roi

Catholique. Charles Emmanuel l'envahit en juillet de cette année-là, à l'appel d'une ligueuse intrigante, Christine Daguerre, comtesse de Sault. Le 17 novembre 1590, il arrivait à Aix où le Parlement le recevait et lui confiait le gouvernement militaire de la Provence, sans toutefois lui accorder la couronne comtale, objet de ses ambitions [128].

En cet hiver 1590, tous les éléments du drame provençal sont en place. Et si l'action ne s'en précipite pas aussitôt, c'est qu'au lieu de porter son effort sur cette zone d'influence où le Savoyard n'est pas assez vigoureux, lui non plus, pour imposer seul sa volonté, l'Espagne le porte alors sur le théâtre languedocien, jusqu'à la crise aragonaise de 1592 et la débâcle de Villemur, du 10 septembre de la même année. Mais en 1592, le théâtre secondaire de Provence restant la seule zone d'action possible dans la France méditerranéenne, les Espagnols vont y intervenir comme ils ne l'avaient jamais fait jusque-là. Sans y mettre d'ailleurs beaucoup de rapidité, ni d'empressement et sans écarter de la scène les acteurs locaux, le Savoyard, Lesdiguières, Lavalette...

Ce qui prouve la faiblesse du duc de Savoie, c'est que, durant l'hiver 1592, Lesdiguières, avec le concours de Lavalette, puis seul (Lavalette ayant été mortellement blessé le 11 janvier 1592, au siège de Roquebrune [129]), fut capable de rejeter les troupes savoyardes au-delà du Var et, au printemps, d'aller surprendre le duc sur ses propres terres du Niçois. Les garnisons savoyardes, éparpillées en Provence, bloquées sans toutefois être assiégées, n'étaient pas sans inquiétude [130] ; mais l'été venu Lesdiguières regagna les Alpes, ce qui permit aux Savoyards une nouvelle promenade d'été à travers la Provence, avec, au passage, la prise de Cannes et d'Antibes, en août 1592 [131]. Cependant, ces succès, pas plus que les précédents, ne pouvaient être décisifs. La guerre, dans un pays misérable, se réduisait à une série de coups de main et le vainqueur triomphait dans le vide. Le duc d'Épernon, arrivé dans son gouvernement à la mort de son frère, s'y installait comme en pays conquis, avec sa troupe d'aventuriers gascons. A l'approche de l'automne, une série de coups directs et d'opérations vives, marquées par d'atroces cruautés, lui permirent de reprendre Cannes et Antibes sur le Savoyard. Tout était-il remis en question ? Les députés de la Provence « anti-royaliste » se tournèrent, dès ce mois de septembre, vers le Roi Catholique, lui demandant aide et secours [132]. Le comte de Carcès, gouverneur de la Provence au nom des Ligueurs depuis que son beau-père, Mayenne, l'y avait nommé en 1592, renouvelait cette même demande au début de l'année 1593. Alarmes vaines : le succès complet, refusé par deux fois au Savoyard, fut refusé également au duc d'Epernon qui, en juin-juillet 1593, essayait sans succès d'emporter la ville d'Aix [133].

Alors survenait en France, précisément en juillet 1593, l'abjuration du roi qui remettait tout en question. Un immense mouvement de ralliement s'en suivait, retour passionné à la personne du roi et à la paix. Le Parlement d'Aix, le 5 janvier 1594, prêtait serment au roi. Premier des Parlements ligueurs à reconnaître Henri IV [134], il ouvrait l'année 1594 par un acte qui semblait, mais ne fut pas décisif. En Provence, cette année fut sans doute celle des ralliements et des reniements, mais aussi des dernières intrigues et révoltes, des faux calculs, des gestes violents, de mille marchandages...

Un fait s'en détache, le presque grand événement politique de la saison : les partis ligueurs, ralliés à la cause de Henri IV, se rapprochent l'un de l'autre et tournent toute leur hargne contre d'Épernon. Le jeu de celui-ci en est rendu clair. Il se sait mal aimé de Henri IV (c'est en lui forçant la main que le duc a pris le gouvernement de la Provence, en 1592), détesté à mort par la noblesse du pays et, longtemps à l'avance, il comprend que la paix qui point à l'horizon sera la fin de son autorité et d'une principauté indépendante à laquelle il a sans doute songé. Ce n'est donc pas sans raison que le duc ne veut pas composer avec les gens d'Aix et la noblesse de Provence, ou qu'il s'inquiète des tractations de cet étonnant agent que Henri IV a dépêché au milieu des intrigues de Provence, Jacques de Beauvais La Fin. Cependant, force lui est, devant la double intervention de Lesdiguières et de Montmorency, de s'entendre, d'ordre du roi, avec les gens d'Aix. Mais la mauvaise foi de Lesdiguières, l'annonce de la nomination au gouvernement de la Provence du duc de Guise, le fils du Balafré, décident d'Épernon à se révolter, pour sauver, comme il dira, son honneur et sa vie [135], se révolter, ce qui revient à s'entendre avec le Savoyard et l'Espagnol. Dès novembre 1594, il a sauté le pas, à ce que disent ses propres lettres et les sources espagnoles [136]. Mais la trahison ne fut mise noir sur blanc, dans un accord, qu'en novembre 1595 [137], un an plus tard. Le duc passait à l'ennemi avec ses Gascons et les quelques villes qu'il détenait encore en Provence et même, semble-t-il, hors de Provence. On retrouve en tout cas, dans les papiers espagnols, une curieuse liste des biens et villes du duc d'Épernon dans toute la France, celles du moins qu'il prétend lui appartenir [138].

Mais cette trahison du duc est tardive. Quand son accord avec l'Espagne se trouve dressé en bonne et due forme en novembre 1595, le sort du Midi s'est déjà joué. Cependant, en 1594, l'Espagne s'était décidée à un gros effort. Le connétable de Castille, Velasco, gouverneur de Milan, avait réuni une armée importante et s'apprêtait à pousser une pointe au-delà de la Savoie et du Jura, en direction de Dijon. Le maréchal de Rosne [139] lui conseillait même, pour l'entretien de sa cavalerie, d'établir ses quartiers à Moulins, en Bourbonnais sur « l'Ailly » [140]. C'est le cœur de la France qui se trouvait visé, en cet été 1595. La victoire de Fontaine-Française, du 5 juin, décida du repli de l'invasion. Insignifiante du point de vue militaire, elle eut donc de grosses conséquences. Si, en allant vers le Sud, Henri IV avait démuni le Nord [141], il avait par contre consolidé, jusqu'à la mer, les positions qu'aurait pu compromettre le large mouvement tournant de son adversaire.

En 1596, tout rentra dans l'ordre, à la fois le duc d'Épernon et la ville de Marseille. Le duc de Guise renversa sans trop de peine les deux obstacles. En février, les « royaux » bousculèrent la petite troupe d'Épernon à Vidauban [142]. On se battit dans les eaux mêmes de l'Argens où beaucoup d'hommes se noyèrent. Le mois suivant (26 mars), le duc signait sa paix avec le roi [143] et, deux mois plus tard, il quittait la Provence [144]. Quant à Marseille, dans la nuit du 16 au 17 février une trahison avait ouvert ses portes au duc de Guise [145].

Ainsi se terminait une période mouvementée de l'histoire de la grande ville dont il importe de dire quelques mots. Comme beaucoup d'autres villes en France, en ces années troublées, Marseille avait retrouvé une autonomie de fait. Indépendante, catholique, ligueuse, elle s'abandonna à ses passions dès avril 1588. Mais comment vivre sur l'étroite bordure du royaume ? Hors du royaume en fait, car celui-ci est coupé, disloqué par ses troubles. Les demandes de blé faites à l'Espagne sont révélatrices [146]. D'autre part, la guerre qui, de près et de loin, encercle la ville, n'est pas une guerre très moderne ; c'est une bataille d'hommes plus que de matériel. Elle coûte cher cependant. A Marseille, des gardes, des dépenses militaires s'imposent. Il faut, pour consentir à ces sacrifices, une politique passionnée. Elle s'incarne, cinq années durant, dans la personne de Charles de Casaulx que son récent historien, Raoul Busquet, sans le réhabiliter à tout prix, a éclairé d'une lumière neuve [147]. C'est révolutionnairement que cet énergique meneur d'hommes a saisi l'Hôtel de Ville, en février 1591. En fait, il a été, à la tête de la ville, un administrateur attentif, efficace. Attaché aux seuls intérêts de sa cité, son jeu a été tout de suite indépendant des menaçantes intrigues du duc de Savoie, lequel était désireux d'avoir, par Marseille, une liaison directe avec l'Espagne. En vain le duc s'arrêta-t-il dans la ville en mars 1591 ; en vain essaya-t-il de se saisir par traîtrise (16-17 novembre 1591) de Saint-Victor [148]... Casaulx se tint aussi fermement en marge des querelles et des intrigues de la noblesse de Provence, bien que Marseille ait donné un instant asile à la comtesse de Sault ; mais le dictateur s'en débarrassa habilement par la suite.

Si l'on songe à la politique de Casaulx dans Marseille

même, à ce que l'on peut appeler son œuvre d'assistance publique, à l'introduction par ses soins de l'imprimerie, à ses constructions, si l'on songe surtout à sa popularité, sa « tyrannie » prend un aspect nouveau. Sans doute est-elle, comme toute tyrannie, soupçonneuse, policière, haineuse en ce qui concerne les *bigarrats* que, sans hésiter, l'on emprisonne, exile et prive de leurs biens. Mais elle est populaire, curieusement en faveur de la masse, du peuple maigre. En 1594, un avis espagnol nous montre, à Marseille, une guerre contre les riches marchands ou nobles. « On ne sait trop pourquoi, dit cet avis, mais... sans doute pour en tirer de l'argent. » [149] La ville, maîtresse de ses destins, n'est-elle pas accablée de ce lourd fardeau ? En 1594, le pape et le grand-duc de Toscane, sollicités de la secourir, n'ont pas voulu lui avancer une *blanca* [150]. Autant que son idéologie, la nécessité obligea Casaulx à se tourner vers la puissante Espagne, pour obtenir des grâces, des faveurs, des moyens de vivre [151].

Les circonstances aidant, la ville entra dans le jeu espagnol, puis s'y engagea toute. Le 16 novembre 1595, le Viguier et les Consuls de Marseille écrivaient à Philippe II une lettre singulière, prudente encore et cependant catégorique. Elle vaut qu'on s'y arrête un instant [152] : « ayant Dieu inspiré dans nos âmes, écrivent-ils, le sacré feu de son zèle pour le soutien de sa cause et ce grand et périlleux naufrage de la religion catholique en France, nous estans fermement opposez à tant de secousses que l'ennemy de la foy et de cest estat nous a voulu donner, par une particulière faveur du Ciel, la religion et l'estat de notre ville nous font entiers et sauvés jusques icy avec le désir inviolable de nous y conserver au prix de nos vies et de celles de tous nos citoyens qui sont constamment uniz en ceste saincte résolution. Mais prévoyant l'accroissement de l'orage par la prospérité des affaires d'Henry de Bourbon et que les moyens publiques qui sont ja épuisez ny les facultés des particuliers ne pourront suffire pour l'assouvissement de ceste autant grande que salutaire entepreinse, avons osé lever les yeux vers V. M. C. et y recourir... comme à un refuge de tous les catholiques, pour la supplier très humblement de vouloir jeter les rayons de sa naturelle douceur sur une ville pleine de tant de mérite, pour son ancienne religion et fidélité... ».

D'après ce document du moins, Marseille ne se donne pas au roi d'Espagne. Il y a des degrés dans la « trahison ». La ville (ou mieux Casaulx) déclare seulement se refuser à cesser le bon combat. Une brochure de propagande, assez long mémoire anonyme, imprimé entre 1595 et 1596, ne dit pas autre chose. Cette *Response des Catholicques françois de la ville de Marseille à l'advis de leurs voisins hérétiques et politiques antichrestiens et athéisés* [153], est un pamphlet assez diffus, qui n'ajoute rien de bien neuf aux controverses connues de la « presse » du temps des Guerres de Religion. Il a peu le souci de l'objectivité et confond les royalistes avec les athées et les huguenots avec les paillards. Polémique facile : à distance, tout ce qui en faisait la violence et la virulence apparaît plutôt fade. La seule chose à remarquer est que pas un mot n'est dit des relations de la ville avec l'Espagne.

Et cependant, cette entente était inéluctable ; il fallait s'abriter derrière l'énorme puissance hispanique, ou alors s'entendre avec l'agent royal, le président Étienne Bernard qui s'installait à Marseille et faisait les plus mirifiques promesses à Casaulx et à son compagnon d'armes, Louis d'Aix. Mais justement, ces trop mirifiques promesses [154] ne cachaient-elles pas un piège ? Les maîtres de Marseille préférèrent s'entendre avec Philippe II. Trois « députés » de la ville, dont un fils de Casaulx, firent le voyage d'Espagne, occasion pour eux de dresser un long historique des événements à Marseille de 1591 à 1595 [155], de mettre en évidence le rôle des « dictateurs » Louis d'Aix et Casaulx, lesquels, fils de vieilles familles de la ville, appuyés sur leurs parents, leurs amis et le populaire de Marseille, avaient su y établir l'ordre et la paix catholiques. Non sans peine pourtant ; il avait fallu armer, lever des mercenaires, occuper les forteresses de Notre-Dame et de Saint-Victor, la tour Saint-Jehan, garder « la porte Reale », la grande plate-forme et la porte d'Aix qui sont les lieux les plus « défendables », construire, à la sortie du port, le fort Chrestien, encore inachevé d'ailleurs, entretenir des chevaux pour la sûreté du terroir et pour permettre aux gens de Marseille de « prendre leurs fruictz sans être incommodez des ennemis » [156]. Maintenant que Henri de Bourbon a été absous par le pape, qu'il triomphe, qu'il est le maître d'Arles (donc du ravitaillement en blé de la ville), que Marseille est pleine de réfugiés et entre autres, « ce grand et docte personnage Monseigneur de Gembrard, archevêque d'Aix, dépossédé par Henri de Bourbon » — en cette extrémité, malgré les offres du Béarnais, la ville ne peut tenir que « sous les ailes » du Roi Catholique. Que celui-ci l'aide et l'aide vite d'argent, de munitions, d'hommes, de galères... La situation était d'autant plus tendue que les troupes royales poussaient jusqu'aux portes de Marseille et que des intrigues se nouaient au-dedans de ses murs.

Dès décembre 1595 [157], des secours parvenaient à Marseille sous forme des galères du fils du prince Doria et de deux compagnies espagnoles, juste à temps pour prévenir une entrée des troupes royales. Mais, à Marseille, la situation devenait confuse, ses habitants défiants à l'égard même de leurs amis. Le 21 janvier 1596 [158], les députés de Marseille quittaient la cour d'Espagne avec partie gagnée. La ville se donnait sans se donner au Roi Catholique : celui-ci aurait pour ses galères le libre accès du port, la possibilité d'y mettre des troupes, la promesse des Marseillais de ne pas traiter avec Henri de Béarn et de ne reconnaître comme roi de France qu'un ami de l'Espagne. Les Marseillais, disait leur mémoire, « ne recognoistront Henri de Bourbon, ne lui adhereront ni à autres ennemys de V. M. C., ains se maintiendront et conserveront catholiques et en l'estat qu'ilz sont jusques à ce qu'il plaise à Dieu donner à la France un Roy très chrestien et vrayment catholique, qui soit en bonne amitié, fraternité et intelligence avec V. M. C. ». Les députés de Marseille étaient encore le 12 février 1596 à Barcelone, d'où ils écrivaient à Don Juan de Idiáquez pour lui demander du blé catalan [159].

Mais quatre jours plus tôt, le 17, un complot avait réussi dans la ville ; Casaulx avait été assassiné et la ville livrée à Henri IV [160]. « C'est maintenant que je suis Roi de France », aurait dit ce dernier, à l'annonce de la bonne nouvelle [161].

Certes, on pourrait longuement insister sur ce fragment d'histoire de France, retrouver, en Provence, après de bons auteurs, tous les traits des dernières années de nos Guerres de Religion : la montée des prix, l'effroyable misère des champs et de la ville, la lèpre du brigandage, l'acharnement politique de la noblesse ; par d'Épernon, comprendre ces « rois » de la France provinciale, aussi bien un Lesdiguières en Dauphiné (si différent que soit le caractère de l'homme), un Mercœur en Bretagne, un Mayenne en Bourgogne... Il serait plus tentant encore de comprendre, au travers de l'exemple de Marseille, le rôle énorme des villes dans cette dislocation, puis cette reconstruction de la France.

La Ligue, ce n'est pas seulement une alliance des Catholiques exaltés. Ce n'est pas seulement un instrument au service des Guises... Mais aussi un grand retour en arrière au bénéfice d'un passé que la royauté a combattu, puis en partie supprimé. Et notamment un retour à la vie urbaine indépendante, à l'État-ville. L'avocat Le Breton, étranglé et pendu en novembre 1586 [162], a sans doute été une tête un peu folle. Il est tout de même significatif qu'on retrouve, dans ses projets, un retour aux franchises urbaines, le rêve étant de décomposer le pays en petites républiques catholiques, maîtresses de leurs destins. Aussi grave que la trahison des Guises, s'avère la trahison des villes, de ces villes passionnées dans leur masse, depuis leurs bourgeois jusqu'aux plus humbles des artisans. Paris est l'image agrandie de ces villes-là. En 1595, le duc de Feria proposait à l'archiduc Albert de s'employer à refaire une ligue en France, suivant les mêmes principes que celle qui avait existé du temps de Henri III, « laquelle ne fut pas fondée par les princes de la Maison de Lorraine, mais par quelques bourgeois de Paris et d'autres villes, trois ou quatre seulement au début..., dans des conditions si chrétiennes et si prudentes que la majorité et le meilleur de la France se joignit à eux »[163]. Certains de ces hommes sont encore à Bruxelles ; les fautes et la trahison des chefs n'ont certainement pas perdu toute la cause...

Voilà qui souligne, jusqu'à l'exagération, le rôle des villes. Mais, révoltées, pouvaient-elles vivre longtemps ? La rupture des routes signifiait l'interruption des trafics, donc leur suicide. Si elles se sont ralliées, après 1593, à la reconquête de Henri IV, n'est-ce pas, en plus des quelques bonnes raisons qu'on fournit habituellement, parce qu'elles avaient besoin de l'espace français pour vivre ? Si besoin en était, Marseille, incapable de vivre de la mer seule, sans l'aide du continent, nous redirait l'indispensable symbiose des routes de terre et de mer dans l'espace méditerranéen.

En tout cas, on ne comprendra jamais l'épisode de Casaulx si l'on ne le replace dans son cadre étroit de vie municipale. Pour lui, le problème, de bout en bout, a été de ne pas trahir *sa* ville. Son attitude n'est à juger, si l'on veut la juger, que dans cet éclairage. Pour s'en convaincre, qu'on relise le mémoire de ses agents en Espagne : « Messieurs de Marseille, y lit-on, ont... considéré que dez le long temps que leur ville est fondée, elle a vescu la plus part soubz ses propres loix et en forme de République, jusque en l'année mil deux cent cinquante sept qu'elle traita avec Charles d'Anjou, comte de Provence et le recogneut pour souverain, soubz beaucoup de réservations, pactes et conventions, entre lesquelles on coucha des premières qu'aucun hérétique vauldois (secte qui y régnait alors) ne suspect de la foy ne pourroit estre receu à Marseille... »[164]

La guerre hispano-française : 1595-1598

Quelques mots suffiront pour esquisser le dessin général de la guerre hispano-française de 1595-1598, guerre ouverte, en fait, dès 1589 et même plus tôt, car pendant le demi-siècle que nous venons de parcourir, année par année, y a-t-il eu beaucoup de répits dans cette constante rivalité de la France et de l'Espagne ?

Cette fois, en tout cas, la guerre était officiellement déclarée par Henri IV, le 17 janvier 1595. Le texte de la déclaration, imprimé à Paris, chez Frédéric Morel, parvint même aux autorités espagnoles. Le roi de France y résumait à grands traits ses griefs contre Philippe, lequel avait « ozé, soubs prétexte de piété, attenter ouvertement à la loyauté des François envers leurs naturels Princes et souverains Seigneurs, de tout temps admirée entre toutes les autres nations du monde, poursuivant injustement et publiquement cette noble couronne pour luy ou pour les siens »[165]. Placer ainsi le conflit sur le terrain même du droit princier, n'était ni sans valeur, ni sans habileté. Mais, sur le plan des réalités, cela ne changeait presque rien aux événements. Le duc de Feria, longtemps à l'avance, avait prévu que la guerre franco-espagnole serait « périphérique », cette fois encore, comme au temps de François Ier et de Henri II, et qu'elle se terminerait par une paix de lassitude[166].

La guerre, en effet, n'affecta que les bordures du royaume : la ligne de la Somme, la Bourgogne, la Provence, la région de Toulouse et de Bordeaux, la Bretagne enfin. On a parlé d'encerclement. Oui et non. Car l'Espagne ne réussit pas, malgré sa proximité ici, malgré sa flotte là, à tenir fortement ses positions autour de la France. Toulouse était perdue en 1596, Marseille la même année ; et le duc de Mercœur, le dernier à résister[167], capitulait en 1598. Depuis deux ans d'ailleurs, il était plus qu'à demi inactif... De toute façon, il est important que la guerre ait épargné le cœur du royaume. La France s'est défendue par sa masse même. Si le Roi Catholique a trouvé des villes à crocheter, des consciences à acheter, ou même des Protestants prêts à se vendre (tel un certain Monverant de la région de Foix[168]), c'est encore, c'est toujours sur les marges du royaume ennemi.

Il y eut, il est vrai, la tentative de l'armée espagnole d'Italie au-delà des Alpes. Mais ce ne fut qu'un voyage d'aller et retour jusqu'à la Comté. Nous l'avons dit : Fontaine-Française entraîna le repli des Espagnols et la soumission décisive de Mayenne ; seule l'hostilité décidée des Cantons suisses empêcha alors l'occupation de la Comté.

La guerre un peu sérieuse se déroula, une fois de plus, face aux Pays-Bas. Les Espagnols y remportèrent de grands succès, prirent plusieurs places, Cambrai, Doullens, Calais puis Amiens, enlevé par surprise (11 mars 1597). Le problème, pour eux, était de se maintenir dans les places conquises, d'y faire vivre, sans difficultés et sans agitation, garnisons et populations civiles, comme l'expliquait déjà, en 1595, un avis adressé au comte de Fuentes [169].

Pourtant, le succès d'Amiens avait fait grand bruit : la ville ouvrait, au-delà de la large vallée de la Somme, le chemin même de Paris. Une riposte était nécessaire. Henri IV résolut de ressaisir la ville. De là, une fiévreuse recherche de moyens financiers et l'appel aux alliés, l'Angleterre, qui avait officiellement déclaré la guerre à l'Espagne en 1596 [170], et les Provinces Unies. C'est ainsi qu'il y eut, dans l'armée française qui devait reprendre Amiens, 2 000 Anglais et 2 000 Hollandais, au dire des informations espagnoles [171]. Amiens ne fut d'ailleurs enlevé que le 25 septembre 1597, après six mois de siège et l'échec d'une tentative espagnole pour délivrer la ville, neuf jours avant sa reddition [172]. C'était là une grosse victoire et qui fit grand bruit dans la Chrétienté. Mais le vainqueur, à peine entré dans la ville, ne comptait déjà plus de soldats, toute son armée s'étant débandée. Heureusement, la misère, l'épuisement de la France n'avaient d'équivalent que l'irrémédiable fatigue de l'Empire espagnol et sa détresse financière, au lendemain de la banqueroute de 1596.

Tout s'en trouvait paralysé. Au centre de l'action espagnole, en ce relais essentiel de Milan, les transports de troupes s'accomplissaient mal, dès le printemps 1597 [173]. Il s'agissait de prélever des soldats italiens à Naples et de les transporter jusqu'à Gênes, puis en direction des Flandres. Des envois de troupes cantonnées au Milanais étaient également prévus. Mais y aurait-il assez d'argent ? Autre inquiétude : comment secourir le duc de Savoie, ce risque-tout de Charles Emmanuel ? Pourrait-on, à cet effet, utiliser les troupes espagnoles qui partaient d'Espagne vers Gênes, à bord des galères ? Il y avait évidemment intérêt à fixer de ce côté des forces françaises, pour dégager d'autant l'archiduc dans les Pays-Bas [174]. Tout se mettait finalement en place et une partie des troupes était prête à partir pour les Flandres ; alors, nouvelle difficulté, la route savoyarde serait-elle libre pour leur passage ? Chambéry et Montmélian risquaient d'être perdus avec l'entrée en campagne de Lesdiguières. Plus encore, toute la Savoie, le Piémont et Milan couraient le même risque, si l'argent n'arrivait pas à temps. Le connétable de Castille l'écrivait de sa propre main et le faisait écrire au roi.

Mille questions se posent donc à la fois, du côté du Nord, du côté des Cantons suisses où des tractations avec Appenzell coûtent cher. De plus, au lendemain de la reprise d'Amiens, le parti français redresse la tête en Italie et le péril se précise du côté de la Savoie. Survient la mort du duc de Ferrare : aussitôt le pape Clément VIII de réclamer la succession pour le Saint-Siège. « Cela me peine jusqu'au fond du cœur, écrit le 16 novembre 1597 le connétable de Castille à Philippe II, de voir si grand mouvement d'armes en Italie. Je resterai tranquille, sans faire autre chose que de garnir nos frontières jusqu'à réception des ordres de V. M. Aurais-je des ordres différents, d'ailleurs, que la nécessité m'obligerait à agir comme je le fais. Je supplie donc V. M. de considérer la pauvreté et la misère de cet État, au moment où le Pape réunit une si grosse armée. Il est naturellement porté vers la France ; il aime le Béarnais comme son fils et sa créature. En bien des conversations et circonstances, il a découvert son peu de bonne volonté à l'égard des affaires de V. M. et son peu de satisfaction devant la grandeur de vos États. C'est un Florentin... Les Vénitiens armant et d'autres princes qui ne nous aiment pas, tout ce monde pourrait se tourner contre l'État de Milan..., d'où, généralement, on désire, en Italie, chasser les Espagnols. A tout cela, point de remèdes sinon beaucoup de soldats, d'argent, et de rapidité ; ce que je remets à la grande prudence de V. M. » [175]

La paix de Vervins

Or, cette guerre qui se prolonge, à qui profite-t-elle ? Uniquement et indéniablement aux puissances protestantes, à leur marine, déchaînée à travers l'espace océanique... Les Provinces Unies grandissent du fait même de la misère des Provinces du Sud, restées catholiques : elles se nourrissent de la ruine d'Anvers, accomplie avec l'occupation des bouches de l'Escaut par les États Généraux et malgré la reprise de la ville par Alexandre Farnèse. Tous ces malheurs ont été nécessaires pour que grandisse Amsterdam. En même temps, Londres et Bristol prennent leur essor. Car toutes les circonstances sont favorables aux jeunes puissances nordiques. L'Espagne leur demeure ouverte malgré ses tentatives de blocus continental ; la Méditerranée est forcée ; l'Atlantique est saisi, conquis ; l'océan Indien atteint avant que le siècle ne s'achève, en 1595. Tels sont les grands événements de la fin du siècle, auprès desquels les multiples incidents de la guerre hispano-française restent des détails. Pendant que Français et Espagnols se disputent des villes, des places, des mottes de terre, Hollandais et Anglais se saisissent du monde...

C'est ce que, dès 1595, la politique pontificale semble comprendre. Elle propose à Philippe II sa médiation et travaille à une paix franco-espagnole. Clément VIII y a poussé d'autant plus vigoureusement que Rome, l'Église, le monde catholique s'inquiètent de cette guerre entre Chrétiens fidèles à Rome. Depuis Sixte Quint, la Papauté avait travaillé au sauvetage de la France catholique, elle avait joué finalement la carte de l'indépendance française et, la jouant, s'était ralliée à la cause du Béarnais, absous par Rome deux ans après l'abjuration de 1593.

Appuyant l'action de Rome, l'Italie libre ou semi-libre [176] agissait dans le même sens, sauf le Savoyard que sa passion et son appétit de terres françaises égaraient. Or cette Italie, heureuse de desserrer le joug espagnol, était riche, agissante. La première, Venise avait abattu son jeu, accueillant, dès 1590, l'ambassadeur du Béarnais ; le grand-duc de Toscane finançait la politique de Henri IV dont les dettes atteignirent très vite un chiffre élevé d'écus au soleil[177]. Le créancier prit d'ailleurs des gages, occupa le château d'If et les îles Pomègues, près de Marseille. Le mariage de Marie de Médicis, quelques années plus tard, s'est conclu pour quelques autres motifs, mais aussi en raison de cet arriéré-là.

En tout cas, en septembre 1597, après la reprise d'Amiens, Henri IV faisait figure de vainqueur. Menaçait-il sérieusement les Pays-Bas ? Rêvait-il même d'y pousser une pointe ? C'est une autre question. Mais eût-il désiré cette politique de hardiesse ou telle autre expédition contre la Bresse ou le duc de Savoie, qu'il lui eût fallu, pour les mener à bien, l'indispensable appui de ses alliés. Or, ceux-ci ne voulaient pas qu'il l'emportât de façon décisive, ni dans les Pays-Bas, ni sur les chemins d'Italie. Ce qu'ils souhaitaient, c'était la continuation d'une guerre qui, immobilisant l'Espagne dans de vastes opérations continentales, leur laissait le profit des lointaines expéditions maritimes. Il est bien possible, comme le pensait Émile Bourgeois[178], que Henri IV se soit senti, en ce moment décisif, lâché par ses alliés, pour le moins mal soutenu par eux. Et du même coup, incliné davantage à une paix si nécessaire, vu l'état de son royaume.

Mais n'était-elle point aussi nécessaire à l'Espagne ? La nouvelle banqueroute de 1596 venait d'immobiliser l'immense machinerie. Sentant sa fin proche, Philippe II songeait d'autant plus à établir dans les Pays-Bas sa fille préférée, Claire Isabelle Eugénie, sa compagne de prédilection dans les dernières années si tristes de sa vie, sa lectrice et sa secrétaire, sa confidente, sa joie secrète... Son projet était de la marier à l'archiduc Albert, nommé justement en 1595 au périlleux gouvernement des Pays-Bas. Établir sa fille, il sentait à ce sujet l'urgence d'une décision dans la mesure même où de

nouvelles influences commençaient à se faire jour autour
de son fils, le futur Philippe III, influences hostiles à la
solution qui lui tenait à cœur. L'archiduc, écrit l'historien Mathieu Paris, « brûlait du désir de se marier ».
Cela a-t-il compté parmi les raisons, petites ou grandes,
qui ont conduit à la paix de Vervins ? Lassitudes, besoin
de faire halte. Et peut-être aussi calcul de l'Espagne,
un de ces calculs auxquels sa diplomatie a si souvent
sacrifié, par nécessité autant que par jeu. La diplomatie
de Philippe II n'a-t-elle pas cherché à obtenir vite, à un
prix même onéreux, la paix du côté français pour faire
plus rapidement face contre les deux autres adversaires,
l'Angleterre et les Provinces Unies ? Lord Cecil, en tout
cas, s'est rendu auprès de Henri IV pour l'empêcher *in
extremis* de conclure l'accord avec l'Espagne. N'oublions pas qu'alors une armada espagnole cinglait vers
l'île anglaise. N'oublions pas, non plus, que le premier
soin de l'archiduc Albert, la paix acquise avec la France,
fut de tourner ses forces aussitôt vers le Nord. Il n'est
pas exclu que des calculs de ce genre soient intervenus
dans la décision espagnole.

Mais pour comprendre la succession des événements,
c'est plus encore vers Rome qu'il faut regarder, vers
Rome que l'épanouissement de la Contre-Réforme, que
la prospérité monétaire de l'Italie, que l'épuisement des
adversaires, en Occident, a tellement grandie à la fin
du siècle. On eut la preuve de ce brusque accroissement
de puissance par la façon rapide dont le pape Clément
VIII régla alors, à son profit, la petite, mais difficile
question de Ferrare. Cette ville qui était l'un des grands
ports de l'Italie, une cité animée, une position-clé de
l'échiquier italien, plantée au milieu d'un grand pays,
le pape se l'adjugea sans que la France ou l'Espagne,
ni même Venise, aient eu le temps ou l'audace de
s'immiscer dans l'affaire [179].

L'importance grandissante de Rome venait aussi de
ce qu'elle avait sa solution, sa politique, dictées moins
par les calculs de quelques têtes lucides que par les
circonstances et les vœux unanimes de la Catholicité.
Ce qui, par Rome, s'imposait, c'était une volonté, un

mouvement profond de cette Catholicité qui tantôt bute
contre l'obstacle protestant du Nord, et tantôt se
retourne vers l'obstacle turc de l'Est. En 1580, Rome
avait suivi le mouvement général et accepté, avec
enthousiasme, de substituer à la guerre contre les
Musulmans la guerre contre l'hérésie protestante. Avec
la fin du siècle, le cycle anti-protestant s'achevait et la
meilleure preuve en est que Rome essayait alors de
réorganiser la guerre sainte en direction de l'Orient,
contre les Turcs.

Le XVIᵉ siècle se termine, le XVIIᵉ commence, en ce
qui concerne la Catholicité, sous le signe de la croisade.
A partir de 1593, la guerre contre le Turc était redevenue
réalité à l'Est de l'Europe, en Hongrie et sur les flots
de la Méditerranée. Sans jamais se transformer en
conflit généralisé, elle allait, pendant treize ans, jusqu'à
la paix de 1606, faire peser une constante menace. En
1598, à l'extrême pointe de la France, le duc de Mercœur
quittait sa Bretagne pour la guerre de Hongrie. Son
aventure a la valeur d'un symbole : des milliers et des
milliers de croyants rêvaient alors de tailler en pièces
un Empire turc que beaucoup jugeaient sur le point de se
dissoudre. Le nonce des Pays-Bas, Frangipani, écrivait à
Aldobrandini, en septembre 1597 [180] : « Si le quart des
combattants des Flandres allait seulement contre le
Turc... » C'est le vœu que commençait à se formuler
plus d'un Catholique et d'ailleurs plus d'un non-
Catholique : on connaît le projet anti-turc de La Noue,
lequel remonte à 1587...

La paix de Vervins, signée le 2 mai, fut ratifiée par
le roi de France le 5 juin 1598 [181] ; elle rendait à Henri IV
le Royaume tel que l'avait délimité la paix du Cateau-
Cambrésis de 1559 ; elle entraînait donc une série
d'abandons immédiats pour les Espagnols : ils devaient
notamment évacuer leurs positions en Bretagne et
renoncer à leurs conquêtes sur la frontière du Nord, y
compris Calais, dont la restitution avait tout de même
quelque importance. En gros, la paix semblait favorable
à la France. Bellièvre, le futur chancelier de Henri IV,
disait en exagérant « qu'elle était la paix la plus

avantageuse que la France ait conclue depuis cinq
cents ans ». Paroles officielles, mais pas entièrement
inexactes. Si la paix de Vervins ne signifiait aucune
conquête extérieure, elle sauvait, de façon décisive,
l'intégrité du royaume. Elle avait l'avantage d'apporter
à la France la paix dont elle avait un besoin absolu, la
paix c'est-à-dire le moyen de guérir les blessures d'un
pays livré, des années durant, à l'étranger et qui s'était
trop passionnément, trop aveuglément dressé contre lui-
même. A ce retournement, nul doute que la conjoncture,
à la baisse au-delà de 1595, n'ait apporté son aide [182].

3. La guerre n'aura pas lieu sur mer

Les guerres locales que vient d'énumérer ce chapitre,
les unes à l'Ouest, les autres à l'Est de la Méditerranée,
ne sont pas liées les unes aux autres. Sans doute
interfèrent-elles à distance, sans se rejoindre néanmoins.
La raison ? La mer qui les sépare reste obstinément
neutre, refusant ses services à une guerre générale que,
seule, elle pourrait organiser et véhiculer.

On se bat cependant en mer, de 1589 à la fin du
siècle, et même au-delà. Mais il s'agit de l'habituelle
guerre méditerranéenne des temps de « paix », c'est-à-
dire la course, cette guerre d'individus, anarchique et
mineure, souvent à très court rayon et qui ne met en
jeu que des forces modestes. La chose est à noter,
d'autant qu'à partir de 1591, spécialement en 1593,
1595 et 1601, il y a eu des essais de larges guerres
maritimes sur lesquels il importe de faire la lumière.
Marquer leur faible portée et leur échec, c'est, en
définitive, prendre la mesure d'une époque nouvelle.

La fausse alerte de 1591

Dès 1589 et les pourparlers de la paix turco-perse, à
partir de 1590 surtout et de la signature de cette paix,
l'attention de la Turquie s'est largement retournée vers
l'Occident. Nous avons parlé, en son temps, de la petite
expédition maritime d'Hassan Veneziano durant l'été et

l'automne 1590, en direction de Tripoli. Cette expédition à but limité marquait les débuts d'une nouvelle activité maritime des Turcs en Méditerranée.

Mais le long repos, l'inaction prolongée avaient désorganisé les structures mêmes de la marine turque, structures et soubassements qui ne pouvaient se reconstruire que lentement et imparfaitement. Les marins qualifiés faisaient défaut ; les ouvriers experts manquaient à l'Arsenal et il n'y avait même plus suffisance des indispensables troupes d'infanterie de marine [183]. Depuis la dernière expédition d'Euldj Ali vers Alger, depuis 1581, dix années avaient suffi pour tout détruire. L'effort de reconstruction était d'autant plus difficile que l'argent manquait et que la course chrétienne avait puissamment désolé les mers de l'Archipel dont se nourrissait depuis longtemps la force turque.

Il n'est pas surprenant que l'expédition contre Tripoli en 1590, strictement bornée à ses buts punitifs, n'ait pas ranimé la guerre hispano-turque. Ni les Espagnols ni les Turcs ne désiraient trouver un prétexte de rupture. Quand les galères d'Hassan, après avoir quitté Modon, s'étaient dirigées vers l'Afrique, elles n'avaient au passage, contrairement à toutes les traditions, touché ni au rivage de Naples, ni à ceux de la Sicile. En ces années-là d'ailleurs, la présence à Constantinople d'un agent espagnol, Juan de Segni, dont les archives conservent d'assez nombreuses lettres, malheureusement plus remplies de plaintes personnelles que d'explications sur l'objet de sa mission, cette présence laisse à penser que la trêve a pu se maintenir, de façon plus ou moins formelle, jusqu'en 1593. En tout cas, c'est en vain, quels qu'aient été les efforts et les demandes réitérés des agents anglais et français [184], c'est en vain que l'Europe anti-espagnole a essayé de ranimer sur mer la guerre musulmane contre la puissante Espagne. En 1591, l'agent anglais, appuyé par Hassan Pacha, « général de la mer », exposait au Grand Seigneur que Philippe II avait retiré des marines d'Italie la plus grande partie de ses garnisons habituelles, pour grossir ses troupes engagées en France. Il lui affirmait que, dans ces conditions, il serait aisé pour la Turquie de s'emparer de vastes territoires.

Tentatives inutiles, mais elles éveillèrent des échos, d'autant que toute une série de projets turcs, publiés à très haute voix, de discours destinés de toute évidence à l'extérieur, semblaient promettre le succès, plutôt que l'échec, aux agents anglais ou français. Mille bruits se remirent à courir la Méditerranée, très contradictoires, nourris sans doute en partie du souvenir formidable qu'avaient laissé dans les esprits les imposantes flottes turques du passé. C'étaient trois cents galères qui iraient au printemps contre les Pouilles et la côte romaine ; elles hiverneraient ensuite à Toulon et pousseraient jusqu'à Grenade où les Morisques (ceci est aussi faux que le reste) se seraient déjà soulevés. Peut-être, si elles étaient plus modestes, se contenteraient-elles de Venise ou de Malte dont les chevaliers venaient encore de saisir un galion, chargé de pèlerins se rendant à La Mecque [185]. Des Vénitiens pensaient à Candie où, disaient-ils, les corsaires chrétiens allant dans le Levant trouvaient tant d'aides et de complicités [186]. Ajoutons, malgré les efforts des autorités vénitiennes...

Juan de Segni, mieux renseigné sans doute, écrit de Constantinople qu'on y parle bien de grands projets, mais pas pour cette année [187]. Le Turc a fait des promesses écrites au roi de France et à la reine d'Angleterre, mais elles ne l'engagent que pour le printemps 1592 [188]. Tous les préparatifs semblent à longue échéance. C'est ainsi que le sultan prépare — prépare seulement — une série de mesures fiscales : contributions « volontaires » des pachas et sandjaks, impositions sur les Juifs et autres taxes dont le détail, au travers des déformations occidentales, est difficile à identifier [189].

De fait, dès la mi-juin, on commence à ne plus parler de grande armada pour le printemps [190]. La petite flotte prévue sortira-t-elle [191] ? On en doute. Oui, elle sortira, mais elle ira seulement en Égypte et en Berbérie, peut-être en Provence [192]. Encore pourra-t-elle difficilement réunir plus de 40 à 60 galères, et en mauvais état. C'est

ce qu'à Venise, un Pérote affirme à Francisco de
Vera [193]. Au début de mai, on est devenu plus optimiste.
On a appris que les Turcs, bien que la saison soit
avancée, ne se pressent nullement d'armer leurs galères
et ne paraissent même pas avoir le désir d'être prêts
pour l'année suivante [194]. Il sortira au plus une vingtaine
de voiles pour la garde de l'Archipel, c'est-à-dire pour
la sécurité des liaisons maritimes turques [195].

Seulement, le même avis annonce que des bruits
continuent à courir au sujet de trois cents galères turques
que deux cents vaisseaux anglais seraient disposés à
renforcer [196]. Et ce bruit en rejoint quelques autres.
L'arsenal de Constantinople s'est remis au travail et a
fait venir de la *maestranza* de l'Archipel : ceci dès le
début de mars 1591 [197]. En avril, le Turc a commandé
d'énormes quantités de lin et de chanvre en Transylvanie. Pourquoi, sinon pour la voilure et les cordages de
la future armada [198] ? En juin, animation nouvelle de
l'arsenal. Dans la mer Noire, les constructions de galères
ont commencé. On rapetasse les vieilles. Des cargaisons
de voiles arrivent à Constantinople [199]. Rien à craindre
pour le présent. Mais pour l'avenir ? Bien que les Turcs
n'aient fait aucune expédition importante en 1591
(quelques galères de garde sont sorties et l'on signale,
le 15 juin, le retour à Constantinople de 6 galères
exténuées, *consumidas de hambre*, revenant d'un voyage
en Berbérie [200]), l'inquiétude grandit en Chrétienté.
Mecatti [201] raconte qu'on vécut à Venise, en cette année
1591, dans l'épouvante du Turc. Il est au moins vrai
que Venise a armé, préparé des galères, envoyé des
troupes à Candie [202].

On s'explique ces alarmes. La Turquie libérée de la
guerre contre les Perses, il fallait tenir compte de ses
possibilités d'intervention. D'autant qu'il semble y avoir
eu une politique turque de bluff et de chantage, pour
obliger la Chrétienté à prendre des contre-mesures et à
rester en suspens. Peut-être pour hâter la venue d'un
agent espagnol, chargé de négocier une nouvelle trêve
et d'apporter, pour les pachas au moins, les sommes
d'argent qui accompagnaient habituellement les négocia-

2. — Philippe II au travail, 20 janvier 1569

Dans la marge d'une lettre adressée par lui au duc d'Alcala, vice-roi de Naples, Madrid, 20 janvier 1569, Simancas E° 1057, f° 105, deux remarques : « 1° *en las galeras que el C[omendador] M[ay]or os avisare* ; 2° *y sera bien que hagais tener secreto lo de Gran[a]da porq[ue] no llegasse a Costantinopla la nueva y hiziese dar priesa al armada y puedese decir q[ue e]stas galeras vienen a llevar al archi duq[ue].* » Je traduis la seconde note : « et il sera bon que vous teniez secrète l'affaire de Grenade pour que la nouvelle n'arrive pas à Constantinople et ne hâte pas la sortie de l'armada [turque]. » Grenade s'est soulevée dès la nuit de Noël 1569. Mais la nouvelle court déjà les rues de Naples quand la lettre du roi y parvient.

3. — Philippe II au travail, 23 octobre 1576

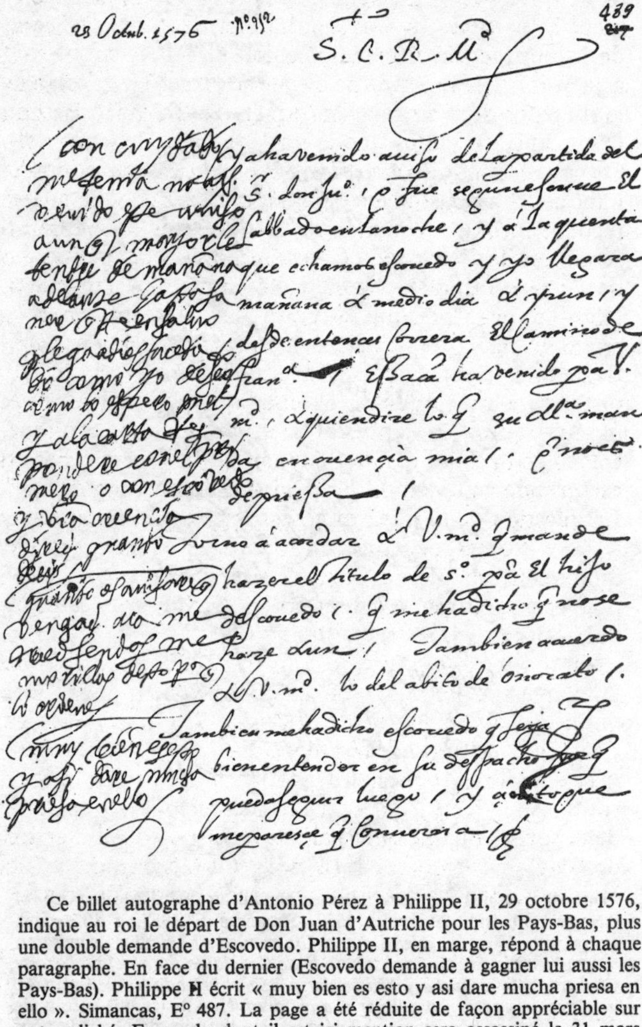

Ce billet autographe d'Antonio Pérez à Philippe II, 29 octobre 1576, indique au roi le départ de Don Juan d'Autriche pour les Pays-Bas, plus une double demande d'Escovedo. Philippe II, en marge, répond à chaque paragraphe. En face du dernier (Escovedo demande à gagner lui aussi les Pays-Bas). Philippe II écrit « muy bien es esto y asi dare mucha priesa en ello ». Simancas, E° 487. La page a été réduite de façon appréciable sur notre cliché. Escovedo dont il est ici mention sera assassiné le 31 mars 1577. Ce texte a été publié en fac-similé par J. M. Guardia, dans son édition d'Antonio Pérez, *L'art de gouverner*, Paris 1867, après la page LIV.

tions. 1591 est une date d'échéance et de renouvellement
de la trêve avec l'Espagne. Nous indiquions précédem-
ment la présence, à Constantinople, de Juan de Segni,
de Minorque, informateur, espion et représentant tout
à la fois [203]. Une lettre de Francisco de Vera [204] signale
la présence d'un autre agent espagnol, Galeazzo Bernon
(c'est ainsi du moins que le nomme un texte espagnol).
Or ce personnage, *que avisa y sirve en Constantinopla*,
indique à l'ambassadeur espagnol qu'au cas où la guerre
recommencerait, comme on le dit, avec la Perse, il
serait inutile d'envoyer à Constantinople Juan et Stefano
de Ferrari « dont la venue a été connue en Turquie ».
N'est-ce pas, presque à coup sûr, l'agent pour le
renouvellement de la trêve ? Dans la lettre de Giovanni
Casteline [205], autre agent, italien celui-là, de l'Espagne,
on trouve aussi quelques mots qui concernent cette
obscure question. « Sinan (pacha) demande, explique-
t-il [206], ce qu'il en est de l'Espagnol qui n'arrive pas. Il
est grandement temps qu'il vienne avec l'argent. » [207]
La question de la trêve turco-espagnole continuait donc
à faire l'objet de conversations et d'envois d'agents
diplomatiques. Mais a-t-elle été signée, ou non, en 1591,
pour les trois années habituelles ? Nous ne saurions
l'affirmer.

En tout cas, le printemps de 1592 fut calme. Philippe
II, dans une lettre du 28 novembre 1591, avait bien
donné l'ordre au comte de Miranda, vice-roi de Naples,
d'être prêt à secourir Malte, en cas de nécessité. Cette
nécessité ne se présentera pas, avait rétorqué le vice-
roi [208]. Il n'y eut, en effet, cette année-là, qu'une ou
deux sorties de quelques galères turques, sous les ordres
de Cigala [209]. En octobre, le nouveau Général de la Mer
était à Valona [210], mais vu l'époque avancée de l'année,
il n'y venait que pour recueillir les présents habituels.
Par précaution, Miranda donna tout de même l'ordre
de rassembler 16 galères à Messine. Ce chiffre à lui seul
suffit à établir, en l'absence de renseignements précis,
que les forces de Cigala étaient peu de chose. D'ailleurs,
le mauvais temps ayant empêché les galères chrétiennes
de quitter immédiatement Naples pour la Sicile, elles

eurent le temps d'apprendre le départ de Cigala pour Constantinople et de recevoir annulation de l'ordre qui leur avait été donné[211]. Que conclure de ces détails sans importance ? que s'il y avait eu accord formel en 1591, Philippe II se serait dispensé de son ordre catégorique en ce qui concernait Malte et le comte de Miranda de sa décision d'envoyer des galères à Messine. D'autant que ni l'un ni l'autre ne parlent à ce propos d'un accord et du plus ou moins de crédit qu'on pourrait lui attribuer. La chose certaine est que le jeu des négociations n'était pas rompu à Constantinople. Francisco de Vera semble avoir tenu entre ses doigts quelques-uns des fils de l'obscure affaire de ce Lippomano[212], agent de l'Espagne probablement, et qui, appréhendé par les Vénitiens à Constantinople en 1591, préféra se suicider sur le chemin du retour. Les obscurités de cette affaire ne nous aident pas à mieux comprendre les réalités de la négociation, dans la capitale turque.

On pensera qu'un échec possible de ces tractations a pu être à l'origine du coup de semonce que sera, en 1593, le pillage des côtes de Calabre par la flotte turque. La Sicile et Naples, prévenues à temps, avaient pris au moment voulu leurs mesures traditionnelles de sécurité. Mais, après une feinte sur la Sicile, une centaine de voiles turques surgissaient brusquement en face de Messine, sur la Fossa San Giovanni, saccageaient Reggio et 14 villages des environs[213], puis, sans faire d'autres dommages au long du littoral hérissé de défenses, regagnaient Valona. Ainsi s'instituait une guerre couverte qui ne s'arrêtera plus ou presque, sorte de dégénérescence de la vraie guerre entre les armadas turque et espagnole. A une date que nous ne pouvons fixer avec exactitude, peut-être en 1595[214], les galères de Sicile et de Naples tirèrent d'éclatantes vengeances, en saccageant Patras, et plus encore, en participant largement à la course en Orient. Alonso de Contreras, à bord des galères du duc de Maqueda, servit dans ces opérations fructueuses de pillerie au retour desquelles, un jour, pour sa simple part de soldat à trois écus de paie, il lui revint « un chapeau plein jusqu'aux ailes

de réaux »[215]. Petite guerre, peu saisissable dans la
multiplicité de ses faits divers, en liaison parfois (du
côté turc) avec les émigrés morisques et, plus encore,
avec l'inquiète Calabre que les avis montrent côtoyée
par des navires suspects, allant de nuit au long des
rivages, fanaux allumés[216]. Mais cette petite guerre n'est
pas la guerre.

En 1594, il y eut une sortie de la flotte de Cigala[217] :
elle quitta Constantinople au plus tard en juillet ; elle
arriva le 22 août à Puerto Figueredo[218]. A l'annonce
des Turcs, une panique se déchaîna dans le royaume de
Sicile[219], alors sans protection. Le 9 septembre, en effet,
on attendait toujours à Naples l'arrivée des galères du
prince Doria[220]. Si l'alerte s'était développée, elle eût
pris la défense espagnole en défaut. Mais, à la mi-
septembre, on était assez rassuré pour retirer des marines
de Sicile la milice de garde et ne plus leur laisser que la
protection de la *gente ordinaria*[221]. La flotte turque,
que l'on disait forte de 90, 100, voire 120 galères, s'en
retourna de bonne heure vers Constantinople[222]. Le 8
octobre, les 2 500 Napolitains levés pour le compte de
l'armée de Lombardie et qu'on avait retenus jusque-là
prenaient le chemin du Nord.

En 1595, mêmes fausses alertes. L'armada turque est
le 31 juillet à Modon, son poste de guette et d'attente[223].
L'Italie immédiatement est en alarme. Les Espagnols
envisagent de réunir des galères à Messine[224]. Mais
des informations secrètes, que l'avenir confirmera,
annoncent que le Turc ne sortira pas *de sus mares*[225] ;
la flotte espagnole, sans se déranger, s'emploie donc
comme à l'ordinaire à ses transports vers l'Ouest,
tandis que le ballet turc continue à n'être qu'un jeu
d'ombres[226].

Jean André Doria ne veut pas combattre l'armada turque : août-septembre 1596

1596 a été, nous le savons, l'année de la grande crise
turque sur les champs de bataille de Hongrie, l'année
de la dure bataille de Keresztes. Les Turcs, cette année-
là, ont tout de même pris leurs positions habituelles de

garde sur les côtes de Grèce. D'autant qu'ils n'avaient
pas seulement à se garder contre l'Occident chrétien,
mais contre le pays albanais qui bouillonnait, comme
jadis peut-être au cours d'un siècle qui ne lui avait
guère réservé de périodes calmes [227]. L'Albanie paraît
prête à se soulever. A Rome, à Florence, on songe à y
tenter un débarquement. Mais Venise a trop d'intérêts
dans cet éventuel conflit, proche de ses frontières ; elle
est trop désireuse de rester neutre pour se mêler à
l'aventure ou lui permettre de se développer. Cependant
les Espagnols sont harcelés par la papauté, qui voudrait
les voir se mesurer avec la flotte turque [228]. Jadis, en
1572, Rome n'avait pas réussi à joindre, à la guerre
maritime, une guerre continentale contre les Turcs. En
1596, elle se heurte à l'impossibilité d'ajouter une guerre
maritime à la guerre continentale de Hongrie. Sollicité
d'intervenir, Jean André Doria, durant l'été 1596, se
retranche derrière ses instructions. Pressé, il en réfère à
Philippe II, mais dans des termes qui disent assez qu'il
est déjà fixé sur les intentions de son souverain : « Le
dernier jour du mois passé, j'ai écrit à Votre Majesté.
J'ajoute aujourd'hui que le 2 de ce mois, arrivèrent les
galères du Grand-Duc et celles de Sa Sainteté. Les
premières sont venues avec les prétentions que l'on peut
voir d'après les copies des lettres du Grand-Duc qu'elles
m'ont apportées. Je ne sais ce que décidera le président
du royaume de Sicile, que j'ai avisé aussitôt. Sa Sainteté
prétend que j'aille rechercher l'armada ennemie et que
je combatte contre elle, mais comme celle-ci a une
grosse supériorité quant au nombre de galères, et
comme en plus des troupes qu'elle transporte, elle peut
embarquer au long de ses côtes tous les hommes d'armes
qu'elle désirera, il ne m'a pas semblé bon de lui obéir
sur ce point. D'autre part, elle prétend que je dois
débarquer des troupes en Albanie, en raison des intelligences qu'elle a dans cette région. Je lui ai répondu
que je n'avais pas d'ordre de Votre Majesté à ce sujet,
sauf celui de garder, avec ses galères, les côtes de la
Chrétienté... » [229]

Et de fait, Jean André Doria s'est contenté de lancer

quelques bandes de galères dans le Levant pour distraire l'ennemi. Puis, tranquillement, il a attendu les événements à Messine. Il annonçait, le 13 août[230], à Philippe II que « s'il n'était pas nécessaire de faire face à l'ennemi », il prendrait avec toute sa flotte le chemin de l'Espagne, ce qui fut fait avec un peu de retard en septembre[231]. Les galères turques arrivaient le même mois à Navarin. En mauvais état, comme l'avait affirmé le pape. Elles ne dépassèrent pas l'escale[232] et s'en retournèrent aux premiers mauvais temps[233].

1597-1600

La Chrétienté eut, de nouveau, quelques craintes au début de 1597, à l'annonce de la sortie prochaine de 35 à 40 galères turques[234]. Pour une fois, l'avis se vérifia à peu près, mais peut-être était-ce pur hasard, puisque d'autres renseignements — les optimistes — avaient annoncé qu'il n'y aurait pas de flotte du tout[235]. Au début d'août, on savait à Venise qu'une flotte avait déjà quitté Constantinople, flotte réduite, destinée à agir contre les galères de Malte dont les raids en Orient « ont éveillé qui dormait », écrit l'ambassadeur espagnol à Venise[236]. Il est évident que les Espagnols, à l'époque, préféreraient de beaucoup le sommeil du Turc. Cette flotte avait beau être réduite, elle pouvait être mobile et efficace, à la façon d'une flottille de corsaires et faire autant et plus de dommages qu'une véritable armada. On sut bientôt qu'elle était composée de 30 galères et 4 galions, sous les ordres de Mami Pacha, et qu'elle avait quitté Constantinople le 2 juillet. Son but : lutter contre les corsaires ponentins, mais aussi, à l'occasion, pirater pour son propre compte. Ainsi la guerre des grands États tourne-t-elle à la simple course. Iñigo de Mendoza commence à se demander si ce n'est pas l'inertie espagnole, son esprit de non-résistance qui poussent le Turc à armer[237].

Toutefois, la flotte de Mami Pacha ne valait sans doute pas les vraies flottes de course des Algérois et n'avait pas été convenablement armée au départ. Car malgré ses intentions primitives, elle retourna rapide-

ment à son port, non sans avoir été passablement
malmenée durant son voyage de retour[238].

1598 : rien à signaler non plus, ce qui est étonnant
après tout, puisqu'une fois de plus, la flotte turque
était sortie[239]. Le 26 juillet, elle avait quitté Constantinople, sous les ordres de Cigala[240]. Après avoir dépassé
les Sept Tours, elle avait été retenue par le manque de
vivres et d'argent, mais elle avait continué sa marche,
malgré la peste qui, disait-on, s'était déclarée à bord[241].
En tout, elle comptait 45 galères, mieux armées que
celles de l'année précédente, ce qui n'était d'ailleurs
qu'un mieux relatif. Cigala arriva à Zante[242], en septembre, mais ne fit aucune expédition contre la Chrétienté,
ses galères étant sans doute trop fatiguées[243] pour se
risquer dans des entreprises un peu longues. Donc,
encore en 1598, une sortie pour rien de la flotte turque
et la guerre refusait de se déclarer. Et toujours à
Constantinople, des essais de trêves, négociées pour
l'Espagne, cette fois par des Juifs de la capitale
turque[244].

En 1599, même calme. En 1600, Cigala sort avec 19
galères qui, arrivées aux Sept Tours, ne sont bientôt
plus que 10. Les 9 galères désarmées servent à renforcer
le personnel et la voilure des autres[245]. En Occident, la
tranquillité est complète. On envisage même, en Espagne, d'envoyer des galères dans les Flandres, pour
répondre aux demandes de l'archiduc Albert[246].

Fausse alerte ou occasion manquée en 1601 ?

Aussi est-il étonnant de voir, l'année suivante, l'Espagne commencer des préparatifs maritimes. Est-ce la
guerre de Henri IV contre la Savoie, à propos de
Saluces[247], ou les projets hostiles à la Toscane, qui
ramènent l'attention de l'Espagne vers la Méditerranée ;
ou la nécessité de tenir ouverte la route de Barcelone à
Gênes ; ou simplement le fait que, dégagée de la guerre
française, la Péninsule a plus de forces à dépenser dans
la mer Intérieure ? En tout cas, on assiste, en 1601, en
Méditerranée, à un déploiement de forces espagnoles
depuis longtemps inusité. Toute l'Italie aux ordres de

Madrid est mise sur pied de guerre[248]. Venise en est d'autant plus inquiète que des soldats allemands traversent son territoire, sans autorisation, pour rejoindre Milan, qui regorge de troupes. Venise arme à son tour, ce qui est naturel[249]. Le comte de Fuentès la rassure, ce qui est non moins naturel et certainement inefficace[250]. Ces armements, ces mouvements de troupes et de navires ont tout de suite déchaîné à travers l'Italie, peut-être trop nerveuse, trop attentive à ce qui peut menacer sa quiétude, une crise générale. N'est-ce pas avec de vastes projets que voyage, vers la France et l'Angleterre, le renégat marseillais, Bartolomé Coreysi[251], envoyé d'Ibrahim Pacha[252] et qui, en avril, passe par Venise, se dirigeant vers Florence et Livourne ?

Henri IV, pour son compte, ne pense pas que la guerre puisse en résulter : le comte de Fuentès, s'il troublait l'Italie, écrit-il à M. de Villiers[253], aurait contre lui le pape « sans lequel led. Roi, feroit très mal ses besongnes ». D'ailleurs, Philippe III n'a pas besoin d'un tel remuement. « En vérité, écrivait encore Henri IV à Villiers, le 16 mai 1601[254], je n'ay jamais estimé que les Espagnols voulussent faire la guerre en Italie, ny ailleurs, ayant comme ils ont sur les bras celle des Païs Bas qui est assez pesante pour eux et n'estant guères mieux pourvus d'argent que les aultres. » A cette date, d'ailleurs, les craintes italiennes s'étaient calmées. Venise démobilisait[255]. Et la crise était virtuellement terminée quand Philippe III, le 27 mai, « jura » enfin la paix de Vervins[256].

Mais cette crise, centrée tout d'abord sur l'Italie, allait se déplacer brusquement vers la mer elle-même, pendant l'été. Les avis de Constantinople nous informant, cette fois, non plus sur l'Orient mais sur l'Occident, signalaient à la mi-juin la préparation d'une puissante flotte espagnole, pour la plus grande confusion de Cigala qui ne pouvait guère réunir, face au danger, que 30 ou 50 galères, avec le concours des corsaires[257]. En France, on était au courant de cette concentration de la flotte espagnole. « L'armée de mer qui se prépare à Gênes, écrivait Henri IV le 25 juin[258], menace l'empire du Turc et tient en jalousie le voisinage, mais j'espère qu'elle fera plus de bruit que de mal, comme les autres actions du dit comte de Fuentès. » Les Turcs prirent quelques précautions, faisant avancer une trentaine de galères jusqu'à l'île de Tenedos [259], au débouché des Dardanelles. Le roi de France ne prenait pas au sérieux la sortie de l'armada turque. « J'ay opinion, écrivait-il le 15 juillet, que le bruict en sera plus grand que l'effet. » [260]

Quant à l'armada chrétienne, elle paraissait plus menaçante, mais chacun se demandait où elle porterait ses coups, bien que Venise prétendît savoir qu'elle irait en Albanie pour y saisir Castelnuovo [261]. Le 5 août, le prince Jean André Doria quittait Trapani avec ses navires [262]. A Constantinople, où on s'exagérait le péril, la situation pour une fois se renversait curieusement. On parlait d'une armada chrétienne de 90 galères et 40 galions [263]. Et Cigala, arrivé à Navarin, se tint prudemment enfermé dans le port, avec ses 40 galères [264].

Pourtant, il ne s'agissait point d'un nouveau Lépante. Le point de départ de Doria, Trapani, indiquait, à lui seul, que l'Espagne ne se préoccupait pas du Levant, mais de l'Afrique du Nord. En réalité, la flotte espagnole avait appareillé contre Alger. On espérait surprendre [265] le grand port barbaresque, mais, une fois de plus, le temps allait trahir toutes les espérances. Le manque d'audace du chef aidant, l'armada dut faire demi-tour. Dès le 14 septembre, l'ambassadeur français [266] en Espagne annonçait l'échec de la flotte, qu'on « publie être advenu par une tempête qui l'a assaillie à quatre lieues de là où il prétendoit descendre, laquelle a tellement escarté et fracassé leurs galères qu'ils ont esté contraints de rompre leurs desseins ». Est-ce là une occasion manquée à ajouter à la liste déjà longue des occasions manquées par la Chrétienté contre Alger, avant 1830 ? C'est au moins ce qu'on pensa à Rome où le duc de Sessa indiquait combien sa Sainteté lui avait « montré de peine pour la disgrâce survenue à la dite armada [267] ». Le Saint-Père pensait surtout que la diversion vers l'Afrique avait empêché une fructueuse intervention dans le Levant... Ainsi, au début du XVIIe siècle, retrouve-t-on curieusement ces éternelles querelles entre Espagnols, préoccupés de l'Afrique, et Italiens, attentifs à l'Orient.

Remarquons que cette expédition — et c'est en quoi elle est révélatrice de l'heure méditerranéenne — si elle avait réussi, n'aurait abouti qu'à une simple guerre locale. La flotte espagnole n'aurait pas rencontré la flotte turque. La grande guerre des escadres, des galères renforcées et des galions ne réussit pas à reprendre possession de la mer. Au-delà des circonstances, des hommes, des calculs, des projets, un courant général, puissant, hostile, s'oppose à leur coûteuse remise en place. A sa façon, la décadence de la grande guerre est comme le signe avant-coureur de la décadence même de la Méditerranée qui assurément se précise et devient déjà visible, avec les dernières années du XVIe siècle.

La mort de Philippe II, 13 septembre 1598 [268]

Dans le récit des événements du théâtre méditerranéen, nous n'avons pas cité, en ses lieu et place, un événement pourtant sensationnel, qui courut la mer et le monde : la mort de Philippe II, survenue le 13 septembre 1598, à l'Escorial, au soir d'un long règne qui avait paru interminable à ses adversaires.

Omission ? Mais la disparition du Roi Prudent a-t-elle signifié un grand changement de la politique espagnole ? Vis-à-vis de l'Orient, celle-ci (la tentative du vieux Doria contre Alger, en 1601, n'y changera rien) demeurera prudente à l'excès, peu désireuse d'un conflit ouvert avec les Turcs [269]. Des agents espagnols continueront leurs intrigues à Constantinople, pour y négocier une impossible paix et s'employer efficacement à éviter les heurts... Quand on parlera de guerre, ce ne sera que contre les Barbaresques, guerre limitée, on le voit. Il n'y a même pas eu de changement décisif de l'Espagne elle-même. Seules continuent à agir les forces depuis longtemps à l'œuvre. Nous l'avons dit notamment à propos de ce que l'on a appelé la réaction seigneuriale du nouveau règne. Tout est continuité ;

même, malgré sa lenteur à s'accomplir, le retour à la paix qui s'impose après les efforts désordonnés mais puissants des dernières années du règne de Philippe II. La paix de Vervins de 1598 est l'œuvre du roi défunt, la paix anglaise tardera six ans (1604), la paix avec les Provinces Unies plus de onze ans encore (1609). Mais l'une et l'autre sont portées par le mouvement antérieur.

Rien de plus révélateur de l'énigmatique figure de Philippe II que sa mort admirable, racontée souvent et avec tant de pathétisme que l'on hésite à en reprendre les détails émouvants. A coup sûr, la mort d'un roi et d'un chrétien, singulièrement assuré de la vertu des pouvoirs intercessionnaires de l'Église.

Aux premières douloureuses attaques du mal, en juin, malgré l'avis des médecins, il s'était fait transporter à l'Escorial pour y mourir. Il lutta pourtant contre l'affection septicémique qui devait l'emporter après cinquante-trois jours de maladie et de souffrances. Cette mort n'est pas du tout sous le signe de l'orgueil, cette divinité du siècle réformé[270]. Le roi ne vient pas à l'Escorial pour y mourir solitaire ; il vient là où sont les siens, ses morts qui l'attendent, et il y vient accompagné de son fils, le futur Philippe III, de sa fille l'infante qui va partir pour les Flandres, des Grands de l'Église et des Grands de ce monde qui le suivront au cours de sa passion. C'est une mort aussi accompagnée que possible, aussi sociale, aussi cérémonieuse peut-on dire, au meilleur sens du mot. Ce n'est pas l'Orgueil, ce n'est pas la Solitude ni l'Imagination, comme on l'a dit, mais l'appareil familial, l'armée des Saints, la nuée des prières qui entourent ses derniers instants, en une procession ordcnnée qui, en soi, est une belle œuvre d'art. Cet homme dont on a tant dit que sa vie avait consisté à distinguer le temporel du religieux, que ses ennemis ont, sans vergogne, noirci sous les calomnies les plus absurdes, que ses admirateurs ont auréolé un peu vite, c'est dans le droit fil de la vie religieuse la plus pure qu'il est à comprendre, peut-être dans l'atmosphère même de la révolution carmélitaine...

Mais le souverain, la force d'histoire dont son nom a

été le lien et le garant ? Comme elle déborde l'individu solitaire et secret qu'il fut ! Historiens, nous l'abordons mal : comme les ambassadeurs, il nous reçoit avec la plus fine des politesses, nous écoute, répond à voix basse, souvent inintelligible, et ne nous parle jamais de lui. Trois jours durant, à la veille de sa mort, il confessa les fautes de sa vie. Mais ces fautes, comptées au tribunal de sa conscience, plus ou moins juste dans ses appréciations, plus ou moins égarée dans les dédales d'une longue vie, qui pourrait les imaginer à coup sûr ? Là se situe l'une des grandes questions de sa vie, la surface d'ombre qu'il faut laisser à la vérité de son portrait. Ou mieux, de ses portraits. Quel homme ne change pas au cours de sa vie ? Et la sienne fut longue, mouvementée, du portrait du Titien qui nous présente le prince dans sa vingtième année, au terrible et émouvant tableau de Pantoja de la Cruz, qui nous restitue, à la fin du règne, l'ombre de ce qu'il fut...

L'homme que nous pouvons saisir, c'est le souverain faisant son métier de roi, au centre, à la croisée des incessantes nouvelles qui tissent devant lui, avec leurs fils noués et entrecroisés, la toile du monde et de son Empire. C'est le liseur à sa table de travail, annotant les rapports de son écriture rapide, à l'écart des hommes, distant, méditatif, lié par les nouvelles à l'histoire vivante qui se presse vers lui, de tous les horizons du monde. A vrai dire, il est la somme de toutes les faiblesses, de toutes les forces de son Empire, l'homme des bilans. Ses seconds, le duc d'Albe, plus tard Farnèse aux Pays-Bas, Don Juan en Méditerranée, ne voient qu'un secteur, leur secteur personnel dans l'énorme aventure. Et c'est la différence qui sépare le chef d'orchestre de ses exécutants...

Ce n'est pas un homme à grandes idées : sa tâche, il la voit dans une interminable succession de détails. Pas une de ses notes qui ne soit un petit fait précis, un ordre, une remarque, voire la correction d'une faute d'orthographe ou de géographie. Jamais sous sa plume d'idées générales ou de grands plans. Je ne crois pas que le mot de Méditerranée ait jamais flotté dans son esprit avec le contenu que nous lui accordons, ni fait surgir nos habituelles images de lumière et d'eau bleue ; ni qu'il ait signifié un lot précis de grands problèmes ou le cadre d'une politique clairement conçue. Une véritable géographie ne faisait pas partie de l'éducation des princes. Toutes raisons suffisantes pour que cette longue agonie, terminée en septembre 1598, ne soit pas un grand événement de l'histoire méditerranéenne. Pour que se marquent à nouveau les distances de l'histoire biographique à l'histoire des structures et, plus encore, à celles des espaces...

Conclusion

Voilà vingt ans bientôt que ce livre circule, est mis en cause et à contribution, critiqué (très peu), loué (trop souvent). J'ai eu l'occasion, en tout cas, dix fois pour une, de compléter ses explications, de défendre ses points de vue, de réfléchir sur ses partis pris, de corriger ses erreurs. Je viens de le relire sérieusement, pour le mettre à jour, et je l'ai largement remanié. Mais il est évident qu'un livre existe en dehors de son auteur, qu'il a sa vie personnelle. Il est possible de l'améliorer, de le surcharger de notes et de détails, de cartes et d'illustrations, non de le changer radicalement. Souvent, à Venise, un navire acheté hors de la ville y était révisé soigneusement, complété par des charpentiers habiles, il n'en restait pas moins tel navire, sorti des chantiers ou de Dalmatie ou de Hollande, et toujours reconnaissable au premier coup d'œil.

Malgré le labeur prolongé du correcteur, les lecteurs de ce livre, dans son édition ancienne, le reconnaîtront sans peine. Sa conclusion, son message, sa signification restent les mêmes qu'hier. Il se présente, sur ces années ambiguës des débuts de la modernité du monde et à travers l'immense scène de la Méditerrannée, comme la mise en œuvre d'un nombre très considérable de documents neufs. Il est, en outre, une sorte d'essai d'histoire globale, écrite selon trois registres successifs, ou trois « paliers », j'aimerais mieux dire trois temporalités différentes, le but étant de saisir, dans leurs plus larges écarts, tous les temps divers du passé, d'en suggérer la coexistence, les interférences, les contradictions, la multiple épaisseur. L'histoire, selon mes vœux, devrait se chanter, s'entendre à plusieurs voix, avec cet inconvénient évident que les voix se couvrent trop souvent les unes les autres. Il n'y a en pas toujours une qui s'impose en solo et repousse au loin les accompagnements. Comment pourrait-on apercevoir alors, dans le synchronisme d'un seul instant, et comme par transparence, ces histoires différentes que la réalité superpose ? J'ai essayé d'en donner l'impression en reprenant souvent, d'une partie à l'autre de ce livre, certains mots, certaines explications, comme autant de thèmes, d'airs familiers communs aux trois parties. Mais la difficulté, c'est qu'il n'y a pas deux ou trois temporalités, mais bien des dizaines, chacune impliquant une histoire particulière. Leur somme seule, appréhendée dans le faisceau des sciences de l'homme (celles-ci au service rétrospectif de notre métier), constitue l'histoire globale dont l'image reste si difficile à reconstituer dans sa plénitude.

I

Nul ne m'a reproché l'annexion, à ce livre d'histoire, d'un très large essai géographique, par quoi il commence, conçu comme hors du temps, et dont les images et réalités ne cessent d'affleurer de la première à la dernière page de ce gros ouvrage. La Méditerranée, avec son vide créateur, la liberté étonnante de ses routes d'eau (son libre-échange automatique, comme dit Ernest Labrousse), avec ses terres diverses et semblables, ses villes issues du mouvement, ses humanités complémentaires, ses hostilités congénitales, est une œuvre reprise sans cesse par les hommes, mais à partir d'un plan obligatoire, d'une nature peu généreuse, souvent sauvage et qui impose ses hostilités et contraintes de très longue durée. Toute civilisation est construction, difficulté, tension : celles de Méditerranée ont lutté contre mille obstacles souvent visibles, elles ont utilisé un matériel humain parfois fruste, elles se sont battues sans fin, à l'aveugle, contre les masses énormes des continents qui enserrent la mer Intérieure, elles se sont même heurtées aux immensités océaniques de l'Indien ou de l'Atlantique...

J'ai donc recherché, selon les cadres et la trame d'une observation géographique, des localisations, des permanences, des immobilités, des répétitions, des « régularités » de l'histoire méditerranéenne, non pas *toutes* les structures ou régularités monotones de la vie ancienne des hommes, mais les plus importantes d'entre elles et qui touchent à l'existence de chaque jour. Ces régularités sont le plan de référence, l'élément privilégié de notre ouvrage, ses images les plus vives et l'on peut en compléter l'album avec facilité. Elles se retrouvent, comme intemporelles, dans la vie actuelle, au hasard d'un voyage ou d'un livre de Gabriel Audisio, de Jean Giono, de Carlo Levi, de Lawrence Durrell, d'André Chamson... A tous les écrivains d'Occident qui ont, un jour ou l'autre, rencontré la mer Intérieure, celle-ci s'est proposée comme un problème d'histoire, mieux de « longue durée ». Je pense comme Audisio, comme Durrell, que l'antiquité elle-même se retrouve sur les rivages méditerranéens d'aujourd'hui. A Rhodes, à Chypre, « observez les pêcheurs qui jouent aux cartes dans la taverne enfumée du *Dragon* et vous pourrez vous faire une idée de ce que fut le véritable Ulysse ». Je pense aussi, avec Carlo Levi, que le pays perdu qui est le vrai sujet de son beau roman, *Le Christ s'est arrêté à Eboli*, s'enfonce dans la nuit des temps. Eboli (dont Ruy Gomez a tiré son titre de prince) est sur la côte, près de Salerne, là où la route quitte la mer pour foncer droit vers la montagne. Le Christ (c'est-à-dire la civilisation, l'équité, la douceur de vivre) n'a pu continuer sa marche vers les hauts pays de Lucanie, jusqu'au village de Gagliano, « au-dessus des précipices d'argile blanche », au creux de versants sans herbe, sans arbres. Là, de pauvres *cafoni* sont mis en coupe réglée, comme toujours, par les nouveaux privilégiés du temps présent : le pharmacien, le médecin, l'instituteur, toutes personnes que le paysan évite, qu'il craint, avec qui il biaise...

Vendettas, brigandages, économies, outils primitifs sont
ici chez eux. Un émigré peut revenir d'Amérique
dans un village presque abandonné, porteur de mille
nouveautés étrangères, d'outils merveilleux : il ne changera rien à cet univers archaïque, muré en lui-même.
Ce visage profond de la Méditerranée, je doute que,
sans l'œil du géographe (du voyageur ou du romancier),
on puisse en saisir les vrais contours, les réalités
oppressives.

II

   Notre seconde entreprise — dégager au XVIe siècle le
destin collectif de la Méditerranée, son histoire
« sociale » au sens plein — c'est, d'entrée de jeu et
jusqu'à la conclusion, se heurter au problème insidieux
et sans solution de la détérioration de sa vie matérielle,
à ces multiples décadences en chaîne de la Turquie, de
l'Islam, de l'Italie, de la primauté ibérique, pour parler
le langage des historiens d'hier — ou aux ruptures et
pannes de ses secteurs moteurs (finances publiques,
investissements, industries, navigation) pour parler le
langage des économistes d'aujourd'hui. Des historiens,
nourris ou non de pensée allemande, ont volontiers
soutenu — le dernier en date étant peut-être Eric
Weber[1], disciple d'Othmar Spann et de son école
universaliste — qu'il y avait un processus de la décadence
en soi, dont le destin du monde romain donnait
déjà l'exemple parfait. Entre autres règles, toute chute
(*Verfall*), pour Eric Weber, serait compensée, ailleurs,
par une montée contemporaine (*Aufstieg*), comme si
rien ne se perdait dans la vie commune des peuples. On
pourrait aussi bien parler des thèses non moins rigides
de Toynbee ou de Spengler. J'ai lutté contre ces
vues trop simples et les grandes explications qu'elles
impliquent. Au vrai, dans lequel de ces schémas pourrait-on facilement inscrire l'exemple du destin méditerranéen ? Sans doute n'y-a-t-il pas *un* modèle de la

décadence. Pour chaque cas particulier, à partir de ses structures de base, le modèle est à reconstruire.

Quel que soit le contenu que l'on donne à ce mot imprécis de décadence, la Méditerranée n'a pas été la proie facile et résignée d'un vaste processus de régression, irréversible et, surtout, précoce. Je disais, en 1949, que le déclin ne me semblait pas visible avant 1620. Je dirais volontiers aujourd'hui, *sans en être tout à fait sûr*, pas avant 1650. En tout cas, les trois plus beaux livres parus sur le destin des terres méditerranéennes au cours de ces dix dernières années, celui de René Baehrel à propos de la Provence, celui d'Emmanuel Le Roy Ladurie à propos du Languedoc, celui de Pierre Vilar à propos de la Catalogne, ne me contrediront pas. Il me semble que si l'on voulait reconstruire le nouveau panorama d'ensemble de la Méditerranée, après la grande rupture qui marque la fin de sa primauté, il faudrait choisir une date tardive, 1650 ou même 1680.

Il faudrait aussi, au fur et à mesure que les recherches locales permettront plus de rigueur, poursuivre ces essais de calculs, ces estimations, ces recherches d'ordres de grandeur auxquels je me suis livré, me rapprochant ainsi, plus que ne le disent ces tentatives très imparfaites, de la pensée des économistes préoccupés par des problèmes de croissance et de comptabilité nationale (chez nous François Perroux, Jean Fourastié, Jean Marczewski). Les suivre, c'est retrouver bientôt une évidence : à savoir que la Méditerranée du XVIe siècle est, par priorité, un univers de paysans, de métayers, de propriétaires fonciers ; que les moissons et les récoltes sont la grande affaire, le reste une superstructure, le fruit d'une accumulation, d'un détournement abusif vers les villes. Paysans d'abord, blé d'abord, c'est-à-dire nourriture des hommes, nombre des hommes, c'est la règle silencieuse du destin à cette époque. A court terme, à long terme, la vie agricole commande. Soutiendra-t-elle le poids accru des hommes, le luxe des villes si éblouissant qu'on ne voit plus que lui ? C'est le problème crucial de chaque jour, de chaque siècle. Le reste, par comparaison, est presque dérisoire.

En Italie, par exemple, avec le XVIᵉ siècle finissant, un énorme investissement s'opère au bénéfice des campagnes. J'hésite à y voir le signe d'une décadence précoce ; c'est bien plutôt une réaction saine ; en Italie un équilibre précieux sera ainsi préservé. Équilibre matériel s'entend, car socialement la grande, la forte propriété impose partout ses ravages et ses gênes à long terme. De même en Castille[2]. Les historiens nous le disent aujourd'hui, un équilibre matériel y a duré jusqu'au milieu du XVIIᵉ siècle. Voilà qui modifie nos observations antérieures. J'avais cru ainsi que la crise courte et violente des années 1580 venait du simple retournement de l'Empire espagnol vers le Portugal et l'Atlantique. Explication « noble ». Felipe Ruiz Martin[3] a démontré qu'elle n'est que le processus déclenché, avant tout, par la grande crise frumentaire des pays ibériques, avec les années 80 du siècle. Donc, en gros, « une crise d'ancien régime », selon le schéma d'Ernest Labrousse.

Bref, même pour l'histoire conjoncturelle des crises, il faudrait dire souvent : structure, histoire lente d'abord. Tout doit se comparer à ce plan d'eau essentiel, les prouesses des villes (qui, en 1949, m'ont trop ébloui : civilisation d'abord !), mais aussi l'histoire conjoncturelle prompte à expliquer, comme si elle remuait tout dans ses mouvements parfois très courts, comme si elle-même n'était pas commandée à son tour. En fait, de proche en proche, une nouvelle histoire économique est à construire, à partir de ces mouvements et de ces immobilités que la vie affronte sans fin. Ce qui fait le plus de bruit n'est pas le plus important, chacun le sait.

En tout cas, ce n'est pas avec le renversement de la tendance séculaire, lors des années 1590, ou avec le coup de hache de la crise courte de 1619-1621, que s'achèvent les splendeurs de la vie méditerranéenne. Je ne crois pas davantage, jusqu'à plus ample informé, à un décalage catastrophique des conjonctures « classiques » entre Nord et Sud de l'Europe et qui, s'il existe, aurait été à la fois le fossoyeur de la prospérité méditerranéenne et le constructeur de la suprématie des Nordiques.

Explication double, doublement expéditive. Je demande à voir.

Cet écartèlement entre lenteurs et précipitations, entre structure et conjoncture, reste au cœur d'un débat qui est loin d'être conclu. Il faut classer ces mouvements les uns par rapport aux autres, sans être sûr, à l'avance, que ceux-ci ont commandé ceux-là, ou inversement. Les identifier, les classer, les confronter, premiers soucis, premières tâches. Malheureusement, il n'est pas question encore de suivre les oscillations globales des « revenus nationaux » aux XVIᵉ et XVIIᵉ siècles, et c'est dommage. Mais on peut dès maintenant mettre en cause les conjonctures urbaines, comme l'ont fait Gilles Caster[4], Carlo Cipolla et Giuseppe Aleati[5], le premier en ce qui concerne Toulouse, les seconds Pavie. Les villes enregistrent dans leur vie multiple une conjoncture plus vraie, pour le moins aussi vraie que les courbes habituelles des prix et salaires.

Le problème finalement est d'accorder entre elles des chronologies contradictoires. Ainsi comment oscillent, avec le beau ou le mauvais temps économique, les États et les civilisations, ces gros personnages, ces exigences, ces volontés ? J'ai posé le problème à propos des États : les temps difficiles favoriseraient leur avance relative. Pour les civilisations en va-t-il de même ? Leurs splendeurs surgissent souvent à contretemps. C'est à l'automne des États-villes, durant leur hiver même (à Venise et à Bologne) que fleurit une dernière Renaissance italienne. A l'automne des vastes empires de la mer, celui d'Istanbul, celui de Rome, celui de Madrid, que s'étalent les puissantes civilisations impériales. A la fin du XVIᵉ siècle, au début du XVIIᵉ siècle, ces ombres brillantes flottent là où vécurent les grands corps politiques du milieu du siècle.

III

A l'échelle de ces problèmes, le rôle des événements et des individus s'amenuise. Question de perspective. Mais notre perspective est-elle juste ? Pour les événements, « leur cortège officiel auquel nous accordons la première place modifie très peu les paysages et presque pas du tout la structure fondamentale de l'homme ». Ainsi pense un romancier d'aujourd'hui, passionné de Méditerranée, Lawrence Durrell. Oui, mais comme me l'ont demandé des historiens et des philosophes : à ce jeu, que devient l'homme, que deviennent le rôle, la liberté des hommes ? Et d'ailleurs, m'objectait un philosophe, François Bastide, toute histoire étant déroulement, mise en œuvre, ne pourrait-on pas dire aussi d'une tendance séculaire qu'elle est « événement » ? Sans doute, mais, à la suite de Paul Lacombe et de François Simiand, ce que j'ai mis à part, dans cet océan de la vie historique, sous le nom d'« événements », ce sont les événements *brefs* et pathétiques, les « faits notables » de l'histoire traditionnelle, eux surtout.

Pour autant, je ne soutiens pas que cette poussière brillante soit sans valeur, ou que la reconstruction historique d'ensemble ne puisse partir de cette micro-histoire. La micro-sociologie, à laquelle elle fait penser, à tort je crois, n'a d'ailleurs pas exécrable réputation. Il est vrai qu'elle est répétition, alors que la micro-histoire des événements serait singularité, exception ; au vrai, il s'agit d'un défilé de « sociodrames ». Mais Benedetto Croce a soutenu, non sans raison, que dans tout événement — disons l'assassinat de Henri IV en 1610, ou, pour sortir plus franchement de notre période, l'avènement du ministère Jules Ferry en 1883 — se peut saisir l'ensemble de l'histoire des hommes. Celle-ci est la portée de musique sur quoi éclatent ces notes singulières.

Cela dit, j'avoue n'être pas très tenté, n'étant pas philosophe, de longuement discuter sur tant de questions qui m'ont été, et me seraient encore posées sur la portée des événements ou la liberté des hommes. Il faudrait s'entendre sur ce mot de liberté, chargé de sens multiples, jamais tout à fait le même au cours des siècles — et distinguer, au moins, la liberté des groupes et la liberté des individus. Qu'est-ce, en 1966, que la liberté du groupe France ? Qu'était exactement, en 1571, la liberté de l'Espagne prise en bloc, entendez son jeu possible, ou la liberté de Philippe II, ou la liberté de Don Juan d'Autriche perdu au milieu de la mer, avec ses navires, ses alliés et ses soldats ? Chacune de ces libertés me semble une île étroite, presque une prison...

Constater l'étroitesse de ces limites, est-ce nier le rôle de l'individu dans l'histoire ? Je n'en crois rien. Ce n'est pas parce que le choix vous est donné entre deux ou trois coups seulement que la question ne continue pas à se poser : serez-vous ou non capable de les porter ? de les porter efficacement ou non ? de comprendre, ou non, que ce sont ces coups-là, et ceux-là seulement, qui sont à votre portée ? Je conclurai, paradoxalement, que le grand homme d'action est celui qui pèse exactement l'étroitesse de ses possibilités, qui choisit de s'y tenir et de profiter même du poids de l'inévitable pour l'ajouter à sa propre poussée. Tout effort à contre-courant du sens profond de l'histoire — ce n'est pas toujours le plus apparent — est condamné d'avance.

Ainsi suis-je toujours tenté, devant un homme, de le voir enfermé dans un destin qu'il fabrique à peine, dans un paysage qui dessine derrière lui et devant lui les perspectives infinies de la « longue durée ». Dans l'explication historique telle que je la vois, à mes risques et périls, c'est toujours le temps long qui finit par l'emporter. Négateur d'une foule d'événements, de tous ceux qu'il n'arrive pas à entraîner dans son propre courant et qu'il écarte impitoyablement, certes il limite la liberté des hommes et la part du hasard lui-même. Je suis « structuraliste » de tempérament, peu sollicité par l'événement, et à demi seulement par la conjoncture, ce groupement d'événements de même signe. Mais le « structuralisme » d'un historien n'a rien à voir avec la problématique qui tourmente, sous le même nom, les autres sciences de l'homme[6]. Il ne le dirige pas vers l'abstraction mathématique des rapports qui s'expriment en fonctions. Mais vers les sources mêmes de la vie, dans ce qu'elle a de plus concret, de plus quotidien, de plus indestructible, de plus anonymement humain.

26 juin 1965.

Notes

1. A. C.   Archives Communales.
2. A. Dép.   Archives Départementales.
3. A. d. S.   Archivio di Stato.
4. A. E.   Affaires Étrangères, Paris.
5. A. H. N.   Archivo Histórico Nacional, Madrid.
6. A. N. K.   Archives Nationales, Paris, Série K.
7. B. M.   British Museum, Londres.
8. B. N.   Bibliothèque Nationale, F. (Florence), M. (Madrid), sans autre indication (Paris).
9. C. S.P.   Calendar of State Papers.
10. *CODOIN* Colección de documentos ineditos para la historia de España.
11. G. G. A. Ex-Gouvernement Général de l'Algérie.
12. P. R. O. Public Record Office, Londres.
13. Sim.   Simancas.
14. Sim. Eº   Simancas, série Estado.

LES ÉVÉNEMENTS, LA POLITIQUE
ET LES HOMMES

p. 8 : 1. R. Busch-Zantner.

CHAPITRE 1
1550-1559 : REPRISE ET FIN D'UNE GUERRE MONDIALE

1. Après le raid des Impériaux qui les amena jusqu'à Meaux, Ernest Lavisse, *Hist. de France*, V, 2, p. 116. Le 18 septembre, Jean Dumont, *Corps universel diplomatique*, Amsterdam, 1726-1731, IV, 2, p. 280-287, et non 18 novembre, comme l'écrit à tort S. Romanin, *Storia documentata di Venezia*, Venise, 1853-1861, VI, p. 212.

2. A. E. Esp. 224, Philippe à Juan de Vega, Madrid, 5 décembre 1545, sur la trêve entre le roi des Romains et le Sultan, minute, f° 342. Sur le renouvellement de la trêve en 1547, B.N., Paris Ital. 227.

3. E. Lavisse, *op. cit.*, V, 2, p. 117 ; Georg Mentz, *Deutsche Geschichte, 1493-1618*, Tübingen, 1913, p. 227.

4. *Ibid.*, p. 117 (8 juin), Henri Hauser et Augustin Renaudet, *Les débuts de l'âge moderne*, 2e édit., 1946, p. 468.

5. Pour sa nomination à la tête des flottes ottomanes, 1533 et la date de sa mort, Charles-André Julien, *H. de l'Afrique du Nord*, Paris, 1931, p. 521. Sur sa vie, le livre romancé, haut en couleurs, parfois très juste, de Paul Achard, *La vie extraordinaire des frères Barberousse, corsaires et rois d'Alger*, Paris, 1939.

6. O. de Selve, *op. cit.*, p. 95 ; S. Romanin, *op. cit.*, VI, p. 23.

7. E. Lavisse, *op. cit.*, V, 2, p. 122 ; S. Romanin, VI, p. 222 ; O. de Selve, *op. cit.*, pp. 124 et 126.

8. C. Capasso, « Barbarossa e Carlo V », *in : Rivista storica ital.*, 1932, pp. 169-209.

9. *Ibid.*, p. 172 et note 1 ; C. Manfroni, *Storia della marina italiana*, Rome, 1896 p. 325 et *sq.* ; Hermann Cardauns, *Von Nizza bis Crépy*, 1923, p. 24 et 29 ; C. Capasso, *Paolo III*,

Messine, 1924, p. 452 ; Alberto GUGLIELMOTTI, *La guerra dei pirati e la marina pontificia dal 1500 al 1560*, Florence, 1876, t. II, p. 5 et *sq.*

10. E. LAVISSE, *op. cit.*, V, 2, p. 112.

11. N. IORGA, *G. des osm. Reiches*, Gotha, 1908-1913, III, p. 76 et *sq.* Sur l'ensemble de la politique turque à l'Ouest, sur les complications asiatiques, *ibid.*, p. 116 et *sq.*

12. *Ibid.*, p. 117.

13. Voir tome II, pp. 235-236.

14. Voir tome II, pp. 600-601.

15. Voir tome II, pp. 316 et *sq.*

16. *Hispania victrix*, Medina del Campo, 1570.

17. Charles MONCHICOURT, « Épisodes de la carrière tunisienne de Dragut, 1550-1551 », *in : Rev. tun.*, 1917, sur les exploits de Jean Moret, tir. à part, p. 7 et *sq.*

18. *Ibid.*, p. 11. Sur la vie de Dragut, l'ouvrage de l'historien turc Ali RIZA SEIFI, *Dorghut Re'is*, 2ᵉ éd., Constantinople, 1910 (édition en alphabet turco-latin, 1932).

19. *Ibid.*, p. 11.

20. *Archivio storico ital.*, t. IX, p. 124 (24 mars 1550).

21. F. BRAUDEL, « Les Espagnols et l'Afrique du Nord de 1492 à 1577 », *in : Revue Africaine*, 1928, p. 352 et *sq.*

22. Carl LANZ, *Correspondenz des Kaisers Karl V*, Leipzig 1846, III, p. 3-4 (12 avr. 1550).

23. *Archivio storico ital.*, IX, p. 124 (20 avr. 1550).

24. *Ibid.*, p. 126-127.

25. *Ibid.*, p. 125.

26. *Ibid.*, p. 126-127.

27. *Ibid.*, p. 127 (11 mai 1550).

28. *Ibid.*

29. *Ibid.*, p. 129-130 (10 juin 1550).

30. *Ibid.*, p. 132 (5 juill. 1550).

31. *Ibid.*, p. 131 (16 juin 1550).

32. Contrairement aux erreurs de E. MERCIER, *Hist. de l'Afrique septentrionale*, Paris, 1891, III, p. 72.

33. *Archivio storico ital*, t. IX, p. 132, C. MONCHICOURT, *art. cit.*, p. 12.

34. A. S. Florence, Mediceo 2077, fᵒ 45.

35. Accord du gouverneur d'Africa avec le cheick Soliman ben Saïd ; 19 mars 1551, Sim. Eᵒ 1193.

36. E. PÉLISSIER DE RAYNAUD, *Mém. historiques et géographiques*, Paris, 1844, p. 83.

37. Charles MONCHICOURT, « Études Kairouanaises », 1ʳᵉ Partie : « Kairouan sous le Chabbîa », *in : Revue Tunisienne*, 1932, pp. 1-91 et 307-343 ; 1933, pp. 285-319.

38. Évacuation des troupes en Espagne, Alphonse ROUSSEAU, *Annales tunisiennes*, Alger, 1864, p. 25, ce qui est erroné ;

E. PELISSIER DE RAYNAUD, *op. cit.*, p. 83 ; Charles FÉRAUD, *Annales Tripolitaines*, Paris, 1927, p. 56.

39. C. LANZ, *op. cit.*, III, p. 9-11.

40. S. ROMANIN, *op. cit.*, VI, p. 214 ; le 13 déc. 1545, P. RICHARD, *H. des Conciles*, Paris, 1930, t. IX, 1, p. 222.

41. P. RICHARD, *op. cit.*, IX, 1, p. 214.

42. *Ibid.*, p. 209 et *sq.*

43. *Ibid.*, p. 214 et BUSCHBELL, « Die Sendung des Pedro Marquina... », *in : Span. Forsch. der Görresgesellschaft*, Münster, 1928, I, 10, p. 311 et suivantes. Les concessions en 1547, J. J. DÖLLINGER, *Dokumente zur Geschichte Karls V...*, Regensburg, 1862, p. 72 et *sq.*

44. Cité par BUSCHBELL, *art. cit.*, p. 316.

45. S. ROMANIN, *op. cit.*, VI, p. 221, d'après la relation de Lorenzo Contarini, en 1548.

46. Georg MENTZ, *op. cit.*, p. 209.

47. G. de LEVA, *Storia documentata di Carlo V...*, Venise, 1863-1881, III, p. 320 et *sq.*

48. Joseph LORTZ, *Die Reformation in Deutschland*, Fribourg-en-Brisgau, 1941, II, p. 264, note 1.

49. Domenico Morosino et Fco Badoer au Doge, Augsbourg, 15 sept. 1550, G. TURBA, *Venetianische Depeschen*, 1, 2, p. 451 et *sq.*

50. *Ibid.*, p. 478, Augsbourg, 30 nov. 1550.

51. *Ibid.*, p. 509, Augsbourg, 15 févr. 1551.

52. B.N., Paris, Ital. 227, S. ROMANIN, *op. cit.*, VI, p. 214.

53. Depuis le mois de mars 1548, cf. Germaine GANIER, *La politique du Connétable Anne de Montmorency*, diplôme de l'École des Hautes Études, le Havre (1957).

54. P. RICHARD, *op. cit.*, IX, 1, p. 439.

55. Le détail est souvent signalé, Fernand HAYWARD, *Histoire de la Maison de Savoie*, 1941, II, p. 12.

56. Juan Christoval CALVETE DE ESTRELLA, *El felicisimo viaje del... Principe don Felipe*, Anvers, 1552.

57. L. PFANDL, *Philippe II, op. cit.*, p. 170.

58. L. PFANDL, *op. cit.*, p. 161.

59. C. LANZ, *op. cit.*, III, p. 20.

60. F. Auguste MIGNET, *Charles Quint, son abdication et sa mort*, Paris, 1868, p. 39 et note 1.

61. Convention du 6 octobre 1551, Simancas Capitulaciones con la casa de Austria, 4.

62. Dirons-nous avec Ranke que ce fut là un des chefs-d'œuvre de la diplomatie autrichienne ?

63. L. PFANDL, *Philippe II, op. cit.*, p. 159.

64. Le Vénitien Mocenigo, en 1548, L. PFANDL, *op. cit.*, p. 199.

65. Charles Quint à Ferdinand, Munich, 15 août 1551, C. LANZ, *op. cit.*, III, 68-71.

66. A.N., 1489 ; W. ONCKEN, *op. cit.*, XII (édit. portug.), p. 1047 ; S. ROMANIN, *op. cit.*, VI, p. 224.

67. A.N., K 1489.

68. *Ibid.*

69. A. Simon Renard, 27 janv. 1550, *ibid.*

70. J'utilise le travail déjà cité de Mlle GANIER.

71. A.N., K 1489, copie.

72. *Ibid.*, Poissy, 25 avr. 1550. Déchiffrement et trad. espagnole.

73. Sur l'invasion de l'Oranie par ce dernier, avis du 17 août 1550, *Alxarife passa en Argel con un gruesso exercito por conquistar...*, *ibid.*

74. *Ibid.*, Simon Renard au roi et à la reine de Bohême, 31 août 1550.

75. *Ibid.*

76. *Ibid.*

77. Toujours sous la même cote, A.N., K 1489.

78. Fano à Jules III, 15 juill. 1551, *Nunt.-Berichte aus Deutschland*, Berlin, 1901, I, 12, p. 44 et *sq.*

79. Depuis 1530. La ville prise en 1510 par Pedro Navarro, F. BRAUDEL, *art. cit.*, in : *Revue Africaine*, 1928, p. 223.

80. C. MONCHICOURT, « Épisodes de la carrière tunisienne de Dragut », *in : Rev. Tunisienne*, 1917, p. 317-324.

81. Giacomo BOSIO, *I Cavalieri gerosolimitani a Tripoli negli anni 1530-31*, p.p. S. AURIGEMMA, 1937, p. 129.

82. J. W. ZINKEISEN, *op. cit.*, II, 869.

83. G. BOSIO, *op. cit.*, p. 164.

84. G. TURBA, *Venetianische Depeschen*, 12, p. 507, Augsbourg, 10 févr. 1551.

85. Le Nonce à Jules III, Augsbourg, 15 juill. 1551 « ... *hora si starà aspettando dove ella batta, benché si crede che habbia a fare la impresa de Affrica. Sua Maesta aspetta parimente con sommo desiderio veder quel che Francia farà con questa armata...* ». *N.-Berichte aus Deutschland*, I, 12, p. 44 et *sq.*

86. G. BOSIO, *op. cit.*, p. 164.

87. E. ROSSI, *Il dominio degli Spagnuoli e dei Cavalieri di Malta a Tripoli*, Airoldi, 1937, p. 70 ; 6 000, dit Charles FÉRAUD, *Ann. trip.*, p. 40 ; 5 000, C. MONCHICOURT, « Dragut amiral turc », *in : Revue tun.*, 1930, tiré à part, p. 5 ; 6 000, Giovanni Francesco BELA, *Melite illustrata*, cité par Julius BELOCH, *op. cit.*, I, p. 165.

88. Sur ces détails, C. FÉRAUD, *op. cit.*, notamment, p. 40 au sujet de l'avarice d'Olmedes, E. ROSSI et G. BOSIO, *op. cit.*

89. Pour le récit du siège, outre les ouvrages déjà indiqués, Salomone MARINO, « I siciliani nelle guerre contro l'Infedeli nel secolo XVI », *in : A. Storico Siciliano*, XXXVII, p. 1-29 ; C. MANFRONI, *op. cit.*, p. 43-44 ; Jean CHESNEAU, *Voyage de*

Monsieur d'Aramon dans le Levant, 1887, p. 52 ; Nicolas de NICOLAÏ, *Navig. et pérégrinations...*, 1576, p. 44.

90. Simon Renard à Charles Quint, 5 août 1551, A.N., K 1489.

91. *Ibid.*

92. Simon Renard à Philippe, Orléans, 5 août 1551, A.N., K 1489.

93. Voir note 90, ci-dessus.

94. Simon Renard à S. Alt., Blois, 11 avr. 1551, A.N., K 1489.

95. J. W. ZINKEISEN, *op. cit.*, II, p. 869.

96. Valence, 15 août 1551, *Colección de documentos ineditos* (abréviation *CODOIN*), V, 117.

97. Malte, 24 août 1551, Guillaume RIBIER, *Lettres et mémoires d'État*, Paris, 1666, p. 387-389.

98. M. TRIDON, *Simon Renard, ses ambassades, ses négociations, sa lutte avec le cardinal Granvelle*, Besançon, 1882, p. 54.

99. *Ibid.*, p. 55 et 65, les ambassadeurs de Henri II sont l'évêque de Marillac et l'abbé de Bassefontaine.

100. S. ROMANIN, *op. cit.*, VI, p. 225.

101. Antoine de Bourbon à M. d'Humières, Coucy, 8 sept. 1551, *Lettres d'Antoine de Bourbon*, p.p. le marquis de ROCHAMBEAU, 1877, p. 26 et note 2.

102. Philippe à Simon Renard, Toro, 27 sept. 1551, A.N., K 1489, min.

103. *Ibid.*

104. Avisos del embassador de Francia, sept. 1551, A.N., K 1489.

105. W. ONCKEN, *op. cit.*, XII, p. 1064, 3 et 5 oct. 1551.

106. Eduard FUETER, *Geschichte des europäischen Staatensystems*, Munich, 1919, p. 321.

107. Marie de Hongrie à l'évêque d'Arras, 5 oct. 1551, C. LANZ, *op. cit.*, III, p. 81-82.

108. Les événements y tournent mal pour les Impériaux, F^co Badoer au Doge, Vienne, 22 oct. 1551, G. TURBA, *Venet. Depeschen, op. cit.*, I, 2, p. 518 et *sq.* Temesvar est menacé par les Turcs.

109. Camaiani à Jules III, Brixen, 28 oct. 1551, *Nunt.-Ber. aus Deutschland.* Série I, 12, p. 91 et *sq* ; Fano à Montepulciano, Innsbrück, 6 nov. 1551, *ibid.*, p. 97 et *sq*, 14 déc. 1551, *ibid.*, p. 111.

110. Charles Quint à Philippe, Villach, 9 juin 1552, J. J. DÖLLINGER, *op. cit.*, p. 200 et *sq.*

111. E. LAVISSE, V, 2, p. 149 ; G. ZELLER, *La réunion de Metz à la France, 1552-1648*, 2 vol., Paris-Strasbourg, 1927, I, p. 35-36, 285-9, 305-6.

112. E. LAVISSE, V, 2, p. 150.

113. G. ZELLER, *Le siège de Metz par Charles-Quint, oct.-déc. 1552*, Nancy, 1943.

114. J. W. ZINKEISEN, *op. cit.*, II, 873.

115. Accord accepté par Charles Quint, Innsbrück, 10 mai 1552, Simancas, *Patronato Real*, n° 1527.

116. S. ROMANIN, *op. cit.*, VI, p. 226, Henri HAUSER, *Prépondérance espagnole*, 2e édit., 1940, p. 475.

117. Pour toutes ces dates, C. MONCHICOURT, *art. cit.*, tiré à part, p. 6, références à E. CHARRIÈRE, *op. cit.*, II, p. 167, 169, 179-181, 182 note, 200, 201. Sur la défaite de Ponza, Édouard PETIT, *André Doria, un amiral condottiere au XVIe s.*, 1887, p. 321. Dans la nuit qui suit la défaite de Terracine, les Turcs prennent sept galères chargées de troupes, C. MANFRONI, *op. cit.*, III, p. 382.

118. *CODOIN*, V, p. 123.

119. C. MONCHICOURT, *art. cit.*, p. 7.

120. Relacion del viaje de las galeras de Francia despues del ultimo aviso s.d. (le jeudi 25 août ou 25 sept. 1552). A.N., K 1489. Le refus de Venise, S. ROMANIN, *op. cit.*, VI, 226, à ce sujet documents dans V. LAMANSKY, *op. cit.* Difficultés d'une résistance éventuelle de Gênes et de Naples, C. MANFRONI, *op. cit.*, III, 382-383.

121. Le 11 juill. 1553, W. ONCKEN, éd. portugaise, *op. cit.*, XII, 1084.

122. Richard EHRENBERG, *Das Zeitalter der Fugger*, Iéna, 1896, I, p. 152-154.

123. G. TURBA, *Venet. Depeschen*, I, 2, p. 526, Innsbrück, 13 mai 1552.

124. Voir tome II, pp. 155 et *sq.*

125. G. ZELLER, *L'organisation défensive des frontières du Nord et de l'Est au XVIIe siècle*, Nancy-Paris-Strasbourg, 1928, p. 4.

126. *La prépondérance espagnole, op. cit.*, p. 475.

127. Cité par H. HAUSER, note précédente.

128. Henry JOLY, *La Corse française au XVIe siècle*, Lyon, 1942, p. 55.

129. D. de HAEDO, *Epitome de los Reyes de Argel*, f° 66 v° et *sq.*

130. C. LANZ, *op. cit.*, III, p. 576, G. de RIBIER, *op. cit.*, II, p. 436.

131. C. MANFRONI, *op. cit.*, III, p. 386.

132. Paul de Termes à Montmorency, Castiglione della Pescara, 23 août 1553, B.N., Paris, Fr. 20 642, f° 165, copie, cité par H. JOLY, *op. cit.*, p. 55.

133. J. CHESNEAU, *Le voyage de Monsieur d'Aramon, op. cit.*, p. 161.

134. H. JOLY, *op. cit.*, 53. Le détour à l'aller pour éviter des pillages au royaume de Naples, considéré un peu comme terre française.

135. *Ibid.*, p. 385, C. MONCHICOURT, *art. cit.*

136. R. HAKLUYT, *The principal navigations...*, II, p. 112.
137. TOMMASEO, *Proemio alle lettere di Pasquale Paoli*, p. CLIII, cité par H. JOLY, *op. cit.*, p. 28.
138. H. JOLY, *op. cit.*, p. 8.
139. *Ibid.*, p. 9.
140. *Ibid.*, p. 71 et 72.
141. *Ibid.*, p. 117.
142. *Ibid.*, p. 14, note 1.
143. Le 17, H. JOLY, *op. cit.*, p. 106, et non le 27, C. MANFRONI, *op. cit.*, III, p. 389.
144. W. ONCKEN, *op. cit.*, XII, p. 1086, le 6 juillet.
145. Da Mula au Doge, Bruxelles, 29 juillet 1553, G. TURBA, *Venetianische Depeschen*, I, 2, p. 617. Sur la reconnaissance de Marie Tudor, comme reine d'Angleterre, *Reconocimiento de Maria Tudor por Reina d'Inglaterra*, Simancas E° 505-506, f° 7.
146. Enrique PACHECO Y DE LEIVA, « Grave error politico de Carlos I », *in : Rev. de Archivos, Bibl. y Museos*, 1921, pp. 60-84.
147. Granvelle à Renard, 14 janvier 1553, cité par M. TRIDON, *op. cit.*, p. 85.
148. M. TRIDON, *op. cit.*, p. 84. Dès novembre 1553, le résultat était acquis, Charles Quint à la reine de Portugal, Bruxelles, 21 novembre 1553, *in :* E. PACHECO, *art. cit.*, p. 279-280.
149. W. ONCKEN, *op. cit.*, XII, p. 1086.
150. Ch. de la RONCIÈRE, *H. de la marine française*, 1934, III, p. 491-492.
151. Da Mula au Doge, Bruxelles, 30 déc. 1553, G. TURBA, *op. cit.*, I, 2, p. 640.
152. Charles Quint à Philippe, 1er janv. 1554, A. E. Esp. 229, f° 79. Sur l'attitude de Soranzo en Angleterre, da Mula, 2 mars 1554, G. TURBA, *op. cit.*, I, 2, p. 645, note 2.
153. Le connétable au cardinal de Paris (à Rome), Paris, 3 févr. 1554, A.N., K 1489 (copie en italien). Simon Renard à Charles Quint, Londres, 29 janv. 1554, A. E. Esp. 229, f° 79 ; du même au même, 8 févr. 1554, f° 80 ; 19 févr. 1554, mars 1554, *ibid.* ; *CODOIN*, III, p. 458.
154. E. LAVISSE, *op. cit.*, V, 2, p. 158.
155. Ils postent à cet effet des troupes près de Calais, le connétable au cardinal de Paris, Paris, 3 févr. 1554, copie italienne, A.N., K 1489.
156. Charles Quint à Philippe, Bruxelles, 13 mars 1554, A. E. Esp. 229, f° 81 ; 21 mars 1554, f° 82 ; 1er avr. 1554, f° 83 ; 3 avr. 1554, f° 84. Da Mula au Doge, Bruxelles, 20 mai 1554, G. TURBA, *op. cit.*, I, 2, p. 648 et *sq.*
157. E. LAVISSE, *op. cit.*, V, 2, p. 137.
158. Avisos de Francia, Nantes, 26 juin 1552, A.N., K 1489.
159. Avisos de Francia, 3 avril 1554, A.d.S. Florence, Mediceo 424, f° 5, cité par H. JOLY, *op. cit.*, p. 119.

160. H. JOLY, *op. cit.*, p. 118.

161. C. MANFRONI, *op. cit.*, III, p. 392 et références à E. CHARRIÈRE, *op. cit.*

162. H. JOLY, *op. cit.*, p. 122.

163. C'est au cours de ces opérations que périt Leone Strozzi.

164. C. MANFRONI, *op. cit.*, III, p. 391.

165. *Ibid.*, p. 392 ; E. CHARRIÈRE, *Négociations...*, II, p. 351.

166. Marquis de Sarria à la princesse Jeanne, Rome, 22 nov. 1555, J. J. DÖLLINGER, *op. cit.*, pp. 214-216.

167. Durant l'hiver, la flotte génoise sort de sa tanière. Sur 12 galères qui lui sont confiées, Jean André Doria, dont ce sont les débuts, en perd neuf en janv. 1556, par suite d'un coup de *libeccio*, sur les côtes de Corse, C. MANFRONI, *op. cit.*, III, p. 394.

168. Lucien ROMIER, *Les origines politiques des guerres de religion*, Paris, 1914, II, pp. 393-440.

169. COGGIOLA, « Ascanio della Corna », p. 114, note 1, déc. 1555.

170. D. de HAEDO, *Epitome,... op. cit.*, fos 68 et 68 v°.

171. Voir *infra*, pp. 128-130.

172. Paule WINTZER, « Bougie, place forte espagnole », *in* : *B. Soc. géogr. d'Alger*, 1932, p. 185-222, spécialement p. 204 et *sq.*, et 221.

173. Diego SUÁREZ, *Hist. del maestre ultimo que fue de Montesa...* Madrid, 1889, p. 106-107.

174. Luis de CABRERA, *Felipe II, Rey de España*, Madrid, 1877, I, p. 42.

175. Peticiones del Cardenal de Toledo para la jornada de Argel y Bugia y Conquista de Africa, Simancas E° 511-513.

176. Paule WINTZER, *art. cit.*, p. 221. En sa faveur, Diego SUÁREZ, *op. cit.*, p. 107.

177. Le duc d'Albe à la princesse Jeanne, 29 mars 1556, Simancas E° 1049, f° 11.

178. G. MECATTI, *Storia cronologica della Città di Firenze*, *op. cit.*, II, p. 697.

179. COGGIOLA, « Ascanio... », p. 97.

180. H. JOLY, *op. cit.*, p. 122 ; S. ROMANIN, *op. cit.*, VI, p. 230.

181. H. JOLY, *op. cit.*, p. 120.

182. Simancas P° Real, n° 1538, 13 oct. 1555, COGGIOLA, *art. cit.*, p. 246.

183. Philippe à la princesse Jeanne, Windsor, 9 août 1554, A. E. Esp. 229, f° 84. *Viaje de Felippe II* (sic) *à Inglaterra quando en 1555 fué a casar con la Reina Dª Maria*, CODOIN, I, p. 564.

184. Ici les dates sont difficiles à fixer avec exactitude. Le 25 juil. 1554, la minute de la renonciation de Charles Quint au royaume de Naples était présentée à Philippe par le régent Figueroa (Simancas E° 3636, 25 juil. 1554, G. MECATTI, *op. cit.*,

II, 693). Le 2 oct. de cette même année, Jules III concédait l'investiture des royaumes de Naples et de Sicile à Philippe (Simancas E° 3638, 23 oct. 1554), puis, le 18 nov., le Pape lui concédait en fief les royaumes de Sicile et de Jérusalem (Simancas E° 1533, Rome, 18 nov. 1554). Pour Naples, Lodovico BIANCHINI, *Della Storia delle Finanze del Regno di Napoli*, 1839, p. 52-53. La renonciation de Charles Quint au royaume de Sicile serait, à l'en croire, du 16 janv. 1556, mais cette renonciation est faite au nom de « Carolus et Joana reges Castelle » donc forcément avant la mort de Jeanne la Folle en 1555.

185. Pour le récit abrégé, voir Charles BRATLI, *Philippe II, roi d'Espagne*, Paris, 1912, p. 87 et *sq.* ou L. PFANDL, *op. cit.*, p. 272 et *sq.*

186. *Renuncia de Carlos V en favor de Felipe II de los reinos de Castilla*, Simancas E° 511-513.

187. Ainsi Ferdinand à Philippe II, Vienne, 24 mai 1556, *CODOIN*, II, p. 421 ou Charles Quint à Ferdinand, Bruxelles, 8 août 1556, *ibid.*, p. 707-709.

188. Cf. ci-dessus, pp. 25-27.

189. *CODOIN*, XCVIII, p. 24.

190. A ce sujet, la démonstration chez H. JOLY, *op. cit.*, p. 126, contrairement à l'opinion de Francis DECRUE de STOUTZ, *Anne de Montmorency*, Paris, 1899, II, p. 1.

191. A. d'AUBIGNÉ, *Histoire universelle*, Paris, 1886, I, p. 125 ; E. LAVISSE, *op. cit.*, V, 2, p. 160, dit 15 févr., mais le roi de France publie la trêve dès le 13 (13 févr. 1556, A.N., K 1489), F. HAYWARD, *op. cit.*, II, 18.

192. Ferdinand à Charles Quint, Vienne, 22 mai 1556, C. LANZ, *op. cit.*, III, p. 69, 702.

193. Il débarquera à Laredo, le 6 oct. 1556, L. P. GACHARD, *Retraite et mort de Charles Quint*, Bruxelles, 1854, p. 137.

194. Philippe II à la princesse Jeanne, Londres, 13 avril 1557, A.E. Esp., 232, f° 232.

195. Badoero au Sénat, Bruxelles, 7 mars 1556, COGGIOLA, *art. cit.*, p. 108, note.

196. Navagero au Sénat, Rome, 21 févr. 1556, COGGIOLA, *art. cit.*, p. 232-233.

197. Badoero au Sénat, Bruxelles, 1er mars 1556, COGGIOLA, *art. cit.*, p. 108, note.

198. *Ibid.*

199. Relation de Bernardo Navagero, 1558, E. ALBÈRI, *Relazioni...*, II, 3, p. 389.

200. Ernesto PONTIERI, « Il papato e la sua funzione morale e politica in Italia durante la preponderanza spagnuola », *in* : *Archivio storico italiano*, 1938, t. II, p. 72.

201. E. LAVISSE, *op. cit.*, V, 2, p. 163.

202. Henri II à Ottavio Farnese, Fontainebleau 29 juin 1556,

Coggiola, *art. cit.*, p. 256-257 ; F. Decrue, *Anne de Montmo-rency*, II, p. 186.

203. H. Patry, « Coligny et la Papauté en 1556-1557 », *in : Bul. de la Soc. de l'hist. du protestantisme français*, t, 41, 1902, pp. 577-585.

204. Le duc d'Albe est rentré à Ostie le 14 nov. : lo que refiere un hombre que fue a Francia estos dias a entenderlo que alla se hazia (déc. 1556), A.N., K 1490. La trêve signée le 18 nov. (Sim. Patronato Real, n° 1580), prorogée le 27 déc. 1556, *ibid.*, n° 1591.

205. *Opere*, Milan, 1806, p. 119-131, cité par Coggiola, p. 225 et *sq.*

206. Même date, Philippe II au cardinal Caraffa, Simancas *Patronato Real*, n° 1614.

207. Ainsi dans l'affaire des Colonna qu'il dépouille de leurs terres, alors que les Colonna sont des partisans notoires de l'Espagne. Ainsi à propos des rapports toujours épineux avec Naples.

208. Lo que contienen dos cartas del embaxador en Francia de 9 y 13 de julio 1556, A.N., K 1489.

209. D. de Haedo, *op. cit.*, f° 69 v° et 70 ; Jean Cazenave, « Un Corse, roi d'Alger (Hassan Corso) », *in : Rev. Afrique Latine*, 1923, p. 397-404 ; Socorro de Oran, Simancas E° 511-513.

210. E. Lavisse, *op. cit.*, V, 2, p. 167.

211. Un hombre que se envio a Francia y bolvio a Perpiñan a los XXV de enero ha referido lo siguiente — 28 janv. 1557 — A.N., K 1490. 30 000 fantassins, 10 000 cavaliers en Piémont. Une note en marge : « todo es mentira ». Simon Renard mieux informé (Simon Renard à Philippe II, 12 janv. 1557) donne un total de 12 000 hommes, A.N., K 1490.

212. Simon Renard à Philippe II, 12 janv. 1557, A.N., K 1490.

213. *Ibid.*

214. Calvi, 14 sept. 1557. Capitulación publica sobre la paz entre Felipe II y Paulo IV ortogada entre el duque de Alba y el Cardinal Caraffa. Simancas Patronato Real, n° 1626. Clauses secrètes sur les fortifications de Paliano, *ibid.*, n° 1625.

215. Palmerino B. Com. Palerme Qq D 84. Sa date du 11 sept. n'est-elle pas fautive ?

216. Juan Vasquez à Charles Quint, Valladolid, 18 nov. 1557, L. P. Gachard, *La retraite...*, I, doc. n° CXXI.

217. Paul Herre, *Papsttum und Papstwahl im Zeitalter Philipps II.*, Leipzig, 1907.

218. Philippe II à Charles Quint, Beaurevoir, 11 août 1557, aut. A.N., K 1490. Dans ce carton, nombreux documents sur la bataille de Saint-Quentin.

219. Philippe II à Charles Quint, cf. note précédente.

220. *Ibid.*

221. Philippe II au comte de Feria, 29 juin 1558, *CODOIN*, LXXXVII, p. 68.

222. Cesaréo FERNÁNDEZ DURO, *Armada española*, Madrid, 1895-1903, II, p. 9 et *sq*. Doge et gouverneurs de Gênes à Jacomo de Negro, ambassadeur en Espagne, Gênes, 23 mai 1558, A.d.S. Gênes, Inghilterra, I, 2273. Sur le rôle de notre ambassadeur de la Vigne, Piero au duc de Florence, Venise, 22 janv. 1558, Mediceo 2974, f° 124. La flotte arrive plus tôt que d'ordinaire. Avis de Constantinople, 10 avril 1558, Simancas E° 1049, f° 40.

223. Pedro de Urries, gouverneur de Calabre, au vice-roi de Naples, 7 juin 1558, Simancas E° 1049, f° 43. Le 13, elle sera prise, ensuite pillage de Reggio, C. MANFRONI, *op. cit.*, III, p. 401.

224. Instruction data Mag^co Franc^co Coste misso ad classem Turchorum pro rebus publicis, Gênes, 20 juin 1558, minute A.d.S. Gênes, Costantinopoli 1558-1565, 1-2169. C. MANFRONI, *op. cit.*, III, p. 401, note, me semble citer une autre copie de cette instruction.

225. Elle passe devant Torre del Greco, le cardinal de Sigüenza à S.A., Rome, 16 juin 1558, Simancas E° 1889, f° 142, A. E. Esp. 290, f° 27.

226. Don Juan Manrique à S.A., Naples, 26 juin 1558, Simancas E° 1049, f° 41.

227. C. FERNANDEZ DURO, *Armada Española...*, II, p. 11.

228. *Ibid.*, p. 12.

229. G. TURBA, *op. cit.*, I, 3, p. 81, note 3.

230. Marin de Cavali au Doge, Péra, 16 déc. 1558, A.d.S. Venise, Senato Secreta, Cost., Filza 2 B, f° 102.

231. *Le traité de Cateau-Cambresis*, 1889.

232. *Les origines politiques des guerres de religion*, Paris, 2 vol., 1913-1914.

233. Guy de BRÉMOND D'ARS, *Le père de Mme de Rambouillet, Jean de Vivonne, sa vie et ses ambassades*, Paris, 1884, p. 14 ; Lucien ROMIER, *Origines, op. cit.*, II, livre V, chap. II, p. 83-86 ; B.N., OC 1534, f° 93, etc.

234. Élisabeth à Philippe II, Westminster, 3 oct. 1558, A.N., K 1491, B 10, n° 110 (en latin).

235. Baron A. RUBLE, *op. cit.* ci-dessus à la note 231, p. 55.

236. A Henri III, 25 sept. 1574, copie, Simancas E° 1241.

237. *Op. cit.*, VII, p. 198, 205.

238. T. A. D'AUBIGNÉ, *op. cit.*, I, p. 41.

239. « Ils veulent que par vous la France et l'Angleterre changent en longue paix l'héréditaire guerre. »

240. Apuntamientos para embiar a España (s.d., mai-juin 1559), Simancas E° 137, f°s 95-97. Une copie de cet important document, A. E., Esp., 290. Sur la réunion des principaux personnages « di qsti paesi » et leur désir, à cause du « garbuglio » d'Angleterre et d'Écosse, de voir le roi rester cet hiver dans les

Flandres, Minerboti au duc, 2 juillet 1559, A.d.S., Florence, Mediceo, 4029.

241. Le duc d'Albe à Philippe II, Paris, 26 juin 1559, A.N., K 1492, B 10, f° 43 *a*.

242. Le même au même, juin 1559, *ibid.*, f° 44.

243. *Ibid.*

244. Paris, 11 juil. 1559, *ibid.*, f° 49.

245. J. DURENG, « La complicité de l'Angleterre dans le complot d'Amboise », *in : Rev. Hist. mod.*, t. VI, p. 248 et *sq.* ; Lucien ROMIER, *La conjuration d'Amboise*, 3e édit., p. 73 ; E. CHARRIÈRE, *op. cit.*, II, p. 595.

246. Ruy Gomez et duc d'Albe à Philippe II, Paris, 8 juil. 1559, A.N., K 1492, f° 48, Henri II est perdu.

247. L. P. GACHARD, *op. cit.*, I, p. 122 et *sq.*, 27 mai 1555.

248. *Ibid.*, p. 124, la reine de Hongrie à l'évêque d'Arras, 29 mai 1556.

249. *Ibid.*, I, p. XLI et *sq* ; p. 341-352 ; II, p. CXXXVII et *sq*, p. 390.

250. Ajoutons que les erreurs sont fréquentes et la chronologie généralement inexacte. Philippe II s'est embarqué le 25 août à Flessingue, il débarque le 8 sept. à Laredo. Pour Campana le Roi a mis à la voile le 27, pour Gregorio Leti le 26... Les historiens modernes dont la lignée commence avec Robertson et Prescott ont reproduit ces données anciennes.

251. *Storiae de rebus Hispaniae...*, le tome I (le seul publié) de la continuation, par le P. Manuel José de MEDRANO, Madrid, 1741.

252. Voyez le résumé de ces voyages dans C. BRATLI, *op. cit.*, p. 188, note 280, et p. 101-102.

253. *Essai sur l'administration de la Castille au XVIᵉ siècle*, 1860, p. 43-44.

254. E. ALBÈRI, *Relazioni*, I, 1, p. 293 et *sq.*, juillet 1546.

255. M. PHILIPPSON, *Ein Ministerium unter Philipp II. Kardinal Granvella am spanischen Hofe, 1579-1586*, 1895.

256. Cf. article de C. PEREZ-BUSTAMANTE, « Las instrucciones de Felipe II à Juan Bautista de Tassis », *in : Rev. de la Biblioteca, Archivo y Museo*, t. V, 1928, pp. 241-258.

257. Simancas E° 343.

258. Louis PARIS, *op. cit.*, p. 42, note 1.

259. *Ibid.*, p. 42.

260. Voici le court récit de Jean de Vandenesse : « ... le joeudy, jour de sainct Barthelemey, écrit-il, 23ᵉ en aougst, Sa Majesté soupa au dict Sonbourg ; et après souppé vint à Flessinghe. Et environ les unze heures de nuict s'embarqua en sa nave, demeurant sur l'ancre jusques le vendredy sur le tard qu'il feit voille. Ledit jour environ les neuf heures du matin, les princes et seigneurs des Pays Bas prinrent congié du Roy et de tous ; que ne fut sans regret, soupirs et larmes et pitié a veoir, voyant leur Roy naturel

les habandonner... Et environ le midy arriva la duchesse de
Parme, accompagnée du prince son fils et de plusieurs autres
seigneurs, vint prendre congié de Sa Majesté. Et sur l'heure de
vespres Sa Majesté feit voille, et passant avec assez bons vens les
detroictz et dangiers des bancqz a veue de Dunckercke de Calaix
et de Douvre navigea jusques au cannal près l'isle de Vicq (Wich).
Entrant en la mer d'Espaigne, nous prindrent les calmes de sorte
que fumes quinze jours en mer. Et le huictième de septembre
jour de Nostre Dame, Sa Majesté et aulcunes navieres prindrent
port à Laredo où Sa Majesté désembarqua et fut ouyr la messe
en l'église et y coucha ce dit jour, questoit un vendredy, et fut
l'on empesché tout le jour à desembarquer ce que l'on peust. Les
ulques que sont vasseaulx pesantz et aulcunes aultres navieres ne
peurent prendre port si tost. Et le samedy Sa Majesté partist du
dit Laredo environ une heure après midy pour aller à Colibre
qu'est demye lieue plus en terre que Laredo. A la quelle heure
s'en commença une si véhémente tormente en mer et en terre que
les navieres qu'estoient au port sur l'ancre ne pouvoient résister
qu'elles ne vinssent à périr et donner à travers ; qu'est grande
pitié à veoir perdre les naves gens et bagues. Et les aultres furent
contrainctes courir la fortune par la mer. En terre les arbres
desracinoient et les thuilles vouloient des thoiz des maisons et
dura tout le jour et toute la nuict... », *in* : L. P. Gachard et
Piot, *Collection des voyages des souverains des Pays-Bas*, 1876-
1882, IV, p. 68 et *sq.*

261. Voici résumé le témoignage d'Ardinghelli : Ardinghelli
suit en Zélande les déplacements de Philippe II, assure la liaison
avec lui. Le 23 août, il prévient Marguerite de Parme pour que
celle-ci vienne faire ses adieux à Philippe II. Embarqué le 25, il
profite en route des commodités qu'offrent les bateaux rencontrés
pour donner des nouvelles de la santé du prince. Le 26 août,
entre Calais et Douvres, il indique que tout marche à souhait et
que des pilotes ont été pris à bord pour assurer la sécurité de la
navigation à travers les bancs de sable. Philippe II ne voudra pas
relâcher, écrit-il le 27, les précieux pilotes avant l'île de Wight.
Le Roi est peut-être responsable de la lenteur de la marche, le
vent s'est levé mais le souverain ne veut pas se séparer des
hourques, sinon les navires auraient déjà fait trente lieues de
plus. « Le voyage ne peut être que prospère, conclut-il, tous les
lieux dangereux étant dépassés, d'aujourd'hui en huit nous
espérons être en Espagne. » Une barque espagnole rencontrée en
route, emporte une lettre datée du 31. Le voyage se poursuit par
très beau temps. « Nous serons cette nuit hors du canal... » La
correspondance s'interrompt ensuite jusqu'au 8 septembre. Ce
jour-là, Ardinghelli écrit : « Louanges à Dieu qui nous a finalement conduits tous sains et saufs dans ce port de Laredo. Après
notre sortie du canal d'Angleterre, le temps a été si variable qu'il
a trompé les marins plus d'une fois, nous avons été incommodés,

tantôt par la bonace, tantôt par le vent contraire, mais grâces à Dieu nous n'avons pas eu de tempête. Hier soir enfin, s'est levé un mistral qui nous a conduits cette nuit à plaisir jusques à terre... » De Laredo encore (il ne doit quitter le port que le 14) Ardinghelli écrit, le 10 : « ... samedi dernier (9 septembre) dans le milieu de la journée se déchaîna en mer une tempête si terrible que ce fut une grande grâce de se trouver à terre. Les navires qui étaient dans le port se sont sauvés avec la plus grande peine... trois d'entre eux ont donné par le travers dans le port même sans qu'il y ait toutefois perte d'hommes ni de marchandises. Les hourques qui sont demeurées en arrière auront forcément courru de grands dangers, on est jusqu'à présent sans nouvelles d'où des craintes très vives... ». Pourtant le 13, la « flotte des Flandres » arrivait « sans avoir aucunement souffert de la tempête passée... ». Joie de chacun : les hourques transportaient les serviteurs et les biens des seigneurs qui accompagnaient Philippe II. Ces lettres d'Ardinghelli aux Archives farnésiennes de Naples, Spagna fascio 2, du f° 186 au f° 251.

262. Philippe II à Chantonnay, 26 sept. 1559 (et non 1560, indication du classement), A.N., K 1493, B 11, f° 100 (minute) « ... des navires qui vinrent avec l'armada sur laquelle j'ai gagné ces royaumes, un seul manque qui n'ait pas paru jusqu'à présent. Il appartient à un dénommé Francisco de Bolivar de Santander. Il transportait la garde-robe des régents de mon conseil d'Italie et de quelques-uns de mes secrétaires et autres serviteurs, ainsi que vous le verrez d'après un mémoire joint à cette lettre... ». Certains bruits affirmaient que le navire avait gagné La Rochelle. Sur ce navire perdu, L. P. GACHARD, *Retraite...*, *op. cit.*, II, p. LVII.

263. G. LETI. *La vie de Philippe II*, 1679, I, p. 135.

264. L. P. GACHARD, *Retraite...*, *op. cit.*, I, p. 122 et *sq.*

265. *Actas de las Cortès de Castilla*, 1558, I.

266. *CODOIN*, XXVII.

267. *Ibid.*, p. 202.

268. L. P. GACHARD, *Retraite...*, *op. cit.*, II, p. 401 et *sq.*, mais surtout les ouvrages classiques d'E. SCHÄFER et de Marcel BATAILLON ; E. ALBÈRI, *op. cit.*, I, III, p. 401-402.

269. Juan ORTEGA Y RUBIO, *Historia de Valladolid*, 1881, II, p. 57 (premier autodafé) ; p. 58 (second autodafé) ; p. 64 : on avait réservé la moitié des victimes pour l'arrivée du Roi.

270. C. BRATLI, *op. cit.*, p. 93.

271. M. BATAILLON, *op. cit.*, p. 555 et *sq.*. Voir le compte rendu de Lucien FEBVRE « Une conquête de l'histoire : l'Espagne d'Érasme », *in : Ann. d'hist. soc.*, t. XI, 1939, p. 28-42.

272. *Op. cit.*, p. 533 et *sq.*. Faut-il tenir compte d'une économie en régression, mauvaise conseillère ? Voir tome II, pp. 659-661.

273. Simancas E° 137, f° 123 et 124.

274. Luis Quijada à Philippe II, 1er mai 1558, p.p. J. J. Döllinger, *op. cit.*, p. 243.

275. Mémoire de l'archevêque de Séville à Charles Quint, 2 juin 1558, p.p. L. P. Gachard, *La retraite..., op. cit.*, II, p. 417-425 : « Béni soit Dieu, écrit Vasquez à Charles Quint, le 5 juil. 1558, le mal est moindre qu'on ne le pensait », *ibid.*, p. 447-449.

276. Relation de Marcantonio da Mula, E. Albèri, *Relazioni...*, I, 3, p. 402 et *sq.*

277. 6 et 11 mars 1559, E. Charrière, *Négociations..., op. cit.*, II, p. 563.

278. « La primera crisis de hacienda en tiempo de Felipe II », *in : Revista de España*, I, 1868, p. 317-361.

279. *Ibid.*

280. *Ibid.*

281. L. P. Gachard, *La Retraite..., op. cit.*, I, p. 206-207, 7 nov. 1557, et II, p. 278-279, 15 nov. 1557.

282. *Ibid.*, I, p. 240-242, 5 janv. 1558.

283. Simancas, E° 137.

284. L. P. Gachard, *op. cit.*, I, p. 137-139, 1er avril 1557 ; p. 148-149, 12 mai 1557 ; sur ces questions et sur la punition des « oficiales », A. E. Esp. 296, 8 et 9 juin 1557 ; sur le détournement d'un navire chargé de métal précieux au Portugal, L. P. Gachard, *op. cit.*, I, p. 142-144.

285. *Ibid.*, I, p. 172, Martin de Gaztelu à Juan Vasquez, 18 sept. 1557.

286. Juan A. Llorente, *La primera crisis..., art. cit.* ci-dessus, à la note 278.

287. A. H. N. Inquisition de Valence, Libro I.

288. *Ibid.*, ceci à propos de demandes barcelonaises d'exécution de jugements.

289. A ce sujet, voir les livres classiques de K. Haebler et de R. Ehrenberg, et tome II, pp. 178 et *sq.*

290. Le texte de l'asiento avec les Fugger, A.d.S. Naples, Carte Farnesiane, fasc. 1634.

291. B.N., Paris, Fr. 15 875, f° 476 et 476 v°.

292. B.N., Paris, Fr. 15 875, f° 478 à 479.

293. A.d.S. Naples, Carte Farnesiane, fasc. 1634.

294. Joie relative bien sûr, au début même mécontentement. Il y a eu annulation d'un tiers de la dette, le reste payé en juros à 20 p. 100, Philippe à la princesse Jeanne, 26 juin 1559, Simancas E° 137, f° 121.

295. Philippe II à la princesse Jeanne, Bruxelles, 26 juin 1559, Simancas E° 137, f°s 123 et 124.

296. Simancas E° 137, 13 juil. 1559.

297. Manuel Danvila, *El poder civil en España, Madrid*, 1885, V, p. 364 et *sq.*

298. M. Danvila, *op. cit.*, V, p. 346 et *sq.*

299. Ainsi de Burgos (10 févr. 1559), de Séville (Simancas E°

137), de Guadalajara (B.N., Paris, Esp. 278, f° 13 à 14, 5 nov. 1557).

300. Sur l'enquête au sujet des terres usurpées de Grenade, je ne connais que le nom de l'enquêteur, le Dr Sanctiago, « oydor de Valladolid » que donne une lettre de Philippe II à la princesse Jeanne, 29 juillet 1559, Simancas E° 518, f°s 20 et 21. Simple mention dans une autre lettre de Philippe II, 27 avril 1559, Simancas E° 137, f° 139.

301. Voir à ce sujet la réponse de la princesse Jeanne, 27 avril 1559, Simancas E° 137, f° 139 ; M. DANVILA, *op. cit.*, V, p. 372.

302. Simancas E° 137.

303. Voir note suivante.

304. 13 juil. 1559, Simancas E° 137.

305. Nombreuses indications au sujet de la mission de ce personnage (Velasco et non de Lasco comme le disent les papiers du cardinal GRANVELLE, *Papiers d'État, op. cit.*, V, p. 454). Ainsi mention de la mission dans la lettre de Philippe II à la princesse, Bruxelles, 18 juin 1559, Simancas E° 137 et du 20 mai, *ibid.*, f° 116.

306. GRANVELLE, *op. cit.*, V, p. 606.

307. L. P. GACHARD, *La Retraite...*, *op. cit.*, II, p. LIII-LIV ; M. DANVILA, *op. cit.*, V, p. 351 (1557).

308. GRANVELLE, *Papiers d'État*, V, p. 641-644.

309. *Ibid.*, Tolède, 27 déc. 1559, p. 672.

310. De la nouvelle reine d'Espagne.

311. Il est fait ici allusion au voyage projeté de Philippe II aux Pays-Bas (1566-1568). *Actas de las Cortès de Castilla*, III, p. 15-24.

312. Notes de Philippe II en marge de la lettre que lui a adressée la princesse le 14 juillet 1559, Simancas E° 137, f° 229. Ce texte a été vérifié à ma demande par D. Miguel Bordonau, alors archiviste en chef de Simancas.

CHAPITRE 2

LES SIX DERNIÈRES ANNÉES DE LA SUPRÉMATIE TURQUE :
1559-1565

1. *Instrucciòn de lo que vos el Reverendo padre obispo del Aguila habéis de decir a la Majestad del Serenissimo Rey é Emperador, nuestro muy caro y muy amado tío donde de presente os enviamos.* Bruxelles, 21 mai 1558, *CODOIN*, XCVIII, p. 6-10.

2. Quant à la personne « qui a pratique et intelligence en la cour du Turc » et qui a été chargée, sans l'être, de tâter le terrain à Constantinople, nul doute que ce ne soit Francisco de Franchis Tortorino, un Génois apparenté à la mahonne de Chio. Chargé

de mission par Gênes à la suite des tractations corruptrices avec Piali Pacha durant l'été 1558, il a sans doute proposé en même temps ses services à Philippe II. Aux Archives de Gênes, un registre calligraphié raconte en détail le voyage de Francisco de Franchis (Costantinopoli, 1. 2169) et des lettres consulaires nous le montrent à Naples et à Messine, en difficultés d'ailleurs avec les autorités espagnoles, puis gagnant Venise, A.d.S. Gênes, Napoli, Lettere Consoli, 2, 2635 ; Gregorio LETI, *op. cit.*, I, p. 302, parle de sa mission en compagnie d'un certain Nicolo Gritti.

3. *CODOIN*, XCVIII, p. 53-54.

4. Bruxelles, 6 mars 1559, Simancas E° 485.

5. Instruction del Rey a Nicolo Secco para tratar con el Turco, Bruxelles, 6 mars 1559, Simancas E° 485.

6. Bruxelles, 8 avril 1559, Simancas E° 1210.

7. Sélim et Bajazet.

8. 15 juin 1559, Simancas E° 1124, f° 295.

9. Résumé des lettres du duc de Sessa, des 1er, 4, 7 déc. 1559 (4 déc.), Simancas E° 1210, f° 142.

10. 10 janv. 1560, Simancas E° 1050, f° 9.

11. Au doge, Vienne, 25 oct. 1559, G. TURBA, *op. cit.*, I, 3, p. 108 et *sq.*

12. Le même au même, 22 nov. 1559, *ibid.*, p. 120 et *sq.*

13. Le roi au vice-roi de Sicile, Bruxelles, 4 avril 1559, Simancas E° 1124, f° 304.

14. E. CHARRIÈRE, *op. cit.*, II, p. 596, note.

15. *Ibid.*, p. 603.

16. Marin de Cavalli au Doge, Péra, 18 mars 1559, A.d.S., Venise, Senato Secreta, Costant. Filza 2/B.

17. D. de HAEDO, *op. cit.*, p. 73, 74. Sur la politique espagnole en Afrique du Nord voir notre article *in : Revue Africaine*, 1928 ; Jean CAZENAVE. *Les sources de l'histoire d'Oran*, 1933.

18. Jean NICOT, *Correspondance...*, p.p. E. FALGAIROLLE, p. 7.

19. Cadix.

20. Au roi, 20 juin 1559, Simancas E° 485.

21. Pour tout le détail de ce paragraphe, Charles MONCHICOURT, *L'expédition espagnole contre l'île de Djerba*, Paris, 1913, modèle d'érudition minutieuse. En principe, nos références concerneront des sources non utilisées pour ce livre.

22. Au vice-roi de Sicile, même date, Simancas E° 1124, f° 300 ; instruction au commandeur Guimeran, même date, *ibid.*, f°s 278 et 279 ; au grand maître de Malte, même date, *ibid.*, f° 302, etc.

23. Don Lorenzo van der HAMMENY LEON, *Don Felipe El Prudente...*, Madrid, 1625, f° 146 v°.

24. Jean de La Valette, de la langue de Provence, grand maître de l'Ordre, 1557 à 1568. Il avait gouverné Tripoli de 1546 à 1549.

Cf. les extraits de G. Bosio, *I Cavalieri gerosolimitani a Tripoli*, p.p. S. AURIGEMMA, 1937, p. 271-272.

25. *Op. cit.*, p. 82-83.

26. Le duc de Medina Celi à Philippe II, 20 juil. 1559, Simancas E° 1, f° 204.

27. Décision du 15 juin, rapport du 20.

28. C. MONCHICOURT, *op. cit.*, p. 93, laisse à penser que D. J. de Mendoza a agi de sa propre initiative. R. B. MERRIMAN (*op. cit.*, IV, p. 102) indique à titre d'hypothèse que D. Juan a pu recevoir un ordre. Le fait est établi par la lettre de Philippe II (voir page précédente, les notes 8 et 22). Voir également sur ce point et sur le désarmement des côtes d'Espagne, l'Aubespine au roi, 20 juil. 1559, E. CHARRIÈRE, *op. cit.*, II, p. 600, note ; L. PARIS, *Nég. sous François II*, p. 24 ; C. DURO, *op. cit.*, II, p. 46.

29. Curieuses remarques de A. de HERRERA, *op. cit.*, I, p. 14 ; partout se pose, après 1559, le problème de la démobilisation ; l'expédition projetée, n'est-ce pas un moyen de débarrasser l'Italie espagnole des soldats qui « restaient de la guerre de Piémont et ne pouvaient mieux s'occuper que contre les Infidèles » ?

30. Philippe II au com. Guimeran, Gand, 14 juil. 1559, Simancas E° 1124, f° 331.

31. Au vice-roi de Sicile, Gand, 14 juil. 1559, Simancas E° 1124, f° 321.

32. Au com. Guimeran, Gand, 7 août 1559, Simancas E° 1124, f° 330.

33. Figueroa à la princesse Jeanne, Gênes, 7 août 1559, Simancas E° 1388, f°ˢ 162-163.

34. J. André Doria à Philippe II, Messine, 10 août 1559, Simancas E° 1124, f° 335, en italien. Plus tard, J. A. Doria ne correspondra plus guère avec le roi qu'en espagnol.

35. Le duc de Sessa au roi, Milan, 11 août 1559, Simancas E° 1210, f° 203.

36. Figueroa à Philippe II, Gênes, 14 sept. 1559, Simancas E° 1388.

37. J. A. Doria à Philippe II, Messine, 14 sept. 1559, Simancas E° 1124, f° 336.

38. *Ibid.*

39. Philippe II au duc de Medina Celi, Valladolid, 8 oct. 1559, Simancas E° 1124, f° 325-326.

40. A Philippe II, Simancas E° 1124, f° 270.

41. Sur cette lenteur, innombrables documents et notamment, Simancas E° 1049, f°ˢ 185, 188, 189, 225, 227, 251, 272.

42. Gio : Lomellino à la Seigneurie de Gênes, Messine, 10 déc. 1559, A.d.S., Gênes, Lettere Consoli, Napoli-Messina, 1-2634.

43. C. MONCHICOURT, *op. cit.*, p. 88.

44. *Ibid.*, p. 92.

45. Gio : Lomellino à la Seigneurie de Gênes, Messine, 24 août 1559, même référence qu'à la note 42, ci-dessus.

46. *Op. cit.*, I, p. 15.

47. Figueroa à Philippe II, Gênes, 27 oct. 1559, Simancas E° 1388, f° 16.

48. Marin de Cavalli au doge, Péra, 29 janv. (1560), A.d.S., Venise, Senato Secreta, Cost. 2/B, f° 222 v°.

49. C. MONCHICOURT, *op. cit.*, p. 100.

50. Ainsi 31 janv. 1560, *C. S. P.* VII, p. 150.

51. Giacomo Soranzo au doge, Vienne, 3 févr. 1560, G. TURBA, *op. cit.*, I, p. 134.

52. Messine, 3 avr. 1560, A.d.S., Gênes, Lettere Consoli, Napoli-Messina, 1-2634.

53. Le baile au doge, Péra, 30 mars 1560, A.d.S., Venise, Senato Secreta, Cost. 2/B.

54. Dans ses notes au *Memorial de D. Alvaro*, C. MONCHICOURT, *op. cit.*, p. 100, note 2.

55. 3 avr. 1560, A.d.S. Gênes, Lettere Consoli..., 1-2634.

56. Le vice-roi de Naples à Philippe II, 4 avr. 1560, Simancas E° 1050, f° 28, au duc de Medina Celi ; 20 avr., *ibid.*, f° 32, au roi ; 21 avr., f° 32.

57. Au roi, 5 mai 1560, Simancas E° 1050, f° 36.

58. *Ibid.*, f° 39.

59. Au roi, 16 mai 1560, *ibid.*, f° 40.

60. P. 32 et 32 v°, cité par C. MONCHICOURT, *op. cit.*, p. 109.

61. Le visitador Quiroga au roi, Naples, 3 juin 1560, Simancas E° 1050, f° 63.

62. Bien vu par le fils de Machiavel, C. MONCHICOURT, *op. cit.*, p. 111.

63. La Sie de Gênes à Sauli, Gênes, 19 mai 1560, A.d.S., Gênes, L. M. Spagna 3. 2412.

64. Au roi, 30 mai 1560, Sim. E° 485.

65. Le duc d'Alcala à Philippe II, Naples, 31 mai 1560, Simancas E° 1050, f° 56.

66. Le même au même, 1er juin 1560, *ibid.*, f° 60.

67. Par une lettre de Figueroa et des avis du cardinal Cigala et des ambassadeurs de Gênes, Philippe II au vice-roi de Naples, 2 juin 1560, Simancas E° 1050, f° 63. Sur le chiffre des pertes, Gresham, 16 juin 1560, parle de 65 bâtiments, Ms. Record Office, n° 194.

68. Tiepolo au Doge, Tolède, 2 juin 1560, *C.S.P. Venetian*, VII, p. 212-213.

69. *Ibid.*

70. *Ibid.*

71. Philippe II au duc d'Alcala, Tolède, 8 juin 1560, E° 1050, f° 69.

72. Barcelone, 9 juin 1560, Sim. E° 327.

73. D. Garcia de Toledo à Philippe II, Barcelone, 12 juin 1560, Simancas E° 327.

74. Philippe II à D. Garcia de Toledo, Tolède, 15 juin 1560, Simancas E° 327. Réponse de D. Garcia, de Barcelone, 23 juin, *ibid.*

75. Résumé des lettres de Figueroa, 3, 5, 10, 12 juill. 1560, Simancas E° 1389.

76. *Ibid.*

77. *Ibid.*

78. Le duc de Medina Celi au roi, 9 juill. 1560, C. Monchicourt, *op. cit.*, p. 237.

79. Le duc d'Alcala à Philippe II, Naples, 9 oct. 1560, Simancas E° 1050, f° 137.

80. Michiel au doge, Chartres, 22 juin 1560, *C.S.P. Venetian*, VII, p. 228.

81. *C.S.P. Venetian*, VII, p. 229. Le duc d'Albe à Philippe II, Alva, 19 sept. 1560, orig. Sim. E° 139, il en existe une copie.

82. B.N., Paris, Esp. 161, f°s 15 à 21. Voir E. Charrière, *op. cit.*, II, pp. 621-623, sur les bruits d'une collaboration franco-espagnole.

83. Le roi à l'évêque de Limoges, 16 sept. 1560, L. Paris, *op. cit.*, pp. 523-530.

84. Chantonnay à Philippe II, 2 févr. 1560, A.N., K 1493, f° 39 ; L. Romier, *La conjuration d'Amboise*, 1923, p. 123. La reine d'Espagne à Catherine de Médicis, sept. 1560, L. Paris, *Négoc. sous le règne de François II*, p. 510.

85. Chantonnay à Philippe II, Melun, 31 août 1560, A.N., K 1493, f° 83 ; 3 sept. 1560, L. Paris, *op. cit.*, p. 506-509.

86. 3 juill. 1560, *CODOIN*, XCVIII, p. 155-158.

87. Simancas E° 1389.

88. Simancas E° 1050, f° 84.

89. 13 juill. 1560, E. Charrière, *op. cit.*, II, p. 616-618.

90. Constantinople, 17 et 27 juill. 1560, *ibid.*, 618-621.

91. Figueroa à S.M., Gênes, 26 juill. 1560, Simancas E° 1389. Son imposture, Sauli à la République de Gênes, Tolède, 14 déc. 1560, A.d.S., Gênes, Lettere Ministri, Spagna 2. 2411.

92. 6 août 1560, Simancas E° 445, copie.

93. *Op. cit.*, II, p. 36.

94. B.N., Madrid, Ms 11085, 9 avr. 1561.

95. C. Monchicourt, *op. cit.*, p. 133 ; J. A. Doria arrivait à Malte, le 8 août 1560. J. A. Doria à Philippe II, 8 août 1560, Simancas E° 1125. Il était sur le point de tomber sur Tripoli quand la nouvelle de la chute du fort lui parvint. Le même au même, 9 sept. 1560, *ibid.*

96. 18 août 1560, Simancas E° 1050, f° 120.

97. C. Monchicourt, *op. cit.*, p. 134.

98. *Ibid.*

99. G. Hernandez à Philippe II, Venise, 21 août 1560, Simancas E° 1325.

100. Corfou, 4 sept. 1560, Simancas E° 1050, f° 129.

101. Le vice-roi de Naples à Philippe II, Simancas E° 1050, f° 128.

102. *Op. cit.*, II, pp. 245 et *sq.*

103. R. B. Merriman, *op. cit.*, IV, p. 107.

104. Monteleone au roi, 30 août 1560, Simancas E° 1050, f° 121. Le duc d'Alcala au roi, Naples 3 sept. 1560, *ibid.*, f° 124.

105. Comte de Luna au roi, le 28 déc. 1560, *CODOIN*, XCVIII, p. 189-192.

106. Florence, 10 juill. 1560, Sim. E° 1446.

107. G. Hernandez à Philippe II, Venise, 20 juill. 1560, Simancas E° 1324, f° 47.

108. H° Ferro au doge, Péra, 12 nov. 1560 ; A.d.S., Venise, Senato Secreta, Cost. 2/B, f°s 290-291.

109. 19 sept. 1560, B.N., Esp. 161, f°s 15 à 21.

110. 9 oct. 1560, Simancas E° 1850, f° 139. J. de Mendoza au roi, Palamos, le 1er sept. 1560, Sim. E° 327.

111. 26 août 1560, Simancas E° 1058, f° 118.

112. C. Monchicourt, p. 237.

113. Cagliari, 25 août 1560, Simancas E° 327.

114. *CODOIN*, VIII, p. 560.

115. Sur le docteur Buschia, quelques-unes de ses lettres aux A.N., Paris, série K, 1493, B 11, f° 111 (20, 28, 30 sept., 4, 8, 13 oct. 1560). Sur les informateurs fantaisistes du Levant, Granvelle à Philippe II, Naples, 31 janv. 1572, Simancas E° 1061.

116. *CODOIN*, XCVIII, p. 182.

117. Philippe II au grand commandeur et à D. J. de Zuñiga, Madrid, 23 oct. 1560, Simancas E° 1324, f° 48.

118. Dolu au cardinal de Lorraine, Constantinople, 5 mars 1561, E. Charrière, *op. cit.*, II pp. 652-653, cherté, misère, peste.

119. *Ibid.*

120. Raguse, 2 janv. 1561, Simancas E° 1051, f° 11.

121. Vice-roi de Naples à Philippe II, 6 janv. 1561, Simancas E° 1051, f° 12.

122. Au roi, Trapani, Simancas E° 1126.

123. Philippe II au vice-roi de Majorque, Aranjuez, 28 févr. 1561, Simancas E° 328.

124. Corfou, 30 mars 1561, Simancas E° 1051, f° 51.

125. *Relacion que haze Antonio Doria...*, 18 avr. 1561, Simancas E° 1051, f° 62.

126. Constantinople, 9 avr. 1561, Simancas E° 1051, f° 54.

127. 12, 14 avr. 1561, Simancas E° 1051, f° 55 ; Liesma, 16 avr. 1561, *ibid.*, f° 56.

128. Alonso de la Cueva au vice-roi de Naples, La Goulette, 17 avr. 1561, E° 1051, f° 57.

129. Vice-roi de Naples à Marcantonio Colonna, Naples, 9 mai 1561, Simancas E°1051, f° 78.

130. Vice-roi de Naples à Philippe II, 9 août 1561, Simancas E° 1051, f° 119.

131. Madrid, 5 sept. 1561, B.N., Paris, Fr. 16103, f° 44 et *sq.*

132. « Lo que se entiende de Levante... de Corfu », 10 août 1561, Simancas E° 1051, f°120.

133. E. CHARRIÈRE, *op. cit.*, II, p. 657-658.

134. *Ibid.*, pp. 653-654.

135. Vice-roi de Sicile à Philippe II, Messine, 8 juin 1561, Simancas E° 1126. Vice-roi de Naples au roi, Naples, 7 juill. 1561.

136. E. CHARRIÈRE, *op. cit.*, II, p. 661.

137. H° Ferro au doge, Péra, 10 juill. 1561, A.d.S. Venise, Secreta Senato Cost. 3/C. Roustem Pacha est mort le 9 juillet.

138. L'évêque de Limoges au roi, Madrid, 5 sept. 1561, B.N., Paris, Fr. 16 103, f° 44 et *sq.*

139. E. CHARRIÈRE, *op. cit.*, II, p. 657-658.

140. *CODOIN*, XCII, pp. 240-244.

141. 28 mai 1562, Simancas E° 1052, f° 27.

142. Sampiero n'arrivera d'ailleurs à Constantinople qu'en janvier 1563. Nombreux documents génois, A.d.S., Gênes, Spagna, 3.2412 et Costantinopoli, 1.2169.

143. Vice-roi de Naples à Marcantonio Colonna, 24 mai 1562, Simancas E° 1051, f° 87.

144. Philippe II au vice-roi de Naples, le 14 juin 1562, Simancas E°, 1051 f° 96.

145. Voir ci-dessus, note 143.

146. Daniel Barbarigo au Doge, Péra, 5 août 1562, A.d.S. Venise, Senato Secreta 3/C ; Venise, 20 août 1562, trêve conclue pour 8 ans, *CODOIN*, XCVII, p. 369-372, C. MONCHICOURT, *op. cit.*, p. 142.

147. Constantinople, 30 août 1562, E. CHARRIÈRE, *op. cit.*, II, pp. 702-707.

148. 6-17 janv. 1563, *ibid.*, pp. 716-719.

149. Philippe II aux ducs de Savoie et de Florence, Escorial, 8 mars 1563, Simancas E° 1393.

150. Simancas E° 1052, f° 169.

151. Narbonne, 2 janv. 1564, Edmond CABIÉ, *Ambassade en Espagne de Jean Ebrard, Seigneur de Saint-Sulpice*, Albi, 1903, p. 212.

152. Constantinople, 12 févr. 1564, Simancas E° 1053, f° 19.

153. Vice-roi de Naples à Philippe II, Naples, 17 févr. 1564, Simancas E° 1053, f° 22.

154. A Philippe II, Paris, 17 mars 1564, A.N., K 1501, n° 48 G.

155. Saint-Sulpice au roi, 11 mars 1564, E. CABIÉ, *op. cit.*, pp. 262-263.

156. *Ibid.*, p. 269, 29 mai 1564.

157. Simancas E° 1053, f° 54.

158. Début de juillet 1564, E. CABIÉ, *op. cit.*, p. 270.

159. *Ibid.*, p. 279.

160. A.d.S. Gênes, L. M. Spagna, 3. 2412.

161. Au doge, G. TURBA, *op. cit.*, I, 3, p. 289-290.

162. Diego Suárez, d'après le Général DIDIER, *Hist. d'Oran*, 1927, VI, p. 99, note 5.

163. 24 août 1561, B.N., Paris, Fr. 16 103.

164. C. DURO, *op. cit.*, II, p. 44. Voir tome I, chapitre V, pp. 409-410.

165. L'évêque de Limoges au roi, 5 sept. 1561, B.N., Paris, Fr. 16 103, f° 44 et *sq.*

166. Simancas E° 1051, f° 131.

167. *Ibid.*, f° 139.

168. *Ibid.*, f° 49.

169. Vice-roi de Sicile à Philippe II, Palerme, 8 nov. 1561, Simancas E° 1126.

170. Le même au même (s.d. dans mes fiches), *ibid.*

171. L'évêque de Limoges à la reine, Madrid, 3 janv. 1562, B.N., Paris Fr. 16 103, f° 129 v°. En juin 1562, les Espagnols sont encore à La Goulette. Relation de voyage de J. de Mendoza... Simancas E° 1052, f° 33.

172. Alonso de la Cueva au vice-roi de Sicile, 1er mars 1562, Simancas E° 1127.

173. Figueroa à Philippe II, Gênes, 9 mai 1562, Simancas E° 1391.

174. Relation de voyage de J. de Mendoza..., Simancas E° 1052, f° 33 ; D. J. de Mendoza de retour à Palerme le 9 mai 1562, Simancas E° 1127.

175. *Per lettere di Marsiglia*, 21 mai, A.d.S. Gênes, L. M. Spagna 3. 2412.

176. Vice-roi de Naples à Philippe II, 4 juill. 1562, Simancas E° 1052, f° 45.

177. Alger, 12 juill. 1562, A.d.S. Gênes, L. M. Spagna 3. 2412.

178. Sauli à la Sie de Gênes, Barcelone, 13 sept. 1562, *ibid.*

179. Au roi, La Goulette, 30 sept. 1562, Simancas E° 486.

180. Saint-Sulpice au roi, 26 oct. 1562, E. CABIÉ, *op. cit.*, p. 90.

181. N° 345, p. 83.

182. *Relacion de como se perdieron las galeras en la Herradura*, 1562, Simancas E° 444, f° 217 ; C. DURO (*op. cit.*, II, pp. 47 et *sq.*) ne semble pas être remonté aux sources.

183. J. de Figueroa au vice-roi de Naples, Gaète, 8 nov. 1562, Simancas E° 1052, f° 67.

184. C. DURO, *op. cit.*, II, p. 48.

185. Agostinho GAVY de MENDONÇA, *Historia do famoso cero*

Notes 185 à 209, pp. 123 à 128

que o xarife pos a fortaleza de Mazagão no ano de 1562, Lisbonne, 1607.

186. C. DURO, *op. cit.*, II, p. 49.

187. Le 3 ou le 4, d'après les récits traditionnels, peut-être pas avant le 8 avril. A cette date les Algérois sont encore à deux lieues de la ville, du côté de la terre. Philippe II à Figueroa, Ségovie, 18 avr. 1563, Simancas E° 1392. *Lo que ha passado en el campo de Oran y Almarçaquibir...*, Tolède, 1563 ; Pièce, B.N., Paris, Oi 69.

188. D. de HAEDO, *op. cit.*, p. 75 v°.

189. Résumé des lettres du comte d'Alcaudete, mars 1563, Simancas E° 486.

190. *Relacion de lo que se entiende de Oran por cartas del Conde de Alcaudete de dos de junio 1563 rescibidas a cinco del mismo*, Simancas E° 486.

191. *Lo que ha passado...*, B.N., Paris, Oi 69.

192. Le roi rappelle ce détail dans sa lettre du 18 avril, Simancas E° 1392.

193. Le vice-roi de Sicile à Philippe II, Messine, 23 avr. 1563, Simancas E° 1127.

194. Madrid, 25 avr. 1563, Simancas E° 330.

195. Simancas E° 1052, f° 156.

196. Cette lettre citée d'après la réponse du roi, voir note suivante.

197. Madrid, Simancas E° 1392.

198. *Ibid.*

199. Simancas E° 1392.

200. Indication donnée d'après la lettre du vice-roi à Philippe II, lettre de réponse, 23 juill. 1563, Simancas E° 1052, f° 207.

201. A ce propos, R. B. MERRIMAN, *op. cit.*, IV, p. 110, parle d'efforts surhumains. N'est-ce pas trop dire ?

202. Le 2 selon Salazar, le 6 selon Cabrera, d'après DURO, *op. cit.*, II, p. 55-59.

203. Gomez Verdugo à Francisco de Eraso, 29 août 1563, Simancas E° 143, f° 117.

204. Sancho de Leyva au roi, Naples, 13 janv. 1564, Simancas E° 1053, f° 8. On sait cependant que S. de Leyva mettait à la voile pour La Goulette, vice-roi à S. M., Naples, le 17 févr. 1564, Simancas E° 1053, f° 22.

205. Philippe II à D. Garcia de Toledo, Valence, avr. 1564, *CODOIN*, XXVII, p. 398.

206. Jusqu'à la mise en construction de chaloupes ordonnée aux proveedores de Málaga, *CODOIN*, XXVII, p. 410, 17 mai 1564.

207. 12 juin 1564, E. CABIÉ, *op. cit.*, p. 270.

208. D. Garcia de Toledo à Philippe II, Naples, 15 juin 1564, Simancas E° 1053, f° 64.

209. D. Juan de Çapata à Eraso, 15 juin 1564, *ibid.*, f° 63.

210. Vice-roi de Naples à Philippe II, 15 juin 1564, *ibid.*, f°
60.

211. Note autographe du roi en marge d'une lettre que lui
adresse D. Garcia de Toledo, Naples, 16 juin 1564, Simancas E°
1053, f° 65.

212. J. B. E. JURIEN de LA GRAVIÈRE, *Les Chevaliers de
Malte*, Paris, 1887, I, p. 98.

213. *Ibid.*, p. 99.

214. Ce sont les chiffres de C. Duro. Le 29 août, Saint-Sulpice,
pour Cadix seulement, parle de 62 galères (E. CABIÉ, *op. cit.*,
pp. 291-292). 70 et quelques galères, dit-on en France, 13 août
1564, A.N., K 1502, n° 296.

215. J. B. E. JURIEN de LA GRAVIÈRE, *op. cit.*, I, p. 111, note
1.

216. Don Garcia de Toledo à S. M., Málaga, 16 sept. 1564,
CODOIN, XXVII, p. 527.

217. Philippe II à Figueroa, 3 août 1564, Simancas E° 1393 et
non E° 931 imprimé par erreur, Fernand BRAUDEL, *in : Rev.
Afr.*, 1928, p. 395, note 1.

218. Figueroa au roi, Gênes, 27 juin 1564, Simancas E° 1393.

219. A Venise, notamment, centre de nouvelles vraies ou
fausses et de spéculations, G. Hernandez à Philippe II, Venise,
12 sept. 1564, Simancas E° 1325.

220. Le même au même, *ibid.*

221. Philippe II à D. Garcia de Toledo, 18 juill. 1564, Simancas
E° 1393.

222. 2 août 1564, A.N., K 1502.

223. Philippe II à Figueroa, 3 août 1564, Simancas E° 1393.

224. Simancas E° 1393.

225. D. Francés de Alava à Philippe II, 13 août 1564, A.N.,
K 1502, n° 96.

226. Nuevas de Francia... reçues le 3 sept. 1564, Simancas E°
351.

227. Garces au duc de Florence, Madrid, 22 sept. 1564, A.d.S.
Florence, Mediceo 4897, f° 36 v°.

228. Philippe II au duc de Florence, Madrid, 23 sept. 1564,
Simancas E° 1446, f° 112.

229. Sauli à la Seigneurie, Madrid, 24 sept. 1564, A.d.S. Gênes,
L. M. Spagna 3. 2412.

230. 9 oct., *ibid.*

231. Philippe II à Figueroa, Madrid, 25 oct. 1564, Simancas
E° 1393.

232. *Ibid.*

233. Figueroa à Philippe II, Gênes, 27 oct. 1564, Simancas E°
1393.

234. Le même au même, 8 nov., Simancas E° 1054, f° 21.

235. A.N., K 1502, B 18, n° 51 *a*.

236. Philippe II à Francés de Alava, 31 déc. 1564, A.N., K 1502, B 18, n° 77.

237. Figueroa à Francés de Alava, Gênes, 1er déc. 1564, A.N., K 1502, B 18, n° 60.

238. *Ibid.* A bord d'une de ces frégates, un Corse ami de Sampiero, Piovanelo que les corsaires barbaresques capturent au passage.

239. *Ibid.*

240. *Ibid.*

241. Figueroa à Philippe II, 3 déc. 1564, Simancas E° 1393.

242. Le même au même, 21 déc. 1564, *ibid.*

243. Goûtons au passage cet argument, S.M. à Chantonnay, Madrid, 10 nov. 1562, A.N., K 1496, B. 14, n° 126 : Philippe II a déclaré à Saint-Sulpice qu'il ne pouvait se déclarer contre la reine d'Angleterre *por causa de las antiguas alianças.*

244. La conversation est déjà commencée en sept. ; l'évêque de Limoges à Catherine de Médicis, Madrid, 24 sept. 1561, B.N., Paris Fr. 15875, f° 194 ; Chantonnay à Philippe II, Saint-Cloud, 21 nov. 1561, A.N., K 1494, B 12, n° 111 ; le même au même, Poissy, 28 nov. 1561, *ibid.*, n° 115.

245. G. Soranzo au doge, Vienne, 25 déc. 1561, une conjuration découverte à Pampelune, en faveur du roi de Navarre, G. TURBA, *op. cit.*, 1, pp. 195 et *sq.*

246. Morone au duc d'Albe, Rome, 2 oct. 1561, Joseph SUSTA, *Die Römische Curie und das Konzil von Trient unter Pius IV.*, Vienne, 1904, I, p. 259.

247. Le duc d'Albe à Chantonnay, Madrid, 18 janv. 1562, A.N., K 1496, B. 14, n° 38.

248. Figueroa à Philippe II, 9 oct. 1562, Simancas E° 1391.

249. Saint-Sulpice à Catherine de Médicis, Madrid, 25 nov. 1562, B.N., Paris, Fr. 15877, f° 386.

250. C. MONCHICOURT, *op. cit.*, p. 88.

251. Philippe II au vice-roi de Naples, Tolède, 8 juin 1560, Sim. E° 1059, f° 69.

252. Une estimation génoise (*Conto che si fa delle galere che S. Mta Cattca potrà metere insieme.* A.d.S. Gênes, L. M. Spagna 2. 2411 (1560) fournit un intéressant décompte : galères d'Espagne (20) ; de Gênes (6), du Prince Doria, non compris celles qui sont à Djerba (6), du duc de Florence (3), du duc de Savoie (2), du comte de Nicolera (1), du roi de Portugal (4), de Paolo Santa Fiore (2), « delle salve » (23). Total 67, un document sicilien de 1560 (Simancas E° 1125) donne le chiffre total de 74 avec le décompte suivant : galères du Pape (2), d'Espagne (20), du prince Doria (10), de Gênes (8) ; de la Religion (5), du duc de Florence (7) ; du duc de Savoie (6) ; d'Antonio Doria (4), de Cigala (2), du Cal Vitelli (3), de Paolo Sforza (2), de Naples (3), de Bendineli Sauli (1), de Stefano de Mari (1).

253. L. BIANCHINI, *op. cit.*, I, p. 54.

254. Le vice-roi de Naples au roi, Simancas E° 1050, f° 137.

255. Résumé des lettres de Figueroa au roi, 3, 5, 10, 12 juin 1560, Simancas E° 1389.

256. Le vice-roi de Naples à Philippe II, Naples, 12 janv. 1561, Simancas E° 1051, f° 17.

257. L. VON PASTOR, *op. cit.*, XVI, p. 256 et note 1.

258. *Ibid.*

259. *Ibid.*, p. 257.

260. *Ibid.*

261. Tiepolo au doge, Tolède, 26 mars 1561, *C.S.P. Venetian*, VII, p. 305.

262. L'instruction de Fernando de Sylva, marquis de la Favara..., 1ᵉʳ avr. 1561, Simancas E° 1126.

263. Sauli à la Seigneurie de Gênes, Tolède, 27 avr. 1561, A.d.S. Gênes, L.M. Spagna, 22411.

264. Tiepolo au doge, 26 avr. 1561, *C.S.P. Venetian*, VII, p. 310.

265. Le duc de Medina Celi au vice-roi de Naples, 30 juin 1561, Simancas E° 1051, f° 100, copie.

266. L'évêque de Limoges au roi, Madrid, 5 sept. 1561, B.N., Paris, Fr. 16103, f° 44 et *sq.* copie, et, du même au même, la lettre déjà citée du 12 août 1561.

267. *Los puntos en que han hablado a S. M Mos. Dosance y el embaxᵒʳ Limoges*, Madrid, 10 déc. 1561, A. N., K. 1495, B. 13, n° 96.

268. Joyeuse au roi, Narbonne, 28 déc. 1561, B.N., Paris, Fr. 15875, f° 460.

269. Mémoires de l'évêque de Limoges, 27 janv. 1562, B.N., Paris, Fr. 16103, f° 144 v°, copie.

270. Philippe II au vice-roi de Naples, 14 juin 1562, Simancas E° 1052, f° 96. La composition des escadres est la suivante : *a*) escadre de D. J. de Mendoza, 12 galères d'Espagne (dont 4 détachées à la disposition des Prieur et Consuls de Séville) ; 6 de Naples ; 6 d'Antonio Doria ; 4 du comte Federico Borromeo ; 2 d'Estefano Doria ; 2 de Bendineli Sauli ; *b*) escadre de J. André Doria, 12 galères du dit J. André, conformément à son nouvel *asiento* ; 4 de la Religion ; 4 de Marco Centurione ; 2 du duc de Terranova ; 2 de Cigala.

271. C. DURO, *op. cit.*, II, p. 49.

272. Philippe II aux ducs de Savoie et de Florence, S. Lorenzo, 8 mars 1563, Simancas E° 1392.

273. C. DURO, *op. cit.*, III, p. 67.

274. Sancho de Leyva à Philippe II, Naples, 13 janv. 1564, Simancas E° 1053, f° 8.

275. Vice-roi de Naples au roi, 15 juin 1564, Simancas E° 1053, f° 60.

276. 29 juin 1564, *ibid.*, f° 73.

277. J. VON HAMMER, *op. cit.*, VI, p. 118.

278. C. Duro, *op. cit.*, III, p. 61, note 2 et p. 62, note 1.

279. *Ibid.*, p. 64, note 3.

280. D. G. de Toledo à Eraso, Málaga, 17 août 1564, *CODOIN*, XXVII, p. 452, cité par C. Duro, *op. cit.*, III, pp. 65-66.

281. 22 août 1564, cité par C. Duro, *op. cit.*, III, p. 66.

282. Ainsi, pour les galères de Naples, G. de Toledo au vice-roi de Naples, 23 janv. 1565, Simancas E° 1054, f° 52.

283. D. G. de Toledo à Philippe II, Gaëte, 14 déc. 1564, *CODOIN*, CI, p. 93-105.

284. Leonardo Contarini au doge, Venise, 29 déc. 1564, G. Turba, *op. cit.*, I, 3, p. 289.

285. D. G. de Toledo au roi, Naples, 7 janv. 1565, *CODOIN*, XXVII, p. 558.

286. E. Charrière, *op. cit.*, II, pp. 774-776.

287. Constantinople, 10 févr. 1565, Simancas E° 1054, f° 64.

288. Alvaro de Bazan à Philippe II, Oran, 10 mars 1565, Simancas E° 486, voir E. Cat, *Mission bibliographique en Espagne*, 1891, pp. 122-126.

289. Rodrigo Portillo au roi, Mers-el-Kébir, 13 mars 1565, Simancas E° 485.

290. Vice-roi de Naples à Philippe II, 14 mars 1565, Simancas E° 1054, f° 70.

291. Francavila à S. M., Barcelone, 19 mars 1565, Simancas E° 332, Philippe II aux proveedores de Málaga, Madrid, 30 mars 1565, Simancas E° 145.

292. Constantinople, 20 mars, Corfou, 29 mars, Raguse, 8 avr. 1565, Simancas E° 1054, f° 71 ; le 22, dit Jurien de La Gravière, *op. cit.*, I, p. 169.

293. A Madrid, le 6 avril, l'ambassadeur toscan Garces remettait à Philippe II les avis du Levant reçus par la voie de Florence : ils annoncent la puissance, non le but de l'armada. Garces au duc de Florence, Madrid, 6 avr. 1565, A.d.S. Florence, Mediceo, 1897, f° 88. De même Pétrémol, dans sa lettre à Du Ferrier, 7 avr. 1565, E. Charrière (*op. cit.*, II, pp. 783 à 785) indique le départ du gros de la flotte le 30 de Constantinople, mais ne sait si elle se dirige sur Malte ou La Goulette. Cette date du 30 mars donnée également par un avis de Constantinople, 8 avr. 1565, Simancas E° 1054, f° 85.

294. Philippe II au Dean de Carthagène (Alberto Clavijo, proveedor de Málaga), Madrid, 22 mars 1565, Simancas E° 145.

295. Aranjuez, 7 avr. 1565, Simancas E° 145.

296. Vice-roi de Naples à Philippe II, Naples, 8 avr. 1565, Simancas E° 1054, f° 80.

297. Le même au même, Naples, 8 avr. 1565, *ibid.*, f° 81.

298. *Ibid.*, f° 94, avis de Corfou, 30 avril 1565.

299. *Ibid.*

300. J. B. E. Jurien de La Gravière, *op. cit.*, I, p. 172.

301. *Ibid.*

302. Simancas E° 1125.

303. Simancas E° 1054, f° 106.

304. Recidiba a VI de junio, note sur le précédent document.

305. C. Duro, *op. cit.*, III, p. 76 et *sq.*

306. P. Herre, *op. cit.*, p. 53 ; H. Kretschmayr, *op. cit.*, III, p. 48.

307. J. B. E. Jurien de La Gravière, *op. cit.*, II, p. 140.

308. En mai, Alvaro de Bazan a dix-neuf galères sous ses ordres, Tello à Philippe II, Séville, 29 mai 1565, Simancas E° 145, f° 284. Par suite son escadre va grossir, il arrivera à Naples avec 42 galères.

309. J. B. E. Jurien de La Gravière, *op. cit.*, II, p. 167.

310. *Ibid.*, p. 172 et *sq.*

311. Por cartas del Duque de Seminara de Otranto a 29 de 7bre, 1565, Simancas E° 1054, f° 207. Le 22, Don Garcia était entre Zante et Modon, devant l'île déshabitée de Strafaria, étant parti de Cerigo, île vénitienne, avec l'intention d'y attendre l'armada turque « la qual forçosamante havia de pasar por alli ».

312. J. B. E. Jurien de La Gravière, *op. cit.*, II, p. 224.

313. Le duc d'Alcala à Philippe II, Naples 12 sept. 1565, Simancas E° 1054, f° 194.

314. Pedro d'Avila à G. Perez, Rome, 22 sept. 1565, J. J. Döllinger, p. 629. A minuit le cardinal Pacheco a envoyé un courrier à S. M. avec la nouvelle de la victoire. Le card. Pacheco à Philippe II, 23 sept. 1565, *CODOIN*, CI, p. 106-107.

315. Constantinople, 6 oct. 1565, Simancas E° 1054, f° 210 ; Pétrémol à Charles IX, Constantinople, 7 oct. 1565, E. Charrière, *op. cit.*, II, p. 804-805.

316. Voir note précédente.

317. Garces au duc de Florence, Madrid, 22 sept. 1565, orig. en esp. A.d.S. Florence, Mediceo 4897, f° 148.

318. Cité par J. B. E. Jurien de La Gravière, *op. cit.*, II, p. 201.

319. Le cardinal Pacheco à Philippe II, Rome, 23 sept. 1565, *CODOIN*, CI, p. 106-107.

320. Fourquevaux, *op. cit.*, I, p. 10-14.

321. Constantinople, 25 sept. 1565, Simancas E° 1054, f° 205.

322. Fourquevaux, *op. cit.*, I, p. 6.

323. *Ibid.*, p. 13.

324. Constantinople, 16 déc. 1525, Simancas E° 1055, f° 14.

325. Philippe II à Figueroa, 5 nov. 1565, Simancas E° 1394.

326. Fourquevaux au roi, 21 nov. 1565, Fourquevaux, *op. cit.*, I, p. 10-14.

327. A.d.S. Florence, Mediceo 4897 *bis*, 29 déc. 1565, Fourquevaux, *op. cit.*, I, 36, 25 000 écus plus 3 000 Espagnols.

328. Garci Hernandez à Philippe II, Venise, 26 juill. 1565, Simancas E° 1325.

329. Saint-Sulpice, 22 janv. E. Cabié, *op. cit.*, p. 338 ; Phi-

lippe II à Figueroa, 3 févr. 1565 ; Garces au duc de Florence, A.d.S. Florence, Mediceo 4899, f° 64.

330. Bayonne, 1er juill. 1565, A.N., K 1504, B 19, n° 46.

331. Luis CABRERA de CÓRDOBA, *op. cit.*, I, p. 423, donne les dates des 8 et 14 juin.

332. Le duc d'Albe et D. J. Manrique au roi, Saint-Jean-de-Luz, 11 juin 1565, A.N., K 1504, B 19.

333. Les mêmes au même, Bayonne, 28 et 29 juin 1565, *ibid.*, n° 37 (résumé).

334. F. de Alava à Philippe II, Toulouse, 7 févr. 1565, A. N., K 1503, B 19, n° 33 *a*. Note autographe de Philippe II en marge.

335. Il faut tenir compte, en effet, des délais de route.

336. Saint-Sulpice à Catherine de Médicis, 16 mars 1565, E. CABIÉ, p. 357-358.

337. Aranjuez, 12 juin 1565, A. N., K 1504, B 19, n° 11.

338. Il est bien possible, à la rigueur, que ces roberies soient fictives, H. FORNERON, *Hist. de Philippe II*, I, p. 322.

339. Voir *supra*, note 333.

340. *Op. cit.*, I, p. 20, 25 déc. 1565.

341. D. Francés de Alava à Philippe II, 13 déc. 1565, aut. A. N., K 1504, B 19, n° 95.

CHAPITRE 3

AUX ORIGINES DE LA SAINTE-LIGUE : 1566-1570

1. Jean HÉRITIER, *Catherine de Médicis*, 1940, p. 439.

2. Pour tous ces détails biographiques, L. von PASTOR, *op. cit.*, XVII, p. 37-59.

3. Rapport de Cusano, 26 janv. 1566, Arch. de Vienne, cité par L. von PASTOR, *op. cit.*, XVII, p. 42 et note 2.

4. *Ibid.*, p. 44.

5. *Ibid.*, p. 45.

6. Il n'y a eu, en sa faveur, que l'ombre d'une intervention de Philippe II, L. WAHRMUND, *das Ausschliessungsrecht (jus exclusiva) der kath. Staaten Österreich, Frankreich und Spanien bei den Papstwahlen*, Vienne, 1888, p. 26. Requesens à Philippe II, Rome, 7 janv. 1566 : *ha sido ayudado y favorecido por parte de V. M.* ; Luciano SERRANO, *Correspondencia diplomatica entre España y la Santa Sede*, Madrid, 1914, I, p. 77 et note 2.

7. Requesens à Philippe II, 5 janv. 1565, *in :* J. J. DÖLLINGER, *op. cit.*, I, p. 571-578, cité par L. von PASTOR, *op. cit.*, XVII, p. 11 et 59.

8. *Ibid.*, p. 48-49.

9. Zasius à l'archiduc Albert V de Bavière, F. HARTLAUB, *Don Juan d'Austria*, Berlin, 1940, p. 35 ; V. BIBL, *Maximilian II. der rätselhafte Kaiser*, 1929, p. 303.

10. Pie V à Philippe II, Rome, 24 janv. 1566, L. SERRANO, *op. cit.*, I, p. 111.

11. Rome, 11 janv. 1566, *ibid.*, I, p. 90.

12. Requesens au Roi, Rome, 30 déc. 1565, L. SERRANO, *op. cit.*, I, p. 67.

13. Philippe II à Chantonnay, Madrid, 16 janv. 1566, *CODOIN*, CI, p. 119-123 ; à F. de Alava, Madrid, 16 janv. 1566, A.N., K 1505, B 20, n° 65 ; Nobili au prince, Madrid, 18 janv. 1566, A.d.S. Florence, Mediceo, 4897 *bis* ; du même au même, 21 janv. 1566, *ibid.*

14. Ainsi par l'agent toscan, 15 janv. 1566, référence à la note précédente.

15. Lettres de Nobili des 18 janv. et 16 févr. 1566 ; 17 janv. 1566, FOURQUEVAUX, *op. cit.*, I, p. 47 ; 22 janv., p. 47-48 ; 11 févr., p. 52.

16. 1, p. 61.

17. Vice-roi de Naples à Philippe II, 23 janv. 1566, Simancas E° 1055, f° 11. Instruction au prieur D. Antonio de Tolède, 18 févr. 1566, Simancas E° 1131.

18. Lettre au vice-roi de Naples, 23 janv. 1566 (voir note précédente). Garcia de Toledo au vice-roi de Naples, Naples, 2 févr. 1566, Simancas E° 1055, f° 24 ; vice-roi de Naples à Philippe II, Naples, 16 avr. 1566, Simancas E° 1055, f° 103, au sujet des quinze galères à fabriquer pour le compte du royaume de Sicile, à Naples. Ne pourrait-on en faire construire huit à Gênes ?

19. Simancas E° 1055, f° 7.

20. *Ibid.* « ... *por el Danubio a hazer fabricar barcones y a hazer xarcias para pasar los exercitos* ».

21. Avis de Constantinople 27 févr. 1566, Simancas E° 1055, f° 53.

22. *Ibid.*, avis de Corfou, 28 févr., par lettres de Cesare de Palma et Annibale Prototico, Simancas E° 1055, f° 49 ; cet avis parle de 80 à 90 galères seulement, lesquelles ne quitteraient pas les eaux turques. Avis de Chio, 1er mars 1566, Simancas E° 1055, f° 59 ; avis de Corfou, 16 mars 1566, Simancas E° 1055, f° 67 et 68 ; seul un avis de Constantinople 15 mars 1566, et Lépante, 25 mars, Simancas E° 1055, f° 54, parle de 130 galères.

23. Or la guerre de Hongrie se prédisait plus que jamais, avec une marche sur Vienne, avis de Raguse, 26 févr. 1566, Simancas E° 1055, f° 61. Le 15 mars, on annonçait de Constantinople des mouvements de troupes vers Sofia (Simancas E° 1055, f° 64). Le 16, de Corfou, on signalait le rassemblement de spahis à Andrinople et la fonte de nombreux canons à Constantinople (*Por carta de Corfu de 16 de março 1566, Simancas E° 1055, f°s 67 et 68*).

24. B. Ferrero à la République de Gênes, Constantinople, 9

févr. 1566, A.d.S. Gênes, Costantinopoli 22170. Confirmé par lettre de Corfou du 16 mars, Simancas E° 1055, f⁰ˢ 67-68.

25. L. SERRANO, *op. cit.*, I, p. 184.

26. 29 mai 1566, FOURQUEVAUX, *op. cit.*, I, p. 64.

27. 20 avr. 1566, Simancas E° 1055, f° 104.

28. Avis de Raguse, 27 avr. 1566, Simancas E° 1055, f° 13. Avis de Corfou, 3 mai 1566, Simancas E° 1055, f° 124.

29. Par lettres de Constantinople, 16 juill. 1566, A.d.S. Gênes, Constantinople, 22170.

30. Avvisi venuti con la reggia fregata da Levante dall'ysola de Corfu de dove partete alli 10 di maggio 1566, Simancas E° 1055.

31. Corfou, 11 juill., avis arrivé à Otrante le 12, Simancas E° 1055, f° 155.

32. Rapport d'un patron de galion, Simancas E° 1055, f° 163.

33. G. Hernandez à S. M., Venise, 1ᵉʳ août 1566, Simancas E° 1365. Le marquis de Caparso au duc d'Alcala, Bari, 24 juill. 1566, Simancas 1055, f° 180.

34. Le grand maître à Philippe II, Malte, 25 juill. 1566, Simancas E° 1131. Philippe II à J. A. Doria, Bosque de Segovia, 11 août 1566, Simancas E° 1395.

35. Garci Hernandez au roi, Venise, 1ᵉʳ août 1566, Simancas E° 1325.

36. Lettre du gouverneur des Abruzzes, 1ᵉʳ août 1566, Simancas E° 1055, f° 165 ; Relacion de lo que la armada del Turco ha hecho en el Reyno de Napoles desde que fue descubierta hasta los seys de agosto 1566, Simancas E° 1325.

37. Por cartas de D. de Mendoza, 7 août 1566, de San Juan Redondo, Simancas E° 1055, f° 171.

38. Vice-roi de Naples à Philippe II, Naples, 16 août 1566, Simancas E° 1055, f° 177 ; FOURQUEVAUX, *op. cit.*, I, p. 110-111, 123.

39. *Por cartas de J. Daça castellano de Veste* (Vasto ?), 6 août 1566, Simancas E° 1055, f° 169. *Lo que se entiende de la armada por carta de Bari de los 19 de agosto 1566*, Simancas E° 1055, f° 178 ; vice-roi de Naples à Philippe II, Naples, 5 sept. 1566, E° 1055, f° 190.

40. Vice-roi de Naples à Philippe II, Naples, 14 sept. 1566, E° 1055, f° 197.

41. Le même au même, Naples, 27 sept. 1566, *ibid.*, f° 200.

42. FOURQUEVAUX, *op. cit.*, I, p. 84-85, 6 mai 1566 ; Nobili au prince, Madrid, 6 mai 1566, A.d.S. Florence, Mediceo 4897 bis « ... *et molti dicono che Sua Maesta vuol andar sopra... Argeri et dicono che in consiglio ha parlato (Philippe II) di voler andar in persona benché questo io no lo credo...* », le même au même, 7 mai 1566, *ibid.*

43. G. CAPPELLETTI, *op. cit.*, VIII, p. 373.

44. Vice-roi de Naples à Philippe II, Naples, 6 août 1566, Simancas E° 1055, f° 168.

45. 7 août 1566, Simancas E° 1055, f° 170.

46. Edmond FALGAIROLLE, *Une expédition française à l'île de Madère en 1556*, 1895 ; Nobili au prince, Madrid, 6 oct. 1566, A.d.S. Florence, Mediceo, 4897 *bis* ; *Calendar of State Papers, Venet.* VII, 12 nov. 1566, p. 386 ; Montluc désavoué par Charles IX : le roi à Fourquevaux, Saint-Maur-des-Fossés, 14 nov. 1566, p. 59-60 ; les Portugais sont les agresseurs, 29 nov. 1566, FOURQUEVAUX, *op. cit.*, I, p. 144.

47. Josef von HAMMER-PURGSTALL, *Hist. de l'Empire ottoman*, Paris, 1835-1843, VI, p. 206.

48. *Ibid.*, p. 215.

49. Georg MENTZ, *Deutsche Geschichte*, Tübingen, 1913, p. 278.

50. G. de Silva au Roi, Londres, 29 avr. 1566, *CODOIN*, LXXXIX, p. 308.

51. Nobili au prince, Madrid, 23 mars 1566, A.d.S. Florence, Mediceo 4897 *bis.*

52. Leonardo Contarini au doge, Augsbourg, 30 mars 1566, *in* : G. TURBA, *op. cit.*, I, 3, p. 313.

53. Nobili au prince, Madrid, 6 juin 1566, A.d.S. Florence, Mediceo, 4897 *bis.*

54. Georg MENTZ, *op. cit.*, p. 278.

55. Leonardo Contarini au doge, Augsbourg, 1er juin 1566, *in* : G. TURBA, *op. cit.*, I, 3, p. 320.

56. Le même au même, 20 juin 1566, *ibid.*, p. 324.

57. 18 août 1566, *op. cit.*, I, p. 109.

58. Charles IX à Fourquevaux, Orcamp, 20 août 1566, C. DOUAIS, *Lettres... à M. de Fourquevaux*, p. 49.

59. J. von HAMMER, *op. cit.*, VI, p. 216.

60. *Ibid.*, p. 219, dit le Danube à Chabatz.

61. *Ibid.*, p. 223.

62. *Ibid.*, p. 224.

63. *Ibid.*, p. 231 ; F. HARTLAUB, *op. cit.*, p. 23 ; à ce sujet nombreux avis inédits de Constantinople, 23 sept. 1566, Simancas E° 1055, f° 198 ; vice-roi de Naples à Philippe II, 5 nov. 1566, *ibid.*, f° 215.

64. Ainsi N. IORGA ; ainsi Paul HERRE, *Europäische Politik im Cyprischen Krieg*, Leipzig, 1902, p. 8.

65. De Guricia, primero de set^bre 1566, Simancas E° 1395.

66. F. de Alava au roi, Paris, 10 nov. 1566, A.N., K 1506, B 20, n° 76.

67. Le même au même, Paris, 8 déc. 1566, *ibid.* n° 88 « estan aqui algo sospechosos del Emperador paresçiendoles que hara treguas con el Turco antes que se acabe la dieta... ».

68. Mémoire de Saint-Sulpice, 27 sept. 1566, FOURQUEVAUX, *op. cit.*, I, p. 134.

69. Voir l'article, un peu confus car trop riche, de Pierre CHAUNU, « Séville et la "Belgique" », *in : Revue du Nord*, avril-juin 1960, qui essaie de replacer l'affaire des Pays-Bas dans l'histoire impériale de l'Espagne et la conjoncture internationale, à l'heure de Séville.

70. Léon VAN DER ESSEN, *Alexandre Farnèse*, Bruxelles, 1933, I, p. 125-126.

71. Georges PAGÈS, « Les paix de religion et l'Édit de Nantes », *in : Rev. d'hist. mod.*, 1936, pp. 393-413.

72. W. PLATZHOFF, *op. cit.*, p. 20.

73. L. SERRANO, *op. cit.*, I, n° 122, p. 316, 12 août, cité par B. de MEESTER, *Le Saint-Siège et les troubles des Pays-Bas, 1566-1572*, Louvain, 1934, p. 20-21.

74. *Ibid.*, I, p. 131.

75. *Ibid.*, I, p. 67.

76. 30 avr., *ibid.*, I, p. 84.

77. *Ibid.*, I, p. 104 ; Nobili au prince, Madrid, 11 août 1566, A.d.S. Florence, Mediceo, 4897 *bis*.

78. 18 août 1566, *op. cit.*, I, p. 109.

79. H. FORNERON, *op. cit.*, II, p. 230.

80. Philippe II à Francés de Alava, Bosque de Segovia, 3 oct. 1566, A.N., K 1506.

81. F. de Alava à Philippe II, Paris, 21 sept. 1566, A.N., K 1506, n° 57.

82. Méfiances de Philippe II à l'égard de l'Empereur, Fourquevaux à la reine, Madrid, 2 nov. 1566, FOURQUEVAUX, *op. cit.*, III, pp. 25-26. Inutile de dire les méfiances de Philippe II à l'égard de Catherine de Médicis.

83. Avis de Saint-Sulpice, 21 sept. 1566, FOURQUEVAUX, *op. cit.*, I, p. 133.

84. *Ibid.*, p. 134.

85. F. de Alava au roi, Paris, 4 oct. 1566, reçue le 20, A.N., K 1506, n° 62.

86. Philippe II à F. de Alava, Aranjuez, 30 nov. 1566, A.N., K 1506, n° 87.

87. Fourquevaux au roi, Madrid, 9 déc. 1566, FOURQUEVAUX, *op. cit.*, I, p. 147.

88. L. SERRANO, *op. cit.*, I, p. 425-426.

89. Paul HERRE, *op. cit.*, p. 41, Castagna à Alessandrino, Madrid, 13 janv. 1567 ; FOURQUEVAUX, *op. cit.*, I, p. 172 et *sq.*, 18 janv. 1567.

90. *Ibid.*, I, p. 147.

91. 4 janv. 1567, *ibid.*, I, p. 160.

92. G. de Silva au Roi, Londres, 5 oct. 1566, *CODOIN*, LXXXIX, p. 381.

93. Le même au même, Londres, 10 déc. 1566, *ibid.*, p. 416.

94. Le même au même, Londres, 18 janv. 1566, *ibid.*, p. 427.

95. Anvers, 24 mai 1567, Van HOUTTE, « Un journal manuscrit

intéressant 1557-1648 : les Avvisi », *in : Bull. de la Comm. Royale d'hist.*, I, 1926, LXXXIX (4ᵉ bull.), p. 375.

96. FOURQUEVAUX, *op. cit.*, I, p. 166, 4 janv. 1567.

97. Avis de Constantinople, 10 mars 1567, Simancas E° 1056, f° 23 ; Chefalonia, 24, 26 mars, 5, 10 avr. 1567, *ibid.*, f° 34 ; Copia de capitulo de carta que scrive Baltasar Prototico de la Chefalonia a 10 de avril a D. Garcia de Toledo, *ibid.*, f° 38 ; le même au même, 12 avr. 1567, f° 36 ; Memoria de lo que yo Juan Dorta he entendido de los que goviernan en Gorfo (*sic*) es lo siguiente (24 avr. 1567), f° 45, Chefalonia, 21 avr., f° 47 ; Corfou, 28 avr., *ibid.*, avis de Constantinople, 17 mai 1567, f° 60 ; Fourquevaux au Roi, Madrid, 2 août 1567, FOURQUEVAUX, *op. cit.*, I, p. 248, « Le Sophy ne remue rien ains envoye un sien ambassadeur au d. Turc » ; avis de Constantinople, 8 janv. 1568, Simancas E° 1056, f° 126, on croira à l'arrivée des ambassadeurs persans quand on les verra.

98. J. von HAMMER, *op. cit.*, VI, pp. 313-317 ; Chantonnay à Philippe II, Vienne, 4 juin 1567, *CODOIN*, CI, p. 151-152 ; G. Hernandez à Philippe II, Venise, 26 janv. 1567, Simancas E° 1326. Trêve préparée de longue date conclue pour huit ans et non pour trois, comme Fourquevaux l'annonçait, il est vrai en avance, le 30 juin 1567, FOURQUEVAUX, *op. cit.*, I, p. 219. La guerre au ralenti n'a pas empêché l'empereur de solliciter des subsides espagnols, 24 août 1567, *ibid.*, I, p. 255. Grosse escarmouche du côté de la Transylvanie, Chantonnay à Philippe II, Vienne, 30 août 1567, *CODOIN*, CI, p. 263. Inquiétudes impériales au sujet de l'issue des tractations engagées, 20 déc. 1567, FOURQUEVAUX, *op. cit.*, I, 311 ; Nobili au prince, 25 déc. 1567, A.d.S. Florence, Mediceo, 4898, f° 153. Lo que se escrive de C. por cartas de VII de março 1568, Simancas E° 1056, f° 135, la trêve serait conclue pour dix ans, dit-on, avec inclusion du Très Chrétien, du roi de Pologne et de Venise.

99. Constantinople, 10 mars 1567, Simancas E° 1056, f° 23, révoltes albanaises dans la région de Valona et de Sopotico ; Corfou, 28 avr. 1567, *ibid.*, f° 47 ; vice-roi de Naples à Philippe II, 11 mai 1567, Simancas E° 1056, f° 57, les Albanais révoltés sont ceux de Zulati, Procunati, Lopoze, Tribizoti... ; de la Cimarra a XII de Junio 1567, *ibid.*, f° 6 ; Corfou, 26 déc. 1567, *ibid.*, f° 131.

100. Révolte du Yémen, Constantinople, 10 mars 1567, voir note précédente ; Copia de un capitulo de carta que scrive de Venecia J. Lopez en XXI de hen° 1568, Simancas E° 1066, f° 130 ; Constantinople, 17 nov. 1568, Simancas E° 1057, f° 2.

101. ... *Que el Turco attiende solo a dar se plazer y buen tiempo y a comer y a bever dexando todo el govierno en manos del primer Baxa*, Constantinople, 10 mars 1567, Simancas E° 1056 ; « ... *que el Turco continua sus plazeres y el presume mucho que por ventura sera la destrucion deste imperio que Dios*

lo permita », Constantinople, 17 mai 1567, Simancas E° 1056, f° 60.

102. *Op. cit.*, p. 24.

103. *Op. cit.*, p. 54. Voir aussi Vic^te A. de LA JONQUIÈRE, *Histoire de l'Empire ottoman*, t. I, 1914, p. 204.

104. Garces au prince, Madrid, 13 févr. 1566, A.d.S. Florence, Mediceo, 4897, f° 116.

105. Constantinople, 30 avr. 1566, Simancas E° 1395.

106. Simancas E° 1055, f° 77.

107. *Ibid.*, 76 v°.

108. *Relacion de lo que refiere uno de los hombres que el Marques de Capurso embio a Constantinopla por orden del Duque de Alcala por octubre passado* (1567), Simancas E° 1056 (f° non relevé par omission).

109. Corfou, 26 déc. 1567, avis arrivés à Lecce, le 12 janv. 1568, Simancas E° 1056, f° 131.

110. Constantinople, 5 mars 1567, Simancas E° 1058, f° 133.

111. Constantinople, 17 nov. 1568, Simancas E° 1057, f° 2.

112. Disette en Catalogne, 3 mai 1566, Simancas E° 336 ; disette à Gênes, Figueroa à Philippe II, Gênes, 26 mars 1566, Simancas E° 1395 ; en Aragon, 13 févr. 1567, FOURQUEVAUX, *op. cit.*, III, p. 36 ; en Sicile, grosse exportation de grains en 1567-1568, 209 518 salmes, mais de 93 337 seulement en 1568-1569, *Relationi delli fromenti estratti del regno de Sicilia*, 1570, Simancas E° 1124. La forte exportation de 1567-1568 n'est-elle pas en liaison avec les gros besoins du monde méditerranéen ?

113. Constantinople, 10 août 1567, avis arrivés à Lecce le 20 oct., Simancas E° 1056, f° 80 ; Constantinople, 20 oct. 1567 (ital.), *ibid.*, f° 91 ; Constantinople, 16 mai (1568), *ibid.*, f° 151. Contre Raguse, avis de Corfou, 12 juin 1568, *ibid.*, f° 16.

114. Le duc de Terranova, président du royaume de Sicile, à Antonio Pérez, Palerme, 30 sept. 1568, Simancas E° 1132 ; Pescaire au roi, Palerme, 18 oct. 1568, *ibid.*

115. Pour Tunis, 21 mai 1567, contre Alger et Djerba, 15 févr. 1567, FOURQUEVAUX, *op. cit*, I, p. 180 ; 15 mars, *ibid.*, p. 190. A noter qu'à partir de janvier 1567, l'Espagnol a eu la certitude, à peu près, qu'il n'y aurait pas d'armada turque, Lecce, 29 janv. 1567, Simancas E° 1056, f° 17.

116. Vice-roi de Naples, au roi, 11 mai 1567, Simancas E° 1056, f° 57.

117. Peu animé cependant avec les nombreuses galères alors détachées vers l'Ouest.

118. Chantonnay au roi, Vienne, 12 août 1568, *CODOIN*, p. 469-479.

119. Garci Hernández au roi, Venise, 25 janv. 1567, Simancas E° 1326. Le Titien ?

120. Au roi, 6 mai 1567, A.N., K 1508 B 21, n° 6, passages déchiffrés entre les lignes.

121. Fourquevaux à la reine, Madrid, 3 mai 1563, Fourque-vaux, *op. cit.*, III, p. 42 ; 8 mai, I, p. 351. Philippe II n'aurait pas voulu être compris dans la trêve turco-impériale.

122. Chantonnay au roi, Vienne, 23 mai 1567, *CODOIN*, CI, p. 213-219.

123. Philippe II à Chantonnay, Madrid, 26 sept. 1567, *ibid.*, p. 280-281.

124. On sait que Méhémet Sokolli est né à Trébigni près de Raguse.

125. Chantonnay à Philippe II, Vienne, 28 févr. 1568, *CODOIN*, CI, p. 378-379.

126. Le même au même, Vienne, 12 juin 1568, *ibid.*, p. 432-436.

127. Philippe II à Chantonnay, Madrid, 18 juill. 1568, *ibid.*, p. 450.

128. Madrid, 24 août 1568, Fourquevaux, *op. cit.*, I, p. 256.

129. Nobili au prince, Madrid, juin 1567, A.d.S. Florence, Mediceo 4898, f° 246 ; J. A. Doria au roi, Cadix, 26 juin 1567, Simancas E° 149. Arrivée de J. A. Doria à Málaga, le 11 juill., les provéditeurs à Philippe II, 12 juill. 1567, Simancas E° 149, f° 197.

130. Fourquevaux au roi, 2 mars 1567, Fourquevaux, *op. cit.*, I, pp. 187-192.

131. Le même au même, 4 janv. 1567, *ibid.*, I, p. 160 ; vice-roi de Naples, au roi, 8 janv. 1567, Simancas E° 1056, f° 11.

132. Voir note précédente, 8 janv. 1567.

133. 13 févr. 1567, Fourquevaux, *op. cit.*, I, p. 177.

134. 18 janv. 1567, *ibid.*, I, p. 169 ; Charles IX à Fourquevaux, 25 févr. 1567, *ibid.*, p. 83.

135. Difficultés avec les cantons suisses, 18 avr. 1567, A.N., K 150, n° 98. Craintes vénitiennes, Garci Hernández au roi, Venise, 13 avr. 1567, Simancas E° 1326. Agira-t-on contre Genève au passage ? Madrid, 15 avr. 1567, Fourquevaux, *op. cit.*, I, pp. 202-203. Craintes du duc de Lorraine, F. de Alava à Philippe II, Paris, 17 avr. 1567, A.N., K 1507, n° 104.

136. Petit exemple : expédition de trois navires de Málaga, dont un chargé de riz et de fèves, Diego Lopez de Aguilera à Philippe II, Simancas E° 149, f° 205.

137. 30 juin 1567, Fourquevaux, *op. cit.*, I, p. 220.

138. 15 févr. 1567, *ibid.*, p. 180 ; Nobili au prince, Madrid, 15 févr. 1567, A.d.S. Florence, Mediceo 4897 *bis*. « *Hieri venne avviso che nella spiaggia di Malaga combattute da grave tempesta sono affondate 27 tra navi e barche cariche di biscotti, d'armi, di munitioni et d'alchuni pochi soldati...* »

139. Fourquevaux au roi, Madrid, 15 avr. 1567, Fourquevaux, *op. cit.*, I, p. 202. Le Turc ne viendra pas, « que no aura armada este año » annonçait le vice-roi de Naples à Philippe II, Puçol, 4 avr. 1567, Simancas E° 1056, f° 31.

140. Il s'est embarqué le 26 au soir, le duc d'Albe à Philippe II, Carthagène, 26 avr. 1567, *CODOIN*, IV, p. 351. Le même au même, Carthagène, 27 avr., *ibid.*, p. 354. Il ne part donc pas le 17, comme le dit l'édition des lettres de FOURQUEVAUX, *op. cit.*, I, p. 209 ; Nobili au prince, Madrid, 3 mai 1567, A.d.S. Florence, Mediceo 4898, f⁰ˢ 50 et 50 v⁰ ; le même au même, 4 mai 1567, *ibid.*, 4897 *bis* ; le même au même, 12 mai 1567, *ibid.*, 4898, f⁰ˢ 58 et 59 v⁰, « Parti il Ducca d'Alva di Cartagena alli 27 del passato et sperase che a questa hora sia arrivato in Italia ».

141. Figueroa à Philippe II, Gênes, 8 août 1567, Simancas E⁰ 1390.

142. A. de RUBLE, *Le traité du Cateau-Cambresis, op. cit.*, p. 82.

143. Adam Centurione va jusqu'à proposer de céder la Corse au Roi Catholique, Figueroa à Philippe II, Gênes, 8 août 1567, Sim. 1390. Figueroa à qui la proposition est faite la rejette aussitôt et rend compte.

144. Figueroa à Philippe II, Gênes, 15 mai 1568, Simancas E⁰ 1390.

145. Nobili au prince, Madrid, 12 mai 1567, A.d.S. Florence, Mediceo, 4898 ; sur le rétablissement de la situation aux Pays-Bas, F. de Alava à Philippe II, Paris, 9 avr. 1567, A.N., K 1507, n⁰ 99 ; du même au même, Paris, 5 mai 1567, *ibid.*, K 1508, B 21, n⁰ 16 *b* ; il écrit de Marguerite de Parme : *significale quan enteramente quedan ya en obediencia de V. M^d todos aquellos estados sea dios loado...*

146. 4 janv. 1567, FOURQUEVAUX, *op. cit.*, I, p. 156.

147. *Ibid.*, I, p. 165 ; Nobili au duc, 7 déc. 1566, A.d.S. Florence, Mediceo 4898, f⁰ 8, donne la même nouvelle en avance. Mais Ruy Gomez a manœuvré.

148. Castagna à Alessandrino, Madrid, 7 janv. 1567, cité par Paul HERRE, *op. cit.*, p. 41. Ruy Gomez sondera même un jour l'ambassadeur du Très Chrétien au sujet d'une action éventuelle de la France contre le Turc puis laissera tomber l'entretien, Fourquevaux au Roi, Madrid, 15 avril 1567, FOURQUEVAUX, *op. cit.*, I, p. 204.

149. Fourquevaux, 18 janvier 1567, *ibid.*, I, p. 170.

150. Sigismondo de Cavalli à la S^ie de Venise, Madrid, 7 mai 1568, *C. S. P. Venetian*, VII, p. 423-424.

151. 23 janv. 1567, FOURQUEVAUX, *op. cit.*, I, p. 183. Ce mot de F. de Alava à Philippe II (Paris, 23 avr. 1567, A.N., K 1507, n⁰ 106), parlant du Roi de France et de ses conseillers : *Va les cada dia cresciendo el temor de la passada de V. M^d.*

152. Charles IX à Fourquevaux, Paris, 14 nov. 1567, C. DOUAIS, *Lettres de Charles IX à M. de Fourquevaux*, p. 129 et *sq.*, nouvelle de la victoire de Saint-Denis. Départ des gentilshommes flamands qui se trouvent au camp des protestants, Francés de Alava au roi, Paris, 23 oct. 1567, A.N., K 1508, B 21, n⁰ 81.

153. E. Lavisse, *Histoire de France*, VI, I, p. 100.

154. R. B. Merriman, *op. cit.*, IV, p. 289.

155. Nobili au duc, Madrid, 30 oct. 1567, A.d.S. Florence, Mediceo 4898, f° 122.

156. Madrid, 15 avr. 1567, Fourquevaux, *op. cit.*, I, p. 201 ; Requesens au Roi, Rome, 19 avr. 1567, L. Serrano, *op. cit.*, II, p. 90.

157. G. de Silva au roi, 21 juin 1567, A. E. Esp. 270, au f° 175, articles en italien de la ligue contre les Protestants.

158. L. van Der Essen, *op. cit.*, I, p. 151, références à Campana et à Strada.

159. Fourquevaux à la reine, 23 févr. 1567, Fourquevaux, *op. cit.*, III, p. 58 ; Granvelle au roi, Rome, 14 mars 1567, *Correspondance*, I, p. 294. Au reçu de mauvaises nouvelles des Pays-Bas « tout aussitost et du soir à lendemain » le roi s'est résolu au voyage d'Italie. 24 mai 1567, Fourquevaux, I, p. 192 ; en Italie on publie que le roi n'ira pas en Flandre, Granvelle au roi, Rome, 15 avril 1567, Corresp., II, p. 382. Le voyage est-il un paravent pour une expédition contre Alger, Nobili au prince, Madrid, 4 mai 1567, A.d.S. Florence, Mediceo, 4897 *bis* ; certitude du départ, cependant les princes de Bohême ne font aucun préparatif, Nobili au prince, 18 juin 1567, *ibid.*, 4898, f°s 62 et 62 v°, mais le même jour Nobili, *ibid.*, f° 67 v°, annonce leur départ. Préparatifs pour le voyage, Nobili, *ibid.*, 4897 *bis*, 26 juin ; Fourquevaux à la reine, Madrid, 30 juin 1567, Fourquevaux, *op. cit.*, I, p. 228, ordre de départ donné par Philippe II : « Je ne scaurois dire si ce sont finesses castillanes, mais cela est ainsi ». Philippe II à Granvelle, Madrid, 12 juill. 1567, *CODOIN*, IV, p. 373, sa ferme résolution de partir ; Nobili au prince, Madrid, 17 juill. 1567 A.d.S. Florence, Mediceo 4898, f° 77 « ... che l'andata di sua Mta in Flandra riscalda assai et tutti questi grandi lo dicono absolutamente... ». Fourquevaux au roi, fin juill. 1567, Fourquevaux, *op. cit.*, I, p. 241, on ne sait quelle mer choisira Philippe II, Nobili au prince, Madrid, 24 juill. 1567, Mediceo, 4898, f°s 75 et 75 v°, Pedro Melendez arrive à point de Floride pour prendre le commandement de la flotte royale ; Francès de Alava à Catherine de Médicis, Paris, 8 août 1567, A.N., K 1508, B 21, n° 42, la gouvernante des Pays-Bas envoie des navires au-devant de la flotte royale ; Granvelle au roi, Rome, 17 août 1567, se réjouit du départ : « Bien qu'en Espagne et en Flandres et ici encore plus il y ait quantité de gens qui se refusent à croire au voyage de V. M. et qui discourent chacun à sa fantaisie... ». Le temps passe : Fourquevaux à la reine, 21 août 1567 « et de s'embarquer le dit roy en septembre serait naviguer en homme désespéré qui se veut perdre et faire perdre les siens » ; G. Correr au doge, Compiègne, 4 sept. 1567, *C. S. P. Venetian*, VII, p. 403, d'après des lettres de marchands le Roi Catholique « is not likely to arrive ». G. de Silva au roi, Londres, 6 sept. 1567, *CODOIN*,

LXXXIX, p. 541, d'après l'ambassadeur français, Philippe II passerait par Santander non par la Corogne. Si le voyage n'avait pas lieu, expédition contre Alger. Lettre circulaire de Philippe II aux ducs de Florence, Ferrare, Urbin, Mantoue, Madrid, 22 sept. 1567, ne va plus en Flandre par la mer de Ponent « por sus enfermedades y por ser el camino tan trabajoso que no ha sido possible, para estar ya a la boca del invierno... ». Fourquevaux au roi, Madrid, 23 sept. 1567, *op. cit.*, I, p. 367, voyage remis au printemps. Vice-roi de Naples au roi, Naples, 31 sept. 1567, Simancas E° 1056, f° 96, a reçu lettre lui indiquant que le voyage était remis au printemps prochain. Nobili au prince, 17 nov. 1567, Mediceo 4898, f° 128, tous les hommes de bon sens en faveur du voyage ; le même au même, *ibid.*, f° 137, 27 nov. 1567, Don Diedo de Còrdova lui dit dans l'antichambre du roi que Philippe II ira en Flandres avec des forces suffisantes pour combler les vides des compagnies espagnoles. Le cardinal de Lorraine à Philippe II, Reims, 16 janv. 1568, A.N., K 1509, B 22, n° 3 *a*, pour l'engager à passer dans les Pays-Bas à continuer la répression des hérétiques ; F. de Alava au roi, Paris, 27 mars 1568, A.N., K 1509, B 22, n° 35 *a*, *Todo lo de aquellos estados esta quietissimo desseando la venida de V. M^d para el remedio dellos.*

160. E. HAURY, « Projet d'entrevue de Catherine de Médicis et de Philippe II devant Boulogne », *in : Bull. de la Soc. acad. de Boulogne-sur-Mer*, t. VI (extrait B.N., Paris, in-8°. Lb 33/543) ; Fourquevaux à la reine, Madrid, 24 août 1567, FOURQUEVAUX, *op. cit.*, I, p. 254.

161. Le 24 août, Van HOUTTE, *art. cit.*, p. 376.

162. Voir ci-dessus, note 159 *in fine*, F. de Alava au roi, 1er mars 1568, A.N., K 1509, B 22, f° 26 indique déjà, d'après le duc d'Albe, la quiétude des Pays-Bas.

163. Le livre de Viktor BIBL, *Der Tod des Don Carlos*, nous l'avons déjà dit, n'est pas à suivre.

164. Fourquevaux au roi, Madrid, 26 juill. 1568, FOURQUE-VAUX, *op. cit.*, I, p. 371. La mort de Don Carlos a tiré le roi de plusieurs soucis « et pourra sortir de son royaume à sa volonté sans danger d'y survenir sédition en son absence ».

165. *Philippe II*, p. 128.

166. L. PIRENNE, *H. de Belgique*, Bruxelles, 1911, IV, p. 13. A cette époque les agissements du prince d'Orange laissent Philippe II sans inquiétude, Philippe II à F. de Alava, Aranjuez, 13 mai 1568, A.N., K 1511, B 22, n° 31.

167. L. PIRENNE, *ibid.*, p. 14 et 15. Lettre de victoire du duc d'Albe à Philippe II, Cateau-Cambrésis, 23 nov. 1568, dont on trouve partout des copies, B.N., Paris, Esp. 361 ; GACHARD, *Correspondance de Philippe II*, II, p. 49 ; CODOIN, IV, p. 506. Sur la campagne du prince d'Orange en France en 1569, doc.

inédits p.p. Kervyn de Lettenhove, *Com. Royale d'Histoire*, 4ᵉ série, 1886, XIII, p. 66-74.

168. Van Houtte, *art. cit.*, p. 385, 386, 16 avr. 1569 ; bruits de guerre avec l'Angleterre, M. de Gomiécourt à Çayas, Paris, 2 août 1569, « dize por ciertos avisos q la Reyna d'Ingleterra arma para Normandia es de temer que no sera para lo de Flandes » ; Van Houtte, *art. cit.*, p. 388. Sur cette grave crise de 1569, voir tome II, pp. 157-158.

169. G. de Spes au roi, Londres, 1ᵉʳ juin 1569, *CODOIN*, XC, p. 254 ; le même au même, *ibid.*, p. 276, Londres, 5 août 1589 : « Es la falta de açeite aqui tan importante que de simiente de rabanos sacan aceite para adreszar la lana... ».

170. B.N. Madrid, Ms 1750, fᵒˢ 281-283. Sur toute la question d'Angleterre, voir le beau livre d'O. De Törne, *Don Juan d'Autriche*, I, Helsingsfors, 1915.

171. Des troubles en Irlande, dans les régions proches de l'Écosse, 8 janv. 1570, *CODOIN*, XC, p. 171.

172. Rome, 3 nov. 1569, L. Serrano, *op. cit.*, III, p. 186. Proyecto del Papa sobre la sublevacion de Inglaterra contra Isabel : piensa Çuñiga que interviniendo el Rey en la empresa se lograria la concesion de la cruzada, Simancas Eᵒ 106, 5 nov. 1569 ; *C. S. P. Venetian*, VII, p. 479 ; Londres, 24 déc. 1569, *CODOIN*, XC, p. 316 ; 26 déc., p. 317. Conquista de Inglaterra y comission alli del consejero d'Assonleville, Simancas Eᵒ 541. Estado de los negocios de Inglaterra, *ibid.* Le point de vue du duc d'Albe exposé dans sa lettre à D. J. de Zuñiga, Sim. Eᵒ 913, copie aux A. E. Esp. 295, fᵒˢ 186 à 188 : impossibilité de faire la conquête de l'Angleterre avec l'hostilité de l'Allemagne et de la France.

173. E. Lavisse, *op. cit.*, VI, 1, p. 106 et *sq.*

174. Le duc d'Alcala au pape, 24 juill. 1568, Simancas Eᵒ 1856, fᵒ 17.

175. E. Lavisse, *op. cit.*, VI, 1, p. 111.

176. Francés de Alava au roi, Paris, 9 juin 1569, A.N., K 1514, B 26, nᵒ 122.

177. Francés de Alava au duc d'Albe, Orléans, 19 juin 1569, A.N., K 1513, B 25, nᵒ 54. J. Manrique inspecte la frontière de Navarre, J. de Samaniega au duc de Parme, Madrid, 12 juill. 1569, A.d.S. Naples, Farnesiane, Spagna 5/1 fᵒ 272 ; même indication, Castagna à Alessandrino, 13 juill. 1569, L. Serrano, *op. cit.*, I, p. 112. On craint pour la Navarre, mais surtout au cas où cesseraient les guerres civiles en France, 19 août 1569, Fourquevaux, II, p. 110 ; 17 sept. 1569, *ibid.*, p. 117.

178. Francés de Alava au roi, Tours, 29 oct. 1569, A.N., K 1512, B 24, nᵒ 139.

179. Constantinople, 14 mars 1569, E. Charrière, *op. cit.*, III, p. 57-61. Const., 26 mars 1569, Simancas Eᵒ 1057, fᵒ 45, Bᵃ

Ferrero à la S^{ie} de Gênes ; Const. 11 juin 1569, A.d.S. Gênes, Cost. 2/2170. C. 16 nov. 1569, Simancas E° 105, f° 3. Thomas de Cornoça au roi, Venise, 9 déc. 1569, Simancas E° 1326 : l'armada turque s'arme lentement, le sultan ayant besoin de ses forces du côté de la Moscovie, de l'Arabie et de la Perse. Const., 10 déc. 1569, Simancas E° 1058, f° 6.

180. Moins cependant que ne l'indique W. PLATZHOFF, *op. cit.*, p. 32.

181. Const., 28 janv. 1569, Simancas E° 1057, f° 27 : « ... que no queria (le nouveau roi de Perse) que el fiume (*sic*) Volga se cortasse porque dello le vernia mucho daño por poder yr despues con varcas hasta sus estados a saqueallos... »

182. Avis de Const., reçus de Prague, par Venise, 28 janv. 1570, A.N., K 1515, B 27, n° 21. Le problème du canal Don-Volga et récit de la campagne d'hiver, J. von HAMMER, *op. cit.*, VI, p. 338 et *sq.*

183. F. de Alava au roi, Paris, 4 févr. 1569, A.N., K 1514, B 26, n° 41 : « el Turco esta muy embaraçado y empachado porque los Arabios prosperan y el Sofi los fomenta... ». Alexandrie, 14 avr. 1569, Simancas E° 1325, beaucoup de détails sur cette guerre du Yémen, comme si elle était le seul résultat des exactions des gouverneurs turcs, détails si nombreux qu'ils sont à peu près inintelligibles comme le récit de J. von HAMMER, *op. cit.*, VI, p. 342 et *sq.* qui reproduit curieusement toutes les indications de notre document. Const., 11 juin 1569, voir ci-dessus, note 179 : les Turcs rétabliront probablement l'ordre dans le Yémen. Const., 16 oct. 1569, E. CHARRIÈRE, *op. cit.*, II, p. 82-99. Thomas Cornoça au roi, Venise, 29 sept. 1569, Simancas 1326, reprise d'Aden par les Turcs ? Projet de percer l'isthme de Suez après soumission de l'Arabie, J. von HAMMER, *op. cit.*, VI, p. 341.

184. Const., 16 oct. 1569, E. CHARRIÈRE, *op. cit.*, III, p. 82-90, 800 000 ducats pour le Yémen, un million pour la Syrie.

185. Vice-roi de Naples au roi, 14 janv. 1569, Simancas E° 1057, f° 18, pas d'armada turque cette année. F. de Alava à Çayas, Paris, 15 janv. 1569, A.N., K 1514, B 26, n° 23, bruits contradictoires, le Turc irait contre La Goulette ou contre Alexandrie ; vice-roi de Naples au roi, Naples, 19 janv. 1569, Simancas E° 1057, f° 2, pas d'armada. Th. de Cornoça au roi, Venise, 24 janv. 1569, Simancas E° 1326, pas d'armada à cause de l'Arabie ; Const., 28 janv. 1569, voir ci-dessus, note 182, pas d'armada ; 14 mars 1569, E. CHARRIÈRE, *op. cit.*, III, p. 57-61. J. Lopez au roi, Venise, 2 juill. 1569, Simancas E° 1326 : *Venecianos se han resuelto de embiar las galeaças en Alexandria y Suria ques señal que no saldra armada por este año...*

186. Pescaire au roi, Messine, 31 août 1569 et 2 sept. 1569, Simancas E° 1132.

187. B^a Ferrero à la S^{ie} de Gênes, Const., 23 juill. 1569, A.d.S. Gênes, Cost. 2/2170. Const. 24 et 29 mai (avis reçus à Naples, le

18 juill., Simancas E° 1057, f° 59). Const., 7 août 1569, Simancas E° 1057, f° 72 : « que los aparatos maritimos continuan a gran furia y casi a la descubierta » ; Const., 18 sept. 1569, Simancas E° 1057, f° 76 ; Const., 18 sept. 1569, Simancas E° 1057, f° 76 ; Const., 29 sept. et 2 oct. 1569, *ibid.*, f° 9 ; Const., 16 nov. 1569, Simancas E° 1058, f° 3 ; Const. 26 déc. 1569, Simancas E° 1058, f° 8 : *quest' appar(a)to di quest' armata sia per Spagna*... Sur ces armements, rapport du baile Barbaro aux Archives de Vienne, J. von HAMMER, *op. cit.*, VI, p. 336, notes 1 et 2.

188. P. HERRE, *op. cit.*, p. 15. Julian Lopez au roi, Venise, 15 sept. 1569, Simancas E° 1326. Voyez, dans l'autre sens, ce projet d'incendie de l'arsenal de Constantinople d'un certain Julio Cesar Carrachialo, vice-roi de Naples au roi, 23 mars 1569, Simancas E° 1057, f° 43.

189. Résumé des lettres du vice-roi de Naples, 22, 26, 29, 31 août 1569, Simancas E° 1056, f° 192.

190. Madrid, 5 janv. 1569, L. SERRANO, *op. cit.*, III, p. 23-24.

191. Sauli à la Seigneurie de Gênes, 5 janv. 1569, A.d.S. Gênes, Lettere Ministri Spagna 4, 2413.

192. Voir ci-dessus, note 190.

193. Pedro de MEDINA, *op. cit.*, p. 147 v°.

194. Voir ci-dessus, note 191.

195. *Ibid.*

196. HURTADO DE MENDOZA, *op. cit.*, p. 71.

197. 13 janv. 1569, FOURQUEVAUX, *op. cit.*, II, p. 45.

198. 28 févr. 1569, *ibid.*, II, p. 56.

199. Avis d'Espagne, 20 mars 1569, *ibid.*, II, p. 62.

200. Sauli à la Sⁱᵉ de Gênes, Madrid, 14 avr. 1569, A.d.S. Gênes, Lettere Ministri, Spagna 1/2413.

201. Philippe II à Requesens, 15 janv. 1569, Simancas E° 910, ordre de venir sur les côtes d'Espagne avec 24 ou 28 galères.

202. Simancas E° 1057, f° 105, Madrid, 20 janvier 1569.

203. Vice-roi de Naples au roi, Naples, 19 février 1569, Simancas E° 1057, f° 36.

204. Bᵃ Ferrero à la Sⁱᵉ de Gênes, Constantinople, 23 juill. 1569, A.d.S. Gênes, Costantinopoli, 2/2170 : *li mori di Granata etiam scriven qui al grand Sre et a tutti li principalli suplichando che se li manda socorso de arme solo che de gente sono assai...*, demandent l'envoi de l'armada en 1570 ; les régions du détroit de Gibraltar sont mal gardées et faciles à prendre. A. de HERRERA, *Libro de agricultura...*, *op. cit.*, 1598, rapporte dans son premier dialogue que la révolte de Grenade fut connue même à Constantinople où elle fut tout d'abord prise pour une fable, c'est là un on-dit (*segun se dize*) pour le moins curieux, 341 v°.

205. 13 janv. 1569, FOURQUEVAUX, *op. cit.*, II, p. 47-48.

206. *Ibid.*, p. 45.

207. *Ibid.*, p. 46.

208. Charles IX à Fourquevaux, Metz, 14 mars 1569, C. Douais, *Lettres de Charles IX à M. de Fourquevaux*, p. 206.

209. H. Forneron, *op. cit.*, II, p. 161.

210. 23 janv. 1569, Fourquevaux, *op. cit.*, II, p. 51.

211. *Avisos sobre cosas tocantes al Reyno de Granada*, 1569, Simancas E° 151, f° 83.

212. Fourquevaux, *op. cit.*, II, p. 56.

213. Guerau de Spes au roi, Londres, 2 avr. 1569, *CODOIN*, XC, p. 219 ; du même au même, 9 mai 1569, *ibid.*, p. 228. Notre citation se rapporte à cette seconde lettre.

214. De vraies guerres américaines, G. Friederici, *Der Charakter...*, *op. cit.*, I, p. 463. Dans la si curieuse lettre du roi des révoltés Mohammed Aben Humeya à D. J. d'Autriche, Ferreyra, 23 juill. 1569, Arch. Gouv. Gal de l'Algérie, Registre n° 1686, f° 175-179, le roi des insurgés indique que tous les jours arrivent entre ses mains (comme sa propre part) de six à dix prisonniers chrétiens.

215. Michel Orvieto à Marguerite de Parme, Madrid, 1er avr. 1569, A.d.S. Naples, Farnesiane, Spagna, fasc. 5/1, f° 242, indique le mouvement des galères vers l'Espagne. Pescaire au duc d'Alcala, 17 avr. 1569, Simancas E° 1057, f° 53 : à la nouvelle du désastre, il a l'intention d'envoyer en Espagne l'escadre de Juan de Cardona. *Récit du succez et journée que le Grand Commandeur de Castille a eu allant avec vingt-cinq galères contre les Mores*, Lyon, Benoist-Rigaud 8° Pièce, 14 p., B.N., Paris, Oi 69 (1569), rapport pro-espagnol ; Fourquevaux, *op. cit.*, II, p. 75, 4 mai 1569 : s'il n'y avait cette garde des galères, les Morisques se réfugieraient en Afrique du Nord.

216. H. Forneron, *op. cit.*, II, p. 178, sans doute troupes amenées par Alvaro de Bazan, cf. la note suivante. Sauli à la Sie de Gênes, Madrid, 20 mai 1569, A.d.S. Gênes, Lettere Ministri, Spagna 4/2413 ; Philippe II à Don Juan d'Autriche, Aranjuez, 20 mai 1569, *CODOIN*, XXVIII, p. 10.

217. J. de Samaniega au duc de Parme, Madrid, 18 mai 1569, A.d.S. Naples, Farnesiane, Spagna, fasc. 5/1, f°s 256-257.

218. *Ibid.*, f° 274, le même au même, Madrid, 25 juin 1569.

219. Sauli à la Sie de Gênes, voir ci-dessus, note 216.

220. Philippe II à Don Juan d'Autriche, Aranjuez, 20 mai 1569, *CODOIN*, XXVIII, p. 10. Grenade est le seul point sauvegardé, Castagna à Alessandrino, Madrid, 13 juill. 1569, L. Serrano, *op. cit.*, III, p. 111.

221. A Çayas, Paris, 2 août 1569, A.N., K 1511, B 24, n° 35.

222. Madrid, 6 août 1569, Fourquevaux, *op. cit.*, II, pp. 101-102.

223. *Ibid.*, p. 109, 19 août 1569.

224. *Ibid.*, p. 107.

225. *Ibid.*, 19 août 1569, p. 111.

226. *Ibid.*, 17 sept. 1569, p. 117-118.

227. Au roi, Rome, 14 oct. 1569, L. Serrano, *op. cit.*, III, p. 163.

228. Madrid, 26 oct. 1569, *ibid.*, p. 180.

229. 31 oct. 1569, Fourquevaux, *op. cit.*, II, pp. 128-129. C. Pereyra indique (*Imperio español*, p. 168) que les Anglais auraient aidé les Morisques...

230. F. de Alava au roi, Tours, 9 déc. 1569, A.N., K 1513, B 25, n° 138. Grandchamp de Grantrye à Catherine de Médicis, Const., 16 oct. 1569, E. Charrière, *op. cit.*, III, p. 94, éventuelle mise de Toulon à la disposition des Turcs.

231. Avis d'Espagne, 19 déc. 1569, Fourquevaux, *op. cit.*, II, p. 165.

232. Madrid, 2 oct. 1569, L. Serrano, *op. cit.*, III, p. 161.

233. Nobili au prince, Barcelone, 4 déc. 1569, A.d.S. Florence, Mediceo 4898, f° 550.

234. Madrid, 26 nov. 1569, *CODOIN*, XXVIII, p. 38.

235. Fourquevaux, *op. cit.*, II, p. 165.

236. Ferrals à Charles IX, Bruxelles, 29 déc. 1569, B.N., Paris, Fr. 16123, f° 297 v°, ... *de sorte que ceulx de Grenade et moins ceulx de Séville n'ausent mectre le nez dehors...*

237. Philippe à Guerau de Spes, Madrid, 26 déc. 1569, *CODOIN*, XC, p. 318.

238. *Op. cit.*, p. 78.

239. Simancas E° 487.

240. Le commerce est en effet interdit en direction d'Alger. Un marchand français arrêté à Valence, 1569, Simancas E° 487 ; pas de navires à Málaga à cause de la guerre. Inquisition de Grenade au Conseil Suprême de l'Inquisition, A. H. N., 2604, 17 mars 1570.

241. Madrid, 31 oct. 1569, Fourquevaux, *op. cit.*, II, pp. 128-129.

242. Avis d'Espagne, 19 déc. 1569, *ibid.*, p. 165.

243. Jeronimo de Mendoza au comte de Benavente, Alger, 8 oct. 1569, Simancas E° 333 ; Sauli à la S^{ie} de Gênes, Cordoue, 26 février 1570, A.d.S. Gênes, L. M., Spagna 4/2513 ; le même au même, 29 oct., Simancas E° 487. Philippe II écrit, en marge de ce rapport : *sera bien embiar con este coreo a don A° Pimentel...*

244. *Memorias del Cautivo*, p. 2, septembre et non octobre.

245. D. de Haedo, *op. cit.*, 78 v°.

246. Avis d'Alger, 22 févr. 1570, Simancas E° 487 ; Palmerini, B. Com. Palerme, Qq D. 84, place l'événement en 1569, mais est souvent fautif. A Rome, la nouvelle de la prise de Tunis n'arrive que dans la nuit du 8 au 9 févr. 1570. L'évêque du Mans au roi, Rome, 13 févr. 1570, B.N., Paris, Fr. 17 989, f°s 147 et 147 v°. La nouvelle arrivera à Constantinople le 2 avr. 1570, Const. 7 avr. 1570, Simancas E° 1058, f° 41. *Memorias del Cautivo*, p. 5, prise de Tunis en janvier 1570.

247. Avis d'Alger, voir note précédente, le Calabrais fut bien reçu par les Tunisois (*fue muy bien recebido de todos ellos*).

248. Haedo dit février ; avis d'Alger, 1-6 avr. 1570, Simancas E° 487, il aurait quitté Tunis le 10 mars.

249. *Memorias del Cautivo*, p. 5.

250. Fourquevaux au roi, Cordoue, 22 avr. 1570, FOURQUE-VAUX, *op. cit.*, II, p. 216.

251. Nobili au prince, Madrid, 18 janv. 1570, A.d.S. Florence, Mediceo, 4849, f°ˢ 10 et 11 v° : *quivi dicono ch'è gran penuria di tutte le cose onde non è molto approbata questa gita como non necessaria*, f° 9 v° ; ... *che noi andiamo in una provincia penuriosa di tutt'i viveri per cagione del mal recolto e della guerra de Mori : staremo a ridosso d'un esercito che già patisce infinitamente...*

252. Madrid, 3 févr. 1570, FOURQUEVAUX, *op. cit.*, II, p. 190.

253. Sauli à la Sⁱᵉ de Gênes, Cordoue, 26 février 1570, A.d.S. Gênes, L. M. Spagna 4/2413.

254. Don Juan à Philippe II, Caniles, 19 févr. 1570, *CODOIN*, XXVIII, p. 49 ; le même au même, Caniles, 25 févr. 1570, A. E. Esp. 236, f° 13.

255. A Philippe II, Tijola, 12 mars 1570, *CODOIN*, XXVIII, p. 79.

256. Le même au même, 30 mars 1570, 6 mai 1570, *ibid.*, pp. 83 et 89.

257. L'information de Nobili (voir ci-dessus note 251) est-elle juste ? Du blé en tout cas est envoyé d'Alger aux révoltés, avis d'Alger, 1ᵉʳ et 6 avril 1570, Simancas E° 487.

258. Dietrichstein à Maximilien II, Séville, 17 mai 1570, P. HERRE, *op. cit.*, p. 113, note 1. Le roi d'Alger aurait promis d'envoyer cinq navires de vivres et de munitions.

259. Nobili au prince, Cordoue, 27 mars 1570, A.d.S. Florence, Mediceo 4899, f°ˢ 59 et suivants.

260. Sauli à la Sⁱᵉ de Gênes, Cordoue, 27 mars 1570, A.d.S. Gênes, L. M. Spagna 4/2413.

261. Nobili au prince, Séville, 16 mai 1570, Florence, Mediceo 4899, f° 94 v°.

262. Le même au même, *ibid.*, f° 95 v° ; Juan de Samaniega au duc de Parme, Cordoue, 18 mars 1570, A.d.S. Naples, Carte Farnesiane, Spagna, fasc. 3/2, f° 356.

263. Fourquevaux au roi, Séville, 22 mai 1570, FOURQUEVAUX, *op. cit.*, II, p. 222.

264. Nobili au prince, Cordoue, 25 mai 1570, A.d.S. Florence, 4899, f° 166 v° et rachat des captifs, P. HERRE, *op. cit.*, p. 118.

265. Çayas à F. de Alava, Ubeda, 4 juin 1570, A.N., K 1517, B 28, n° 70.

266. Avis de Grenade, 16 juin 1570, FOURQUEVAUX, *op. cit.*, II, p. 227.

267. *Ibid.*, p. 226.

268. Les Inquisiteurs de Grenade au Conseil Suprême de l'Inquisition, 17 juin 1570, A. H. N., 2604.

269. Les mêmes au même, 9 juil. 1570, *ibid.*

270. Madrid, 29 juin 1570, FOURQUEVAUX, *op. cit.*, II, p. 241, « chargé de riz, de bled et de farine », *ibid.*, 11 juil.

271. Don J. d'Autriche à Philippe II, 2 juil. 1570, *CODOIN*, XXVIII, p. 110.

272. *Ibid.*, p. 111.

273. FOURQUEVAUX, *op. cit.*, II, p. 241-242.

274. Madrid, 13 juil. 1570, A.d.S. Gênes, L. M. Spagna 4. 2413.

275. *Ibid.*, 5 août 1570.

276. Don Juan d'Autriche à Philippe II, 14 août 1570, *CODOIN*, XXVIII, p. 126. Le même à Ruy Gomez, même date, *ibid.*, p. 128.

277. Juan de Samaniega au duc de Parme, Madrid, 20 août 1570, A.d.S. Naples, Carte Farnesiane, fasc. 5/1, f° 394.

278. A Ruy Gomez de Silva, Guadix, 29 août 1570, *CODOIN*, XXVIII, p. 133.

279. Madrid, 20 sept. 1570, FOURQUEVAUX, *op. cit.*, II, p. 268.

280. Avis d'Espagne, sept. 1570, *ibid.*, II, p. 262-263 ; Madrid, 11 oct. 1570, *ibid.*, II, p. 280.

281. *Ibid.*, p. 277.

282. A.N., K 1516, B 28, n° 7.

283. A Philippe II, 9 novembre 1570, *CODOIN*, XXVIII, p. 140.

284. Don Juan d'Autriche à Ruy Gomez, 5 novembre 1570, « *Al fin, Señor, esto es hecho* », cité par H. FORNERON, *op. cit.*, II, pp. 189-190 ; par O. de TÖRNE, *op. cit.*, I., p. 201.

285. Au g^d duc, Madrid, 22 janvier 1571, A.d.S., Florence, Mediceo, 4903.

286. Sauli à la S^{ie} de Gênes, Madrid, 11 janvier 1571, A.d.S. Gênes, L. M. Spagna 4/2413 parle de 2 500 Mores vivant comme *bandoleri*.

287. A. de HERRERA, *op. cit.*, p. 341 et *sq.*

288. A. de FOUCHÉ-DELBOSC, « Conseils d'un Milanais à Don Juan d'Autriche », *in : Revue Hispanique*, 1901, p. 60, n. *a*.

289. Surabondance des sources, cf. à leur sujet, J. von HAMMER, *op. cit.*, VI ; Paolo PARUTA, *Hist. venetiana*, 2e partie, *Guerra di Cipro* ; Uberto FOGLIETTA, *De sacro foedere in Selimum*, Libri IV, Gênes, 1587 ; Giampietro CONTARINI, *Historia delle cose successe dal principio della guerra mossa da Selim Ottomano a'Venetiani*, Venise, 1576.

290. Paul HERRE, *Europäische Politik im cyprischen Krieg, 1570-1573*, Leipzig, 1902.

291. *Op. cit.*, p. 13.

292. E. CHARRIÈRE, *op. cit.*, III, p. 87-88 ; IORGA, *op. cit.*, III, p. 141.

293. J. REZNIK, *Le duc Joseph de Naxos, contribution à l'histoire juive du* XVIᵉ *siècle*, Paris, 1936.

294. Constantinople, 7 avril 1570, Simancas Eᵒ 1058, fᵒ 41.

295. Charles IX à du Ferrier, 6 oct. 1571, B.N., Paris, Fr. 16170, fᵒ 32 vᵒ et *sq*.

296. Paul HERRE, *op. cit.*, p. 25 et 146.

297. Madrid, 10 mars 1570, FOURQUEVAUX, *op. cit.*, II, p. 202, le « chaouch » demanderait au roi de France de faire préparer des vivres sur les côtes de Provence et de Languedoc pour l'armada turque. « Il n'y a faulte de discours sur cela. » Salazar à S. M., Venise, 5 déc. 1570, A.N., K 1672, G 1, nᵒ 159, Claude Du Bourg, toujours détenu à la Mirandole, il serait question de le libérer ; sur cet étonnant personnage de Claude Du Bourg, voir tome II, pp. 32-33.

298. Instruction de Charles IX à Paul de Foix, 12 avril 1570, B.N., Paris, Fr., 16080, fᵒ 166, cité par P. HERRE, *op. cit.*, p. 161.

299. E. LAVISSE, VI, 1, p. 113 ; Philippe II à F. de Alava, Madrid, 3 sept. 1570, A.N., K 1517, B 28, nᵒ 89 : *pernicioso concierto y pazes que esse pobre Rey ha hecho con sus rebeldes que me ha causado la pena y sentimiento que podeis considerar viendo la poca cuenta que se ha tenido con lo que tocava al servicio y honrra de Dios...*

300. Au roi, Paris, 2 sept. 1570, A.N., K 1517, B 28, nᵒ 87.

301. En février, puis en mars, les galères ne réussissaient pas à sortir du port de Naples, le temps étant « un des plus durs qu'il y ait eus en cette saison depuis beaucoup d'années ». Vice-roi de Naples au roi, Naples, 11 mars 1570, Simancas Eᵒ 1058, fᵒ 34.

302. Avis de Corfou arrivés le 10 janv. 1570, Simancas Eᵒ 1058, fᵒ 13, préparatifs grandioses contre Malte, construction de 20 mahonnes à Nicomédie, on fond 22 grosses couleuvrines à Constantinople, 10 000 rameurs raccolés en Anatolie, 250 voiles, dont 175 galères, « *et si murmura anchora per la Goleta* ». Const., 21 janv. 1570, Sim. Eᵒ 1058, fᵒ 19 : voix commune désigne Chypre, danger de pilleries en Dalmatie des corsaires algérois. Alger, 26 janv. 1570 (par Valence), Simancas Eᵒ 334, armada ira sur Chypre ou sur La Goulette. L'évêque du Mans à Charles IX, Rome (2 ?) févr. 1570, B.N., Paris, Fr. 17989, fᵒˢ 145 vᵒ et 146 : l'armada turque irait sur Malte ou plutôt sur La Goulette. Chantonnay au roi Prague, 15 févr. 1570, *CODOIN*, CIII, p. 450-453 : l'empereur a su par un espion que le Turc irait contre Chypre et non pas au secours des Morisques. A l'arrivée des nouvelles relatives à Chypre, Maximilien parle d'une alliance possible entre lui, le roi d'Espagne, la Pologne et le Reich. Thomas de Cornoça au roi, Venise, 25 févr. 1570, Simancas Eᵒ 1327 : les Turcs ont l'intention d'attaquer Chypre. Castagna à Alessandrino, Cordoue, 11 et 22 mars 1570, cité par P. HERRE, *op. cit.*, p. 61-2, note 1 : la flotte turque viendrait dans les eaux

espagnoles. Avis de Corfou reçus à Naples, le 31 mars 1570, Simancas E° 1058, f° 30, armada turque contre Chypre. Pescaire au roi, Palerme, 12 juin 1570, mission de Barelli, chevalier de Malte, expédié en Orient, pour qu'il s'informe « *mayormente presuponiendo que algun intento avia para dar calor a las cosas de Granada...* », Simancas E° 1133. Ledit Barelli recommandé à Miques, vice-roi de Naples au duc d'Albuquerque, Naples, 24 juin 1570. Const., 18 mai, Simancas E° 1058, f° 66 : contre Chypre. Vice-roi de Naples au roi, Naples, même date, *ibid.* f° 64.

303. Alberto TENENTI, *Cristoforo da Canal, la marine vénitienne avant Lépante*, 1962, notamment p. 175 et *sq.*

304. Paul HERRE, *op. cit.*, p. 16, dit le 13 janvier.

305. Thomas de Cornoça au roi, Venise, 26 févr. 1570, Simancas E° 1327.

306. J. Lopez au roi, Venise, 11 mars 1570, Simancas E° 1327. Pas de lettres nouvelles du baile. Son arrestation. Invasion turque en Dalmatie. Certitude de la guerre. Le même au même, le 16 mars 1570, *ibid.*, on viendrait de Constantinople demander Chypre à Venise.

307. Au roi, E. CHARRIÈRE, *op. cit.*, III, p. 101-104.

308. Docteur Morcat (del Consejo de Capuana) que al presente esta por governor en las provincias de Abruço, al duque de Alcala, Civita de Chieti, 28 févr. 1570, Simancas E° 1058, f° 37.

309. J. Lopez au roi, Venise, 1er avril 1570, Simancas E° 1327, correrias turques autour de Zara. Cavalli au Sénat, Cordoue, 1er avril 1570, bruits selon lesquels Zara aurait été prise (P. HERRE, *op. cit.*, p. 85, note 2) ; 9 (?) châteaux pris par les Turcs, Méhémet Sokolli à Charles IX, Constantinople 16 nov. 1570, E. CHARRIÈRE, *op. cit.*, III, p. 137.

310. Cf. ci-dessus, note 306.

311. P. HERRE, *op. cit.*, p. 16.

312. L. VOINOVITCH, *Depeschen des Francesco Gondola, 1570-1573*, Vienne 1907, p. 21.

313. *Ibid.*

314. D. F. de Alava au roi, Angers, 4 avril 1570, A.N., K 1517, B 28, n° 59.

315. R. B. MERRIMAN, *op. cit.*, IV, p. 126-127 et la publication d'A. DRAGONETTI de TORRES. *La lega di Lepanto nel carteggio diplomatico inedito di Don Luys de Torres*, Turin, 1931.

316. Juan Lopez au roi, 11 mars, 16 mars, 31 mars 1570 (sur le galion de Fausto), 9 juin 1570, Simancas E° 1327.

317. Paul HERRE, *op. cit.*, p. 27-28.

318. *Ibid.*

319. H. KRETSCHMAYR, *Geschichte von Venedig, op. cit.*, III, p. 54.

320. Simancas E° 1058, f° 35.

321. *CODOIN*, CIII, p. 480-481.

322. J. A. Doria au roi, Naples, 3 mai 1570, Simancas E°
1058, f° 31.

323. Vice-roi de Naples, 19 juil. 1570, Simancas E° 1058, f° 80,
les Allemands ont été licenciés à la date du 26 juin.

324. Le même au même, Naples, 2 août 1570, Simancas
E° 1058, f° 91.

325. Santa Cruz au roi, 26 avril 1570, Simancas E° 1058, f° 46.

326. Simancas E° 1060, f°ˢ 1, 39, 49, 51, 206, E° 1133, 19 mars
1570, 6 mai 1570.

327. Pescaire au roi, Palerme, 17 juin, 18 juin, 26 juin 1570,
16 juil. 1570, Simancas E° 1133. J. A. Doria au roi, La Goulette,
2 juil. 1570, Simancas E° 484.

328. Pescaire, 17 avril 1570, Simancas E° 1133 et autres lettres
du 6 mai ; de même, lettres du vice-roi de Naples, 14 août 1570
(Simancas E° 1058, f° 97), Philippe II au vice-roi de Sicile, 23
sept. 1570 (E° 1058, f° 217), 18 oct. (*ibid.*, f° 220).

329. Ceci bien vu par H. KRETSCHMAYR, *op. cit.*, III, p. 53.

330. Cardinal de Rambouillet à Charles IX, Rome, 8 et 12 mai
1570, E. CHARRIÈRE, *op. cit.*, III, p. 112-114.

331. L. SERRANO, *op. cit.*, I, p. 51.

332. Nobili au prince, Cordoue, 22 avril 1570, Florence, Mediceo 4899, f° 74. Le nouveau venu a cependant assez peu plu
aux milieux espagnols *tenendolo de razza non molto antica* ;
FOURQUEVAUX, *op. cit.*, II, p. 219-220, audience de Torres, le
21 avril, promesse de 70 galères espagnoles, la réponse définitive
du roi doit être donnée à Séville ; cinquante galères, dit le cardinal
de Rambouillet au roi, Rome, 22 mai 1570, B.N., Paris, Fr.
1789, f° 176.

333. Les Italiens (le Savoyard, le duc d'Urbino) poussent
Philippe II à conclure l'alliance avec Venise, Paul HERRE, *op.
cit.*, p. 88.

334. L. SERRANO, *op. cit.*, I, p. 53, note 3.

335. *Ibid.*, p. 54.

336. Sur l'ensemble du paragraphe, B.N., Paris, Ital. 427, f°ˢ
197 v° et 198.

337. Le cardinal de Rambouillet à Charles IX, Rome, 5-30 juin
1570, E. CHARRIÈRE, *op. cit.*, III, p. 115-116. Instruction baillée
à M. de l'Aubespine (juin 1570), B.N., Paris, Fr. 1789, f° 181 :
« Le sieur Marc Antonio Colonne que le Pape a faict général de
toutes ses galères avec la grande merveille de beaucoup... ».

338. L. SERRANO, *op. cit.*, I, p. 70.

339. J. Lopez au roi, Venise, 1ᵉʳ août 1570, Simancas E° 1327.

340. L. SERRANO, *op. cit.*, I, p. 75.

341. Innombrables lettres ragusaines au général de l'armada
vénitienne, Hieronimo Zane, 7, 13, 17, 18 avril ; 3, 16 mai 1570,
A. de Raguse, L. P, I, f°ˢ 168, 168 v°, 169, 171, 174, 175 v°, 177,
198, 200 v°, 201, 202.

342. Levée de 2 000 hommes à Naples pour les galères de J. A.

Doria et de Santa Cruz, le vice-roi de Naples au roi, Naples, 19 juil. 1570, Simancas E° 1058, f° 82 ; Nobili, 16 mai 1570, A.d.S. Florence, Mediceo 4899, f° 99 v° et 100.

343. Sauli à Gênes, Madrid, 13 juil. 1570, A.d.S. Gênes, L. M. Spagna 4/2413.

344. Ordre donné à la suite de l'intervention du nonce, L. SERRANO, *op. cit.*, t. III, p. 448 ; cf. aussi *ibid.*, III, p. 461-463 ; sur le mécontentement de J. A. Doria, cardinal de Rambouillet au roi, 28 août 1570, E. CHARRIÈRE, *op. cit.*, III, p. 118.

345. Simancas E° 1058, f° 98 et 99.

346. J. A. Doria au roi, 17 sept. 1570, Simancas E° 1327. Les recteurs de Raguse aux ambassadeurs à Const., 11 sept. 1570, A. de Raguse, L. P., I, f° 242 v°, passage des galères hispano-pontificales le 18 août à la hauteur de Corfou.

347. J. A. Doria, 17 sept. 1570, cf. note précédente.

348. *Memorias del Cautivo*, p. 7.

349. L. VOINOVITCH, *op. cit.*, p. 33 ; nouvelle connue à Madrid en novembre ; Eligio VITALE *op. cit.*, p. 127 : sans doute le 16 de ce mois.

350. Pescaire au roi, Palerme, 22 oct. 1570, Simancas E° 1133.

351. Francisco Vaca au duc d'Alcala, Otrante, 1er nov. 1570, Simancas E° 1059, f° 6.

352. L. SERRANO, *Liga de Lepanto*, Madrid, 1918-1919. I, p. 81.

353. E. CHARRIÈRE, *op. cit.*, III, pp. 122-124 ; F. de Alava au roi, Paris, 12 nov. 1570, A.N., K 1518, B 28, n° 42.

354. *Correspondance de Granvelle*, IV, p. 51, 14 déc. 1570.

CHAPITRE 4

LÉPANTE

1. L. SERRANO, *op. cit.*, I, p. 86 et note 2.

2. Silva au roi, Venise, 21 avril 1571, Simancas E° 1329 ; le même au même, 21 juin 1571, *ibid.* ; Relatione sull'Impero Ottomano di Jacopo Ragazzoni, 16 août 1571, ALBÈRI, *Relazioni...* III, 2, p. 372 et *sq.*

3. Les Commissaires au roi, Rome, 8 sept. 1570, L. SERRANO, *op. cit.*, IV, p. 6.

4. Un projet contre Bizerte et Tunis, Pescaire au roi, Palerme, 20 mars 1571, Simancas E° 487.

5. Démarches vénitiennes à ce sujet dès 1570, vice-roi de Naples au roi, 4 févr. 1571, Simancas E° 1059, f° 178. Ordre a été donné de fournir du blé à l'armada vénitienne qui hiverne à Candie. Sur la question complexe des subsistances, D. J. de Çuñiga au duc d'Albe, 17 juil. 1571, Simancas E° 1058, f° 81.

6. Texte original en latin, L. SERRANO, *op. cit.*, IV, p. 299 et

sq. Traduction espagnole, B.N., Madrid, Ms. 10454, f° 84 ; texte
encore dans D. DUMONT, *Corps universel diplomatique*, V, p. 203
et *sq.* ; Simancas Patronato Real n° 1660, 25 mai 1571 ; H.
KRETSCHMAYR, *Geschichte von Venedig, op. cit.*, III, p. 59 ;
L. VOINOVITCH, *op. cit.*, p. 3 ; cardinal de Rambouillet à Charles
IX, Rome, 21 mai 1571, E. CHARRIÈRE, *op. cit.*, III, p. 149-150.

7. *Relatione fatta alla maestà Cattolica, in Madrid, alli XV di
Luglio 1571, di tutta la spesa ordinaria che correrà per la lega in
200 galere, 100 navi et 50 mila fanti ogn'anno*, Rome, s.d., in-4°,
B.N., Paris, Oc. 1533.

8. D. F. de Alava à Philippe II, Poissy, 5 août 1570, A.N., K
1516, B 27, n° 55.

9. 28 août 1570, B.N., Paris, Fr. 23 377, copie.

10. Julian Lopez au roi, Venise, 10 août 1570, Simancas E°
1327.

11. Le comte de Monteagudo au roi, Spire, 30 oct. 1574.
CODOIN, CX, p. 98-110.

12. Optimisme du pape, le cardinal de Rambouillet au roi,
Rome, 4 déc. 1570, B.N., Paris, Fr. 17989 ; son découragement,
le même au même, 19 déc., *ibid.*, copie.

13. Nobili au grand-duc, Madrid, 22 janv. 1571, A.d.S. Florence, Mediceo 4903.

14. Nobili et del Caccia au prince, Madrid, 12 avril-14 juin
1571, *ibid.*, F. HARTLAUB, *op. cit.*, p. 71.

15. Ainsi mémoire du 15 févr. 1571, adressé à Fourquevaux,
Célestin DOUAIS, *Lettres à M. de Fourquevaux... 1565-1572*,
1897, p. 314-343.

16. Abel DESJARDINS, *Nég. diplomatiques avec la Toscane*,
1859-1886, III, p. 655 et *sq.* ; 10 mai, *ibid.*, p. 669.

17. F. de Alava à D. J. de Çuñiga, 24 juin 1571, au sujet de
Coligny et de Téligny, A.N., K 1520, B 29, n° 24.

18. Vice-roi de Naples à Philippe II, Naples, 3 mars 1571,
Simancas E° 1059, f° 60.

19. Son instruction, Madrid, 29 janv. 1571, A.N., K 1523, B
23, n° 51.

20. Philippe II à Alava, Madrid, 30 juin 1571, *ibid.* ; Nobili et
del Caccia au prince, Madrid, 30 juin 1571, A.d.S. Florence,
Mediceo 4903.

21. Response du duc d'Albe au Sr de Mondoucet, B.N., Paris,
Fr. 16127, f°ˢ 3 et 4 (non publiée par L. DIDIER, dont le recueil
commence en 1571).

22. Paul HERRE, *op. cit.*, p. 163, note 1.

23. Nobili au prince, Madrid, 31 mars 1571, A.d.S. Florence,
Mediceo 4903.

24. Note d'Antonio Perez, Madrid, 8 mai 1571, A.N., K 1521,
830, n° 56.

25. A.N., K 1521, B 20, n° 58.

26. Le coupable, c'est Alonso de la Cueva, duc d'Albuquerque,

il a agi sans ordre du roi, diront les ambassadeurs aux Français si ceux-ci se plaignent : Çayas à F. de Alava, Madrid, 16 mai 1571, A.N., K 1523, B 31, n° 75. De même, 31 mai 1571, FOURQUEVAUX, *op. cit.*, II, p. 355, « On ne souffle mot de Final dans cette Cour... », F. de Alava au roi, 1er juin 1571, A.N., K 1520, B. 29, n° 2.

27. Nobili et del Caccia au prince, Madrid, 10 mai 1571, Mediceo 4903.

28. F. de Alava au duc d'Albuquerque, Paris, 27 avril 1571, A.N., K 1519, B 29, n° 69.

29. *Ibid.*

30. Philippe II à D. F. de Alava, 17 avril 1571, A.N., K 1523, B. 31, n° 67.

31. F. de Alava au duc d'Albuquerque, Paris, 17 mai 1671, A.N., K 1521, B 30, n° 68.

32. Le même au même, 27 avril 1571, *ibid.*, n° 69.

33. Nobili et del Caccia, Madrid, 16 avril-6 juin 1571, A.d.S. Florence, Mediceo 4903 ; Philippe II à Granvelle, S. Laurent, 13 juin 1571, Simancas E° 1059, f° 13 ; F. de Alava à Philippe II, Paris 26 juin 1571, A.N., K 1520, B 29, n° 31. Un crédit de 150 000 écus du grand duc de Toscane à Ludovic de Nassau sur Francfort ? F. de Alava au roi 4-9 août 1571, A.N., K 1519, B 29, n° 69.

34. F. de Alava au roi, Paris 1er juin 1571, A.N., K 1520, B 29, n° 2.

35. L'évêque de Dax à Charles IX, Lyon, 26 juill. 1571, E. CHARRIÈRE, *op. cit.*, III, p. 161-164. B.N., Paris, Fr. 16170, fos 9-11, copie.

36. E. CHARRIÈRE, *op. cit.*, III, p. 178.

37. Le roi à la Sie de Venise, 23 mai 1571, B.N., Paris, Fr. 16170, fos 4-5, copie.

38. Francés de Alava à Çayas, « Lubier », 19 juin 1571, A.N., K 1520, B 29, n° 12.

39. Le même au duc d'Albe, Louviers, 25 juin 1571, *ibid.*, n° 20.

40. 17 août 1571, FOURQUEVAUX, *op. cit.*, II, p. 371.

41. Le duc d'Albe à Alava, Anvers, 11 juill. 1571, orig. en français, A.N., K 1522, B 30, n° 16 *a*.

42. Le même au même, Bruxelles, 7 juin 1571, A.N., K 1520, B 29, n° 6.

43. Nobili au prince, Madrid, 2 août 1571, A.d.S. Florence, Mediceo 4903.

44. L. SERRANO, *Correspondencia*, I, p. 102.

45. Fourquevaux à la reine, Madrid, 18 févr. 1571, *op. cit.*, II, p. 331.

46. Au roi, Palerme, 20 mars 1571, Simancas E° 487 ; la récolte a été bonne en Sicile, Raguse, 28 mai 1570, A. de Raguse, L. P., 2, fos 97 et 98.

47. Nobili et del Caccia, 16 avr. 1571, A.d.S. Florence, Mediceo 4903.

48. Santa Cruz au roi, 1er mai-2 mai 1571, Simancas E° 106, fos 81 et 82.

49. Le même au même, deux lettres du 17 mai 1571, *ibid.*, fos 83 et 84.

50. Don Juan à Ruy Gomez, *CODOIN*, XXVIII, p. 157.

51. Erwin MAYER-LÖWENSCHWERDT, *Der Aufenthalt der Erzherzöge Rudolf und Ernst in Spanien, 1564-1571*, Vienne, 1927.

52. Simancas E° 1059, f° 129. Le duc d'Alcala, mort le 2 avr. 1571, Simancas E° 1059, f° 84. Sur la mission provisoire du cardinal Granvelle, nombre de papiers et notamment 10 mai 1571, Mediceo 4903 ; avis d'Espagne, 31 mai 1571, FOURQUEVAUX, *op. cit.*, II, p. 355 ; *CODOIN*, XXIII, p. 288. N. NICCOLINI, « La città di Napoli nell'anno della battaglia di Lepanto », *in : Archivio storico per le provincie napoletane*, nouvelle série, t. XIV, 1928, p. 394.

53. Nobili et del Caccia au prince, Madrid, 6 juin 1571, Mediceo 4903.

54. L. van DER ESSEN, *Alexandre Farnèse, op. cit.*, I, p. 161.

55. Simancas E° 1134.

56. *Op. cit.*, p. 79.

57. *Ibid.*, p. 78, note 2.

58. *CODOIN*, III, p. 187.

59. Erwin MAYER-LÖWENSCHWERDT, *op. cit.*, p. 39.

60. *Ibid.*, p. 40 ; *Res Gestae...*, I, p. 97.

61. Pour L. van DER ESSEN, *op. cit.*, I, p. 162, départ le 1er août.

62. Padilla à Antonio Pérez, Naples, 15 août 1571, reçue le 12 sept., Simancas E° 1059, f° 91.

63. L. van DER ESSEN, *op. cit.*, I, p. 163, dit nuit du 22 ; Juan de Soto à D. Garcia de Toledo, 21 août 1571, Don Juan est encore à Naples, *CODOIN*, XXVII, p. 162.

64. Don Juan à Don Garcia de Toledo, Messine, 25 août 1571, *CODOIN*, III, p. 15 ; L. van DER ESSEN, *op. cit.*, I, p. 163, dit le 23.

65. A D. Luis de Requesens, Pise, 1er août 1571, *CODOIN*, III, p. 8.

66. Corfou, 3 févr. 1571, Simancas E° 1059, f° 62.

67. Corfou, 29 mars 1571, avis reçu à Venise le 11 avr. 1571, Simancas E° 1060, f° 13.

68. Const., 10 avr. 1571, *ibid.*, f° 125.

69. Messine, 23 avril 1571, *ibid.*, f° 11.

70. Corfou, 27 avril 1571, Simancas E° 1059, f° 56.

71. Const., 5 mai 1571, retransmis par Corfou (encore des captifs évadés), Simancas E° 1060, f° 133.

72. Négrepont, 3 juin 1571, *ibid.*, f° 137.

73. L. VOINOVITCH, *op. cit.*, p. 39.

74. G. de Silva à Philippe II, Venise, 6 juill. 1571, Simancas E° 1329.

75. F. de Alava au roi, Melun, 1er août 1571, A.N., K 1520, B 29, n° 37 ; 60 galères perdues : Nobili au prince, Madrid, 2 août 1571, Mediceo 4903.

76. L. VOINOVITCH, *op. cit.*, p. 40.

77. *Ibid.*, p. 41.

78. Granvelle à Philippe II, 20 sept. 1571, Simancas E° 1060, f⁰ˢ 57 et 58. En Calabre et à Bari.

79. Don Juan d'Autriche à D. G. de Toledo, Messine, 30 août 1571, *CODOIN*, III, p. 17.

80. Sur le sujet, une immense littérature, d'innombrables témoignages, de non moins innombrables ouvrages d'histoire. Mais ces derniers sont peu précis, et pour ainsi dire jamais impartiaux. Lépante est-elle une victoire espagnole ? vénitienne, voire italienne ? Quelques témoignages : Ferrante CARACCIOLO, *I commentarii delle guerre fatte co'Turchi da D. G. d'Austria dopo che venne in Italia*, Florence, 1581. *Discurso sobre la vit^a naval sacada de la armada turquesca traduzido del toscano en sp^ol*, A. E. Esp. 236, f⁰ˢ 51-53. *Relatione della vittoria navale christiana contro li Turchi al 1571, scritta dal Sign^r Marco Antonio Colonna alla Santità di N^ro Sign^r Pio V, con alcune mie* (de Francesco Gondola ambassadeur ragusain à Rome) *aggionte ad perpetuam memoriam*, p.p. L. VOINOVITCH, p. 107-112. *Relacion de lo succedido al armada desde los 30 del mes de setiembre hasta los 10 de octubre de 1571*, f⁰ˢ 168-169 ; *Relacion de lo succedido a la armada de la Santa Liga desde los 10 de octubre hasta los veynte cinco del mismo* f⁰ˢ 169-171, B.N., Madrid Mˢˢ 1750. La liste des ouvrages historiques dans L. SERRANO, Alonso SANCHEZ ou dans G. HARTLAUB. Ne pas oublier : Guido Antonio QUARTI, *Lepanto*, Milan, 1930.

81. Las causas que movieron el Sor Don Juan para dar la batalla de Lepanto (1571). B.N., Madrid Mˢˢ 11268/35.

82. *Ponentinas* ne veut pas dire, comme le pense F. HARTLAUB, *op. cit.*, p. 182, espagnoles, sans plus.

83. A ce sujet, les considérations de Granvelle au roi, Naples 26 mai 1571, Simancas E° 1060, f° 30, ont l'avantage d'être antérieures à la rencontre.

84. Nobili et del Caccia au prince, Madrid, 24 déc. 1571, A.d.S. Florence, Mediceo 4903 ; L. VOINOVITCH, *op. cit.*, p. 42.

85. G. de Silva au roi, Venise, 19 oct. 1571, Simancas E° 1329. Cf. B.N., Paris, Ital. 427, f⁰ˢ 325-333. F. de Alava au roi, 2 août 1571, A.N., K 1520, B 29, n° 38 ; L. VOINOVITCH, *op. cit.*, p. 102.

86. H. KRETSCHMAYR, *op. cit.*, III, p. 69.

87. Ainsi H. WÄTJEN, *Die Niederländer im Mittelmeergebiet*,

op. cit., p. 9 ; H. KRETSCHMAYR, *op. cit.*, III, pp. 75 et *sq.* ; L. SERRANO, *op. cit.*, I, p. 140-141.

88. Au duc d'Anjou, Venise, 4 nov. 1571, B.N., Paris, Fr. 16170, f⁰ˢ 57 à 59, copie.

89. Henri DELMAS de GRAMMONT, *Relations entre la France et la Régence d'Alger au XVIIᵉ s.*, I, p. 2 et note 2.

90. L. PFANDL, *Philippe II*, p. 366-367.

91. Je laisse de côté l'inutile campagne diplomatique dans ce sens, à Vienne, en Pologne, à Moscou, à Lisbonne, en place dès 1570, voir le livre de Paul HERRE, *op. cit.*, pp. 139 et *sq.*, même les curieuses tractations de Rome en Moscovie (PIERLING S. J., *Rome et Moscou, 1547-1579*, Paris, 1883 ; *Un nonce du Pape en Moscovie. Préliminaires de la trêve de 1582*, Paris, 1884). Sur le refus ferme du Portugal en 1573 : *Le cause per le quali il Sermo Re di Portugallo nro Sigʳᵉ*... A. Vaticanes, Spagna, 7, f⁰ˢ 161-162. En avril 1571, le tribut impérial a été payé au Turc, F. HARTLAUB, *op. cit.*, p. 69 ; cardinal de Rambouillet, Rome, 7 mai 1571, E. CHARRIÈRE, *op. cit.*, III, pp. 148-149. L'empereur ne peut agir sans l'aide du roi de Pologne (Michiel et Soranzo au doge, Vienne, 18 déc. 1571, P. HERRE, *op. cit.*, p. 154). Du moins, il le dit à l'ambassadeur de Pologne : *Ohne Euch kann man nichts tun*, et l'autre de répondre : *Und wir wollen ohne Eur. Majestät nichts tun.* Nobili au prince, Madrid, 18 nov. 1571, Mediceo 4903, a su de bonne source que l'empereur, pas prêt, ne peut intervenir cette année. En gros il y aura eu deux tentatives poussées, insistantes pour le moins, sur le plan diplomatique, l'une en 1570 alors que les jeux ne sont pas faits, l'autre avec le début du pontificat de Grégoire XIII (mission d'Ormaneto en Espagne, de l'archevêque de Lanciano au Portugal...).

92. Énorme documentation à ce sujet à Simancas, dont O. DE TÖRNE donne une bonne esquisse, *op. cit.*, I, pp. 111 et *sq.* Arrivée d'un ambassadeur en Espagne, Coban, *CODOIN*, XC, p. 464 et *sq* ; Nobili et del Caccia, Madrid, 10 mai 1571, Mediceo 4903.

93. Argent emprunté puis non utilisé, voir tome II, p. 161.

94. G. de Silva à Philippe II, Venise, 25 ou 26 nov. 1571, Simancas E⁰ 1329.

95. Requesens à Philippe II (8 déc. 1571), A. E, Esp. 236, f⁰ 132 ; FOURQUEVAUX, *op. cit.*, II, p. 243, passage de soldats à travers les Alpes ; F. de Alava au duc d'Albuquerque, Paris, 27 avr. 1571, A.N., K 1519, B 29, n⁰ 69.

96. E. CHARRIÈRE, *op. cit.*, III, p. 245 en note ; B.N., Paris, Fr. 16170, f⁰ 70 et *sq.*

97. H. FORNERON, *Histoire de Philippe II*, II, p. 304 et *sq.*

98. *Op. cit.*, I, p. 228 et *sq.* et surtout p. 228, note 2.

99. 31 janv. 1571, *CODOIN*, XXXV, p. 521 (101 *bis*), A.N., K 1535, B 35, n⁰ 10 *bis* ; Catherine de Médicis à la reine

d'Angleterre, 22 avr. 1572, comte Hector de LA FERRIÈRE, *Lettres de Catherine de Médicis*, 1885, IV, pp. 97 et 98.

100. G. de Spes, Cantorbery, 7 janv. 1572, *CODOIN*, XC, p. 551.

101. Cavalli à la S^{ie} de Venise, Blois, 24 févr. 1572, *C.S.P. Venetian*, VII, p. 484.

102. Articles de la ligue défensive conclue entre le roi de France et la reine d'Angleterre, 19 avril 1572, A.N., K 1531, B. 35, n° 10 *bis*.

103. Aguilon au duc d'Albe, Blois, 8 mars 1572, A.N., K 1526, B 32, n° 6.

104. Saint-Gouard au roi de France, Madrid, 14 avr. 1572, B.N., Paris, Fr. 1640, f°s 16 à 18.

105. G. de Silva au roi, Venise, 22 mai 1572, Simancas E° 1331.

106. Son instruction, 31 mars 1572, A.N., K 1529, B 34, f°s 33 et 34.

107. Blois, 16 mars 1572, A.N., K 1526, B 32, n° 19.

108. Walsingham à lord Burgley, 22 avr. 1572, H. de LA FERRIÈRE, *op. cit.*, IV, p. 98, note 1 ; Sir Francis de WALSINGHAM, *Mémoires et Instructions pour les ambassadeurs*, Amsterdam, 1700, p. 217.

109. Où allait la flotte ? Ch. de LA RONCIÈRE, *H. de la Marine française*, 1934, p. 68, affirme : vers « les Antilles, la Guinée, la Floride, Nombre de Dios, l'Algérie (*sic*) ». Cette flotte sera utilisée à bloquer La Rochelle pendant la quatrième guerre de religion.

110. FOURQUERAUX, *op. cit.*, II, p. 241.

111. Le duc d'Albe au Secrétaire Pedro d'Aguilón, Bruxelles, 19 mars 1572, A.N., K 1526, B 32, n° 15. Indique aussi les entretiens d'Aguilón avec l'ambassadeur de Portugal.

112. Saint-Gouard au roi, 14 avr. 1572, B.N., Paris, Fr. 1610, f°s 22 et 23 ; Aguilón au duc d'Albe, Blois, 26 avr. 1572, A.N., K 1526, B 37, n° 57.

113. Francisco de Yvarra au roi, Marseille, 26 avr. 1572, Simancas E° 334.

114. Aranjuez, 10 mai 1572, A.N., K 1528, B 35, n° 48.

115. Çayas à Diego de Çuñiga, Madrid, 20 mai 1572, A.N., K 1529, B 34, n° 54.

116. FOURQUEVAUX, *op. cit.*, II, p. 309.

117. Aguilón au duc d'Albe, Blois, 3 mai 1572, A.N., K 1526, B 32, n° 69.

118. Le duc d'Albe au roi, 27 avr. 1572, copie A.N., K 1528, B 33, n° 43.

119. Mémoire et propositions de l'ambassadeur Saint-Gouard à Philippe II, avr. 1572, A.N., K 1529, B 34, n° 44 (tr. esp.). Autres menus incidents, Saint-Gouard à Catherine de Médicis,

autogr., Madrid, 14 avr. 1572, B.N., Paris, Fr. 16104, f⁰ˢ 22-23 ;
H. FORNERON, *op. cit.*, II, p. 302.

120. C. PEREYRA, *Imperio...*, p. 170 ; G. de Spes au roi, Bruxel-
les, 15 avr. 1572, *CODOIN*, XC, pp. 563-564. Mondoucet au roi,
Bruxelles, 27 avr. 1572, orig. B.N., Paris, Fr. 16127, désarroi du
duc d'Albe. Le joli témoignage d'Antonio de Guaras au duc d'Albe,
Londres, 18 mai 1572, *CODOIN*, XC, pp. 18-19 ; H. PIRENNE,
Histoire de la Belgique, IV, pp. 29 et *sq.* ; Mondoucet au roi,
Bruxelles, 29 avril 1572, B.N., Paris, Fr. 16127, f⁰ 43 ; Aguilón au
duc d'Albe, Blois, 2 mai 1572, A.N., K 1526, B 32.

121. Voir note précédente, *CODOIN*, XC.

122. Mondoucet à Charles IX, Bruxelles, 29 avr. 1572, B.N.,
Paris, Fr. 16127, f⁰ 43 et *sq.*

123. Aguilón au duc d'Albe, Blois, 2 mai 1572, A.N., K 1526,
B 32.

124. H. PIRENNE, *op. cit.*, IV, p. 31-32 ; *CODOIN*, LXXV,
p. 41 ; H. FORNERON, *op. cit.*, II, p. 312.

125. H. PIRENNE, *op. cit.*, p. 31.

126. R. B. MERRIMAN, *op. cit.*, IV, p. 294.

127. Nobili et del Caccia, Madrid, 19 mai 1572, A.d.S. Florence, Mediceo 4903.

128. Au roi, Madrid, 21 mai 1572, B.N., Paris, Fr. 1604, f⁰ˢ
58 et *sq.*

129. Nobili et del Caccia au prince, Madrid, 19 mai 1572,
A.d.S. Florence, Mediceo 4903.

130. D. Diego de Cuñiga au duc d'Albe, 24 mai 1572, A.N.,
K 1529, B 34, n⁰ 96 *a*, copie.

131. 18 mai 1572, A.d.S. Gênes, L. M. Spagna, 5.2414.

132. Il arrivera à l'Écluse le 11 juin 1572, Medina Celi au roi,
l'Écluse, 11 juin 1572, *CODOIN*, XXXVI, p. 25.

133. Saint-Gouard au roi, Madrid, 31 mai 1572, B.N., Paris,
Fr. 1604, f⁰ˢ 75 et *sq.* Autres bruits : la flotte française irait sur
les Indes « ... et encore hier ce propos fust tenu chez le duc de
Sessa... », *ibid.* En France, les chemins encombrés de soldats. A
Bordeaux, une grosse flotte dont 14 navires de 600 tonnes, 20 juin
1572, A.N., K 1529, B 34, n⁰ 9.

134. Saint-Gouard au roi, Madrid, 21 mai 1572, B.N., Paris,
Fr. 1604, f⁰ˢ 58 et *sq.*

135. 24 mai 1572, voir note 130, ci-dessus.

136. A Sauli, 6 juin 1572, A.d.S. Gênes, L. M. Spagna, 6.2415.

137. Le roi à l'évêque de Dax, 11 mai 1572, B.N., Paris, Fr.
16170, f⁰ 122 et *sq.* E. CHARRIÈRE, *op. cit.*, III, p. 291 en note.

138. Eugène PLANTET, *Les consuls de France à Alger*, 1930,
p. 9.

139. L. SERRANO, *op. cit.*, IV, p. 516-517.

140. *Ibid.*, I, p. 226 ; F. HARTLAUB, *op. cit.*, p. 56.

141. Pierre CHAMPION, *Paris au temps des guerres de religion*,
1938, p. 198.

142. E. LAVISSE, *Hist. de France*, VI, 1, p. 122.

143. *Lo que el embassador de Francia dixo a Su Mag^d en S. Lorenzo*, A.N., K 1529, B 29, n° 83. De même à ce sujet la lettre de Giulio del Caccia au prince, Madrid, 19 juin 1572, A.d.S. Florence, Mediceo 4903, ou celle de Sauli à sa République, Madrid, 4 juil. 1572, A.d.S. Gênes, L. M. Spagna, 5.2414.

144. 28 juin 1572, A.N., K 1529, B 34, n° 100.

145. *Relacion de lo que el S° Çayas passo con el embassador de Francia, viernes primero de agosto* 1572, A.N., K 1530, B 34, n° 2.

146. Cte H. de LA FERRIÈRE, *op. cit.*, IV, p. 104, note 1.

147. *Ibid.*, p. 106, note 2 ; B.N., Paris, Fr. 16039, f° 457 v°.

148. Diego de Çuñiga au duc d'Albe, Paris, 27 juin 1572, A.N., K 1529, B 34, n° 78.

149. G. del Caccia au prince, Madrid, 30 juin 1572, A.d.S. Florence, Mediceo 4903.

150. *Ibid.*, « cosi tutti (les courriers) sono venuti per acqua ».

151. *CODOIN*, CXXV, p. 56.

152. D. de Çuñiga au duc d'Albe, Paris, 17 juil. 1572, A.N., K 1529, B 34, n° 128.

153. Le même à Philippe II, Paris, 10 août 1572, A.N., K 1530, B 34, n° 13.

154. Le même au duc d'Albe, 13 août, *ibid.*, n° 15, copie.

155. Vérité pour l'Espagne, vérité pour l'Italie, celle-ci établie depuis longtemps. Edgar BOUTARIC, *La Saint-Barthélemy d'après les archives du Vatican, Bibl. de l'Ec. des Chartes*, 23e année, t. III, 5e série, 1862, p. 1-27 ; Lucien ROMIER « La Saint-Barthélemy, les événements de Rome et la préméditation du massacre », *in : Revue du XVIe siècle*, 1893 : E. VACANDARD, « Les papes et la Saint-Barthélemy », *in : Études de critique et d'hist. religieuse*, 1905.

156. Les commissaires au roi, Rome, 12 déc. 1572, L. SERRANO, *op. cit.*, IV, p. 351.

157. *Ibid.*, IV, p. 656-659.

158. *Ibid.*, p. 657.

159. Granvelle à D. J. de Çuñiga, Naples, 20 mars 1572, Simancas E° 1061, f° 16.

160. Don Juan au grand commandeur de Castille, Messine, 27 janv. 1572, Simancas E° 1138 : le même au même, 1572, *ibid*. Sur le séjour de D. Juan à Palerme, 8 févr., 17 avril, je suis les indications de Palmerini, B. Com. de Palerme, Qq D. 84.

161. Don Juan au grand commandeur de Castille, 14 févr. 1572, voir note précédente.

162. Le même à Granvelle, Palerme, 14 févr. 1572, Simancas E° 1061, f° 11.

163. Granvelle à Don Juan, Naples, 21 févr. 1572, *ibid.*, f°s 12, 13, 14, copie.

164. Don Juan au grand commandeur de Castille, Palerme, 2 mars 1572, Simancas E° 1138.

165. L. SERRANO, *op. cit.*, I, p. 180, note 2.

166. Don Juan d'Autriche à Philippe II, Palerme, 17 mars 1572, Simancas E° 1138, aut. L. SERRANO, *op. cit.*, I, p. 180, dit le 18 mars.

167. Henry BIAUDET, *Le Saint-Siège et la Suède durant la seconde moitié du XVIᵉ siècle*, 1906, I, p. 181. Le duc de Florence à Philippe II, Pise, 3 mai 1572 : condoléances au sujet de la mort du pape, offre 11 galères, 2 galéasses *como estava obligado à S. S.*, résumé espagnol, Simancas E° 1458. Sauli à Gênes, Madrid, 18 mai 1572, A.d.S. Gênes, L. M. Spagna 5. 2414 : *La morte di S. Sta dispiace a tutti universalmte et a S. Mta forse più che a niun' altro.* Nobili et del Caccia au prince, Madrid, 19 mai 1572, Mediceo 4903 : « La ligue aura bien perdu de sa vigueur avec la mort de ce saint homme. »

168. R. KONETZKE, *Geschichte Spaniens...*, p. 181, souligne la réalité du prétexte français. Pour L. PFANDL, *Philippe II*, p. 377-378, qui n'examine pas les faits de près, l'essentiel a été de rabaisser Don Juan.

169. Don Fadrique, le fils du duc d'Albe, le 15 avril, affectait encore de rire des événements de l'île Walcheren, H. PIRENNE, *op. cit.*, IV, p. 31.

170. Il faut rejeter la thèse de Gonzalo de ILLESCAS, *Historia pontifical y catolica*, Salamanque, 1573, 2ᵉ partie, p. 358 et *sq.* Les alliés pour partir dans le Levant auraient attendu la nouvelle de la Saint-Barthélemy.

171. 21 avril 1572, B.N., Paris, Fr. 3604, fᵒˢ 58 et *sq.*

172. Philippe II à Don Juan de Çuñiga, Saint-Laurent, 2 juin 1572, Simancas E° 920, fᵒˢ 95-98.

173. Et non pas les menées françaises — tractations avec Alger dont jadis BERBRUGGER a tiré un article, « Les Algériens demandent un Roi français », *in : Rev. Afric.*, 1861, p. 1-13 — ou nos armements : le 12 févr., seule une ligne de FOURQUEVAUX (*op. cit.*, II, p. 421) mentionne 24 galères françaises à Marseille (mais que peut valoir ce chiffre ?). Quant à la flotte que Paulin de la Guarde doit conduire de l'Océan en Méditerranée, elle se compose de deux grandes galées, quatre petites, deux brigantins et se trouve encore à Bordeaux le 28 juin, le baron de la Guarde à Saint-Gouard, Bordeaux, 28 juin 1572, cop. tr. espagn. A.N., K 1529, B 34, nᵒ 103.

174. Voir tome II, p. 13 et note 20.

175. L. SERRANO, *op. cit.*, I, p. 363.

176. Granvelle à Philippe II, 29 août 1572, Simancas E° 1061 ; L. SERRANO, *op. cit.*, II, p. 70, note 2.

177. H. KRETSCHMAYR, *op. cit.*, III, pp. 342 et *sq.*

178. L. SERRANO, *op. cit.*, II, p. 32.

179. *Don Quichotte*, I, XXXIX.

180. *Op. cit.*, p. 170.

181. F. HARTLAUB, *op. cit.*, p. 156.

182. Sessa au roi, 24 oct. 1572, Simancas E° 458, cité par L. SERRANO, *op. cit.*, II, p. 147.

183. L. SERRANO, *ibid.*

184. Pour tous les détails de ce paragraphe, je me suis appuyé sur le récit minutieux de L. Serrano.

185. Granvelle à Philippe II, Naples, 8 oct. 1572, Simancas E° 1061, f° 65.

186. Mondoucet au roi, 29 sept. 1572 et Saint-Gouard, 7 nov. 1572, L. DIDIER, *op. cit.*, I, p. 52 et note 2 ; G. del Caccia au prince, Madrid, 20 sept. 1572, A.d.S. Florence, Mediceo 4903. Le cardinal a eu des fièvres lentes. Très robuste, gros mangeur et grand buveur *in due hore l'aggravó il male per un catarro che lo suffocò...*

187. Monteagudo à Philippe II, Vienne, 20 juil. 1572, *CODOIN*, CX, p. 483-489, H. BIAUDET, *op. cit.*, p. 178.

188. Charles IX à l'évêque de Dax, Paris, 17 sept. 1572, E. CHARRIÈRE, *op. cit.*, III, p. 303-309.

189. Jean AUZANET, *La vie de Camoëns*, Paris, 1942, p. 208.

190. L. SERRANO, *op. cit.*, II, p. 296, note 1.

191. Réclamation ainsi de Cattaro, *ibid.*, II, p. 303.

192. *Ibid.*, p. 311.

193. Elle ne sera paix définitive qu'en 1574, d'où ce libellé au Ms Ital 2117 (B.N., Paris). *Relatione del Turco doppo la pace conclusa con la Signoria di Venetia l'anno 1574.* Sur cette paix lente à se conclure, G. de Silva à Philippe II, Venise, 6 févr. 1574 (information ragusaine), Simancas E° 1333 ; le même au même, 13 févr. 1574, *ibid.* ; le même au même, 12 mars 1574, *ibid.* ; le même au même, 16 mars 1574, *ibid.* ; D. J. de Çuñiga à Philippe II, Rome, 18 mars 1574, *CODOIN*, XXVIII, p. 185. Les jurats de Messine à Philippe II, 30 mars 1574, Simancas E° 1142 ; en avril 1574, Philippe II, sur les instances de la Papauté, offre l'appui de sa flotte au cas où les Turcs attaqueraient Zante ou Corfou, Philippe II à G. de Silva, S. Lorenzo, 5 avril 1574, Simancas E° 1333, mais à condition, précisait le roi, que les Français ne rompent pas. On revenait en imagination à l'été de 1572. Paix provisoire que celle du 7 mars, à ce sujet, 12 mars 1574, E° 1333 ; 16 mars 1574, *ibid ; CODOIN*, XXVIII, p. 185 ; 30 mars 1574, Simancas E° 1142.

194. Le mécontentement du duc d'Albe, à l'annonce de cette paix, Mondoucet au roi, 17 juil. 1573, L. DIDIER, *op. cit.*, I, p. 329.

195. D'après la lettre de Philippe II au duc de Terranova, S. Lorenzo, 20 juin 1573, Simancas E° 1140.

196. Le roi résume ce rapport dans la lettre indiquée à la note précédente.

197. La question indiquée par la lettre de l'archevêque de

Lanciano au cardinal de Côme, Madrid, 24 janv. 1573, A. Vatic. Spagna, n° 7, f° 10-11 ; et celle de l'évêque de Padoue au même, 25 janv. 1573, *ibid.*, f° 22.

198. Rapport de Juan Curenzi, envoyé par Granvelle à Constantinople, dont il est de retour le 30 juin 1573, Simancas E° 1063, f° 35.

199. Philippe de CANAYE, *op. cit.*, p. 158.

200. Au témoignage d'un Génois venu de Chio, sur une barque française, Simancas E° 1063, f° 42.

201. A Philippe II, *CODOIN*, CII, p. 207-208.

202. Simancas E° 1332.

203. *Op. cit.*, p. 180 ; Granvelle à D. Juan, Naples, 6 août 1573, Simancas E° 1063, f° 45.

204. Granvelle à Philippe II, 12 août 1573, Simancas E° 1063, f° 49. Autre renseignement, mais en retard, venant de Venise, la flotte songerait à prendre les îles Tremiti.

205. Philippe de CANAYE, *op. cit.*, p. 181.

206. Don Juan à Philippe II, Messine, 20 août 1573, reçue le 3 sept., Simancas E° 1062, f° 117.

207. Çuñiga à Philippe II, 25 août 1573, *CODOIN*, CII, p. 229.

208. Philippe de CANAYE, *op. cit.*, p. 181, 186, 8 galères perdues, 8 autres endommagées.

209. Çuñiga à Philippe II, 28 août 1573, *CODOIN*, CII, p. 231.

210. Simancas E° 1063, f° 87.

211. Philippe de CANAYE, *op. cit.*, p. 186.

212. Granvelle à Çuñiga, Naples, 11 sept. 1573, *CODOIN*, CII, p. 258-259.

213. Philippe de CANAYE, *op. cit.*, p. 195.

214. Granvelle à Çuñiga, Naples, 8 oct. 1573, *CODOIN*, CII, p. 307-311.

215. Mediceo 4904, f° 86.

216. L'argent va aussi vers les Flandres, Saint-Gouard au roi, Madrid, 14 juil. 1573, B.N., Paris, Fr. 16105.

217. Mais l'expédition annoncée par les correspondances diplomatiques est en général celle d'Alger ; l'évêque de Padoue au C^al de Côme, Madrid, 15 juil. A. Vaticanes, Spagna 7, f° 372 ; Sauli à Gênes, Madrid, 14 juillet 1573, L. M., Spagna 5. 2414.

218. Sauli, note précédente ; Saint-Gouard, ci-dessus, note 216.

219. Alger passait au rang de projet, D. Juan à Philippe II, Naples, 25 juil. 1573, Simancas E° 1062, f° 112.

220. Simancas E° 1062, f° 96.

221. J. A. Doria à D. J. d'Autriche, Messine, 9 juil. 1573, orig. Alger, G. A. A. Registre n° 1686, f° 191.

222. Don Juan à Philippe II, Naples, 10 juil. 1573, Simancas E° 1062, f° 105 et encore, du même au même, Naples, 4 août 1573, *ibid.*, f° 113.

223. Le même au même, Naples, 5 août 1573, *ibid.*, f° 114,

son départ pour Messine ; le même au même, Messine, 10 août 1573, E° 1140, il est arrivé à Messine, le 9 août.

224. 4 août 1573, Simancas E° 1063, f° 167.

225. De S. Lorenzo, Simancas E° 1140, M.

226. Simancas E° 1140.

227. Çuñiga à Philippe II, Rome, 13 août 1573, *CODOIN*, CII, p. 209.

228. *Op. cit.*, I, p. 243 et *sq.*

229. Çuñiga au roi, 23 oct. 1573, *CODOIN*, C II, p. 330. Que le pape ne soit pas informé, la lettre le prouve : « ... *Dijome el otro dia el Papa hablandome en la jornada del señor D. Juan, que si ganaba a Tunes...* » La nouvelle de la prise de Tunis, 11 oct. a été connue à Naples vers le 22 ou le 23 oct, Granvelle à Philippe II, Naples, 23 oct. 1573, Simancas E° 1063, f° 110.

230. Don Juan à Granvelle, Messine, 19 août 1573, copie, B.N., Madrid, Ms 10. 454, f°s 114 et 115 ; Çuñiga à Philippe II, Rome, 21 août 1573, *CODOIN*, CII, p. 219-220.

231. Escovedo à D. Juan, Madrid, 5 sept. 1573, A. E. Esp. 236, f° 122.

232. Le duc de Terranova au roi, Palerme, 7 sept. 1573, Simancas E° 1139.

233. Granvelle à D. Juan, 6 sept. 1573, Simancas E° 1062, f° 118.

234. Parere del Duca di Terranova, Presidente di Sicilia, sopra le cose di Barberia, 17 sept. 1573, Simancas E° 1139.

235. Le duc de Terranova à Philippe II, Palerme, 30 sept. 1573, Simancas E° 1139.

236. Granvelle à Philippe II, Naples, 9 oct. 1573, Simancas E° 1063, f° 94.

237. Le duc de Terranova à Philippe II, Palerme, 9 oct. 1573, Simancas E° 1139.

238. D'après la relation de la B.N. de Florence, CAPPONI, *Codice*, V, f° 349.

239. Indication formelle de cette date du 11, Jorge Manrique à Philippe II, Palerme, 7 nov. 1573, Simancas E° 1140.

240. *Relacion que ha dado el secretario Juan de Soto sobre las cosas tocantes a la fortaleza y reyno de Tunez*, 20 juin 1574, Simancas E° 1142, copie.

241. Instruccion a Gabrio Cerbellon, Simancas E° 1140.

242. D. Juan à Granvelle, La Goulette, 18 oct. 1573, Simancas E° 1063, f° 114.

243. Granvelle à Philippe II, Naples, 23 oct. 1573, *ibid.*, f° 110 (reçue le 11 nov.).

244. Marquis de Tovalosos, B.N., Paris, Esp. 34, f° 44.

245. Palmerini, 20 oct. 1573, B. Com. Palerme, QqD 84, arrivée de D. Juan le 2 nov.

246. Granvelle à D. Juan, Naples, 24 oct. 1573, A. E., Esp. 236, f°s 88-90.

247. Saint-Gouard à Charles IX, Madrid, 3 févr. 1574, B.N., Paris, Fr. 16106, f° 304.

248. Granvelle à Philippe II, Naples, 27 janv. 1574, Simancas E° 1064, f° 7, p.p. F. BRAUDEL, *in : Revue Africaine*, 1928, p. 427-428.

249. Simancas E° 488.

250. O. de TÖRNE, *op. cit.*, I, p. 216 et mieux L. van DER ESSEN, *op. cit.*, I, 1, 181 et *sq.*

251. *Lo que se ha platicado en consejo sobre los puntos de los memoriales que el sec° Juan de Soto ha dado de parte del S°ʳ D. Juan*, s. d., Simancas E° 488 (mai ou juin 1574).

252. Voir note précédente.

253. Granvelle à Philippe II, 22 juil. 1574, Simancas E° 1064, f° 46, parle de 320 voiles.

254. Puerto Carrero à Granvelle, La Goulette, 19 juil. 1574, la tranchée vient d'être ouverte du côté de Carthage, Simancas E° 1064, f° 46 ; Relacion del sargento G° Rodriguez de La Goulette, 26 juil. 1574, Simancas E° 1141. Sur le siège et la prise de La Goulette, voir également E° 1064, f°ˢ 2, 4, 5, 25, 54, 57, 58... ; opuscule anonyme, *Warhaftige eygentliche beschreibung wie der Türck die herrliche Goleta belägert*, Nuremberg, Hans Koler, 1574 ; *Traduzione di una lettera di Sinan Bassà all'imperatore turco su la presa di Goleta e di Tunisi*, s.d., B.N., Paris, Ital. 149, f°ˢ 368-380.

255. Ou 22 ou 23, O. de TÖRNE, *op. cit.*, I. p. 279, note 6.

256. Le duc de Terranova à Philippe II, Palerme, 31 août 1574, Simancas E° 1141.

257. Simancas E° 1142.

258. *CODOIN*, III, p. 159.

259. Madrid, 28 août 1574, Mediceo 4904, f° 254.

260. Le duc de Terranova à Philippe II, Palerme, 20 sept. 1574, Simancas E° 1141 ; Saint-Gouard au roi, Madrid, 23 oct. 1574, B.N., Paris, Fr. 16106.

261. Granvelle à Philippe II, Simancas E° 1064, f° 66.

262. O. de TÖRNE, *op. cit.*, I, p. 280, note 1.

263. Don Juan à Philippe II, Trapani, 3 oct. 1574 (*ibid.*, p. 283) ; la lettre de Granvelle du 27 sept. 1574, dramatique si l'on veut (Simancas E° 1064, f° 61, cf. F. BRAUDEL, *in : Rev. Afr.*, 1928, p. 401, note 1) ne concerne que le premier désastre, la prise de La Goulette.

264. D. Juan d'Autriche à Philippe II, Trapani, 4 oct. 1574, Simancas E° 450.

265. Le même au même, Naples, 12 nov. 1574, *ibid.*

266. D'après van DER HAMMEN et PORREÑO, cités par O. de TÖRNE, *op. cit.*, I, p. 288, notes 4 et 6. Le paragraphe qui précède s'appuie sur le récit de Törne et sur mon article, « Les Espagnols et l'Afrique du Nord », *in : Revue Africaine*, 1928.

267. Bª Ferrero à la République de Gênes, 15 nov. 1574. A.d.S. Gênes, Cost. 2. 2170.

268. Constantinople, 15 et 19 nov. 1574, *ibid.*

269. Veedor general de S. M. en Piémont et Lombardie, Milan, 6 et 23 oct. 1574, Simancas Eº 1241.

270. Granvelle à Philippe II, Naples, 6 déc. 1574, Simancas Eº 1066, aut.

271. G. de Silva à Philippe II, Venise, 16 oct. 1574, Sim. Eº 1333 ; le même au même, 30 oct. *ibid.*

272. Giulio del Caccia au grand duc, Madrid, 25 oct. 1574, Mediceo 4904, fº 273 et vº.

273. *Consulta del Consejo de Estado*, 16 sept. 1574, Simancas Eº 78.

274. A Philippe II, Oran, 23 déc. 1574, Sim. Eº 78. Sur la mission de V. Gonzaga, l'évêque de Padoue au cardinal de Côme, 9 nov. 1574, A. Vaticanes, Spagna nº 8, fº 336.

275. Sauli à la Rép. de Gênes, Madrid, 16 nov. 1574, A.d.S., L. M. Spagna 6. 2415.

276. Saint-Gouard au roi, Madrid, 23 oct. 1574, B.N., Paris, Fr. 16106.

277. Le même au même, 26 nov. 1574.

278. B.N., Paris, Fr. 16. 106.

CHAPITRE 5

LES TRÊVES HISPANO-TURQUES : 1577-1584

1. L'accusation portée par une lettre de Charles IX. Saint-Gouard y répond longuement (au roi, Madrid, 24 févr. 1574, B.N., Paris, Fr. 16106). Si des agents espagnols ont été dans les assemblées des rebelles, qu'on en saisisse un ou qu'on lui donne son nom. Ayant les noms il leur mettrait l'inquisition « si bien a doz qu'il faudroit qu'elle perdist tout crédit ou qu'elle s'atachast au mesme Roy s'il se voulloit servir contre Votre Majesté de telles pratiques lesquelles je ne puis penser ni croire... ». Sans doute leur désir est-il de brouiller tout en France « ... je crois qu'ilz seroient trais ayses que Votre Majesté feust toujours troublé en sa maison pour le pensement qu'ilz ont que cela leur sert à remédier et à ordonner la leur... ». Sans doute encore, ajoute Saint-Gouard « ... choses d'estat permettent ou pour le moins souffrent quelquefois de l'honneste ». Philippe II pourrait-il intriguer avec les Huguenots alors qu'il déclare pour ses Pays-Bas « qu'il les ayme mieux perdre de consentir chose quelle qu'elle soit contre la relligion et foy cath. » et s'il s'entendait « contre le service de Votre Majesté au dedans son royaume je croy que ce seroit plus tost avecques quelques brigans qui ont pris ung tiers estat et lesquels ne sont fondez ne pour le service

de Dieu ne celuy de Votre Majesté en ce qu'ilz se sont trouvez aux armées ou par les provinces sous coulleur de se dire catholique les armes à la main avecqz toute insolence se rassasier de leur enragée avarice ». — Et l'affaire Henri de Navarre, Claude Du Bourg ? voir tome II, pp. 32-33.

2. A. O. MEYER, *England und die katolische Kirche*, I, p. 28, cité par PLATZHOFF, *Geschichte des europ. Staatensystems*, p. 42.

3. Pescaire au roi, 12 juin 1570, Simancas E° 1133.

4. Je laisse un prénom illisible sur ma copie.

5. Relation de Margliani, 11 févr. 1578, Simancas E° 489.

6. Rapport sur Estefano Papadopoulo, Madrid, 21 juin 1574 « ... *y es menester mirar les mucho a las manos...* », Simancas E° 488.

7. Cf. entre autres H. WÄTJEN, *op. cit.*, p. 67-69.

8. Mémoire de Du BOURG, trad. esp., 1576, A.N., K 1542.

9. Lettre de Selim second, empereur des Turcs, à Don Juan d'Autriche « luy envoyant des présents lors qu'il était général de l'armée chrestienne », B.N., Paris, Fr. 16141, f° 440 à 446.

10. *Lo que refiere Juan Curenzi...*, 30 juin 1573, Simancas E° 1063, f° 35.

11. L'évêque de Dax au roi, Const., 16 juil. 1573, E. CHAR-RIÈRE, *op. cit.*, III, p. 405.

12. Le même au même, Const., 26 juil. 1573, *ibid.*, p. 413-416.

13. Au roi, Venise, 26 févr. 1574, *ibid.*, p. 470, note.

14. Voir ci-dessus, note 11.

15. L'évêque de Dax à Catherine de Médicis, Constantinople, 17 févr. 1574, E. CHARRIÈRE, *op. cit.*, III, p. 470 et *sq.*

16. Pietro EGIDI, *Emanuele Filiberto, op. cit.*, II, pp. 128 et *sq.*

17. L'évêque de Dax au roi, 18 sept. 1574, E. CHARRIÈRE, *op. cit.*, III, p. 572.

18. *Ibid.*, p. 572.

19. Au roi, *ibid.*, pp. 424-427, Constantinople, 4 sept. 1573.

20. Le même au même, *ibid.*, pp. 470-475, 24 mars 1574.

21. Le gros incident du « fort » de Sebenico, *ibid.*, 17 févr. 1574, pp. 462-470.

22. Voir note 20, ci-dessus.

23. E. CHARRIÈRE, *op. cit.*, III, p. 467.

24. 17 févr. 1574, *ibid.*, III, p. 462-470.

25. Relacion que hizo Livio Celino..., 1574, Simancas E° 1333.

26. Granvelle au roi, Naples, 6 févr. 1575, Simancas E° 1066. Lettre assez pessimiste du cardinal. Avec le changement de règne, il va falloir acheter de nouvelles intelligences, d'où de nouvelles dépenses, tout comme l'empereur à propos de sa trêve dont il faut obtenir à nouveau confirmation. Le nouveau souverain, Amurat, a 28 ans, « belliqueux, aimé de ses sujets... ».

27. Constantinople, 8 mars 1577, A.d.S. Venise, Secreta Rela-

zioni Collegio, 78 ; Guzmán de Silva au roi, Venise, 28 avril 1577, Simancas, E° 1336, signale le passage de D. Martín qu'il appelle D. Garcia de Acuña, parti à Const. avec un sauf-conduit pour le rachat de captifs, en fait pour traiter de la trêve *y a salido con la resolution dello por cincos años...* Pour l'arrivée de D. Martín à Constantinople, les avis français donnent la date fausse du 15 mars.

28. Simancas E° 159, f° 283.

29. Mondejar à Antonio Pérez, Naples, 30 avril 1577, Simancas E° 1074, f° 31.

30. Cost., 2 mai 1577, transmis sans doute par G. de Silva, Simancas E° 1336.

31. Voir ci-dessus, note 29.

32. Martín de Acuña au roi, Madrid, 6 juin 1577, Simancas E° 159, f° 35.

33. Silva à Philippe II, Venise, 19 juin 1577, Simancas 1336.

34. Don Martín de Acuña à S.M., Madrid, 1578, sans autre précision. Simancas E° 159, f° 283.

35. Mondejar à Philippe II, Naples, 13 août 1577, Simancas E° 1073, f° 136.

36. Fernand BRAUDEL, « La mort de Martín de Acuña », *in : Mélanges en l'honneur de Marcel Bataillon*, 1962. Cf. F. RUANO PRIETO, « D. Martin de Acuña », *in : Revista contemporánea*, 1899.

37. G. Margliani à Antonio Pérez, Constantinople 30 avril 1578, Simancas E° 489.

38. Cf. GERLACH, *Tagebuch*, p. 539 ; E. CHARRIÈRE, *op. cit.*, III, p. 705.

39. Pour tout ce qui suit, le long mémoire de G. MARGLIANI, février 1578, Simancas E° 488.

40. E. CHARRIÈRE, *op. cit.*, III, p. 705.

41. A. Henri III, Const., 22 janv. 1578, E. CHARRIÈRE, *op. cit.*, III, p. 710.

42. *Op. cit.*, p. 160 ; J. W. ZINKEISEN, *op. cit.*, III, p. 499.

43. *Lo que se tratto y concerto entre el Baxa y Juan Margliano*, 7 févr. 1578, Simancas E° 489. Copie du même document faite en 1579 peut-être, *Capitoli che si sono trattati fra l'illmo S^{re} Meemet pascià (di) buona memoria...*, Simancas E° 490.

44. *Lo que ha de ser resuelto sobre lo de la tregua* (1578), Simancas E° 489 ; sur la non conclusion d'accords économiques, Margliani (à Antonio Pérez ?), 11 févr. 1578, Simancas E° 489.

45. Simancas E° 489. La victoire de Gembloux est du 31 janv. 1578.

46. *Relacion de lo que ha passado en el neg° de la tregua y suspension de armas con el Turco y lo que para la conclusion della llevo en com^{on} don Juan de Rocafull y el estado en que al presente esta* (1578), Sim. E° 459, f° 28 (ou f° 281). Ces textes non datés doivent être resitués entre le début de juin et le 12

sept. 1578, question de délais postaux : à titre d'indication une lettre de Margliani adressée à Antonio Pérez de Const, le 9 déc. 1578 lui arrivait, le 31 mars 1579, après un voyage de 3 mois et 22 jours.

47. Date de son instruction seconde, 12 sept. 1578, voir ci-dessous note 49. Don J. Rocafull est le Don Juan de Rogua, de Valenza, dont parle GERLACH, cité par J. W. ZINKEISEN, *op. cit.*, III, p. 500.

48. Don Juan de Cardona à Philippe II, Barcelone, 1ᵉʳ nov. 1576, Simancas Eº 335, fº 58 « ... *y con correo por tierra ordenando a Don Juan de Rocafull hizieze despalmar las nueve galeras* ».

49. Instruccion segunda a Don Juan de Rocafull, Madrid, 12 sept. 1578, Simancas Eº 489.

50. J. W. ZINKEISEN, *op. cit.*, III, p. 500.

51. E. CHARRIÈRE, *op. cit.*, III, p. 777.

52. Juan de Idiáquez à Philippe II, Venise, 5 févr. 1579, A.N., K 1672, G 1, nº 22.

53. J. de Idiáquez à Philippe II, Venise, 4 mars 1579, A.N., K 1672.

54. E. CHARRIÈRE, *op. cit.*, III, p. 852 note, mais l'avis du 9 janv. 1580 vise autant l'avenir que le passé. Qu'a pu signifier aussi le texte de 1578 dont nous avons donné mention *supra*, note 43.

55. Echevarri à Margliani, Gazagua, 2 sept. 1579, A.N., K 1672, G 1, nº 117. Le même au même, Caravançara (sic), 2 sept. 1579, *ibid.*, nº 118, se plaint de Brutti « bellaco ».

56. Margliani à Antonio Perez, Péra, 2 sept. 1579, Simancas Eº 490.

57. Germigny au roi, Vignes de Péra, 16 sept. 1579, *Recueil*, p. 8 et *sq.*

58. Laquelle ne sera d'ailleurs connue à Constantinople qu'au début d'avril 1580, G. Margliani au vice-roi de Naples, Vignes de Péra, 9 et 14 avr. 1580, A.N., K 1672, G 1, nº 166.

59. Const., 4 juill. 1579, copie it., A.N., K 1672, G 1, nº 81 *a*.

60. E. CHARRIÈRE, *op. cit.*, III, pp. 782 et *sq.*, note. Sur les exploits du « général » Du Bourg, voir tome II, pp. 32-33.

61. *Ibid.*, p. 885 et *sq.*

62. Grand com. de Castille à Philippe II, 9 juin 1580, Simancas Eº 491.

63. Margliani à D. J. de Çuñiga, 3 févr. 1580, Simancas Eº 491.

64. Margliani au vice-roi de Naples, 15 oct. 1580, Simancas Eº 1338.

65. Le même au même, 2 févr. 1580, résumé de chancellerie, Simancas Eº 491.

66. E. CHARRIÈRE, *op. cit.*, III, pp. 872 et 876, note.

67. Const. 26 févr. 1580, Simancas Eº 1337.

68. Margliani au grand commandeur, Vignes de Péra, 27 févr. 1580, Simancas E° 491, copie.

69. Le même au même, 7 mars 1580, Simancas E° 491.

70. Le même au même, 29 oct. 1580, Simancas E° 1338 ; Germigny au roi, 24 mars 1580, E. CHARRIÈRE, *op. cit.*, III, p. 885.

71. Le même au même, 12 mars 1580, copie, Simancas E° 491.

72. Voir note précédente.

73. Le même au même, 18 mars 1580, Simancas E° 491.

74. Ch. de Salazar à Philippe II, Venise, 18 mars 1580, Simancas E° 1337.

75. Les lettres de Margliani au grand commandeur, 23 et 25 mars 1580 (Simancas E° 491) ne donnent pas la date exacte de cette signature. Mais Germigny est formel, 24 mars 1580. E. CHARRIÈRE, *op. cit.*, III, p. 884-889.

76. 2 mai 1580, A. Vaticanes Spagna n° 27, f° 88.

77. Au roi, 17 mai 1580, E. CHARRIÈRE, *op. cit.*, III, p. 910-911.

78. M. PHILIPPSON, *Ein Ministerium unter Philipp II*, p. 404 ; L. von PASTOR, *Geschichte der Päpste*, t. IX, 1923, p. 273 ; H. KRETSCHMAYR, *op. cit.*, III, p. 74.

79. J. W. ZINKEISEN, *op. cit.*, III, p. 107.

80. 9 et 14 avr. 1580, A.N., K 1672, G 1, n° 166.

81. *Ibid.*

82. *Ibid.*

83. (Avr. 1580), Simancas E° 491.

84. Margliani au vice-roi de Naples, Péra, 29 oct. 1580, Simancas E° 1338.

85. Le même au même, Péra, 10 déc. 1580, Simancas E° 1338.

86. Le même au même, Péra, 20, 21, 26 (29 ou 30) déc. 1580, résumé de chancellerie, Simancas E° 491.

87. Tous ces détails d'après la lettre de Margliani au grand commandeur (fin déc. 1580), A.N., K 1672, G 1, n° 169.

88. Bartolomè Pusterla à D. Juan de Çuñiga, avis du Levant, 4 févr. 1581 *in : Cartas y avisos...*, p. 53-54. Germigny au roi, 4 févr. 1581, *Recueil...*, p. 31 ; E. CHARRIÈRE, *op. cit.*, IV, p. 26-28 note, parle des « escuz neufs marquez au coing d'Aragon » avec quoi Margliani a payé les Pachas. Avis du Levant, 4 févr. 1581, Simancas E° 1339.

89. Margliani à D. J. de Çuñiga, 4 et 5 févr. 1581, *Cartas y avisos..., op. cit.*, p. 55 ; 5 févr. 1581, Sim. E° 1339. Je lis sur mon texte Sciaous Pacha et non comme l'éditeur anonyme des *Cartas*, Scianus...

90. Voir note 88, ci-dessus.

91. Don Juan de Çuñiga à Philippe II, Naples, 3 mars 1581, reçue à Tovar le 23 mars. Simancas E° 1084.

92. Don Juan de Çuñiga au marquis de Alcaniças, 4 mars 1581, Simancas E° 1084.

93. E. ALBÈRI, *op. cit.*, I, V, p. 328.

94. Au nonce d'Espagne, Rome, 11 juill. 1580, A. Vat., Spagna 27, f° 123 ... *il passar con silentio nel fatto de la tregua è stata buona risolutione poiché il farne querella in questo tempo non potria sinon aggiungere travaglio a S. Mtà senza speranza di frutto.*

95. *Op. cit.*, p. 181.

96. A l'extrême rigueur en 1584 par Margliani lui-même, si l'on interprète librement une indication de J. von HAMMER, *op. cit.*, VI, p. 194-195. Trêve prolongée pour deux ans en 1587, mais il ne fournit pas ses sources.

97. Comme M. de Brèves, en 1624, le pensait, E. CHARRIÈRE, *op. cit.*, IV, p. 28, note.

98. Je pense notamment à celui de Franz BABINGER, « Suleiman der Mächtige », *in : Meister der Politik*, 2 vol., Stuttgart et Berlin, 1923.

99. J. von HAMMER, *op. cit.*, VII, p. 70. Sur tous ces problèmes voir le livre bref, mais décisif de W. E. D. ALLEN, déjà cité. I, p. 105, n. 2.

100. J. von HAMMER, *op. cit.*, p. 77.

101. B.N., Paris, Ital., 1220.

102. *Ibid.*, f° 317 v° (vers 1572).

103. J. von HAMMER, *op. cit.*, VII, p. 75.

104. *Ibid.*, p. 80 ; *Voyage dans le Levant de M. d'Aramon*, *op. cit.*, I, 108.

105. De Grantrie de Grandchamp à M. de Foix, Const., 30 août 1569, E. CHARRIÈRE, *op. cit.*, III, p. 62-66.

106. J. von HAMMER, *op. cit.*, VII, p. 81. Sur la guerre de Perse, le vieil ouvrage de Hammer utilise les sources précieuses de Minadoi et de Vicenzo degli Alessandri et les sources orientales, celles des historiens Ali et Pertchewi. Une fois de plus l'occasion est bonne de dire la supériorité de ce vieux livre sur ceux de ses successeurs, J. W. ZINKEISEN et N. IORGA.

107. Péra, 9 déc. 1578 (Margliani à Pérez, reçue le 31 mars 1579), Simancas E° 489.

108. Que n'eût dit Émile-Félix Gautier à son sujet ?

109. Venise, 7 janv. 1579, A.N., K 1672, G 1.

110. Const., 4 févr. 1579, A.N., K 1672, G 1.

111. Const., 24 mars 1579, *ibid.*

112. Juan de Idiaquez à Philippe II, Venise, 21 mars 1579, *ibid.*, n° 35.

113. X. de Salazar à Philippe II, Venise, 8 juill. 1579, *ibid.*, n° 84.

114. Margliani (référence exacte égarée).

115. J. de Idiáquez à Philippe II, Venise, 29 avr. 1579, A.N., K 1672, n° 56, copie.

116. Germigny au roi, Péra, 16 sept. 1579, *Recueil*, p. 10 ; *Relacion de lo que ha succedido al capitan de la mar Aluchali desde los 17 de Mayo que partio de aqui de Constantinopla asta*

los 6 de agosto sacada de las cartas que se han recibido de Juan de Briones y Aydar Ingles, A.N., K 1672, G 1, n° 115. (Même relation, Simancas E° 490). *Relacion de lo que ha sucedido de los 9 de agosto hasta los 28*, A.N., K 1672, G. 1, n° 116. Euldj Ali est rentré à Constantinople le 10 sept. (cf. Germigny, cité au début de cette note) avec 13 galères.

117. Const. 29 avr. 1579, A.N., K 1672, n° 56, copie.

118. Margliani à Antonio Perez, Péra, 2 mars 1579, Simancas E° 490.

119. Le même au même, 5 sept. 1579 ; *ibid.*

120. J. de Cornoça à S. M., Venise, 17 oct. 1579, A.N., K 1672, G 1, n° 142 *a*.

121. Salazar à Philippe II, Venise, 7 sept. 1579, *ibid.*

122. *Ibid.*

123. Germigny au roi, Péra, 16 sept. 1579, *Recueil...*, p. 10.

124. Voir ci-dessus, note 121.

125. Germigny au grand-maître de Malte, Péra, 8 oct. 1579, *Recueil...*, p. 17-18. Jusqu'à Erzeroum seulement, J. von HAMMER, *op. cit.*, VII, p. 96.

126. J. von HAMMER, *op. cit.*, VII, p. 97.

127. *Ibid.*, p. 98.

128. Il meurt le 27 avr. 1580, E. CHARRIÈRE, *op. cit.*, III, p. 901.

129. Trois lettres de Margliani à Don Juan de Cuñiga, 27 et 30 avr. 1580, Simancas E° 491. Résumé de la chancellerie.

130. J. von HAMMER, *op. cit.*, VII, p. 104.

131. *Ibid.*

132. *Ibid.*, p. 112.

133. R. HAKLUYT, *op. cit.*, II, p. 171.

134. J. von HAMMER, *op. cit.*, VII, p. 113, note 1.

135. *Ibid.*, p. 223. Donc victoire turque, G. BOTERO, *op. cit.*, p. 188 v°, la voit de la façon suivante : « car bien que le Turc ait été désfoit et mis en route plus d'une fois, il ha ce néanmoins, en se fortifiant peu à peu es lieux propres, occupé très grands pays : et finalement ayant pris la grande ville de Tauris, il s'en est asseuré par une grosse et forte citadelle. Ainsi ceux de Perse pour n'avoir des citadelles et forteresses ont perdu la campagne et les villes aussi. »

136. Karl BROCKELMANN, *Geschichte der islamisch. Völker und Staaten*, 1939, p. 282 ; sur le personnage et ses curiosités, Erich BRÄUNLICH, *Zwei türkische Weltkarten...*, Leipzig, 1937.

137. La formule est malheureusement un peu trop simple. Mais comment, ici, entrer dans tous les détails ? Vitorino Magalhães Godinho qui prépare un travail d'ensemble sur l'océan Indien au XVIᵉ siècle me fait remarquer que les flottes portugaises sont composées de voiliers, disons atlantiques, de navires de types indigènes et aussi de galères... une flotte composite, pour des tâches diverses.

138. M. A. Hedwig FITZLER, « Der Anteil der Deutschen an der Kolonialpolitik Phillips II in Asien », *in : Vierteljahrschrift für Sozial-und Wirtschaftsgeschichte*, 1936, p. 254-256.

139. Lisbonne, 22 févr. 1588, *Arch. port. or.*, III, n° 11, cité par M. A. H. FITZLER, *art. cit.*, p. 254.

140. Cf. W. E. D. ALLEN, *op. cit.*, p. 32-33 et notes, qui rectifie l'erreur de ma 1re édition.

141. 14 mars 1588, *ibid.*, n° 43, cité par M. A. H. FITZLER, *art. cit.*, p. 256.

142. M. A. H. FITZLER, *art. cit.*, p. 256.

143. Pierre CHAUNU, *art. cit.*, *in : Revue du Nord*, 1960, p. 288 et *Conjoncture*, p. 629 et *sq.*

144. M. PHILIPPSON, *op. cit.*, p. 62 ; *Correspondance de Granvelle*, VII, p. 353.

145. Granvelle à Marguerite de Parme, 12 août 1579, PHILIPPSON, *op. cit.*, p. 71.

146. Nullement éclaircies par le livre hâtif et partial de Louis BERTRAND, *Philippe II. Une ténébreuse affaire*, Paris, 1929. Le gros problème reste celui de l'authenticité ou non du manuscrit de La Haye. Le beau livre du Dr G. MARAÑON, *Antonio Pérez*, 2 vol., Madrid, 2e édit., 1948, renouvelle ces problèmes sans les éclaircir entièrement.

147. M. PHILIPPSON, *op. cit.*, p. 104 et p. 224.

148. Général DASTAGNE, « La bataille d'Al Kasar-El-Kebir », *in : Revue Africaine*, t. 62, p. 130 et *sq.*, et surtout le récit de QUEIROZ VELLOSO, *D. Sebastião*, 2e éd., Lisbonne, 1935, chap. IX, p. 337 et *sq.* repris par ce même auteur au tome V de l'*Historia de Portugal*, de Damião PERES.

149. Ch. A. JULIEN, *H. de l'Afrique du Nord*, p. 146.

150. Mercuriano à Philippe II, 11 janv. 1579, Simancas E° 934 ; le même au même, Rome, 28 avr. 1579, *ibid.* ; M. PHILIPPSON, *op. cit.*, p. 92, note 2 et p. 93, note 1.

151. Le grand-duc de Toscane à Philippe II, Florence, 17 juin 1579, Simancas E° 1451. Voir également R. GALLUZZI, *Istoria del Gran Ducato di Toscana*, III, p. 345 et 356.

152. Le Portugal au service de l'Espagne depuis la crise de 1550, depuis la victoire du métal blanc d'Amérique. Large immigration portugaise vers les villes d'Espagne et notamment Séville.

153. R. B. MERRIMAN, *op. cit.*, IV, p. 348, d'après la correspondance des Fugger, remarques éclairantes, *The Fugger News-Letters*, p.p. V. von KLARWILL, 1926, t. II, p. 38.

154. Voyez, à ce sujet, les remarques de Juan Beneyto PÉREZ, *Los medios de cultura y la centralización bajo Felipe II*, Madrid, 1927, p. 121 et *sq.*

155. Grand problème et bien aperçu par Jacques PIRENNE, *Les grands courants de l'hist. universelle*, II, 1944-45, p. 449 et *sq.*

CHAPITRE 6
LA MÉDITERRANÉE HORS DE LA GRANDE HISTOIRE

1. *The rise of the spanish Empire in the old and in the new World*, 4 vol.

2. Paruta au Doge, Rome, 7 nov. 1592, *La legazione di Roma...*, p.p. Giuseppe de LEVA, 1887, I, p. 6-9.

3. Emilio GARCIA GÓMEZ, « Españoles en el Sudán », *in : Revista de Occidente*, oct.-déc. 1935, p. 111.

4. Muerte del Rey de Francia por un frayle dominico, Simancas Eº 596 ; E. LAVISSE, *op. cit.*, VI, I, p. 298 et *sq.*

5. A. Cucino à Aº Paruta, Venise (sept.-oct.) 1589, A.d.S. Venise, Let. Com. XII *ter.*

6. H. KRETSCHMAYR, *op. cit.*, III, p. 42-43, parle d'août et de nov. La réception semble bien avoir eu lieu en janvier 1590, Fᶜᵒ de Vera à Philippe II, Venise, 20 janv. 1590, A.N., K 1674.

7. L. VON PASTOR, *op. cit.*, X (édit. al.), p. 248.

8. I. de Mendoza à Philippe III, Venise, 19 déc. 1598, A.N., K 1675.

9. G. MECATTI, *op. cit.*, II, p. 814.

10. Et qui causent leurs habituels dommages au passage « ... *come è il lor solito* ». La Rép. de Gênes à H. Picamiglio, Gênes, 17 juill. 1590, A.d.S. Gênes, L. M. Spagna 10.249.

11. Simancas Eº 487.

12. R. HAKLUYT, *op. cit.*, II, p. 285-289, rencontre au large de Pantelleria.

13. Mais d'ordinaire les faits signalés ont beaucoup moins d'importance encore. Voyez dans J. von HAMMER, *op. cit.*, VII, p. 192-194 et 194, note 1, dans L. C. FÉRAUD, *op. cit.*, p. 86, pour l'un la femme, pour l'autre la sœur de Ramadan, quitte Tripoli en 1584, après l'assassinat de son mari ou frère, pacha de Tripoli. Elle emporte sur sa galère 800 000 ducats, 400 esclaves chrétiens et 40 jeunes filles. Elle est bien reçue sur le chemin de Constantinople à Zante, mais elle est attaquée peu après à la hauteur de Céphalonie par Emo, commandant de la flotte de Venise. La galère est prise, les Musulmans massacrés. L'incident se règle à l'amiable, grâce à l'intervention de la sultane ; Emo sera d'ailleurs décapité et sa prise restituée ou compensée. Dans l'affaire, 150 captifs libérés d'après R. HAKLUYT, *op. cit.* (II, p. 190) qui situe l'événement vers oct. 1585. A bord de la galère se trouvaient deux Anglais que le fils de Ramadan a fait circoncire de force à Djerba.

14. Charles-André JULIEN, *Histoire de l'Afrique du Nord, op. cit.*, p. 538.

15. L. C. FÉRAUD, *op. cit.*, p. 83.

16. Ch.-André JULIEN, *op. cit.*, p. 537.

17. Juan de Cornoça à Philippe II, Venise, 4 fév. 1589, A.N., K 1674.

18. Miranda à Philippe II, Naples, 18 févr. 1589, Simancas E° 1090, f° 21.

19. Juan de Cornoça à Philippe II, Venise, 9 mai 1589, A.N., K 1674.

20. Miranda à Philippe II, Naples, 12 avr. 1589, Simancas E° 1090, f° 35.

21. Le même au même, *ibid.*, f° 53. L'Adelantado de Castille à Philippe II, Gibraltar, 13 mai 1589, Simancas E° 166, f° 72.

22. J. de Cornoça à Philippe II, 9 mai 1589, A.N., K 1674. Départ de 30 galères. Const., 22 juin 1589, A.N., K 1674 ; Miranda à Philippe II, 8 juill. 1589, Simancas E° 1090, f° 83 ; Fco de Vera à Philippe II, Venise, 8 juill. 1589, A.N., K 1674.

23. Miranda, voir note précédente.

24. Miranda à Philippe II, Naples, 14 juill. 1589, Simancas E° 1090, f° 89.

25. Avis du Levant, 27 juill. et 1er août 1589, A.N., K 1674.

26. Fco de Vera à Philippe II, 5 août 1589, A.N., K 1674, mêmes renseignements ; Miranda à Philippe II, Naples, 12 août 1589, Simancas E° 1090, f° 105.

27. V.-roi de Sicile (à Philippe II ?), Palerme, 17 août 1589, Simancas E° 1156.

28. Voir ci-dessus, note 26.

29. D'où l'inutilité des mesures de défense prises par le comte d'Albe, v.-roi de Sicile : Albe à Philippe II, Palerme, 22 mai 1589, Simancas E° 1156.

30. J. de Cornoça à Philippe II, Venise, 13 mai 1589, A.N., K 1674.

31. Le même au même, Venise, 10 juin 1589, *ibid.*

32. Miranda à Philippe II, Naples, 8 sept. 1589, Simancas E° 1090, f° 124.

33. Relacion del viaje que hizieron las galeras de la religion de Sant Juan que estan al cargo del comendador Segreville en ausencia del General de la Religion, 1589, Simancas E° 1156.

34. Miranda à Philippe II, Naples, 18 sept. 1589, Simancas E° 1090.

35. Const., 8 déc. 1589, A.N., K 1674 ; Fco de Vera à Philippe II, Venise, 2 déc. 1589, A.N., K 1674 ; le même au même, 22 déc. 1589, *ibid.*

36. Palerme, 25 nov. 1589, E° 1156.

37. Alphonse ROUSSEAU, *Annales Tunisiennes, op. cit.*, p. 33.

38. Const., 2 mars 1590, Simancas E° 1092, f° 18.

39. Const. 16 mars 1590, A.N., K 1674.

40. Fco de Vera à Philippe II, Venise, 31 mars 1590, A.N., K 1674.

41. Le comte d'Albe à Philippe II, Palerme, 7 avr. 1590, Simancas E° 1157.

42. Fco de Vera à Philippe II, Venise, 14 avr. 1590, A.N., K 1674.

43. Miranda à Philippe II, Naples, 14 août 1590, Simancas E° 1090, f° 15.

44. Longlée au roi, Madrid, 15 août 1590, p.p. A. Mousset, *op. cit.*, p. 401.

45. Const., 27 avr. 1590, A.N., K 1674.

46. 25 avr. 1590, *Relacion q. yo Juan Sarmiento hago para informacion de V. Ex* del viaje que hize para la isla de Tabarca en Berveria de orden de V. Ex*, Simancas E° 1157.

47. *Ibid.*

48. Au roi, Simancas E° 1157.

49. Const., 25 mai 1590, A.N., K 1674 ; Albe à Philippe II, Palerme, 2 juin 1590, Simancas E° 1157.

50. Albe à Philippe II, Palerme, 5 mai 1590, Simancas E° 1157.

51. Simancas E° 1092, f° 32.

52. A.N., K 1674.

53. Albe à Philippe II, Palerme, 2 juin 1590, Simancas E° 1157.

54. Const., 8 juin 1590, A.N., K 1674.

55. F. Braudel, *in : Rev. Afric.*, 1928.

56. J. A. Doria à Philippe II, 6 juin 1594, Simancas E° 492.

57. Sur ce roi de Kouko, se reporter à la note précédente et à son analyse, F. Braudel, « Les Espagnols en Algérie », *in : Histoire et Historiens de l'Algérie*, 1930, p. 246. Sur un incident analogue, des fortifications à Africa qu'il faudrait jeter à bas, le duc de Maqueda à Philippe II, Messine, 12 août 1598, Simancas E° 1158.

58. J. von Hammer, *op. cit.*, VII, p. 264.

59. J. W. Zinkeisen, *op. cit.*, III, p. 802.

60. *Ibid.*, p. 803.

61. Fco de Vera à Philippe II, Venise, 14 avr. 1590, A.N., K 1674 « ... con que havian baxado los talleres diez asperos cada uno ».

62. D. Iñigo de Mendoza à Philippe II, Venise, 9 sept. 1590, aut., A.N., K 1677.

63. Le dernier état de la question, Vuk Vinaver « Der venezianische Goldzechin in der Republik Ragusa », *in : Bollettino dell'Istituto di Storia della Società e dello Stato veneziano*, 1962.

64. 12 juin 1590, R. Hakluyt, *op. cit.*, II, p. 294-295. L'accord sera conclu en 1591. J. W. Zinkeisen, *op. cit.*, III, p. 657.

65. J. W. Zinkeisen, *op. cit.*, III, p. 582.

66. *Ibid.*

67. Fco de Vera à Philippe II, Venise, 3 mars 1590, A.N., K 1674 ; J. W. Zinkeisen, *op. cit.*, III, p. 623.

68. Le même au même, Venise, 3 sept. 1589, A.N., K 1674.

69. Const. 5 janv. 1591, A.N., K 1674.

70. J. W. Zinkeisen, *op. cit.*, III, p. 581.

71. *Ibid.*, p. 585.

72. J. von HAMMER, *op. cit.*, VII, p. 297.

73. A.N., K 1677.

74. Const., 18 avr. 1601, A.N., K 1677.

75. Const., 4 mai 1601, *ibid.* Sur ces incidents de 1601, leurs causes et leurs antécédents, voir également, Const., 27 mars 1601, A.N., K 1630 ; Iñigo de Mendoza à Philippe III, Venise, 13 mai 1600, aut. K 1677 ; Lemos à Philippe III, Naples, 8 mai 1601, K 1630 ; Fco de Vera à Philippe III, Venise, 5 mai 1601, K 1677 et Const., 29 nov. 1598, K 1676.

76. J. von HAMMER, *op. cit.*, t. VII, et J. W. ZINKEISEN, *op. cit.*, t. III. Quelques dates : 1594, prise de Novigrad par les Impériaux ; 1595, prise de Giavarino par les Turcs, grosse émotion en Chrétienté, G. MECATTI, *op. cit.*, II, p. 799 ; 1598, reprise de Giavarino, Simancas E° 615 ; 16 mai 1598, I° de Mendoza à S. M., Venise, A.N., K 1676, colère du sultan à la nouvelle de la prise de Giavarino ; 11 avr. 1598, I° de Mendoza à S. M., nouvelle de la prise de Giavarino arrivée à Venise le 6 avr., A.N., K 1676 ; 5 déc. 1598, Iñigo de M. au roi, Venise : satisfaction des Vénitiens quand ils apprennent que les Impériaux ont levé le siège de Bude ; 28 nov., I° de Mendoza à S. M., les Turcs ont levé le siège de Vadarino, les Impériaux celui de Bude, A.N., K 1676 ; 20 oct., fausse nouvelle mais pas donnée comme telle de la prise de Bude, I° de Mendoza, A.N., K 1676 ; 4 nov. 1600 : Fco de Vera à S. M., Venise, A.N., K 1677, prise de Canisia par les Turcs le 22 octobre ; 11 août 1601 : di Viena A.N., K 1677, défaite des Transylvains par les Impériaux près de Goroslo ; 21 oct. 1601 : défaite de l'Écrivain, célébrée par de grandes fêtes, Constantinople, 21 oct. 1601, A.N., K 1677 ; 10 nov. 1601 : la défaite de l'Écrivain n'est pas tenue pour certaine. Fᶜᵒ de Vera à S. M., Venise, A.N., K 1677 ; 1ᵉʳ déc. 1601 : échec de l'assaut impérial contre Canisia, Fᶜᵒ de Vera à S. M., Venise A.N., K 1677.

77. Const., 4 mai 1601, A.N., K 1677. Il ne s'agit, il est vrai, que de quatre galères.

78. G. MECATTI, *op. cit.*, II, p. 789, p. 809.

79. *Ibid.*, p. 790. Sur la mission du cardinal Borghese en Espagne, voir l'instruction de Clément VIII, 6 oct. 1593, p.p. A. MOREL FATIO, *L'Espagne au XVIᵉ et au XVIIᵉ siècle*, p. 194 et *sq.*

80. *Consejo sobre cartas de Fco de Vera*, mai 1594, Simancas E° 1345. L'Espagne reproche aussi à Venise sa politique en faveur de Henri IV.

81. J. W. ZINKEISEN, *op. cit.*, III, p. 587.

82. G. MECATTI, *op. cit.*, II, p. 800 (1595), N. IORGA, *op. cit.*, III, p. 211.

83. N. IORGA, *Storia dei Romeni*, p. 213.

84. G. MECATTI, *op. cit.*, p. 801.

85. Fco de Vera à Philippe III, Venise, 5 mai 1601, A.N., K 1677.

86. Const., 17 mars 1601, A.N., K 1677.

87. Ainsi au début de 1600, près de Témesvar, D. Iñigo de Mendoza à Philippe III, Venise, 26 févr. 1600, A.N., K 1677, et comme en 1598 avec l'appui des Transylvains et durant l'hiver (3 janv. 1598), A.N., K 1676.

88. Vienne, 28 mars 1598, A.N., K 1676.

89. P. PARUTA, *op. cit.*, p. 15 et 16.

90. Iñigo de Mendoza à Philippe III, Venise, 19 déc. 1598, A.N., K 1676.

91. Le même au même, 11 juill. 1598, *ibid.* (11 et non 18 juill., comme l'indique le classement des archives).

92. Juan de Segni de Menorca à Philippe II, Const., 3 nov. 1597, A.N., K 1676. Des soldats turcs désertent et se réfugient dans les villages chrétiens.

93. J. W. ZINKEISEN, *op. cit.*, III, p. 609. Bruits de paix : le duc de Sessa à Philippe III, Rome, 14 juill. 1601, A.N., K 1630 ; D. Iñigo de Mendoza à Philippe III, Venise, 1er août 1600, K 1677 ; le même au même, Venise, 27 mai 1600 (si l'Empereur n'est pas secouru d'argent, il fera la paix), *ibid.*

94. Const., 17 juill. 1601, A.N., K 1677 ; Golali dit une lettre d'Ankara, 10 déc. 1600, *ibid.* Et plus tôt, Iñigo de Mendoza au roi, Venise, 8 août 1598, K 1676, mais est-ce l'Écrivain qui alors se fait appeler (ou passer pour) le sultan Mustapha ?

95. Ankara, 10 déc. 1600, copie, A.N., K 1677.

96. Const., 8 et 9 sept. 1601, A.N., K 1677.

97. Const., 21 oct. 1601, A.N., K 1677, sa défaite par Hassan Pacha. Le duc de Sessa à Philippe III, Rome, 9 déc. 1601, A.N., K 1630, Hassan Pacha, un des fils de Méhemet Sokolli.

98. J. W. ZINKEISEN, *op. cit.*, III, p. 613-614.

99. Paul MORET, *Histoire de Toulon*, 1943, p. 81-82.

100. Maurice WILKINSON, *The last phase of the League in Provence*, Londres, 1909, p. 1.

101. *Muerte del rey de Francia*, Simancas E° 597.

102. Charles DUFAYARD, *Le Connétable de Lesdiguières*, Paris, 1892.

103. Il disparaît le 15 août 1595, E. LAVISSE, *op. cit.*, VI, 1, p. 399.

104. Sur d'Épernon, Léo MOUTON, *Le Duc et le Roi*, Paris, 1924.

105. D. Pedro de Acuña à Philippe II, Rosas, 19 sept. 1590, Simancas E° 167, f° 218. Le mauvais temps a empêché de démanteler le fort de Briscon. Avis de D. Martin de Guzmán d'après les pilotes de la côte ; les galères ne doivent pas retourner à cet effet à cause du mauvais temps qui dure de deux à trois mois *y entrar en el golfo de Narbona y costearle es mucho peor*. Le marquis de Torrilla (Andrea Doria) à S. M., Palamos, 28 sept.

1590, Simancas E° 167, f° 223, indique les difficultés de bloquer les côtes du Languedoc avec le mauvais temps. Du même au même, *ibid.*, f° 221 sur la difficulté d'atteindre le fort de Briscon.

106. Les conseillers de Barcelone à Philippe II, 17 juill. 1588, Simancas E° 336, f° 157. Lista del dinero y mercadurias que han tomado los de Mos. de Envila a cathalanes cuyo valor passa de 30 U escudos (1588). Simancas E° 336 (s. f°), Manrique ? à Montmorency, 26 avr. 1588, Simancas E° 336, f° 152.

107. Avis espagnol, 8 mai 1590, A.N., K 1708.

108. Les Espagnols s'emparent d'une barque chargée d'armes au château de Livourne, Andrea Doria à Philippe II, Rosas, 13 août 1590, Simancas E° 167, f° 219.

109. A.N., K 1708.

110. Mai 1590, A.N., K 1708.

111. Joyeuse à Martin de Guzmán, Narbonne, 12 juin 1590, A.N., K 1708.

112. Joyeuse à S. M., 22 juin 1590, Simancas E° 167, f° 154.

113. Joyeuse à D. Martin de Idiáquez, Narbonne, 10 juill. 1590, A.N., K 1449, note identique à D. J. de Idiáquez.

114. Joyeuse à Philippe II, Narbonne, 10 juill. 1590, A.N., K 1449.

115. D. Pedro de Acuña à Philippe II, Rosas, 13 août 1590, Simancas E° 167, f° 220.

116. Pedro de Ysunça au roi, Perpignan, 13 août 1590, A.N., K 1708.

117. D. J. de Cardona à Philippe II, Madrid, 30 août 1590, Simancas E° 167, f° 189.

118. E. LAVISSE, *op. cit.*, VI, 1, p. 353. Cf. SAMAZEUILH, *Catherine de Bourbon, régente de Béarn*, 1868. Antonio Pérez et ses amis levèrent des troupes en Béarn... *Antonio Pérez y otros caballeros que benieron a bearne hazen hazer esta gente en favor de los Aragoneses...* Avis, 1592, Simancas E° 169.

119. E. LAVISSE, *op. cit.*, VI, 1, p. 352.

120. Dendaldeguy, envoyé de Villars, au Roi Catholique, Brionnez, 4 nov. 1592, copie, A.N., K 1588.

121. *Ibid.*

122. Diego de Ibarra à Philippe II, Paris, 15 févr. 1593, A.N., K 1588. Toute la Ligue chancelle alors, voyez la lettre du marquis de Villars à Philippe II, Auch (?), 5 févr. 1593, A.N., K 1588.

123. Le duc de Joyeuse est mort en janvier 1592. Le nouveau duc (son fils ou son frère ?) Ange, qui pour prendre sa succession quitte le froc des Capucins, a eu une entrevue avec Montmorency au Mas d'Azille et d'Olonzac. La trêve alors signée pour un an ne devait pas finir. Le duc de Joyeuse retiré à Toulouse y reprenait la lutte contre Henri IV (Joyeuse à Philippe II, Toulouse, 10 mars 1593, A.N., K 1588). Il resta à la solde de l'Espagne.

124. Victor L. BOURRILLY et Raoul BUSQUET, *Histoire de Provence*, Paris, 1944, p. 92.

125. *Ibid.*

126. 8 mai 1590, A.N., K 1708.

127. V. L. Bourrilly et R. Busquet, *op. cit.*, p. 91, R. Busquet, *Histoire de Marseille*, Paris, 1945, p. 224 et *sq.*

128. V. L. Bourrilly et R. Busquet, *op. cit.*, p. 92-93.

129. *Ibid.*, p. 93.

130. Don César d'Avalos à Philippe II, Aix, 4 mars 1592, Simancas E° 169, f° 103.

131. Le même à D. J. de Idiáquez, Antibes, 7 août 1592, Simancas E° 169, f° 45.

132. Don Jusepe de Acuña à D. D° de Ibarra, 13 sept. 1592, copie, A.N., K 1588.

133. V. J. Bourrilly et R. Busquet, *op. cit.*, p. 93.

134. E. Lavisse, *op. cit.*, VI, 1, p. 384.

135. Léo Mouton, *op. cit.*, p. 40.

136. A.N., K 1596, n°s 21 et 22, cité par Léo Mouton, *op. cit.*, p. 42 et note, p. 43. Les demandes des « catholiques » de Provence, 8 déc. 1594, A.N., K 1596. Délibération du Conseil d'État, 1er févr. 1595, A.N., K 1596.

137. Accordi di Mon^e^ de Pernone con S. Mtà, copie en français, Saint-Maximin, 10 nov. 1595, A.N., K 1597, voir Léo Mouton, *op. cit.*, p. 44, note 2. L'accord avec la Savoie au plus tard en août 1595 (Disciffrati del Duca de Pernone, Saint-Tropez, 11 déc. 1595, A.N., K 1597). Cf. le document sans date des A. E., Esp. 237, f° 152.

138. Estat des villes qui recongnoissent l'authorité de Monseigneur le duc d'Épernon, A.N., K 1596 (indication aussi des « villes » qu'il possède en Dauphiné, Touraine, Angoumois, Saintonge). Le même document en espagnol *Lista de las villas de Provenza...* A. E., Esp. 237, f° 152. Mémoire sur ce qui est sous le commandement de M^r^ d'Épernon, s.d., A.N., K 1598.

139. Charles de Savigny, s. de Rosne ; son rôle à Fontaine-Française, T. A. d'Aubigné, *op. cit.*, IX, p. 55 et *sq.*

140. 12 sept. 1594, copie, A.N., K 1596. Nécessité pour Henri IV d'aller à Lyon. Nuevas generales que han venido de Paris en 26 de noviembre (1594, A.N., K 1599).

141. E. Lavisse, *op. cit.*, VI, 1, p. 401.

142. *Ibid.*, p. 405 ; Léo Mouton, *op. cit.*, p. 47.

143. Léo Mouton, *op. cit.*, p. 47.

144. *Ibid.*, p. 47-48.

145. Étienne Bernard, *Discours véritable de la prise et réduction de Marseille*, Paris et Marseille, 1596.

146. Un document s. d. (A.N., K 1708) fait mention de demandes marseillaises d'extraction de blé ou à Oran ou en Sicile. La ville sollicite aussi qu'on la délivre des deux galères d'Épernon qui croisent au large de la ville.

147. R. Busquet, *op. cit.*, p. 226 et *sq.*

148. *Ibid.*, p. 231.

149. Nuevas de Provenza, 1594, Simancas E° 341.

150. *Ibid.*

151. 10 000 salmes de blé obtenues en Sicile en 1593, A.N., K 1589.

152. Louis d'Aix, Charles de Casaulx, Jehan Tassy à Philippe II, Marseille, 16 nov. 1595, A.N., K 1597. Cette lettre avait été précédée d'une lettre de recommandation d'Andrea Doria à Philippe II, Gênes, 13 nov. 1595, A.N., K 1597 B 83.

153. A.N., K 1597 B 83.

154. R. Busquet, *op. cit.*, p. 240. Et surtout entente préparée avec l'Espagne longtemps à l'avance, voir note 151, ci-dessus, et cardinal Albert à Philippe II, Marseille, 7 sept. 1595, A.N., K 1597.

155. S. d., A.N., K 1597 B 83.

156. *Ibid.*

157. Antonio de Quinones à Philippe II, Marseille, 1er janv. 1596, A.N., K 1597 ; Carlos Doria à Philippe II, Marseille, 1er janv. 1596, *ibid.*

158. *Puntos de lo de Marsella*, A.N., K 1597.

159. *Los diputados de Marsella a Don Juan de Idiáquez*, Barcelone, 12 févr. 1595, Simancas E° 343, f° 92 (résumé de chancellerie).

160. R. Busquet, *op. cit.*, p. 245.

161. *Ibid.*

162. E. Lavisse, *op. cit.*, VI, 1, p. 264 ; *ibid.*, p. 342 et *sq.*, sur le réveil commercial.

163. S. d., vers 1595, Simancas E° 343.

164. S. d., A.N., K 1597, B 83.

165. A.N., K 1596.

166. Référence, note 163, ci-dessus.

167. Dans le texte de la prorogation de la trêve, 3 juill. 1596, A.N., K 1599, on indiquait que chaque parti lèverait les deniers dans les régions qu'il tenait. Argent doit être envoyé, sinon Mercœur négociera, M° de Ledesma à Philippe II, 20 janv. 1598, A.N., K 1601. Mercœur à Philippe II, Nantes, 24 mars 1598 (A.N., K 1602) lui annonce sa paix avec Henri IV et lui demande à être employé en Hongrie.

168. Philippe II au duc d'Albuquerque, Madrid, 10 juill. 1595, Simancas E° 175, f° 290.

169. Advis à Monsieur le Comte de Fuentes, 12 mars 1595, A.N., K 1599.

170. *Déclaration des causes qui ont meu la royne d'Angleterre à déclarer la guerre au roy d'Espagne*, Claude de Monstr'œil, 1596, A.N., K 1599.

171. Mendo de Ledesma à Philippe II, Nantes, 25 juin 1597, A.N., K 1600.

172. E. Lavisse, *op. cit.*, VI, 1, p. 410.

173. Dès février, le manque d'argent (Relattione summaria del

danaro che si presuppone manca nello stato di Milano, 12 févr. 1597, Simancas E° 1283). Sur les mouvements de troupes, Philippe II au connétable de Castille, Madrid, 7 avr. 1597, Simancas E° 1284, f° 126. Le même au même, 2 mai 1597, *ibid.*, f° 125. Le connétable à Philippe II, Milan, 12 mai 1597, *ibid.*, f° 86.

174. Sur le secours au Savoyard : Philippe II au connétable de Castille, Saint-Laurent, 28 avr. 1597, Simancas E° 1284, f° 116 ; le connétable au roi, Milan, 12 mai 1597, f° 83 ; le même au même, 23 juill., f° 55 ; le roi au connétable, 8 août 1597, f° 122.

175. Velasco à Philippe II, Milan, 16 nov. 1597, Simancas E° 1283, f° 2. Sur l'affaire de Ferrare, sa lettre du 4 nov. (f° 5) et (E° 1283 sans f°) 5 nov. 1597, Relacion de las prevencions que S. Sᵈ... Sur les Suisses, lettres de Philippe II du 31 juill. (E° 1284, f° 123) et du connétable du 23 juill. (E° 1283, f° 55), du 7 oct. (*ibid.*, f° 4). Sur Amiens, sa lettre du 25 oct. 1597 (E° 1283). Je mets en cause des transferts de troupes en 1597 d'Italie en Espagne, notamment un tercio de Napolitains de D. Cesar de Eboli qui à bord de naves ragusaines, arrive le 7 août à Alicante, D. Jorge Piscina ? à Philippe II, Alicante, 8 août 1597, *ibid.* (6 naves ragusaines). Ensuite ces naves « q. llevan el tercio de Cesar de Eboli » sont envoyées au Ferrol (le prince Doria à Philippe II, Cadix, 21 août 1597, Simancas E° 179). Sur l'arrivée d'un convoi (2 navires venus d'Espagne à Calais, 40 navires annoncés avec 4 000 Espagnols de D. Sancho de Leyva et peut-être argent) : Frangipani à Aldobrandino, Bruxelles, 27 févr. 1598, *Corresp.*, II, p. 298-299.

176. Voyez, dès 1593, les curieuses remarques de William Roger à « Burley » et à Essex (près de Louviers, 1ᵉʳ mai 1593, A.N., K 1589) ou mieux encore sur les aides d'argent d'Italie à la Hollande et à Henri IV, J. B. de Tassis à Philippe II, Landrecies, 26 janv. 1593, A.N., K 1587, Annotation de Philippe II.

177. R. GALLUZZI, *op. cit.*, V, p. 302, Berthold ZELLER, *Henri IV et Marie de Médicis*, Paris, 1877, p. 17.

178. A propos de mon travail manuscrit (1922), sur *La Paix de Vervins*, rédigé sous sa direction.

179. Sur l'affaire de Ferrare : 1° de Mendoza à Philippe II, Venise, 3 janv. 1598, A.N., K 1676 (l'excommunication de D. Cesare). Lo platicado y resuelto en materia de Ferrara en consejo de Estado..., 7 janv. 1598, que Cesare d'Este se soumette, Simancas E° 1283. 1° de Mendoza à Philippe II, Venise, 10 janv. 1598, A.N., K 1676. Accordi fatti tra la Santa Seda Apostolica et D. Cesare d'Este, 13 janv. 1598, *ibid.* I° de Mendoza à Philippe II, Venise, 24 janv. 1598, A.N., K 1676 ; le même au même, 31 janv. 1598, *ibid.*

180. 25 sept. 1597, *Corresp.*, II, p. 229.

181. Ratification par le roi de France de la paix de Vervins, Paris, 5 juin 1597, A.N., K 1602.

182. Le problème esquissé à larges traits par Pierre CHAUNU,

« Sur le front de l'histoire des prix au XVIe siècle : de la mercuriale de Paris au port d'Anvers », *in : Annales E.S.C.*, 1961.

183. J. W. ZINKEISEN, *op. cit.*, III, p. 124.

184. Avis espagnol du 5 janv. 1591, A.N., K 1675. De multiples détails sur ces interventions qui, je le pense, peuvent être laissées dans l'ombre (J. W. ZINKEISEN, *op. cit.*, III, p. 629 et *sq*).

185. Voir note précédente.

186. J. de Segni de Menorca à Philippe II, Constantinople, 7 janv. 1591, A.N., K 1675.

187. 7 janv., 19 janv. 1591, *ibid.* De Constantinople, 19 janv. 1591, *ibid.* Le sultan au roi de France, lettre interceptée, copie ital., janv. 1591, *ibid.* ; de même le sultan à la reine d'Angleterre, *ibid.*

188. Note précédente.

189. Avis du Levant transmis par l'ambassadeur de Venise, A.N., K 1675.

190. Avis de Const., 16 févr. 1591, A.N., K 1675.

191. Fco de Vera à S. M., Venise, 2 mars 1591, A.N., K 1675.

192. Le même au même, Venise, 16 mars 1591, *ibid.* ; avis de Const., 16 mars 1591, transmis par l'ambassadeur impérial, *ibid.*

193. Fco de Vera à S. M., Venise, 30 mars 1591, A.N., K 1675.

194. Le même au même, Venise, 4 mai 1591, A.N., K 1675.

195. 11 mai, *ibid.*

196. *Ibid.*

197. Constantinople, 2 mars 1591, A.N., K 1675.

198. Fco de Vera à Philippe II, Venise, 17 avr. 1591, A.N., K 1675.

199. Const., 12 juin 1591, *ibid.*

200. Const., 15 juin 1591, *ibid.*

201. *Op. cit.*, II, p. 785.

202. J. W. ZINKEISEN, *op. cit.*, III, p. 623.

203. Voir notes 186 et 187, ci-dessus.

204. Venise, 8 juin 1591, A.N., K 1675.

205. Sa lettre citée déjà note 200, ci-dessus. Son nom Castelie avec ligature sur l'i d'après ma lecture qui n'a pu être vérifiée.

206. Je suis ici, non le texte de Const., mais le résumé de la chancellerie au dos de la lettre.

207. ...*Que venga con dineros.*

208. Naples, 15 févr. 1592, Simancas Eo 1093, fo 8.

209. Miranda à Philippe II, Naples, 8 sept. 1592, *ibid.*, fo 79.

210. Le même au même, Naples, 25 oct. 1592, *ibid.*, fo 91.

211. Le même au même, Naples, 16 nov. 1592, *ibid.*, fo 93.

212. Fco de Vera à Philippe II, Venise, 29 juin 1591, A.N., K 1675.

213. Pietro GIANNONE, *Istoria civile del Regno di Napoli*, La Haye, 1753, t. IV, p. 283, 1593 et non 1595 comme l'indique A. BALLESTEROS Y BARETTA, *op. cit.*, cf. ci-dessous, note 226.

214. Voir note 226, ci-dessous.

215. *Les aventures du capitan A. de Contreras*, trad. et édition par Jacques BOULENGER, *op. cit.*, p. 14.

216. 21 sept. 1599, *Archivio storico italiano*, t. IX, p. 406.

217. Fco de Vera à Philippe II, Venise, 6 août 1594, Simancas E° 1345 et 20 août, *ibid.*

218. Carlo d'Avalos à Philippe II, Otrante, 25 août 1594, Simancas E° 1094, f° 89.

219. Olivarès à Philippe II, Palerme, 8 sept. 1594, Simancas E° 1138. C'est alors qu'il faut placer l'incendie de Reggio et le pillage de quelques navires au large de Messine, Carlo Cigala au comte d'Olivarès, Chio, 3 nov. 1594, Simancas E° 1158 et des indications rétrospectives, 15 janvier 1597, Simancas E° 1223, G.MECATTI, *op. cit.*, II, p. 789-790.

220. Miranda à Philippe II, Naples, 9 sept. 1594, Simancas E° 1094, f° 99.

221. Olivarès à Philippe II, Palerme, 15 sept. 1594, Simancas E° 1158.

222. Miranda à Philippe II, Naples, 11 oct. 1594, Simancas E° 1094, f° 110.

223. Fco de Vera à Philippe II, Venise, 19 août 1595, Simancas E° 1346.

224. Miranda à Philippe II, Naples, 19 août 1595, Simancas E° 1094, f° 181.

225. Le même au même, Naples, 24 août 1595, Simancas E° 1094, f° 170.

226. Je signale les affirmations de A. BALLESTEROS y BARETTA, *op. cit.*, IV, 1, p. 169 sur le pillage et le sac de Reggio par Cigala en 1595 et celui de Patras, en représailles, par les Espagnols, dont je n'ai pas trouvé mention dans les papiers que j'ai consultés. Cette affirmation étant donnée sans preuves, je ne puis me prononcer à son sujet. Voir note 219, ci-dessus.

227. V. LAMANSKY, *op. cit.*, pp. 493-500.

228. Qui vient d'arriver à Navarin. Olivarès à Philippe II, Naples, 24 sept. 1596, Simancas E° 1094, f° 258.

229. J. A. Doria à Philippe II, Messine, 8 août 1596, Simancas E° 1346.

230. Le même au même, Messine, 13 août 1596, *ibid.*

231. Olivarès à S. M., Naples, 24 sept. 1596, Simancas E° 1094, f° 258.

232. *Ibid.*

233. Iñigo de Mendoza à S. M., Venise, 7 déc. 1596, A.N., K 1676.

234. Le même au même, Venise, 5 avril 1597, A.N., K 1676.

235. Le même au même, Venise, 14 juin et 5 juil. 1597, *ibid.*

236. Le même au même, Venise, 2 août 1597, *ibid.*

237. 9 août 1597, *ibid.*

238. 18 oct. 1597, *ibid.*

239. Lettres des 14 févr. 1598, 14 avril, 4 juil., 18 juill., 8 août, sur les évolutions de Cigala, *ibid.*

240. Venise 29 août 1598, *ibid.*

241. Lettres du 12 sept. 1598, *ibid.*

242. 30 sept. 1598, *ibid.*

243. Maqueda à Philippe II, Messine, 28 sept. 1598, Simancas E° 1158.

244. J. von Hammer, *op. cit.*, VII, p. 362 et note 2.

245. I. de Mendoza à Philippe III, Venise 19 août 1600, A.N., K 1677.

246. Archiduc Albert à Juan Carillo, Bruxelles, 14 sept. 1600, *Aff. des Pays-Bas*, t. VI, p. 33. Henri IV à Rochepot, Grenoble, 26 sept. 1600, *Lettres inédites du roi Henri IV à M. de Villiers*, p.p. Eugène Halphen, Paris, 1857, p. 46.

247. Henri IV à Villiers, 27 févr. 1601, *ibid.*, p. 12-13.

248. J. Bª de Tassis à Philippe III, Paris, 5 mars 1601, A.N., K 1677.

249. Fco de Vera à S. M., Venise, 31 mars 1601, *ibid.*

250. Le même au comte de Fuentès, Venise, 14 avril 1601, *ibid.*

251. Ou Coresi, Fco de Vera à Philippe III, Venise, 21 avril 1601, *ibid.* ; partira de Venise le 2 mai (le même au même, 5 mai, *ibid.*)

252. Le même au même, 14 avril 1601, *ibid.*

253. 24 avril 1601, *Lettres inédites du roi Henri IV à M. de Villiers, op. cit.*, p. 19.

254. *Ibid.*, p. 29.

255. Fco de Vera à Philippe III, Venise, 5 mai 1601, A.N., K 1677.

256. Henri IV à Villiers, 16 mai 1601, *Lettres... du roi Henri IV..., op. cit.*, p. 26.

257. Const., 17 et 18 juin 1601, A.N., K 1677.

258. A Villiers, *Lettres... du roi Henri IV..., op. cit.*, p. 36.

259. Const., 2 et 3 juillet 1601, A.N., K 1677.

260. A Rochepot, *Lettres... du roi Henri IV..., op. cit.*, p. 98.

261. Fco de Vera à Philippe III, Venise 28 mai 1601, A.N., K 1677 ; Henri IV à Villiers, 3 sept. 1601, *Lettres..., op. cit.*, p. 44-45.

262. Sessa à Philippe III, Rome, 17 août 1601, A.N., K 1630.

263. Const. 26 et 27 août 1601, A.N., K 1677.

264. Const. 8 et 9 sept. 1601, *ibid.*

265. A. d'Aubigné, *op. cit.*, IX, p. 401 et *sq.*

266. Henri IV à Villiers, Fontainebleau, 27 sept. 1601, *Lettres... op. cit.*, p. 48.

267. Sessa à Philippe III, Rome, 6 oct. 1601, A.N., K 1630.

268. La source narrative la plus détaillée est celle du P. de Sepulveda, *Sucesos del Reinado de Felipe II*, p.p. J. Zarco, *Ciudad de Dios*, CXI à CXIX. *Historia de varios sucesos y*

de las cosas (éd. Madrid, 1924). Parmi les récits d'historiens contemporains, Jean CASSOU, *La vie de Philippe II*, Paris, 1929, p. 219 et *sq.* et Louis BERTRAND, *Philippe II à l'Escorial*, Paris, 1929, chap. VII, « Comment meurt un roi », p. 228 et *sq.*

269. La présence de Joan de Segni de Menorca à Const. nous est encore signalée par une de ses lettres à Philippe II, 3 nov. 1597, A.N., K 1676. A la veille de la Guerre de Trente Ans, tentative des Impériaux pour libérer l'Espagne définitivement de cette charge ou mieux de ces menaces, action à propos du baron Mollart. En 1623, la négociation entre les mains de Giovanni Battista Montalbano, le projet d'une paix perpétuelle avec les Turcs et d'un détournement des épices par le Proche-Orient, avec l'aide même des Polonais. Cf. H. WÄTJEN, *Die Niederländer...* *op. cit.*, p. 67-69.

270. Jean CASSOU, *op. cit.*, p. 228.

CONCLUSION

1. *Beiträge zum Problem des Wirtschaftverfalles*, 1934.

2. Thèse de B. BENNASSAR, *Valladolid et ses campagnes au XVIe siècle*, publiée en 1967.

3. Felipe RUIZ MARTÍN, in : *Anales de Economia, segunda época*, juillet-septembre 1964, p. 685-6.

4. *Op. cit.*, p. 382 et *sq.*

5. « Il trend economico nello stato di Milano durante i secoli XVI et XVII. Il caso di Pavia » *in : Bollettino della Società Pavese di Storia Patria*, 1950.

6. Cf. Jean VIET, *Les méthodes structuralistes dans les sciences sociales*, 1965.

TABLE DES CARTES,
TABLEAUX ET GRAPHIQUES

INDEX DES NOMS PROPRES

Akaba : I. 211.

Alaska : I. 335.

ALAVA (Francés de), ambassadeur de Philippe II en France : II. 153, 520 ; III. 118, 133-134, 158, 159, 160, 188, 197, 204, 213, 218-219, 238, 241, 242, 256.

ALBAIN BEY, ambassadeur de Turquie : III. 188.

Albains (monts) : I. 70.

Albanais : I. 49, 53, *53* (119, 124), 54, *54* (128), 98, 153, 302, 411 ; II. 361, 490, 594 ; III. 283, 305.

ALBANI (Dina) : I. 326.

Albanie : I. 35, 38, 43, *43* (62), 44, *47* (81), 59, 63, 68, *68* (191), *69* (204), 147, 148, 158, 177, 389, 405 ; II. 63, 294, 364, 401, 442, 466, 468, 500, 593, 595, 598, 625 ; III. 95, 171, 185, 186, 228, 246, 247, 280, 412, 416.

ALBAQUI, chef grenadin : III. 211.

Albarracin : I. 60.

ALBE (comte d') : II. 425 ; III. 365, 367.

ALBE (duc d') : I. 232, 346 ; II. 33, 157, 158, *158* (130), 160-161, 164, 170, 182, 325, 376-377, 381, 402, 493, 582-583, 586, 601 ; III. 49, 55, 56, 58, 65-66, 106, 108, 112, 133, 137, 138, 159, 160, 167, 168, 179-183, 190-192, 194, 195, 196, 201, 222, 240, 242, 253-254, 255, 256, 257, 258, 261, 262, *281* (194), 301, 312, 325, 344, 345, 352-353, 419.

Albenga, port de Ligurie : I. *71* (207).

ALBERT (archiduc) : III. 394, 400-401, 414.

ALBERTI (Tommaso), marchand de Bologne : I. 241-242, 243.

ALBI ET TAGLIACOZZO (comte d') : II. 421, 433.

Albissola : II. 80, 637.

ALBRET (duc d') : III. 29.

ALBRET (Jeanne d') : III. 159, 278.

ALBUQUERQUE (duc d'), gouverneur de Milan : III. 240.

ALCALA (duc d'), vice-roi de Naples : I. 346 ; II. 166, 211, 426, 466 ; III. 84, 93, 99, 104-106, 111, 115, 118, 127, 128, 244, 407.

Alcalá de Henares : II. 184, 388.

Alcantara : I. 105 ; (pont d') : III. 353.

ALCAUDETE (les) : II. 613.

ALCAUDETE (Alonso de) : III. 124.

ALCAUDETE (comte Martín de) : III. 96, 124-125.

Alcazar Kébir (bataille d') : II. 590 ; III. 301, **346-352.**

ALCOÇABA (Pedro de), secrétaire de la Fazenda : III. 348.

Alcudiat : II. 603.

ALDIGUALA, voir GUARNIX.

ALDOBRANDINO (cardinal) : III. 235, 402.

ALEATI (Giuseppe) : III. 427.

Alemtejo : II. 60, 88, 283.

ALENÇON (François, duc d') : II. 32, 33, 162.

Alep : I. 72, 114, 210, 211, 223, 300, 316, 338, 342, 349, 387 ; II. 46, 94, 110,

278, 282, 368 ; II. 83, 116, 289, 303, 311, 313, 320, 340, 347, 486, *585* (5), 591, 619, 626, 637, 639, 642 ; III. 12, 40, 96, 121, 129, 132, 316.

Gier (le), affluent du Rhône : I. 329.

GILES (Joan), patron de nave hollandaise : II. 316.

GILLI (Giovanni Agostino), agent secret de Gênes, à Constantinople : II. 243.

GIONO (Jean) : III. 423.

Giovi (route *dei*), dans l'Apennin toscan : I. 388 ; (col *dei*) : I. 388.

GIRARD (Albert) : II. 66.

Girgenti, voir Agrigente.

GIRON, commandeur : II. 129.

GIUDICI (Marcantonio et G. Battista) : II. 176.

GIUSTINIANO, provéditeur : I. 69, *152* (98).

GIUSTINIANO (Cesare), ambassadeur de Gênes : I. 303 ; II. 194, *194* (313, 315).

Gmünden, ville d'Autriche : II. 597.

Gniezno, ville de Pologne : I. 237.

Goa : I. *188* (215), 276 ; II. *36* (98), 245, 257, *340* (548), 492, 536, 552.

GOBINEAU (A. de) : I. 218.

GOETHE : I. 204, 292.

GOETZ (Wilhelm), géographe : I. 326.

Golconde, ville de l'Hindoustan : I. 56.

GOLDONI (Carlo) : I. 413.

GOLLUT (Louis) : I. 330.

GOMES DE BRITO (Bernardo) : II. 260.

GÓMEZ DA SILVA (Ruy), prince d'Eboli : II. 247, 425, 427, 430, 586 ; III. 56, 66, 85, 113, 118, 137, 177, 188, 191-192, 213, 245, 344, 423.

GONDI (Hieronimo) : III. 240, 263.

GONDOLA, famille marchande de Raguse : II. 34.

GONGUZZA DELLA CASTELLE (J. B.) : III. 207.

GONZAGA (Ferrante) : II. 600.

GONZAGA (prince Vespasiano), vice-roi de Navarre : II. 607 ; III. 240, 258.

GONZAGUE (les) : II. 48, 141-142, 301, 473, 480.

GONZAGUE (Louis de), voir NEVERS (duc de).

GONZÁLEZ (Toms) : II. 66.

GORIS (A.) : II. 170.

Gorizia ou Goritz : III. 176.

Goulette (La) : I. 213, *305* (117), 309, 347 ; II. 14, *16* (40), 61, 265, 486, 536, 603, 606-609, 612 ; III. 17, 30, 41, 48, 106, 110, 111, 114-115, 117-119, 122, 123, 128, 148, 149, 157, 167, 169, 187, 208, 219, 224, 233, 240, 283, 285, 287, 288-292, 294, 295, 298, 366.

GOUNON-LOUBENS (J.) : I. 431 ; III. 68.

Gozzo (île de), près de Malte : I. 135 ; III. 31, 104, 111, 153.

GOZZODINI (Beno), podestat de Milan : I. 81.

INDEX DES MATIÈRES

Pistolete, monnaie castillane : II. 148.

Platane : II. 489.

Plateresque (art) : I. 196.

Plomb : I. 367 ; II. 88, *121* (504), 140, 315, 317, 326, 333, 336, 343, 537.

Pluies : I. 212, 216, 281-282, 288-289, 290, 297, 299, 300-301, 312, 329-333 ; II. 269, 302.

Poires : II. 45.

Pois : I. 66 ; II. 295, 315.

Pois chiches : I. 95 ; II. 128, 265, 275, 612.

Poisson : I. 164, *164* (117), 266, 276, 314, 425 ; II. 46, 84, 118, 132, 313-314 ;

séché, salé : I. 129, 233, 314, 317-318 ; II. 88, 313-314, 317, 343, 540, 632.

Poivre : I. 222-223, 234, 236, 251, 253, 257, 263, 266, 272, 318, 366, 391 ; II. 34, 36, 49, 53, 106, 111, 112, 138, 181, 200, **231-264**, 266, 316, 317, 337, *340* (548), 348 ; III. 347.

Polacres : I. 144, 380.

Pommes d'api : II. 45.

Ponentini : I. 308 ; II. 620, 629, 631, 632 ; III. 250, 256.

Population (voir aussi Démographie) : II. 91, 92 ;

Amérique : II. 223 ;

Castille : II. 431 ;

France : II. 109 ;

Espagne : II. 86-87, 107-108, 508-509, 523, 531 ;

Naples (royaume de) : II. 86-87, *206* (355), 281-282, 476 ;

État Vénitien : II. 85, 92-93, 593.

Porcelaines : I. 222 ; II. 240.

Porcs : I. 181, 300, 398 ; II. 42, 45 ; III. 37.

Portate (de Livourne) : I. *264* (240), 318-320, 321, 323 ; II. 17, 326, 332, 335.

Poudre à canon : I. 218, 232, 276, 376, 428 ; II. 155, 327, 518, 537, 585, 599, 641 ; III. 100, 122, 124, 371, 384.

Prêts et Prêteurs : I. 391-394 ; II. 89, 106, 107, 110, 139, *139* (22), 164-166, 195-197, 224, 248, 266, 430, 539-540, 548, 553-554, 558 ; III. 39, 46, 60, 287, 350.

Prix : I. *170* (154), 236, 237, 290, 291, 297, 352, 376-377, 381, 400, 401 ; II. 21, 22, 42, 43-44, *44* (138), 85, 90, 97, 99, 106, 128-129, 136, *136* (10), 139, 144, **199-224**, 233, 236, 238, 242, 256, 259, 267, 292-293, 308, 377, 383, 404, 409, 440, 587, *587* (15), 588, 608-609, 612-613, 637, 653, 655 ; III. 186, 236, 278, 394 ;

du blé : II. 266-271, 277, 280, 285, 290-291, 295, 305 ;

du poivre : II. 250-252, 253-254, 260.

Protestants : I. 308 ; II. 249, 556, 560, 568, 575, 588, *595* (38) ; III. 20-23, 26-27, 161, 180-181, 184, 195-196, 240, 241, 257-258, 278, 323, 355, 358, 399 ; 401-402 ;

allemands : III. 35-36, 54, 60, 67, 73-74, 193, 260 ;

anglais : III. 44, 193, 351 ;

TABLE DES MATIÈRES

Le Livre de Poche
Références

La collection « Le Livre de Poche Références *» couvre le domaine des sciences humaines et répond aux besoins nouveaux de l'Université. Elle accueille des auteurs prestigieux, universitaires de renom et chercheurs de haut niveau et publie des textes essentiels, bilans et synthèses audacieuses, études historiques, présentation de grandes théories. Inédit ou reprise d'un classique, chaque volume est une référence.*

Jean Delumeau

L'Aveu et le Pardon

Les difficultés de la confession, du XIIIe au XVIIIe siècle

Entre le « connais-toi toi-même » de Socrate et celui de Freud, il y a eu la confession. Cette pratique sans équivalent dans l'histoire allait susciter, notamment à l'Age classique, des débats théologiques passionnés entre rigoristes et partisans de la bienveillance. Nos conceptions morales et psychologiques ont été en grande partie formées par elle. C'est pourquoi l'intelligence de la modernité occidentale passe par son histoire.

Jean Favier

Les Grandes Découvertes

D'Alexandre à Magellan

Les Grandes Découvertes, c'est l'épopée des navigateurs européens accomplissant à l'aube des Temps Modernes le périple du globe. Mais c'est aussi l'histoire d'une construction intellectuelle plus que millénaire qui, dès l'Antiquité, allait simultanément emprunter les voies de l'esprit scientifique et de l'imagination. Le rythme de ce livre restitue à cette aventure ses dimensions véritables. De la colonisation grecque au tour du monde de Magellan, il fait revivre les plus grands pionniers et élabore l'inventaire des connaissances qui ont permis leurs exploits.

Carl Gustav Jung

Problèmes de l'âme moderne

Riches d'aperçus et de prolongements, les travaux de Jung réunis dans ce volume abordent la question de l'âme et de l'esprit, mais aussi celle du devenir de la personnalité et des problématiques de l'existence dans le monde moderne.

Enfin, Jung met en évidence dans le parapsychisme de Paracelse, dans la doctrine du refoulement de la sexualité de Freud, dans l'objectivisme grotesque de l'*Ulysse* de Joyce, et dans la multiplicité de Picasso, la transformation d'un fait de conscience qui, renouvelant la liaison de l'homme et du monde, modifie l'essence même de la vie.

HISTOIRE DE FRANCE, t. 1

Karl Ferdinand Werner

Les Origines
Avant l'an mil

Des origines à l'an mil, c'est l'histoire d'un pays qui n'est pas encore la France, mais dont les caractères durables se dessinent lentement. Une civilisation originale – et riche de sa diversité – s'élabore dans la fusion, toujours incomplète, des apports procurés par chaque vague d'envahisseurs, des Celtes aux Normands en passant par les Romains, les Goths et les Francs. Des institutions se précisent, qui marqueront les structures sociales et politiques de la France. L'ancienne Gaule, devenue la Francie occidentale, trouve sa place dans un équilibre européen remodelé après l'éclatement des vastes constructions politiques de Charlemagne.

HISTOIRE DE FRANCE, t. 2

Jean Favier

Le Temps des principautés
De l'an mil à 1515

De l'an mil aux débuts de la Renaissance, c'est l'histoire de cinq siècles aux couleurs bien diverses. C'est le temps des dynamismes que manifestent les défrichements, le réveil des villes, l'élargissement des horizons politiques, la floraison des ordres monastiques, la naissance des universités et l'ampleur nouvelle des grandes cathédrales. C'est aussi le temps des épreuves et des maturations, des crises et des épidémies, des guerres et des luttes civiles. La France passe de l'anarchie féodale à l'absolutisme monarchique, à travers la construction politique des grandes principautés. Et l'on va, dans ce même temps, des chansons de geste aux premières œuvres de l'humanisme en passant par l'aristotélisme de Thomas d'Aquin et l'universalisme encyclopédique du *Roman de la Rose*.

HISTOIRE DE FRANCE, t. 3

Jean Meyer

La France moderne

De 1515 à 1789

La douceur des aubes du Val de Loire et le fracas des guerres d'Italie ouvrent les espoirs « antiquisants » d'une Renaissance jusque-là médiévale. Mais le XVIᵉ siècle s'enfonce dans les massacres des interminables guerres de religion. Un court répit et une longue gestation dans le sang, la faim et les larmes marquent le début de la Monarchie absolue, que souligne la gloire apaisée de Versailles. Toute gloire, cependant, est éphémère... Au XVIIIᵉ siècle, la douceur de vivre se mue en une ironie critique, celle des « philosophes ». Quand la prospérité commerciale et maritime de la France décline en fin de siècle, un roi malchanceux – en dépit du dernier rayon de gloire, qui est américain – périt au lendemain des journées révolutionnaires.

HISTOIRE DE FRANCE, t. 4

Jean Tulard

Les Révolutions

De 1789 à 1851

Vieux pays soumis à des institutions et à des modes de pensée ancestraux, la France tente de reconstruire la société sur des principes nouveaux. Ce mouvement de fond dépasse largement les limites de la Révolution et de l'Empire : au-delà du fracas des émeutes et des batailles, du combat d'idées et des luttes parlementaires, c'est l'accession au pouvoir des « notables » – ou de la bourgeoisie – qui fait l'unité des quelque soixante années qui s'écoulent de 1789 à l'échec de la IIᵉ République. L'organisation administrative, économique et sociale s'en trouve bouleversée. Sur le plan politique, la déstabilisation de

1789 a été si forte que l'équilibre paraît impossible à trouver. De là les révolutions et les coups d'Etat qui jalonnent l'histoire de cette fin du XVIIIe et de ce début du XIXe siècle.

HISTOIRE DE LA PENSÉE, t. 1

Lucien Jerphagnon

Antiquité et Moyen Age

D'Homère à la guerre de Cent ans : l'immense aventure de l'esprit que raconte, tour à tour féroce et chaleureux, hilare et navré, érudit et familier, Lucien Jerphagnon.

HISTOIRE DE LA PENSÉE, t. 2

Jean-Louis Dumas

Renaissance et siècle des Lumières

De Pascal à Schopenhauer, trois siècles de l'histoire de la pensée occidentale, de la Renaissance aux Lumières, de Thélème à l'Encyclopédie. Une approche claire et raisonnée des systèmes philosophiques, des penseurs, des méthodes et des visions du monde ou de sa représentation.

HISTOIRE DE LA PENSÉE, t. 3

Jean-Louis Dumas

Temps modernes

Marxisme, positivisme, phénoménologie, existentialisme, structuralisme, Ecole de Francfort, nouvelle philosophie, psychanalyse, Cercle de Vienne, sociologie, messianisme russe, évolutionnisme, etc.

L'histoire de la pensée occidentale aux XIXe et XXe siècles.

Dans Le Livre de Poche

Extraits du catalogue

Biblio/essais

IMPRIMÉ EN FRANCE PAR BRODARD ET TAUPIN
Usine de La Flèche (Sarthe).
LIBRAIRIE GÉNÉRALE FRANÇAISE - 6, rue Pierre-Sarrazin - 75006 Paris.
ISBN : 2 - 253 - 06170 - 0